WESTEND

© Gerhard Kromschröder

Armin Wertz ist seit 1997 freier Journalist, zunächst in Ost- und Südafrika, dann in Südostasien. Von 1976 bis 1979 war er Nachrichtenredakteur beim *Stern*, dann freier Journalist in Zentralamerika, von 1982 bis 1985 Auslandsredakteur beim *Spiegel*. Anschließend war er viele Jahre Korrespondent in Mexiko, Mittelamerika und in der Karibik für den *Spiegel*, später für die *Frankfurter Rundschau* und den *Tages-Anzeiger* (Zürich), von 1991 bis 1995 Korrespondent der *Frankfurter Rundschau* und des *Tages-Anzeigers* in Israel.

ARMIN WERTZ

Die Weltbeherrscher

Militärische und geheimdienstliche Operationen der USA

WESTEND

Mehr über unsere Autoren und Bücher:
www.westendverlag.de

Die Deutsche Nationalbibliothek verzeichnet diese Publikation in der Deutschen Nationalbibliografie; detaillierte bibliografische Daten sind im Internet über http://dnb.d-nb.de abrufbar.

FSC
www.fsc.org
MIX
Papier aus verantwortungsvollen Quellen
FSC® C083411

Komplett überarbeitete und erweiterte Neuauflage

ISBN 978-3-86489-169-4

Satz: Publikations Atelier, Dreieich
Druck und Bindung: CPI – Clausen & Bosse, Leck
Printed in Germany

In Erinnerung an Arelí,
die im November 1989 im Alter von neun Jahren
zusammen mit ihrer Mutter Silvia starb,
als C-47-Bomber angebliche Guerillastellungen
in San Salvadors Barrio Mejicanos angriffen.

»Ich zittere um mein Land,
wenn ich daran denke, dass Gott gerecht ist.«
Thomas Jefferson,
Inschrift auf dem Jefferson-Denkmal
in Washington, D. C.

»Uns gehören 50 Prozent des Reichtums der Welt, wir machen aber nur 6,3 Prozent der Weltbevölkerung aus … Angesichts einer solchen Situation kommen wir nicht umhin, Neid und Missgunst auf uns zu lenken. Unsere eigentliche Aufgabe in der nächsten Zeit besteht darin, eine Form von Beziehungen zu finden, die es uns erlaubt, diese Wohlstandsunterschiede ohne ernsthafte Abstriche an unserer nationalen Sicherheit beizubehalten. Um das zu erreichen, werden wir auf alle Sentimentalitäten und Tagträumereien verzichten müssen; und wir werden unsere Aufmerksamkeit überall auf unsere ureigensten, nationalen Vorhaben konzentrieren müssen. Wir dürfen uns nicht vormachen, dass wir uns heute den Luxus von Altruismus und Weltbeglückung leisten könnten … Wir sollten aufhören, von vagen und unrealistischen Zielen wie Menschenrechten, Anhebung von Lebensstandards und Demokratisierung zu reden. Der Tag ist nicht mehr fern, an dem unser Handeln von nüchternem Machtdenken geleitet sein muss. Je weniger wir dann von idealistischen Parolen behindert werden, desto besser.«
George F. Kennan, Chef des Planungsstabes
im US-Außenministerium, 1948

Inhalt

Einleitung

Es gibt zahlreiche Methoden, mit denen Regierungen Einfluss auf die politischen und wirtschaftlichen Entwicklungen in fremden Staaten, ja ganzen Kontinenten nehmen können und dies auch tun. Sie können diplomatischen Druck ausüben, andere Staaten isolieren, mit protektionistischen Maßnahmen wie hohen Einfuhrzöllen und Gesetzen zum Arbeits- oder Umweltschutz deren Exportchancen reduzieren, wirtschaftliche Sanktionen verhängen, Konten einfrieren, Oppositionsparteien finanzieren, Widerstandsgruppen unterstützen. Dazu existieren zahlreiche internationale Organisationen, die zumeist von der sogenannten westlichen Welt, allen voran den Vereinigten Staaten von Amerika, kontrolliert und gesteuert werden. Afrikanische, asiatische oder lateinamerikanische Staaten, Entwicklungs- und Schwellenländer haben nur begrenzte Möglichkeiten, in diesen Foren ihre Interessen durchzusetzen.

Auf jedem Gipfel der Welthandelsorganisation (WTO) und bei jedem Verfahren vor diesem Forum müssen die Entwicklungs- und die Schwellenländer regelmäßig die Erfahrung machen, dass die WTO »kein Freund der Armen« ist, wie der britische *Guardian* einmal titelte. Beinahe gnadenlos setzen die USA (und auch die Europäische Union) ihre Interessen gegenüber den Benachteiligten dieser Welt durch.

Wenn diese Formen der Einflussnahme in die Angelegenheiten ausländischer Staaten nicht zum gewünschten Erfolg führen, greifen die Vereinigten Staaten oftmals in noch massiverer Weise ein. In zahlreichen Geheimdienstoperationen destabilisierten sie Staaten und Regierungen, um einen Wandel herbeizuführen. Regierungen, die Washingtons Interessen nicht ausreichend berücksichtigten, wurden gestürzt; gelegentlich wurden widerspenstige Politiker kurzerhand ermordet. Und oft genug setzten die Vereinigten Staaten ihre ganze militärische Macht ein, wenn das Ziel anders nicht durchzusetzen war. Schließlich bekannte sich schon Theodore Roosevelt, der 26. Präsident der Vereinigten Staaten, zu dem Motto: »Kein Triumph des Friedens kann sich mit dem Triumph des Krieges messen.«[1]

Auf der Sitzung des Senatsausschusses für Außenbeziehungen und die Streitkräfte am 17. September 1962 legte John F. Kennedys Außenminister Dean Rusk erstmals eine äußerst lückenhafte Liste militärischer oder geheimdienstlicher Interventionen der USA im Ausland vor. 1969 erstellte der Kongress eine weitere, leicht erweiterte Liste aller Einsätze von US-Truppen und -Agenten im Ausland zwischen 1798 und 1945, die 1975 noch einmal verbessert wurde. Vor wenigen Jahren erarbeitete das Foreign Affairs Department des Forschungsdienstes des amerikanischen Kongresses eine Neufassung dieser Chronik[2], die allerdings immer noch lückenhaft blieb. Die Erläuterungen lieferten kaum Erklärungen über die politischen Hintergründe der Interventionen, sie dienten weit eher der Verschleierung der tatsächlichen Ereignisse.

Während meiner Arbeit als Journalist in diversen Weltregionen stieß ich auf weitere Hinweise und Berichte über massive amerikanische Einflussnahmen und Einmischungen in die inneren Angelegenheiten zahlreicher Staaten. Im Laufe der Jahre fand ich nicht nur zusätzliches Material in Büchern, Zeitschriften, Zeitungsartikeln, in Museen und im Internet, das über die politischen und wirtschaftlichen Zusammenhänge, die zu diesen Interventionen geführt hatten, aufklärte. Ich fand Darstellungen, Hinweise und Belege für zahlreiche US-Interventionen, die der Kongressbericht überhaupt nicht erwähnte.

Gelegentlich ist es schwierig zu entscheiden, wann eine Intervention gerechtfertigt oder sogar wünschenswert ist und wann sie ausschließlich der Durchsetzung eigennütziger, nationaler Interessen dient. So können etwa die Entscheidungen der Präsidenten Woodrow Wilson und Franklin D. Roosevelt, in die Weltkriege einzugreifen, zweifellos als gerechtfertigt angesehen werden. (Wobei die USA beide Male erst nach massiven Provokationen militärisch intervenierten. Im Ersten Weltkrieg führten Deutschlands Erklärung des uneingeschränkten U-Bootkriegs sowie das sogenannte Zimmermann-Telegramm zum amerikanischen Kriegseintritt , im Zweiten Weltkrieg war es Japans Angriff auf Pearl Harbor.) Sollte in Fällen wie Somalia, wo 2011 eine Hungersnot zwei Millionen Menschen bedrohte, die radikalislamischen al-Shabaab-Milizen jedoch die angelaufenen Hilfsmaßnahmen und somit das Leben Hunderttausender gefährdeten, massiver eingegriffen werden? In anderen Fällen wie etwa 1953 im Iran, 1957 bei der Unterstützung der aufständischen Offiziere in Indonesien oder ab etwa 1961 beim Vietnamkrieg sind erhebliche Zweifel angebracht. Besonders in Lateinamerika haben die häufigen, zumeist von engstirnigen, nationalen und wirtschaftlichen Interessen geprägten US-amerikanischen Einmischungen in die inneren Angelegenheiten dieser Staaten zu großer Ablehnung und sogar Hass gegenüber dem übermächtigen Nachbarn im Norden geführt. Bis heute viel zitiert wird Porfirio Díaz, der langjährige Diktator Mexikos (1867–1880, 1884–1911), der den USA mehr Rechte in seinem Land einräumte als jede andere mexikanische Regierung und dies dennoch beklagte: »Pobre México, tan lejos de Díos y tan cerca de Estados Unidos!« (Armes Mexiko, so fern von Gott und so nah den Vereinigten Staaten!)[3]

Die Idee zu dieser Chronik der amerikanischen Interventionen im Ausland entstand vor mehr als dreißig Jahren in Managua. Dort fand ich in einer Buchhandlung einen schmalen Band[4], in dem die militärischen Interventionen der Vereinigten Staaten in Lateinamerika und Ländern anderer Kontinente aufgelistet waren. Die Broschüre berief sich auf die 1962 von Außenminister Dean Rusk vorgelegte Liste sowie die 1975 vom amerikanischen Kongress erstellte Chronik aller Einsätze von US-Truppen und -Agenten im Ausland zwischen 1798 und 1945.

Die folgenden vier Kapitel konzentrieren sich auf die politischen Einflussnahmen der Vereinigten Staaten von Amerika im Ausland – entweder durch geheimdienstliche Bemühungen, eine ungeliebte Regierung zu einer Kurskorrektur zu zwingen oder zu destabilisieren, oder durch direkte militärische Operationen zur Unterstützung oder zur Beseitigung einer solchen Regierung. Im Gegensatz zu seinem Vorgänger George W. Bush, der die amerikanischen Streitkräfte nach Afghanistan und Irak schickte, zog Barack Obama in Konfliktregionen den Einsatz von kleinen Kommando-Einheiten und vor allem Drohnen vor, die von den USA aus gesteuert werden. Auf dem US-Luftwaffenstützpunkt in Ramstein werden Satellitendaten der Drohnen empfangen und an die steuernden Drohnenpiloten in den USA übertragen.

Armin Wertz, Dezember 2016

»Mehr, mehr, mehr! … Bis der ganze grenzenlose Kontinent unser ist«

Der Souverän der westlichen Hemisphäre (1794–1945)

Es ist schon seltsam, wie lange sich die Legende von der amerikanischen Isolationspolitik in der offiziellen Geschichtsschreibung halten konnte. Selbst ein oberflächlicher Blick auf die Geschichte der US-Außenpolitik zeigt, dass diese Mär in völligem Widerspruch zu den historischen Fakten steht. Die imperiale Politik der USA setzte eben nicht erst mit der Machtergreifung der Bush-Dynastie ein, sondern bereits weit früher, keine zwanzig Jahre nach der Unabhängigkeit.

Schon die Gründung der Vereinigten Staaten und die spätere Ausdehnung über den nordamerikanischen Kontinent wurden nur mit der Zerschlagung zahlreicher indianischer Nationen erreicht, deren Herrschaftsgebiete oftmals durchaus der Definition eines Staates entsprachen. Die Einheimischen wurden die ersten Opfer amerikanischer Machtansprüche. Um sich ihr Land anzueignen, schlossen die USA 800 Verträge mit den verschiedenen indianischen Nationen. Rund 430 davon wurden vom Kongress nicht ratifiziert. Dennoch wurde von den Indianern erwartet, dass sie sich an die Bestimmungen dieser Verträge hielten. »Noch tragischer jedoch war, dass die USA von den 370 Verträgen, die ratifiziert wurden, nicht einen einzigen einhielten«, schrieb Daniel K. Inouye, der Vorsitzende des Senate Select Committee on Indian Affairs im Vorwort zu Oren Lyons' *Exiled in the Land of the Free*[1]. Als die ersten Europäer an der Ostküste eintrafen, lebten zwischen zwanzig und fünfzig Millionen Indianer in dem Land, das heute die Vereinigten Staaten sind. Ende des 19. Jahrhunderts waren gerade noch 250 000 übrig. Es hatte ihnen nicht geholfen, dass die sogenannten Gründerväter die Indianer durchaus nicht als die Wilden sahen, die sie in den Augen der Pelztierjäger, Abenteurer, Goldgräber, Viehzüchter und Farmer waren, die sich das Land aneigneten. Sonst hätten sie wohl kaum die föderale Regierungsform der Sechs Nationen der Irokesen-Konföderation so genau studiert und sogar empfohlen, sich an diesem Modell zu orientieren. »Die Liga der Irokesen inspirierte Benjamin Franklin, sie zu kopieren, als er die Staatenföderation plante«, notierte John F. Kennedy im Vorwort zu William Brandons »American Heritage Book of Indians«[2].

Spätere Generationen folgten wieder den Vorstellungen der bigotten Pilgrim Fathers, die nur zwanzig Jahre nach ihrer Ankunft in einer Resolution ihre Ansprüche sehr klar formuliert hatten: »1. Die Erde und alles darin ist Gottes. 2. Gott mag die Erde oder irgendeinen Teil davon seinem auserwählten Volk geben. 3. Wir sind sein auserwähltes Volk.«[3] Schon die Vorstellungen der bescheidensten Unabhängigkeitskämpfer um George Washington beschränkten sich nicht nur auf die 13 Ostküstenstaaten, sondern sahen die Westgrenze ihres neuen Staates viel weiter im Westen, am Mississippi. Dreißig Jahre später träumte Thomas Jefferson schon von weiteren Eroberungen und von den Rocky Mountains als Westgrenze. Weitere vierzig Jahre später, 1845, schrieb der Essayist John L. O'Sullivan in seinem Hausblättchen, *The Democratic Review:* »Mehr, mehr, mehr! … Bis unsere nationale Bestimmung erfüllt ist … und der ganze grenzenlose Kontinent unser ist.«[4] Amerika müsse »bald die ganze Hemisphäre von der eisigen Wildnis des Nordens bis zu den fruchtbaren Regionen des lächelnden Südens«[5] umfassen, eiferte ein anderer Kolumnist zur gleichen Zeit im *New York Herald*. Und im Kongress wurde von einer zukünftigen Ausdehnung »vom Isthmus von Darien (Panama) bis zur Behringstraße«[6] schwadroniert. 1912 stellte Präsident William Howard Taft klar: »Der Tag ist nicht fern, wenn drei Stars and Stripes an drei gleichweit entfernten Punkten unser Territorium markieren werden: am Nordpol, am Panamakanal und am Südpol. Die ganze Hemisphäre wird uns gehören, tatsächlich gehört sie uns aufgrund unserer rassischen Überlegenheit moralisch schon heute.«[7]

Expansionismus und eine vermeintlich schicksalhafte Bestimmung (Manifest Destiny) beherrschten das Denken und Handeln der Siedler wie der Präsidenten. Staaten wurden annektiert, die seit Jahrtausenden dort ansässigen Indianer mit Feuer, Hunger und Pocken-infizierten Decken ermordet, ausgerottet oder in Reservate gesperrt. Noch vor dreißig Jahren lebten über zwanzig Stämme in den USA, deren Angehörige nicht die amerikanische Staatsbürgerschaft besaßen. In einer Art Salamitaktik eigneten sich die USA über die Jahrzehnte große Gebiete an, die zum spanischen Kolonialreich gehörten. Beinahe prophetisch lesen sich O'Sullivans weitere Ausführungen: »Wir sind die Nation des menschlichen Fortschritts, und wer wird, was kann uns auf unserem Marsch vorwärts Grenzen setzen? … Für diesen gesegneten Auftrag an die Nationen der Welt, die ausgeschlossen sind vom lebenspendenden Licht der Wahrheit, ist Amerika auserwählt … Wer kann daran zweifeln, dass unser Land dazu bestimmt ist, *die große Nation* der Zukunft zu sein?«[8]

Zwar beschrieben die Kolonialherren schon im 19. Jahrhundert ihren militärischen Expansionismus manchmal als Terrorismusbekämpfung. Häufiger jedoch bezeichneten sie Völker, die keine Lust hatten, kolonisiert zu werden oder unter einer Kolonialherrschaft zu leben, schlicht als »Wilde«, Regierungen, die auf ihrer staatlichen Souveränität beharrten, waren »Banditen«, »islamische Fanatiker« oder (vor allem im asiatisch-pazifischen Raum) »Piraten«.

Präsident Theodore Roosevelt etwa sprach und schrieb häufig über diese »verachtenswerten, kleinen Kreaturen in Bogotá«, »diese Bande von Hasen in Bogotá« oder den »abgefeimten Affen«, denen Washington wohl »eine Lektion erteilen muss«.[9] Die »verachtenswerten Kreaturen«, »Hasen« oder »Affen« waren der venezolanische Präsident Cipriano Castro oder die kolumbianische Regierung und der kolumbianische Senat, die zwar den Franzosen eine Lizenz zum Bau eines Kanals durch Panama erteilt hatten, sich aber weigerten, diese Lizenz nach dem Scheitern Ferdinand de Lesseps' auf die USA zu übertragen. (Panama war bis 1903 eine kolumbianische Provinz.) In Lateinamerika geschah nichts ohne das Einverständnis Washingtons. Schon 1829 schrieb Lateinamerikas Unabhängigkeitskämpfer Simón Bolívar aus Guayaquil in einem Brief an den britischen Chargé d'Affaires in Kolumbien, Oberst Patrick Campbell: »Die Vereinigten Staaten scheinen von der Vorsehung dazu ausersehen zu sein, im Namen der Freiheit Elend über Amerika zu bringen.«[10] Und der US-Außenminister Richard Olney erklärte 65 Jahre später offen: »Tatsächlich sind die USA praktisch der Souverän auf diesem Kontinent, und ihre Anweisungen sind Gesetz in allen Angelegenheiten, wo sie intervenieren.«[11]

»Unsere Botschafter bei den fünf kleinen Republiken zwischen der mexikanischen Grenze und Panama … waren Berater, deren Rat in den Hauptstädten, wo sie residierten, praktisch als Gesetz akzeptiert wurde«, notierte Robert Olds, Staatssekretär im State Department, 1927 in einem Memorandum: »Wir kontrollieren die Geschicke Mittelamerikas, und wir tun das aus dem einfachen Grund, dass das nationale Interesse einen solchen Kurs diktiert … Bis heute hat Mittelamerika immer verstanden, dass Regierungen, die wir anerkennen und unterstützen, an der Macht bleiben, während jene, die wir nicht anerkennen und unterstützen, scheitern.«[12]

Gleichzeitig operierten amerikanische Verbände zunehmend auch in entfernteren Regionen, im Mittelmeer, in Afrika, in Asien, im Pazifik und besonders im Nahen und Mittleren Osten. Eine Reihe von Übereinkünften, die die USA in den 20er Jahren des letzten Jahrhunderts schlossen, um die Ölförderung zu begrenzen und sicherzustellen, dass die bedeutendsten (zumeist amerikanischen) Firmen den Ölpreis auf den Weltmärkten kontrollieren konnten, kulminierte 1928 im sogenannten Red Line Agreement, das bis in die 40er Jahre die Ölförderung und -politik im Mittleren Osten bestimmte. Standard Oil und Mobil erhielten Teile an der bislang rein britischen Iraq Petroleum Company. 1944 schlossen Washington und London das Anglo-American Petroleum Agreement, in dem die beiden Regierungen das Öl dieser Region unter sich aufteilten. »Das persische Öl gehört Ihnen«, überließ US-Präsident Franklin D. Roosevelt gegenüber Londons Botschafter in Washington, Lord Halifax, den Iran großzügig Großbritannien. »Das Öl im Irak und Kuwait teilen wir uns. Und was das saudische Öl angeht, das gehört uns.«[13]

Gegen Ende des Zweiten Weltkriegs betrachteten die USA den Mittleren Osten als »die strategisch wichtigste Weltregion« und »einen der größten materiellen Preise in der Weltgeschichte«[14]. Auf dass es niemand vergesse, verkündete Präsident Jimmy Carter 1980 in seiner Rede zur Lage der Nation die sogenannte Carter-Doktrin und wiederholte noch einmal, wem das Öl gehört: Die strategische Bedeutung des Persischen Golfs liege in »der überwältigenden Abhängigkeit der westlichen Demokratien von den Öllieferungen aus dem Mittleren Osten … jeder Versuch einer anderen Macht, die Kontrolle über den Persischen Golf zu gewinnen, wird als Überfall auf die lebenswichtigen Interessen der Vereinigten Staaten von Amerika angesehen … und mit allen notwendigen Mitteln einschließlich militärischer Gewalt zurückgeschlagen werden.«[15]

Zwar haben die USA in ihrer langen Geschichte nur in elf verschiedenen Fällen (in fünf Kriegen) formal einer anderen Nation den Krieg erklärt. Doch militärische Interventionen, grobe, aber auch subtilere Einmischungen in die Angelegenheiten anderer Staaten haben eine lange Tradition in der amerikanischen Außenpolitik und begannen schon kurz nach der Unabhängigkeit der USA. Verglichen mit Paris, London oder Berlin war Washington jedoch sehr oft verblüffend ehrlich und sprach nicht von einer action civilisatrice oder von edlen Zielen, den Eingeborenen den rechten Glauben, Fortschritt oder eine höhere Kultur bringen zu müssen, sondern nannte oft frank und frei den Schutz amerikanischer Interessen, amerikanischen Besitzes und amerikanischer Staatsbürger als Grund für sein militärisches Eingreifen.

1794–1795: Ohio (unabhängiges Indianergebiet)

George Washingtons »Northwest Ordinance« öffnete das sogenannte Nordwestterritorium weißen Siedlern, die daraufhin in die bislang nur von Indianern bewohnten Gegenden strömten. Die Indianer widersetzten sich diesem Vordringen, woraufhin Washington die Armee schickte, um den Widerstand zu ersticken. Doch eine Konföderation diverser Stämme, geführt von dem Shawnee Blue Jacket, dem Miami Kleine Schildkröte, dem Lenape-Häuptling Buckongahelas sowie dem Ottawa Egushawa schlug die Invasionsarmeen unter Führung der Generäle Josiah Hamar und Arthur St. Clair vernichtend. Nach dieser Niederlage strebten die USA eine Verhandlungslösung an. Die Allianz unter Blue Jacket bestand jedoch auf einer Grenzziehung, der die USA keinesfalls zustimmen wollten. Also schickte Washington eine neue Armee unter General Anthony Wayne, die Blue Jacket und seine Alliierten in der »Battle of Fallen Timbers« schlug, an der auch der spätere Präsident William Henry Harrison teilnahm. Die Indianer hatten auf britische Unterstützung gehofft. Als diese nicht eintraf, sahen sie sich gezwungen, 1795 den Vertrag von Greenville zu unterzeichnen, in dem sie das heutige Ohio und Teile des heutigen Indianas an die USA abtreten mussten.

1795: Florida (spanisches Territorium)

Amerikanische Truppen annektierten Teile Westfloridas.

1798–1800: Santo Domingo

Über ausstehende Kriegsschulden Washingtons in Paris und die Handelstätigkeit der USA mit Großbritannien, das sich mit Frankreich im Kriegszustand befand, kam es zu einem »unerklärten Seekrieg mit Frankreich«. In diesem sogenannten Quasi-Krieg ging es jedoch weit mehr darum, die Sklaven an dem ihnen gebührenden Platz zu halten. US-Truppen landeten in Porto Plata im damaligen Santo Domingo, wo sie unter den Kanonen des Forts ein französisches Schiff kaperten, um zu verhindern, dass dieses Schiff in die Hände rebellierender afrikanischer Sklaven fiel.

Der Hintergrund: Der Sklave Toussaint Louverture führte in der einträglichsten französischen Kolonie, dem heutigen Haiti, den einzigen erfolgreichen Sklavenaufstand der Geschichte, der 1804 schließlich zur Unabhängigkeit Haitis führen sollte. Seine Truppen hatten den Hafen eingenommen. Der Tabakpflanzer und US-Vizepräsident Thomas Jefferson, der selbst 187 Sklaven besaß, fürchtete den Einfluss, den eine erfolgreiche Sklavenrevolution unter den eigenen Sklaven haben könnte, und verhandelte darum mit Frankreich und Großbritannien über Möglichkeiten, die Insel in eine Art Protektorat der USA, Frankreichs und Großbritanniens zu verwandeln, »um diese Krankheit (die Abschaffung der Sklaverei) auf diese Insel zu beschränken. Solange wir den Negern verbieten, über eigene Schiffe zu verfügen, können wir ihnen erlauben, als Freie zu leben und sogar lukrative Handelskontakte mit ihnen pflegen.«[16]

1801: Texas (spanisches Territorium)

1796 hatte Philip Nolan für eine Vermessungsgruppe der US-Grenzkommission, die den Missouri kartographierte, später als Buchhalter und Pferdehändler gearbeitet. Im Oktober 1800 führte er eine Expedition von dreißig Mann in die nördlichen Provinzen des spanischen Vizekönigreichs Mexiko, um dort ein eigenes Königreich zu gründen. Am 21. März 1801 unterlagen er und seine Männer einer 120 Mann starken spanischen Einheit. In dem Gefecht oberhalb der Mündung des heute nach ihm benannten Nolan River in den Río Brazos wurde er erschossen.

1801–1805: Regentschaft Tripolis – Erster Berberkrieg

Ende des 18. Jahrhunderts hatten sich die Länder westlich Ägyptens weitgehend von der osmanischen Herrschaft gelöst. Die Herrscher der Berberstaaten von Tunis, Tripolis oder Algier handelten unabhängig vom Sultan im fernen Istanbul und verlangten von fremden Staaten und Schiffen Tributzahlungen für das Recht, in ihrem Herrschaftsbereich Handel zu treiben. Verweigerten die Fremden diese Zahlungen, wurden ihre Schiffe beschlagnahmt und die Besatzungen nur gegen Lösegeld freigelassen oder in die Sklaverei verkauft. Wie Großbritannien oder Frankreich leisteten auch die USA bis 1800 jährlich bis zu 80 000 Dollar Tribut- und Lösegeldzahlungen. Als der Pascha von Tripolis jedoch eine Extrazahlung von 225 000 Dollar forderte, weigerte sich Präsident Thomas Jefferson, dieser Erpressung nachzugeben. Nachdem der Pascha daraufhin am 10. Mai 1801 den USA den Krieg erklärt hatte, dem sich auch Algier, Tunis und Marokko anschlossen, entsandte Jefferson ein Fregattengeschwader unter Commodore Richard Dale. Das US-Geschwader blockierte die nordafrikanischen Häfen. Als die *Philadelphia* bei einem Angriff vor Tripolis auf Grund lief, nahmen die Verteidiger der Stadt die Besatzung gefangen (Oktober 1803). Unter Führung des Leutnants Stephan Decatur jun. setzten Marines die *Philadelphia* in Brand. Im Frühjahr 1805 nahmen die US-Fregatten Tripolis unter Beschuss, während eine Gruppe von Marineinfanteristen, unterstützt von 500 ägyptischen Söldnern, nach einem 800-Kilometer-Marsch durch die Wüste die Stadt einnahm. Daraufhin stimmten die Berberfürsten einem Waffenstillstand und Gefangenenaustausch zu.

1803: Louisiana (französisches Gebiet)

Durch den Dritten Vertrag von San Ildefonso gelangte Frankreich in den Besitz des sogenannten Louisiana-Territoriums, das, weit über die Grenzen des heutigen Bundesstaates hinaus, westlich des Mississippi hoch bis an die Grenze zu Kanada reichte und seit 1762 spanische Kolonie war. Der Vertrag wurde jedoch geheim gehalten. So blieb Louisiana nominell unter spanischer Kontrolle. Erst am 30. November 1803 übernahm Frankreich die Verwaltung des Gebiets, nur drei Wochen vor dem Verkauf an die USA. Dem widersetzten sich die USA. Die Südstaatenpflanzer fürchteten, die Franzosen könnten die Sklaven in die Freiheit entlassen und so Sklavenaufstände auch anderweitig auslösen. Vor allem New Orleans, durch das die »Produkte aus drei Achteln unseres Territoriums auf den Markt gebracht werden müssen« (so Präsident Thomas Jefferson in einem Brief vom 18. April 1802), könne »nie in den Händen Frankreichs« bleiben. Mit der Behauptung, eine vertragliche Annäherung mit England stünde bevor, erschreckte die US-Regierung Napoleon, der die Invasion Großbritanniens plante. Nach der Niederlage seiner Truppen in Haiti und dem Verlust der reichen Kolonie sah Napoleon keinen Gewinn mehr im Besitz des Gebiets von Louisiana. Der französische Kaiser war bereit, die Gebiete westlich des Mississippi zu einem Preis von weniger als drei Cent pro Morgen an die USA zu verkaufen. Die Gesamtsumme, die Washington für die 2 144 520 qkm zu bezahlen hatte, belief sich auf 27 267 622 Dollar. Der sogenannte Louisiana Purchase war der größte aller Landkäufe in der amerikanischen Geschichte und verdoppelte seinerzeit die Größe der USA. Das Territorium umfasste neben Louisiana die heutigen Staaten Arkansas, Oklahoma, Missouri, Kansas, Iowa, Nebraska, Wyoming, Minnesota, South und North Dakota und Montana.

1806: Mexiko (spanisches Territorium)

Präsident Jeffersons Auffassung, wonach der Louisiana-Kauf alles Land östlich der Rocky Mountains und nördlich des Río Grande einschließe, somit auch Westflorida, Texas und das Gebiet von Illinois, führte zum Konflikt mit Spanien, das darauf bestand, dass Louisiana nur bis zum Städtchen Natchitoches (im Nordwesten des heutigen Bundesstaates) reichte. Der Disput wurde erst 1819 beigelegt, als Spanien gegen die amerikanische Anerkennung des Río Sabine als östlicher Grenze von Texas Florida den USA überließ. Auf Befehl General James Wilkinsons drang Captain Zebulon Montgomery Pike mit einer kleinen Einheit im Quellgebiet des Río Grande auf mexikanisches Gebiet vor, um die umstrittenen Gebiete zu erforschen und zu kartographieren. Am Río Grande nahmen spanische Truppen die Eindringlinge fest, brachten sie nach Natchitoches zurück und zerstörten das Fort, das Pike im heutigen Colorado gebaut hatte. Zwar hatten die Spanier seine Karten und Notizen konfisziert, doch Pike konnte die meisten Aufzeichnungen aus dem Gedächtnis wiedergeben. Seine begeisterten Berichte über Texas heizten das amerikanische Verlangen an, das riesige von gerade einmal 4 000 Spaniern und einigen entlaufenen Sklaven und Indianern bewohnte Gebiet zu besitzen.

1806: Texas (spanisches Territorium)

Kaum waren die beiden Wissenschaftler und US-Agenten William Dunbar und George Hunter mit ihrer Expedition ins Gebiet westlich des mysteriösen Red River gescheitert und nur bis in die Region des heutigen Hot Springs in Arkansas gelangt (1804), ordnete Präsident Thomas Jefferson, der besessen war von der Idee einer möglichst großen Ausdehnung der USA, eine weitere Expedition an: die Red River Expedition. Thomas Freeman und Peter Custis – Astronom und Landvermesser der eine, Naturkundler und Arzt der andere – stellten eine Flotte flacher Boote und Kanus zusammen und fuhren im Frühjahr den Red River aufwärts. Beim heutigen Spanish Bluff, einer Flussklippe an der Grenze zwischen Texas und Arkansas, wurde die Expedition am 28. Juli jedoch von einem überlegenen spanischen Truppenverband unter Francisco Viana gestoppt und zur Umkehr gezwungen. Freeman und Custis hatten allerdings schon 615 Meilen des Flusses katographiert.

Zwar kam es in der Folge der Expedition zu diplomatischen Spannungen, der von General James Wilkinson erhoffte Krieg brach jedoch nicht aus. Um die Situation nicht noch weiter anzuheizen, unterband Jefferson eine für 1807 geplante Expedition zum Arkansas River. Dennoch drangen kaum sechs Wochen nach Freemans und Custis' Rückkehr sechs Amerikaner unter der Führung von John S. Lewis erneut in das Gebiet des Red River vor, hissten in den Dörfern der Taovaya-Indianer die US-Flagge und versuchten, die Comanchen gegen die Spanier aufzuwiegeln.

1806–1810: Golf von Mexiko

Amerikanische Kanonenboote operierten von New Orleans aus (das mit Napoleons Verkauf von Louisiana 1804 an die USA gegangen war) gegen spanische und französische Piraten, die das Mississippi-Delta unsicher machten.

1808: Texas und Kalifornien (spanische Territorien)

Die USA entsandten zwei Expeditionen, um die Gebiete zu »erforschen«. Hauptmann Anthony Glass drang bei einem Alabama-Coushatta-Dorf nach Texas vor, folgte dem Sulphur River bis in die Gegend des heutigen Paris, Texas, und erreichte schließlich die Taovaya-Dörfer am Oberlauf des Red River. Von dort stieß Glass mit seinen Begleitern tiefer in die Rolling Plains vor und fuhr den Colorado River wieder hinunter, ehe er zurückkehrte. Einige Mitglieder seiner Expedition machten sich 1809 auf den Weg an den Mittellauf des Río Brazos.

1809: Kuba (spanisches Territorium)

»Ich gestehe ganz offen, dass ich Kuba immer als eine äußerst interessante Ergänzung unseres Staatensystems angesehen habe«, schrieb Thomas Jefferson seinem Nachfolger James Madison. »Wenn wir uns Kuba schnappen, kontrollieren wir die Karibik.« Mit Kuba und Kanada »hätten wir ein Reich der Freiheit, wie es die Welt seit der Erschaffung nicht gesehen hat«. Deshalb schickte er seinen General James Wilkinson zu Kaufverhandlungen nach Madrid, doch vergeblich. Nicht einmal die anhaltenden spanisch-französischen Spannungen konnten den spanischen König dazu bewegen, seine wertvolle Kolonie abzugeben.

1810: Westflorida (spanisches Territorium)

Auf Befehl Präsident Madisons besetzten US-Truppen unter dem Kommando von Louisianas Gouverneur William C. C. Claiborne das Gebiet östlich des Mississippi bis zum Pearl River, der heute die Ostgrenze Louisianas bildet.

1812: Amelia Island und andere Teile von Ostflorida (spanisches Territorium)

US-Truppen besetzten die Gebiete auf Befehl Präsident Madisons und mit der Zustimmung des Kongresses, angeblich um einer Besetzung durch andere Mächte zuvorzukommen.

1812–1813: Texas (spanisches Territorium)

Nach Miguel Hidalgos (1810) und Juan Bautista de las Casas' (1812) gescheiterten Versuchen, die Unabhängigkeit Mexikos von der spanischen Krone zu erlangen, flohen die überlebenden Rebellen in die USA. Durch die Vermittlung des Gouverneurs von Louisiana gewann der Schmied Bernardo Gutiérrez de Lara die Unterstützung des US-Oberstleutnants Augustus W. Magee, mit dessen Hilfe er eine Truppe von 130 Mann rekrutierte. Im August 1812 nahmen die Rebellen den texanischen Ort Nacogdoches ein. Der Erfolg führte den Aufständischen weitere Kämpfer zu. Nachdem Magee gestorben war (6. Februar 1813), übernahm der Abenteurer Samuel Kemper das Kommando. Verstärkt durch Tejanos (Texaner mexikanischer Herkunft), spanische Deserteure, Coushatta-, Lipan- und Tonkawa-Indianer sowie Freiwillige aus Nacogdoches und San Antonio, besiegten Kempers Leute am 29. März eine spanische Armee von 1200 Mann in der Schlacht am Rosillo Creek (heute Salado Creek). Eine Woche später entwarf die »Republikanische Armee« eine Unabhängigkeitserklärung, rief die erste »Republik von Texas« aus und ernannte Gutiérrez zum Präsidenten der neuen Republik. Zwar konnten die Republikaner auch die Schlacht am Alazán Creek überlegen gewinnen, doch Uneinigkeit unter den Offizieren führte schließlich zur Niederlage. Am 18. August 1813 wurden die Revolutionäre und Invasoren (1400 Amerikaner, Tejanos, Spanier, Indianer und Afroamerikaner) in der Schlacht von Medina von einer spanischen Streitmacht vernichtend geschlagen und verloren 1300 Mann. Nur wenige schafften die Flucht in die USA.

1812–1815: Krieg mit Großbritannien

Während der Napoleonischen Kriege verletzten sowohl britische als auch französische Verbände häufig die Neutralität anderer Staaten. Napoleon vereinbarte mit Washington, den Handel zwischen Großbritannien und den USA nicht zu behelligen. Großbritannien, das eine Seeblockade gegen Frankreich durchzusetzen suchte, verlangte jedoch, dass neutrale Schiffe, die einen französischen Hafen anliefen, zuerst in einem britischen Hafen Steuern zahlen sollten. Britische Kriegsschiffe pflegten außerdem häufig US-Schiffe auf hoher See aufzubringen, um nach geflohenen englischen Deserteuren zu suchen. Zudem zeigte sich Washington zunehmend verärgert über Londons militärische Unterstützung für den Shawnee-Häuptling Tecumseh, der sich dem Vordringen weißer Siedler nach Westen widersetzte.

Um die Briten aus Kanada und die Spanier aus Florida zu vertreiben, erklärte Präsident Madison Großbritannien am 18. Juni 1812 den Krieg. Zwar wurden zahlreiche Gefechte um die Kontrolle der Großen Seen geführt (US-Truppen brannten York, Ontario, ab, heute ein Stadtteil von Toronto; britische Truppen zündeten das Weiße Haus in Washington an), doch keiner Seite gelang ein entscheidender Durchbruch. Kriegsmüde unterzeichneten beide Parteien am 24. Dezember 1814 den Vertrag von Gent. Napoleons Niederlage in Waterloo, Tecumsehs Tod im Kampf sowie Andrew Jacksons Zerschlagung der Creek-Konföderation brachten schließlich ein Ende der Kampfhandlungen.

1812–1814: Northwest Territories

Der auch nach dem Vertrag von Greenville fortgesetzte und von Präsident Thomas Jefferson forcierte amerikanische Erwerb zusätzlicher Indianergebiete alarmierte die Stämme. Die beiden Shawnee-Brüder Tecumseh und Tenskwatawa organisierten eine neue Koalition. Während Tecumseh im Süden weitere Verbündete unter den Creek, Cherokee und Choctaw rekrutierte, schlug William Henry Harrison, der Gouverneur des Indiana-Territoriums, Tenskwatawa und seine Verbündeten in der Schlacht von Tippecanoe. Die Amerikaner hofften, dass dieser Sieg den militärischen Widerstand der Eingeborenen beenden würde. Stattdessen entschied sich Tecumseh für eine Allianz mit den Briten. Nachdem die Creek und Shawnee sowohl in der Schlacht am Horseshoe Bend von General Andrew Jackson als auch in der Schlacht am Thames River, in der Tecumseh fiel, von Harrison geschlagen wurden, war der indianische Widerstand in den alten Nordwestgebieten endgültig gebrochen.

1813: Westflorida (spanisches Territorium)

Mit Genehmigung des Kongresses besetzte General James Wilkinson mit 600 Mann die Mobile Bay im heutigen Alabama und vertrieb die spanische Garnison. Damit begann das Vordringen der USA in das umstrittene Gebiet am Río Perdido.

1813–1814: Marquesas (Französisch-Polynesien)

Etwas verspätet traf der Britisch-Amerikanische Krieg von 1812 sogar in Polynesien ein. Monatelang kreuzte eine amerikanische Flotte, angeführt von der Fregatte *USS Essex* unter dem Kommando David Porters, im Pazifik und verfolgte britische Walfänger. Zu Reparaturarbeiten lief die *Essex* mit zehn weiteren Schiffen am 25. Oktober 1813 Nuku Hiva an, eine Insel der Marquesas, die Kapitän Porter sofort nach seinem Präsidenten in Madison Island umtaufte. In der Massachusetts Bay errichteten die Seeleute gleich auch den ersten US-Marinestützpunkt im Pazifik: Fort Madison und eine kleine Siedlung Madisonville, wo die Seeleute untergebracht wurden. Ohne die Betroffenen zu fragen, verkündeten die Kolonisten in einer Erklärung, dass die einheimischen Te I'is Untertanen der Vereinigten Staaten seien.

Da die Insel nicht nur von Te I'is, sondern von einer ganzen Reihe weiterer sich befehdender Stämme wie den Happah oder Tai Pi bewohnt war, führten die Amerikaner nun sehr erfolgreich Kriege. Die Kriegskanus, Knüppel und Lanzen der Happah oder Tai Pi hatten nicht die Spur einer Chance gegen amerikanische Fregatten, Kanonen und Musketen. Es bereite ihm keine Freude, gestand Porter später in einer Beschreibung der Kämpfe, ein »glückliches und heroisches Volk« zu unterwerfen. »Eine Szene der Verwüstung und des Schreckens« hätten sie hinterlassen, eine »Reihe rauchender Ruinen«.[17]

1814: Florida (spanisches Territorium)

Im Britisch-Amerikanischen Krieg hatten sich die Creek (Indianer) mit den Briten verbündet. Nach der Niederlage in der bereits erwähnten Schlacht am Horseshoe Bend flohen die Creek in das spanisch kontrollierte Pensacola in Westflorida. Daraufhin führte General Andrew Jackson 3000 Infanteristen nach Pensacola. Die Briten, die seit dem 23. August 1814 in Pensacola militärisch präsent waren, gaben die Stadt auf und zogen sich zurück. Daraufhin kapitulierten die Spanier kampflos.

1814–1825: Karibik

In diesem Zeitraum kam es zu zahlreichen Seegefechten amerikanischer Verbände gegen Korsaren vor den Küsten Kubas, Puerto Ricos, Santo Domingos und Yucatáns. Allein zwischen 1815 und 1823 wurden nicht weniger als 3000 Piratenangriffe auf Handelsschiffe gezählt.

1815: Regentschaft Algier – Zweiter Berberkrieg

Stephan Decatur, der zwölf Jahre zuvor die *USS Philadelphia* verbrannt hatte, führte nun als Commodore eine Flotte von zehn Kriegsschiffen ins Mittelmeer, griff Algier an und verlangte Entschädigung für beschlagnahmte US-Schiffe. Diesmal genügte alleine die Drohung, Algier zu bombardieren, um zehn amerikanische Gefangene und einige Europäer frei zu bekommen und die Tributzahlungen vertraglich zu beenden. Danach segelte Decatur nach Tunis und Tripoli, wo er Entschädigungen für Verluste aus dem Ersten Berberkrieg eintrieb.

1816–1818: Florida (spanisches Territorium) – Erster Seminolenkrieg

Während des Britisch-Amerikanischen Kriegs von 1812 unterhielt Großbritannien in der spanischen Kolonie Florida am Río Apalachicola das Negro Fort, wo rund 1000 Briten sowie einige hundert Afroamerikaner stationiert waren. Kurz nach Beendigung des Krieges 1815 zogen die britischen Verbände ab und ließen die schwarze Bevölkerung zurück. Negro Fort wurde eine Zufluchtsstätte für entflohene Sklaven aus Georgia. Nachdem Bewohner von Negro Fort eine Versorgungseinheit der US-Streitkräfte attackiert hatten, griffen General Andrew Jackson und General Edmund Gaines an. 330 Männer, Frauen und Kinder, zumeist freie Ex-Sklaven, sowie einige Seminolen- und Choctaw-Krieger verteidigten die Festung, die unter schweren Beschuss geriet. Eine Kanonenkugel traf das Waffendepot, in dem auch das Schießpulver gelagert war. Die Explosion zerstörte das Fort vollständig und tötete beinahe alle Verteidiger. Die überlebenden Gefangenen wurden zurück in die Sklaverei geschickt.

Ergrimmt über den Tod seiner Leute in Negro Fort warnte Neamathla, ein Seminolen-Häuptling, den kommandierenden amerikanischen General, keinesfalls den Flint River zu überqueren, andernfalls er angegriffen und geschlagen werden würde. Diese Drohung beantwortete General Gaines mit der Entsendung von 250 Mann, die den Häuptling festnehmen sollten. Die darauffolgende Schlacht war die erste Kampfhandlung im beginnenden Ersten Seminolenkrieg.

Auf Befehl von Präsident James Monroe marschierte General Andrew Jackson in Florida ein (obwohl sich die USA nicht im Krieg mit Spanien befanden), verbrannte die Seminolen-Dörfer, wo von amerikanischen Pflanzungen entflohene Sklaven Unterkunft und Schutz gefunden hatten, vertrieb die Seminolen, exekutierte britische Staatsbürger, nahm die spanischen Festungen Pensacola und St. Marks ein und vertrieb ebenfalls die spanischen Bewohner von Fernandina, die 1817 ihre Unabhängigkeit von Spanien erklärt hatten. 1819 annektierten die USA Florida. Monroe wollte die Indianer zwingen, sesshafte Bauern zu werden mit dem Argument: »Ein Jäger oder Wilder braucht ein größeres Territorium, um sich zu ernähren. Das ist nicht vereinbar mit Fortschritt und den gerechtfertigten Forderungen eines zivilisierten Lebens.«[18]

1817: Amelia Island (spanisches Territorium)

Auf Befehl von Präsident James Monroe besetzten US-Streitkräfte die Insel vor der Nordostküste Floridas und vertrieben eine Gruppe von Schmugglern, Abenteurern und Freibeutern.

1817: Mexiko (spanisches Territorium)

Während des Mexikanischen Unabhängigkeitskrieges führte der ehemalige US-Offizier Henry Perry eine Bande von Freischärlern nach Texas, um die spanische Festung Presidio La Bahía zu erobern. San Antonio schickte Verstärkung. Am 18. Juni schlugen die spanischen Verbände Perrys Truppen am Coleto Creek.

1818–1819: Oregon Territory

Die *USS Ontario* landete an der Mündung des Columbia River, des heutigen Grenzflusses zwischen Washington und Idaho, und nahm damit das Oregon Country genannte Gebiet ein. Sowohl England als auch Russland und Spanien, die alle längst vor Ort vertreten waren, erhoben Anspruch auf die Region. 1819 beugte sich Spanien, dessen Kolonien in ganz Lateinamerika von Unabhängigkeitsbewegungen bedroht waren, schließlich dem Druck Washingtons und überließ im Transkontinentalvertrag das Oregon Country und auch Florida den USA. Im Gegenzug erkannten die USA Spaniens Souveränität in Texas an. Gleichzeitig bot die amerikanische Regierung Siedlern kostenlos Land an, um mit der Schaffung sogenannter *facts on the ground* den englischen und russischen Ansprüchen vor allem in Oregon zu begegnen.

1819: Mexiko (spanisches Territorium)

Am 8. Juni führte der Filibuster Eli Harris 120 Mann über den Río Sabine nach Nacogdoches am Golf von Mexiko. Zwei Wochen später folgte ihm James Long, ein Pflanzer und ehemaliger Arzt der U.S. Army, mit zusätzlichen 75 Mann, darunter der berüchtigte Messerheld James Bowie. Am 22. Juni erklärten die Eindringlinge die Unabhängigkeit des Gebiets, riefen eine neue Regierung mit Long als erstem Präsidenten von Texas und einem 21-köpfigen Supreme Council aus und teilten jedem Mitglied der Expedition dreißig Quadratkilometer Land zu. Sie gaben sogar die erste englischsprachige Zeitung in Texas heraus, den *Texas Republican*, der jedoch nur einen Monat lang existierte. Long kontaktierte den französischen Piraten Jean Lafitte, der zwischen New Orleans und Galveston Island Schmuggel betrieb, und bot ihm den Posten eines Gouverneurs auf Galveston Island an. Lafitte jedoch, der in Diensten der spanischen Krone stand, informierte den spanischen Vizekönig in Mexiko. Als 500 spanische Soldaten in Texas eintrafen und nach Nacogdoches marschierten, floh Long mit seinen Leuten nach Louisiana.

1820–1823: Afrika

Flottenverbände der USA bekämpften den Sklavenhandel vor der afrikanischen Küste.

1821: Texas (spanisches Territorium)

Mit 300 neu rekrutierten Männern traf James Long im April 1820 erneut in Texas ein. Am 4. Oktober des Jahres nahm er mit seinen Leuten die Ortschaften Goliad und Presidio La Bahía ein, musste sich jedoch schon vier Tage später bei San Antonio den royalistischen Truppen von Oberst Ignacio Pérez aus Bexar ergeben. Long wurde als Gefangener nach Mexiko-Stadt gebracht, wo er sechs Monate später von einem Gefängniswärter erschossen wurde. Ende 1821 war Mexiko unabhängig, und Texas wurde Teil des neuen Staates.

1822: Puerto Rico (spanisches Territorium)

Während England mit Spanien über einen möglichen Tausch von Gibraltar und Kuba verhandelte, versuchten amerikanische Abenteurer, die spanische Kolonie Puerto Rico einzunehmen. Docoudray Holstein, ein im Elsass geborener Deutscher, der an der Seite des lateinamerikanischen Unabhängigkeitsgenerals Simón Bolívar gekämpft hatte, ließ sich nach seinem Bruch mit Bolívar zunächst in Curaçao nieder, ehe er in den USA, unterstützt von Geschäftsleuten in Philadelphia, New York und New Jersey eine Armee von 500 Mann bewaffnete, um Puerto Rico von der spanischen Herrschaft zu befreien. Die Spanier bekamen Wind von dem Plan und mobilisierten ihre Truppen. Doch Holstein erreichte Puerto Rico nie. Als der Schoner mit den selbsternannten Befreiern in einem Sturm vom Kurs abkam und leck schlug, musste Holstein in seiner alten Heimat Curaçao Schutz suchen, wo ihn die holländischen Behörden arretierten.

1822: Kuba (spanisches Territorium)

Marineeinheiten landeten an der Nordwestküste Kubas und brannten dort ein Piratenlager ab. Zwischen 1817 und 1825 verfolgte und jagte die US-amerikanische West Indies Squadron nahezu ununterbrochen Piraten, sowohl auf See als auch an Land. Nach der Gefangennahme von Roberto Cofresí, einem der Großen seiner Zunft, 1825 ging die Piraterie erheblich zurück. Bis zur Jahrhundertwende ereigneten sich in der Karibik bloß noch vereinzelte Zwischenfälle.

1823: Missouri (unabhängiges Gebiet)

Im sogenannten Arikara-Krieg besiegten 230 US-Soldaten, unterstützt von 750 Sioux sowie 50 Trappern, den Widerstand der Arikara gegen das Vordringen der Weißen. Dem Stamm wurde danach bei Fort Berthold im heutigen North Dakota eine Reservation zugewiesen.

1823: Afghanistan

Der US-Söldner Alexander Haughton Campbell Gardner ließ sich von Habib Khan anheuern, der seinen Onkel Dost Mohammed Khan vom Thron in Kabul vertreiben wollte. Als der Aufstand scheiterte, floh Gardner in den Punjab, wo er es unter dem Herrscher des Sikh-Reichs, Maharadscha Ranjit Singh, bis zum Obersten brachte. Er blieb auch nach dessen Tod 1839 Offizier der Sikh-Armee. Nach dem Ersten Anglo-Sikh-Krieg (1845/46) und dem Tod Ranjits bot er seine Dienste Gulab Singh an, den die Britische Ostindien-Gesellschaft als Maharadscha von Kaschmir und Jammu eingesetzt hatte.

1823: USA, Monroe-Doktrin

Im März 1822 informierte Präsident James Monroe den Kongress, dass die Vereinigten Provinzen des Río de la Plata (die heutigen Staaten Argentinien, Uruguay, Paraguay und Teile Boliviens) ihre Unabhängigkeit von Spanien erklärt hätten, und wies John Adams an, den Botschaftern in diesen Ländern mitzuteilen, dass die USA die republikanischen Institutionen anerkennen würden und Handelsverträge mit ihnen eingehen wollten. Amerika sollte in der Zukunft frei von europäischer Kolonisierung und europäischen Interventionen sein. Die USA wollten sich in den Kriegen zwischen den europäischen Staaten und ihren Kolonien neutral verhalten, betrachteten neue Kolonien oder Einmischungen in die Angelegenheiten unabhängiger Staaten jedoch als feindliche Handlungen gegen die USA.

1823: Kuba

Zwischen April und Oktober landeten US-Verbände bei der Verfolgung von Piraten fünfmal an verschiedenen Orten, so heißt es bis heute in der offiziellen Geschichtsschreibung der USA. Doch Zweifel sind angebracht. Washington hatte wieder einmal begehrliche Blicke auf Kuba geworfen. Kuba und Puerto Rico »sind natürliche Fortsätze des nordamerikanischen Kontinents, und einer davon, beinahe in Sichtweite unserer Ufer, ist aus verschiedenerlei Erwägungen heraus Gegenstand überwältigender Bedeutung für die wirtschaftlichen und politischen Interessen der Union geworden«, erklärte John Quincy Adams schon 1823, damals noch als Außenminister Monroes. »Das sind Gesetze der politischen wie physischen Schwerkraft. Kuba, gewaltsam von seiner unnatürlichen Verbindung mit Spanien getrennt und unfähig, selbstständig zu überleben, kann sich nur in Richtung der nordamerikanischen Union bewegen, die es aufgrund desselben Naturgesetzes nicht von ihrer Brust weisen kann.« Später, als Präsident, prophezeite Adams, Kuba werde »der Union wie eine reife Frucht in den Schoß fallen«.[19]

1824: Puerto Rico (spanisches Territorium)

Commodore David Porter griff die Stadt Fajardo im Nordosten der Insel an, die Piraten Unterschlupf geboten und angeblich amerikanische Offiziere beleidigt hatte. Später wurde Porter von einem Militärgericht für sechs Monate vom Dienst suspendiert. Daraufhin nahm er seinen Abschied von der Navy.

1824: Kuba

Im Oktober landete die *USS Porpoise* bei der Jagd nach Piraten bei Matanzas Bluejackets an.

1825: Kuba

In Spanien hatten Revolutionäre König Ferdinand VII. festgesetzt und eine konstitutionelle Monarchie proklamiert. Nachdem die »Heilige Allianz« (Russland, Österreich und Preußen) und französische Truppen die Revolution niedergeschlagen und König Ferdinand befreit hatten, befürchtete England eine Ausweitung der militärischen Operationen auf die früheren spanischen Kolonien in Amerika. In London und Washington kursierten Gerüchte über Pläne für eine Konferenz der europäischen Kontinentalmächte über das weitere Vorgehen gegen die ehemaligen spanischen Kolonien in Amerika. Angeblich wartete eine französische Flotte schon darauf, spanische Truppen zur Rückeroberung der Kolonien zu verschiffen. Zudem löste ein ausgedehnter Sklavenaufstand auf Kuba in Washington Besorgnisse aus, dieser Freiheitsdrang könne auf die eigenen Sklaven überspringen. Um solches und ein mögliches Eingreifen der »Heiligen Allianz« zu verhindern, landeten US-Marines auf Kuba und Puerto Rico.

1825: Mexiko

Durch Joel R. Poinsett, seinen Botschafter in Mexiko-Stadt, übte Präsident James Monroe Druck auf die dortige Regierung aus, das Gebiet zwischen den Flüssen Mississippi, Río Bravo und Colorado für 1,5 Millionen Dollar zu verkaufen.

1826–1827: Mexiko

Nachdem Mexikos Regierung 1825 US-amerikanischen Siedlern erlaubt hatte, sich in Texas niederzulassen, bereitete einer von ihnen, der reiche Pflanzer Haden Edwards aus den Südstaaten, mit Gleichgesinnten eine Rebellion gegen die mexikanischen Behörden vor in der Absicht, die Unabhängigkeit der Provinz zu erreichen. Am 16. Dezember besetzte Edwards zusammen mit dreißig weiteren Gleichgesinnten das Old Stone Fort in Nacogdoches. Am 21. Dezember 1826 erklärten die Sezessionisten im Gebiet von Nacogdoches zwischen dem Golf von Mexiko und dem Red River die unabhängige Fredonian Republic (in etwa das heutige Gebiet des mexikanischen Bundesstaats Tamaulipas) und unterzeichneten einen Friedensvertrag mit den benachbarten Cherokee-Häuptlingen Richard Fields und John Dunn Hunter. Fields und Hunter behaupteten, weitere 23 Stämme zu vertreten, und versprachen, 400 Krieger zur Verteidigung der neuen Republik abzustellen.[20]

Oberstleutnant Mateo Ahumada, der Kommandeur der mexikanischen Truppen in Texas, rückte daraufhin am 22. Januar mit 110 Mann Infanterie aus San Antonio de Béxar aus und marschierte nach Nacogdoches; dabei schlossen sich ihm 250 Milizionäre loyaler Siedler an. Als Edwards klar wurde, dass die Cherokee-Krieger nicht kommen würden, floh er mit seinen Anhängern über den Río Sabine in die USA, und am 8. Februar besetzte Ahumada Nacogdoches. Einige Historiker betrachten die Fredonische Republik als den Beginn des texanischen Sezessionskriegs. Die Rebellion sei »verfrüht« gewesen, »entzündete aber das Pulver für den späteren Erfolg«.[21] Die Bewohner von Nacogdoches beteiligten sich in den folgenden Jahren an einer ganzen Reihe weiterer Rebellionen in Texas. 1832 vertrieben sie den mexikanischen Kommandeur Oberst José de las Piedras.[22]

1827: Griechenland

Am 25. September scherte die *USS Warren* etwa 200 Meilen westlich von Kythira aus dem Konvoi der amerikanischen Mediterranean Squadron aus, um in den griechischen Gewässern Piraten zu jagen. Am 4. Oktober brachte sie das erste Piratenboot mit einer fünfköpfigen Besatzung auf. Nur Stunden später beschlagnahmte die *Warren* eine Brigg, die unter griechischer Flagge segelte. Am 25. Oktober jagte sie eine weitere Brigg, die mit zehn Kanonen bestückt war, bis zur Insel Kimolos. Doch die Briganten konnten in die Hügel der Insel entkommen. Drei Tage später beschlagnahmte die *Warren* die *Cherub*. Bei Mykonos brachte die *Warren* zwei weitere Schiffe auf. Ein Kommando der *Warren* ging an Land, wo ihnen die Einwohner vier angebliche Piraten übergaben, einen fünften Mann fanden die Marinesoldaten in den Bergen. Danach überfiel die *Warren* noch ein Piratenschiff, verbrannte ein weiteres in der Bucht bei Andros, wo auch gleich noch ein Haus gesprengt wurde, das angeblich einem Piraten gehörte.

1827: Nordwestterritorium (unabhängiges Gebiet)

Der Widerstand der Winnebago wurde gebrochen, nachdem ihr Kriegshäuptling Roter Vogel in Haft gestorben war und andere führende Krieger exekutiert worden waren. Nach zähen Verhandlungen traten die Winnebago unter Druck ihre Siedlungsgebiete im heutigen Illinois gegen die Bezahlung von 540 000 Dollar ab, die über dreißig Jahre in jährlichen Raten von 18 000 Dollar ausgezahlt wurden.

1829: Indien

Unter den rund hundert überwiegend französischen und italienischen Söldnern, die die Hindu-Dogras, -Gurkhas und -Sikhs in der Armee Ranjit Singhs, des Gründers des Sikh-Reiches, ausbildeten und führten, dienten auch einige Amerikaner, darunter der amerikanische Quäker Josiah Harlan. Er brachte es zwar nicht bis zum König, zu dem ihn Rudyard Kipling in seiner Kurzgeschichte *The Man Who Would Be King* machte. Er wurde aber immerhin Gouverneur von Gujrat (im nördlichen Teil des Punjab, an Kaschmir grenzend) und nach einer »Strafexpedition« gegen einen usbekischen Warlord in Afghanistan vom König in Kabul, Dost Mohammed, zum Prinzen von Ghor ernannt (Ghor liegt im westlichen Teil Afghanistans), ehe er – von den britischen Kolonialbehörden zur *persona non grata* erklärt – in die USA zurückkehrte.

1831–1832: Falklandinseln (Malvinas)

1829 ließ Louis Vernet, ein in Hamburg geborener französischer Kaufmann mit US-amerikanischem Pass, den die Argentinier zum Gouverneur der Malvinas ernannt hatten, drei Schiffe US-amerikanischer Robbenjäger beschlagnahmen. Die Amerikaner hatten nach Angaben Vernets wahllos Robben und andere Tiere auf den Inseln getötet und somit die Fischerei- und Jagdrechte verletzt, die ihm 1823 von der argentinischen Regierung und 1829 von der britischen Regierung garantiert worden waren. Zwei Jahre später, im Dezember 1831, schickten die USA die Korvette *USS Lexington*, deren Besatzung in Vernets Abwesenheit die von ihm gegründete Siedlung Port Louis zerstörte, sieben Falkländer arretierte sowie weitere 33 deportierte und die Falklandinseln für »frei« (keinem Staat zugehörig) erklärte. Die argentinischen Proteste gegen die Verletzung der Souveränität des Landes taten die USA mit dem Hinweis auf bereits bestehende Souveränitätsrechte ab.[23] Gleichzeitig blockierten US-Kriegsschiffe die Küsten der Vereinigten Provinzen des Río de la Plata.

1832: Sumatra (holländisches Territorium)

In der ersten Hälfte des 19. Jahrhunderts wurden im Gebiet der Westküste Sumatras zwischen 5000 und 10 000 Tonnen Pfeffer produziert, der zu großen Teilen von Händlern aus Neu-England aufgekauft und dann nach Europa weiterverkauft wurde. Dabei führten Dispute um den Preis oder zwischen Seeleuten und Anwohnern häufig zu gewaltsamen Auseinandersetzungen. Im Januar 1831 ankerte die *Friendship* aus Salem (Massachusetts) vor Kuala Batu auf Sumatra, um Pfeffer zu laden, als sie angegriffen wurde. Die Angreifer töteten fünf Besatzungsmitglieder und raubten Schiff und Ladung. Präsident Andrew Jackson schickte zur Vergeltung die Fregatte *USS Potomac* unter Kommodore John Downes von der Pacific Squadron, die mit 42 32-Pfündern bestückt war. Am 5. Februar 1832 ankerte die *Potomac*, getarnt als dänischer Ostindienfahrer, fünf Meilen vor Kuala Batu. Am nächsten Morgen ruderten 282 Matrosen, Marines und Offiziere zur ersten militärischen Intervention der USA in Südostasien und griffen die vier Festungsanlagen der Stadt an. Nach heftigen Kämpfen, in denen zwei US-Soldaten und 150 Malaien fielen, nahm die US-Truppe die Stadt ein, brannte sie ab und überzeugte die Einwohner davon, »dass auf Uncle Sams Stars and Stripes nicht herumgetrampelt werden kann«, wie es auf einem weitverbreiteten Blatt hieß, auf dem in einem Gedicht der »Schlacht von Qualah Battoo« gedacht wurde:

> »Exposed to their fires, the Potomacs undaunted
> Beneath their rude ramparts stood firmly and brave,
> Resolved that the stripes and the stars of Columbia
> Fire long on their ramparts in triumph should wave.«[24]

1832: Illinois

Nach den sogenannten Fox-Kriegen mit französischen Kolonialisten im Gebiet der heutigen Bundesstaaten Michigan und Wisconsin hatten die verbliebenen 500 Fox bei den Sauk im Gebiet zwischen dem Wisconsin River im Norden und dem Illinois River im Süden sowie nördlich des Missouri Zuflucht gesucht. 1804 hatte Henry Harrison, der Gouverneur des Indiana-Territoriums, mit einer Gruppe von Fox- und Sauk-Häuptlingen einen Vertrag ausgehandelt, dem zufolge die Indianer das Land »für immer« an die USA abtraten, jedoch auch weiterhin so lange dort leben durften, bis es vermessen und an weiße Siedler verkauft werde. Als Gegenleistung erhielten sie 2234,50 Dollar in Waren und eine jährliche Zahlung von 1000 Dollar. 1809 kam dieses Gebiet zum Illinois-Territorium, das 1818 zum Staat Illinois wurde.

Im Herbst 1829 zogen die Sauk und Fox auf Druck der amerikanischen Regierung ans Westufer des Mississippi im heutigen Iowa. Häuptling Black Hawk wollte die Vertreibung jedoch nicht anerkennen und kehrte 1830 und 1831 mehrmals zur Jagd in sein altes Siedlungsgebiet zurück. Der Gouverneur von Illinois, John Reynolds, betrachtete dies jedoch als »eine Invasion des Staates« und setzte ein Bataillon der Illinois-Miliz (in dem der spätere Präsident Abraham Lincoln als Hauptmann diente) in Marsch, um die Indianer »tot oder lebendig« auf die andere Seite des Mississippi zu vertreiben. Black Hawk zog sich nach Iowa zurück, das noch nicht Bundesstaat der USA war. Am 21. September 1832 traten die Sauk ihr Land in Illinois gegen 640 000 US-Dollar ab. Obwohl Häuptling Black Hawk nicht daran beteiligt war, wurde dieser Akt als Black-Hawk-Purchase bekannt.[25]

Black Hawks Kämpfe gegen amerikanische Milizen und reguläre Truppen zogen sich vier Monate hin. Nach der Niederlage in der »Schlacht des schlechten Beils«, die schon von zeitgenössischen Historikern als Massaker beschrieben wurde, flohen die Stammeskrieger. Die weiße Besiedlung von Illinois, Iowa und Wisconsin war nicht mehr gefährdet. Black Hawk und andere Häuptlinge wurden gefangen genommen und auf Tourneen in amerikanischen Städten ausgestellt.

1832: Jamaika

Amerikanische Pflanzer und Sklavenhalter machten gemeinsame Sache mit ihren Kollegen auf der Karibikinsel, um die Sklavenwirtschaft aufrechtzuerhalten. Eine von Pflanzern aus Jamaika vorgeschlagene Annexion der Insel kam allerdings nicht zustande.

1833: Argentinien

Während der sogenannten Revolución de los Restauradores, die sich gegen den amtierenden Gouverneur richtete und den vormaligen Gouverneur von Buenos Aires, Juan Manuel de Rosas (der für die Wiederherstellung der Gesetzmäßigkeit eingetreten war, darum *restaurador*), wieder an die Macht bringen sollte, landeten US-Verbände in der Stadt am Río de la Plata, um die Interessen der USA zu schützen.

1835–1836: Peru

Als im Januar 1835 die Garnison von Callao gegen Präsident Luis Orbegoso revoltierte, landeten die US-amerikanischen Marines in der Hafenstadt und in Lima – offiziell, um die Interessen der USA zu schützen. Nachdem General Felipe Santiago de Salaverry mit Hilfe der Marines den Aufstand niedergeschlagen hatte, wandte er sich mit Unterstützung noch im Land befindlicher amerikanischer Verbände gegen seinen Präsidenten und ernannte sich zum »Obersten Chef der Republik«. Am 7. Februar 1836 schlug eine bolivianische Invasionsarmee Salaverry vernichtend, nahm ihn gefangen und lieferte ihn an Boliviens Präsidenten Andrés de Santa Cruz aus, der ihn hinrichten ließ.

1835–1836: Mexiko

Schon bald nachdem Mexiko die Unabhängigkeit von Spanien erreicht hatte (1821), lud die Regierung US-Bürger ein, die nur spärlich bevölkerte Provinz Tejas zu besiedeln. Es war eine Entscheidung, die Mexiko bald zu bedauern hatte. Unter Missachtung mexikanischen Rechts, das die Sklaverei längst abgeschafft hatte, brachten die weißen Amerikaner Sklaven mit in die Provinz und forderten die mexikanische Regierung heraus, die die politischen Aktivitäten und die Landverteilung regulieren wollte.

Trotz der nunmehrigen Bemühungen der Regierung in Mexiko-Stadt, eine weitere Einwanderung zu unterbinden, lebten 1835 schon 30 000 Amerikaner in Texas, wo sie den einheimischen Mexikanern (Tejanos) zahlenmäßig im Verhältnis 6:1 überlegen waren. Entschlossen, ihre eigene Regierung auszurufen, trafen sich die amerikanischen Texaner in einem Dorf mit dem angemessenen Namen Washington und erklärten 1836 ihre Unabhängigkeit.

Zwar durfte General Edmund Pendleton Gaines, der während des texanischen Unabhängigkeitskriegs die militärische Südwest-Division der USA kommandierte, in Anbetracht der offiziell neutralen Haltung seiner Regierung keinesfalls in die Auseinandersetzungen eingreifen. Auf Befehl des US-Kriegsministers Lewis Cass postierte er die Sechste Infanteriedivision in Fort Jesup in Louisiana, um Freiwillige davon abzuhalten, sich der Armee Sam Houstons anzuschließen. Über Gaines Ferry, eine Fähre über den Sabine River im Besitz seines Vetters James Gaines, gelangten dennoch einige Einheiten von Freiwilligen unbehindert zu den Texanern. Dabei stand es jedoch in General Gaines eigenem Ermessen, den Fluss zu überqueren, wenn Indianer die Ruhe an der Grenze stören sollten. Unter dem Vorwand, diese Ruhe sicherstellen zu wollen, schickte Gaines ein Dragoner-Regiment an das Ostufer des Sabine River und drohte, er werde nicht tolerieren, wenn sich die Cherokee in den texanischen Kampf um politische Unabhängigkeit einmischen sollten.

Auf die fälschliche Information hin, 1500 Indianer und 1000 mexikanische Kavalleristen würden sich bei Nacogdoches an der alten Straße nach San Antonio versammeln, rückte er mit 14 Kompanien an die Grenze zu Texas vor und rief zur Verstärkung jeweils eine Brigade Freiwilliger aus Louisiana, Arkansas und Mississippi sowie ein Bataillon aus Alabama. Sowohl Stephen Austin als auch Sam Houston drängten ihn, sein Hauptquartier in Nacogdoches aufzuschlagen. Gaines zögerte, befahl aber schließlich Oberst William Whistler und Teile der Siebten United States Infantry nach Nacogdoches, angeblich um Feindseligkeiten der Indianer zu unterbinden. Dadurch konnte sich Houstons Armee ausschließlich um die Mexikaner kümmern. Die Präsenz regulärer US-Truppen in Texas in den Monaten Juli bis Dezember gab natürlich Anlass zu Spekulationen. So behauptete etwa Francis T. Duffau, ein Mitglied einer Kompanie Freiwilliger aus Mississippi, er habe den schriftlichen Beweis, dass Präsident Andrew Jackson Sam Houston militärischen Beistand zugesichert habe, sollte die mexikanische Armee den Trinity River überqueren.

Im Dezember 1835, zu Beginn des texanischen Unabhängigkeitskrieges, besetzten Freiwillige unter dem Kommando von Oberst William Travis die ehemalige Franziskaner-Mission Los Alamos (spanisch: Pappeln). Am 23. Februar 1836 begann der mexikanische General Antonio López de Santa Ana die Belagerung. Nach 13 Tagen nahmen die mexikanischen Truppen das Fort ein. Nach einem weiteren Gemetzel in Goliad, wo die Mexikaner 300 Amerikaner gefangen nahmen, besiegten die amerikanischen Verbände unter ihrem Oberbefehlshaber Samuel Houston am 21. April die mexikanische Armee in der entscheidenden Schlacht von San Jacinto beim heutigen Deer Park in Harris County. Santa Ana wurde gefangen genommen und gezwungen, ein Abkommen zu unterzeichnen, in dem er die Unabhängigkeit von Texas akzeptierte.

1835–1842: Zweiter Seminolenkrieg

Die Seminolen weigerten sich, dem Indian Removal Act (einem Gesetz zur ethnischen Säuberung bestimmter Gebiete, das Präsident Andrew Jackson 1830 unterzeichnet hatte) und den Weisungen aus Washington zu folgen, die 1818 eigens für sie geschaffene Reservation nördlich des Okeechobee-Sees zu verlassen und westlich des Mississippi neu zu siedeln. Weiße Siedler versuchten die Seminolen unter Berufung auf dieses Gesetz von ihrem fruchtbaren Land zu vertreiben. Doch unter der Führung ihres Häuptlings Osceola verschanzten sich die Indianer in den Everglades und leisteten erbitterten Widerstand. Es war der längste und kostspieligste Krieg, den die USA gegen die Eingeborenen führten. Osceola akzeptierte schließlich ein Waffenstillstandsangebot, um Verhandlungen zu führen. Es war eine Falle, Osceola wurde gefangen genommen. Danach flaute der Widerstand der Seminolen ab, die meisten emigrierten nach Westen.

1838: Kanada

Nach dem Scheitern ihres Aufstandes (1837), mit dem sie Kanadas Unabhängigkeit erreichen wollten, flohen die Rebellen um William Lyon Mackenzie nach Navy Island im Niagara River, wo sie die Republik von Kanada ausriefen. Amerikanische Sympathisanten schickten mit der *USS Caroline* Nachschub. Doch britische Verbände brachten die *Caroline* auf und verbrannten sie, wobei ein US-Bürger umkam. In Vergeltung verbrannten US-Verbände einen britischen Dampfer, der sich gerade in amerikanischen Gewässern aufhielt. Die Auseinandersetzungen gingen als »Caroline-Affäre« in die Geschichte ein.

1839: Sumatra (holländisches Territorium)

Im August 1838 ermordeten Malaien die Besatzung des US-Handelsschiffes *Eclipse*. Als Commodore George C. Read, der mit der Ostindien-Schwadron vor Ceylon kreuzte, vier Monate später von dem Vorfall erfuhr, nahm er sofort mit den Fregatten *USS Columbia* und *USS John Adams* Kurs auf Sumatra. Die *Columbia* fuhr mit beinahe 500 Mann und war mit fünfzig Geschützen bestückt, die *John Adams* mit ihren 220 Mann verfügte über dreißig Geschütze. Am Neujahrstag 1839 trafen die Schiffe vor Sumatra ein und eröffneten das Feuer auf die von fünf Holzfestungen geschützte Siedlung Kuala Batu. Eine Stunde später waren die Forts zerstört, der Dorfhäuptling ergab sich und versprach, nie mehr amerikanische Schiffe anzugreifen.

Anschließend segelte Read nach Muckie, wo er 360 Mann an Land brachte, die das Dorf angriffen. Nachdem der Ort in Flammen aufgegangen war, zogen sich die Angreifer zurück und segelten wieder ab. Diese sogenannte Zweite Sumatra-Expedition erreichte, dass Malaien nie wieder ein amerikanisches Handelsschiff angriffen.

1840: Fidschi-Inseln

Am 18. August 1838 liefen die sechs Schiffe der United States Exploring Expedition unter dem Kommando von Charles Wilkes von Hampton Roads, Virginia, aus. Sie sollten die Südsee erforschen und »die Position aller Inseln und Untiefen, die sie entdecken und die auf den Schiffswegen unserer Schiffe liegen und bislang der Beobachtung wissenschaftlicher Navigatoren entgangen sein könnten, akkurat bestimmen«.[26]

Nach Besuchen in Feuerland, Chile, Peru, auf dem Tuamotu-Archipel, Samoa, New South Wales und einem Abstecher in die Antarktis segelte die Flotte zu den Fidschi-Inseln und nach Hawaii. Die Einheimischen widersetzten sich den Landvermessern und Forschern. Als sie auf der Fidschi-Insel Malolo zwei von Wilkes' Seemännern (einer davon war ein Neffe des Commodore) ermordeten, die an Land gekommen waren, um Nahrungsmittel zu kaufen, richtete Wilkes ein Gemetzel an. Nach Aussagen eines alten Mannes auf Malolo, der Zeuge jener Ereignisse war, töteten die US-Amerikaner achtzig Fidschi-Insulaner.

1840: McKean Island, Gilbert Islands (Kingsmill-Gruppe)
Auch hier landete Wilkes seine Truppen an, um die Ermordung eines seiner Leute durch Einheimische zu rächen. Anschließend taufte er das winzige Eiland in der St. Stanislas Bay von Kiribati, das bislang Wigram's Island geheißen hatte, nach dem getöteten Seemann »Arthur Island«.

1841: Samoa
US-Truppen kamen an Land und brannten ein paar Ortschaften ab, um die Ermordung eines amerikanischen Seemanns auf der Insel Upolu zu rächen.

1841: Neu-Mexiko (mexikanisches Territorium)
Am 2. März 1836 hatten die Texaner ihre Unabhängigkeit von Mexiko erklärt. Während der ganzen Periode der Unabhängigkeit beanspruchte Texas große Gebiete westlich seiner festgelegten Grenzen, die damals noch zu Mexiko gehörten. Auf Vorschlag des Präsidenten von Texas, Mirabeau B. Lamar, und ohne Zustimmung des Kongresses der Republik zog 1841 eine Expedition von 21 Ochsenkarren mit Handelswaren im Wert von 200 000 Dollar nach Santa Fé. Die Händler waren begleitet von einer 320 Mann starken Militäreskorte und einer Artilleriekompanie. Als die Expedition Mitte September in Santa Fé ankam, fanden sie dort jedoch nicht die erhoffte Zustimmung zur Annexion Neu-Mexikos an Texas. Stattdessen erwartete sie ein Regiment der mexikanischen Armee von 1500 Mann. Angesichts der Übermacht ergaben sich die Texaner. Die Mexikaner gaben ihnen Verpflegung und versprachen ihnen sicheres Geleit und eine Eskorte bis zur Grenze. Am nächsten Morgen jedoch traf der Gouverneur von Neu-Mexiko, Manuel Armijo, mit einer weiteren Armee ein, ließ die Texaner fesseln und forderte ihren Tod. Schließlich ließ er seine Offiziere über das weitere Schicksal der Texaner abstimmen, die sich mit einer knappen Mehrheit gegen die Massenexekution aussprachen. Die Mexikaner marschierten zusammen mit den Texanern von Santa Fé bis nach Mexiko-Stadt (2300 Kilometer). Im Winter 1841/42

wurden sie im Perote-Gefängnis in Veracruz festgehalten, bis diplomatische Bemühungen der Vereinigten Staaten ihre Freilassung erreichten.

1842: Mexiko

Weil er glaubte, Krieg mit Mexiko sei ausgebrochen, segelte Commodore Thomas ap Catesby Jones mit drei Kriegsschiffen der amerikanischen Pacific Squadron von Lima (Peru) nach Kalifornien. Am 19. Oktober ankerte er in der Bucht von Monterey, schickte seinen Stellvertreter, Captain James Armstrong mit fünfzig Marines und hundert Matrosen an Land und forderte die mexikanische Garnison, die nur aus 58 Mann in einem alten Fort bestand, auf, bis 9.00 Uhr des nächsten Morgens zu kapitulieren. Angesichts der Übermacht legten die Mexikaner die Waffen nieder. Erst am nächsten Tag erfuhr Jones, dass sich die USA nicht im Krieg mit Mexiko befanden und die Briten auch keinen Angriff auf Kalifornien vorbereiteten. Also ließ er die mexikanischen Soldaten wieder frei und segelte ab mit Kurs auf Hawaii, das die Briten gerade besetzt hatten. Eine Woche später wiederholte sich das Spektakel in San Diego.

1843: China

Seeleute und Marines der *USS St. Louis* wurden nach Zusammenstößen zwischen Amerikanern und Chinesen in Kanton angelandet. Die immensen Mengen Tees, die Großbritannien in China kaufte, bezahlte es mit den Einnahmen aus dem Verkauf von bengalischem Opium. Das schließlich 1839 von der Regierung in Peking verkündete Verbot von Opiumimporten führte zum Ersten Opiumkrieg. Nach der chinesischen Niederlage zwangen Großbritannien, Frankreich, die USA, Russland und Japan den schwachen Regierungen der Qing-Dynastie eine ganze Reihe sogenannter ungleicher Verträge auf, die den ausländischen Mächten geschichtlich einmalige Souveränitätsrechte auf fremdem Territorium einräumten: ungewöhnlich niedrige Importsteuern, die von einer ausländisch dominierten Behörde überwacht wurden; das Recht der Niederlassung und Geschäftstätigkeit in den *treaty ports* oder offenen Häfen.

Der Vertrag von Nanking, der den Opiumkrieg (1839–1842) beendete, sicherte Großbritannien das profitable Recht auf den Handel mit Opium und Kulis und die Insel Hongkong (Duftender Hafen). Nach den Zusammenstößen der *USS St. Louis* in Kanton erzwangen die USA den Vertrag von Wanghia (1844), in dem Peking den USA das Recht auf eine eigene Polizei, ein eigenes Steuersystem, ein eigenes unabhängiges Rechtssystem in den offenen Häfen sowie Missionsfreiheit im ganzen Reich einräumte. Der Vertrag von Tientsin (1858) erweiterte die älteren Verträge. Im gleichen Jahr schloss Peking mit Paris den Vertrag von Huangpu, der französische Staatsbürger von der chinesischen Justiz ausschloss und die Duldung katholischer Missionstätigkeit festschrieb. In der Pekinger Konvention nach dem Zweiten Opiumkrieg wurde ausländischen Flotten der freie Verkehr auf chinesischen Flüssen und die Auswanderung chinesischer Bürger auf ausländischen Schiffen genehmigt. Zudem wurden in diesem Vertrag weite Teile der Mandschurei an Russland und die Halbinsel Kowloon an die Briten überschrieben.

Jeden chinesischen Verstoß gegen die Verträge beantworteten die Großmächte regelmäßig mit Militäraktionen. Bis heute wird diese Zeit in China »das Jahrhundert der Nationalen Demütigung« genannt. Erst mit den 1943 zwischen Großbritannien und den USA mit China geschlossenen Abkommen wurden diese Verträge von der Pekinger Regierung für ungültig erklärt.

1843: Afrika

Vier US-Kriegsschiffe brachten diverse Einheiten an der Elfenbeinküste an Land, um den Sklavenhandel zu stören und Eingeborene zu bestrafen, die amerikanische Seeleute angegriffen hatten.

1844: Mexiko

Präsident John Tyler, dessen erklärtes außenpolitisches Ziel es war, Texas in die Union aufzunehmen, schickte Truppen, um einem möglichen Angriff Mexikos zuvorzukommen.

1844: Dominikanische Republik

Der Krieg, in dem die Dominikanische Republik die Unabhängigkeit von Haiti erreichen sollte, war noch nicht beendet, als Präsident John Tyler, bekannt für seine aggressive Expansionspolitik, die Regierungsjunta in Santo Domingo drängte, den Anschluss an die USA zu beantragen. Das Projekt scheiterte am Widerstand der Bevölkerung.

1844: Mexiko

Angeführt von Francis Sentmanat fielen Filibuster aus New Orleans in Tabasco ein. Mexikanische Verbände nahmen sie gefangen und richteten sie hin. Sentmanat wurde enthauptet und sein Kopf in heißem Öl frittiert, um weitere Filibuster abzuschrecken.

1845: Mexiko

Am 29. Dezember erklärte US-Präsident James K. Polk offiziell die Annexion von Texas.

1846–1848: Mexiko

Kurz nach der US-Annexion von Texas brach Mexiko die Beziehungen zu den USA ab. Daraufhin entsandte Präsident James Polk John Slidell als Sonderbeauftragten in geheimer Mission nach Mexiko-Stadt, um die umstrittene Grenze zu Texas zu verhandeln und amerikanische Ansprüche in Mexiko durchzusetzen. Zudem hatten die USA längst begehrliche Blicke auf das mineralreiche Nevada geworfen und wollten die Häfen von San Francisco sowie San Diego. Im Auftrag seiner Regierung sollte Slidell das Gebiet von Neu-Mexiko für fünf Millionen Dollar kaufen, für Kalifornien offerierte er 25 Millionen. Doch die Mexikaner lehnten es ab, Slidell überhaupt zu empfangen. Diese Zurückweisung betrachtete Präsident Polk als einen »klaren Kriegsgrund«[27] und befahl seinem General Zachary Taylor, das umstrittene Gebiet zwischen Nueces und dem Río Grande zu besetzen. Daraufhin griffen mexikanische Truppen an. Mit der Begründung, Mexiko »ist in unser Territorium einmarschiert und hat amerikanisches Blut auf amerikanischem Boden vergossen«[28], erklärte Polk mit der überwältigenden Zustimmung des Kongresses Mexiko den Krieg. Während Taylor den Río Grande überschritt, Hauptmann John C. Frémont eine Schar Siedler nach Kalifornien führte, um dort die mexikanische Garnison auszuschalten, Oberst Stephen W. Kearny Neu-Mexiko besetzte, nahm Commodore Matthew C. Perry mit der *USS Mississippi* die mexikanischen Städte Frontera, Tampico, Tuxpán ein und führte im Juli 1847 eine Invasionsstreitmacht von 1173 Mann gegen San Juan Bautista in Tabasco.

In geheimen Verhandlungen versprach der 1844 gestürzte mexikanische Diktator und General Antonio López de Santa Ana, gegen freies Geleit nach Mexiko Kalifornien und Neu-Mexiko an die USA zu verkaufen. Einmal in Mexiko widerrief Santa Ana diese Zusage, erklärte sich zum Präsidenten und versuchte, die amerikanischen Invasoren wieder zu vertreiben. Doch die Generäle Taylor und Winfield Scott zerschlugen den mexikanischen Widerstand. Nach längerer Belagerung nahm General Scott Veracruz ein, und am 14. September 1847 besetzte er Mexiko-Stadt. Unter dem Druck der amerikanischen Übermacht unterzeichnete Mexiko am 2. Februar 1848 den von Washington diktierten Vertrag von Guadelupe Hidalgo, in dem es alles Gebiet nördlich des Gila River – 1,3 Millionen qkm, die Hälfte seines Staatsgebietes (Neu-Mexiko, Utah, Nevada, Arizona, Kalifornien, Texas sowie das westliche Colorado und den südwestlichen Teil Wyomings) – gegen eine Entschädigung von 18,25 Millionen Dollar abtreten musste. Zudem verpflichtete sich Mexiko, alle Schadensersatzansprüche amerikanischer Bürger zu akzeptieren und zu begleichen.

»Ich glaube nicht, dass es jemals einen bösartigeren Krieg gab, als der Krieg, den die Vereinigten Staaten gegen Mexiko führten«, sagte

US-Präsident Ulysses S. Grant 1879, über dreißig Jahre nachdem er als junger Leutnant in diesem Krieg gedient hatte. Als er an Krebs erkrankt im Sterben lag, betonte er noch einmal, dass der amerikanische Krieg gegen Mexiko »einer der am wenigsten gerechtfertigten Kriege (war), der je von einer stärkeren gegen eine schwächere Nation geführt wurde«.[29]

1846: Oregon Territory

Seit 1819 wurde das Oregon Territory gemeinsam von den USA und Großbritannien kontrolliert. Vorherige Regierungen in Washington hatten London angeboten, die Region am 49. Breitengrad zu teilen, so dass der südliche Teil an die USA fiele und der nördliche an Großbritannien. Dem widersetzte sich London. Nun forderte Präsident James K. Polk »ganz Orgegon«, also das gesamte Gebiet bis 54° 40' nördlicher Breite, womit die USA bis an die Südgrenze des russischen Gebiets von Alaska gereicht hätten. »54–40 oder Krieg«[30] war die Losung von Polks Demokraten. Schließlich einigten sich beide Seiten im sogenannten Oregon-Vertrag auf den Kompromiss, das Gebiet entlang des 54. Breitengrades zu teilen. Der amerikanische Anteil umfasste die heutigen US-Staaten Washington, Oregon und Idaho sowie Teile von Montana und Wyoming.

1849: Smyrna (Türkei)

Ein US-Flottenverband erzwang die Freilassung eines Amerikaners, den österreichische Beamte festgenommen hatten.

1850: Kuba

Nachdem Spanien 1848 Präsident Polks Angebot, die Insel für hundert Millionen Pesos zu kaufen, abgelehnt hatte, versammelte General Narciso López (der einst, nach der Niederlage der spanischen Truppen im Befreiungskampf Simón Bolívars, aus Venezuela geflohen war und es bis in die Cortes sowie zum Militärgouverneur von Madrid gebracht hatte) mit Unterstützung aus den Südstaaten 600 Mann, mit denen er im Mai in Cárdenas unter einer von ihm entworfenen Flagge einmarschierte. Zwar schloss sich die einheimische Bevölkerung wider Erwarten nicht ihm, sondern den spanischen Kolonialtruppen an, woraufhin die Invasoren mit ihrem Dampfschiff *Creole* nach Key West flohen. Doch seine Fahne wurde später tatsächlich zur Flagge des unabhängigen Kuba. Im August 1851 unternahm López gemeinsam mit US-Oberst William Crittenden einen erneuten Versuch, die Insel zu erobern. Die spanischen Verteidiger nahmen die Invasionsstreitmacht fest und exekutierten viele ihrer Angehörigen, darunter die beiden Befehlshaber. Andere wurden zu Zwangsarbeit in die Minen geschickt.

Mai 1850: Kolumbien

Auf Bitten der kolumbianischen Regierung intervenierten US-Truppen in Panama, als in Panama-Stadt und Colón Unruhen ausbrachen. In den folgenden Jahren rief Bogotá beinahe jedes Jahr US-Truppen, um Rebellionen oder Unruhen in der Provinz zu unterdrücken. Washington war nur zu gerne bereit, diesen Bitten zu folgen, vor allem um die Panama Railroad zu schützen, die US-Firmen Mitte der 50er Jahre gebaut hatten. Bedeutendere Zwischenfälle ereigneten sich 1851, 1853, 1854, 1858, 1860 und 1861. Die Begründung für die Landung amerikanischer Soldaten in Panama war jedes Mal die gleiche: um amerikanische Interessen während einer Revolution oder während gewaltsamer Unruhen zu schützen.

1850: Nicaragua

Großbritannien kontrollierte große Besitzungen in British Honduras (das heutige Belize), an der atlantischen Misquitoküste in Honduras und Nicaragua und auf Bay Islands (heute zu Honduras gehörig). Der Plan der USA, die zwar keine territorialen Ansprüche, aber Verträge mit Nicaragua und Honduras vorweisen konnten, einen Kanal vom Atlantik bis zum Pazifik durch Nicaragua zu bauen, stieß auf den heftigen Widerstand Großbritanniens. Also verhandelten die beiden Großmächte über das Schicksal des mittelamerikanischen Staates, ohne dessen Regierung oder Vertreter auch nur zu informieren, und schlossen den bis heute in Mittelamerika berüchtigten Clayton-Bulwer-Vertrag, so benannt nach den Unterhändlern, John M. Clayton und Sir Henry Lytton Bulwer, dem späteren Lord Dalling.

Der Vertrag verbot beiden Parteien, exklusive Kontrolle über den geplanten Kanal zu erstreben, und verlangte, dessen Neutralität zu garantieren. Ferner dürfe keiner der Unterzeichner jemals »Nicaragua, die Misquitoküste oder irgendeinen Teil Mittelamerikas besetzen oder befestigen oder kolonisieren oder (dort) irgendeine Dominanz durchsetzen oder ausüben«.[31]

1851: Türkei

Nach einem Massaker in Jaffa, in dem etliche Ausländer, darunter auch einige Amerikaner, umgekommen waren, entsandten die USA eine Schwadron, die als Machtdemonstration die Küsten der Levante entlang patrouillierte.

1851: Johanna Island (Ostafrika)

Vier US-Kriegsschiffe, darunter die *USS Dale*, landeten Marines und Matrosen an, um eine Wiedergutmachung für die Festnahme des Kapitäns eines amerikanischen Walfängers zu erzwingen.

1851: Mexiko

Eine nordamerikanische Truppeneinheit überfiel Sonora und zerstörte dort mehrere Ortschaften.

1852–1853: Argentinien

Marines landeten in Buenos Aires während einer Revolution in den La-Plata-Staaten, um die amerikanischen Interessen zu schützen und dem Wunsch nach »freiem Zugang zu ihrem Handel« Nachdruck zu verleihen, wie Präsident Millard Fillmore in seiner Rede zur Lage der Nation am 6. Dezember 1852 betonte.[32]

1853: Mexiko

Um eine südliche Überlandroute nach Kalifornien zu schaffen, wies US-Präsident Franklin Pierce seinen Botschafter in Mexiko-Stadt, James Gadsen, an, mit der mexikanischen Regierung von Antonio López de Santa Ana über den Kauf mexikanischen Landes zu verhandeln. Die Mexikaner, die nach der nur fünf Jahre zurückliegenden Niederlage nicht wagten, es erneut auf einen Machtkampf mit dem mächtigen Nachbarn ankommen zu lassen, verkauften schließlich im sogenannten Gadsen Purchase für zehn Millionen Dollar weitere 30 000 Quadratmeilen ihres Territoriums an die USA.

1853–1854: Nicaragua

Nachdem der konservative General Fruto Chamorro die Regierung übernommen und die führenden Mitglieder der Opposition exiliert hatte, marschierte am 5. Mai 1854 mit der Unterstützung des Nachbarlandes Honduras eine Exilantenarmee in Nicaragua ein. Chamorro gab bekannt, dass seine Verbände alle Rebellen, die ihnen in die Hände fielen, exekutieren würden, während der Führer der Liberalen, General Máximo Jérez, die Anhänger Chamorros zu Verrätern an der Nation erklärte. Um in dem anhaltenden und blutigen Konflikt amerikanische Interessen und Bürger zu schützen, landeten die USA Marines in dem mittelamerikanischen Staat an. Wegen einer Beleidigung des amerikanischen Botschafters bombardierte ein US-Verband San Juan del Sur, anschließend brannten Marines die Stadt völlig ab.

1853–1854: Mexiko

Mit einer kleinen Streitmacht segelte der Zahnarzt, Abenteurer und Filibuster William Walker nach La Paz und erklärte die beiden mexikanischen Bundesstaaten Baja California und Sonora zu einer unabhängigen Republik. Mangel an Ausrüstung und mexikanischer Widerstand zwangen ihn ein halbes Jahr später, sein Projekt aufzugeben.

1853–1854: Japan

1633 erließ das Tokugawa-Shogunat eine Reihe von Sakoku-Edikten (»verschlossenes Land«), wonach Ausländern das Betreten des Landes ebenso unter Androhung der Todesstrafe untersagt war wie Japanern das Verlassen ihrer Heimat. Als einzige Ausnahmen genehmigten die japanischen Behörden den Handel mit Holland, China sowie Korea, der in Nagasaki abgewickelt wurde. Für Schiffe anderer Nationen waren Japans Häfen geschlossen. 1846 jedoch ankerte Commander James Biddle, der von seiner Regierung in Washington beauftragt worden war, Japan für den Handel zu öffnen, mit zwei Schiffen in der Bucht von Edo, dem heutigen Tokio. Drei Jahre später segelte Kapitän James Glynn nach Nagasaki, um Verhandlungen mit dem Land zu führen. Glynns Mission blieb so erfolglos wie zuvor Biddles Versuch. Glynn empfahl dem US-Kongress, die Verhandlungen mit Japan mit einer Demonstration der Stärke zu begleiten.

Im Juli 1853 landeten schließlich vier Schiffe unter dem Kommando von Commodore Matthew C. Perry im Hafen von Uraga in der Bucht von Edo. Als Antwort auf die Aufforderung der japanischen Behörden, nach Nagasaki weiterzusegeln, richtete Perry seine Geschütze auf Uraga, verlangte die Erlaubnis, einen Brief seines Präsidenten Millard Fillmore überreichen zu dürfen, und drohte mit Gewalt, sollten die japanischen Boote, die die amerikanische Schwadron eingekreist hatten, nicht abfahren. Wenn sie den Kampf bevorzugten, würden sie von den Amerikanern notwendigerweise vernichtet. Perrys Schiffe waren mit den neuesten, sehr durchschlagkräftigen Paixhans-Kanonen ausgerüstet. Der Begriff »Schwarze Schiffe« (wegen des schwarzen Rauches der mit Kohle befeuerten Dampfschiffe) sollte bald die Bedrohung durch die überlegene westliche Technologie symbolisieren. Schließlich dampfte Perry nach Yokosuka, wo er das Schreiben seines Präsidenten japanischen Delegierten überreichte, ehe er Kurs nach China nahm, nicht ohne zuvor zu versprechen, dass er zurückkommen werde. Um Edo vor einem möglichen amerikanischen Angriff zu schützen, bauten die Japaner neue Befestigungsanlagen bei Odaiba in der Bucht.

Im Februar 1854 kehrte Perry mit sieben Schiffen zurück und zwang dem Shogun den »Vertrag über Frieden und Freundschaft« auf, der amerikanischen Schiffen die Häfen von Shimoda und Hakodate öffnete, die Sicherheit amerikanischer Schiffbrüchiger garantierte und die Einrichtung eines Konsulats in Shimoda vorsah. Nach zwei Jahrhunderten der Isolation hatte Perry Japan für westliche Diplomatie und westlichen Handel geöffnete und die formellen diplomatischen Beziehungen zwischen Japan und den USA begründet. Dieser Erfolg, mit dem sich die USA in Asien als gleichwertige Macht neben Russland, Frankreich und Großbritannien etablierten, lieferte der Regierung in Washington in den folgenden Jahren den Vorwand für zahlreiche Interventionen in Japan. Ein Jahr nach Unterzeichnung des Vertrags gestand der US-Kongress Perry eine Belohnung von 20000 Dollar zu (rund eine halbe Million nach heutigem Wert).

1853–1854: Ryukyu und Bonin Islands

Während der Verhandlungen mit Japan unternahm Commodore Perry mit seiner Flotte einige Abstecher zu diesen Inseln, landete Truppen und erzwang vom Herrscher in Naha auf Okinawa ein Handelsabkommen und das Recht für den Bau einer Kohlestation für US-Schiffe im Pazifik.

1854: Kuba

In den wiederholten Bemühungen, den Spaniern ihre Karibikbesitzung abzukaufen, wies US-Präsident Franklin Pierce seinen Botschafter in Madrid, Pierre Soulé, an, den Einfluss bedeutender europäischer Bankiers für die USA zu sichern. Das Resultat, das sogenannte Ostend Manifesto, wurde von der amerikanischen Öffentlichkeit als Aufruf interpretiert, Kuba den Spaniern zu entreißen, wenn nötig mit Gewalt.

1854: China

US-Marines schützten amerikanische Interessen während bürgerkriegsähnlicher Unruhen in Schanghai.

1855: China

US-Verbände rückten in Schanghai ein, um amerikanische Interessen zu schützen.

1855–1857: Nicaragua

Zwar war General Fruto Chamorro (siehe: 1853 Nicaragua) im März 1855 gestorben. Der Druck der Konservativen in Granada auf die Liberalen in León ließ dennoch nicht nach. Durch einen Agenten wandten sich die Liberalen darum an den Zahnarzt und Söldner William Walker, der – wie sein Präsident Franklin Pierce – zutiefst von der Manifest Destiny überzeugt war, und boten ihm großzügige Landkonzessionen an, wenn er ihnen eine amerikanische Streitmacht zur Hilfe brächte. Walker ergriff die Chance und stellte rasch eine Truppe von 56 Gefolgsleuten zusammen. Am 4. Mai 1855 landete er in Nicaragua, und nur innerhalb eines halben Jahres kontrollierte seine Söldnerarmee das Land.

Aus den USA strömten mehr und mehr Soldiers of Fortune nach Nicaragua, um sich dem erfolgreichen Zahnarzt anzuschließen, was jedoch in den Nachbarstaaten Honduras und Costa Rica Befürchtungen über Walkers weitere Pläne auslöste. Im März 1856 erklärte Costa Rica Walker den Krieg, doch eine Cholera-Epidemie dezimierte die Armee des Landes dermaßen, dass sie sich zurückziehen musste. Ermutigt von diesem Sieg, erklärte sich Walker am 12. Juli 1856 zum Präsidenten Nicaraguas, machte Englisch zur Landessprache, führte die Sklaverei ein und warb in den amerikanischen Südstaaten Siedler für Nicaragua an. Sein Aufruf, Nicaragua als Bundesstaat in die Union aufzunehmen, fand vor allem im Süden der USA durchaus Sympathien. Noch im Januar 1857, nur wenige Monate vor seiner Niederlage, schrieb *Harper's Weekly* eine Eloge auf Walker: »Wir müssen seine Hartnäckigkeit, seine Ausdauer, seine Entschlossenheit, sein Heldentum anerkennen, die einen höheren Platz als alle fahrenden Ritter der Geschichte verdienen … Der Unterschied ist, dass unserer ein Held des 19. Jahrhunderts ist.«[33]

Doch dann beging Walker den Fehler, der zu seinem Sturz führen sollte. Bei einem Coup, mit dem er die Kontrolle über Cornelius Vanderbilts einträgliche Accessory Transit Company (eine Schifffahrtsgesellschaft, die zahlreiche Auswanderer von New York über San Juan del Norte, den Río San Juan aufwärts und den Nicaragua-See an die Pazifikküste und nach Kalifornien brachte) gewinnen wollte, fand Walker die Unterstützung zweier Angestellter Vanderbilts, denen er als Dank dessen Firmenbesitz in Nicaragua übertrug. Nun war Vanderbilt entschlossen, den Emporkömmling zu zerstören.

Die meisten Nicaraguaner waren ohnehin schon aufgebracht über die Einführung der Sklaverei und der neuen offiziellen Landessprache. Die anderen Regierungen Mittelamerikas wünschten ebenfalls Walkers Untergang. Die Briten ermutigten die Opposition in der Absicht, den amerikanischen Einfluss in der Region zu reduzieren. Und sogar die US-Regierung, die eine Annexion Nicaraguas fürchtete, die den schwelenden Konflikt um die Sklaverei innerhalb der Union weiter anfachen könnte, stand dem Abenteurer inzwischen ablehnend gegenüber. Vanderbilt indes organisierte in Costa Rica eine mittelamerikanische Streitmacht, um Walker zu stürzen. Verbände der britischen Marine griffen ein, Costa Rica besetzte die Transitroute durch Nicaragua entlang des Río San Juan, womit Walker von Nachschub abgeschnitten war und keine neuen Rekruten mehr gewinnen konnte, und Vanderbilt bot allen, die sich von

Walker abwandten, freie Rückfahrscheine in die USA an. Nach diversen Niederlagen und großen Verlusten durch Cholera, Typhus, Gelbfieber, Amöbenruhr und Desertion war Walker geschlagen.

Um einer Festnahme zu entkommen, ergab er sich am 1. Mai 1857 US-Navy Commander Charles H. Davis. Walker und seine verbliebenen Gefolgsleute marschierten, eskortiert von US-Marines, zur Küste und segelten nach Hause. Walkers erzwungenes Exil war nur von kurzer Dauer. Sieben Monate später verhinderten die *USS Saratoga*, *USS Wabash* und die *Fulton* einen erneuten Versuch Walkers, in Nicaragua einzumarschieren. Commodore Hiram Pauldings Landung von Marines, um die Überstellung Walkers in die USA zu erzwingen, wurde von US-Außenminister Lewis Cass nicht anerkannt. Paulding wurde zur Aufgabe seines Postens und in Pension gezwungen. Walker unternahm vier weitere Versuche, um nach Mittelamerika zurückzukehren (1857, 1858, 1859 und 1860).

1855: Fidschi-Inseln

Angeblich feierten die Bewohner gerade den 4. Juli, den Nationalfeiertag der USA, als Kanonenkugeln auf das Haus des amerikanischen Handelsagenten John Brown fielen. Während eines Bürgerkriegs zerstörte ein Feuer John Williams Laden in Nukulau, woraufhin ein paar Einheimische das Geschäft plünderten. Also schickte die Navy die *USS John Adams* unter Kommandant Edward B. Boutwell, um die Unruhen zu »beobachten«. Soldaten wurden angelandet, die – wie üblich – amerikanische Interessen und Besitz schützen sollten. Als er von Williams Verlusten hörte, forderte Kommandant Boutwell zunächst 5000 Dollar Schadenersatz von König Cakobau, später erhöhte er den Betrag auf 38000 Dollar. Doch die Fidschi dachten nicht daran zu bezahlen. Also ging eine Einheit Boutwells an Land, um den König gefangen zu nehmen. Dessen Krieger setzten sich zur Wehr, ein US-Soldat starb, zwei weitere wurden verwundet. Am Ende schlugen die Amerikaner die Krieger zwar, doch Cakobau und die Überlebenden konnten entkommen.

1855–1858: Dritter Seminolenkrieg

Als Washington versuchte, nun die letzten Seminolen, die auch nach dem Zweiten Seminolenkrieg immer noch in Florida geblieben waren, umzusiedeln, widersetzten sich diese drei Jahre lang. Schließlich blieb auch ihnen nichts anderes übrig, als (gegen eine kleine Entschädigung) nach Westen zu emigrieren.

1855: Uruguay

Amerikanische und europäische Flottenverbände landeten während einer Revolution in Montevideo, um amerikanische Interessen zu schützen.

1856: Kolumbien

US-Verbände schützten amerikanische Interessen während einer Rebellion, die sich gegen den amerikanischen Bau der Panama Railroad richtete.

1856: Haiti

Nachdem der US-Kongress ein Gesetz verabschiedet hatte, dem zufolge jede Insel mit Guanofundstätten, die US-Bürger für sich reklamierten, annektiert werden würde, ging die zwischen Jamaika und Haiti gelegene Insel Navassa in amerikanischen Besitz über.

1856: Hawaii

Ein US-Flottenverband besetzte die kleinen Hawaiiinseln Jarvis, Baker und Howland.

1856: China

Zu Beginn des Zweiten Opiumkriegs (zwischen England und China) besetzten 150 Mann von den beiden Kriegsschaluppen *USS Portsmouth* und *USS Levant* die südchinesische Stadt Kanton. Als chinesische Truppen eine amerikanische Pinasse beschossen, fuhren die beiden Schaluppen zusammen mit einer hinzugekommenen Fregatte den Perlfluss aufwärts und nahmen die vier Festungsanlagen der Stadt unter Feuer. Nach einigen Tagen heftigen Beschusses, in dem Hunderte chinesischer Soldaten starben, führten diplomatische Bemühungen schließlich zu einer Einigung, in der die USA zusicherten, sich im Opiumkrieg neutral zu verhalten.

Dies hielt US-Kapitäne jedoch nicht davon ab, dennoch in den Krieg einzugreifen. Als China 1859 die Einrichtung ausländischer Vertretungen in Peking ablehnte, griff ein britisches Geschwader unter dem Befehl von Admiral Sir James Hope die Festungsanlagen im Mündungsdelta des Peiho-Flusses an. Dabei kam ihm U.S. Navy Commodore Josiah Tattnell zu Hilfe. Es war das erste Mal, dass britische und amerikanische Soldaten Seite an Seite kämpften.

1857: Mexiko

Am 24. März drang eine Gruppe von 104 Filibustern unter dem Kommando von Henry A. Crabb, einem Rechtsanwalt aus Nashville, Tennessee, in Sonora ein, um es für die USA zu annektieren. Am 6. April ergaben sich 59 der Invasoren den herbeigeeilten mexikanischen Truppen und wurden hingerichtet. Der Rest floh in die USA. Einen Tag später unternahm eine weitere Gruppe Amerikaner einen erneuten Invasionsversuch, der ebenso schnell scheiterte.

1857–1858: Utah War

Nach der amerikanischen Annexion der ehemaligen mexikanischen Gebiete von Utah kam es zwischen der US-Regierung und Mormonen-Milizen zu Auseinandersetzungen um die Kontrolle der Region. Am 12. April 1858 übergab Brigham Young, der zweite Präsident und Prophet der Kirche Jesu Christi der Heiligen der Letzten Tage, das Amt des Gouverneurs des Utah-Territoriums an den von Washington entsandten Alfred Cumming.

1858: Mexiko

US-Präsident James Buchanan versuchte, die mexikanische Regierung zur Abtretung Baja Californias und zur Öffnung des Isthmus von Tehuantepec für den »freien Verkehr« zu zwingen.

1858: Nicaragua

Präsident Buchanan schickte Marines, um seiner Forderung an die nicaraguanische Regierung, den USA freie Durchfahrt und Zollfreiheit zu sichern, Nachdruck zu verleihen.

1858: Uruguay

Zwei US-Kriegsschiffe machten in Montevideo fest, um während einer Revolution amerikanischen Besitz zu schützen.

1858: Fidschi-Inseln

Nachdem Untertanen von König Cakobau auf der Fidschi-Insel Waya zwei amerikanische Händler getötet und verspeist hatten, führte die Pacific Squadron mit der *USS Vandalia* unter Commander Arthur Sinclair und dem Schoner *Mechanic* eine Strafexpedition durch. Am 9. Oktober standen vor dem Dorf Somatti zehn US-Marines mit vierzig Matrosen 300 Kriegern gegenüber. Die Amerikaner waren mit Säbeln und Karabinern ausgerüstet, die Bewaffnung der Inselbewohner bestand aus Keulen, Steinen, Bögen und ein paar Musketen. Nach einer halben Stunde brannte das Dorf, waren über 115 Hütten zerstört, waren 14 Fidschi-Krieger, darunter zwei Häuptlinge, tot und mindestens 36 verwundet. Die siegreichen Angreifer zählten fünf Verwundete.

1858–1859: Türkei

Nach einem weiteren Massaker an Ausländern in Jaffa befahl Washingtons Außenminister erneut starke Flottenverbände vor die Küsten der Levante, um die türkischen »Behörden an die Macht der Vereinigten Staaten zu erinnern«.

1858: Paraguay

1853 hatte sich Paraguays Diktator Carlos Antonio López geweigert, einen Vertrag mit den USA zu ratifizieren, der die Handelsbeziehungen und amerikanische Schifffahrtsrechte auf den Flüssen des Landes regeln sollte. López untersagte allen unter ausländischen Flaggen fahrenden Schiffen das Eindringen in die Hoheitsgewässer Paraguays. In Befolgung dieses Dekrets schossen 1855 Soldaten seiner Armee auf die *USS Water Witch*, die den Río Paraná wissenschaftlich vermaß, wobei ein Amerikaner getötet wurde. Ein herbeigerufenes amerikanisches Kanonenboot drohte, den Ort Encarnación zu bombardieren, sollte das Land nicht bereit sein, seine Flüsse der »freien Navigation« zu öffnen.

Ende Dezember 1858 setzte Präsident James Buchanan mit der Zustimmung des Kongresses 19 Schiffe, 200 Artilleriegeschütze und 2500 Seeleute unter dem Befehl von Commodore William B. Shubrick nach Montevideo in Marsch. Von dort fuhr die Flotte den Río de la Plata, den Paraná und den Río Paraguay aufwärts bis Rosario. Die *USS Fulton* und erneut die *Water Witch* fuhren bis zur Hauptstadt Asunción. Nach 14 Verhandlungstagen erreichte die amerikanische Kanonenbootpolitik ihr Ziel: Paraguay entschuldigte sich bei den USA, entrichtete der Familie des sechs Jahre zuvor gefallenen Matrosen der *Water Witch* die verlangte Entschädigung und gestanden den USA einen höchst vorteilhaften Handelsvertrag zu.

1859: Mexiko

Juan Nepomuceno Cortina Goseacochea, bekannter als Cheno Cortina oder der »Rote Bandit vom Río Grande«, war ein mexikanischer Rancher, Politiker, Offizier, Gesetzloser und Volksheld, der erste »sozial motivierte Grenzbandit«, vergleichbar den späteren Catarino Garza oder Pancho Villa. Ihm soll die Romanfigur Zorro nachempfunden worden sein. Geboren und aufgewachsen im Grenzgebiet zu Texas setzte er sich nach dem Amerikanisch-Mexikanischen Krieg für die Tejanos (Texaner mexikanischer Herkunft) ein, die von den Anglos (Texaner amerikanischer Herkunft) ausgebeutet, verfolgt und bestohlen würden. Cortina selbst hatte einen Überfall von Anglos nur knapp überlebt, die sein Anwesen angegriffen hatten, weil er seine Ländereien nicht an amerikanische Neusiedler verkaufen wollte. Zwar wurden Cortina und seine Mutter von einigen

Indianern des Karankawa-Stammes gerettet, doch seine Frau Maria Dolores Tijerina und seine drei Kinder wurden bei dem Angriff getötet.

In einer Auseinandersetzung um einen ehemaligen Rancharbeiter erschoss Cortina am 13. Juli 1859 den Marshall von Brownsville. Es war der Beginn des Ersten Cortina-Krieges. Im September besetzte er die Stadt mit einer Bande von vierzig Mann, aber seine Feinde waren schon entkommen. In einer Proklamation erklärte Cortina: »Es gibt keinen Grund zur Furcht. Ehrenwerte Bürger werden wir nicht anrühren. Unser Ziel ist, die Schurkerei unserer Feinde zu verfolgen.« Nun verfolgten ihn Texas Rangers und die US-Armee bis nach Mexiko. Am 27. Dezember wurde er südlich des Río Grande vernichtend geschlagen, verlor sechzig seiner Männer und die gesamte Ausrüstung. Cortina zog sich in die Burgosberge zurück.

Im Mai 1861 unterstützte er im amerikanischen Bürgerkrieg die Regierung in Washington und griff im sogenannten Zweiten Cortina-Krieg die Konföderierten-Armee in Zapata County an, wurde aber in der Schlacht von Carrizo von deren Verbänden geschlagen und zog sich daraufhin abermals nach Mexiko zurück.

Am 29. November 1867 putschte sich Porfirio Díaz in Mexiko an die Macht. Washington übte Druck auf Díaz aus, gegen Cortina vorzugehen. Zudem boten ihm reiche Rancher in Texas, die seinen Staatsstreich finanziert hatten, eine große Summe – die Rede war von einem Betrag zwischen 50 000 und 200 000 Dollar – für die Ausschaltung Cortinas an. Also befahl Díaz die Festnahme und Hinrichtung des populären Briganten. General José Canales, ein alter Feind des Gesuchten, brachte ihn nach Mexiko-Stadt. Aus Furcht, eine Hinrichtung könnte Unruhen im Volk auslösen, wurde er ins Militärgefängnis von Santiago Tlatelolco gebracht, wo er die nächsten 14 Jahre, bis 1890, ohne Prozess oder Urteil festgehalten wurde. Cortina starb am 30. Oktober 1894.

1859: China

US-Kriegsschiffe trafen in Schanghai ein, um amerikanische Interessen zu schützen.

1860: Portugiesisch-Westafrika (Angola)

Weil die Einheimischen »lästig« geworden waren, riefen in Kissembo ansässige Amerikaner und Engländer amerikanische und britische Schiffe zu Hilfe, die sofort Truppen in die kleine Hafenstadt entsandten.

1860: Honduras

Bei seinem letzten Versuch, Mittelamerika zu erobern, wurde William Walker (siehe: 1855 Nicaragua) von einem britischen Kriegsschiff gefangen genommen, als er in Honduras einmarschieren wollte. Die britischen Offiziere übergaben ihn den lokalen Behörden. Am 2. September 1860 wurde er von einem honduranischen Erschießungskommando in Truxillo hingerichtet.

1861–1864: Arizona (wurde 1912 als 48. Bundesstaat in die Union aufgenommen)

Zwar wehrten sich die Navajos längst nicht mit der Hartnäckigkeit etwa der Apachen gegen das Vordringen weißer Siedler, dennoch beauftragte die US-Regierung 1863 Oberst Kit Carson, die aufsässigen Navajos endgültig zu unterwerfen. Das Resultat dieses Befehls waren die Zerstörung der Felder und Obstbaumplantagen sowie der Herden der Indianer und die Inhaftierung von rund 8000 Navajos zusammen mit 400 Mescalero-Apachen in Bosque Redondo, etwa 290 km südlich von Santa Fé. Diese vierjährige Kollektivhaft (1864–1868) hinterließ ein bis heute anhaltendes Gefühl der Verbitterung und des Misstrauens unter den Navajos. Zwar wurden ihnen schließlich mehr als 64000 qkm Land in Neu-Mexiko, Arizona und Utah als Reservation zugewiesen, doch das trockene Land erlaubte keine Plantagenwirtschaft und kaum Viehzucht, um die Bevölkerung zu ernähren. Die heute dort lebenden Navajos sind weitgehend verelendet und dem Alkohol verfallen.

1862: Dakota

Nachdem Minnesota 1858 der Union beigetreten war und Siedler in den neuen Bundesstaat strömten, kam es zum ersten Aufstand der Sioux. Nach sechswöchigen Kämpfen waren die Sioux unter Führung ihres Häuptlings Taoyateduta (Kleine Krähe) geschlagen. 303 von ihnen wurden in Militärgerichtsverfahren wegen Mordes und Vergewaltigung zum Tode verurteilt. Zwar begnadigte Präsident Abraham Lincoln die meisten, doch am 26. Dezember 1862 wurden 38 Dakota-Sioux in Mankato gehängt. Es war die bis heute größte Massenhinrichtung in den Vereinigten Staaten.

1863: Japan

Die USA schickten Truppen, um ihrer Forderung auf Wiedergutmachung für eine Beleidigung der amerikanischen Fahne Nachdruck zu verleihen.

16. Juli 1863: Japan

In der sogenannten Seeschlacht von Shimonoseki beschossen sich amerikanische und japanische Kriegsschiffe. Der Grund, der nie eindeutig geklärt werden konnte: Japanische Kriegsschiffe hatten angeblich das amerikanische Schiff *Pembroke* beschossen.

1864: Japan

Zehn Tage lang, vom 4. bis zum 14., September, belagerten amerikanische, britische, französische und holländische Flottenverbände die japanische Hafenstadt Nagato, um durchzusetzen, dass ein bereits unterzeichneter Vertrag zur Nutzung der Straße von Shimonoseki im internationalen Seeverkehr nun auch ratifiziert wurde.

1864: Colorado

Zwar war den Indianern am Sand Creek von der US-Regierung versichert worden, in ihrem Siedlungsgebiet unbehelligt zu bleiben. Eine lokale Miliz weißer Siedler griff dennoch ein Dorf von Cheyenne- und Arapaho-Indianern im Südwesten Colorados an, das erst 1876 ein US-Bundesstaat werden sollte, und metzelte 150 Männer, Frauen und Kinder nieder.

1865: Panama (Kolumbien)

US-Truppen landeten, um während einer Revolution amerikanische Bürger und amerikanischen Besitz zu schützen.

1866: Mexiko

Um amerikanische Bürger zu beschützen, besetzte General Sedgwick im November mit hundert Mann die Grenzstadt Matamoros in Tamaulipas. Nach drei Tagen befahl die US-Regierung seinen Rückzug.

1866: China

US-Truppen straften die Einwohner von Niuzhuang (heute der Hafen von Yingkou), weil der amerikanische Konsul überfallen worden war.

1866–1877: Nicaragua

US-Marines besetzten León und Managua.

1866–1868: South Dakota

Der Kriegshäuptling der Lakota-Sioux, Makhpyia Luta (Rote Wolke), setzte dem Vordringen der weißen Siedler massiven Widerstand entgegen und führte die erfolgreichsten Angriffe gegen die US-Armee während aller Indianerkriege. Im Vertrag von Fort Laramie von 1868 sprachen die USA den Lakota schließlich ihr angestammtes Siedlungsgebiet (zu dem auch die gesamten Black Hills gehörten) »auf alle Zeiten« zu – ohne Militärpräsenz oder Aufsicht, ohne weiße Siedlungen und ohne Einschränkungen etwa durch Straßenbaurechte. Im Gegenzug dazu garantierten die Lakota und zahlreiche weitere Stämme der Great

Plains den auf dem sogenannten Oregon-Trail nach Kalifornien ziehenden weißen Siedlern freie Passage.

1867: Formosa

US-Truppen landeten auf der Insel und brannten eine Reihe von Hütten ab, um »eine Horde Wilder« zu bestrafen, die angeblich ein Mitglied der Mannschaft eines in Seenot geratenen Schiffes ermordet hatte.

1867: Hawaii

Ein US-Flottenverband besetzte Midway, und errichtete auf der Insel einen Marinestützpunkt.

1867–1870: Kanada

Den Bemühungen von Expansionisten in Minnesota, die eine Annexion von Ruperts Land in Westkanada forderten, begegnete Großbritannien mit dem British North America Act, mit dem das Dominion von Kanada geschaffen wurde. Die Anstrengungen der Expansionisten scheiterten endgültig, als Kanada die Provinz Manitoba gründete und Truppen in Winnipeg stationierte.

1868: Japan

US-Truppen rückten während des Bürgerkriegs, der das Shogunat beendete in Osaka, Hiogo, Nagasaki, Yokohama und Negata ein, um amerikanische Interessen zu schützen.

1868: Uruguay

US-Truppen landeten in Montevideo, um während eines Aufstandes ausländische Bewohner der Stadt sowie das Zollhaus im Hafen zu schützen.

1868: Kolumbien

In Abwesenheit der lokalen Polizei übernahmen US-Truppen den Schutz von Passagieren und Gütern der Panama Railroad.

1868: Oklahoma (Beitritt zur Union 1907 als 46. Staat)

In der Schlacht am Washita River griff die 7. US-Kavallerie unter Oberst George Armstrong Custer nahe dem heutigen Cheyenne ein Cheyenne-Dorf an und metzelte 250 Männer, Frauen und Kinder nieder.

1869: Santo Domingo (heute: Dominikanische Republik)

1867, während der Präsidentschaft Andrew Jacksons, beantragte die von einer Invasion aus Haiti bedrohte Regierung Santo Domingos bei den USA die Annexion. Der US-Kongress lehnte jedoch ab. Als 1869

Jacksons Nachfolger, Präsident Ulysses S. Grant, von dem Interesse seiner Marine an einer Kohlestation in der Samana-Bucht erfuhr, handelte er auf Vorschlag des Unternehmers Joseph W. Faben aus Neu-England mit dem Präsidenten Santo Domingos, Buenaventura Báez, einen Annexionsvertrag aus, in dem der ehemaligen spanischen Kolonie die spätere Eingliederung in die Union als Bundesstaat versprochen wurde. Zudem beinhaltete das Abkommen den Kauf der Samana-Bucht für zwei Millionen Dollar. Grant versprach sich davon einerseits den Zugriff auf die natürlichen Ressourcen des Staates und einen amerikanischen Hafen, der dem Schutz eines geplanten Kanals am Isthmus des Daríen (Panama) dienen sollte, aber auch eine Heimstatt für umzusiedelnde ehemalige Sklaven aus den Südstaaten, die dort immer noch unter schwerer Verfolgung durch den Ku-Klux-Klan litten. Zudem, so glaubte er, könnte Santo Domingo auf diese Weise ein Vorbild für andere Staaten wie etwa Brasilien werden und dort das Ende der Sklaverei beschleunigen.

Zwar stieß der Annexionsvertrag in der Bevölkerung von Santo Domingo einem von Báez durchgeführten Plebiszit zufolge auf breite Zustimmung, in Washington jedoch widersetzten sich die beiden Senatoren Carl Schurz und Charles Sumner, der Vorsitzende des Ausschusses für Auswärtige Angelegenheiten, dem Vertrag. Sie vermuteten, die Annexion diene nur der Bereicherung privater Interessen und dem Schutz des korrupten Despoten Báez. Der Vertrag scheiterte schließlich am Widerstand des US-Kongresses.

1869–1878: Kuba

Während des Ersten Kubanischen Unabhängigkeitskriegs (1868–1878), auch der »Zehnjährige Krieg« genannt, meldeten sich in den USA Freiwillige, um die Aufständischen zu unterstützen, und bildeten das »Ejército Mambí«, die Befreiungsarmee. Berühmt wurde der 1850 in Brooklyn geborene Henry Reeve, der 1869 als Teil des Expeditionskorps mit dem Dampfschiff *Perrit* in der Bahía de Nipe im Norden der Provinz Oriente auf Kuba eintraf und heute noch unter seinem Spitznamen »El Inglesito« (der kleine Engländer) auf Briefmarken, in Reden und Broschüren gefeiert wird. Kurz nach seiner Landung kämpfte er in Las Cuevas und Las Calabezas, wo er mit einigen Kameraden in spanische Gefangenschaft geriet. Von einem Erschießungskommando als vermeintlich tot zurückgelassen, wurde Reeve von einer Einheit der Aufständischen gefunden und in ein Lager gebracht, wo er genesen konnte und anschließend der Kavallerie zugeteilt wurde. Er wurde rasch befördert, 1870 zum Hauptmann, 1872 zum Comandante, 1874 zum Brigadegeneral. 1873 wurde er in der Schlacht von Santa Cruz del Sur schwer am Bein verwundet. Fortan konnte er nur noch mit einer Metallprothese gehen und musste auf seinem Pferd festgebunden werden, wenn er seine Einheit, das Camagüey Kavallerie-Corps, in die Schlacht führte. Am 4. August 1876, nach 400 Gefechten und Schlachten, wurde seine Einheit von den Spaniern aufgerieben. Reeve, mit Schussverletzungen in Brust, Leiste und Schulter und ohne Pferd, das ebenfalls getroffen worden war, erschoss sich mit seiner Pistole.

1870: Hawaii

Nach dem Tod von Königin Kalama landeten US-Truppen, um die amerikanische Flagge auf halbmast zu setzen. Der US-Konsul in Honolulu, der eine Annexion Hawaiis wünschte, hatte sich geweigert, dies zu tun.

1870: Mexiko

US-Kriegsschiffe zerstörten am 17. und 18. Juni das Piratenschiff *Forward*, das im Río Tecapán vierzig Meilen flussaufwärts auf Grund gelaufen war.

1871: Korea

Ein US-Flottenverband besetzte fünf Forts in Shinmiyangyo, um ins Stocken geratene Verhandlungen über ein Handelsabkommen wieder in Gang zu bringen und die Einheimischen zu bestrafen, weil sie den Schoner *General Sherman* verbrannt und die Mannschaft exekutiert sowie einige kleinere Schiffe beschossen hatten, die den Salee-Fluss ausloteten. Die Besatzung der *General Sherman* hatte zuvor Nahrungsmittel gestohlen und einen koreanischen Beamten entführt.

1873: Kolumbien (Bucht von Panama)

Während bürgerkriegsähnlicher Unruhen lokaler Gruppen landeten US-Verbände an der panamaischen Atlantikküste, »um die Kontrolle der Regierung des Staates Panama« zu schützen. So beschreibt die Liste des Kongresses diese Intervention, die zu einem Zeitpunkt stattfand, als Panama eine Provinz Kolumbiens war, der Staat Panama also noch gar nicht existierte. Tatsächlich handelte es sich um einen ersten amerikanischen Versuch, die Provinz von Kolumbien abzuspalten.

1873: Mexiko

Amerikanische Truppen überquerten bei der Verfolgung von Viehdieben mehrfach die Grenze. Die Mexikaner antworteten mit ähnlichen Operationen. In den 70er und 80er Jahren war es eine weitverbreitete Praxis unter amerikanischen Cowboys, Viehherden in Mexiko zu überfallen, die Vaqueros zu ermorden und das Vieh nach Texas zu treiben, um es dort US-Ranchern zu verkaufen. Einer dieser Rancher, Ike Clanton, und seine Cowboys gingen durch die Schießerei am O.K.-Corral in Tombstone 1881 in die Geschichte des »Wilden Westens« ein.

1874–1875: Hawaii

US-Truppen landeten, um amerikanische Bürger und die Krönungsfeierlichkeiten des neuen Königs zu schützen. Anschließend erzwang Washington den sogenannten Reciprocity Treaty, in dem der König von Hawaii Ford Island und Pearl Harbor mit einem vier bis fünf Meilen breiten Uferstreifen kostenfrei den USA überlassen musste.

1875: Samoa

Unstimmigkeiten zwischen zwei Häuptlingsfraktionen um die Thronfolge machte sich ein gewisser Albert Barnes Steinberger zunutze. Der war Büroangestellter aus San Francisco, hatte sich selbst den Rang eines Obersten verliehen und erklärte sich nun als vermeintlicher Beauftragter der US-Regierung kurzerhand zum Premierminister mit unbegrenzten Vollmachten. Das angeblich offizielle Dokument aus Washington, so stellte sich später heraus, waren zwei zusammengeklebte alte Pässe. Er hatte eine Affäre mit einer vermögenden Halb-Samoanerin, Emma Coe, die aus Dankbarkeit den USA Land in Pago Pago überschrieb. Als Steinberger von einer Geschäftsreise nach Deutschland zurückkehrte, ließen ihn der amerikanische und der englische Konsul verhaften und auf die Fidschi-Inseln deportieren.

1875–1877: Montana, South Dakota (ab 1889 US-Bundesstaat)

»Alle Zeiten«, in denen die Sioux laut Fort-Laramie-Vertrag von 1868 (siehe: 1866 South Dakota) in den Black Hills leben und jagen durften, dauerten nur wenige Jahre. 1874 wurde dort Gold gefunden. Nachdem die Sioux 1875 das Angebot der US-Regierung, das Gebiet zu kaufen, abgelehnt hatten, befahl die Regierung die Umsiedlung der Lakota in andere Reservate. In einem groß angelegten Feldzug griffen US-Truppen unter Oberst John Gibbon, General Alfred Terry und General George Crook die Lakota aus verschiedenen Richtungen an. Zunächst verzeichneten die Sioux Erfolge in der Schlacht der Rosenknospe gegen General Crook und eine Woche später in der Schlacht am Little Bighorn, wo sie, angeführt von ihrem Häuptling Crazy Horse, die 7. US-Kavallerie unter Oberst George A. Custer vernichtend schlugen. Als der US-Kongress jedoch die Mittel bereitstellte, um weitere 2500 Mann gegen die Lakota zu mobilisieren, wurden sie in einer Reihe von Gefechten von der US-Armee geschlagen und kapitulierten schließlich, als ihr Volk durch eine Hungersnot erheblich dezimiert worden war. Am 5. September 1877 wurde Häuptling Crazy Horse in Camp Robinson ermordet, womit der Widerstand der Lakota gegen die Weißen erlosch. Sie mussten die Black Hills und die Büffeljagd aufgeben und sich in Reservate begeben, wo sie auf Nahrungsmittelzuteilungen der Regierung angewiesen waren.

1876: Mexiko

Weil die Stadt Matamoros in unmittelbarer Nähe zur texanischen Grenze vorübergehend ohne Lokalregierung war, rückten US-Truppen ein mit der Begründung, »die Ordnung aufrechtzuerhalten«.

1877: Mexiko

US-Präsident Rutherford B. Hayes unterschrieb einen Befehl, der amerikanischen Truppen das Recht einräumte, bei der »Verfolgung flüchtiger Indianer« auf mexikanisches Gebiet vorzudringen.

1882: Ägypten

Während kriegerischer Auseinandersetzungen zwischen Briten und Ägyptern, in deren Verlauf es in Alexandria zu Plünderungen kam, landeten US-Truppen, um die amerikanischen Interessen zu schützen.

1885: Guatemala

Nach einer Invasion guatemaltekischer Streitkräfte in El Salvador drohte Guatemala, die Kabel der New Yorker Central and South American Telegraph Company zu durchtrennen. Auf Bitten des Firmenpräsidenten, James A. Scrymser, entsandte die US-Regierung die *USS Wachusetts* zum Schutz amerikanischer Besitztümer in Nicaragua, El Salvador und Guatemala.

1885: Panama

US-Truppen besetzten Colón und Panama-Stadt während einer Revolution, um die Safes und den Besitz der (amerikanischen) Panama Railroad zu schützen.

1887: Hawaii

Die US-Marine erzwang das Recht, einen Stützpunkt in Pearl Harbor zu errichten.

1888: Korea

In Erwartung von Unruhen unter der Bevölkerung rückten US-Verbände in Seoul ein, um amerikanische Einwohner zu schützen.

1888: Hawaii

US-Truppen landeten, um die Freigabe eines amerikanischen Dampfers zu erzwingen, den die königliche Regierung unter dem Vorwurf beschlagnahmt hatte, ein Einlaufverbot verletzt zu haben.

1888–1889: Samoa

US-Truppen landeten, um während eines Bürgerkriegs unter den Eingeborenen amerikanische Interessen und das Konsulat zu schützen.

1887–1892: Hawaii

Dem Innenminister gelang es mit Unterstützung der Honolulu Rifles, einer einheimischen Miliz, die sogenannte Bayonet-Verfassung bei König David Kalakaua durchzusetzen, mit der allen Einwohnern mit Ausnahme reicher Hawaiianer, Europäer und Amerikaner das Wahlrecht entzogen wurde. Die neue Verfassung garantierte mit dem Sieg der Reformpartei bei den Parlamentswahlen am 12. September, dass amerikanische Wirtschaftsinteressen die Regierung kontrollierten.

Daraufhin bereiteten die Schwester des Königs, Prinzessin Lili'uokalani, und Robert William Wilcox, der einst in Italien unter Garibaldi gedient hatte, gemeinsam mit 300 Mitverschwörern einen Staatsstreich vor, um die Prinzessin an die Macht zu bringen. Durch einen Zufall wurden die Putschpläne entdeckt. Wilcox wurde des Landes verwiesen.

1889 kam er auf Wunsch von Lili'uokalani zurück, versammelte rund 150 Hawaiianer, Chinesen und Europäer in der Liberalen Patriotischen Vereinigung und organisierte am 30. Juli eine weitere Rebellion, um König Kalakaua zu zwingen, der alten, demokratischeren Verfassung von 1864 wieder Geltung zu verschaffen. Der König schloss sich ihnen jedoch nicht wie erhofft an, sondern wartete untätig den weiteren Verlauf ab. Die Königliche Garde weigerte sich zu kapitulieren. Schließlich schickte die Reformpartei die Honolulu Rifles unter dem Kommando von Oberst Volney Ashford, einem kanadischen Unternehmer, und machte auch dieser Rebellion ein Ende. Zwei Jahre später, 1891, starb König Kalakaua. Ihm folgte Prinzessin Lili'uokalani auf den Thron.

Frustriert darüber, dass die neue Königin die ungeliebte Bayonet-Verfassung immer noch nicht abgeschafft hatte, organisierte Wilcox 1892 einen weiteren Putschversuch, diesmal mit dem Ziel, die Monarchie abzuschaffen und eine Republik auszurufen. Doch Agenten der Regierung infiltrierten seine Hawaiische Patriotische Liga, weshalb er auch diesen Umsturzversuch abbrechen musste.

1890: Argentinien

US-Seestreitkräfte liefen in Buenos Aires ein, um das Konsulat und die Legation zu schützen.

1890–1891: South Dakota

Auch nach der Kapitulation von 1877 war es immer wieder zu Scharmützeln zwischen kleinen Lakota-Banden und weißen Siedlern gekommen. Ein Jahr nach dem Beitritt South Dakotas zur Union versuchte die Armee, einen rituellen Geistertanz in der Lakota-Reservation am Wounded Knee zu nutzen, um die Sioux ein für alle Mal zu unterwerfen. Am 15. Dezember 1890 wurde der Sioux-Häuptling Sitting Bull im Standing-Rock-Reservat ermordet. In einem Angriff der US-Armee am 29. Dezember 1890 in der Pine Ridge starben 300 Indianer, zumeist alte Männer, Frauen und Kinder. Die 25 Soldaten, die ebenfalls fielen, waren – so vermuten Historiker heute – hauptsächlich Opfer von *friendly fire*. Zwei Monate zogen sich die Auseinandersetzungen hin, ehe eine amerikanische Übermacht, die beinahe die halbe Infanterie und Kavallerie der US-Streitkräfte einschloss, die überlebenden Lakota zwang, die Waffen niederzulegen und in ihre Reservationen zurückzukehren.

1891: Haiti

US-Truppen schlugen eine Rebellion der einheimischen schwarzen Bevölkerung gegen ihre andauernde Anwesenheit auf Navassa nieder. Gleichzeitig blockierten US-Seestreitkräfte die Küsten Haitis, um die Regierung zu zwingen, den USA die Mole von Saint Nicholas als Marinestützpunkt zu überlassen.

1891: Beringsee

US-Marineverbände versuchten, der illegalen russischen Robbenjagd Einhalt zu gebieten. So heißt es in den offiziellen Verlautbarungen des Außenministeriums. Nicht erwähnt werden die im selben Jahr entdeckten Ölvorkommen im Cook Inlet und an der Beringstraße.

1891: Chile

Eine internationale Flotte, zu der auch das amerikanische Kriegsschiff *USS Baltimore* gehörte, unterstützte die chilenische Regierung in ihrem Kampf gegen den Aufstand des Parlaments und der Marine im chilenischen Bürgerkrieg. Als die *Baltimore* die *Itata*, die Waffen für die Aufständischen in die nördlichen Provinzen bringen wollte, beschlagnahmte, griff am 16. Oktober ein Mob erregter Bürger einige Besatzungsmitglieder der *Baltimore* vor einer Hafenkneipe an, wo sie gezecht hatten. Bei dem Zwischenfall starben zwei US-Matrosen, 17 weitere wurden verletzt. Nach dem Sieg der Rebellen und dem Selbstmord des chilenischen Präsidenten José Manuel Balmaceda wies die neue Regierung in Santiago die amerikanischen Proteste wegen des Vorfalls zurück. Als Präsident Benjamin Harrison jedoch mit Vergeltungsmaßnahmen drohte, entschuldigte sich Chile und zahlte als Wiedergutmachung 75 000 Dollar in Gold.

1893: Hawaii

Als Königin Lili'uokalani auf Wunsch der überwiegenden Mehrheit ihrer heimischen Untergebenen eine neue Verfassung erarbeiten ließ, welche die verlorene Autorität der Monarchie wiederherstellen und die Einschränkungen im Wahlrecht (siehe: 1887–1892 Hawaii) beseitigen sollte, gründete eine Gruppe von Europäern und Amerikanern ein Committee of Safety, das den Sturz der Königin und den Anschluss an die USA verfolgte. Die einheimischen Hawaiianer machten nur noch ein Drittel der Gesamtbevölkerung aus, Königin Lili'uokalani war selbst mit einem Amerikaner verheiratet. Als das Komitee von einer »Gefahr für amerikanische Leben und Vermögen« berichtete, bezogen auf Anordnung des US-Botschafters John L. Stevens am 16. Januar drei Kompanien von der *USS Boston* Positionen vor der US-Legation und dem Konsulat. Als sich auch noch die Honolulu Rifles an die Seite der neu ausgerufenen »Provisorischen Regierung von Hawaii« stellten, war das Schicksal der Inselgruppe besiegelt. Lili'uokalani wurde zusammen mit 190 Hawaiianern und Weißen, die mit den Einheimischen sympathisierten, des Hochverrats angeklagt und zu fünf Jahren Schwerarbeit sowie einer Geldstrafe von 5000 Dollar verurteilt. Zwar wurde ihr die Haft erlassen, aber ihr blieb nichts anderes übrig als die Abdankung: »Um jeden Zusammenstoß der Streitkräfte und den möglichen Verlust von Leben zu vermeiden, trete ich unter Protest zurück …, bis die Regierung der Vereinigten Staaten, wenn ihr die Fakten vorgelegt werden, die Handlungen ihrer Repräsentanten rückgängig machen und mich wieder als verfassungsgemäße Herrscherin der Inseln von Hawaii einsetzen werden.«[34]

Doch Lili'uokalani erhielt ihren Thron nie mehr zurück. Zwar schloss Präsident Grover Cleveland aus den Ergebnissen, zu denen eine Untersuchungskommission gekommen war, dass die USA »den Status wiederherstellen sollten, der vor unserer gewaltsamen Intervention bestand«.[35] Der provisorische Präsident Hawaiis, Sanford Dole, lehnte es jedoch ab, die Königin wiedereinzusetzen. Er rief am amerikanischen Unabhängigkeitstag, dem 4. Juli 1894, die Republik Hawaii aus. Daraufhin untersuchte der außenpolitische Ausschuss des US-Senats die Angelegenheit erneut und kam zu dem Schluss: »Lili'uokalanis Beschwerde, die sie dem Präsidenten der Vereinigten Staaten mit Datum vom 18. Januar 1893 zusandte, ist unserer Meinung nach weder faktisch noch juristisch gut begründet.«[36] Dieser Bericht beerdigte alle Hoffnungen der ehemaligen Königin. Fortan unterhielt Cleveland diplomatische Beziehungen mit der Dole-Regierung.

1895 versuchte eine Konterrevolution unter Oberst Robert Nowlein, Pfarrer Joseph Nawahi und Mitgliedern der Königlichen Garden, die Republik wieder abzuschaffen. Die Anführer einschließlich Lili'uokalani wurden gefangen, verurteilt und inhaftiert.

Im März 1897 trat William McKinley die Nachfolge von Grover Cleveland als Präsident an. Er stimmte einer Annexion Hawaiis zu, der Senat jedoch ratifizierte den Vertrag nicht, weil Zweifel an seiner Rechtmäßigkeit bestanden. Daraufhin verfasste der Kongressabgeordnete Francis G. Newlands eine entsprechende Resolution, die vom Repräsentantenhaus wie vom Senat angenommen wurde. Am 7. Juli 1898 wurde Hawaii das Territorium von Hawaii, und am 22. Februar 1900 wurde mit dem Hawaiian Organic Act eine territoriale Regierung eingerichtet. Der US-Präsident ernannte Sanford Dole zum ersten Gouverneur des neuen Gebiets.

1894: Nicaragua

US-Truppen landeten nach einer Revolution in Bluefields, um amerikanische Interessen (vor allem die Holzindustrie) zu schützen. In keinem Land sollten die USA häufiger intervenieren als in Nicaragua.

1894: Brasilien

Nach mehreren Zwischenfällen während des Marineaufstands im Januar 1894, in deren Verlauf amerikanische Handelsschiffe im Hafen von Rio de Janeiro beschossen wurden, warnte US-Admiral Andrew E. K. Benham, der vor Ort drei Kreuzer kommandierte, den Kommandeur der Rebellenflotte, Konteradmiral Saldanha da Gama, der 24 Schiffe zur Verfügung hatte, vor weiteren Interventionen. Am Morgen des 29. Januar geriet der amerikanische Frachter *Amy* unter Beschuss des Kreuzers *Trajano*. Die *USS Detroit* feuerte zurück und beschädigte den Bug der *Trajano*. Nach einer weiteren Breitseite der *Trajano*, die die *Detroit* erneut beantwortete, stellten die Rebellen das Feuer ein. Admiral Saldanha erklärte später, er habe nie Befehl gegeben, das Feuer auf amerikanische Schiffe zu eröffnen.

1894–1895: China

Während des japanisch-chinesischen Kriegs stationierten die USA Militäreinheiten in Tientsin und rückten bis Peking vor. Gleichzeitig strandete die US-Marine ein Kriegsschiff an der Küste von Niuhuang, um es zum Schutz amerikanischer Bürger als Fort zu nutzen.

1894–1896: Korea
Während des Japanisch-Chinesischen Krieges entsandte Washington Marines nach Seoul mit dem Auftrag, amerikanische Bürger und Interessen zu schützen.

1895: Kolumbien
Während des Angriffs eines Banditen auf die Stadt Bocas del Toro in der Provinz Panama trafen siebzig US-Soldaten zum Schutz amerikanischer Interessen ein. Sie blieben nur einen Tag. Tatsächlich intervenierten die USA nahezu bei jeder sich bietenden Gelegenheit in der kolumbianischen Provinz Panama, alleine zwischen 1856 und 1903 offiziell 13 Mal. 1856 im Wassermelonen-Krieg etwa hielten sich 160 Marines vier Tage lang in der Provinz auf, und während der Aizpuru-Revolte blieben 1200 US-Soldaten 57 Tage im Land.

1896: Nicaragua
Während politischer Unruhen schützten US-Marines die amerikanischen Interessen in Corinto.

1898: Nicaragua
US-Marines landeten zum Schutz amerikanischer Bürger und amerikanischen Besitzes in San Juan del Sur.

1898–1901: Kuba, Philippinen (Spanisch-Amerikanischer Krieg)
Etwa gleichzeitig begann in beiden Inselstaaten der Unabhängigkeitskampf gegen die spanische Kolonialherrschaft. Als die kubanischen Revolutionäre kurz vor dem Sieg standen, nutzten die USA die (bis heute ungeklärte) Versenkung der *USS Maine* im Hafen von Havanna als Vorwand, Spanien den Krieg zu erklären. Durch den Vertrag von Paris (10. Dezember 1898) fiel Puerto Rico an die USA, zugleich verlieh er Kuba eine seltsame Unabhängigkeit unter amerikanischer Besatzung. Zwar erlaubte Washington freie Wahlen, aus denen Tomás Estrada Palma als erster gewählter Präsident des Landes hervorging. Doch das Platt Amendment stellte 1901 sicher, dass die USA Kubas internationale Beziehungen, seine Wirtschaft und innere Angelegenheiten kontrollieren und in der Guantánamo-Bucht »auf alle Ewigkeit« eine Marinebasis einrichten konnten.

1896 hatte der philippinische Bauernsohn und Unabhängigkeitskämpfer Emilio Aguinaldo die spanische Kolonialmacht zu einem Friedensabkommen gezwungen, in dem ihm Spanien die Erfüllung seiner Forderungen zusicherte: die Heimkehr der spanischen Mönche und Rückgabe des von ihnen konfiszierten Landes, gleiche Bezahlung und gleiche Behandlung vor den Gerichten für alle ungeachtet ihrer ethnischen Zugehörigkeit, Freiheit der Presse und parlamentarische Repräsentation der Einheimischen in der Cortes in Madrid. Im Gegenzug dafür war er dem Verlangen der spanischen Behörden gefolgt und hatte sich freiwillig in die Verbannung begeben. Doch Spanien hatte sich nicht an das Abkommen gehalten, keine der Forderungen Aguinaldos war erfüllt worden, woraufhin die Kämpfe erneut ausbrachen.

Kurz nach Ausbruch des Spanisch-Amerikanischen Krieges in Kuba griffen die USA auch hier, in der anderen Spanien verbliebenen Kolonie, an. Commodore George Dewey versenkte die spanische Flotte im Hafen von Manila. Während Dewey die spanischen Verbände von See her angriff, legten die aufständischen Filipinos unter Führung ihres zurückgekehrten Generals Aguinaldo einen Belagerungsring um die Stadt. Nach drei Monaten kapitulierten die spanischen Verbände. Mit dem Friedensvertrag von Paris, der den »großartigen, kleinen Krieg« beendete, verlor Spanien Kuba, Puerto Rico, die Philippinen und Guam. Doch anstatt den Philippinen die erwartete Unabhängigkeit zu geben, bezahlten die USA der spanischen Krone zwanzig Millionen Dollar und sicherten sich diesen Grundstein eines Imperiums, das sie nun gegen die »Terroristen« verteidigten, die zuvor als willkommene Aufständische an der Seite Deweys gekämpft hatten.

Zwar beschrieben Zeitgenossen Aguinaldo in lobenden Superlativen. »Wir hielten Manila und (die Provinz) Cavite«, schrieb General Anderson, Commander-in-Chief der US-Verbände auf den Philippinen, »den Rest der Insel (Luzon) hielten nicht die Spanier, sondern die Filipinos. Auf den anderen Inseln waren die Spanier in zwei oder drei befestigte Städte zurückgedrängt.« Zwei amerikanische Soldaten kehrten von ihren sechsmonatigen Streifzügen durch Luzon »nur mit den besten Erinnerungen an das ruhige und wohlgeordnete Leben, das die Eingeborenen unter der Regierung (Aguinaldos) führen«, nach Manila zurück. »Wir fühlten uns auf unserer ganzen Reise absolut sicher.« In einer ätzenden Kritik an Washingtons Kolonisierung der vormaligen spanischen Kolonie verglich Mark Twain den Freiheitskämpfer mit George Washington und Jeanne d'Arc: »Keine andere Person der Geschichte, antik oder modern, christlich oder heidnisch, begann so bescheiden und stieg in solche Höhen.«[37]

Dennoch sahen die Vertreter der US-Staatsmacht in den Filipinos eine unzivilisierte Rasse, außerstande sich selbst zu regieren. »Ich behandelte ihn nie als Alliierten, sondern benutzte ihn und die anderen Eingeborenen bei meinen Operationen gegen die Spanier«, beschrieb Commodore Dewey sein Verhältnis zu dem ehemaligen Verbündeten, der nun zum Feind geworden war. Die Kämpfe, bei denen die USA erstmals weitverbreitet Folter anwandten (besonders populär war das Untertauchen der Opfer in Wassertrögen, das als Waterboarding hundert Jahre später im sogenannten Krieg gegen den Terror von der CIA wieder praktiziert wurde), kosteten »4000 unserer Boys das Leben«, zog ein Historiker 1901 eine erste Bilanz. »Es ist unmöglich, die philippinischen Verluste zu schätzen, aber ein Offizier hat sie auf ein Sechstel der Bevölkerung geschätzt, was über eine Million Gefallene wären.«[38]

Am 23. März 1901 wurde Aguinaldo in seinem Hauptquartier in Paanan von einer Streitmacht unter General Frederick Funston gefangen genommen. Am 19. April schwor er den USA Treue. Ein Jahr später, als Aguinaldos General Miguel Malvar kapitulierte und Präsident Theodore Roosevelt eine einseitige Amnestie verkündete, wurde der Krieg offiziell für beendet erklärt. Doch vereinzelte Kämpfe in entlegeneren Regionen des philippinischen Archipels hielten bis 1913 an.

Am 4. Juli 1946 entließen die USA ihre südostasiatische Kolonie in eine ähnlich abhängige Unabhängigkeit wie knapp fünfzig Jahre zuvor Kuba. 94-jährig starb Aguinaldo am 6. Februar 1964 in Quezon.

1898: Guam (spanisches Territorium)

Nach ihrem Sieg über Spanien besetzten US-Verbände die Insel und richteten in Apra Harbor einen permanenten Stützpunkt ein.

1898–1900: China

Während eines Konflikts zwischen der Kaiserinwitwe Cixi und ihrem Neffen Guangxu rückten Marines erneut in Peking und Tientsin ein, um die dortigen diplomatischen Vertretungen zu schützen.

1898: Guatemala

Die United Fruit Company verhalf General Manuel Estrada Cabrera zur Macht und erhielt unter dem langjährigen Diktator (1898–1920) weitgehende Vollmachten. Fortan dominierte die Bostoner Obstfirma wie eine Schattenregierung die Entwicklungen in dem mittelamerikanischen Land.

1899: Nicaragua

Während eines Putschversuchs von General Juan P. Reyes übernahmen Marines den Schutz amerikanischer Interessen in San Juan del Norte und in Bluefields.

1899: Samoa

Geradezu absurd klingt die Begründung des US-Außenministeriums für den Einsatz von Truppen auf der Pazifikinsel: »um amerikanische Interessen zu schützen und Einfluss in einem blutigen Konflikt um die Thronfolge zu nehmen«. Später änderten die Forscher des Kongresses die Version der Ereignisse und schrieben vom »Zweiten Bürgerkrieg Samoas«, der aufflammte, weil sich »Deutschland, das Vereinigte Königreich und die Vereinigten Staaten in dem Disput, wer die Kontrolle über die Inseln haben sollte, nicht einigen konnten«.[39] In einem der häufigen Dispute um die Thronfolge unterstützten die anwesenden Briten und Amerikaner den Hohen Häuptling Malietoa, während sich die Deutschen für den Hohen Häuptling Tamesese einsetzten. Keiner der beiden Häuptlinge wurde König. Nutznießer des Konflikts um den Thron waren vielmehr die Europäer und Amerikaner: Samoa war ein weiteres »monumentales Beispiel für engstirnige und internationale Dummheit«.[40] Am Ende teilten sich Berlin und Washington die Inseln, ohne die Einwohner Samoas auch nur zu fragen. Im Tausch für weite Teile der Solomonen verzichtete Großbritannien auf Ansprüche in Samoa und überließ dem deutschen Kaiserreich neun Inseln Westsamoas. Die USA annektierten die sechs Inseln des östlichen Teils Samoas.

1900: China

Zwei Jahre lang ging eine äußerst nationalistische, ausländerfeindliche und antichristliche Bewegung, die Miliz der Vereinigten Rechtschaffenheit (Yihetuan) in Shandong und der nordchinesischen Ebene, gewaltsam gegen die »ausländischen Teufel« vor. Nach anfänglichen Erfolgen waren die »Boxer«, wie sie von den Ausländern genannt wurden, Mitte 1900 überzeugt, unverwundbar zu sein, und marschierten mit dem Schlachtruf »Alles für die Qing (Name der herrschenden Manchu-Dynastie), nieder mit den Ausländern« nach Peking. Am 21. Juni erklärte die Kaiserinwitwe Cixi den ausländischen Mächten den Krieg. 55 Tage lang belagerten die kaiserlichen Truppen das Botschaftsviertel.

Schließlich landete die Acht-Nationen-Allianz (Japan, Russland, USA, UK, Frankreich, Deutschland, Österreich-Ungarn, Italien) mit 20000 Mann unter dem Kommando des Feldmarschalls Alfred Graf von Waldersee in der Hafenstadt Tianjin. Das Expeditionskorps besiegte die kaiserliche Armee, nahm am 14. August Peking ein, plünderte und verwüstete anschließend die Stadt und ihre Umgebung und führte summarische Massenhinrichtungen durch. Über einhundert führende Mitglieder der Regierung und der Boxermilizen wurden hingerichtet, zahlreiche weitere nahmen sich selbst das Leben, Prinz Tuan und sein Bruder wurden nach Turkestan in die Verbannung geschickt. Zwar hatte US-Außenminister John Hay noch während der Kämpfe den Alliierten in einem Rundschreiben klargemacht, dass Chinas territoriale Integrität unangetastet bleiben solle und darum keine Reparationsforderungen gestellt werden sollten, die das Land in den Bankrott trieben. Irritiert merkte von Waldersee an, die USA »scheinen zu wünschen, dass niemand etwas aus China rausbekommen soll«.[41] In dem sogenannten Boxer-Protokoll vom 7. September 1901 einigte man sich dann doch auf die höchste der vorgeschlagenen Summen: China sollte, verteilt auf 39 Jahre, 67 500 000 Pfund Sterling(4 355 000 000 Dollar nach heutigem Wert) und Unterkünfte für die Besatzungstruppen bereitstellen.

1901: Kolumbien

Um amerikanischen Besitz während revolutionärer Unruhen auf dem Isthmus zu schützen und die Bahn- und Kommunikationsverbindungen offen zu halten, landeten US-Truppen erneut in Panama.

1902: Kolumbien

Um amerikanische Bürger und amerikanischen Besitz zu schützen, trafen US-Truppen während eines Bürgerkriegs in Bocas del Toro in der Provinz Panama ein. Gleichzeitig begleiteten amerikanische Wachsoldaten die Züge der Panama Railroad. Zudem stationierten die USA Flottenverbände an beiden Küsten Panamas, um eine mögliche Landung kolumbianischer Truppen zu verhindern.

1903: Honduras

Während einer Revolution besetzten US-Marines Puerto Cortéz und sicherten das dortige US-Konsulat und die Hafenanlagen, die besonders für die amerikanischen Bananenpflanzer von Bedeutung waren.

1903: Dominikanische Republik

Beim Ausbruch einer Revolution landeten US-Truppen zum Schutz amerikanischer Interessen in der Hauptstadt Santo Domingo.

1903: Syrien

In Befürchtung eines bevorstehenden Aufstandes einheimischer Muslime, der allerdings nie stattfand, entsandte Washington zum Schutz seines dortigen Konsulats Marines nach Beirut.

1903–1904: Abessinien

Als der US-Generalkonsul in Addis Abeba einen Vertrag aushandelte, wurde er von 25 Marines begleitet, um seinem Anliegen Nachdruck zu verleihen.

1903: Kolumbien

US-Truppen besetzten die Provinz Panama »während und nach den Kämpfen um die Unabhängigkeit von Kolumbien, um amerikanische Interessen und amerikanische Bürger zu beschützen«.[42] Tatsächlich hatten die USA die Abspaltung der Provinz betrieben, weil sich Kolumbien beharrlich weigerte, der amerikanischen Kanalbaugesellschaft die Erlaubnis zum Bau eines Kanals durch Panama zu erteilen. Die Notwendigkeit eines Kanals hatte sich 1898 während des Amerikanisch-Spanischen Krieges besonders deutlich gezeigt, als US-Kriegsschiffe 13 000 Seemeilen rund um Südamerika segeln mussten, um Kuba zu erreichen. Ein Kanal hätte die Strecke auf 4600 Meilen verkürzt. Also bestach Washington einen kolumbianischen General, zu putschen und eine neue Republik auszurufen. Um eine mögliche Landung von kolumbianischen Streitkräften in Panama zu verhindern, patrouillierten zehn US-Kriegsschiffe vor den Küsten der Provinz. Der Putsch dauerte exakt vier Tage, drei Tage davon beanspruchten die Verhandlungen über die Höhe der Bezahlung des Generals. Ein Direktor der amerikanischen Panama-Kanal-Gesellschaft sowie der französische Ingenieur Philippe Bunau-Varilla riefen am 3. November 1903 die unabhängige Republik Panama aus. 15 Tage später unterzeichneten US-Außenminister John Hay und Bunau-Varilla (als Botschafter der neuen Regierung Panamas in Washington) den Hay-Bunau-Varilla-Vertrag, der den USA auf alle Zeiten die exklusive Nutzung, Besetzung und Kontrolle der Kanalzone (eines 16 km breiten Streifens entlang des Kanals) einräumte. In der Kanalzone richteten die USA die berüchtigte Escuela de las Americas ein, an der im Laufe der folgenden achtzig Jahre Tausende lateinamerikanischer Offiziere ausgebildet wurden, weshalb sie im Volksmund »Escuela de los golpes« (Staatsstreichschule) genannt wurde.

Politische und wirtschaftliche Unruhen führten zu zahlreichen weiteren amerikanischen Militärinterventionen in Panama. 1977 nahm die Regierung Jimmy Carters Verhandlungen auf, die zur Übergabe des Kanals an Panama führten. Am 31. Dezember 1999 ging der Kanal endgültig in den Besitz Panamas über, wobei sich die USA allerdings vertraglich das Recht vorbehielten, weiterhin für die Sicherheit des Kanals zuständig zu sein.

1904: Dominikanische Republik

Aufständische in Santo Domingo beschossen den US-Dampfer *New York*. Daraufhin vertrieben 300 Marinesoldaten vom Kreuzer *Newark* die Rebellen. US-Truppen landeten während dieser revolutionären Unruhen auch in Puerto Plata und Sosua, um amerikanische Interessen zu schützen. Gleichzeitig entsandte Präsident Theodore Roosevelt Zollbeamte, um die Finanzen des Landes zu übernehmen und sicherzustellen, dass dessen Auslandsschulden vor allem in Europa in Höhe von 32 Millionen Dollar bezahlt wurden. Die USA würden in Ausübung internationaler Polizeigewalt in der westlichen Hemisphäre für Ordnung sorgen, wann immer das notwendig werden sollte, versprach Roosevelt.

1904: Marokko

Mit der Forderung »Wir wollen entweder Perdicaris lebend oder Raisuli tot«[43] kreuzte die amerikanische Mittelmeerflotte in einer Machtdemonstration vor Tanger, um die Freilassung des – angeblich – amerikanischen Marinesoldaten Ion Perdicaris zu erzwingen, der von dem Berber-Rebellen Ahmed ben Mohammed el-Raisuli als Geisel entführt worden war.

1904: Panama

Angesichts eines drohenden Aufstandes verstärkten die USA ihre Militärpräsenz.

1904–1905: Korea

Während des Japanisch-Russischen Krieges entsandte Washington Marines, um seine diplomatische Vertretung in Seoul zu schützen.

1905: Dominikanische Republik

Um während politischer Unruhen amerikanischen Besitz zu sichern, schickten die USA erneut Truppen.

1905: Mexiko

US-Marines halfen dem Diktator Porfirio Diáz, einen Streik von Arbeitern in einer Mine in Sonora niederzuschlagen, die von einer amerikanischen Bergbaugesellschaft ausgebeutet wurde.

1906: Guatemala

Organisiert von dem im mexikanischen Exil lebenden Ex-Präsidenten Manuel Barillas kam es zu einem Aufstand gegen die Regierung Manuel Estrada Cabreras, der von den Regierungen der meisten anderen mittelamerikanischen Staaten unterstützt wurde. Mit Hilfe des mexikanischen Präsidenten Porfirio Díaz und seines amerikanischen Amtskollegen Theodore Roosevelt gelang es Estrada jedoch, die zentralamerikanische Krise beizulegen und den Aufstand niederzuschlagen. Im März des Folgejahres wurde Barillas auf Anordnung Estradas in Mexiko-Stadt erstochen.

1906–1909: Kuba

Amerikanische Militärintervention, um nach revolutionären Unruhen die Ordnung wiederherzustellen, Ausländer zu beschützen und eine stabile Regierung einzusetzen.

1907: Honduras

Unterstützt von Elementen der nicaraguanischen Armee marschierte im Februar eine Armee von Exilhonduranern in ihrem Heimatland ein, um den Diktator Manuel Bonilla zu stürzen, und bildete eine provisorische Regierungsjunta. Trotz massiver militärischer Unterstützung durch El Salvador erlitten Bonillas Truppen im März eine entscheidende Niederlage. Als nicaraguanische Verbände in Honduras einmarschierten, landeten die USA, die befürchteten, Nicaraguas Präsident José Santos Zelaya López wolle die ganze Region dominieren, Marines in Puerto Cortés an, um die Plantagen der nordamerikanischen Bananenfirmen zu schützen. Gleichzeitig verhinderten US-Marineverbände den nicaraguanischen Angriff auf Bonillas letzte Stellung in Amapala im Golf von Fonseca. Mit Bonillas Flucht auf die *USS Chicago* waren die Kämpfe beendet. Der amerikanische Marinekommandeur vermittelte einen fragilen Frieden, der in Tegucigalpa General Miguel Dávila an die Macht brachte, mit dem niemand glücklich war. Zelayas Plan, gemeinsam mit El Salvador Dávila zu stürzen, wurde durch die Anwesenheit der US-Marineverbände und die Stationierung amerikanischer Truppen in den honduranischen Städten Trujillo, La Ceiba, Puerto Cortés, San Pedro Sula, Laguna und Cholima sowie in den wichtigsten nicaraguanischen Städten (Masaya, Leon, Managua, Bluefields, Puerto Cabezas, Matagalpa) verhindert.

1907: Mexiko

Washington entsandte Truppen, um einen Streik in den in amerikanischem Besitz befindlichen Kupferminen von Cananea blutig niederzuschlagen.

1908: Panama

US-Marines intervenierten, als während des ersten Wahlkampfes seit der Trennung Panamas von Kolumbien Unruhen ausbrachen. So zumindest stellt es die Liste des US-Kongresses dar. Tatsächlich hatten US-Kriegsminister William Howard Taft und der Gouverneur der Kanalzone den Präsidenten Panamas gezwungen, einer US-Kommission zu erlauben, die bevorstehenden Wahlen zu überwachen. Diese Kommission zwang den aussichtsreichen Präsidentschaftskandidaten Ricardo Arias, den Washington keinesfalls wollte, zur Aufgabe seiner Kandidatur. Es kam zu Unruhen. Die Arias-Anhänger blieben schließlich den Wahlen fern, was den Sieg des von den USA favorisierten Kandidaten José Domingo de Obaldía erleichterte. Taft hatte angedeutet, Präsident »Teddy« Roosevelt habe ihn zu der Warnung ermächtigt, die USA sähen jeden Versuch, einen Nachfolger durch gefälschte Wahlen ins Amt zu bringen, als Störung der öffentlichen Ordnung an, die laut der panamaischen Verfassung eine Intervention notwendig mache. Washington werde es nicht zulassen, dass Panama unter die Kontrolle irgendjemandes komme, der auf diese Weise gewählt worden sei.

»Mit anderen Worten: Wenn ein Kandidat gewählt wurde, den die USA ablehnten, waren die Wahlen gefälscht und erforderten Intervention. Die Wahlen galten nur dann als fair und demokratisch, wenn Washingtons Favorit gewann«[44], urteilte Jahrzehnte später die regierungsunabhängige Organisation North American Congress on Latin America.

1910: Nicaragua

US-Marines sollten »während eines Bürgerkrieges die Vorgänge in Corinto in Erfahrung bringen und in Bluefields amerikanische Interessen schützen«[45]. Die Interessen bestanden in der La Luz and Los Angeles Mining Company, deren Anwalt Philander Knox gewesen war, ehe er US-Außenminister wurde. Die Bestrebungen des liberalen Präsidenten José Santos Zelaya, amerikanische Bergwerksunternehmen und Obstfirmen der Steuerpflicht zu unterstellen, die von ihm betriebene Verstaatlichung kirchlicher Ländereien sowie seine Geschäftsbeziehungen mit europäischen Firmen missfielen den USA. Als er nicht nur Washingtons Wunsch, einen interozeanischen Kanal durch das Land zu bauen, ablehnte, sondern stattdessen Japan anbot, einen solchen Kanal zu bauen, orchestrierten die USA seinen Sturz. Als in den folgenden Unruhen zwei US-Söldner, die Flüsse und Häfen vermint hatten, hingerichtet wurden, landeten US-Marines in Bluefields und erzwangen Zelayas Rücktritt. Die USA machten den Hauptbuchhalter der Bergbaufirma, Adolfo Díaz, zum Präsidenten, für den sie 1912 erneut intervenierten. Fortan blieben hundert US-Marines im Land, um die Wahlsiege konservativer Präsidenten zu sichern.

1910: Honduras

Als Präsident Miguel Dávila die Pacht von einem Dollar pro Monat und Acre, die Sam Zemurrays Cuyamel Fruit Company bezahlte, erhöhen wollte, rekrutierte »Sam, the Banana Man«, wie er genannt wurde, eine Bande von Söldnern unter dem Kommando von General Lee Christmas. Nachdem die honduranische Armee von vor der Küste liegenden US-Kriegsschiffen nachdrücklich aufgefordert worden war, keinen Widerstand zu leisten, nahm die Bande kampflos den Hafen von Trujillo ein. Der wenig kooperative Präsident Dávila wurde durch seinen Vorgänger

Manuel Bonilla ersetzt. Der hatte sich ausländischen Investoren gegenüber als freundlicher erwiesen und unter anderem Zemurray zuvor geschrieben: »Ich werde Sie reich machen, Ihnen Land und Macht geben, haben wir erst einmal die Hauptstadt.«[46]

Während Lee Christmas mit seiner perlenverzierten Pistole und den zahlreichen Uhren am Arm zum Oberkommandierenden der honduranischen Streitkräfte avancierte, wurde Zemurray tatsächlich reich. Cuyamel Fruit übernahm alles Land, das es bebauen konnte, ohne 25 Jahre lang auch nur einen Cent Pachtzins zu bezahlen. »In Honduras ist ein Senator billiger als ein Maultier«, behauptete Zemurray fortan. 1910 lag die Hälfte der Bananenproduktion in Honduras noch in Händen einheimischer Kleinbauern. Doch mit einem unterwürfigen Präsidenten Bonilla und einem Armeechef Christmas war es kein Problem, diese Bauern zu enteignen. Christmas' rechte Hand, der sich den Spitznamen Maschinengewehr-Maloney erworben hatte, trieb die Bauern mit vorgehaltener Waffe wie Vieh zusammen und brachte sie auf die Cuyamel-Pflanzungen, wo sie fortan für einen Hungerlohn arbeiten mussten. Auf diese Weise eignete sich die Tela Railroad Company, so der neue Name der Cuyamel, unter dem sie später von der United Fruit Company (im Ausland bekannt als United Brands) übernommen wurde, bis 1946 nicht weniger als 410000 Acres an, von denen allerdings nur 82000 tatsächlich landwirtschaftlich genutzt wurden.

1910–1920: Mexiko

Seit 1871 regierte Porfirio Díaz, der einst an der Seite von Präsident Benito Juárez gegen Kaiser Maximilian und die französischen Besatzungstruppen gekämpft und sich dann gegen seinen Präsidenten gewandt hatte. Lange Jahre räumte er den USA und amerikanischen Firmen mehr Rechte in seinem Land ein als jede andere mexikanische Regierung vor und nach ihm, womit er sich die Gunst Washingtons sichern konnte. Doch langsam breitete sich dort und unter den amerikanischen Investoren Unzufriedenheit aus – nicht weil er alle Freiheiten unterdrückte und die Bevölkerung unter seinem korrupten Regime im Elend lebte, sondern weil er sehr zum Ärger von Standard Oil bedeutende Ölkonzessionen an die britische Firma Pearson & Son vergeben, den ausgelaufenen Pachtvertrag mit der US-Navy über die Magdalenabucht in Baja California nicht erneuert, die finanziellen Verbindungen mit Europa gestärkt und schließlich auch noch Nicaraguas von den USA gestürzten Präsidenten José Santos Zelaya (siehe: 1910 Nicaragua) in einem Kanonenboot ins sichere Exil nach Mexiko gebracht hatte.[47]

Vor den Wahlen am 8. Juli 1910 schaltete Porfirio Díaz die Opposition aus, ließ seinen Hauptwidersacher Francisco Ignacio Madero González zusammen mit etlichen von dessen rund 60000 Anhängern verhaften und erklärte sich zum Wahlsieger. Gegen den Wahlbetrug rebellierten Emiliano Zapata im Bundesstaat Morelos, Francisco »Pancho« Villa mit seiner División del Norte in Chihuahua sowie nach seiner Befreiung Madero und zwangen Díaz aus dem Amt ins europäische Exil. Im November 1911 wurde Madero Präsident.

Zwar war Madero, Absolvent der École des Haute Études Commerciales in Frankreich sowie eines agrarwissenschaftlichen Studiums an der Universität in Berkeley, Zeitungsherausgeber, Autor einer Reihe von Büchern über den Zustand Mexikos und Sohn einer der reichsten Familien des Landes, weit moderater als seine Mitstreiter Zapata und Villa, die er gelegentlich sogar bekämpfte. Doch seine Reformen in der Arbeitsgesetzgebung, in der Behandlung der Yaqui, die unter Díaz brutalen Repressionen ausgesetzt gewesen waren, weil sie amerikanischen Bergwerksinteressen im Wege gestanden hatten, die Rückführung der entwurzelten Indianer in ihre heimatlichen Siedlungsgebiete und die Wiederherstellung ihrer früheren Besitzverhältnisse, die Mexikanisierung der überwiegend mit amerikanischem Personal betriebenen Eisenbahn und vor allem seine neuen Steuergesetze für ausländische Ölgesellschaften brachten ihn bald auf Kollisionskurs mit den USA. Er missfiel Washington alsbald noch mehr als der exilierte Ex-Präsident.

Angespornt und geführt vom amerikanischen Botschafter Henry Lane Wilson bereitete der Oberkommandierende der Streitkräfte, General Victoriano Huerta, seinen Sturz vor, während US-Kriegsschiffe in den Häfen von Veracruz, Tampico, Acapulco und Mazatlán festmachten, »um zu beobachten und zu berichten«. Zehn Tage lang, die »tragischen zehn Tage«, als die sie in die Geschichte Mexikos eingegangen sind, lagen sich die revoltierenden Truppen unter General Félix Díaz, die sich in La Ciudadela (einer ehemaligen Tabakfabrik, die später als Kaserne und Gefängnis diente und heute die Biblioteca de México beherbergt) verschanzt hatten, und die loyalen Regierungsverbände unter ihrem Oberkommandierenden untätig gegenüber. Dann vermittelte Botschafter Wilson zwischen den beiden Generälen, bis sie schließlich in der US-Botschaft den sogenannten Pacto de la Embajada (Botschaftsvertrag) unterzeichneten, in dem Maderos Abschiebung ins Exil und Huertas Machtübernahme beschlossen wurden.

Einen Tag nach Unterzeichnung des Abkommens in der amerikanischen Botschaft, am 18. Februar 1913, zwang Huerta Madero zum Rücktritt und übernahm selber die Präsidentschaft. Vier Tage später wurde Madero im Alter von 39 Jahren hingerichtet. Huertas Machtergreifung stieß auf erbitterten Widerstand. Im Nordwesten des Landes formierten sich Truppen unter dem Befehl des Generals Álvaro Obregón, im

Norden sammelte sich Pancho Villas División del Norte mit ihrer legendären Kavallerie, die als eine der besten der Welt galt, und den Süden kontrollierte die Bauernarmee Emiliano Zapatas. Auch der von Madero eingesetzte Gouverneur des Bundesstaates Coahuila, Venustiano Carranza, manipulierte und manövrierte und sammelte ebenfalls eine Armee. Alle mit Ausnahme Zapatas waren Großgrundbesitzer. Zunächst marschierten sie noch gemeinsam und machten Carranza zum *primer jefe*, zum ersten Boss. Doch es gelang ihnen nicht, ihre unterschiedlichen Ziele und Auffassungen zu vereinen, und so bekämpften sie sich bald gegenseitig. »Wo immer Carranza hinging, hemmten Uneinigkeit, Zögerlichkeit und Langsamkeit die Revolution«[48], kritisierte ihn damals der Philosoph, Schriftsteller und spätere Bildungsminister José Vasconcelos. Nur solange sie ihm nützlich waren, hofierte Carranza Villa und sogar Zapata, dessen Bauern er wie schon Porfirio Díaz und Huerta vor ihm als »blutdürstige Barbaren« schmähte. Der Bruch war unvermeidbar.

Im Machtkampf um die Präsidentschaft konnte Carranza mit der Hilfe Obregóns, der Villa in den Schlachten von Torreón, Celaya und León besiegte, den härtesten Konkurrenten ausschalten. Villa konnte sich von den verheerenden Niederlagen nie wieder erholen. 1917 wurde Carranza zum Präsidenten gewählt. Und die USA schwankten, wem sie ihre Unterstützung geben sollten. Villa hatten sie fallen gelassen, nachdem er 1916 das Grenzstädtchen Columbus überfallen hatte, um Waffen zu besorgen. Also wandten sie sich Carranza zu, wenngleich ihm ebenfalls nicht zu trauen war, weil er – wie schon sein Vorgänger Huerta – gerne den Einflüsterungen deutscher Gesandter und Agenten lauschte.

Als Nächster zog sich Emiliano Zapata den Zorn des *primer jefe* zu. Zunächst hatte der Bauernführer Obregón angeboten, eine gemeinsame Allianz gegen Carranza einzugehen. Dann hatte er in einem »offenen Brief« heftige Klage gegen den Präsidenten geführt. Die Banken seien geplündert, das Land überflutet von wertlosem Papiergeld, Bergbau und Landwirtschaft lägen infolge von erzwungenen Abgaben brach, die Armen vegetierten im Elend dahin, Gewerkschaften seien durch politische Eingriffe zur Bedeutungslosigkeit verurteilt. Das Land wurde nicht an besitzlose Bauern verteilt, wofür Zapata hauptsächlich kämpfte. »Die alten Latifundisten sind von modernen Grundbesitzern mit Epauletten und Pistolen im Gürtel ersetzt worden.«[49] Carranza befahl, den Aufrührer gefangen zu nehmen oder zu töten. Ein Verräter und ein Oberst lockten Zapata in eine Falle und brachten ihn um. Den Oberst erhob Carranza in den Generalsrang.

1920 begannen sich die alten Revolutionsveteranen, die noch übrig waren, zur Wehr zu setzen, und rückten gegen die Hauptstadt vor. Von allen verlassen, sogar von seinem Schwiegersohn, wurde der einstige Erste Boss am 21. Mai 1920 sozusagen »auf der Flucht erschossen«. Carranza hatte keines der Ziele der Revolution verwirklicht. Die liberale Verfassung von 1917 war »ein totes Dokument« geblieben. Es gab keinen kostenlosen Schulunterricht, keine Pressefreiheit, die Gewerkschaften wurden von Generälen und Gouverneuren kontrolliert. Das einzige Vermächtnis, das Carranza hinterließ und dessentwegen er immer noch in Mexiko verehrt wird, waren ein paar Sätze in seiner Jahresansprache an den mexikanischen Kongress am 1. September 1919: Er werde die Monroe-Doktrin nicht anerkennen, »weil sie gegen den Willen der Völker Amerikas eine Regelung begründet, zu der sie nicht befragt wurden ... Diese Doktrin greift die Souveränität und Unabhängigkeit Mexikos an und würde allen Nationen Amerikas die Vormundschaft (der USA) aufzwingen.«[50]

1911: China

Während der chinesischen Revolution gegen das Feudalsystem und die Qing-Dynastie führten die USA mehrere Militäroperationen durch: in Wuchang zur Rettung von Missionaren, in Hankow zum Schutz amerikanischer Einrichtungen und Interessen, in Schanghai zum Schutz der Telegraphenstationen sowie in Nanking, Chinkiang, Taku und anderen Orten. Die USA stationierten 5000 Soldaten in den Städten, während 44 ihrer Kriegsschiffe vor den Küsten patrouillierten.

1912: Honduras

Auf Wunsch der Tela Railroad landete eine kleine US-Streitmacht in Puerto Cortés, um die geplante Verstaatlichung der in amerikanischem Besitz befindlichen Eisenbahn zu verhindern. Die Truppen wurden abgezogen, weil die US-Regierung die Aktion verurteilt hatte.

1912: Kuba

US-Verbände schlugen einen Streik auf den amerikanischen Zuckerrohrplantagen in der Provincia del Oriente nieder und lieferten sich in Havanna heftige Gefechte mit Unabhängigkeitskämpfern.

1912: China

US-Truppen landeten während der anhaltenden revolutionären Kämpfe auf Kentucky Island vor der Halbinsel Shandong sowie in Camp Nicholson, um amerikanische Bürger und Interessen zu schützen.

1912: Türkei

US-Truppen übernahmen während des Ersten Balkankrieges den Schutz der amerikanischen Legation in Konstantinopel.

1912: Panama

Präsident José Domingo de Obaldía war noch während seiner Amtszeit gestorben (1910), seine Nachfolge trat Vizepräsident Carlos Antonio Mendoza an. Da dessen Ernennung aber dem Interesse der USA an der Kanalzone zuwiderlief, musste er auf deren Druck schon nach wenigen Monaten wieder zurücktreten. Also führte für die nächsten beiden Jahre bis zu den Wahlen ein anderer Vizepräsident, Pablo Arosemena Alba, die Amtsgeschäfte. Die Wahlen 1912 gewann endlich Belisario Porras Barahona, der erst nach der Abspaltung Panamas von Kolumbien (1903) aus dem Exil in Costa Rica zurückgekehrt und als ehemaliger Unabhängigkeitskämpfer sowohl in den USA als auch in der Bevölkerung Zentral-Panamas äußerst beliebt war. Er war so beliebt, dass er zweimal wiedergewählt wurde. Die US-Botschaft in Panama-Stadt hatte sogar mit der militärischen Besetzung und Annexion des Landes gedroht, sollte nicht der Kandidat Washingtons die Wahlen gewinnen.

1912–1925: Nicaragua

Angesichts revolutionärer Unruhen besetzten US-Marines das Land und veranstalteten Wahlen, in denen die 4000 Wahlberechtigten des Landes den einzigen Kandidaten, Adolfo Díaz (siehe: 1910 Nicaragua), wählen durften. 1914 setzten die USA den berüchtigten Bryan-Chamorro-Vertrag durch, der ihnen exklusive Kanalrechte in Nicaragua einräumte, um zu verhindern, dass ein anderes Land dort einen mit Panama konkurrierenden Kanal bauen könnte. (Der derzeitige Präsident, Daniel Ortega, war der Erste, der es wagte, gegen dieses Abkommen zu verstoßen, als er der VR China die Rechte zum Bau eines Kanals durch das Land übertrug.) Zur Unterstützung stabiler konservativer Regierungen blieben Truppen und Berater. Wie schon in den Anmerkungen zur Intervention im Jahre 1910 schrieb der Congressional Research Service auch diesmal: »Eine kleine Streitmacht blieb bis zum 5. August 1925 als Wache der amerikanischen Legation und versuchte, Frieden und Stabilität zu fördern.«

1912–1941: China

Während der Guomindang-Revolution, dem Erstarken der kommunistischen Bewegung unter Mao Zedong und des japanischen Vordringens in China stationierten die USA Truppen an zahlreichen Orten, die Tschiang Kai Scheks Guomindang-Verbände mit Militärberatern, Material und Finanzhilfen unterstützten. 1927 hatten die USA 5670 Soldaten und 44 Schiffe in China und Chinas Gewässern stationiert. 1933 waren es immer noch 3027 Mann. Im Allgemeinen berief sich Washington dabei auf jene Ungleichen Verträge, die China und die westlichen Mächte zwischen 1858 und 1901 abgeschlossen hatten.

1914: Dominikanische Republik

Um Wahlen durchzusetzen, nahmen Marine-Verbände der USA von See aus die Revolutionäre unter Feuer, die im Begriff waren, die Hauptstadt Santo Domingo und den Hafen Puerto Plata einzunehmen. Die Flotte erzwang unter Androhung von Gewalt, dass Santo Domingo eine neutrale Zone blieb.

1915–1917: Mexiko (Tampico-Zwischenfall)

Unter fadenscheinigen Begründungen und ohne Kriegserklärung ließ Präsident Woodrow Wilson Veracruz besetzen. Deutsche Agenten hatten versucht, Mexiko zu einem Kriegseintritt an der Seite des Deutschen Reichs zu bewegen, und Kriegsmaterial (200 Maschinengewehre, 16,8 Millionen Patronen sowie 8327 Rollen Stacheldraht) nach Veracruz geschickt.[51] Nach einem Angriff des mexikanischen Revolutionsführers Pancho Villa 1916 auf das Grenzstädtchen Columbus in New Mexico (»Ich bin sicher, dass Villas Angriffe made in Germany sind«, kabelte US-Botschafter James Gerard aus Berlin[52]) setzte Wilson ein 6600 Mann starkes Expeditionskorps unter General John »Black Jack« Pershing mit dem Befehl in Marsch, den »Banditen« zu fangen und vor ein amerikanisches Gericht zu bringen. Doch Villas Popularität und Kenntnis des Terrains sowie Pershings Unbeliebtheit in Mexiko zwangen die Verfolger nach elf Monaten erfolgloser Suche zur Rückkehr.

1915–1934: Haiti

1825 hatte Frankreich Haiti gezwungen, jährliche Zahlungen zu leisten als Kompensation für die Profite, die den einstigen Plantagenbesitzern und Sklavenhaltern entgingen, weil sich die Sklaven befreit hatten. Im Gegenzug hoben Frankreich, England und die USA das Embargo auf, das sie seit 1804 über die Republik verhängt hatten, und erklärte sich Paris bereit, Haiti als unabhängigen Staat anzuerkennen. (Die USA erkannten Haitis Unabhängigkeit erst 1862 an, nachdem sich die Südstaaten von der Union getrennt hatten.) Auf 150 Millionen Goldfrancs bezifferten die französischen Buchhalter den Verlust, die alle Wertgegenstände auflisteten, die den einstigen Kolonialisten und dem französischen Staat durch die Revolution verloren gegangen waren. (Gezählt wurden neben immobilen Werten auch die Bevölkerung einschließlich der Regierungsmitglieder, die 21 Jahre zuvor als Sklaven ja ebenfalls einen monetären Wert dargestellt hatten.) Während des gesamten 19. Jahrhunderts musste die haitianische Regierung darum immer wieder Kredite zu weit überhöhten Zinssätzen in Frankreich aufnehmen. Diese Zahlungen fraßen regelmäßig siebzig Prozent aller Deviseneinnahmen des Inselstaates auf. Wenn schlechtes Wetter die Kaffee- oder die Zuckerernte verhagelte, musste

Haiti in Frankreich Kredite zum doppelten des üblichen Zinssatzes aufnehmen, um seine Zahlungen auch weiterhin leisten zu können.

Zwischen 1911 und 1915 regierten in Haiti nicht weniger als sechs Präsidenten, die alle entweder ermordet oder ins Exil vertrieben wurden. Um den unverhältnismäßig starken Einfluss der 200 deutschstämmigen Geschäftsleute auf Haitis Wirtschaft (sie kontrollierten achtzig Prozent des internationalen Handels des Landes; zudem befürchteten die USA, das Deutsche Reich könnte einen Flottenstützpunkt in Haiti errichten) zu begrenzen, unterstützte das US-Außenministerium ein Konsortium amerikanischer Investoren bei der Übernahme der Banque Nationale d'Haiti, der einzigen Handelsbank des Landes und gleichzeitig Haitis Finanzbehörde.

Im März 1915 reagierte Washington auf Klagen amerikanischer Banken, bei denen Haiti tief verschuldet war, besetzte das Land, machte es zu einem De-facto-Protektorat der USA und schrieb ihm 1917 eine neue Verfassung. (Franklin D. Roosevelt, damals stellvertretender Marineminister in Woodrow Wilsons Regierung, betonte später gerne, er persönlich habe die neue Verfassung geschrieben.) Diese Konstitution schaffte das Verbot fremden Landbesitzes ab – eine der Schlüsselkomponenten des haitianischen Rechts, das sofort nach dem Ende der Unabhängigkeitskämpfe 1804 eingeführt worden war. Als die neu und unter US-Aufsicht gewählte Nationalversammlung dieses Dokument ablehnte und eine eigene Verfassung schrieb, die dieses Verbot wieder enthielt, wurde sie vom amerikanischen Kommandeur der haitianischen Gendarmerie, General Smedley Darlington Butler, aufgelöst. Die von den USA geschriebene Verfassung wurde 1919 durch ein Plebiszit angenommen, an dem sich weniger als fünf Prozent der Wahlberechtigten beteiligten. Dennoch bestätigte das State Department die Rechtmäßigkeit des Plebiszits mit dem Hinweis, dass »die Leute, die abstimmten, ohnehin zu 97 Prozent Analphabeten waren und in den meisten Fällen nicht verstanden, worüber sie abstimmten«.[53]

Nun kontrollierte eine US-Verwaltung die Finanzen und die Politik der Inselrepublik und baute einen Marinestützpunkt, um die Seewege zum Panamakanal besser schützen zu können. Haitis Präsident wurde der Zutritt zum amerikanischen Offiziersclub in Port-au-Prince untersagt, weil er ein »französisch sprechender Nigger« war,[54] wie US-Außenminister William Jennings Bryan die Haitianer zu nennen pflegte. Unter der Besatzung war der schwarzen Bevölkerung (neunzig Prozent) der Zugang zu öffentlichen Ämtern verwehrt. Gleichzeitig wurden sie von den Marines in Zwangsarbeit beim Straßenbau eingesetzt. Einen Aufstand sogenannter Cacos (Bauernguerillas), die Posten der Besatzungstruppen angriffen, schlugen die Marines mit grausamer Härte nieder.

Hunderte Haitianer wurden gefoltert, an Kirchentore genagelt und erschossen. »US-Streitkräfte hielten die Ordnung aufrecht während einer Periode chronischer Instabilität«, nannten die Autoren des Congressional Research Service Report solche Politik.

1934 zogen die USA im Rahmen von Roosevelts Politik der guten Nachbarschaft ihre Besatzungstruppen wieder ab, behielten aber auch weiterhin die Kontrolle über Haitis Außenhandel, um sicherzustellen, dass das verarmte Land tatsächlich all seine Schulden bezahlte. Erst 1947, nachdem Port-au-Prince die letzte Rate der 150 Millionen Goldfrancs an Paris überwiesen hatte, gab Washington das Finanzwesen an Haiti zurück.

1916: China

US-Marines eröffneten das Feuer auf gewalttätige Demonstranten auf ihrem Besitz in Nanking.

1916–1924: Dominikanische Republik

Unter einer Reihe von Caudillos, die zumeist nur kurze Zeit regierten, versank das Land im Chaos. Alarmiert von dem drohenden Bankrott der Republik übernahmen die USA erst die Verwaltung der Zoll- und Steuerbehörden, 1916 dann auch die vollständige Kontrolle der Regierungsgeschäfte. Sie stationierten Tausende Soldaten in dem Land, bauten Straßen und Schulen und führten Rechtsreformen durch, die es den US-eigenen Zuckermühlen und -plantagen erlaubten, ihre Geschäfte erheblich auszuweiten. Bald jedoch formierte sich unter General Ramón Natera eine Widerstandsbewegung, deren Mitglieder sich *gavilleros* nannten und die Souveränität ihres Landes zurückgewinnen wollten. 1921, nach vierjährigen hartnäckigen Kämpfen, vernichteten die Besatzungstruppen die *gavilleros* in einem Feldzug der verbrannten Erde.

Als die Marines das Land verließen, hatten sie ein modernes Militär geschaffen, das fortan die Militärdiktatoren des Landes lieferte.

1917: China

Amerikanische Truppen landeten in Chungking, um amerikanische Bürger zu schützen.

1917–1922: Kuba

Während des »Kleinen Kriegs vom Februar 1917«, als der er in die Geschichtsbücher einging, landeten US-Truppen auf Kuba, um die Regierung von Mario García Menocal gegen die aufständischen Liberalen unter Gerardo Machado, der deutscher Sympathien verdächtigt wurde, zu stützen und Kuba in ein amerikanisches Wirtschaftsprotektorat zu verwandeln, womit die Zuckerlieferungen während des Ersten Weltkrieges sichergestellt wurden. Einige Einheiten blieben bis 1933.

1917–1918: Europa, Erster Weltkrieg

Am 6. April 1917, provoziert durch den uneingeschränkten U-Boot-Krieg und das »Zimmermann-Telegramm« (eine Depesche des deutschen Außenministers Arthur Zimmermann an den Berliner Gesandten in Mexiko, in dem es um ein mögliches Bündnis zwischen beiden Staaten ging, wenn die USA ihre bisherige Neutralität aufgeben sollten), erklärten die USA dem Deutschen Reich den Krieg. Am 7. Dezember 1917 folgte die Kriegserklärung an Österreich-Ungarn.

1918–1919: Mexiko

Nach dem Abbruch der Pershing-Expedition überschritten US-Verbände auf der Jagd nach Banditen die mexikanische Grenze 1918 mindestens dreimal und 1919 sechsmal.[55] Nachdem deutsche Agenten mit mexikanischen Soldaten einen Angriff auf die Grenzstadt Nogales in Arizona ausgeheckt hatten, in dessen Verlauf ein amerikanischer Soldat von einem mexikanischen Offizier erschossen wurde, begann die Schlacht von Ambros Nogales, die mit der mexikanischen Kapitulation endete.

1918–1920: Panama

US-Truppen übernahmen – wie vertraglich vereinbart – Polizeiaufgaben in Chiriqui, als bei Wahlen Unruhen ausbrachen. Das behauptet der Autor der Kongress-Liste. Tatsächlich hatten US-Truppen während der Wahlen Panama-Stadt und Colón besetzt, weil Washington die beabsichtigte Verschiebung der Wahlen als verfassungswidrig ansah. Die Regierung Panamas protestierte gegen die Einmischung der Regierung Woodrow Wilsons, die die »Souveränität Panamas ohne jede Rechtfertigung verletzt«.[56] Später entsandten die USA Truppen in die Provinz Chiriqui, um US-Besitz zu schützen. Trotz der Proteste Panamas und Garantien zum Schutz von Ausländern zogen die US-Truppen erst 13 Monate später wieder ab.

1918–1920: Costa Rica

General Federico Tinoco schloss mit der britischen Ölfirma Amory, die Richard Lloyd George, dem Sohn des britischen Premierministers (1916–1922) gehörte, einen Vertrag über Bohrrechte ab, der Washington aufbrachte. »Das State Department hält es für äußerst wichtig, dass in der Nachbarschaft Panamas nur Amerikaner über Öl-Konzessionen verfügen«, warnte das US-Außenministerium den Diktator. Als sich Tinoco dem amerikanischen Druck mit dem Hinweis, der Vertrag sei bereits rechtsgültig, widersetzte, telegraphierte Washingtons Botschafter in San

José seinem Vorgesetzten, es könne nichts gegen den Amory-Plan unternommen werden, bis »Tinoco aus dem Verkehr gezogen ist«.[57] Wenig später wurde Tinoco ermordet. Die USA sorgten dafür, dass sich an den kommenden Wahlen nur Kandidaten beteiligen konnten, die mehr Aufgeschlossenheit gegenüber amerikanischen Investoren zeigten. Sofort nach Amtsantritt löste die neue Regierung die Tinoco-Amory-Verträge wieder auf und ließ nur amerikanische Bewerber um die Bohrrechte zu.

1918–1922: Sowjetunion

»Befanden sie (die Alliierten) sich mit Sowjetrussland im Kriegszustand? Gewiss nicht. Aber sie schossen Sowjetrussen nieder, wo sie ihrer ansichtig wurden, und standen als Angreifer auf russischem Boden. Sie bewaffneten die Feinde der Sowjetregierung, blockierten deren Häfen und versenkten ihre Kriegsschiffe. Sie wünschten von Herzen ihren Sturz und schmiedeten Pläne dafür. Aber Krieg – abscheulich! Einmischung – schändlich! Es war, wie sie wiederholt versicherten, für sie völlig gleichgültig, wie Russland seine eigenen inneren Angelegenheiten in Ordnung brachte. Sie waren unparteiisch – basta«[58], schrieb Winston Churchill zehn Jahre nach den Ereignissen.

Zunächst war Wladimir I. Lenin »einer fremden Intervention zum Widerstande gegen die Deutschen nicht ganz abgeneigt, vorbehaltlich gewisser Bürgschaften gegen eine Einmischung in die russische Politik«.[59] Nach dem Abschluss des Vertrags von Brest-Litovsk wollte die sowjetische Armee die Tschechoslowakische Legion – eine 60 000 Mann starke alliierte Armee unter der rot-weißen Flagge Böhmens, die von der russischen Front nach Sibirien marschiert war – entwaffnen. Doch die Tschechen setzten sich zur Wehr, nahmen Wladiwostok, Charbin, Irkutsk und kontrollierten schließlich ein mehrere Hundert Kilometer breites Gebiet zwischen Wolga und Baikalsee.

Plötzlich sahen die Alliierten die Möglichkeit, die kommunistische Herrschaft in Russland zu beseitigen, ehe sie sich festigen konnte. Im Juli 1918 landeten zwei japanische Divisionen (30 000 bis 40 000 Mann), 7000 Amerikaner, zwei britische Bataillone, 3000 Franzosen und Italiener in Wladiwostok, riefen eine Notstandsregierung aus und erklärten deren Neutralität. Die weißrussische antibolschewistische Armee und ihre Alliierten kontrollierten praktisch ganz Sibirien, alle russischen Gebiete östlich des Ural.

Zur selben Zeit bekämpften Polen, Litauen, Lettland und Estland die sowjetische Regierung an der westrussischen Front und drangen bis Kiew vor. Zugleich hatten sich in Murmansk und Archangelsk 12 000 Mann britischer, 6000 verbündeter und 5000 amerikanischer Truppen verschanzt. Zwei weitere britische Bataillone sicherten die weißrussische Regierung in Omsk, fünf britische Brigaden landeten in Batum und besetzten die Kaukasusbahn vom Schwarzen Meer bis Baku. Sie blieben bis Juni 1919. Im Juli stellte Churchill »zwei neue Brigaden zu je 4000 Mann auf«[60], und im August landeten die USA 7000 zusätzliche Soldaten in Wladiwostok an, die bis Januar 1920 als Teil einer internationalen Besatzungsarmee blieben.

All diese Operationen dienten der Unterstützung der Weißrussen und der Anhänger des gestürzten menschewistischen Ministerpräsidenten Alexander Kerenski in ihrem Kampf gegen Lenins und Trotzkis Sowjetregierung. Als die Niederlage der Alliierten und der weißrussischen Armee gegen Ende des Jahres 1919 nicht mehr aufzuhalten war, versetzte die *New York Times* ihre Leser in Angst und Schrecken mit Schlagzeilen wie »Rote wollen Krieg mit Amerika« (30. Dezember 1919), »Britannien vor Krieg mit Roten, ruft zu Konferenz in Paris« (16. Januar 1920), »Rote heben Truppen aus, um Indien anzugreifen« (7. Februar 1920) oder »Befürchtungen, dass Bolschewiken nun japanisches Gebiet angreifen« (11. Februar 1920). Die USA erkannten die UdSSR erst 1933 diplomatisch an.

1919: Dalmatien

Auf Bitte der italienischen Regierung landeten US-Verbände in Trau (heute Trogir), um Italien in anhaltenden Auseinandersetzungen mit Serbien zu unterstützen.

Juni 1919: Mexiko

Nachdem Francisco Pancho Villa zum wiederholten Mal die mexikanische Grenzstadt Ciudad Juárez angegriffen hatte, um dort einen Stützpunkt zu errichten, überschritten US-Truppen die Grenze und vertrieben den alten Revolutionär.

1919: Türkei

Marinesoldaten der *USS Arizona* landeten im Hafen von Konstantinopel, um das dortige US-Konsulat während der griechischen Besetzung zu schützen.

1919: Honduras

Der erste Streik der Arbeiter 1917 auf den Plantagen der Cuyamel Fruit Company wurde vom honduranischen Militär niedergeschlagen. Doch als im folgenden Jahr Arbeiterunruhen auf den Plantagen der Standard Fruit Company in La Ceiba ausbrachen, die wiederum ein Jahr später in einen Generalstreik an der ganzen Karibikküste mündeten, schickte Washington Kriegsschiffe, und die honduranische Regierung begann, die Streikführer zu verhaften. Als Standard Fruit schließlich ein neues

Lohnangebot in Höhe von 1,75 Dollar pro Tag machte, brach die Streikbewegung zusammen.

1920: China

Truppen wurden bei Unruhen in Kiukiang an Land geschickt, um US-Staatsbürger zu schützen.

1920: Guatemala

Zu Beginn des 20. Jahrhunderts schloss Präsident Manuel Estrada Cabrera (1898–1920) die ersten Verträge mit der nordamerikanischen United Fruit Company (UFCO). In der Folge erwarb die UFCO ganze Landstriche, die sie aus Investitionsgründen zum größten Teil brach liegen ließ. Sie pachtete auf 99 Jahre die Eisenbahnlinien und den einzigen Hafen und machte dadurch den Export direkt von den USA abhängig. Auch die Gewinne aus diesen Plantagen gingen direkt an die UFCO, die von Steuern befreit war. Damit wurde Guatemala das Paradebeispiel für eine »Bananenrepublik«, abhängig von den USA und anderen ausländischen Investoren, an denen nur eine kleine guatemaltekische Oberschicht mitverdiente. Als zahlreiche Revolten den langjährigen Präsidenten Manuel Estrada Cabrera, der sein Land der United Fruit Company geöffnet hatte, bedrohten, ließen die USA Kriegsschiffe vor den Küsten ankern und drohten mit Intervention, sollte eine Revolution den Diktator aus dem Amt vertreiben. Eine Koalition beider in der Nationalversammlung vertretenen Parteien enthob ihn schließlich seines Amtes und ernannte am 8. April Carlos Herrera zu seinem Nachfolger.[61]

1921: Panama, Costa Rica

Amerikanische Flottenverbände zeigten beiderseits des Kanals Flagge, um den Ausbruch eines Krieges zwischen den beiden Ländern wegen eines Grenzdisputs zu verhindern. Gleichzeitig landeten US-Truppen in Panama, um den Präsidenten zu schützen, der von verärgerten Bürgern angegriffen worden war.

1922: Türkei

Als türkische Nationalisten unter Kemal Atatürk die griechischen Besatzungstruppen nach Westen trieben und in Smyrna (Izmir) einmarschierten, gingen US-Truppen mit Einwilligung sowohl der griechischen als auch der türkischen Seite an Land, um amerikanische Bürger und amerikanischen Besitz zu schützen.

1922–1923: China

Zwischen April 1922 und November 1923 landeten US-Truppen fünfmal zum Schutz der dort lebenden Landsleute.

1923: China

Marineeinheiten Großbritanniens, Frankreichs, Japans, Portugals und der USA liefen in Kanton ein, um die militärische Übernahme der internationalen Zolleinrichtungen durch die chinesische Regierung zu verhindern. Nachdem Peking eingelenkt hatte, zogen die Schiffe wieder ab.

1924: Honduras

Eine der wohl skurrilsten Episoden in der langen Reihe amerikanischer Interventionen begründete die Liste des US-Außenministeriums wie üblich mit dem Schutz amerikanischer Bürger und Interessen angesichts von Unruhen, die bei Präsidentschaftswahlen ausgebrochen waren. 1923 verlor Tiburcio Carías Andino, der Kandidat der Konservativen Partei sowie der United Fruit Company, die Präsidentschaftswahlen nach einem grandiosen Wahlbetrug, der den Kandidaten der Liberalen Partei sowie der amerikanischen Cuyamel Fruit Company ins Amt brachte. Mit Unterstützung der United Fruit revoltierte Carías und putschte sich ins Präsidentenamt. Washington jedoch stellte sich hinter die Cuyamel Obstfirma und ihren Kandidaten und entsandte Truppen, um Carías wieder zu vertreiben. 1932, drei Jahre nachdem die United Fruit ihren Konkurrenten Cuyamel übernommen hatte, kam Carías doch noch ins Amt und regierte das Land für 17 Jahre.

1924: China

Während bürgerkriegsähnlicher Unruhen landeten US-Marines in Schanghai, um Amerikaner und andere Ausländer zu schützen.

1925: China

Erneut landeten US-Marines, um Leben und Besitz in Schanghais Internationalem Viertel zu schützen.

1925: Honduras

Während politischer Unruhen an der Atlantikküste landeten US-Verbände in La Ceiba zum Schutz von Ausländern und der Plantagen der United Fruit. »Nachdem es schon so häufig praktiziert worden war, war die Landung von Marines an der Nordküste von Honduras zur Routine geworden«[62], schrieb der amerikanische Diplomat Willard Beaulac, der seinem Land in Honduras, Nicaragua, Haiti, Paraguay und Kolumbien als Botschafter gedient hatte, in seinen Erinnerungen.

1925: Panama

In der entlegenen Provinz Darién rebellierten die Kuna-Indianer, weil die Regierung ihre Frauen zwingen wollte, ihre traditionelle gegen westliche Kleidung einzutauschen und den goldenen Nasenring aufzugeben. Der amerikanische Ingenieur, Diplomat und Abenteurer Richard Oglesby Marsh, der schon an den Vertragsverhandlungen um den Panamakanal beteiligt gewesen war, forderte US-Truppen aus der Kanalzone zum Schutz der Aufständischen an und schrieb eine »Erklärung der Unabhängigkeit und der Menschenrechte des Volkes von Tule und Darién«. Am 12. Februar proklamierten die Häuptlinge von 45 Clans nach 26-tägiger Debatte die Republica de Tule. Am 4. März unterzeichneten Vertreter der Regierung sowie der Kuna im Beisein des amerikanischen Botschafters ein Friedensabkommen. Die Indios durften auch weiterhin goldene Nasenringe tragen und gaben dafür ihre Unabhängigkeitsbestrebungen auf.

Sechs Monate später landeten 600 US-Soldaten, um einen Streik für niedrigere Mieten in Panama-Stadt und Colón zu unterdrücken.

1926: China

Als Guomindang-Einheiten Hankow angriffen, landeten US-Marineverbände, angeblich um amerikanische Bürger zu schützen, tatsächlich aber, um Tschiang Kai Scheks Verbände zu unterstützen. Wenig später attackierten die Nationalisten Kiukiang, und wieder schickten die USA Flottenverbände. Und auf dem Jangtsekiang patrouillierten nicht weniger als 15 britische, neun amerikanische, zehn japanische und sechs französische Kanonenboote.

1926–1933: Nicaragua

Als angesichts des Ergebnisses von Wahlen, die von den USA überwacht worden waren, ein Bürgerkrieg ausbrach, besetzten Marines in Unterstützung des Wahlsiegers das Land. Außenminister Frank B. Kellogg sprach von einer »nicaraguanisch-mexikanisch-sowjetischen« Verschwörung mit dem Ziel einer »mexikanisch-bolschewistischen Hegemonie« in nächster Nähe zum (Panama-)Kanal. Augusto César Sandino jedoch, ein Nationalist, der sich gegen ausländische Interventionen wehrte und die Konzentration des Landbesitzes in den Händen einer winzigen Oligarchie bekämpfte, lehnte die von Kellogg und seinem Präsidenten Calvin Coolidge vorgesehene Lösung des Konfliktes ab und verwickelte die USA in ihren ersten Anti-Guerilla-Krieg in Lateinamerika. Die USA brachten 4000 Marines ins Land, flogen Bombenangriffe auf Stellungen Sandinos und bauten eine lokale nicaraguanische Streitmacht auf, die Nationalgarde, die sie ihrem Protegé Anastasio Somoza unterstellten, ehe sie am

3. Januar 1933 wieder abzogen. 1934 lud Somoza Sandino zu Verhandlungen ein und ließ ihn ermorden. Drei Jahre später erlangte Somoza in einer Wahlfarce die Macht, die sein Clan erst 42 Jahre später unfreiwillig wieder abgab.

1927: China

Amerikanische und britische Zerstörer beschossen Nanking, um Ausländer zu schützen. »Nach diesem Zwischenfall entsandte Washington zusätzliche Streitkräfte und Marineverbände, die bei Schanghai und Tientsin stationiert wurden.«[63]

1927–1929: Mexiko

Die neue, 1917 geschriebene Verfassung hatte die (katholische) Kirche als weltliche Institution im Land abgeschafft. Doch erst Präsident Plutarco Elías Calles, der schon 1915 als Gouverneur von Sonora alle Priester seines Bundesstaates hatte ausweisen lassen, setzte die Verfassung durch und erließ die entsprechenden Gesetze. Die katholische Kirche, bis dahin der reichste Grundbesitzer des Landes[64], wurde enteignet. Alle Kirchen gingen in Staatsbesitz über. Religionsunterricht, kirchliche Schulen, Mönchsorden oder religiöse Zeremonien unter freiem Himmel wurden verboten. Religiöse Gewänder durften nicht mehr in der Öffentlichkeit getragen werden. Priester mussten mexikanischer Nationalität, mindestens vierzig Jahre alt und verheiratet sein, ihre Anzahl wurde streng reglementiert. 189 ausländische Priester wurden des Landes verwiesen, später auch alle Bischöfe und Erzbischöfe.

Papst Pius XI. verdammte in einer Enzyklika diese »größte Perversion staatlicher Autorität«. Mit der Rückendeckung Roms trat Mexikos Klerus in den Streik, suspendierte Gottesdienste, die Erteilung der Sakramente und rief zum Boykott des Staates auf. Fanatische Glaubensanhänger Roms rebellierten mit der Gründung von »Einheiten der Liga zur Verteidigung der Religionsfreiheit«. Von einem »Gottlosenstaat« schrieb Graham Greene in seinen Aufzeichnungen *Gesetzlose Straßen*, einem Untersuchungsbericht, den er 1938 im Auftrag der katholischen Kirche verfasst hatte – »ein schlimmes Land…, keine Priester, keine Kirche« –, und er zitierte eine Mexikanerin: »Wir sterben wie Tiere«, ohne Beichte, ohne Sakramente. [65]

Im »katholischsten aller katholischen Länder«, als das sich Mexiko gerne rühmt, formierte sich der Widerstand, besonders in den Bundesstaaten Colima, Zacatecas, Michoacán, Aguascalientes, San Luis Potosí, Guanajuato, Querétaro sowie Jalisco mit seiner Hochebene von Los Altos, wo die *cristeros* (Soldaten Christi), wie die Aufständischen sich nannten, zeitweilig sogar eine Gegenregierung ausgerufen hatten. Die Verteidiger der Religion wetterten gegen die »Callista-Fraktion« und die »Kollaborateure und Komplizen der Tyrannei«. Die Regierung erklärte Los Altos zur Kampfzone. »Alle Bewohner müssen sich in Konzentrationszentren einfinden«, berichtete der amerikanische Journalist Carleton Beals, »andernfalls sie als Rebellen angesehen werden«.[66]

Die Kämpfe zwischen den *cristeros* und der Regierung wurden mit unglaublicher Brutalität geführt. Die USA schickten Calles militärische Ausrüstung, Waffen und Militärberater. Regierungstruppen hängten *cristeros* oder Verdächtige im Dutzend an Telegraphenmasten auf, die Rebellen zerstörten die staatlichen Schulen und ermordeten Hunderte junger Lehrer, die aufs Land geschickt worden waren, um den Bauern und Kindern dort Lesen, Schreiben und Rechnen beizubringen. »Die Soldaten haben damals viele Priester an den Bäumen der Alameda aufgehängt«, erzählte eine alte Dame, die als Kind von ihrem Vater regelmäßig »im Brunnen versteckt« worden war, wenn die Kämpfe nach Tepatitlán kamen (das heute längst Teil Guadalajaras geworden ist). »Wenn die Soldaten wieder fort waren, kamen die *cristeros*. Sie brachten alle um, die nicht ihren Ideen folgten. Einmal riegelten die *cristeros* ganz Tepatitlán drei Tage lang ab«, erinnerte sie sich, »ehe Regierungstruppen die Umklammerung durchbrachen. Wer versuchte, den Ort zu verlassen, den erschossen sie.«[67]

1930: Dominikanische Republik

Die USA verhalfen Rafael Trujillo an die Macht, der das Land über dreißig Jahre bis zu seiner Ermordung 1961 despotisch regieren sollte.

1932: China

US-Truppen landeten in Schanghai zum Schutz amerikanischer Interessen während der japanischen Besetzung der Stadt.

1932: El Salvador

Um amerikanische Bergbauinteressen während der blutigen Niederschlagung eines indianischen Bauernaufstandes unter Führung des Mestizen und Trotzkisten Farabundo Martí (nach ihm nannte sich auch die Guerillabewegung der 80er Jahre: Frente de Liberación Nacional Farabundo Martí) durch den langjährigen Diktator Maximiliano Hernández Martínez zu schützen, entsandte Präsident Herbert C. Hoover einen Kreuzer und zwei Zerstörer in den Hafen von Acajutla, die schließlich halfen, die Revolte niederzuschlagen, in der innerhalb einer Woche 30 000 zumeist indianische Bauern von der Armee niedergemetzelt wurden. »Alle, die eine Machete (das Universalwerkzeug eines lateinamerikanischen Campesinos) trugen, waren schuldig. Alle mit indianischem

Aussehen oder in der abgerissenen Bekleidung eines Campesinos wurden als schuldig angesehen.«[68] Das Trauma, dass alleine die Tatsache, ein Indio zu sein, ausreichte, um getötet zu werden, wirkt bis heute nach. Seit jenen Tagen gibt niemand mehr in El Salvador freiwillig seine indianische Herkunft zu.

1932: Paraguay, Bolivien

Der Chaco-Krieg zwischen Bolivien und Paraguay war ein Krieg zweier Ölgiganten. Die Standard Oil Company von New Jersey finanzierte Boliviens Streitkräfte, stellte ihnen Curtiss-Wright-Flugzeuge zur Verfügung und provozierte sie, Paraguay anzugreifen. Standard Oil hoffte, Bolivien werde einen großen Teil des Gran Chaco, in dem erhebliche Ölvorkommen vermutet wurden, in seinem Interesse annektieren. Zudem brauchte die Firma den Chaco für eine Pipeline von Bolivien zum Paraguay (Fluss). Shell hingegen drängte die Paraguayer, ihre Ölvorkommen für die holländisch-britische Firma zu verteidigen. Am Ende gewann Paraguay den Krieg, nicht aber den Frieden. Als Vorsitzender der Verhandlungskommission nach Beendigung des Krieges sorgte Spruille Braden von der Standard Oil dafür, dass Tausende Quadratkilometer, die Paraguay beanspruchte, Bolivien und somit Rockefeller zugeschlagen wurden.

1933: Kuba

Zwischen 1925 und 1933 hatte sich Präsident Gerardo Machado, genannt »der Schlächter«, um die amerikanischen Interessen gekümmert. Zu Beginn der 30er Jahre jedoch brachten zunehmende soziale Unruhen und die Furcht vor einer Revolution Washington zu dem Schluss, dass Machado zu einer Belastung geworden war. Washington schickte Sonderbotschafter Sumner Welles nach Kuba, um eine linke Regierung zu verhindern. Dreißig Kriegsschiffe vor den Küsten Kubas verliehen der Botschaft Nachdruck. Machado ging, und die USA fanden in Fulgencio Batista y Zaldívar einen willigen und folgsamen Nachfolger, der den zu linken Übergangspräsidenten Carlos Manuel de Céspedes mit seiner »Unteroffiziersrevolte« aus dem Amt putschte, ehe dieser Neuwahlen hatte organisieren können.

1934: China

US-Marines landeten in Foochow, um das US-Konsulat zu schützen.

1935: Brasilien

Mit Unterstützung der Komintern und unter Führung von General Luis Carlos Prestes und seiner deutschen Frau Olga Benario versuchte die Aliança Nacional Libertadora (ANL) – eine Volksfront von Kommunisten, Sozialisten und liberalen Kräften –, die Militärregierung unter General Getúlio Vargas zu stürzen. Das Vorhaben wurde verraten, und der brasilianische Kongress erließ das Nationale Sicherheitsgesetz, das jede Opposition als »subversiv« definierte. Mit Unterstützung der deutschen Gestapo[69] und in Zusammenarbeit mit amerikanischen und britischen Geheimdiensten gelang es der brasilianischen Polizei in nur wenigen Wochen, die inzwischen verbotene ANL zu zerschlagen. In der Folge wurden Tausende Verdächtige festgenommen, gefoltert und umgebracht. Olga Benario Prestes wurde 1936 an Deutschland ausgeliefert und im Februar 1942 in der von den Nazis in ein Vernichtungslager umgebauten psychiatrischen Klinik in Bernburg vergast.

1936: Argentinien

Am 1. Dezember ließ sich Präsident Franklin D. Roosevelt von dem Kreuzer *USS Indianapolis*, begleitet von der *USS Chester*, zu einer interamerikanischen Tagung nach Buenos Aires bringen. Trotz dieser amerikanischen Machtdemonstration stimmten die Delegierten der argentinischen Position zu, die jedes Interventionsrecht dritter Staaten in Lateinamerika ablehnte.

1940: Neufundland, Bermuda, St. Lucia, Bahamas, Jamaika, Antigua, Trinidad, Britisch-Guyana

US-See- und -luftverbände übernahmen die Sicherung der Karibikstaaten, die Großbritannien im Rahmen des Land-lease-Programms als Sicherheit für die amerikanischen Kriegskredite den USA überlassen hatte.

1941: Panama

Nachdem er die Zustimmung des amerikanischen Botschafters erhalten hatte, putschte Ricardo Adolfo de la Guardia Präsident Arias aus dem Amt, den Kriegsminister Henry Stimson für »sehr lästig und nazifreundlich« hielt.

1941: Grönland

Nach der deutschen Besetzung Dänemarks übernahmen US-Truppen den Schutz dieses dänischen Gebiets.

1941: Holländisch-Guyana

Nach der deutschen Besetzung der Niederlande und in Übereinstimmung mit der niederländischen Exilregierung übernahmen amerikanische und brasilianische Truppen den Schutz der dortigen Aluminium- und Bauxit-Vorkommen.

1941: Island

Mit Zustimmung der Regierung in Reykjavík übernahmen die USA den Schutz des Inselstaates.

1941: Deutschland

Ab September griffen US-Kriegsschiffe deutsche U-Boote auf Befehl des Präsidenten, aber ohne Genehmigung des Kongresses oder Kriegserklärung an. Im November wurde das Neutralitätsgesetz teilweise aufgehoben, um die amerikanische Militärhilfe für Großbritannien zu legalisieren.

Dezember 1941–1945: Deutschland, Italien, Japan

Kriegserklärung, Eintritt der USA in den Zweiten Weltkrieg.

1943: Honduras

Der Chefredakteur der Zeitung *El Cronista* wurde in die US-Botschaft zitiert, wo ihm klargemacht wurde, dass Kritik an dem Diktator Tiburcio Carías Andino die Kriegsanstrengungen schädige. Kurz darauf schloss die Regierung das Blatt.

1943–1946: Bolivien

1943 putschten nationalistische Militärs unter der Führung von Major Gualberto Villarroel Lopéz gegen die Militärregierung des Generals Enrique Peñaranda del Castillo, der den Achsenmächten den Krieg erklärt hatte. Zunächst wurde Villarroel Präsident einer Regierungsjunta, später übernahm er offiziell das Amt des Präsidenten Boliviens.

Während seiner Amtszeit kam es zu weitreichenden Reformen wie zum Beispiel der amtlichen Anerkennung der Gewerkschaften. Um die Situation der Bauern zu verbessern, richtete Villarroel zum ersten Mal in der Geschichte des Landes einen Congreso Indígena ein, einen Kongress für die indigenen Völker, die zwar 95 Prozent der Bevölkerung ausmachte, bis dahin jedoch keinen Einfluss auf die politischen Entwicklungen im Land hatte. Zudem schaffte er einige der schlimmsten Lebensbedingungen ab wie wie das feudalistische System der Lehnsherrschaft, das zwischen den Oligarchen und den einheimischen Bauern herrschte und sich gelegentlich bis zur Leibeigenschaft auswuchs. Eine notwendige Landreform jedoch gelang ihm nicht. Seine Reformen erhöhten zwar seine Popularität unter der indigenen Bevölkerung, forderten jedoch den Widerstand der Oligarchie sowie des Mittelstandes heraus.

Den USA war der Nationalist mit seinen Sympathien für die deutschen Nazis ohnehin schon lange ein Dorn im Auge. So nutzten die Opposition und der US-Geheimdienst OSS die Unzufriedenheit unter der weißen

Bevölkerung. Aufgestachelt von US-Agenten und finanziell unterstützt von *la gente bien* (den besseren Leuten aus Handel und Oligarchie) plünderte ein Mob von Studenten, Professoren und Lehrern ein Waffenlager und belagerte den Palacio Quemado an der Plaza Murillo, den Regierungssitz. Villarroel verkündete zwar seine Abdankung. Doch am 21. Juli stürmte der Pöbel das Gebäude und ermordete ihn. Seine Leiche wurde von einem Balkon geworfen und an einem Laternenpfahl gegenüber dem Palast aufgehängt. Das OSS soll den Demonstranten zuvor Bilder von der Ermordung Mussolinis gezeigt haben.

»Die Demokratie wurde vor dem Kommunismus gerettet, indem sie abgeschafft wurde«

Die Führungsmacht des Westens (1946–2001)

Der Weltkrieg fand nach 1945 ohne Pause seine Fortsetzung, nahezu überall musste die Freiheit nun gegen den aggressiv expandierenden Kommunismus verteidigt werden. Dazu wurde der Feind enthumanisiert. Mord, Terroranschläge – alles, was zur Schwächung des Feindes beitragen konnte, war erlaubt, wie eine Kommission des Weißen Hauses nach der Untersuchung der geheimen CIA-Aktivitäten schon wenige Jahre nach der Gründung des Nachrichtendienstes, 1954, in ihrem sogenannten Doolittle Report feststellte:

> »Es ist nun klar, dass wir uns einem erbarmungslosen Feind gegenübersehen, dessen erklärtes Ziel die Weltherrschaft ist.[1] In einem solchen Spiel gibt es keine Regeln. Daher gelten die akzeptierten Normen menschlichen Verhaltens nicht. Wollen die Vereinigten Staaten überleben, müssen lange gültige amerikanische Vorstellungen von ›fair play‹ neu überdacht werden. Wir müssen effektive Spionage- und Gegenspionagedienste einrichten und lernen, unsere Feinde mit intelligenteren, subtileren und effektiveren Methoden zu unterminieren, zu sabotieren und zu zerstören, als sie gegen uns anwenden. Es kann notwendig werden, dass das amerikanische Volk damit vertraut gemacht werden muss, diese fundamental abstoßende Philosophie zu verstehen und zu unterstützen.«[2]

Die Voraussetzungen dafür hatte Präsident Harry Truman schon im Juni 1948 mit der Direktive NSC-10/2 geschaffen, in der er den Geheimdiensten, den Militärs und dem Außenministerium praktisch freie Hand in der geheimen Kriegführung erteilt hatte: Solche Operationen »werden geheime Aktivitäten jeder Art einschließen in Bezug auf: Propaganda, Wirtschaftskrieg; vorbeugende direkte Aktion, einschließlich Sabotage, Anti-Sabotage, Zerstörungs- und Evakuierungsmaßnahmen; Subversion gegen feindliche Staaten, einschließlich Unterstützung von Widerstandsbewegungen im Untergrund, Guerilla- und Fluchthilfegruppen und Unterstützung einheimischer antikommunistischer Elemente in bedrohten Ländern der freien Welt.«[3]

Um den Fall, »das amerikanische Volk damit vertraut« machen zu müssen, weitgehend auszuschließen, hatte der Präsident die Direktive an die Bedingung geknüpft, dass derartige Operationen »so geplant und durchgeführt (werden), dass unautorisierten Personen jegliche Regierungsverantwortung verborgen bleib, und die US-Regierung im Falle der Aufdeckung jedwede Verantwortlichkeit zurückweisen kann.«[4]

Die Direktive des Nationalen Sicherheitsrats NSC-5412/2 vom 28. Dezember 1955 beschrieb detailliert den Auftrag, den Agenten zu erfüllen hatten:

»a. Behellige den internationalen Kommunismus mit Problemen, beeinträchtige die Beziehungen zwischen der UdSSR und China sowie ihren Satelliten und bremse die Steigerung des militärischen und wirtschaftlichen Potentials des Sowjetblocks.
b. Diskreditiere das Ansehen und die Ideologie des Internationalen Kommunismus und reduziere die Stärke seiner Parteien und anderer Elemente.
c. Begegne jeder Bedrohung durch eine Partei oder ein Individuum, das direkt oder indirekt unter kommunistischer Kontrolle steht.
d. Reduziere die Kontrolle des Internationalen Kommunismus in jeder Weltregion.
e. Stärke die Annäherung der Völker und Staaten der freien Welt an die Vereinigten Staaten, betone, wann immer möglich, die identischen Interessen solcher Völker und Staaten und der Vereinigten Staaten und fördere, wo angebracht, diese Gruppen, die sich wirklich für die Förderung solcher gemeinsamer Interessen einsetzen, und stärke die Fähigkeit und den Willen solcher Völker und Staaten, dem Internationalen Kommunismus zu widerstehen.
f. Organisiere in Übereinstimmung mit unserer Politik und in dem Maße, wie es praktikabel ist, in Gebieten, die vom Internationalen Kommunismus dominiert oder bedroht sind, geheime Widerstandszellen und erleichtere verdeckte Operationen und stelle sicher, dass uns diese Kräfte im Falle eines Krieges zur Verfügung stehen.«[5]

In diesem Kampf degenerierten die so gerne hervorgehobenen westlichen Werte Demokratie, Freiheit, freie Wahlen oder Rechtstaatlichkeit zu wenig mehr als propagandistischen Aushängeschildern, wie ein amerikanischer Politiker einmal einem uneinsichtigen Botschafter in Washington verdeutlichte.

Während einer der regelmäßigen Spannungen zwischen Griechenland und der Türkei um Zypern bestellte Präsident Lyndon B. Johnson den griechischen Botschafter ein, um ihm seine Vorstellungen für eine Lösung des Konflikts zu erläutern. Als der Botschafter protestierte, der Vorschlag widerspreche der griechischen Verfassung und sei inakzeptabel für das Parlament, donnerte Johnson: »Hören Sie zu, Mr. Botschafter, auf Ihr Parlament und Ihre Verfassung ist geschissen (fuck your parliament and your constitution). Amerika ist ein Elefant. Zypern ist ein

Floh. Wenn diese zwei Flöhe weiterhin den Elefanten jucken, können sie leicht eine Abreibung mit dem Rüssel des Elefanten bekommen ... Wenn Ihr Ministerpräsident mich über Demokratie, Parlament und Verfassung zuquatscht, dann werden er, sein Parlament und seine Verfassung nicht sehr lange existieren.«[6] Zwei Jahre später putschten Griechenlands Obristen.

Beinahe zum geflügelten Wort wurde Henry Kissingers Satz, mit dem er den Wahlsieg des Sozialisten Salvador Allende in Chile 1970 kommentierte: »Ich sehe nicht ein, dass wir zusehen sollten, wie ein Land als Folge der Unverantwortlichkeit seiner eigenen Bevölkerung kommunistisch wird. Die Angelegenheit ist viel zu wichtig, als dass man die Entscheidung darüber den chilenischen Wählern überlassen kann.«[7]

Dabei wurden nicht nur kommunistische, sondern auch neutrale Regierungen, die in der Bewegung der Blockfreien einen dritten Weg gehen und sich keinem der beiden Machtblöcke anschließen wollten, als Feinde angesehen. Die USA nannten alles »kommunistisch, jeden Ausdruck von Nationalismus oder wirtschaftlicher Unabhängigkeit, jeden Wunsch nach sozialem Fortschritt, jede intellektuelle Neugier und jedes Interesse für fortschrittliche liberale Reformen«[8], klagte Guatemalas Außenminister 1954. Wie Rom vor 2000 Jahren so wurden die USA nun zum »Führer einer weltweiten antirevolutionären Bewegung zur Verteidigung eigener Interessen«[9], warf Arnold Toynbee, britischer Historiker und Autor einer zwölfbändigen *Study of History*, Washington 1960 in einer Reihe von Vorlesungen vor.

Die USA bekämpften jede Revolution und alle revolutionären Bewegungen in aller Welt. Heute sind zu diesem Zweck nach Angaben des US-Verteidigungsministeriums über 369 000 seiner 1 479 000 Soldaten in mehr als 150 Ländern stationiert. Sie werden unterstützt von Diplomaten, Agenten und zahlreichen Stiftungen wie der National Endowment for Democracy (NED), dem International Republican Institute (IRI), dem National Democratic Institute for International Affairs (NDIIA), dem Center for International Private Enterprise (CIPE), der Eurasia Foundation, Internews und vielen mehr, die alle für sich den Status von Non Governmental Organizations (NGOs) in Anspruch nehmen, jedoch weit eher Government Organized Non Governmental Organizations (GONGOs) ähneln. Im NDIIA etwa, dem demokratischen Flügel der NED im Gegensatz zum republikanischen Flügel IRI, ist Madeleine Albright, die ehemalige Außenministerin und Botschafterin der USA bei den Vereinten Nationen, Vorstandsvorsitzende; im Senior Advisory Committee des Instituts sitzen u. a. der ehemalige New Yorker Bürgermeister Mario Cuomo, der ehemalige demokratische Mehrheitsführer im Repräsentantenhaus und Präsidentschaftsbewerber (1988) Richard A. Gephardt, der einstige Gouverneur von Massachusetts und demokratische Präsidentschaftsbewerber (1988) Michael S. Dukakis und der demokratische Senator Christopher J. Dodd.

Schon im frühen 19. Jahrhundert standen die Gründerväter den Unabhängigkeitsbewegungen Lateinamerikas äußerst ablehnend gegenüber. 1818 etwa ließ der Freiheitskämpfer Simón Bolívar dem diplomatischen Repräsentanten der USA in Venezuela eine Protestnote zukommen, weil Washington zwar Waffen jeder Art an die Spanier, nicht aber an die Unabhängigkeitskämpfer verkaufte. Ein Jahr später unterschrieb Präsident James Monroe sogar einen Vertrag mit Madrid, in dem die USA versprachen, die Unabhängigkeit der neuen Republiken Lateinamerikas nicht anzuerkennen.

Das taten sie schließlich doch, jedoch nur unter der Bedingung, dass sie alleine ihren Hinterhof kontrollierten. Darum reagierte Washington auf Entwicklungen in Lateinamerika stets besonders sensibel. Die westliche Hemisphäre wurde »nach dem Krieg als exklusive Einflusssphäre der USA und außerhalb der Reichweite der Vereinten Nationen« angesehen. »Die Neue Welt musste unter der alleinigen Aufsicht der USA bleiben.«[10] Nach einer vorübergehenden Phase der Entspannung im Verhältnis mit den lateinamerikanischen Nachbarn bemühte sich die Regierung Barack Obamas nun besonders, ihren Einfluss in ihrem »Hinterhof« wiederzuerlangen.

Während der damalige Ministerialdirektor für Fernost-Angelegenheiten und spätere Außenminister John F. Kennedys, Dean Rusk, am 13. Januar 1950 in einer Rede vor dem World Affairs Council der Universität von Pennsylvania dozierte, »bei genauer Betrachtung der politischen Umwälzungen in China werden wir erkennen, dass sie von den gleichen Dingen ausgelöst wurden wie zuvor die französische und die amerikanische Revolution«[11], bastelten andere in seiner Regierung in mehr oder weniger verdeckten Operationen bereits am Sturz der Regierung Mao Zedongs.

Jahre nach Beendigung des Vietnamkriegs äußerste sich McGeorge Bundy, der Sicherheitsberater der Präsidenten John F. Kennedy und Lyndon B. Johnson, in einem Leitartikel in der *New York Times* sehr zurückhaltend über verdeckte Operationen:

> »1961 hörte ich den Argumenten der kampfbegierigen Geheimdienstagenten, die damals das Projekt in der Schweinebucht vorantrieben, mit der Leichtgläubigkeit des Anfängers zu ... Über die folgenden zwei und mehr Jahre beobachtete ich mit wachsender Skepsis, wie die Regierung Kennedy den Druck auf die CIA erhöhte, mehr und bessere – wenngleich kleinere – verdeckte Operationen durchzuführen. Ich denke, ich trug einen geringen Anteil – sein

Lernprozess durch eigene Erfahrung war weit bedeutender – zu Präsident Kennedys wachsender Erkenntnis bei, dass verdeckte Operationen einfach nicht funktionierten und mehr Probleme als Vorteile brachten.«[12]

Die Methoden waren gelegentlich verschieden, doch das Ziel, die Welt zu dominieren, blieb immer das Gleiche. Mal wurden Staaten – so etwa Deutschland nach dem Krieg – mit großzügiger Wiederaufbauhilfe (die John F. Kennedys UN-Botschafter Adlai Stevenson einmal als »die Fesseln aus goldenen Ketten« bezeichnete) in dankbare Satelliten verwandelt. Wo dies nicht funktionierte, führte Washington seine militärische Macht ins Feld. »1914 half ich, Mexiko und besonders Tampico für amerikanische Ölinteressen zu sichern«, hatte der hochdekorierte amerikanische Generalmajor des Marine Corps, Smedley D. Butler, schon Mitte der 30er Jahre in einem offenen Resümee seine berufliche Tätigkeit beschrieben. »Ich half, Haiti und Kuba in einen sicheren Ort zu verwandeln, wo die National City Bank ihre Einkünfte einsammeln konnte. Zwischen 1909 und 1912 half ich, Nicaragua für das internationale Bankhaus der Brown Brothers zu befrieden. 1916 brachte ich Licht für die amerikanischen Zuckerinteressen in die Dominikanische Republik. 1903 half ich, Honduras für amerikanische Obstkartelle zurechtzubiegen.«[13]

Nun mussten Städte oder gelegentlich gar ganze Länder völlig zerstört werden, um sie vor dem Kommunismus zu retten, wie ein amerikanischer General nach der Bombardierung von Huê erklärte, das nordvietnamesische Truppen und Vietcong-Einheiten während der Tet-Offensive 1968 eingenommen hatten. Gelegentlich, wie 1965 in der Dominikanischen Republik, musste die Demokratie abgeschafft werden, um sie zu retten. »Das schreckliche Ergebnis (unserer Politik) ist, dass wir die Menschen zerstören, denen wir eigentlich helfen wollen«[14], gestand William Colby, späterer CIA-Direktor und damals in Langley zuständig für den Fernen Osten, einmal ein. Und so führten die USA ihre Kriege fort:

1945–1949: Deutschland – Besetzung von Teilen des Landes
1945–1955: Österreich – Besetzung von Teilen des Landes
1945–1946: Italien – Besetzung von Teilen des Landes
1945–1952: Japan – Besetzung des Landes

1945–1955: Österreich

Während der Besatzungszeit mussten Theateraufführungen von der US-Armee genehmigt werden. Damit nahm die Besatzungsmacht erheblichen Einfluss auf den Spielplan der in den US-Zonen liegenden Theater, wobei manchmal auch Regisseur und Hauptdarsteller vorgeschrieben wurden.

Die Sowjets hatten die Zensur bereits 1945 an die Kulturabteilung der Stadt Wien abgegeben und nahmen zumindest offiziell keinen Einfluss mehr auf Spielpläne und Veröffentlichungen.[15] So zeigte das im September 1948 von der KPÖ eröffnete und finanzierte Neue Theater bis zu seiner Schließung 1956 neben Klassikern und wenigen russischen Propagandastücken auch Stücke amerikanischer Autoren, die von den Kulturoffizieren des US-Information Service Branch (ISB) in unter amerikanischem Einfluss stehenden Bühnen verboten waren. In den US-Besatzungsgebieten sollte in Gratisvorstellungen ein positives Bild der amerikanischen Kultur und des American Way of Life vermittelt werden. Sozialkritische Stücke wie Elmer Rice' *The Adding Machine* oder Arthur Millers *All My Sons*, das gerade (1947) in New York als bestes Drama des Jahres ausgezeichnet worden war, waren dabei unerwünscht.

In den Bibliotheken der Amerika-Häuser wurden in den frühen Jahren des Kalten Krieges auf Geheiß Washingtons die Werke »unpassender« Autoren entfernt. Dazu zählten u. a. John Dos Passos, Arthur Miller, Charles Beard, Leonard Bernstein, Dashiell Hammett, Upton Sinclair, aber auch Albert Einstein, Thomas Mann, Reinhold Niebuhr, Alberto Moravia, Tom Paine oder Henry Thoreau. Der Abzug der Besatzungsmächte 1955 führte zur Schließung beider Informationseinrichtungen.

1945–2000: Australien, Europa, Kanada, Lateinamerika, USA

Nach 1945 öffneten die westlichen Geheimdienste Tausenden Kriegsverbrechern die Grenzen und Tore ihrer Länder. Man habe »ein Arrangement mit dem Vatikan und Argentinien ausgearbeitet, mit dem jugoslawischen Kollaborateuren geholfen wird, nach Argentinien auszuwandern«, berichtete z. B. der US-Botschafter in Belgrad, John Cabot, am 29. Mai 1947 seinem Vorgesetzten, Außenminister George Marshall: »Schon alleine anhand des Materials, über das diese Botschaft verfügt, ist kristallklar, dass wir unsere eigenen Verpflichtungen missachtet haben und dadurch nicht nur Quislinge schützen, sondern auch solche, die schreckliche Verbrechen in Jugoslawien begangen haben.«[16]

Unter dem Decknamen »Operation Headache/Boathill« organisierten Allen Dulles, der spätere CIA-Direktor, und das American Counter-Intelligence Corps (CIC) in Zusammenarbeit mit dem Vatikan und dessen ausgewiesenen Nazischmugglern, darunter der österreichische Bischof Alois Hudal, der ukrainische Erzbischof Ivan Buchko, Kardinal Ildefonso Schuster, der Pater und Theologieprofessor Krunoslav Draganović oder Pater Josip Bujanović, Fluchtrouten – Rattenlinien, wie das im Geheimdienstjargon heißt –, auf der Tausende dieser »Kopfschmerzen« in ihre neue Heimat in Australien, Kanada, den USA oder Südamerika gebracht wurden. Zu ihnen gehörten etwa Klaus Barbie oder die gesamte Regierung von Ante Pavelić, dem Gründer der kroatischen Ustascha. Für das Arrangement einer Flucht auf der Rattenlinie bezahlten Dulles' Organisationen dem Vatikan 1000 Dollar, über Sechzigjährige waren etwas teurer, auf Kinder gab's fünfzig Prozent Preisnachlass. Den Erste-Klasse-Preis, der für die VIP-Behandlung prominenter Flüchtlinge wie etwa Pavelić erhoben wurde, setzten die frommen Kirchenmänner auf 1400 Dollar fest. Etliche Kriegsverbrecher wie der Ungar Ferenc Vajta, der für zahlreiche Massenhinrichtungen verantwortlich war, fanden zeitweilig sogar Unterschlupf in Castel Gandolfo, der Sommerresidenz des Papstes.[17]

Zehntausende nahmen auf diesen Rattenrouten Kurs nach Übersee, Tausende landeten in Australien und richteten sich dort unbehelligt gemütlich ein: ungarische Pfeilkreuzler, Mitglieder der serbischen Zbor-Bewegung, fanatische NS-treue Auslandsdeutsche, kroatische Ustascha-Angehörige, slowenische Weißgardisten, Mitglieder der rumänischen Eisernen Garden, lettische und litauische SS-Divisionäre oder Gestapo-Leute. Weitere Zehntausende landeten in Lateinamerika und lebten dort ungeschoren für Jahre: SS-Offiziere, KZ-Wächter, Josef Mengele, Adolf Eichmann, Franz Stangl, der Kommandant des Konzentrationslagers Treblinka etc.

So etwa auch Argods Fricsons, ein lettischer Massenmörder, dem es gelang, von der lokalen United Nations Relief and Rehabilitation Administration (UNRRA) zum Chef des Flüchtlingslagers Memmingen ernannt zu werden und dann als Agent des 970. U.S. Counter Intelligence Corps, ebenfalls in Memmingen, wieder Juden zu verfolgen. Diesmal spionierte er zionistische Organisationen aus, die Hunderte der wenigen Überlebenden der Konzentrationslager nach Palästina schleusten.

Oder eben der bereits erwähnte Franziskanerpater Josip Bujanović, Standartenträger der Ustascha, der als Bürgermeister von Gospić in der serbisch-kroatischen Region von Lika Massenhinrichtungen angeordnet und geleitet hatte. Zwar stimmten die britischen und amerikanischen Militärbehörden dem Auslieferungsbegehren Jugoslawiens zunächst zu. Der Journalist und Schriftsteller Evelyn Waugh, der während des Partisanenkrieges als Hauptmann in der britischen Militärmission in Titos Hauptquartier gedient und Bujanovićs mörderisches Treiben in Gospić untersucht hatte, versicherte seinen Vorgesetzten: »Es gibt glaubwürdige Berichte, dass er an Massakern an orthodoxen Bauern beteiligt war.« (Während die Kroaten überwiegend der römisch-katholischen Lehre anhängen, sind die serbischen Christen meist griechisch-orthodoxen Glaubens.) Doch der Vatikan unterstellte den Diener Gottes, der auch noch nach dem Krieg an terroristischen Untergrundaktionen gegen Jugoslawien teilnahm, dem Schutz diplomatischer Immunität. Fortan durfte er auf der Rattenlinie Nazis und Nazikollaborateure ins sichere Exil schleusen. Seine bedeutendste Nachkriegsaufgabe war es, 1947 persönlich die geheime Verschiffung Ante Pavelićs nach Argentinien zu organisieren. 1964 zog er aus Südamerika ins australische Adelaide um.

Und natürlich der ehemalige Gestapo-Hauptmann Klaus Barbie, der »Schlächter von Lyon«. Auch ihn vermittelten die CIC-Agenten an ihre besten Handlanger im Vatikan. Das 430. Gegenspionagekorps der US-Armee bat Pater Draganović um Hilfe, Barbie aus Europa zu bringen. Also besorgte der stramme Franziskanerpater beim Internationalen Komitee des Roten Kreuzes (ICRC)[18] Ausweise und Reisedokumente für Barbie und seine Familie. Nach ihrer Ankunft im bolivianischen Cochabamba am 23. April 1951 übernahm Pater Stjepan Osvaldi-Toth, den der Vatikan seiner Kriegsverbrechen wegen ebenfalls mit einer neuen Identität (Roque Romac) versehen hatte, die weitere Betreuung des einstigen Gestapochefs von Lyon, bis dieser in seiner neuen kriminellen Laufbahn Fuß gefasst hatte: Fortan stellte Barbie seine tödlichen Fähigkeiten bolivianischen Militärdiktaturen zur Verfügung. Noch 1980 organisierte er zusammen mit anderen Nazi-Kriegsverbrechern wie dem holländischen SS-Untersturmführer und -Propagandisten Willem Sassen den Putsch des bolivianischen Drogengenerals García Meza gegen die christdemokratische Präsidentin Lidia Gueiler. Stjepan Osvaldi-Toth alias Roque Romac, der von den alliierten Nachrichtendiensten als »ein führender Ustascha-Offizier« beschrieben worden war, stand bei der Kirche in so hohem Ansehen, dass Sydneys Kardinal Norman Gilroy nach dessen Tod im März 1970 die Beerdigungsmesse las.

US-Organisationen oder -Bürger wie Allen Dulles (während des Krieges Chef des OSS-Büros in Bern) verhalfen Nazis und Kriegsverbrechern nicht nur zur Flucht. Im beginnenden Kalten Krieg beschäftigten sie Tausende als Agenten und Saboteure in den von der Sowjetunion besetzten Gebieten Europas: Wilhelm Höttl, Helmut Triska oder Guido Zimmer, um nur einige zu nennen. Höttl, der als rechte Hand des SS-Generals Ernst Kaltenbrunner an der Vernichtung der ungarischen Juden beteiligt gewesen war, fand problemlos Beschäftigung beim CIC, für das er in Österreich, Ungarn und Rumänien operierte. Erst Anfang der 60er Jahre wurde er bei der CIA *persona non grata*, aber nicht wegen seiner nationalsozialistischen Vergangenheit, sondern weil er auch Kontakte zum sowjetischen KGB pflegte. Höttls Kamerad, Obersturmbannführer Helmut Triska, der seine frühere Tätigkeit offen als »erfolgreiche Operation gegen die Juden« in Ungarn beschrieb, erhielt von der CIA die Mitarbeiter-Nummer V-9134.2 und den Decknamen Triebe.[19] Oder das SS- und SD-Mitglied Guido Zimmer, das für Herbert Kappler, der später in Italien wegen der Erschießung von Geiseln zu lebenslanger Haft verurteilt wurde, und für den SS-Standartenführer Walter Rauff, der die mobile Gaskammer erfand, den sogenannten Gaslastwagen, gearbeitet hatte. Obersturmbannführer Zimmer wurde nie verhaftet, stattdessen erhielt er eine Anstellung beim OSS, dem Vorläufer der CIA, und durfte fortan sogar eine amerikanische Uniform tragen. Selbst Adolf Eichmanns enger Mitarbeiter Otto Albrecht von Bolschwing schien den Geheimdienstlern als wertvoll genug, seine NS-Vergangenheit zu vergessen. Fortan durfte er für die CIA Agenten in den Ostblock schleusen. Später begann von Bolschwing mit der Hilfe seiner amerikanischen Freunde ein neues Leben im Land der unbegrenzten Möglichkeiten.

1945–1954: Triest

Nach der Kapitulation der deutschen Streitkräfte in der Region am 2. Mai 1945 übernahmen jugoslawische Partisanen die Kontrolle und Verwaltung und begannen, die Annexion Triests vorzubereiten. Unter dem Druck der USA und Großbritanniens zogen sich die jugoslawischen Truppen am 12. Juni zurück. Durch den Pariser Friedensvertrag 1947 zwischen Italien und den Alliierten wurde Triest zusammen mit dem nordwestlichen Teil Istriens bis Cittanova (Novigrad) im Süden ein unabhängiger Staat unter dem Schutz der Vereinten Nationen. Die folgenden Jahre war das Freie Territorium Triest entlang der sogenannten Morgan-Linie in eine Zone A unter amerikanischer und britischer und eine Zone B (in etwa die Küstenlinie von Muggia bis Capodistria mit ihrem Hinterland) unter jugoslawischer Militärverwaltung geteilt. Nach Abschluss des Londoner Abkommens zwischen Italien und Jugoslawien von 1954 und einem nationalen Referendum wurde der Staat noch im selben Jahr wieder aufgelöst. Das Gebiet der Zone A wurde wieder italienischer Zivilverwaltung unterstellt, während Istrien und Teile des Carso (der südliche Teil der Zone B) an Jugoslawien gingen. (Der jugoslawische Teil nördlich des Flüsschens Dragonja wurde der damaligen Teilrepublik Slowenien einverleibt, das Gebiet südlich des Dragonja jedoch Kroatien. Über den Grenzverlauf bestehen heute noch Differenzen.) Am 26. Oktober 1954 proklamierte Italien offiziell die Annexion Triests. Die bis dahin nicht endgültig gelöste Grenzfrage mit Jugoslawien sowie der Status der ethnischen Minoritäten (Slowenen in Italien, Italiener in Jugoslawien) wurden am 10. November 1975 mit dem Vertrag von Osimo, der die Demarkationslinie von 1954 endgültig als italienisch-jugoslawische Grenze festlegte, entschieden.

1945–1960: China

Um Tschiang Kai Scheks Guomindang-Truppen in ihrem Krieg gegen die kommunistischen Verbände Mao Zedongs zu unterstützen, setzten die

USA nicht nur 4000 Flugzeuge der US-Air Force und der Air America mit ihren Söldnerverbänden von den Flying Tigers, die unter dem Namen Civil Air Transport (CAT) zur CIA-eigenen Luftlinie heranwachsen sollte, sowie rund 110 000 Mann Bodentruppen ein, sondern »befahlen ›den Japanern, an Ort und Stelle zu bleiben, um die Ordnung aufrechtzuerhalten‹ und … die Kommunisten zurückzuhalten«[20], gestand US-Präsident Harry Truman. In Xinjiang organisierte die CIA Kasachen und andere Angehörige von Minderheiten sowie (tatsächlich noch existierende) weißrussische Verbände im Kampf gegen die vorrückenden Kommunisten Mao Zedongs. In Manchuria gab die CIA ihre Operation Tropic auf, nachdem zwei ihrer Agenten zusammen mit der Crew einer C-47 in China zur Landung gezwungen worden waren (und für Jahre inhaftiert blieben). Auch nach der Niederlage Tschiang Kai Scheks schleusten die USA Dutzende Agenten nach China ein, um geschätzte 650 000 antikommunistische Guerillas zu unterstützen, Sabotageakte durchzuführen und Bakterien über China abzuwerfen[21], bombardierten chinesische Dörfer im koreanischen Grenzgebiet und drangen regelmäßig in den Luftraum der Volksrepublik ein.

1945–1957: Philippinen

In der Endphase des pazifischen Kriegs fanden die US-Truppen bei der Landung auf Luzon eine nationalistische Bewegung vor, die Hukbalahap (Tagalog: Volksarmee gegen Japan). Weil die Huks, wie sie abgekürzt genannt wurden, aber auch für die Unabhängigkeit, eine Landreform und die Industrialisierung kämpften, begannen die US-Truppen, geleitet von dem legendär-berüchtigten CIA-Agenten Edward Lansdale (das Vorbild zu Graham Greenes *Der stille Amerikaner*), sie zu entwaffnen, die lokalen Regierungen, die sie eingerichtet hatten, aufzulösen und ihre Mitglieder ebenso wie zahlreiche Kommunisten zu verhaften. Gleichzeitig setzte Washington den Philippine-US Trade Act im philippinischen Kongress durch, der den USA auch nach der für den 4. Juli 1946 geplanten Unabhängigkeit großzügige Privilegien und Konzessionen in der Wirtschaft des Landes garantierte wie etwa gleiche Rechte »bei der Ausbeutung natürlicher Ressourcen oder der Nutzung öffentlicher Einrichtungen«. Washington beeinflusste sämtliche Wahlen auf den Philippinen, setzte ein Verbot der Huks und der Kommunistischen Partei durch, weil – so die Begründung – »kein Ausländer einen Kandidaten direkt oder indirekt unterstützen … oder eine Wahl beeinflussen darf«.[22]

Diese Einschränkung bezog sich allerdings nicht auf die USA und die CIA die »auf den Philippinen ein zweites Zuhause fand«, wie die Los Angeles Times einmal schrieb. In wohl keinem anderen Land hatte die CIA mehr Politiker und Offiziere auf ihrer Gehaltsliste, als in der einstigen US-Kolonie. Von Präsident Magsaysay bis Benigno Aquino waren nahezu alle Gehaltsempfänger des Geheimdienstes. Als Präsident Elpidio Quirino 1953 für die Wiederwahl kandidierte, entfesselte die CIA eine Verleumdungskampagne und griff zu den schmutzigsten Mitteln der psychologischen Kriegsführung, um den Sieg ihres Kandidaten Ramón Magsaysay zu sicherzustellen. Der damalige CIA-Stationschef, General Ralph B. Lovett, gab später gerne zum Besten, wie die CIA Quirino vor einer Wahlkampfrede unter Drogen gesetzt habe, so dass er »nur noch Unzusammenhängendes stammelte.«[23] Und Lansdale verteilte Millionen Dollar an die richtigen Leute. Mit Magsaysay hatten die USA nach Lansdales Worten einen »abergläubischen, formbaren Bauern (Schachfigur) eigener Schöpfung«. Kaum hatte Vizepräsident Carlos P. García nach Magsaysays Tod in einem Flugzeugabsturz die Amtsnachfolge angetreten, schickte die CIA einen weiteren ihrer Spezialisten, Joseph Burkholder Smith, nach Manila, einen »anderen Magsaysay (zu) finden.«[24] Diosdado Macapagal war der Auserwählte. Der Herrschaft seines Nachfolgers Ferdinand Edralin Marcos erfreuten sich vier US-Präsidenten, ehe auf dem Capitol Hill, im State Department, im Pentagon und widerwillig sogar im Weißen Haus sein Abgang beschlossen wurde. Der Kleptomane Marcos war nicht mehr tragbar.

Neun Monate später, im November 1986, versuchten Marcos' noch immer loyal ergebene Generale, die mit überwältigender Mehrheit gewählte Präsidentin Corazón Aquino zu stürzen. Ohne Beteiligung der USA war der Putschversuch von vorneherein zum Scheitern verurteilt. Doch nur wenige Monate später schien auch Washington die Geduld mit der Präsidentin zu verlieren, die nicht hart genug gegen die muslimischen und kommunistischen Rebellen im Süden des Landes vorging und lieber mit ihnen über eine Beilegung des seit Jahrzehnten schwelenden Konfliktes verhandelte. Anfang 1987 unterschrieb Präsident Ronald Reagan ein »finding«, in dem er die CIA autorisierte, geheime Operationen auf den Philippinen durchzuführen. Im April sponserte das US-Army Strategic War College in Carlisle, Pennsylvania, ein zweitägiges Seminar »The Threat to the Philippines: Challenge and Response«. Plötzlich tauchten in Manila amerikanische Soldaten mit einschlägiger Putscherfahrung auf: Oberst John D. Waghelstein, ein Counterinsurgency-Experte, der an der Gefangennahme Ernesto Guevaras in Bolivien beteiligt gewesen war; Oberstleutnant Victor Raphael, der gute Kontakte zu putschfreudigen Offizieren in der philippinischen Armee unterhielt; Generalmajor i.R. John Singlaub, der schon an zahlreichen Geheimoperationen der USA im Iran, Irak und in Mittelamerika beteiligt gewesen war. Im August 1987 griffen 2000 philippinische Soldaten unter dem Kommando von Oberst Gregorio Honasan, bekannt als »Gringo« den Präsidentenpalast an. Das Gros der Truppen jedoch blieb loyal zur Präsidentin und wehrte den Angriff ab.

1946–heute: Panama/USA

Die Escuela de las Américas oder School of the Americas (SOA) war 1946 gegründet und in Fort Gulick in der Panama-Kanalzone eingerichtet worden. Dort wurden bis heute über 60 000 Offiziere aus allen Ländern Lateinamerikas in der Guerillabekämpfung und zu zuverlässigen Antikommunisten herangezogen. Zahlreiche der Absolventen der Militärakademie gelangten durch Staatsstreiche in ihren Heimatländern in höchste Regierungspositionen, weshalb die Schule im lateinamerikanischen Volksmund als »Escuela de los Golpistas« (Schule der Putschisten) berüchtigt wurde. SOA-Schüler begingen grausamste Menschenrechtsverletzungen bis hin zum Genozid oder wurden erfolgreiche Drogenbarone.

- 1982 putschte sich in Guatemala der »wiedergeborene« Sektenprediger, General und Absolvent des 1950er Jahrgangs der SOA Efraín Ríos Montt an die Macht.
- 1978 ließ sich Honduras General Policarpio Paz García, ebenfalls ein Schüler der SOA, seinen Putsch von Medellíns Kokainbaron Juan Matta Ballesteros finanzieren. Unter Paz García »war die ganze honduranische Regierung tief in den Drogenhandel verstrickt«, urteilte damals die US-Antidrogenbehörde DEA.
- Der guatemaltekische Oberst Pedro Pimentel Ríos schaffte es sogar, nach seiner Verurteilung zu 6060 Jahren Haft wegen der Beteiligung an der Ermordung von 201 Menschen seine Fähigkeiten als Lehrer an der SOA an junge Offiziere weiterzugeben.
- SOA-Schüler waren auch Ecuadors Guillermo Rodriguez und Perus Juan Velasco Alvarado, die beide in ihren Ländern demokratisch gewählte Regierungen stürzten;
- Miguel Krassnoff Martchenko, einer der berüchtigtsten Folterspezialisten Augusto Pinochets; oder José Guillermo García, der in den frühen achtziger Jahren als Verteidigungsminister enge Verbindungen zu El Salvadors Todesschwadronen pflegte.
- Unter den Offiziersstudenten der SOA fanden sich Drogenhändler wie der bolivianische General Luis Arce Gómez, der 1989 die christdemokratische Präsidentin Lidia Gueiler Tejada aus dem Amt putschte und inzwischen wegen Drogenhandels eine 30-jährige Haftstrafe absitzt;
- oder die Gründer des mexikanischen Drogenkartells der Zetas, Heriberto »der Scharfrichter« Lazcano und Arturo »Zeta Uno« Guzmán Deceno.

- Auch Manuel Contreras, der Chef des mörderischen chilenischen Geheimdienstes DINA der Diktatur Augusto Pinochets, lernte sein Handwerk an der SOA. Die Liste ließe sich beliebig fortsetzen.

Am 21. September 1984 musste die Schule in Fort Gulick im Zuge der Umsetzung der Panamakanal-Verträge, die eine Übergabe der Kanalzone an Panama vorsah, schließen und zog nach Fort Benning in Georgia um. In den neunziger Jahren und zu Beginn des neuen Jahrtausends drohte in der Folge von Enthüllungen über zahlreiche ihrer ehemaligen Alumni mehrfach die Schließung der Institution, die jedoch mit einer Namensänderung vermieden werden konnte. Doch auch der neue Name The Western Hemisphere Institute for Security Cooperation (WHINSEC) hielt Parlamentarier und vor allem Vertreter von Menschenrechtsorganisationen nicht davon ab, immer wieder die endgültige Schließung der Einrichtung zu fordern.

1946–heute: Marschall-Inseln

Zwischen 1946 und 1958 führten die USA 67 Tests von Nuklear- und Thermonuklearbomben durch, die insgesamt einer Sprengkraft von 1,7 Hiroshimabomben pro Tag entsprachen. Um ihre Atombombenversuche durchzuführen, siedelten die USA die 70000 Bewohner ihres Mandatsgebietes – besonders des Bikini-Atolls – zwangsweise auf anderen, unbewohnten Inseln an. Den Atomtests im Südpazifik fielen Tausende japanische Fischer und Verbraucher, Mikronesier und Melanesier zum Opfer.

Der japanische Fischer Aikichi Kuboyama ist als das erste »Fernopfer« der Atombombe in die Geschichte eingegangen. Am 1. März 1954 testeten die USA eine thermonukleare 17-Megatonnen-Bombe (1000-mal größer als die Hiroshimabombe). Das Thunfischerboot *Daigo Fukuryu maru* (Glücklicher Drachen V), das sich zum Zeitpunkt der Detonation außerhalb der von den USA angegebenen Gefahrenzone befand, war drei Stunden lang einem radioaktiven Ascheregen ausgesetzt. Die 23 Besatzungsmitglieder der *Daigo Fukuryu* erkrankten, Kuboyama starb im September, die USA bezahlten der Witwe eine Million Yen (2800 Dollar). Der Zwischenfall führte zu erheblichen Störungen im Verhältnis zwischen den USA und Japan.

Als japanische Kontrolleure auf lokalen Märkten Thunfische fanden, bei denen die Geigerzähler 60000 Ausschläge pro Minute zeigten, tat Washington derartige Nachforschungen als »alarmistisch« ab. Die radioaktive Verseuchung der Fische sei »harmlos« und könne »vernachlässigt werden«. Gleichzeitig jedoch unterzog die US Food and Drug Administration Fische, die in die USA exportiert werden sollten, weit schärferen Kontrollen als Japan.

1968 erklärte die Johnson-Regierung den vormaligen Bikini-Bewohnern, ihre Heimat sei gesäubert und sicher. Daraufhin kehrten viele dorthin zurück. Später wurde ihnen jedoch mitgeteilt, sie seien starker radioaktiver Strahlung ausgesetzt und müssten das Atoll erneut verlassen. 1983 genehmigte das US-Innenministerium die sofortige Rückkehr der Ausgesiedelten, sie dürften allerdings bis ins späte 21. Jahrhundert kein eigenes Gemüse oder Obst verzehren. Sie zogen es vor, nicht zurückzukehren.

2014 reichten die Marschall-Inseln bei einem US-Bundesgericht Klage gegen die USA und beim Internationalen Gerichtshof gegen die neun Atomwaffenstaaten (China, Frankreich, Großbritannien, Indien, Nordkorea, Israel, Pakistan, Russland, USA) ein. Sie forderten die Gerichte auf, einen Verstoß der neun Staaten gegen den Atomwaffensperrvertrag (NPT) festzustellen und diese Staaten anzuweisen, Verhandlungen einzuleiten und zu Ende zu bringen, die zur Vernichtung aller Atomwaffen führen sollen. Die amerikanische Regierung erklärte die Gerichte für nicht zuständig und wies die Klage unter Hinweis auf die politische Doktrin der gegenseitigen Abschreckung und die bereits eingeleitete Beschränkung und Reduzierung ihrer Atomwaffen zurück.

1946: Italien

Nachdem Jugoslawien ein angeblich unbewaffnetes Transportflugzeug der US-Armee über Venedig abgeschossen hatte, drohte Präsident Truman mit einem Nuklearschlag und ordnete eine Verstärkung der US-Truppen sowie der Luftwaffe entlang der Grenze der Besatzungszone in Norditalien an.

1946: Sowjetunion

Unter Androhung des Einsatzes von Atombomben erzwangen die USA den Rückzug sowjetischer Verbände aus dem Norden des Iran (Aserbaidschan und Kurdistan), die seit Beginn des Krieges zwischen der UdSSR und dem Deutschen Reich (1941) dort stationiert waren.

1947: Frankreich

Um die Kommunistische Partei (PCF) und die ihr angeschlossenen Gewerkschaften zu schwächen, schleusten das OSS und später seine Nachfolgeorganisation CIA Millionen Dollar an die Sozialistische Partei, den größten Rivalen der PCF in der Wählergunst, ließen Gewerkschaftsexperten der Amerikanischen Arbeitsföderation (AFL) ausschwärmen, importierten Streikbrecher aus Italien, lieferten korsischen Gangstern Waffen und Geld, um gegen kommunistische Streiks vorzugehen, Parteibüros zu zerstören und Parteimitglieder zu verprügeln, gelegentlich auch zu ermorden, und drohten, die amerikanische Nahrungsmittelhilfe einzustellen. Finanziert wurden diese Aktivitäten zumindest teilweise aus den Fonds des Marshallplans.[25] Gleichzeitig setzte Washington die französische Regierung unter Druck. Um Wirtschaftshilfe zu erhalten, müsse sie die kommunistischen Minister entlassen, was Premier Paul Ramadier zu dem Kommentar veranlasste: »Mit jedem Kredit, den wir bekommen, verlieren wir ein wenig von unserer Unabhängigkeit.«[26]

1947–1948: Italien

Mit einer beispiellosen Kampagne von Postwurfsendungen an italienische Familien[27], mit Drohungen, jede wirtschaftliche Hilfe aus dem Marshallplan einzustellen, mit Bestechungen, mit Erpressung, Einschüchterung und massiver Unterstützung für die Christdemokraten, zu deren Reihen Faschisten, Kollaborateure Mussolinis und Royalisten gehörten, griffen der US-Präsident, das Außen- und das Justizministerium, die Voice of America, höchste Richter, Staatsanwälte, die US-Botschaft, die CIA und sogar die ehemalige First Lady Eleanor Roosevelt in den italienischen Wahlkampf ein, um den Sieg der Democrazia Cristiana bei der Wahl zur verfassunggebenden Versammlung im April 1948 sicherzustellen. Zu Beginn des letzten Wahlkampfmonats und angesichts der Möglichkeit eines Sieges der Linken sah das *Time Magazine* Italien »am Rand einer Katastrophe«[28]. Es war vor allem diese Furcht, wie ein ehemaliger CIA-Direktor schrieb, »die zur Schaffung des Büros für Politische Koordination führte, das der CIA die Möglichkeit gab, verdeckte politische Operationen, Propaganda-Operationen und paramilitärische Operationen durchzuführen«.[29] Nach eigenem Eingeständnis finanzierte die CIA damals die Parteien der sogenannten Mitte mit einer Million Dollar.

1947–1950: Griechenland

Zwar hatte Churchill die Partisanen der Griechischen Volksbefreiungsarmee (ELAS) einst »diese tapferen Guerillas« genannt, die ihrerseits auch die im Oktober 1944 in Griechenland gelandeten britischen Truppen begeistert begrüßten. Doch schon einen Monat später – der Krieg gegen Nazi-Deutschland war noch nicht beendet – brachen Kämpfe zwischen der ELAS, dem militärischen Flügel der Nationalen Befreiungsfront EAM, und den Briten aus, die eine Machtübernahme und Regierungsbeteiligung der kommunistisch geführten EAM unbedingt verhindern wollten und eine Regierung einsetzten, in deren Reihen alte Nazi-Verbündete saßen. Darum stellten die Briten eine zuverlässige Einheit auf, die Dritte Griechische Gebirgsbrigade, von der »fast alle Männer mit gemäßigt konservativen bis linken Ansichten« ausgeschlossen waren.[30]

Nach der Befreiung im Oktober 1944 kontrollierte die EAM den größten Teil des Landes. Als sie am 3. Dezember 1944 eine Demonstration in Athen veranstaltete, schossen plötzlich Angehörige rechtsgerichteter und proroyalistischer paramilitärischer Verbände in die Menge. Gedeckt wurden sie dabei von britischen Truppen und von Polizisten mit Maschinengewehren, die auf Hausdächern Stellung bezogen hatten. Dabei wurden 25 Demonstranten getötet, darunter ein sechs Monate alter Junge, und 148 verletzt. Diese »Schlacht um Athen« (Dekemvriana) war der Beginn des Griechischen Bürgerkriegs.

1947 baten die kriegsmüden Briten die USA, den Job in Griechenland zu übernehmen. Wenige Tage später reichte der griechische Chargé d'Affaires in den USA die Bitte um wirtschaftlichen und militärischen Beistand, die im US-State Department geschrieben worden war, formal bei der amerikanischen Regierung ein.

Daraufhin schickte Washington Hunderte Millionen Dollar, 500 Offiziere, um die griechischen Streitkräfte zu reorganisieren und zu führen, schuf neben neuen regulären Einheiten eine »Geheime Armeereserve« (die ausschließlich aus ehemaligen Mitgliedern der NS-Sicherheitsbataillone zusammengesetzt war) und machte Dwight Griswold, den Chef der amerikanischen Hilfsmission für Griechenland, zum »mächtigsten Mann«[31] im Land. Fortan bestimmte Washington die Zusammensetzung der Regierungen in Athen. Dies alles, so wurden die Propagandisten nicht müde zu betonen, um der aggressiven Einmischung Moskaus zu begegnen. Nur Churchill, ansonsten nicht unbedingt als Kommunistenfreund bekannt, widersprach: Stalin habe sich »strikt an unser Abkommen vom Oktober (Moskauer Konferenz 1944) gehalten, und all die langen Wochen, während denen wir die Kommunisten in den Straßen Athens bekämpften, gab es nicht ein Wort des Vorwurfs in der *Prawda* oder *Iswestija*.«[32]

1947–1957: Syrien

Es war eine fragile, demokratisch ins Amt gekommene Regierung, die seit Erlangung der Unabhängigkeit (1946) in Damaskus regierte. Im Herbst 1945 kündigte die Arabian Oil Company (ARAMCO) Pläne für den Bau einer Transarabischen Pipeline (TAPLINE) von Saudi-Arabien zum Mittelmeer an. Mit der Unterstützung Washingtons sicherte sich ARAMCO die notwendigen Rechte in Libanon, Jordanien und Saudi-Arabien. Doch das syrische Parlament sperrte sich jahrelang, die Genehmigung zum Bau der Pipeline zu erteilen. Zudem zwangen gewalttätige Demonstrationen, die sich gegen die eigene Regierung und deren Kriegführung im Ersten Arabisch-Israelischen Krieg (1947–1949) richteten, im November 1948 Ministerpräsident Dschamil Mardam Bey zum Rücktritt.

In dieser innenpolitischen Krise kontaktierte der CIA-Agent Stephen Meade rechte Offiziere in der syrischen Armee. Wie aus freigegebenen Dokumenten hervorgeht, traf sich Meade mindestens sechsmal mit Oberst Husni al-Zaim, dem Stabschef der syrischen Armee, um die »Möglichkeit (einer) von der Armee gestützten Diktatur« zu erörtern. US-Diplomaten hielten Zaim für den gewünschten »Typ Diktator einer Bananenrepublik« mit einer »ausgeprägt antisowjetischen Haltung«.[33] Anfang 1949 waren Meade und Zaim bereit. Am 14. März forderte der Oberst »US-Agenten an, um innere Unruhen zu provozieren und anzustiften, ›die für einen Staatsstreich wesentlich sind‹, oder dass ihm für diesen Zweck US-Mittel gegeben werden«.[34]

Kurz darauf kam es in Damaskus zu Demonstrationen, auf denen Studenten gegen die Korruption und – wie schon im November 1948 – gegen die sich abzeichnende Niederlage im Palästinakrieg protestierten. Am 30. März 1949 putschte sich Zaim an die Macht, verhaftete Präsident Schukri al-Quwatli und suspendierte die Verfassung. Zwar übertraf Zaim alle Erwartungen, die Washington in ihn gesetzt hatte. Doch dieser erste Militärputsch in der Geschichte Syriens sollte dauerhafte Folgen für das Land haben, die demokratischen Ansätze zerstören und zu zunehmend gewaltsameren Militärrevolten führen. Alleine 1949 sollten noch zwei weitere folgen.

Am 15. April berichtete Meade, dass »in ganz Syrien über 400 Kommis verhaftet« worden seien. Zwei Wochen später meldete Präsident Zaim dem US-Botschafter, dass er Friedensgespräche mit Israel aufnehmen und 250 000 palästinensische Flüchtlinge in seinem Land ansiedeln wolle. Tel Aviv jedoch nahm das Gesprächsangebot nicht ernst und versäumte diese erste Chance auf einen Friedensschluss.[35] Zaim schien seine Entscheidungen im Zwei-Wochen-Rhythmus zu fällen. Zunächst folgte die Baugenehmigung für ARAMCOs TAPLINE, dann das Verbot der Kommunistischen Partei. Und im Juli unterzeichnete er ein Waffenstillstandsabkommen mit Israel. Dafür erwartete Zaim die rasche Genehmigung des US-Kongresses für die hundert Millionen Dollar Militär- und Wirtschaftshilfe, die ihm die US-Regierung versprochen hatte.

Doch am 14. August wurde er von seinem Offizierskameraden, Oberst Sami al-Hinnaui, und Teilen der Syrischen Sozialnationalistischen Volkspartei (SSNP) gestürzt und hingerichtet. Hinnaui kündigte Pläne für eine Union mit dem Königreich Irak und Wahlen an, die im November zum Wahlsieg der SSNP führten. Die USA sahen darin ein Problem und favorisierten eine schnelle militärische Lösung. Prompt, am 19. Dezember, wurde Hinnaui im dritten Militärputsch des Jahres von Oberst Adib asch-Schischakli gestürzt. Der setzte eine Zivilregierung ein, die erste von sieben in den kommenden 23 Monaten, und blieb als starker Mann im Hintergrund.

Im März 1950 erbat Oberst Schischakli von seinen amerikanischen Freunden »Militärhilfe zur Modernisierung der Armee«, so dass diese die Ordnung aufrechterhalten könne.[36] Am 23. November 1951 hatte er ein zweistündiges Gespräch in freundlicher Atmosphäre mit dem CIA-Mitarbeiter Miles Copeland und anderen Botschaftsangehörigen, in dem die Amerikaner ihre Wünsche vortrugen. Am 28. November wurde jedoch Maarouf al-Dawalibi Premierminister, den amerikanische Beobachter als moskaufreundlich einstuften. Als der neue Premier sich weigerte, den bisherigen Verteidigungsminister in sein Kabinett zu berufen, ordnete Schischakli am 29. November die Verhaftung Dawalibis und seines gesamten Kabinetts an und löste das Parlament auf. Fortan regierte eine Militärdiktatur. Einen Tag später kabelte Harlan Clark, der amerikanische Chargé d'Affaires in Damaskus, nach Washington: »Wenn die USA von der neuen Situation profitieren sollen, ist es mehr denn je nötig ..., Schischakli zu zeigen, wie und wann wir ihm helfen können.« Innerhalb von Tagen schon stimmte das Pentagon »aus politischen Gründen« einem Antrag des State Departments auf »schnelle Lieferung einer begrenzten Menge ausgewählter Militärausrüstung nach Syrien« zu.[37]

Gegen substantielle amerikanische Finanz- und Rüstungshilfe zeigte sich Schischakli (wie schon sein Vorgänger Zaim) bereit, mit Israel Frieden zu schließen und palästinensische Flüchtlinge in Syrien anzusiedeln. Doch bevor es zu den von Washington ersehnten Friedensgesprächen und von Syrien ersehnten Rüstungsabkommen kommen konnte, wurde Schischakli am 25. Februar 1954 von der Armee gestürzt. Nach den folgenden Wahlen am 24. September zog mit Khalid Bagdash zum ersten Mal in der arabischen Welt ein Mitglied einer Kommunistischen Partei als frei gewählter Abgeordneter ins Parlament ein. Fortan stellte die links orientierte und moskaufreundliche Baath-Partei die Regierungen in Damaskus.

Im Januar 1955 kündigten Großbritannien und Irak Pläne für einen Bagdad-Pakt an, eine regionale Verteidigungsorganisation nach dem Modell der NATO. Syriens Oberst Adnan al-Malki, dessen Putschversuch gegen Schischkali 1952 gescheitert und der nun nach dessen Sturz wieder in die Armee aufgenommen worden war, arbeitete mit Ägyptens Gamal Abdel Nasser zusammen und forderte die arabischen Staaten auf, sich der Bewegung der Blockfreien anzuschließen. Wenn Malki an die Macht kommen und eine Allianz mit Ägypten eingehen sollte, könnte Syriens »antiwestliche Politik« eine »irakische Militärintervention«, oder schlimmer, »israelische Militäraktionen gegen einen oder mehrere arabische Staaten« auslösen, schwadronierte CIA-Direktor Allen Dulles.

Gemeinsam mit Großbritannien leiteten die USA mit gleich zwei Enkeln Theodore Roosevelts (Archibald und Kermit) im Dienste der CIA die »Operation Straggle« ein, die die Eliminierung antiwestlicher Führer in Damaskus zum Ziel hatte. Am 8. Januar regte US-Botschafter Moose an, »andere Möglichkeiten« wie einen »von der SSNP inszenierten antikommunistischen Coup«[38] ebenfalls in Erwägung zu ziehen. Im März trafen sich Allen Dulles und Kermit Roosevelt, der Nahost-Abteilungsleiter der CIA, in London, wo sie gemeinsam mit dem britischen Secret Intelligence Service (SIS) die Details für einen Staatsstreich ausarbeiteten.

Der Plan sah wohl vor, dass die Türkei einen Grenzzwischenfall inszenierten, britische Agenten die Wüstenstämme in Syrien aufwiegeln und US-Agenten SSNP-Guerillas mobilisierten sollten, um einen prowestlichen Putsch »einheimischer antikommunistischer Elemente in Syrien« auszulösen. Doch dann wurde am 22. April Malki von einem Killer der SSNP, der Verbindungen zur CIA nachgesagt wurden, erschossen. Als Nasser am 26. Juli 1956 auch noch den Suez-Kanal nationalisierte, stellte London die »Operation Straggle« erst mal zurück und trieb die hochgeheimen Pläne für eine Militärintervention in Ägypten voran. »Die haben uns gezielt über ihre Absichten im Dunkeln gehalten«, sollte sich CIA-Chef Dulles später beschweren.

Ahnungslos über die britischen Pläne schickte Washington den Verschwörern in Damaskus 150000 Dollar. In letzter Minute überredeten die britischen SIS-Leute jedoch ihre amerikanischen Kollegen, die Putschpläne um vier Tage zu verschieben, so dass der Coup mit der geplanten israelisch-britisch-französischen Invasion am Suez-Kanal zusammenfallen würde. Allen Dulles und Präsident Eisenhower wurden völlig überrascht sowohl von dem israelischen Überfall als auch von der Information, dass die syrische Abwehr die »Operation Straggle« aufgedeckt habe. Am 30. Oktober stoppten John Foster und Allen Dulles das Unternehmen.

Eingebettet in eine »Sonderbotschaft an den Kongress zur Lage im Nahen Osten« verkündete Präsident Dwight D. Eisenhower am 5. Januar 1957 die sogenannte Eisenhower-Doktrin, der zufolge jedes Land im Nahen Osten amerikanische Wirtschaftshilfe oder Hilfe von US-Militärverbänden »gegen eine offene, bewaffnete Aggression einer anderen, vom internationalen Kommunismus kontrollierten Nation« anfordern konnte, um dessen »territoriale Integrität und politische Unabhängigkeit zu sichern und zu schützen«.[39]

Ein Vierteljahr später, im März, stimmte der Kongress in Washington mit 355 gegen 61 Stimmen Eisenhowers Doktrin zu und gab dem Präsidenten damit freie Hand im Nahen Osten. Im August autorisierte Washington den nächsten Auftritt in Syrien, die »Operation Wappen«.

Der CIA-Spezialist für solche Fälle war Howard Stone, der schon im Iran und im Sudan Erfahrungen gesammelt hatte. Drei Monate lang hatte er mit Dissidenten innerhalb der syrischen Armee den Coup geplant. Schischakli teilte Kermit Roosevelt mit, er sei bereit, wieder die Macht in Syrien zu übernehmen. Doch nach Aussagen eines ehemaligen US-Botschafters in Damaskus, Charles Yost, war die »Operation Wappen« »ein besonders plumper CIA-Plot«.[40] Einige der angeheuerten Offiziere marschierten einfach ins Büro des syrischen Geheimdienstchefs, Oberstleutnant Abdel Hamid Sarraj, nannten die Namen ihrer CIA-Führungsoffiziere und gaben das Geld ab, das ihnen die CIA gegeben hatte. Die beiden CIA-Agenten Howard Stone und Frank Jetton wurden auf frischer Tat ertappt und des Landes verwiesen, ihre syrischen Mitverschwörer verhaftet und die US-Botschaft wurde unter besondere Beobachtung gestellt. In der Ausgabe vom 26. August 1957 tat das *Time Magazine* die Berichte über den US-gesponserten Coup patriotisch als Sowjetpropaganda ab.

Als der linksgerichtete Oberst Bizri das Fiasko nutzte, um die Kontrolle über die Armee zu gewinnen, machte Washington unbeirrt weiter und ermutigte nun die Türkei und den Irak, Truppen an ihren Grenzen zu Syrien zu massieren. »Wenn eine syrische Aggression militärische Reaktionen provozieren sollte«, werde Washington sofort »Waffen in den Nahen Osten schicken, um Verluste so schnell als möglich zu ersetzen.« Die Sechste US-Flotte wurde wieder ins östliche Mittelmeer entsandt, US-Jets hielten sich auf NATO-Stützpunkten in der Türkei bereit, und »einsatzbereite Truppen, vor allem das Strategische Luftkommando, wurden in Alarmzustand versetzt«.[41] Schließlich lenkten die USA ein und zogen ihre Streitmacht wieder ab.

1948–1952: Estland, Lettland, Litauen

Von der Bundesrepublik Deutschland aus schickten der britische Secret Intelligence Service (SIS) und die CIA regelmäßig Agenten, die aus der Masse der baltischen Flüchtlinge[42] rekrutiert worden waren, in die baltischen Staaten, um die dort (zumindest bis in die Mitte der 50er Jahre) operierenden Guerillaverbände zu unterstützen. Alleine in Litauen kämpften etwa 25 000 bis 30 000 Mann in diesen Widerstandsgruppen, denen 100 000 russische Soldaten und Sicherheitskräfte gegenüberstanden.

Die Operationen waren wenig erfolgreich. Zahlreiche Agenten wurden von der sowjetischen Gegenspionage gefangen, so etwa Zigurd Krumins, der eineinhalb Jahre mit verschiedenen Guerillagruppen gearbeitet hatte, dann aber aufflog und zu 15 Jahren Haft verurteilt wurde. Sein Schicksal wurde bekannt, weil er 1960 im Gefängnis von Wladimir

17 Monate eine Zelle mit dem CIA-Piloten Francis Gary Powers (siehe: 1956 – heute Sowjetunion, VR China, Vietnam, Kuba) teilte.

In Lettland wurde im Februar 1950 das letzte Partisanengefecht gemeldet. Zu diesem Zeitpunkt waren von den Widerstandskämpfern in Estland (»Bruderschaft des Waldes«) nur noch ein paar versprengte Banden übrig, und die litauischen Verbände waren auf 5000 Mann geschrumpft. 1952 löste sich die Nationale Partisanenarmee in Litauen auf. Zwar gibt es Berichte, wonach die Sowjets noch 1960 Partisanen fanden und sogar bis 1964 vereinzelte Scharmützel stattgefunden haben sollen. Doch Mitte der 50er Jahre zogen sich auch CIA und SIS aus dem Unternehmen zurück. Der baltische Partisanenkrieg hatte nichts gebracht – nur hohe Verluste: Schätzungsweise 75 000 Zivilisten verloren in diesen Jahren in den drei baltischen Staaten ihr Leben als Folge der Auseinandersetzungen. Die litauischen Partisanen behaupteten, bei 30 000 Mann eigenen Verlusten 80 000 russische Soldaten und zwischen 4000 und 12 000 kommunistische Funktionäre und einheimische Kollaborateure umgebracht zu haben. Sowjetische Stellen bezifferten ihre eigenen Verluste wie die des Gegners mit jeweils 20 000 Gefallenen.

1948: Palästina

Kurz nach der Ausrufung des Staates Israel brachen Feindseligkeiten mit Ägypten, Irak, Jordanien und Syrien aus, in deren Verlauf Israel 800 000 Palästinenser aus ihrem Siedlungsgebiet vertrieb und 77 Prozent des historischen Palästinas besetzte. Obwohl der UN-Teilungsplan dem zionistischen Staat nur 54 Prozent dieses Gebietes zugesprochen hatte, anerkannten die USA sofort die von Israel einseitig erweiterten Grenzen seines Staatsgebiets. Für die Dauer des Krieges hatte Washington ein Marine-Kommando zum Schutz des US-Generalkonsulats nach Jerusalem entsandt.

1948: Costa Rica

Nach ihrer Wahlniederlage am 8. Februar annullierten die Nationalrepublikaner in der Gesetzgebenden Versammlung das Wahlergebnis, das den Sozialdemokraten Otilio Ulate Blanco ins Präsidentenamt gebracht hätte. Etwa einen Monat später sammelte José Figueres Ferrer auf seiner Finca »La Lucha Sin Fin« eine Nationale Befreiungsarmee, mit der er gegen den noch amtierenden Präsidenten Teodoro Picado antrat.

Doch dann nutzte Nicaraguas Präsident Anastasio Somoza die daraus resultierende Schwäche Costa Ricas, um mit seinen Truppen einige strategische Orte im Norden des Landes zu besetzen. Gleichzeitig organisierten die USA in ihren Häfen und Stützpunkten in Panama eine Flotte, die möglichen militärischen und politischen Gewinnen der angeblich kremltreuen Vanguardia Popular unter der Führung von Manuel Mora Valverde, eines langjährigen Verbündeten Picados, begegnen sollte. Angesichts dieser Bedrohungen gaben Picado und Mora auf. Am 19. April beendeten Picado und Pater Benjamín Núñez, ein bedeutender costaricanischer Arbeiterführer, mit dem »Pakt der Mexikanischen Botschaft« den Bürgerkrieg.

Die siegreichen Rebellen bildeten eine Regierungsjunta, schafften die Streitkräfte ab und ließen von einer demokratisch gewählten Versammlung eine neue Verfassung ausarbeiten, ehe sie am 8. November die Macht an eine Übergangsregierung abgaben. Figueres war durch seinen Widerstand zum nationalen Helden geworden und gewann 1953 die ersten demokratischen Wahlen des Landes unter der neuen Verfassung.

1948: Venezuela

Mit einer neuen Verfassung und seinem Programm für soziale Gerechtigkeit und bessere Lebensbedingungen für die Arbeiter brachte Präsident Rómulo Gallegos die einheimische und ausländische Geschäftswelt gegen sich auf. Die Absicht seiner Regierung, die Gewinne der Ölindustrie mit einer fünfzigprozentigen Steuer zu belegen, verstärkte den Antagonismus der ausländischen Ölgesellschaften. Die aggressive Regierungskampagne zur Erweiterung des öffentlichen Bildungssystems und zur Regulierung sowohl der staatlichen als auch der privaten Bildungseinrichtungen erzürnte die römisch-katholische Kirche, die durch die Reformen ihre bis dahin dominierende Rolle in Bildungsfragen gefährdet sah. Mit der Verabschiedung eines Gesetzes zur Landreform machte sich Gallegos die mächtige Landoligarchie zum Gegner. Die Verringerung des militärischen Personals in seinem Kabinett und seine Absicht, den Militäretat zu reduzieren, forderten schließlich auch die Militärs heraus.

Am 24. November, kaum zehn Monate nach seinem Amtsantritt, wurde Gallegos, der erste demokratisch gewählte Präsident Venezuelas, mit Unterstützung des amerikanischen Militärs von seinem Verteidigungsminister Carlos Delgado Chalbaud und Oberst Marcos Pérez Jiménez in einem Militärputsch gestürzt.

Nach dem Staatsstreich übernahm zunächst eine Militärjunta die Regierungsgeschäfte, die zu der alten Verfassung von 1936 zurückkehrte, die Regierungspartei Acción Democratica (AD) verbot, ihre Mitglieder verfolgte und die Reformen rückgängig machte. Die von der Junta abgehaltenen Wahlen von 1952 waren zwar weitgehend frei, brachten jedoch ein für die Militärs völlig inakzeptables Resultat. Also wurden die Ergebnisse gefälscht, Oberst Marcos Pérez ließ seinen Konkurrenten Delgado ermorden und riss die alleinige Macht an sich. Hier »hast du die Freiheit, mit deinem Geld zu tun, was du willst«, rühmte der US-Bankier Douglas McDermott die Diktatur Pérez: »Und ich denke, das ist alle politische Freiheit der Welt wert.«[43]

Erst ein weiterer Putsch am 23. Januar 1958 beendete die Militärherrschaft von Marcos Pérez Jiménez und brachte nach einer Übergangszeit unter Admiral Wolfgang Larrazábal nach Wahlen am 13. Februar 1959 Rómulo Betancourt von der Acción Democratica an die Regierung.

1948–1949: Berlin

Als die Sowjetunion den Zugang zu den amerikanischen, britischen sowie französischen Sektoren Berlins blockierte, drohten die USA wieder einmal mit ihren Atomwaffen und unterhielten gemeinsam mit ihren Verbündeten eine Luftbrücke, um Westberlin zu versorgen. Im Verlauf der Blockade kam es zu 733 Zwischenfällen zwischen Flugzeugen der westlichen Alliierten und der UdSSR; 39 britische, 31 amerikanische und fünf deutsche Crew-Mitglieder starben. Im Mai 1949 hob die UdSSR die Blockade wieder auf.

1949–1961: Burma

Nach dem kommunistischen Sieg in China strömten über 100000 geschlagene Guomindang-Soldaten ins nordöstliche Burma und richteten sich dort ein. Von ihrem operativen Stützpunkt in Bangkok aus leitete die CIA unter dem Codenamen Paper eine ihrer bis dahin größten Operationen. Maschinen der CIA-eigenen Civil Air Transportation (CAT) brachten den nationalchinesischen Verbänden Waffen aus dem ebenfalls CIA-eigenen Depot auf Okinawa sowie Ausbilder und Personal aus Taiwan in den Dschungel Burmas. Drei Jahre später hatten die Nationalchinesen zusätzliche 12000 Mann rekrutiert, sowohl Shan als auch Chinesen, schlossen eine Allianz mit den Karen, trieben Steuern ein, bauten in Mong Hsat einen Flughafen mit regelmäßigem Linienverkehr nach Taipeh, flogen riesige Mengen Waffen und zahllose Militärberater aus den USA ein (sowie Opium aus) und unternahmen zahlreiche Überfälle auf das Gebiet der Volksrepublik.

Offiziell leugnete Washington alle Anschuldigungen sowohl der Burmesen als auch der chinesischen Kommunisten, in Burma eine Invasionsarmee zu unterhalten. Als der US-Botschafter in Rangoon, William J. Sebald, auf einem diplomatischen Empfang erneut alles abstritt, riet ihm Burmas starker Mann, General Ne Win: »Herr Botschafter, ich habe die Beweise. Ich an Ihrer Stelle würde einfach den Mund halten.«[44]

Nach diversen erfolglosen Invasionsversuchen in China wandte sich Tschiang Kai Scheks General Li Mi gegen die Burmesen. Ministerpräsident U Nu stoppte alle US-Hilfsprogramme in seinem Land. Erst 1961, nachdem sie von einer burmesisch-chinesischen Streitmacht geschlagen worden waren, verließen die nationalchinesischen Verbände das Land, um im Nachbarland Laos bei den US-Militärberatern neue Beschäftigung sowohl im Opiumhandel als auch in der Bekämpfung der nationalistisch-kommunistischen Pathet Lao zu finden. Der Konflikt brachte die burmesischen Militärs als »Retter der Nation« in einer »Übergangsregierung« an die Macht, aus der die bis heute anhaltende Militärdiktatur hervorging.

1949–1953: Albanien

Obwohl Großbritannien Enver Hodscha während des Krieges bewaffnet und beraten hatte, verfolgte der Westen nun seinen Sturz. Gemeinsam mit den USA versuchte Großbritannien das damals prosowjetische Regime Hodschas zu stürzen. Es war ein »Experiment, um zu sehen, ob größere Operationen, den Kommunismus zurückzudrängen, realisierbar waren«[45], begründete Frank Wisner, der Chef des CIA-Planungsstabes, die »Operation Valuable«. Zu diesem Zweck heuerte ein Sonderkommando der CIA und des SIS (British Secret Intelligence Service) albanische Emigranten an (darunter einen ehemaligen Innenminister während der deutschen Besatzung, der für ein Massaker unter Demonstranten im Februar 1944 verantwortlich war, sowie einen ehemaligen Justizminister unter der italienischen Besatzung), die auf Malta im Guerillakrieg ausgebildet und anschließend nach Albanien geschleust wurden. Zur Unterstützung wurden den Albanern Deutsche und Polen zur Seite gestellt, das Office of Policy Coordination der CIA mietete in Rom Büroräume an und baute in Griechenland einen Stützpunkt für das Unternehmen auf. Gleichzeitig gründeten die Geheimdienste ein Albanisches Nationales Komitee, dessen Vorsitzender der ehemalige König Zogu[46] wurde und das mit tatkräftiger Hilfe von Radio Free Europe durch Großbritannien und die USA reiste, um die Sache der Befreiung Albaniens vom kommunistischen Joch zu vertreten. »Operation Valuable« zog sich vier Jahre in die Länge, blieb aber erfolglos, hauptsächlich weil die albanischen Sicherheitsbehörden bereits im Vorhinein zu wissen schienen, wann die Freiheitskämpfer wo eintreffen würden, was nicht weiter verwunderlich ist, denn der britische Doppelagent Kim Philby hatte als Co-Direktor des Sonderkommandos an der Planung mitgewirkt.

1949–1950: China

Amerikanische Agenten operierten in Urumchi, der Hauptstadt des im Nordwesten gelegenen Uigurengebietes, vor allem um den russischen Funkverkehr zu belauschen und die Bemühungen der UdSSR um den

Bau einer Atombombe zu verfolgen. Nach der Machtübernahme Maos versuchten sie den Widerstand ethnischer Minderheiten wie der Kasachen zu organisieren. Auf der Flucht nach Indien wurde Douglas Seymour Mackiernan irrtümlich von tibetischen Grenzsoldaten erschossen – der erste CIA-Agent, der in Ausübung seines Berufs starb.[47]

1949–1959: UdSSR

Am 3. September sprangen zwei CIA-Agenten über der Ukraine ab, um Kontakt zu der sozialdemokratisch orientierten, russischen Natsionalno Trudovoi Soyuz (Nationale Arbeitsallianz, NAA) aufzunehmen, die während des Krieges mit der deutschen Invasionsmacht kollaboriert hatte. Gemeinsam mit der Organisation Gehlen richtete die CIA in Frankfurt ein Operationszentrum ein, das 200 Mann beschäftigte, und bei Bad Homburg im Taunus ein Übungszentrum. Zwischen 1950 und 1954 sollen dort laut offizieller Schätzung bis zu 5000 Agenten ausgebildet worden sein, die später in die UdSSR infiltriert wurden. Weit weniger wurden in den USA trainiert, darunter waren jedoch mindestens 200 Agenten, die früher in der Ukraine für die Nazis gearbeitet hatten, wie das State Department später herausfand.

Das Problem sowohl des amerikanischen als auch des britischen Geheimdienstes war, dass die russischen und ukrainischen Partisanenverbände weitgehend zerschlagen waren, als die Agenten eintrafen. So verlor die CIA alleine in den beiden Jahren 1952 und 1953 mindestens 16 Agenten in fünf Einsätzen. Zudem tummelten sich in den westlichen Spionagediensten zahlreiche Maulwürfe: der britische Doppelagent Kim Philby, der deutsche Ex-SS-Obersturmbannführer und Spion Heinz Felfe, der russische Agent Konon Molody, der im Westen unter dem Namen Gordon Lonsdale bekannt wurde, oder Hauptmann Nikita Khorunshy, der unerkannt die NAA-Agenten in Bad Homburg trainierte. So blieb auch den CIA/NAA-Operationen der Erfolg weitgehend versagt.

Zwischen 1954 und 1959 fielen zahlreiche CIA-Agenten, -Mitarbeiter und Kontaktpersonen zu den Widerstandsgruppen Mordanschlägen zum Opfer, osteuropäische Mitarbeiter der CIA-Rundfunkstation Radio Free Europe, der Ukrainer Lev Rebet oder der einstige Nazi-Kollaborateur und Gründer der Organisation Ukrainischer Nationalisten (OUN), Stepan Bandera (letzterer in München). Als schließlich eine Maschine auf ihrem Rückflug von einer Mission in der Sowjetunion über Ungarn nur knapp zwei Abfangjägern hatte entkommen können, beendete die CIA dieses Programm.

1950–1953: Korea

Nach der Kapitulation Japans im August 1945 besetzten Truppen der USA und der UdSSR Korea, um die japanischen Soldaten zu entwaffnen, wobei die Demarkationslinie zwischen den beiden Armeen entlang des 38. Breitengrads gezogen wurde. Schon kurze Zeit später kam es zu ersten Kämpfen. Es ist bis heute unklar, wer an jenem verhängnisvollen 25. Juni 1950 den ersten Schuss abgab. Viel deutet darauf hin, dass Präsident Syngman Rhee, den Washington 1945 ähnlich wie Ramón Magsaysay auf den Philippinen an einer bereits bestehenden provisorischen Regierung vorbei ins Amt gehievt hatte, sehr an einem Krieg gelegen war. Seine Partei hatte kurz zuvor bei den Wahlen zur Nationalversammlung eine bittere Niederlage hinnehmen müssen, über 75 Prozent der Wähler hatten gegen ihn gestimmt.

Sir John Pratt, im Londoner Außenministerium zuständig für Ostasien, trat im Dezember 1951 von seinem Posten zurück. In einer schmalen Broschüre *Die Lüge, die zum Krieg führte* begründete er seinen Schritt: »Im Morgengrauen des Sonntags, 25. Juni, griff Syngman Rhee plötzlich an … Seine Streitkräfte überschritten den 38. Breitengrad an mehreren Punkten und nahmen Haeju, einige Meilen (nördlich der Demarkationslinie) … Die Nordkoreaner begannen eine Gegenoffensive, woraufhin die Südkoreaner ihre Waffen wegwarfen und flohen. Die Nordkoreaner trieben sie über den Breitengrad und begannen mit ihrer Invasion Südkoreas.«[48] John Gunther zitierte in seiner Biographie des US-Generals Douglas MacArthur einen Offizier aus dessen Stab: »Die Südkoreaner haben Nordkorea angegriffen.«

Im Widerspruch zu Artikel 27 der Charta der Vereinten Nationen, der die Zustimmung aller ständigen Mitglieder im UN-Sicherheitsrat für ein UN-Kommando verlangt, setzten die USA in der UN-Vollversammlung die Schaffung eines derartigen Kommandos durch. (Die UdSSR boykottierte damals die Sitzungen und Gremien der Vereinten Nationen, weil Taiwan dort den Sitz Chinas innehatte.) Zudem verlangte Washington, dass alle Mitglieder (der UN-Streitkräfte) ihre Einheiten dem Oberkommando der USA unterstellen sollten.

Vier Monate nach Beginn des Krieges – nachdem US-Kampfflieger mehrmals chinesischen Luftraum verletzt, chinesische Dörfer bombardiert und beschossen[49], die US-Truppen die Grenze am Fluss Yalu erreicht hatten und der Oberkommandierende der UN-Truppen mehrfach gedroht hatte, auch China anzugreifen – trat die Volksrepublik an der Seite Nordkoreas in den Krieg ein. Peking hatte zuvor mehrfach gedroht, dass seine Truppen in die Kämpfe eingreifen würden, sollten UN-Verbände den 38. Breitengrad überschreiten und sich der Grenze nähern. Es war ein brutal geführter Krieg, den Washington bewusst in die Länge zog (der Oberkommandierende, General Douglas MacArthur, hatte an der Börse in Soja investiert) und in dem die USA neben biologischen Waffen erstmals Napalm einsetzten. Zwar hatte das Hauptquartier der UN-Streitkräfte in Tokio noch am 30. Oktober 1950 behauptet, die nordkoreanische Armee habe 460 000 Mann verloren und nur noch 37 000 Mann im Einsatz. Doch nur Tage später zählten dieselben Offiziere »mindestens zwölf Divisionen und fünf Brigaden im Norden«. Anfang 1951 waren daraus bereits 18 und zwei Wochen später sogar 26 Divisionen geworden. In britischen Medien, die starke Zweifel an den Informationen des UN-Hauptquartiers in Tokio zeigten, wurde bereits von »Märchen aus Korea« (*Daily Mirror*) geschrieben.

Armee, Marine und Geheimdienste operierten längst nicht nur in Korea. 1200 Koreaner wurden zu schlagkräftigen Einsatzgruppen ausgebildet und anschließend auf geheime Missionen nach China eingeschleust. Das Far East Command (FECOM) Liaison Detachment (Korea), 8240. Army Unit führte zahlreiche paramilitärische Operationen in China durch: Sie formierte und trainierte diese Verbände gleich in Bataillonsstärke. So wuchs etwa die Sektion »E TAB Wolfpack« zwischen März und Ende 1952 von zunächst 4000 Koreanern und sieben Amerikanern auf 6800 Mann (acht Bataillone), unterstützt von einem Kontingent von zwölf US-Soldaten. Gleichzeitig trainierte die CIA (die CIA-Station auf Taiwan war bereits auf 600 Mann angewachsen) Tschiang Kai Scheks nationalchinesische Verbände und organisierte bis zu dreißig monatliche Flüge über China, bei denen alleine 1953 rund 300 Millionen Flugblätter über Maos Reich abgeworfen wurden. Schon Anfang 1952 hatten Tschiang Kai Scheks Offiziere behauptet, in den vorangegangenen sieben Monaten 15 Sabotageüberfälle in China durchgeführt zu haben.

Um antikommunistische Guerillas in der Mandschurei zu unterstützen, flog die CIA-eigene Civil Air Transport (CAT) in der »Operation Tropic« von ihrem Stützpunkt in Japan Material und Agenten nach Kirin in der nordchinesischen Ebene. Erst als zwei Piloten mit ihren Crews zur Landung gezwungen wurden, als sie gerade einen Agenten wieder abholen und ausfliegen wollten, stellte die CIA das Programm in der Mandschurei ein.

Wie ausgerechnet der eigene Geheimdienst, die hochgeheime National Security Agency, den von ihm abgehörten Gesprächen zwischen MacArthur und westlichen Diplomaten entnahm, hoffte der Oberkommandierende der UN-Streitkräfte insgeheim, einen totalen Krieg mit Einsatz von Atomwaffen gegen Russland und China führen zu können. Nachdem die Abhörprotokolle der Gespräche Präsident Harry Truman vorgelegt worden waren, kam MacArthurs Karriere zu einem abrupten Ende. Dies rettete die Welt zwar vor einem nuklearen Krieg, doch die Waffenstillstandsverhandlungen zogen sich bis zum 27. Juli 1953 hin, während die Kämpfe und Zerstörungen mit unverminderter Härte fortgesetzt wurden. »Der Krieg wurde ohne Rücksicht auf die Südkoreaner ausgefochten ... und es ist keine Übertreibung, wenn man sagt, dass Südkorea als Land aufgehört hat, zu existieren«, beschrieb das vom britischen Center for Defence Studies herausgegebene Brassey's Jahrbuch 1951 schon lange vor Kriegsende das Land: »Westeuropa würde eine solche ›Befreiung‹ sicher nie akzeptieren.«[50]

1950: Indien, VR China

Während des Koreakriegs wollte Indien der Volksrepublik China Medikamente und medizinisches Gerät für drei Feldlazarette schicken. Mit allen Mitteln wollte die CIA ihrerseits verhindern, dass diese Schiffsladung je in China ankäme. Eine Million Dollar stellte Langley für einen Piratenakt zur Verfügung, um den norwegischen Frachter mit der gesuchten Ladung zu stoppen: »Operation Stole«. Tschiang Kai Schek lieh dem dänischen CIA-Agenten Hans Tofte, der sechs Sprachen beherrschte, darunter Mandarin, einige Patrouillenboote mitsamt Besatzung, die den Norweger auf hoher See einfach kaperten und die Ladung nach Taipeh brachten.

1950: Puerto Rico

Nach 400 Jahren spanischer Kolonialherrschaft hatte Madrid Puerto Rico 1898 in die Unabhängigkeit entlassen. Der spanische Ministerpräsident Práxedes Mateo Sagasta hatte die Carta de Autonomía unterzeichnet, die Cortes hatte sie ratifiziert. Doch nach dem Ende des Spanisch-Amerikanischen Krieges waren die spanischen Verträge nur noch Makulatur. Unter Berufung auf den Vertrag von Paris (der die Feindseligkeiten zwischen Spanien und den USA beendet hatte) beanspruchte Washington die Insel.

Anfang der 50er Jahre forderte die Nationalistische Partei in mehreren Revolten die Unabhängigkeit von den USA. Die Aufständischen lehnten den Status eines Estado Libre Asociado (Freier Assoziierter Staat) ab und verlangten die Anerkennung der Autonomiecharta von 1898 und Puerto Ricos Souveränität. Die Unruhen begannen am 30. Oktober in Utuado, San Juan, Mayagüez, Naranjito und andern Orten. In Washington attackierten zwei Nationalisten das Blair House, wo sich US-Präsident Harry S. Truman während Renovierungsarbeiten am Weißen Haus aufhielt. In Jayuya riefen Rebellen die Freie Republik von Puerto Rico aus, bis US-Bomber, Artillerie und US-Truppen dem Spuk ein Ende machten. In den Auseinandersetzungen starben 16 Nationalisten, sieben Polizisten, ein Mitglied der Nationalgarde sowie vier unbeteiligte Zivilisten. 49 weitere Personen wurden verletzt.

Der letzte nennenswerte Versuch der Nationalistischen Partei Puerto Ricos, die Aufmerksamkeit der Weltöffentlichkeit auf ihr Anliegen zu lenken, war ein Angriff von vier ihrer Parteigänger auf das US-Repräsentantenhaus am 1. März 1954.

1950–1955: Formosa

Zu Beginn des Koreakrieges befahl Präsident Harry Truman die Siebte US-Flotte in die Gewässer Nationalchinas, um mögliche Angriffe der Volksrepublik China auf Taiwan als auch umgekehrt zu verhindern.

1950er Jahre: Deutschland

Von den USA finanzierte, ausgebildete und organisierte Gruppen wie das von der CIA gegründete Komitee für ein Freies Europa (dessen Präsident Allen Dulles und einer seiner Direktoren der vormalige Hochkommissar in Deutschland, General Lucius D. Clay, war) oder die Kampfgruppe gegen die Unmenschlichkeit sowie Agenten der Organisation Gehlen[51] verübten in amerikanischem Auftrag in der DDR (und anderen Ländern des Ostblocks wie den baltischen Staaten Lettland, Litauen und Estland) Sprengstoff-, Brand- und andere Anschläge an Stromleitungen, in Schiffswerften, öffentlichen Gebäuden, Tankstellen, Radiostationen und im öffentlichen Verkehrssystem, sprengten Straßen- und Eisenbahnbrücken, vergifteten in einem Kollektiv 7000 Milchkühe, mischten dem Milchpulver für Schulkinder Seifenpulver bei, stahlen Mitgliederlisten linker Organisationen, fälschten Nahrungsmittelkarten, verschickten gefälschte Steueraufforderungen und leisteten finanzielle Unterstützung für den ostdeutschen Aufstand vom Juni 1953. Das Komitee gründete den Propagandasender Radio Free Europe, dessen osteuropäische Mitarbeiter von München aus antisowjetische Propaganda in den Osten ausstrahlten. In der »Operation Gold« baute die CIA von Westberlin aus Tunnel in die DDR, wo sie die Telefonleitungen zum sowjetischen Hauptquartier in Karlshorst anzapften.

Zur gleichen Zeit fertigte eine geheime Armee von 1000 bis 2000 Mann, der »Technische Dienst« (TD) der Deutschen Jugendföderation, von der *New York Times* beschrieben als »eine rechtsgerichtete Jugendgruppe, die häufig extremistischer Aktivitäten beschuldigt wird«, Listen unerwünschter Personen an, die im Falle einer sowjetischen Invasion »beseitigt« werden sollten.

Diese Listen mit ausführlichen Angaben zur Biographie und zum politischen Denken politisch unzuverlässig geltender Personen führten 200 SPD-Mitglieder, 15 Kommunisten, etliche Gegner der Wiederaufrüstung oder Verfechter einer friedlichen Koexistenz auf. Die TD-Mitglieder waren nach Angaben des hessischen Ministerpräsidenten Georg-August Zinn überwiegend »ehemalige Offiziere der Luftwaffe, der Wehrmacht und der SS«. Ermittlungen um den Mord an einem sogenannten »Ost-West-Brückenbauer«, einem Verfechter der friedlichen Koexistenz, in einem Trainingslager der Gruppe führten schließlich zur Entdeckung der geheimen Organisation. Die Frankfurter Oberstaatsanwaltschaft gab den Fall an die Bundesanwaltschaft in Karlsruhe ab. Nachdem ihm eine »maßgebliche amtliche deutsche Stelle« mitgeteilt hatte, dass eine weitere Inhaftierung »nicht notwendig erscheint«, setzte Oberbundesanwalt Carl Wiechmann die von der hessischen Kripo Verhafteten wieder auf freien Fuß. »Die einzige rechtliche Erklärung für diese Entlassungen kann für uns nur sein, dass die Leute in Karlsruhe erklärt haben, dass sie im amerikanischen Auftrag tätig waren«, grübelte Zinn im *Spiegel*.[52] Der SPD-Vorsitzende Erich Ollenhauer, dessen Name ebenfalls auf der Hitliste auftauchte, warf den USA vor, eine Oppositionsgruppe zu finanzieren, um seine Partei zu unterwandern.

Schon am 28. November 1951 hatte *Der Spiegel* in einem Artikel »Waffenfunde« berichtet, dass Leute in amerikanischen Uniformen bei Marktschorgast in Oberfranken und bei Wilhelmsfeld nahe Heidelberg Waffen, Sprengstoffe, Munition und Medikamente vergraben hatten, die später von Anwohnern gefunden wurden. In beiden Fällen konnte die deutsche Kriminalpolizei die Untersuchungen über die Herkunft dieser Gegenstände nicht beenden, weil amerikanische Stellen die Akten an sich zogen. Der ehemalige SS-Hauptsturmführer Hans Otto erklärte im September 1952 vor der Kriminalpolizei, der TD werde maßgeblich von der CIA finanziert.[53]

Aus im Juni 2006 freigegebenen CIA-Dokumenten geht hervor, dass neben dem Technischen Dienst weitere Stay-behind-Netze existierten, so etwa eine Organisation »Kiebitz 15«, die der ehemalige Wehrmachtsoffizier Walter Kopp aufgebaut hatte. Jahre später kam heraus, dass der TD nur Teil eines weit größeren, europaweiten Netzwerks mit ähnlichen Geheimarmeen in anderen Staaten war, der »Operation Gladio«.

1950–1970er Jahre: Italien

Nach der massiven und grobschlächtigen Einflussnahme auf die Wahlen 1948 ging Washington später zu der Methode der verdeckten Finanzierung über, um die Kommunistische Partei (PCI) in Schach zu halten. Zwanzig bis dreißig Millionen Dollar jährlich hätten sie in jenen Jahren für ihre Programme in Italien ausgegeben, berichtete Victor Marchetti, der damals für Südeuropa zuständige Assistent des stellvertretenden CIA-Direktors. Offiziell räumte die CIA ein, zwischen 1948 und 1968 den Christdemokraten und anderen antisozialistischen Parteien und

Gewerkschaften 65 Millionen Dollar bezahlt zu haben. Zusätzlich seien Zuwendungen an Verlagshäuser ausgezahlt worden. 1976 bewog CIA-Direktor William Casey auch Saudi-Arabien, mit zwei Millionen Dollar seinen Beitrag zur Verhinderung eines Erfolges der PCI zu leisten. Die größte Ölgesellschaft der USA, Exxon, gab zu, zwischen 1963 und 1972 an die DC und andere Parteien Spenden in Höhe von 46 bis 49 Millionen Dollar verteilt zu haben. Auch Mobile Oil trug sein Scherflein im Kampf gegen den Kommunismus mit jährlichen Zuwendungen von 500000 Dollar an die richtigen Stellen bei.

Das meiste Geld, das seit dem Zweiten Weltkrieg an Parteien in Italien geflossen war, sei »in Villen, Ferienwohnungen und auf Schweizer Bankkonten von Politikern«[54] angelegt worden, erklärte ein hoher Beamter der US-Regierung. Da im italienischen Fernsehen politische Werbung verboten war, kaufte die CIA Sendezeiten bei Monte Carlo TV und im Schweizer Fernsehen, die beide in Italien empfangen werden können, wo sie antikommunistische Kommentare und Berichte ausstrahlten, die von der Redaktion der Mailänder *Il Giornale Nuovo* verfasst worden waren. Es war diese eng mit der CIA zusammenarbeitende Zeitung, die im Mai 1981 die Desinformation von der »KGB-Verschwörung, den Papst zu ermorden« in die Welt setzte. »Wir hatten zu jeder Zeit mindestens eine Zeitung in jeder ausländischen Hauptstadt«[55], gab die CIA zu. Clare Boothe Luce, US-Botschafterin in Rom und Gattin des *Time Magazine*-Herausgebers Henry Luce, erfand einen geradezu genialen Trick, den Kommunisten Wähler abzujagen. Das US-Verteidigungsministerium, so ließ sie wissen, vergebe keine Aufträge mehr an Unternehmen, deren Arbeiter sich von kommunistisch kontrollierten Gewerkschaften vertreten ließen. Bei Fiat ging daraufhin der Anteil der in kommunistisch orientierten Gewerkschaften organisierten Arbeiter von sechzig auf 38 Prozent zurück. Auch Giovanni Battista Kardinal Montini, einer der engsten Mitarbeiter Eugenio Pacellis (Papst Pius XII.) und Organisator der sogenannten italienischen Rattenlinie (die über den Brennerpass nach Südtirol und von dort nach Triest, Genua, Verona oder Rom führte), der inzwischen sein Herz für Waisenkinder entdeckt hatte, erhielt reichlich CIA-Unterstützung für seine Kinderheime. 1963 wurde er Papst Paul VI.[56]

1950–1972: China/Tibet

Nach Chinas Einmarsch in Tibet rekrutierte die CIA in der »Operation Circus« Exiltibeter, setzte sie auf ihre Gehaltsliste und bildete sie in Camp Hale bei Leadville in Colorado zu Guerillakämpfern aus.[57] Andere wurden auf Schleichwegen über Indien in Ausbildungslager auf der Marianen-Insel Saipan und auf Taiwan gebracht.

Im Frühjahr 1955 meldete sich ein amerikanischer Tourist in der westbengalischen Stadt Kalimpong, die Indiens Ministerpräsident Jawaharlal Nehru einmal »ein Nest von Spionen«[58] genannt hatte, bei dem schottischen Missionar George Patterson, der viele Jahre in Osttibet gearbeitet hatte, über exzellente Beziehungen zur tibetischen politischen Elite verfügte und die Sprache beherrschte. Patterson, so wünschte der Tourist, solle helfen, Kontakte zu knüpfen und Material für den tibetischen Widerstand über die Berge zu schaffen. Kurz zuvor hatten unzufriedene Tibeter in Golok eine 200 Mann starke Einheit der chinesischen Volksarmee gefangen genommen und entwaffnet. Nachdem sie ihnen die Nasen abgeschnitten hatten, schickten sie die Chinesen zurück in ihre Kasernen. Die Tibeter in Golok hatten sich mit Dorji Pasang verbündet, einem Häuptling von 100000 Familien, der schon seit mehreren Jahren gegen die Chinesen kämpfte.

Im Februar 1956 fanden im Osten des Landes gleichzeitig Angriffe an mehreren Orten statt, die – so John Prados in seinem Buch *Presidents' Secret Wars* – koordiniert gewesen sein müssen und den Beginn der CIA-Operationen auf dem Dach der Welt signalisierten. Zu jener Zeit tauchten in Tibet plötzlich Kleidungsstücke auf, die aus Fallschirmmaterial hergestellt waren. Die CIA flog Waffen und Kommunikationsgerät nach Tibet und bildete eine tibetische Kavallerie aus, die anfänglich überraschend erfolgreich gegen die Chinesen operierte. Überfälle der Ten-Dzong Ma-Mi, Tibets »Soldaten der Festung des Glaubens«, wie sich die schätzungsweise 80000 bis 90000 Mann starke Widerstandsarmee nannte, häuften sich 1957 besonders in Kham und Amdo. Unter der Regie des US-Geheimdienstes wuchsen die verschiedenen Widerstandsgruppen zu einer vereinigten nationalen Bewegung zusammen, der Tensung Tangla Magar (Freiwillige Nationale Verteidigungsarmee, FNVA). Ende 1958 begann die FNVA in Zentraltibet ihre Offensive mit Angriffen auf chinesische Kasernen und Stützpunkte. Anfang 1959 überrannten die Aufständischen sogar den chinesischen Stützpunkt in Tsetang, knapp fünfzig Kilometer vor Lhasa.

Zwar war der Dalai Lama an der Organisation des Widerstands nicht beteiligt, schrieb der CIA-Veteran John Kenneth Knaus 1999 in seinem Buch *Orphans of the Cold War: America and the Tibetan Struggle for Survival*. Aber der ältere Bruder des Dalai Lama, Gyalo Thondup, der damals eng mit der CIA zusammenarbeitete, »hielt seinen Bruder, den Dalai Lama, auf dem Laufenden«, erinnerte sich Knaus, der an der Operation beteiligt war. Ende der 50er Jahre habe die CIA begonnen, dem Dalai Lama monatlich 15000 Dollar zu überweisen, behauptet Knaus, die Zahlungen seien erst 1974 eingestellt worden.[59]

Als chinesische Verbände Vorbereitungen trafen, den Dalai Lama festzusetzen, spitzte sich die Lage zu. Am 10. März 1959 demonstrierten

30 000 Tibeter vor dem Norbulinkapalast, in dem sich der Dalai Lama aufhielt. Am 15. März bezogen chinesische Truppen Stellungen vor dem Palast. In der Nacht vom 17. auf den 18. März floh der Dalai Lama mit seiner Familie und seinen wichtigsten Beratern nach Indien. Einheiten der FNVA bildeten eine schützende Nachhut und lenkten die Chinesen mit einem Scharmützel im Nordosten der Hauptstadt ab. Nur zwei Tage später begann Chinas General Tan offiziell mit einer militärischen Offensive, um den tibetischen Widerstand zu brechen. Noch im April waren die Tibeter optimistisch und appellierten an die USA: »Sie müssen uns so bald wie möglich helfen und Waffen für 30 000 Mann schicken.«[60]

Inzwischen trug der Dalai Lama die Angelegenheit bei den Vereinten Nationen vor. US-Außenminister Christian Herter befürchtete, eine von Irland eingebrachte Resolution, China des Genozids anzuklagen, würde abgelehnt werden, und lehnte daher jede Resolution ab, die einer Anerkennung der Unabhängigkeit Tibets gleichkam. Am 21. Oktober nahm die UN-Generalversammlung schließlich eine Resolution an, die Bedenken um die Einhaltung der Menschenrechte in Tibet zum Ausdruck brachte. In Tibet indes gingen die Kämpfe weiter. Wie aus Dokumenten hervorgeht, die später bekannt wurden, starben alleine in Lhasa 87 000 Tibeter. Um die Nachschubroute über Kalimpong ein für alle Mal abzuschneiden, stationierte Peking 100 000 Mann in der Region. Es dauerte zweieinhalb Jahre, sie zu befrieden.

»Wir Tibeter haben beschlossen, bis zum letzten Mann gegen die chinesischen Kommunisten zu kämpfen ..., weil uns keine Alternative bleibt«, schrieb der FNVA-Kommandeur Gompo Tashi in einem Brief an Präsident Eisenhower. »Wir sehen keine andere Macht als die Vereinigten Staaten, die uns in allen Belangen helfen kann, um Tibet von der Dominanz Rotchinas zu befreien. Die Lage ist sehr ernst, wie bei einem Patienten, der kurz davor ist, zu sterben. Unter den gegebenen Umständen appellieren wir schweren Herzens an Eure Exzellenz, uns die notwendigen Anweisungen für den bestmöglichen Weg zu erteilen, dem wir folgen sollen.«[61]

Bis in die 70er Jahre operierte die CIA an der Seite tibetischer Guerillas. Doch nach Präsident Richard Nixons Chinabesuch 1972 brach der US-Geheimdienst seine Beziehungen zu den Aufständischen abrupt ab. 1975 erklärte Präsident Gerald Ford dem damaligen ersten Stellvertretenden Ministerpräsidenten Chinas, Deng Xiaoping, Washingtons Haltung zur Tibet-Frage: »Seien Sie versichert, Herr Vizepremier, dass wir jede Maßnahme bezüglich Tibet von Seiten der (US) Regierung ablehnen.«[62]

1950–1990: Europa

Zahlreiche Organisationen, Parteien, Wissenschaftler, Gewerkschaften, Studentenorganisationen, Jugendgruppen, Zeitungen und Journalisten erhielten Bares von amerikanischen Organisationen wie der Ford Foundation oder dem von der CIA organisierten und finanzierten Congress for Cultural Freedom (CCF), später umgetauft in International Association for Cultural Freedom (IACF).[63] Zu den Unterstützern des CCF gehörten neben der CIA zunächst auch so angesehene Institutionen wie die Michigan State University oder das Center for International Studies des Massachusetts Institute of Technology (MIT), das seine Verbindungen zur CIA jedoch im Frühsommer 1966 aufkündigte.[64] Im Juni 1960 beging der Kongress auf seiner zweiten Berlinkonferenz, an der u. a. George F. Kennan, Willy Brandt, der Philosoph Jacques Maritain, Arthur Schlesinger jun. und der Diplomat William Phillips teilnahmen, sein zehnjähriges Bestehen.

Der CIA-Direktor Allen »Dulles baute einen Public-Relations- und Propaganda-Apparat auf, der sich schließlich auf Hunderte Presseorgane und Rundfunksender, zahlreiche Verlagshäuser sowie persönliche Hilfsangebote von Männern wie Axel Springer stützen konnte«.[65] Einem Bericht der *Washington Post* zufolge vom 15. Mai 1967 zählten zu den Empfängern der internationale PEN-Club und auch etliche französische Zeitungen. Die *New York Times* führte am 26. Dezember 1977 auch die westdeutsche DENA (ein technischer Dienstleister der Deutschen Presseagentur, der 1998 aufgelöst wurde) unter den Nutznießern des Geldsegens auf, und das linksgerichtete Nachrichtenmagazin *The Nation* behauptete am 19. Juni 1982, Westdeutschlands größter Verleger, Axel Springer, habe Anfang der 50er Jahre sieben Millionen aus der CIA-Kasse für den Aufbau seines Presseimperiums erhalten, die Beziehungen zu den Schlapphüten sei zumindest bis in die frühen 70er Jahre fortgesetzt worden.

Bekämpft wurde alles, was den Verteidigern der Freiheit kommunistisch und schädlich dünkte. Anfang der 60er Jahre leitete der Kongress eine Kampagne gegen den chilenischen Poeten Pablo Neruda ein, die der CCF noch intensivierte, als deutlich wurde, dass Neruda aussichtsreichster Kandidat für den Literaturnobelpreis 1964 war. Als 1960 der linke Flügel der britischen Labour Party eine Politik der nuklearen Abrüstung beschloss und mit einem Austritt aus der NATO liebäugelte, reagierte der CCF mit einem Propagandafeldzug, der ein Jahr später den Sieg der Parteirechten und die Aufhebung der unerwünschten Beschlüsse sicherte.

Für den Fall einer sowjetischen Invasion in Westeuropa hatten die amerikanischen Planer von Kriegsspielen ein paramilitärisches Netzwerk in ganz Westeuropa aufgebaut, das hinter den russischen Linien zurückbleiben sollte, um dort einen Guerillakrieg gegen die Besatzer zu führen: »Operation Gladio«, die in Deutschland unter dem Akronym BDJ-TD, in Belgien als SDRA8 geführt wurde, in Griechenland »Red Sheepskin«, in Dänemark »Absalon« und in der Türkei »Counter-Guerilla« hieß. Diese sogenannten Stay-behind-Armeen »waren dem Volk, dem Parlament und den meisten Regierungsmitgliedern unbekannt und bildeten in ganz Westeuropa ein unsichtbares, koordiniertes, geheimes Sicherheitsnetz. In einigen Ländern, aber nicht in allen, mutierten die Sicherheitsnetze jedoch auch zu Terrorzellen ... Washington, London und der italienische militärische Geheimdienst befürchteten, dass der Einzug der Kommunisten in die (italienische) Regierung die NATO von innen heraus schwächen könnte. Um dies zu verhindern, wurde das Volk manipuliert: Rechtsextreme Terroristen führten Anschläge aus, diese wurden durch gefälschte Spuren dem politischen Gegner angelastet, worauf das Volk selber nach mehr Polizei, weniger Freiheitsrechten und mehr Überwachung durch die Nachrichtendienste verlangte.«[66]

Da die UdSSR nie gen Westen marschierte, richtete Gladio das Augenmerk auf die einheimische Linke. Um der damals starken Kommunistischen Partei Italiens politischen Schaden zuzufügen, schreckten die Gladio-Vollstrecker auch nicht vor Terror zurück. Die Entführung und Ermordung von Aldo Moro, dem Vorsitzenden der italienischen Christdemokraten, im Frühjahr 1978, die zunächst den Roten Brigaden angelastet wurde, scheint von Agents Provocateurs durchgeführt worden zu sein, die von Gladio in die Terroristenorganisation eingeschleust worden waren. Oberst Oswald LeWinter, der als amerikanischer Verbindungsoffizier zu Gladio diente, erklärte nach dem Moro-Mord, der Planungsstab der Roten Brigaden sei aus Geheimdienstagenten zusammengesetzt gewesen.[67]

»Es gibt stichhaltige Indizien, dass auch die Geheimdienste bei der Entführung dabei waren«[68], stellte auch die Untersuchungskommission »Terrorismus und Massaker« des italienischen Senats fest, die zwischen 1994 und 2000 unter dem Vorsitz von Giovanni Pellegrino die Entführung erneut untersuchte. Als Aldo Moro 1978 von den Roten Brigaden entführt worden war, hatte er sich auf dem Weg ins Abgeordnetenhaus befunden, um Giulio Andreotti unter Beteiligung der Kommunisten auf die Regierungsbank zu bringen. Moro stellte die treibende Kraft zur Einbindung der PCI dar. Er wollte eine Einigung der politisch-demokratischen Kräfte, um dem Auseinanderdriften der Extreme Einhalt zu gebieten. Mit Moros Beseitigung sollte der Eintritt der Kommunisten in eine westeuropäische Regierung verhindert werden. Der Geheimdienst, so der Vorsitzende Pellegrino, hatte allem Anschein nach bei der Beseitigung brisanter Dokumente geholfen. Nach dem Überfall auf Moros Eskorte lagen mehrere Aktentaschen mit Geheimunterlagen in seinem Auto. Eine dieser Taschen verschwand für dreißig Minuten und wurde danach wieder in das zerschossene Auto zurückgestellt. Als Moro in der Gefangenschaft begriff, dass man ihn zwar suchte, aber vermutlich nicht finden wolle, diktierte er den Rotbrigadisten die Skandale der italienischen Nachkriegspolitik in die Notizblöcke und attackierte in Briefen seine Parteigenossen, denen er die Begünstigung ultrarechter Terrorzellen vorwarf.

Der blutigste Terrorakt, der Gladio zugeschrieben wird, war 1980 ein Bombenanschlag im Bahnhof von Bologna, der 86 Tote und über 200 Verletzte forderte. Valerio Fioravanti und Francesca Mambro, zwei Mitglieder der rechtsextremistischen Nuclei Armati Rivoluzionari, wurden 1995 für diese Tat vor Gericht gestellt und verurteilt. Im selben Prozess wurden der Gründer der Geheimloge Propaganda Due und ehemalige SS-Offizier der faschistischen Republik von Salò, Licio Gelli, und zwei Mitarbeiter des italienischen Militärgeheimdienstes SISMI wegen Behinderung der Ermittlungen im Entführungsfall Aldo Moro und um den Bombenanschlag in Bologna zu langjährigen Haftstrafen verurteilt. Der Rechtsextremist Stefano Delle Chiaie wurde wegen Mittäterschaft verurteilt, aber später in der Berufung freigesprochen. Nach der Verhaftung von Rodolfo Almirón, einem ehemaligen Mitglied der Alianza Anticomunista Argentina, im Jahr 2006 gab der spanische Anwalt José Ángel Pérez-Nievas bekannt, dass es »wahrscheinlich (ist), dass Almirón – zusammen mit Stefano Delle Chiaie und Augusto Canchi – am Attentat auf den Bahnhof von Bologna 1980 beteiligt war«.[69]

Am 2. August 1990 gab eine parlamentarische Untersuchungskommission, die mit dem inländischen Terrorismus befasst war, dem italienischen Ministerpräsidenten Giulio Andreotti den Auftrag, das Parlament binnen sechzig Tagen über die Existenz der Geheimarmeen in Italien zu informieren. Am 3. August 1990 sagte Andreotti vor dieser Kommission aus und gab die Existenz der Geheimarmeen öffentlich zu. Er sagte zu, einen schriftlichen Bericht über die Geheimstruktur binnen sechzig Tagen vorzulegen. Am 18. Oktober wurde dieser Bericht der Untersuchungskommission per Eilboten zugestellt. Doch bevor der Leiter der Kommission, Senator Libero Gualtieri, den Bericht lesen konnte, forderte ihn Andreotti umgehend zurück, da er »überarbeitet« werden müsse. Gualtieri machte eine Kopie und schickte das Original zurück. Nachdem er den überarbeiteten Bericht erhielt, stellt er fest, dass kritische Passagen entfernt worden waren und der Bericht statt zwölf nur noch zehn Seiten lang war. Die italienische Presse berichtete ausführlich über diese Aktion Andreottis, wodurch die Aufmerksamkeit der Öffentlichkeit auf die geänderten Passagen gelenkt wurde. Die Enthüllungen über eine Geheimarmee in Italien, die über 139 Waffenlager sowie über große Mengen an Sprengstoff, Handgranaten und Schusswaffen verfügte, schockierten Italien.

Andreotti war nicht bereit, die Verantwortung für die Aktion alleine zu tragen, und gab am Tag der Übergabe des endgültigen Berichts im italienischen Parlament bekannt, dass alle Regierungschefs der beteiligten europaischen Länder über die Geheimarmeen informiert waren. In einer öffentlichen Ansprache am 9. November 1990 betonte er, dass die NATO, die USA und zahlreiche Länder Europas – darunter Deutschland, Griechenland, Dänemark und Belgien – in die Verschwörung um Geheimarmeen verwickelt gewesen seien. Um dies zu beweisen, wurden geheime Dokumente an die Presse lanciert, und das italienische Politmagazin *Panorama* veröffentlichte den kompletten Bericht Andreottis an den Untersuchungsausschuss.

Als die französische Regierung versuchte, ihre Beteiligung am Gladio-Netzwerk zu dementieren, widersprach Andreotti, Frankreich sei beim letzten Treffen des ACC-Komitees (Allied Clandestine Committee) am 23. und 24. Oktober 1990 in Brüssel anwesend gewesen. Daraufhin musste Paris seine Beteiligung an Gladio zugeben.

Die Untersuchungskommission »Terrorismus und Massaker« des italienischen Senats kam im Jahr 2000 zu dem Schluss: »Diese Massaker, diese Bomben, diese militärischen Aktionen wurden von Männern innerhalb italienischer staatlicher Einrichtungen organisiert oder gefördert oder unterstützt und, wie kürzlich aufgedeckt wurde, auch von Männern aus dem Umfeld der Geheimdienste der USA«.[70]

Nachdem durch die Enthüllungen Andreottis die Existenz und Tätigkeit der Geheimorganisation Gladio bekannt geworden war, setzte der belgische Senat eine Untersuchungskommission unter Leitung von Senator Roger Lallemand ein, die feststellen sollte, ob Gladio-Mitglieder in ungeklärte Verbrechen und terroristische Anschläge auch im eigenen Land verwickelt gewesen waren. In 57 Sitzungen hörte die Kommission 37 Zeugen. Der endgültige Bericht drückte allerdings Bedauern aus über die mangelnde Kooperation sowohl des Sicherheitsdienstes als auch des Militärs, die nicht bereit gewesen waren, die Namen ziviler Gladio-Mitglieder zu nennen. Die Senatoren bestätigten in ihrem öffentlichen Abschlussbericht lediglich, dass unter dem Decknamen SDRA8 in Form einer Untereinheit des militärischen Geheimdienstes SGR (Service Général de Renseignement) eine Stay-behind-Armee in Belgien aktiv war. Sie konnten die Frage nach einer Verbindung zu Terroranschlägen allerdings nicht abschließend beantworten, da sich SGR-Direktor Bernard Legrand strikt weigerte, die Namen der SDRA8-Mitglieder an die Kommission zu übergeben, die diese mit Namen von bekannten Verdächtigen vergleichen wollte. Er blieb bei dieser Haltung, obwohl die Senatoren betonten, dass die Exekutive ihnen gemäß der Verfassung antworten müsse, und obwohl der Vorgesetzte von Legrand, Verteidigungsminister Guy Coëme, die Freigabe der Namen explizit angeordnet hatte.

Zu den untersuchten, aber offenen Fällen gehörte die Ermordung des Vorsitzenden der Kommunistischen Partei Belgiens, Julien Lahaut, 1950. Bis heute ist nicht endgültig geklärt, ob der Mörder, der Royalist François Goossens, im Auftrag von Gladio gehandelt hatte.

Auch eine Gladio-Beteiligung an einem Putschversuch 1973 konnte nicht definitiv nachgewiesen werden. Der belgische Geheimdienst Brigade de Surveillance et de Renseignement verdächtigte ein »finanzielles Netzwerk und rechtsextreme Organisationen« der Tat. Im Verdacht, zu den führenden Köpfen des Putschversuchs zu gehören, standen Emile Lecerf, der Chef des Magazins *Nouvel Europe*, sowie Paul Latinus, der Gründer der ultrarechten Gruppe Westland New Post, die Kontakte zu Gladio pflegte.

In den gewalttätigen Operationen der Nijvel-Gang (so benannt nach der Stadt Nivelles – flämisch: Nijvel – in der wallonischen Provinz Brabant) oder »Brabantmörder« starben zwischen 1982 und 1985 28 Menschen und wurden über zwanzig weitere verletzt. Die mit großer Brutalität operierende Bande überfiel wahllos Restaurants, Geschäfte, Supermärkte und ein Waffenarsenal – ohne ersichtlichen Grund. Die Bande soll Verbindungen zu der Neonazi-Organisation Westland New Port (WNP) gehabt haben, die eine Politik der Destabilisierung verfolgte, um Unruhen zu provozieren und schließlich eine von der ultrakonservativen Parti Social-Chrétien geführte Regierung zu etablieren. Verbindungen zwischen der belgischen Gendarmerie und WNP scheinen diese Theorie zu stützen. Über die Verbindung zur Polizei stellte die Presse eine Verbindung zu Gladio her. Wie in allen anderen Fällen konnte die Parlamentskommission auch hier keine Verbindung zwischen den Verbrechen der Nijvel-Bande und Gladio nachweisen. Die Ermittlungen sind bis heute nicht abgeschlossen. 2004 fand die Polizei Waffen, Schmuck und Kleidungsstücke im Bois de la Houssière, jenem Wald, in dem die drei Hauptverdächtigen 1985 zum letzten Mal gesehen worden waren. Inzwischen sind die Verbrechen verjährt. Im September 2006 verhaftete die Polizei Mitglieder der rechtsextremen Gruppe Bloed, Bodem, Eer en Trouw. Vor der Öffentlichkeit beschuldigten Justizministerin Laurette Onkelinx sowie Innenminister Patrick Dewael die Verdächtigen (von denen elf Soldaten waren), beabsichtigt zu haben, Belgien mit Terroranschlägen zu destabilisieren.

Nach Angaben von Amnesty International, das sich auf das Buch *La mafia des sectes* des *Le Monde Diplomatique*-Mitarbeiters Bruno Fouchereau beruft, wurde auch die rechtsextreme Parti Communautaire Européen, eine »nazi-maoistische« Partei, die später in der Jeune Europe aufging, von SDRA8 kontrolliert.

Eine der maßgeblichen Personen der türkischen Gladio-Filiale Counter-Guerilla war der Heroinhändler Abdullah Çatlý, der auch in der rechtsextremen Partei Graue Wölfe eine führende Rolle einnahm. Er galt bei der Counter-Guerilla als einer der wichtigsten Männer fürs Grobe, ein Talent, das er bei den bürgerkriegsähnlichen Ereignissen, die im September 1980 schließlich zum Militärputsch führten, unter Beweis stellte. Ein enger Mitarbeiter Abdullah Çatlýs war der Papst-Attentäter Mehmet Ali Agca. Gemeinsam ermordeten sie 1979 den Chefredakteur der Zeitung *Milliyet*, der zuvor persönlich beim damaligen CIA-Stationsleiter, Paul Henze, darauf gedrängt hatte, die CIA aus den Unruhen herauszuhalten und nicht noch mehr zu schüren. 1996 kam der inzwischen von Interpol gesuchte Çatlý bei einem Verkehrsunfall ums Leben. Mit im Wagen hatten sich neben einer ehemaligen Schönheitskönigin der Parlamentsabgeordnete der Regierungspartei Sedat Bucak und der stellvertretende Polizeichef von Istanbul befunden. Alleine Bucak, der auch sogenannte Dorfschützereinheiten führte, gegen die verbotene Arbeiterpartei Kurdistans (PKK) eingesetzte Milizen, überlebte. In der folgenden parlamentarischen Untersuchung wurden Zusammenhänge zwischen Politik, Militär, Geheimdiensten und der organisierten Kriminalität in der Türkei aufgedeckt.

Als Griechenland 1952 der NATO beitrat, wurden die Gebirgsjägerkompanien (LOK) in das europäische Stay-behind-Netzwerk eingegliedert. Dazu unterzeichneten General Truscott für die CIA und Konstantinos Dovas, der Stabschef der griechischen Streitkräfte, am 25. März 1955 ein Geheimdokument, in dem die Zusammenarbeit zwischen CIA und LOK in Vorbereitung auf einen russischen Einmarsch und bei der Verhinderung eines linksgerichteten Putsches besiegelt wurde. Dafür war die LOK an dem Putsch der griechischen Obristen 1967 beteiligt (siehe: 1967–1973 Griechenland). Mit dem Fallschirmjäger-Oberstleutnant Kostas Aslanides übernahm die LOK das Verteidigungsministerium, während Brigadegeneral Stylianos Pattakos die Kommunikationszentralen, das Parlament und den Königspalast unter seine Kontrolle brachte.

Einige Autoren wie William Blum in seinem Buch *Freeing the World to Death: Essays on the American Empire* berichten sogar von amerikanischer Beteiligung an diversen dieser Unternehmungen. So sollen bei einer Übung von Gladio amerikanische und belgische Fallschirmspringer in einen belgischen Supermarkt eingedrungen sein und in einer folgenden Schießerei einen unbeteiligten Zivilisten getötet haben. Bis in die 90er Jahre wurden noch in einigen Ländern umfangreiche geheime Waffen- und Sprengstoffdepots der »Operation Gladio« gefunden, und 1994 enthüllte Italiens Ministerpräsident Giulio Andreotti, dass in seinem Land immer noch 600 Personen auf der Gladio-Gehaltsliste stünden.

August 1951: Frankreich

Es geschah am 16. August des Jahres, als zahlreiche Bewohner von Pont-Saint-Ésprit, einem kleinen Dorf im Südosten Frankreichs, nach dem Genuss von Brot plötzlich von schrecklichen Visionen heimgesucht wurden. Ein Mann schrie, sein Bauch werde von Schlangen aufgefressen, und ertränkte sich. Ein anderer rief, er sei ein Flugzeug, und sprang aus einem Fenster im zweiten Stock seines Hauses. Ein Elfjähriger versuchte, seine Großmutter zu erwürgen. Viele wurden in Zwangsjacken in die lokale psychiatrische Anstalt eingeliefert, wo sie behaupteten, Rosen wüchsen aus ihren Körpern, ihre Köpfe seien geschmolzenes Blei. Hunderte Menschen waren betroffen und zeigten Krankheitssymptome, mindestens fünf Menschen starben.

»Le pain maudit«, das verfluchte Brot, das die Halluzinationen ausgelöst hatte, war das Ergebnis eines geheimen Experiments der CIA sowie der Special Operations Division (SOD) der US-Armee in Fort Detrick, Maryland, fand der Journalist H.P. Albarelli[71] bei Recherchen für sein Buch *A Terrible Mistake: The Murder of Frank Olson and the CIA's Secret Cold War Experiments* heraus. (Der Biochemiker und CIA-Mitarbeiter Frank Olson stürzte zwei Jahre nach den Vorkommnissen in Pont-Saint-Ésprit in New York unter ungeklärten Umständen aus einem Fenster in der 13. Etage eines Hotels.) Albarelli stieß auf eine Notiz über ein Gespräch zwischen einem CIA-Agenten und einem Angestellten des Schweizer Pharmakonzerns Sandoz, der damals sowohl der CIA als auch der US-Armee LSD lieferte. In dem Gespräch erwähnte der Sandoz-Mitarbeiter das »Geheimnis von Pont-Saint-Ésprit« und erklärte, dass die Vorfälle nicht durch einen Schimmelpilz in der örtlichen Bäckerei (wie von den französischen Behörden vermutet), sondern durch Diethylamide, das D in LSD, ausgelöst worden seien. In den 50er Jahren beschäftigten sich die US-Armee und die US-Geheimdienste intensiv mit der Frage, wie weit das menschliche Gehirn kontrollier- und manipulierbar ist. (Populär wurde das Thema durch den Film *The Manchurian Candidate*.) Ehemalige Kollegen Olsons erzählten Albarelli, der Pont-Saint-Ésprit-Zwischenfall sei Teil dieser von der US-Armee und dem US-Geheimdienst durchgeführten Experimente gewesen. Im Rahmen dieses Programms, so berichteten Wissenschaftler in Fort Detrick dem Journalisten, hätten Agenten LSD in der Luft versprüht und auch Nahrungsmitteln beigefügt.

1952: Kuba

Nach acht Jahren Abwesenheit kehrte Fulgencia Batista nach einer weiteren, von den USA organisierten Militärrevolte als Diktator wieder an die Regierung zurück, kontrollierte mit seinem Machtapparat die Presse, die Universitäten und den Kongress, vermietete sein Land praktisch an die Mafiafamilien der Meyer Lanskys und Trafficantes und plünderte die Staatskasse in großem Stil. Am 1. Januar 1959, nach dem Sieg der Revolutionäre um Fidel Castro, floh er mit seiner Familie zunächst in die Dominikanische Republik, später nach Madeira und schließlich nach Estoril in Portugal.

1952–1958: Ägypten

Aufgebracht über die fortgesetzte Einmischung Großbritanniens in die inneren Angelegenheiten ihres Landes und über die Korruption und Inkompetenz ihres Königs Farouk rebellierte eine Gruppe von Armeeoffizieren und putschte sich am 23. Juli an die Macht. Um 7.30 Uhr verlas ein junger Offizier namens Anwar as-Sadat im Namen General Muhammad Nagibs ein Kommuniqué, in dem die Putschisten Farouk aufforderten, abzudanken und ins Exil zu gehen. Mit der Hilfe Kermit Roosevelts übernahm Gamal Abdel Nasser wenige Wochen später die alleinige Macht.

Fünf Jahre später jedoch wollte die CIA Nasser wieder loswerden. Im Januar 1957 trafen sich CIA-Direktor Allen Dulles und Kermit Roosevelt mit den Staatschefs von Saudi-Arabien und dem Irak, denen sie finanzielle US-Hilfe versprachen, wenn sie helfen würden, den ägyptischen Präsidenten zu stürzen. Den Saudis versprachen die USA zudem, den Einfluss Syriens im Nahen Osten einzudämmen. Ghosn Zogby, der CIA-Bürochef in Beirut, traf sich regelmäßig mit Sicherheitsbeamten aus Großbritannien, Irak, Libanon und Jordanien. Dulles wies seine Untergebenen im Nahen Osten an, Nasser zu ermorden. Killerkommandos wurden trainiert. 1957 und 1958 erklärten die Regierungen Ägyptens sowie Syriens, sie hätten zwei gegen Nasser gerichtete Mordversuche der USA, Saudi-Arabiens und des Iraks aufgedeckt.[72]

1953: Iran

Nachdem der erste und einzige in Iran jemals frei gewählte Ministerpräsident, Mohammad Mossadegh, Schah Reza Pahlavi zu einer Repräsentationsfigur degradiert und die Anglo-Iranische Ölgesellschaft (die heutige British Petrol) verstaatlicht hatte, drängte Großbritannien die USA zu einer Intervention. London war nicht gewillt, solche Verluste zu akzeptieren. Immerhin übertrafen die Einnahmen des britischen Konzerns allein aus dem Jahr 1950 die Tantiemen, die der Iran seit Beginn der Ölförderung 1901 in seinem Land insgesamt erhalten hatte.

Zwar wurde Mossadegh, ein 1882 in Teheran geborener und in Europa ausgebildeter glühender Nationalist, in den USA gerne mit Benjamin Franklin und dessen diplomatischen Auftritten während der amerikanischen Unabhängigkeitskriege verglichen; das *Time Magazine* hatte ihn 1952 sogar zum »Man of the Year« gewählt. Doch nun schien es an der

Zeit, die Daumenschrauben anzuziehen. Die USA und Großbritannien setzten eine Wirtschaftsblockade durch, iranische Vermögen im Ausland wurden eingefroren. Theodore Roosevelts Enkel Kermit, der schon während des Zweiten Weltkrieges als OSS-Agent im Nahen Osten operiert und ein Jahr zuvor Ägyptens Gamal Abdel Nasser ins Präsidentenamt verholfen hatte, organisierte gemeinsam mit dem britischen Agenten Christopher Montague Woodhouse die »Operation Ajax«, finanzierte im Auftrag der CIA Massenaufläufe gegen Mossadegh und brachte General Fazlollah Zahedi als zukünftigen Ministerpräsidenten in Stellung.

Die ganze Operation war eine Räuberpistole, die »mehr einem Groschenroman als historischen Tatsachen« glich, schrieb Präsident Dwight D. Eisenhower später in seinen Memoiren. Der CIA-Agent Roosevelt war unter einem Pseudonym in den Iran eingereist, hatte sich auf abenteuerlichen Wegen mehrmals in den königlichen Palast schmuggeln lassen, um den Schah von der Notwendigkeit zu überzeugen, entsprechende Dekrete zu unterschreiben. Als Mossadegh auf die Putschgerüchte reagierte und ihm getreue Militärs mobilisierte, floh der Schah nach Bagdad. Sein von Washington erkorener Ministerpräsident, General Zahedi, verschanzte sich in einem CIA-Versteck. Auch Roosevelts Idee, die Dekrete des Schahs öffentlich zu verbreiten, brachten nicht den gewünschten Erfolg. Schließlich musste er es selbst in die Hand nehmen, den »irren Mossadegh«, wie er ihn beschrieb, loszuwerden.

Für den 19. August 1953 mobilisierte die CIA einen Demonstrationszug vom Teheraner Bazar zur Innenstadt. Polizei und Militär schlossen sich dem Zug an. Anhänger des Schahs nahmen die Radiostation ein und verkündeten die Ablösung Mossadeghs als Ministerpräsident. Zugleich rollte Zahedi, von Gefolgsleuten umgeben, in einem Panzer auf Mossadeghs Haus zu. Nach einer neun Stunden währenden Schlacht zwischen den Anhängern Mossadeghs und denen des Schahs, in der 300 Menschen starben, hatten die Royalisten die Oberhand, verhafteten Mossadegh und holten den Schah aus seinem irakischen Exil zurück. Nach Abschluss der »Operation Ajax« bezahlte die CIA dem neuen Ministerpräsidenten, General Zahedi, für seinen erfolgreichen Einsatz fünf Millionen Dollar, und englische und amerikanische Unternehmen teilten sich fortan die Ölvorkommen des Iran.

1953–1974: Vietnam

Schon mit der Kapitulation Japans und der französischen Rückeroberung der Kolonien wurden die USA in den Sog der Befreiungskämpfe Indochinas hineingezogen. 1945 fiel der erste Amerikaner in Vietnam. Die USA unterstützten die Franzosen in ihrem Krieg gegen die Vietminh (Akronym für: Liga für die Unabhängigkeit Vietnams) nicht nur mit Waffen aller Art, sondern auch mit Piloten, die Einsätze an der Seite Frankreichs flogen. In der »Operation Squaw I« transportierte die CIA-Fluggesellschaft CAT Material in französische Stellungen in Laos. 1954 flog die CAT in der »Operation Squaw II« in nicht weniger als 684 Einsätzen alles, von Waffen über Kühlschränke bis zu Bier, zu den von den Vietminh in Dien Bien Phu eingeschlossenen Franzosen. Zusätzlich zu den CIA-Piloten brachten die USA C-119-Maschinen vom Stützpunkt Far East Air Force im japanischen Ashiya und von der Clark Air Base auf der philippinischen Insel Luzon nach Vietnam. Zu diesem Zeitpunkt war in Vietnam bereits mehr amerikanisches Luftwaffenpersonal im Einsatz als französisches.

1954 boten die USA den Franzosen sogar eine Atombombe an, um General Vo Nguyen Giaps Belagerungsring um Dien Bien Phu zu sprengen. Die völlige Missachtung der Genfer Abkommen nach der französischen Niederlage ließ die USA mehr und mehr im Sumpf des Mekongdeltas versinken. Die USA sabotierten die 1954 auf der Genfer Indochina-Konferenz der Vereinten Nationen beschlossenen Wahlen in Vietnam, um den befürchteten Sieg Ho Chi Minhs zu verhindern.[73] Am 12. Februar 1955 richteten die USA in Südvietnam die Saigon Military Mission unter der Leitung des CIA-Agenten Edward G. Lansdale als Cover für Geheimdienstoperationen ein und entsandten die ersten Militärberater. Lansdale brachte Ngo Dinh Diem, der sich gerne als »Asiens George Washington« bezeichnete, aus seinem amerikanischen Exil zurück und kürte ihn zum Präsidenten Südvietnams. Die CIA übernahm von den Franzosen die Widerstandsgruppen der religiösen Bewegungen der Cao Dai, der Hoa Hao sowie die 10 000 Partisanen, die hinter den Linien der vietnamesischen Armee im Norden operierten, und baute einen brutalen Unterdrückungsapparat auf, der zeitweilig für die Hälfte aller von Amnesty International registrierten Fälle von Folter verantwortlich zeichnete.

Zwischen 1959 und 1961 leitete William E. Colby, der CIA-Büroleiter in Saigon, die »Operation Tiger« und ließ 250 südvietnamesische Agenten mit dem Fallschirm über Nordvietnam absetzen. Zwei Jahre nach Beginn der Operation wurden 217 dieser Männer in den Akten als getötet, vermisst oder unter Verdacht stehend geführt, Doppelagenten zu sein. Nach dem Ende des Kalten Krieges gestand Hauptmann Do Van Tien, einer von Colbys Leuten und stellvertretender Leiter der »Operation Tiger«, dass er »die ganze Zeit ein Spion Hanois gewesen sei«.[74]

Zwar sperrte sich Präsident John F. Kennedy im November 1961 noch gegen die Empfehlungen General Maxwell Taylors und Walt Rostows vom NSC, reguläre Truppen nach Vietnam zu entsenden. Doch er schickte eine Air Force-Abteilung mit dem Auftrag, die Nachschublinien der südvietnamesischen Rebellen, der Vietcong, zu bombardieren.

Gleichzeitig wuchs die Beratergruppe von weniger als 700 Mann bei Kennedys Amtseinführung bis Mitte 1962 auf über 12 000. Dann trafen Hubschrauber in Saigon ein, um die südvietnamesischen Truppen zu ihren Einsätzen im Kampf gegen die Vietcong und die nordvietnamesischen Verbände zu fliegen. Special Forces folgten, Marine-Einheiten, Luftwaffenverbände, Marines. 1963, als die inzwischen auf 15 000 Mann gewachsene US-Präsenz kaum mehr »Gruppe« genannt werden konnte, wurde sie umbenannt in Military Assistance Command, Vietnam (MACV). Ein Jahr später, im August 1964, als der Kongress auf Basis einer gezielten Falschmeldung, wonach Nordvietnam zwei US-Kriegsschiffe im Golf von Tonking angegriffen habe, die sogenannte Tonkin-Resolution verabschiedete, mit der Präsident Lyndon B. Johnson zum offiziellen Kriegseintritt der USA gegen das kommunistische Nordvietnam bevollmächtigt wurde, befanden sich bereits 22 000 Amerikaner im Vietnam-Einsatz.

Inzwischen passte Präsident Diem mitsamt seiner extravaganten und korrupten Familie nicht mehr ins amerikanische Konzept. Er wurde vollends unhaltbar, nachdem sein jüngerer Bruder, der auch sein engster Berater war, einen Aufstand buddhistischer Mönche gegen das katholische Regime Diems von Sondereinheiten äußerst brutal hatte niederschlagen lassen. »Niemand mochte Diem«, grübelte Justizminister Robert Kennedy. »Aber wie konnte man ihn loswerden und jemanden bekommen, der den Krieg fortsetzen würde, ohne das Land zu spalten und damit das Land zu verlieren.«[75] Als CIA-Direktor Richard Helms erfuhr, dass Präsident Kennedy nun doch die Entfernung Diems aus dem Amt angeordnet habe, reichte er die Anweisung an Colby weiter, den Chef der CIA-Sektion Fernost. Dieser übergab sie dem CIA-Stationschef in Saigon, John Richardson, der allerdings gewisse Zweifel am Sinn des Mordes hegte. Mit der Anordnung scheinen »wir den Vogel, den wir haben, aus der Hand zu geben, bevor wir im Gebüsch andere Vögel konkret ermittelt oder auch nur ihren Gesang so richtig gehört haben«.[76]

Dennoch gaben die USA grünes Licht für den Putsch aus dem Hauptquartier des Oberkommandos der südvietnamesischen Armee, der am 1. November 1963 begann. Als sich Diem und Ngo Dinh Nhu ergeben wollten, gab General Duong Van Minh, genannt »Big Minh«, Order, beide zu töten. Tags darauf, gegen 10 Uhr, setzte ein CIA-Agent ein Telegramm nach Washington ab: »Von Vietnam. Kollegen informiert über Selbstmord bei Fahrt aus der Stadt.«[77]

Kaum im Amt steigerte Kennedy-Nachfolger Lyndon B. Johnson das amerikanische Engagement in Südostasien weiter. Nun wurden Militäroperationen auch in Laos eingeplant, CIA-Agenten infiltrierten Nordvietnam. Die 34-A- oder OPLAN 34Alpha-Operationen (verdeckte Operationen in Nordvietnam) wurden nun unter Regie der Vietnam Studies and Observation Group (SOG)[78] wieder aufgenommen, Special Forces operierten mit den Montagnards, den indigenen Bergvölkern. Mit 400 Agenten waren in Vietnam inzwischen mehr Agenten im Einsatz als in Miami, und die Zahl der regulären Verbände stieg weiter: 30 400 im Oktober 1965, 34 800 Ende 1966, nicht eingeschlossen das Personal der diversen Geheimdienst- und Aufklärungsorganisationen und das zivile Personal. Als der nahezu dreißigjährige Krieg, auf dessen Höhepunkt die USA über eine halbe Million Soldaten im Einsatz hatten, mit den Pariser Verträgen 1974 endlich beendet wurde, waren ihm mehr als zwei Millionen Zivilisten, 1,2 Millionen vietnamesische Soldaten und Guerillas sowie 57 000 US-Soldaten zum Opfer gefallen.

1954–1955: China

Nach Tschiang Kai Scheks Niederlage und Rückzug nach Formosa (Taiwan) blieben zwischen Nationalchina und der Volksrepublik China (VRC) eine Reihe von Inseln in der Taiwan-Straße umstritten. Mit der Stationierung im August 1954 von 58 000 nationalchinesischen Soldaten auf Quemoy und 15 000 auf Matsu, zwei kleineren Inselgruppen direkt vor der Festlandsküste, löste Taipeh die Erste Quemoy-Krise aus. Peking wollte »die Befreiung« der Inseln und ließ beide sowie die Tachen-Inseln beschießen. Daraufhin drohten die USA mit dem Einsatz von Nuklearwaffen. Angesichts der Spannungen evakuierten US-Marineverbände US-Zivilisten und -Militärpersonal von den Tachen. Am 29. Januar 1955 stimmten in Washington beide Häuser der sogenannten Formosa-Resolution zu, die Präsident Eisenhower befugte, US-Streitkräfte zum Schutz nationalchinesischer Positionen in der Straße von Taiwan einzusetzen. Am 1. Mai stellte die VR China die Kampfhandlungen ein. Doch die fundamentalen Fragen des Konflikts waren nicht gelöst und sollten drei Jahre später zum erneuten Ausbruch von Feindseligkeiten führen.

1954: Guatemala

42 Prozent allen landwirtschaftlich nutzbaren Bodens gehörten der Bostoner United Fruit Company, wobei sie nur auf einem geringen Teil ihrer Ländereien tatsächlich Bananenplantagen unterhielt. Nachdem der frei gewählte Präsident Jacobo Árbenz, der eine sozialdemokratische Politik vertrat, nicht nur sogar Kommunisten Arbeit gab, sondern auch die ungenutzten Böden der United Fruit verstaatlichte[79], organisierten die Washingtoner Regierung, die CIA und die Bostoner Firma die »Operation Success« und stellten in Honduras und Nicaragua eine Invasionsarmee aus guatemaltekischen Exilanten, nicaraguanischen Nationalgardisten und amerikanischen Söldnern auf.

Als Vorwand für den Angriff diente der schwedische Frachter *MS Alfhem*, der Waffen aus der Tschechoslowakei geladen hatte. Die *New York Times* berichtete, bei den Waffen handele es sich um »Maschinenpistolen, Handgranaten, automatische Pistolen und vierzig Gewehre mit der Markierung von Hammer und Sichel«. Tatsächlich hatte die *Alfhem* veraltete, teilweise unbrauchbare Waffen aus ehemaligen Wehrmachtsbeständen geladen.[80] Nach der Ankunft der *Alfhem* an ihrem Bestimmungsort patrouillierten US-Kriegsschiffe die mittelamerikanischen Küsten entlang, »um Honduras vor einer Invasion zu schützen und die Waffenlieferungen nach Guatemala zu kontrollieren«.[81]

CIA-Direktor Allen Dulles, der früher gemeinsam mit seinem Bruder John Foster für die Anwaltskanzlei Sullivan and Cromwell gearbeitet hatte, die die United Fruit juristisch vertrat, hatte zunächst Kermit Roosevelt gebeten, den Sturz von Árbenz zu organisieren. Doch dieser hatte schon nach seiner Rückkehr aus Iran kritisiert: »Wenn wir, die CIA, jemals wieder etwas Ähnliches versuchen, müssen wir absolut sicher sein, dass die Menschen und die Armee das Gleiche wollen wie wir. Wenn nicht, sollte der Job besser von den Marines erledigt werden.« Er glaube nicht, dass »die guatemaltekischen Bauern wollen, was die United Fruit will«.

Die Invasionsarmee unter Oberst Carlos Castillo Armas drang zehn Kilometer tief auf guatemaltekisches Gebiet ein, wo sie auf den erwarteten Volksaufstand wartete. Doch der blieb aus. Gleichzeitig versagte Castillos Luftwaffe nach den ersten Bombenabwürfen über Puerto Barrios an der Atlantikküste. Schließlich gab US-Präsident Dwight D. Eisenhower seine Zustimmung, die stärkere Luftwaffe des nicaraguanischen Diktators Anastasio Somoza einzusetzen. Zudem bombardierten US-Flugzeuge Häfen, Öltanks, den internationalen Flughafen, eine Schule, etliche Ortschaften und versehentlich sogar ein britisches Schiff.[82] Gleichzeitig setzte die CIA einen lärmigen Propagandaapparat in Gang, um den Gegner mit falschen Zahlen und Erfolgsmeldungen zu lähmen. Die Armee glaubte den Propagandameldungen von siegreichen Gefechten Castillos und Volksaufständen gegen die Regierung und zwang am 27. Juni Árbenz schließlich zum Rücktritt.

Die CIA führte eine Mordkampagne gegen jede linksgerichtete Gruppierung oder Partei durch, schrieb dem Land eine neue Verfassung und verbreitete Traktate über die Kunst des politischen Mordes: »Das Subjekt kann gelähmt oder unter Drogen in ein Auto gesetzt werden … (Diese Methode) ist aber nur zuverlässig, wenn der Wagen unbeobachtet von einem Fels hinabgestürzt oder in tiefem Wasser versenkt werden kann.«[83]

Der neue Diktator Castillo Armas schloss alle Analphabeten, drei Viertel der Bevölkerung, von zukünftigen Wahlen aus, ließ in den ersten vier Monaten 72000 Menschen unter dem Vorwurf des Kommunismus verhaften und alle »subversiven« Bücher verbrennen, darunter Victor Hugos *Les Misérables*, die Romane Dostojewskis oder des einzigen Nobelpreisträgers Guatemalas, Miguel Ángel Asturias, der mit seinem *Der grüne Papst* eine ätzende Kritik an dem Bananenkonzern geliefert hatte.

1970 änderte dann die United Fruit Company ihren Namen in Chiquita Brands International Inc.

1955: Costa Rica

Präsident José »Pepe« Figueres hatte zwar nach eigenem Eingeständnis dreißig Jahre lang für die CIA gearbeitet. Dennoch war er Washington ein Dorn im Auge. Er schaffte nicht nur die Armee in seinem Land ab, sondern bot auch Flüchtlingen jeder Couleur aus den Diktaturen Lateinamerikas Asyl an. Doch diese Diktaturen waren Mitglieder im US-geführten Club der Freien Welt. Zudem hatte er sich auf der 10. Panamerikanischen Konferenz ein Jahr zuvor geweigert, die Vorbereitungen für den Sturz der Árbenz-Regierung in Guatemala zu unterstützen. Also organisierten die USA gemeinsam mit Somoza einen nicaraguanischen Invasionsversuch, bombardierten einige Ortschaften in Costa Rica und organisierten zwei Mordversuche. Ohne reguläre Armee schlug Figueres den plumpen Angriff zurück und überlebte die Attentate.

1955–1974: Kambodscha

Nachdem sich Prinz Sihanouk mit seiner Neutralitätspolitik und der Ablehnung eines Beitritts zur Southeast Asia Treaty Organisation (SEATO) den Zorn der Dulles-Brüder, die sich in den USA die Jobs des CIA-Direktors und des Außenministers teilten, zugezogen hatte, schlossen die Nachbarländer Südvietnam und Thailand ihre Grenzen, womit der Handelsverkehr des Binnenstaates beinahe völlig zum Erliegen kam. Gleichzeitig drangen Thai-Truppen in Kambodscha vor, und CIA-finanzierte Söldner führten Überfälle von Südvietnam aus durch. Daraufhin nahm Sihanouk diplomatische Beziehungen zur UdSSR und zu Polen auf und akzeptierte erstmals Hilfe aus China, woraufhin wiederum südvietnamesische Truppen zehn Kilometer weit in das Land eindrangen und die Grenze neu festlegten. Gleichzeitig rückten oppositionelle Khmer Serai (eine rechte Organisation, das Gegenstück zu den Roten Khmer), trainiert, finanziert und geführt von Green Berets und der CIA, von Thailand und Vietnam aus in Kambodscha vor, ohne jedoch Sihanouk verdrängen zu können.

1964 brach der buddhistische Prinz nach zahlreichen Grenzverletzungen durch US-Verbände zeitweilig die Beziehungen zu den USA ab. Sihanouk gab dem Teil seiner Memoiren, der diese Jahre beschrieb, den bezeichnenden Titel *My War with the CIA*. Mit Antritt der Nixon/Kissinger-Regierung in Washington nahmen die amerikanischen Militäroperationen in Kambodscha erheblich zu. Völkerrechtswidrig flogen B-52-Bomber in 14 Monaten in einem Land, mit dem die USA nicht Krieg führten, 3630 Angriffe. Während einer Auslandsreise des Prinzen, am 18. März 1970, stürzte ihn General Lon Nol mit amerikanischer Hilfe und öffnete Kambodscha amerikanischem Militär-, Geheimdienst- und anderem Personal mit dem Ergebnis, dass im April 1975 die Roten Khmer siegreich in Phnom Penh einmarschierten. Nach den 500 000 Opfern amerikanischer Bombenangriffe starben weitere zwei Millionen Kambodschaner an den Folgen der Politik Pol Pots.

Oktober 1956: Ungarn

Der von den Hardlinern aus der Partei ausgestoßene ehemalige Ministerpräsident des Landes, Imre Nagy, forderte den Abzug der russischen Truppen, eine »neue Regierung auf Grundlage der Volksmacht«, die Auflösung der staatlichen Sicherheitskräfte, demokratische Selbstbestimmung und die Auflösung der Bindung an Moskau. Die CIA indes denunzierte ihn wider besseres Wissen als einen Verräter, Lügner und Mörder, der Sowjettruppen nach Budapest beordert habe. Während in Budapest und anderen Städten Ungarns Demonstranten mit Steinen sowjetische Panzer angriffen, schwadronierte die CIA auf drei neuen Sendefrequenzen von einer Armee aus Freiheitskämpfern, die schon nach Ungarn in Marsch gesetzt worden sei. Ununterbrochen versprachen die CIA-Propagandisten Hilfe aus dem Westen, die nie gewährt wurde.

Wie sich vierzig Jahre später herausstellen sollte, hatte erst dieses Verhalten zu den tragischen Ereignissen des sogenannten Ungarnaufstandes geführt. Aus inzwischen freigegebenen Dokumenten und Aussagen damaliger Flüchtlinge, die in Österreich angekommen waren, wurde deutlich, dass die Ungarn ihren Aufstand wagten, weil sie überzeugt waren, dass ihnen die USA zu Hilfe kämen. Andernfalls hätten sie sich nie in das Abenteuer gestürzt, in dem Zehntausende von den sowjetischen Truppen getötet und Tausende nach Sibirien verschleppt wurden.[84]

1956: Ägypten

Als Großbritannien, Frankreich und Israel gemeinsam in Ägypten intervenierten, weil Präsident Gamal Abdel Nasser den Suezkanal verstaatlicht hatte, drohten die USA der UdSSR mit Nuklearschlägen, um Moskau aus der Suezkrise fernzuhalten. Gleichzeitig übten sie Druck auf die Angreifer aus, ihre militärischen Operationen einzustellen. Ein US-Marinebataillon evakuierte indes US-Bürger und andere Personen aus Alexandria.

1956–heute: Sowjetunion, VR China, Vietnam, Kuba

Über »The CIA and the U-2 Program, 1954–1974« berichtet die CIA auf ihrer eigenen Website. In diesem Jahr begann die CIA mit Maschinen vom Typ Lockheed U-2 – einem Aufklärungsflugzeug, das bis zu 21 000 Meter aufsteigen kann und mit einer großformatigen Kamera ausgerüstet ist, die selbst aus einer Höhe von 18 000 Metern noch Bilder mit einer Auflösung von 76 cm liefert – ihre Spionageflüge über der Sowjetunion. Die Flüge über dem europäischen Teil der UdSSR starteten von den US-Stützpunkten in Erbenheim und Giebelstadt, später auch vom türkischen Adanad. Ein U-2-Stützpunkt im japanischen Atsugi diente der Aufklärung über Fernost. Durch U-2-Aufnahmen erhielt die CIA erstmals Kenntnis vom russischen Raketenzentrum in Baikonur oder vom Bau einer atomaren U-Boot-Flotte und erfuhr, wo die sowjetischen Interkontinentalraketen aufgestellt waren. U-2-Aufnahmen widerlegten aber auch die Behauptung von der Überlegenheit des russischen Bombergeschwaders. Die Spionageflüge wurden bekannt, nachdem der CIA-Pilot Gary Powers am 1. Mai 1960 in einer U-2 über sowjetischem Gebiet abgeschossen worden war.

Von Oktober 1960 an überflogen U-2-Aufklärer auch Kuba. Schon im September 1961 zeigten Fotos auf der Karibikinsel Flugabwehrraketen vom Typ SA-2 Guideline und MiG-21 Fishhead-Kampfflugzeuge. Am 14. Oktober 1962 belegten Aufnahmen einer U-2 des 4080. Strategischen Aufklärungsgeschwaders in der Laughlin Air Force Base, »dass sowjetisches Militär mit nuklearen Sprengköpfen versehene SS-4-Mittelstreckenraketen in Kuba aufstellte und so die Kubakrise auslöste«.[85] Der Pilot, Major Richard S. Heyser, landete die Maschine in Orlando, Florida, von wo während der Dauer der Krise zahlreiche U-2-Flüge über Kuba starteten. Bei der Analyse der Bilder wurden auch eine Stellung für ballistische SS-5-Mittelstreckenraketen sowie Il-28 Bomber entdeckt. Am 27. Oktober schoss eine russische SAM-Stellung eine Lockheed U-2 ab. »Das Weiße Haus beschloss, keine Vergeltung zu üben. Am 28. Oktober beugten sich die Russen der überwältigenden strategischen Macht der USA und stimmten dem Abzug ihrer Raketen zu. So nahe vor dem Dritten Weltkrieg kam der Kalte Krieg nie wieder.«[86]

Doch immer wieder wurden U-2-Maschinen abgeschossen und lieferten so den Beweis, dass die USA ihr Spionageprogramm weiterführten. Am 1. November 1963 wurde eine U-2 über der chinesischen Provinz Jiangxi abgeschossen, die das Lanzhou-Atomwaffentestgebiet ausspionieren sollte. Der Pilot, Robin Yeh Chang Yi, überlebte und blieb 19 Jahre in chinesischer Haft, ehe er entlassen wurde. Am 7. Juli 1964 schoss die chinesische Abwehr eine weitere U-2 über Fujian ab, am 10. Januar 1965 eine U-2C südwestlich von Peking, die das Patow-Atomtestgebiet zum Ziel gehabt hatte. Andere Maschinen stürzten ab.

Dennoch fliegen die Lockheed U-2 bis heute. Einem Budgetplan des Pentagon vom 23. Dezember 2005 war zu entnehmen, dass das U-2-Programm bis 2012 eingestellt werden sollte. Dieses Datum wurde später auf frühestens 2014 verschoben, um mehr Zeit für die Erprobung der Drohnen vom Typ RQ-4 Global Hawk als Nachfolger zu haben.

1956–heute: Tunesien

Seit Erlangung der Unabhängigkeit im Jahr 1956 kaufte das nordafrikanische Land militärische Ausrüstung aus den USA im Wert von 780 Millionen Dollar. 660 Millionen davon wurden von den USA übernommen, die US-Kredite für zusätzliche Ausrüstung und weitere Militärausgaben Tunesiens beliefen sich in diesem Zeitraum auf 890 Millionen Dollar. »Tunesien ist der IMET-Spitzenempfänger (International Military Education and Training) in Afrika ... (und) eines der wenigen Länder auf der Welt, das Kadetten in sämtlichen Militärakademien der Vereinigten Staaten einschließlich der Küstenwache hat«, verkündete die US-Botschaft in Tunis.[87]

1957–1958: Naher Osten

Um ein Eingreifen in Jordanien vorzubereiten, kreuzten Verbände der Sechsten Flotte vor der Küste Syriens und landete ein Bataillon Marines im Libanon. König Hussein, der angeblich von linken Kräften bedroht war, lehnte das Hilfsangebot ab, ließ sich aber dankend auf die Gehaltsliste der CIA setzen. Im Gegenzug lieferte Ammans Regierung den USA Informationen aus der arabischen Welt.

Nachdem sich Syrien und Ägypten 1958 in der Vereinigten Arabischen Republik zusammengeschlossen hatten, in Bagdad die Monarchie in einem Staatsstreich gestürzt worden war und sich im Libanon der sunnitische Ministerpräsident Rashid Karami für den Beitritt zur Vereinigten Arabischen Republik stark machte, blieb den USA nur noch der christliche libanesische Präsident Camille Chamoun (der ebenfalls auf der Gehaltsliste der CIA stand). Zur Unterstützung für Chamouns prowestliche Politik[88] verteilten sogenannte Wahlspezialisten aus den USA ausreichend Geld unter den Kandidaten für ein neues Parlament, um einen erdrutschartigen Wahlsieg der Chamoun-Anhänger sicherzustellen. Im Juli stand Libanon kurz vor Ausbruch eines Bürgerkrieges. Chamoun, der um sein Leben fürchtete, erbat in Washington militärischen Schutz.

Am 15. Juli autorisierte US-Präsident Dwight D. Eisenhower eine »Operation Blue Bat«: Siebzig Kriegsschiffe der Sechsten Flotte, darunter die Flugzeugträger *Saratoga*, *Essex* und *Wasp*, die Kreuzer *Des Moines* und *Boston* sowie zwei Zerstörergeschwader, Hunderte Kampfjets sowie 14000 US-Soldaten, mehr als Libanons Armee und Gendarmerie zusammen, versammelten sich am Mittelmeerstrand. US-Sonderbotschafter Robert Murphy drohte mit Nuklearschlägen, sollte die libanesische Armee Widerstand leisten oder sollten die Iraker die Ölfelder von Kuwait besetzen. Der US-Plan, gemeinsam mit der Türkei im Irak einzumarschieren, wurde aufgegeben, als die Sowjetunion ihrerseits zu intervenieren drohte.

Als sich die Situation im Libanon im Oktober wieder beruhigt hatte, dachte Eisenhower endlich über die Probleme nach, mit denen sich die USA in der arabischen Welt konfrontiert sahen, und zog seine Truppen phasenweise ab: »Das Problem ist, dass da eine Hasskampagne gegen uns läuft, nicht von den Regierungen, sondern von den Menschen dort.«[89]

1957–1958: Indonesien

Schon 1955 hatten die USA versucht, mit Dollarspenden in Millionenhöhe an die islamische Masjumi-Partei Einfluss auf den Ausgang der Wahlen zu nehmen. Doch alles Geld half nicht, Masjumi blieb mit zwanzig Prozent der Stimmen weit hinter den Erwartungen, während die Kommunistische Partei mit 16 Prozent alle Erwartungen übertraf. Dann besuchte Präsident Sukarno auch noch China, Russland und andere osteuropäische Staaten. Es wurde offenbar Zeit, »Sukarnos Füße ein wenig übers Feuer zu halten«[90], erkannte Frank Wisner, bei der CIA zuständig für verdeckte Operationen. Als in Sumatra und auf Sulawesi unzufriedene Offiziere rebellierten, entsandten die USA die Siebte Flotte, brachtenh 2000 Marines auf Sumatra an Land, bombardierten indonesische Städte, finanzierten und bewaffneten die Aufständischen, bereiteten die Abspaltung Sumatras von Indonesien vor und bemühten sich, gemeinsam mit britischen, taiwanesischen, australischen und philippinischen Truppen, Präsident Sukarno zu stürzen, der den USA als einer der Gründer der Blockfreien-Bewegung schon lange missfiel und zudem kommunistischer Sympathien verdächtig war. Die CIA beschäftigte 300 bis 400 Amerikaner, Polen, Filipinos und Chinesen aus Taiwan, die in Transportflugzeugen Nachschub zu den Rebellen in Sumatra und Celebes (Sulawesi) brachten oder mit B-26-Bombern Hafenanlagen in Makassar, Morotoi, Balikpapan und Ambon oder Schiffe gleich welcher Nationalität auf See angriffen. Doch als die Indonesier den amerikanischen Piloten Allen Lawrence Pope, der leidenschaftlich gerne Kommunisten umbrachte[91] und für die CAT schon in Korea und später über fünfzig Einsätze in Dien Bien Phu geflogen war, abschossen und gefangen nahmen, verloren die USA das Interesse, zumal die Rebellen mehr und mehr an Boden verloren. Am 20. Mai 1957 verkündete US-Außenminister John Foster Dulles vor der Presse, die Indonesier sollten ihre Probleme ohne äußere Einmischung lösen.

1957–1958: Sowjetunion/Westeuropa

In einem Museum, das die CIA in ihrem Hauptquartier in Langley, Virginia, unterhält, fällt neben der Enigma-Verschlüsselungsmaschine oder Osama bin Ladens Kalaschnikow ein 600 Seiten starkes Taschenbuch auf. Der beigestellte Text weist das Buch als »Kopie der original-russischen Ausgabe von *Doktor Schiwago*« aus, »heimlich von der CIA veröffentlicht«. Auf der Rückseite des Buches ist vermerkt, dass das Buch in Frankreich gedruckt wurde.

Boris Pasternak hatte 1932 begonnen, an dem Roman zu arbeiten, vernichtete das Manuskript aber, als im Zuge von Stalins Parteisäuberungen Tausende in die sibirischen Gulags verbannt wurden und unabhängiges politisches Denken lebensgefährlich wurde. 1946 nahm er die Arbeit an dem Roman wieder auf, die er 1954 abschloss. 1956 reichte er *Doktor Schiwago* bei den Zeitschriften *Novy Mir* und *Znamya* ein. Sowohl der KGB als auch das Zentralkomitee der Partei beschrieben das Werk als »eine infame Schmähschrift«, und im September des Jahres erhielt Pasternak eine formale Antwort von *Novy Mir*, in der ihm antisowjetische Ansichten vorgeworfen wurden, die auf keinen Fall veröffentlicht werden würden.

Eines Tages tauchte ein junger italienischer Journalist, Sergio d'Angelo, in Pasternaks Datscha auf und schlug vor, den Roman im Verlag von Giangiacomo Feltrinelli herauszubringen. Die folgende intensive, in aller Heimlichkeit geführte Korrespondenz wurde großenteils vom KGB mitgelesen, der Pasternak drängte, das Manuskript wieder zurückzuholen. Daraufhin gab der Autor seinem in England lebenden Schriftstellerkollegen Isaiah Berlin, als der ihn besuchte, eine Kopie des Manuskriptes mit. Eine weitere Kopie wurde dem ebenfalls in England lebenden Emigranten und Historiker George Katkov zugeschmuggelt, eine vierte nach Frankreich. Im November 1957 brachte Feltrinelli eine italienische Übersetzung des Romans heraus; englische, französische, deutsche und andere Ausgaben folgten ein Jahr später.

Nur einen Monate nach Erscheinen der italienischen Übersetzung notierte die CIA die Meinung eines Literaturexperten, der den Roman für »wichtiger« hielt »als jedes andere literarische Werk, das bislang aus dem Sowjetblock gekommen ist«.[92] Wiederum nur Wochen danach, im Januar 1958, erhielt die CIA zwei Mikrofilme vom britischen Geheimdienst, fotografische Kopien von Feltrinellis Originalmanuskript. Der Chef der Geheimoperationen der CIA kannte Maxim Gorkis Diktum, wonach Bücher »die wichtigste und mächtigste Waffe in der sozialistischen Kultur« sind.

Die CIA-Organisation Congress for Cultural Freedom (siehe: 1950–1990 Westeuropa), die seit Beginn des Kalten Krieges Tausende Magazine und Bücher westlicher Autoren publizierte und hinter den Eisernen Vorhang schmuggelte (Schätzungen gehen von zehn Millionen Exemplaren aus, die in die Länder des Ostblocks geschleust wurden), schloss mit dem New Yorker Verleger, Journalist, Autor, ehemaligen Trotzkisten und nunmehr passionierten Antikommunisten Felix Morrow einen Vertrag, dem zufolge der das russischsprachige Manuskript setzen und bis spätestens am 31. Juli 1958 zwei Offset-Abzüge vorlegen sollte, um Druckausgaben des Romans in der Originalsprache rechtzeitig zum Beginn der Brüsseler Weltausstellung vorlegen zu können.

Mit der Hilfe des holländischen Geheimdienstes BVD gelang es, bis Anfang September genau 1160 Exemplare zu drucken, die auf der Expo an russische Aussteller und Besucher sowie in westlichen Häfen und Flughäfen an russische Seeleute und russisches Flugpersonal verteilt wurden. Der Verfasser eines CIA-Memos kam zu dem Schluss, dass »diese Phase als erfolgreich abgeschlossen betrachtet werden kann«.[93] Die Universität von Michigan druckte ihre eigene russischsprachige Ausgabe, die unter russischen Exilanten verteilt und in die Sowjetunion geschmuggelt wurde.

Pasternak gewann im selben Jahr den Nobelpreis für Literatur und wurde in der UdSSR prompt als »Schwein, das seinen eigenen Stall verdreckt«, beschimpft, das des Landes verwiesen werden sollte, um »kapitalistische Luft zu atmen«[94]. Auf Druck der Partei- und Kremlführung lehnte er den Preis ab. Ein Jahr später starb er an Lungenkrebs.

1957–1973: Laos

Zwar war Laos nach dem Genfer Indochina-Abkommen von 1954 neutrales Gebiet, wo sich ebenfalls nach diesem Abkommen nur französische Militärs als Berater der Königlich-Laotischen Regierung aufhalten durften. Doch das hielt weder Washington noch Hanoi davon ab, ihre Kriegsziele auch dort zu verfolgen und das »Land der eine Million Elefanten« in ein Schlachtfeld ihres Krieges zu verwandeln.

Es war ein geheimer Krieg, von dem alle wussten. Die Amerikaner »verstehen nichts von Asien und nichts von Laos«[95], schimpfte Ministerpräsident Souvanna Phouma. Die CIA ersetzte den neutralistischen Ministerpräsidenten schnell durch den ultrarechten Phoumi Nosavan, der wiederum in einem Putsch des Fallschirmjäger-Hauptmanns Kong Le vertrieben wurde, der Souvanna Phouma ins Amt zurückbringen wollte. Ein CIA-organisierter Putsch brachte Phoumi wieder an die Macht. Kong Le floh zunächst zu den Pathet Lao, ehe er sich schließlich doch den USA zuwandte und nun seine vormaligen Genossen bekämpfte.

Weil der Krieg offiziell geheim war, konnte die US-Regierung keine großen Einheiten regulären Militärs einsetzen, ohne im Kongress Misstrauen zu wecken. So erreichten paramilitärische und verdeckte Operationen in Laos einen nie gekannten und auch bis heute nicht wieder erreichten Umfang. Die CIA heuerte ersatzweise ganze Völker wie die Hmong (auch bekannt als Meo) und später auch siamesische Söldner für ihre Armée Clandestine an, um die Pathet Lao zu bekämpfen, wobei besonders nach 1969 die Thai-Söldner zunehmend die Hmong ersetzten, die zu diesem Zeitpunkt 13 und 14 Jahre alte Kinder einzogen. Gleichzeitig wuchs die Stärke der Pathet Lao und ihrer nordvietnamesischen Verbündeten von rund 50000 auf 110000 Mann an, die Hälfte davon reguläre NVA-Verbände. Als Senator Stuart Symington aus Missouri, ein Mitglied des zur Geheimhaltung verpflichteten Senatsausschusses, der die Tätigkeiten der CIA beobachtet, eindringliche Fragen aufwarf, argumentierte CIA-Direktor Richard Helms, die CIA habe »keine Mitglieder der kämpfenden Truppe« in Laos: »Ich kenne keine Definition ..., wonach unsere Tätigkeit in Laos als ›Krieg führen‹ betrachtet werden kann.«[96]

Je mehr die Pathet Lao die Oberhand gewannen in diesem Krieg, der keiner war, umso lauter wurde in Washington der Ruf nach B-52-Bombern. Gegen den Widerstand von Außenminister William P. Rogers setzten Verteidigungsminister Melvin Laird und NSC-Chef Henry Kissinger Flächenbombardements durch. Als Journalisten begannen, den ganzen Umfang der US-Operationen in Laos zu enthüllen (wobei es in der Regel hauptsächlich um gefallene US-Bürger ging), gestand die Regierung zunächst den Tod von 25 angeheuerten US-Söldnern ein. Nach weiteren Berichten über gefallene US-Boys korrigierte die Regierung die Zahl: 200 Amerikaner seien gefallen, 193 würden vermisst. 228 Mann militärisches Personal, 388 Regierungsangestellte sowie 424 Mitarbeiter von beauftragten Firmen hielten sich in dem Land auf, hieß es nun offiziell.

In diesem ohne die gesetzlich notwendige Genehmigung des Kongresses geführten Krieg regneten von 1965 bis zur Unterzeichnung des Friedensabkommens von Paris 1973 mehr Bomben auf das winzige Land als im Zweiten Weltkrieg auf Deutschland und Japan zusammengenommen (zwei Millionen Tonnen). Bei Ende des Krieges gab es eine Million Flüchtlinge und war Laos ein Land von Nomaden geworden, ohne Dörfer oder Bauernhöfe, mit Hunderttausenden Toten und noch mehr Krüppeln unter den knapp drei Millionen Einwohnern. Die Hmong gewannen kein eigenes Heimatland, sondern lösten sich als ethnische Einheit nach drei Migrationswellen praktisch auf; 30000 überlebten in Flüchtlingslagern in Thailand, 55000 siedelten sich in den USA an. Die US-Air Force verabschiedete sich mit dem Gruß: »Good bye and see you next war.«[97]

1958: Pakistan

In der US-Regierung wuchs die Sorge, dass Pakistan in der Folge der für April 1959 geplanten Wahlen aus den westlichen Allianzen (Bagdadpakt und SEATO) austreten und wie Indien eine bündnisfreie Politik verfolgen könnte. So stimmte sie bereitwillig zu, als am 7. Oktober 1958 Präsident Iskander Mirza die verfassunggebende Versammlung auflöste, die Regierung unter Ministerpräsident Feroz Khan Noon entließ und die Regierungsgewalt an General Ayub Khan übergab, der ein von Generälen dominiertes Kabinett bildete, in dem der langjährige US-Agent Mohammed Shoaib Finanzminister und ein bis dahin unbekannter Großgrundbesitzer aus der Provinz Sindh namens Zulfikar Ali Bhutto Handelsminister wurde. Zwanzig Tage später enthob Ayub Khan auch Iskander Mirza seines Amtes und ernannte sich selbst zum Präsidenten, weil »wir verstehen müssen, dass die Demokratie in einem heißen Klima nicht funktionieren kann«, wie er seinen Mitbürgern erklärte: »Wenn man Demokratie haben will, muss man wie etwa Großbritannien ein kaltes Klima haben.«[98]

Innerhalb von sechs Monaten wurden alle Parteien und Gewerkschaften verboten. Das neue Regime übernahm den größten oppositionellen Zeitungsverlag und wies Schulen und Universitäten an, alle Bücher in ihren Bibliotheken auf »unerwünschte Materialien« zu überprüfen. Pakistans Islamisten jubelten, und die Diktatur wurde »zu einem zusehends loyalen Mitglied der ›freien Welt‹. Auf der ersten Sitzung teilte General Ayub seinem Kabinett mit: ›Es gibt nur eine Botschaft, die in diesem Land eine Rolle spielt: die amerikanische Botschaft.‹«[99]

General A. O. Mitha, der später (1971) für die Massaker in Ostpakistan verantwortlich zeichnen sollte, in denen nach US-Angaben eine Million Menschen getötet, vier Millionen in die Flucht getrieben und zwischen ein und zwei Millionen Häuser zerstört wurden, baute mit amerikanischer Hilfe die Sondereinsatztruppe Special Service Group auf, die Sondereinsätze hinter den feindlichen Linien im blockfreien Indien durchführen sollte.

1958–1963: Irak

Vor dem US-Kongress beschwor CIA-Direktor Allen Dulles eine »völlige Machtübernahme« der irakischen Kommunisten, womit sich dort »die gefährlichste Situation in unserer heutigen Welt« entwickeln könne. In ihrem Bemühen nach *sarbasti*, Unabhängigkeit, hatten die Kurden nach dem Ende des Zweiten Weltkriegs in Kooperation mit der Sowjetunion im Norden Irans eine kurzlebige eigene Republik errichtet. Nach dem Coup in Irak fürchteten sie um ihre Autonomie in diesem Land. Also unterstützten die USA die oppositionellen Kurden und versuchten erfolglos, den neuen Staatschef zu ermorden.

Tatsächlich hatte der neutralistische General Abdul Karim Qassem im Juli 1958 die Monarchie gestürzt, 1960 mit anderen Nahoststaaten die Organisation erdölexportierender Länder (OPEC) gegründet, diplomatische Beziehungen zur UdSSR aufgenommen und die Kommunistische Partei Iraks wieder zugelassen. Als er 1963 eine nationale Ölgesellschaft gründete, war sein Schicksal besiegelt. Mit Unterstützung der CIA sowie des britischen MI6 stürzte die Baath-Partei (deren Führung bald Saddam Hussein übernehmen sollte) den ungeliebten Nationalisten. Qassem sowie Tausende von Kommunisten, deren Namen die CIA den Baathisten lieferte, wurden hingerichtet.

1958: China

Am 23. August belegte Chinas Volksbefreiungsarmee die nationalchinesische Insel Quemoy mit schwerem Artilleriefeuer und löste damit die Zweite Quemoy-Krise nach 1955 aus. In dem folgenden Artillerieduell starben auf nationalchinesischer Seite rund 2500, auf Seiten der VR China 200 Soldaten. Washington schickte Taipeh F-86-Sabre-Kampfflugzeuge, die mit AIM-9-Sidewinder-Raketen ausgerüstet waren und nun gegen die russischen MiG-15- und MiG-17-Flugzeuge der VR China erstmals zum Einsatz kamen. Die US-Luftwaffe bereitete einen möglichen Nuklearschlag vor, die Siebte US-Flotte sicherte die Nachschubwege zwischen Taiwan und den umkämpften Inseln. Die nukleare Drohung und politischer Druck aus Moskau zwangen Peking schließlich zum Einlenken.

1958–1980: Japan

Die CIA pumpte Millionen Dollar in den Wahlkampf der konservativen Liberaldemokratischen Partei (LDP) und tat gleichzeitig alles in ihrer Macht stehende, die oppositionelle Sozialistische Partei zu schwächen. Das Ergebnis waren 38 Jahre ununterbrochene Regierungsherrschaft der Liberalen, vergleichbar der langjährigen, ebenfalls von der CIA gesponserten Herrschaft der Christdemokraten in Italien. Diese Taktik verhinderte sowohl in Japan als auch in Italien die Entwicklung starker Mehrparteiensysteme. Die Ausgabe 1961–1963 der Jahresberichte über die »Auslandsbeziehungen der Vereinigten Staaten«, die 1996 veröffentlicht wurde, enthält eine einmalige Erklärung: Weil diverse Materialien unberücksichtigt geblieben seien, halte ein Komitee angesehener Historiker »diese veröffentlichte Auflistung nicht für eine gründliche, akkurate und zuverlässige Dokumentation wichtiger außenpolitischer Entscheidungen der Vereinigten Staaten«[100], wie es das Gesetz verlangte. Das fehlende und vernichtete Material betraf die US-Aktivitäten vor dem Berichtszeitraum 1961 bis 1963, räumte ein Historiker des State Departments ein.

Nobusuke Kishi und Yoshio Kodama waren »zwei der einflussreichsten Agenten, die die USA je rekrutieren konnten. Sie standen der CIA bei ihrem Auftrag zur Seite, die Kontrolle über die japanische Regierung in die Hand zu bekommen«, berichtete Tim Weiner in seiner Geschichte der CIA. Die beiden waren Zellengenossen gewesen, die nach dem Zweiten Weltkrieg als Kriegsverbrecher verurteilt, aber schon Ende 1948 aus ihrem Tokioter Gefängnis entlassen worden waren – einen Tag vor der Hinrichtung vieler ihrer Mitgefangenen.

Kodama hatte in den 30er Jahren eine rechtsradikale Jugendgruppe angeführt, die sogar versucht hatte, den Ministerpräsidenten zu ermorden. Die Gefängnisstrafe, zu der er verurteilt wurde, hinderte die zuständigen japanischen Stellen jedoch nicht, seine Dienste bei der Anwerbung von Spionen und der Beschaffung strategisch wichtiger Metalle in Anspruch zu nehmen. Nachdem er im besetzten China fünf Jahre lang einen der größten Schwarzmärkte der Kriegszeit organisiert und dabei ein Vermögen von 175 Millionen Dollar angehäuft hatte, wurde er in den Rang eines Konteradmirals erhoben. »Nach seiner Entlassung aus dem Gefängnis investierte er einen Teil dieses Vermögens in die Förderung der Karrieren von Japans reaktionärsten Politikern und wurde damit zur Schlüsselfigur einer CIA-Operation, durch die jene Politiker an die Macht gebracht wurden.«[101]

Später beschrieb ihn die CIA als einen »notorischen Lügner, einen Gangster, Scharlatan und Dieb« und – wie einem Bericht der CIA vom 10. September 1953 zu entnehmen ist – für »gänzlich untauglich für Geheimdienstarbeit«. Umgehend beendete sie die Zusammenarbeit. Fortan galt die »Aufmerksamkeit der CIA der Pflege und Förderung jener vielversprechenden japanischen Politiker – darunter auch Kishi –, die bei den ersten Wahlen nach dem Ende der Besatzungszeit ins Parlament eingezogen waren«.[102]

Kishi war es, der 1941 die Kriegserklärung Japans gegen die USA unterzeichnet hatte. Damals leitete er das Munitionsministerium. Kishi war es auch, der 1942 dem damals amtierenden, aber internierten US-Botschafter Joseph Grew Freigang für eine Runde Golf anbot. Es sollte der Beginn einer langen Freundschaft sein. Sieben Jahre beharrlicher und umsichtiger Arbeit und die Hilfe so einflussreicher Freunde wie Grew, der nach dem Krieg der erste Vorsitzende der CIA-Schöpfung Nationalkomitee für ein Freies Europa geworden war, machten aus dem einstigen Kriegsverbrecher Kishi am Ende Japans Ministerpräsident. »Kishi hegte und pflegte amerikanische Botschaftsangehörige wie seltene Orchideen.«[103] Im November 1955 vereinigte Kishi die diversen konservativen Parteien Japans unter dem Banner seiner LDP. Als deren Parteivorsitzender »räumte er der CIA die Auswahl seiner politischen Gefolgsleute ein und billigte, dass sie ihnen zu einem Sitz im Parlament verhalf. … Als Kishis Führungsoffizier war der CIA-Mann Clyde McAvoy jederzeit in der Lage, Japans Außenpolitik mitzugestalten.«[104] Eisenhower höchstpersönlich genehmigte schließlich die regelmäßigen Zahlungen der CIA an Schlüsselpolitiker der LDP.

Mit der Zeit bildete sich mit der Hilfe der CIA ein politisches System heraus, das die Japaner *kozo oshoku* nennen, strukturelle Korruption. Die Geldzahlungen der CIA an japanische Politiker setzten sich zumindest bis in die 70er Jahre fort.[405]

1959: Panama

Anfang April erwarb der Anwalt, Diplomat und Journalist Roberto Arias, verheiratet mit der britischen Ballerina Dame Margot Fonteyn de Arias, in Miami die Jacht *Majaré* und segelte nach Kuba. Dort rekrutierte er achtzig Mann, größtenteils ehemalige Guerillakämpfer Fidel Castros, mit denen er nach Panama weitersegelte. Am 19. April landete er bei Nombre de Díos, um mit seiner kleinen Schar die Regierung von Ernesto de la Guardia zu stürzen. Kaum war die Landung Arias in Panama bekannt geworden, entsandten die USA Marine-Einheiten, die die Karibikküste Panamas überwachen sollten, um eine erwartete Verstärkung der Insurgenten aus Kuba (die allerdings nie geplant war) zu verhindern. Arias und die achtzig Kubaner wurden zusammen mit einigen hundert einheimischen Anhängern verhaftet.

Der Operettenputschist wurde der Anstiftung zum Aufruhr angeklagt, seine Gattin des Waffenschmuggels. Sie wurde nach England deportiert, er floh in die brasilianische Botschaft und durfte ausreisen. Im März 2010 gab die britische Regierung Dokumente frei, die beweisen, dass tatsächlich beide, Roberto Arias und Margot Fonteyn, in den Coupversuch verwickelt gewesen waren.

1959: Haiti

Nach der Landung eines Bootes am 12. August mit etwa dreißig Dissidenten an Bord, die den Kampf gegen François »Papa Doc« Duvaliers Diktatur aufnehmen wollten, flog die US-Luftwaffe haitianische Soldaten und US-Marines zum Einsatzort. Zwei Marineflugzeuge und ein Helikopter trafen zur Verstärkung aus Puerto Rico ein. Nach zehn Tagen hatten die vereinigten Streitkräfte Haitis und der USA die Rebellen vollständig vernichtet.

1959–heute: Kuba

Schon im März 1959, nur drei Monate nach dem Sieg der kubanischen Revolutionäre um Fidel Castro am 1. Januar, begann der amerikanische

National Security Council (NSC) über einen Regierungswechsel auf Kuba nachzudenken. Zwar berichteten die Geheimdienste von Castros immenser Popularität, doch Präsident Dwight D. Eisenhower plante den Sturz des Revolutionärs, um ein Regime zu installieren, das »die wahren Interessen des kubanischen Volkes vertritt und für die USA akzeptabler«[106] wäre.

Im Mai desselben Jahres brachte die CIA heimlich die ersten Guerillas in die Berge im Osten des Landes. Zur gleichen Zeit fielen die ersten Feuerbomben auf Kubas Zuckerrohrfelder und Zuckermühlen und explodierten Frachtschiffe in Havannas Hafen. Als Castro aufgebracht die Reduzierung des Personals an der US-Botschaft in Havanna um die Hälfte forderte, brachen die USA alle diplomatischen Beziehungen zu Kuba ab. Während die Attacken Washingtons stetig zunahmen, bereitete der stellvertretende CIA-Direktor Richard Bissell jun. zusammen mit einer »Sondergruppe 5412 Komitee«, der eine Reihe von Agenten angehörten, die schon bei dem Putsch gegen die Regierung Árbenz in Guatemala (1954) zusammengearbeitet hatten[107], die »Operation Pluto« vor: die Invasion in der Schweinebucht an Kubas Südküste.

Kurz nach Tagesanbruch am 15. April 1961 griffen B-52-Bomber in Havanna und Santiago an und zerstörten etwa die Hälfte der kubanischen Luftwaffe. Nach ihrer Rückkehr nach Miami erklärten die Piloten, kubanische Dissidenten zu sein, was von der Presse jedoch schnell widerlegt wurde.

Während zwei Versuche einer kleinen Einheit, im Osten Kubas anzulanden, die von den Vorgängen in der Schweinebucht ablenken sollten, scheiterten, landete die Brigade 2506, unterstützt von amerikanischen Amphibienfahrzeugen und Froschmännern, am 16. April an der Playa de Girón, dem vorgesehenen Ziel. Doch kaum waren die Exilkubaner an Land, griffen Castros verbliebene Flugzeuge an. In zwei Angriffen versenkten sie die *Río Escondido* und die *Houston*, auf der sich immer noch 130 Mann des 5. Bataillons befanden. Mit der *Río Escondido* sanken auch der Kommunikationslastwagen und das Kerosin, das auf der Landepiste von Girón für Flugzeuge bereitgestellt werden sollte, sobald sie eingenommen worden wäre. Nicht nur dass das nicht mehr voll funktionsfähige Kommunikationssystem Probleme bereitete, Castros Verbände reagierten weit schneller, als von den Invasoren angenommen worden war. Zudem schlossen sich den Invasoren in Kuba nicht 3000 bis 5000 Rebellen an, wie von der CIA prognostiziert, sondern nur fünfzig. Zwei B-26 mit amerikanischen Besatzungen wurden von der kubanischen Luftwaffe abgeschossen. Und schon am dritten Tag der Invasion ging der Brigade 2506 die Munition aus. Zwar näherten sich zwei US-Zerstörer, um die bedrängten Exilkubaner aufzunehmen, Kampfjets des Flugzeugträgers *Essex* flogen über das Kampfgebiet. Doch Castros Verbände hatten kaum Mühe, die Truppen der Brigade 2506 einzusammeln und gefangen zu nehmen. 1214 Mann der Brigade waren gefallen. Castros Verluste beliefen sich auf geschätzte 1700 Tote und 2000 Verwundete. Etwa ein Jahr später kehrten 1179 Veteranen der Brigade 2506 sowie zwanzig CIA-Agenten aus kubanischer Gefangenschaft in die USA zurück. Kuba erhielt dafür Medikamente, medizinisches Gerät und Babynahrung im Wert von 53 Millionen Dollar.

Danach klagte der frühere Präsident Harry S. Truman, der den Geheimdienst kurz nach dem Zweiten Weltkrieg gegründet hatte, in einem Artikel in der *Washington Post*:

> »Ich glaube, dass es notwendig geworden ist, wieder einmal den Zweck und die Tätigkeit unserer Central Intelligence Agency zu überprüfen.« Die Aufgabe des Dienstes sei es gewesen, »alle Nachrichten von jeder erreichbaren Quelle zu sammeln und mir diese Berichte ohne Interpretationen oder Überarbeitung durch Regierungsstellen zuzusenden«. Die CIA aber habe sich »sehr weit von ihrer vorgesehenen Rolle entfernt … Als ich die CIA gründete, hätte ich nie gedacht, dass sie in Friedenszeiten mit dunklen Mordkomplotten in Verbindung gebracht werden könnte. Sie ist zu einem operativen Arm der Regierung geworden und macht gelegentlich sogar Politik. Ich sähe es gerne, wenn sich die CIA wieder auf ihre ursprünglichen Aufgaben als nachrichtendienstlicher Arm des Präsidenten beschränkte – und dass ihre operativen Aufgaben beendet werden würden.«[108]

Fünf Tage nach Erscheinen des Artikels schickte Sidney W. Souers, Admiral im Ruhestand und Trumans erster Geheimdienstdirektor, einen Brief »Lieber Boss«, in dem er Truman für seine offenen Worte applaudierte und CIA-Chef Allen Dulles beschuldigte, aus der CIA »ein anderes Tier« gemacht zu haben, »als ich für Sie aufzubauen versuchte«.[109]

In Washington aber änderte sich nichts. Auch weiterhin wurde alles unternommen, die verhassten Revolutionäre doch noch in die Knie zu zwingen. Die US-Regierung erließ ein totales Handels- und Kreditembargo, das einzuhalten auch andere westliche Staaten gezwungen wurden. Die CIA-Station in Miami wuchs von dreißig auf über 300 Agenten an. Neben Fidel Castros jüngerer Schwester Juanita sowie Hunderten exilkubanischer Freelancer, die ebenfalls für den *outfit* arbeiteten und Attentate auf Diplomaten und Gebäude der kubanischen Vertretungen in Washington, New York und sogar Australien verübten, operierten Mafia-Bosse wie Santo Trafficante oder Meyer Lansky, die gemeinsam mit dem Diktator Fulgencia Batista und Unternehmen wie der Hilton-Hotelgruppe oder der US-Luftfahrtgesellschaft PanAm vor Castros Machtübernahme Havanna kontrolliert hatten, für den Geheimdienst.

Agenten führten Sabotageakte jeder Art durch und setzten sogar biologische und chemische Waffen ein. Danach verendeten 8000 Truthähne an der tödlichen Newcastle-Krankheit, mussten 500 000 Schweine geschlachtet werden, um ein weiteres Ausbreiten des Afrikanischen Fiebers zu verhindern, erkrankten 300 000 Kubaner und starben 158 (101 waren Kinder unter 15 Jahren) an Denguefieber. Spione, Agenten, Saboteure und Mörder schwärmten in Kuba aus, die Anschläge auf Ölraffinerien verübten, auf Fischerboote, Handelsschiffe, auf Hotels, Theater, Kinos. Mindestens sechzig Mordanschläge überlebten die Castro-Brüder.

Im Juli 1964 schloss die Organisation Amerikanischer Staaten (OAS) Kuba aus. Alle Staaten (außer Mexiko) brachen unter Washingtons Druck oder gegen Bezahlung (Haitis François »Papa Doc« Duvalier erhielt 15 Millionen Dollar von Washington, um in der OAS für den Ausschluss Kubas zu stimmen) die diplomatischen und wirtschaftlichen Beziehungen zu Kuba ab. Gleichzeitig ordnete Robert Kennedy die »Operation Mongoose« an. Das kubanische Problem hatte Vorrang, alles andere wurde zweitrangig. Der Chef der Operation, Edward Lansdale, der schon auf den Philippinen und in Vietnam entsprechende Erfahrungen gesammelt hatte, erstellte einen Zeitplan der klandestinen Tätigkeiten, die schließlich zu »offener Revolte und zum Sturz des kommunistischen Regimes« führen sollten: »Der letztendliche Erfolg wird entschiedene US-Militärintervention erfordern.«[110] Erst 1966 gaben die USA ihre Bemühungen auf, in Kuba eine Anti-Castro-Guerilla aufzubauen.

Zudem lernte die Welt erstmals, dass es gute und schlechte Flugzeugentführungen gibt. Mehrmals wurden Schiffe und Flugzeuge von Kuba in die USA entführt. Washington gab sie weder zurück, noch wurden die Hijacker bestraft. Erst als plötzlich mehr schlechte als gute Flugzeugentführungen registriert wurden – also Flugzeugentführungen von den USA nach Kuba –, sah sich Washington gezwungen, seine Flugsicherungspolitik neu zu überdenken.

Nach monatelangen Geheimverhandlungen in Kanada und im Vatikan, die durch die Vermittlung von Papst Franziskus zustande gekommen waren, kündigte das Weiße Haus am 17. Dezember 2014 die baldige Aufnahme diplomatischer Beziehungen zwischen den beiden Ländern an: »Wir werden … beginnen, unsere Beziehungen zu normalisieren«, versprach Präsident Barack Obama.[111] In ersten Schritten wollten die Vereinigten Staaten Einschränkungen im Bankenverkehr und in der Reisefreiheit reduzieren, während Kuba den Zugang zum Internet verbesserte und 53 Kubaner aus der Haft entließ, die von den USA als politische Gefangene bezeichnet wurden. Aber die seit über 50 Jahren bestehende internationale Handelsblockade blieb bestehen. Angesichts der republikanischen Mehrheit im Kongress bestanden kaum Aussichten, dass sie in absehbarer Zeit aufgehoben würden. Ausgenommen von der Blockade wurden unter Obama nur Landwirtschafts- und Baumaschinen, Internet- und Telekom-Ausrüstungen sowie andere US-Produkte, die der wachsenden Privatwirtschaft zugutekommen. Am 20. Juli 2016 wurde in Washington die kubanische Botschaft eröffnet, und am 14. August eröffnete US-Außenminister John Kerry in Havanna die US-Botschaft.

1960: Algerien

1958 begannen die USA einen Sieg der Front de Libération National (FLN) zu befürchten, der den Einfluss der Sowjetunion in Nordafrika erheblich stärken würde. Französische Generäle in Algerien organisierten ein Rettungskomitee, das die Pariser Regierung unter Druck setzte, endlich die Macht an General Charles de Gaulle abzutreten, der dann auch im Dezember zum Staatschef der neuen Fünften Republik gewählt wurde. Zunächst versuchte de Gaulle, den Unabhängigkeitsbewegungen entgegenzukommen, indem er den überseeischen Gebieten weitgehende Autonomie versprach. Doch es war schon zu spät. Nach blutigen, brutalen und verlustreichen Auseinandersetzungen entschloss sich der Präsident, mit der FLN über Algeriens Unabhängigkeit zu verhandeln. Das jedoch lag nicht im Interesse der USA und galt in den Augen vieler Franzosen und vor allem Algerienfranzosen sogar als Verrat.

Am 22. April 1960 putschten vier französische Generäle in Algerien, darunter Maurice Challe, der Oberbefehlshaber, um de Gaulle zuvorzukommen. Anfang Mai berichteten französische Zeitungen, sowohl der US-Geheimdienst als auch die französische Abteilung der NATO-stay-behind-Armee (Gladio) hätten General Challes Putsch unterstützt. »Die CIA spielte eine direkte Rolle im algerischen Putsch und hat sicher großen Einfluss auf die Entscheidung Ex-General Challes ausgeübt zu putschen«, berichtete später die Zeitschrift *L'Express*. »Sowohl in Paris als auch in Washington sind die Fakten bekannt, wenngleich sie niemals öffentlich eingestanden werden.«[112]

Nicht lange zuvor hatte Maurice Challe als NATO-Kommandeur der alliierten Streitkräfte in Mitteleuropa gedient, und nur zehn Tage vor dem Putsch habe, so *L'Express* weiter, in Madrid ein Geheimtreffen zwischen »einigen ausländischen und amerikanischen Agenten und algerischen Verschwörern stattgefunden«.[113] Dabei hätten ihm CIA-Offiziere versichert, er erweise »der freien Welt einen großen Dienst, wenn er de Gaulle los würde«, dessen Politik »die NATO lähmt«. Der Grund: De Gaulle weigerte sich, französische Truppen dem NATO-Kommando zu unterstellen.

Alleine zwischen 1958 und 1960 wurden dreißig ernsthafte Attentatsversuche auf das Leben Charles de Gaulles verübt, ein Weltrekord für ein Staatsoberhaupt, den nur Fidel Castro anfechten könnte.

1960: El Salvador

Nach einem Putsch versprach die neue Militärjunta freie Wahlen. Aus Furcht vor linken Tendenzen verweigerte US-Präsident Dwight D. Eisenhower die Anerkennung der Junta. Drei Monate später enthob ein rechter Gegenputsch Eisenhower seiner Sorgen. »Regierungen vom zivil-militärischen Typ wie in El Salvador dämmen das kommunistische Eindringen am effektivsten ein«, begrüßte John F. Kennedy die rechte Diktatur.

1960–1996: Guatemala

Kurz vor Präsident Kennedys Amtsantritt in Washington rebellierte ein großer Teil des Offizierskorps Guatemalas gegen das korrupte Regime des Generals Miguel Ydígoras Fuentes, der sein Land in eine Basis für die geplante US-Operation gegen Kuba verwandelt hatte, und kündigten freie Wahlen an, in denen jeder Bürger, auch der einst von Washington vertriebene Jacobo Árbenz, kandidieren dürfe. Daraufhin wies Washington die CIA-Ausbilder und ihre exilkubanischen Schützlinge, die auf einer Kaffeeplantage im Südwesten des Landes ihren Überfall auf Kubas Schweinebucht übten, an, die aufmüpfigen Offiziere aus ihren Kasernen zu bomben und Ydígoras wieder in sein Amt zurückzuführen. Danach ließ Kennedy im Rahmen seiner Politik der guten Nachbarschaft im »Land des ewigen Frühlings« (Guatemala) Schulen bauen und Schulbücher verteilen, in denen die ausschließlich weißen Schulkinder lernten: »Es ist schwierig, (in Guatemala) eine stabile und demokratische Regierung zu etablieren, weil so viele der Indianer Analphabeten und abergläubisch sind.«

Damit begann einer der schmutzigsten aller schmutzigen Kriege Lateinamerikas: der über dreißig Jahre währende Bürgerkrieg, in dem verschiedene US-Regierungen diversen Militär- und zivilen Diktatoren in Guatemala hilfreich mit Waffenlieferungen, Napalm, Ausbildungsprogrammen, Bombardements von Maya-Dörfern bei ihren Mordprogrammen zur Seite standen, denen mehr als 200 000 Menschen zum Opfer fielen. 1963 stürzte Oberst Enrique Peralta Azurdia mit Hilfe der traditionellen Putschplaner in Washington Ydígoras, der das Vertrauen der USA verloren hatte, als er Juan José Arévalo, Árbenz' Vorgänger und Initiator der Reformära zwischen 1944 und 1954, die Rückkehr aus dem Exil erlaubte. 1966 unterstützten die USA ein Anti-Guerillaprogramm mit Waffen, Beratern und Green Berets. Ein Beobachter beschrieb Guatemalas Militärs als »Serienmörder«, die nebenbei auch noch in Todesschwadronen organisiert waren, die im vollen Tageslicht ungestraft Journalisten, Lehrer, Anwälte, Priester, Gewerkschafter, Studenten mordeten.

Die Quiché-Maya Rigoberta Menchú Tum, die 1992 als die bis dahin jüngste Preisträgerin in der Geschichte der Nobelpreise den Friedensnobelpreis erhielt, beschrieb die anhaltende Repression:

»Am 9. Dezember 1979 verschleppten sie meinen kleinen Bruder Petrocinio. Er war 16 Jahre alt … Sie folterten ihn zwei Wochen lang. Sie rissen ihm die Fingernägel aus, schnitten ihm die Finger ab, schnitten ihm Stücke aus der Haut und verbrannten Teile seines Körpers. Sie schoren ihm den Kopf und zogen ihm die Kopfhaut ab. Sie hatten dort zwanzig Männer, die gefoltert wurden, und eine Frau. Sie hatten sie erst vergewaltigt und dann gefoltert … Eines Tages verteilten sie Zettel in den Dörfern, auf denen sie die öffentliche Bestrafung von Guerilleros ankündigten. Die Leute mussten der Bestrafung beiwohnen, wer fernbliebe, sei ein Komplize der Guerilleros. Die Bestrafung sollte in Chajul sein …
(In Chajul) verkündete ein Offizier, sie hätten eine Gruppe von Guerilleros in ihre Gewalt gebracht, und sie erwarte jetzt eine kleine Strafe. Es gibt noch größere Strafen. Ihr werdet jetzt sehen, welche Strafe sie bekommen, weil sie Kommunisten sind, Kubaner, Subversive. Minuten später trafen die Gefolterten ein. Einige waren mehr tot als lebendig, andere konnten sich kaum auf den Beinen halten. Mein Bruder war schwer misshandelt worden und konnte sich kaum noch aufrecht halten. Allen Gefolterten war gemeinsam, dass sie keine Fingernägel mehr hatten und dass man ihnen Teile der Fußsohlen abgeschnitten hatte. Sie waren barfuß. Der Offizier hielt eine Rede. Bei jeder Pause, die er machte, wurden die Gefangenen unter Kolbenhieben hochgerissen und wieder auf die Beine gestellt. Niemand konnte die Versammlung verlassen. Alle weinten …
(Die Gefangenen) sahen monströs aus, sie waren alle ganz dick, ganz dick. Aufgeschwollen waren sie, voller Wunden. Nach zwei Stunden befahl der Hauptmann seinen Soldaten, den Gefolterten die Kleider auszuziehen. Sie konnten ihnen die Kleider, die schon ganz hart und steif vom Wundwasser und Blut waren, nicht ausziehen. Da kamen Soldaten und schnitten sie mit Scheren von den Füßen bis zu den Schultern auf. Jeder hatte Folterspuren. Der Hauptmann erklärte eingehend die verschiedenen Folterungen: ›Dies sind Nadelstiche‹, sagte er, ›dies Verbrennungen von elektrischen Drähten.‹ Und so erklärte er jede Wunde der Misshandelten … Der Frau, die dabei war, hatte man das Geschlecht rasiert. Eine Brustspitze fehlte ihr und die andere war verstümmelt. Man sah Bisswunden an ihrem ganzen Körper. Sie hatte keine Ohren. Allen hatten sie die Zungen in Stücke geschnitten.
Der Hauptmann sagte immer wieder, dass unsere Regierung demokratisch sei. Dann wurden die Gefangenen mit Benzin übergossen, und sie zündeten jeden Einzelnen an. Einige schrien und hatten keine Stimme mehr. Dann zogen die Soldaten ab. Sie lachten und riefen: ›Viva la Patria! Viva Guatemala! Es lebe der Präsident! Es lebe die Armee!‹«[114]

Nach einem grandiosen Wahlbetrug putschte sich am 23. März 1982 General Efraín Ríos Montt, ein wiedergeborener Anhänger der kalifornischen Sekte El Verbo (Das Wort), mit der Unterstützung der CIA in Guatemala an die Macht. Massaker, Vergewaltigungen, Folter und Genozid vor allem an der Maya-Bevölkerung der Departements Huehuetenango und Quiché kennzeichneten seine Amtszeit, wobei er enge Beziehungen zu den USA unterhielt, die ihn in seinem Krieg gegen die Guerilla unterstützten. Bei einem Staatsbesuch in Guatemala-Stadt rühmte US-Präsident Ronald Reagan den General als einen »Mann von großer Integrität mit viel Engagement ... Ich weiß, dass er die Lebensqualität aller Guatemalteken verbessern und soziale Gerechtigkeit fördern will.«[115]

»Um ein paar Hundert Guerilleros zu eliminieren, hat die Regierung ungefähr 10 000 guatemaltekische Bauern getötet«, urteilte das State Department später über das Anti-Guerillaprogramm. Dies leitete jedoch keinen Kurswechsel in Washington ein. Bis in die 90er Jahre unterstützten die USA die Verfolgung der Maya-Indianer Guatemalas und den Drogenhandel der Militärs. Als im Mai 1990 ein amerikanischer Geschäftsmann unbeabsichtigt über ein Drogenschmuggelgeschäft der Offiziere stolperte, eliminierten ihn die Ertappten. Präsident George Bush sen. stoppte daraufhin offiziell die Militärhilfe, doch nun liefen die Zahlungen einfach geheim über CIA-Konten. Jahrelang blieb Guatemala das Land mit den schlimmsten Menschenrechtsverletzungen in ganz Lateinamerika, wie die Washingtoner NGO Council on Hemispheric Affairs regelmäßig in ihren Jahresberichten betonte. Dies hielt aber auch die Regierung Bill Clintons nicht davon ab, die geheimen Zahlungen an die Militärs weiterzuführen.

Jahrelang bestritten das State Department, die CIA und andere Regierungsinstitutionen auch, irgendeine Kenntnis vom Verbleib des guatemaltekischen Guerillaführers Efraín Bámaca Velásquez zu haben, der mit der amerikanischen Rechtsanwältin Jennifer Harbury verheiratet und im März 1992 nach seiner Festnahme verschwunden war. Im März 1995 schließlich enthüllte Robert Torricelli vom Geheimdienstausschuss des Repräsentantenhauses, dass Bámaca nach seiner Festnahme gefoltert und von Oberst Julio Roberto Alpírez, der auf der Gehaltsliste der CIA stand, hingerichtet worden war.

1999 legte die von den Vereinten Nationen eingesetzte Comisión para el Esclarecimiento Histórico, Guatemalas Wahrheitsfindungs- und Versöhnungskommission, ihren Bericht vor, in dem sie 42 275 Opfer der Gewalt namentlich aufzählen konnte. 23 671 davon seien von Militärs willkürlich hingerichtet worden. 6159 namentlich bekannte Menschen waren verschwunden. 83 Prozent der Opfer waren Mitglieder der Maya-Bevölkerung, und 93 Prozent aller Gräueltaten seien von den Streitkräften des Landes begangen worden. Am 7. Juli 2006 stellte der spanische

Richter Santiago Pedraz internationale Haftbefehle gegen die Diktatoren Efraín Rios Montt sowie seinen Nachfolger im Amt des Präsidenten, General Oscar Humberto Mejía Víctores, aus. Am 10. Mai 2013 wurde Ríos Montt wegen Genozid und Verbrechen gegen die Menschlichkeit zu achtzig Jahren Haft verurteilt. Zehn Tage später hob das Verfassungsgericht Guatemalas das Urteil auf und ordnete eine Neuaufnahme des Verfahrens an.

1960–1963: Ecuador

Im September 1960 kam eine neue Regierung unter José María Velasco Ibarra an die Macht. Velasco hatte mit einer vage liberalen, populistischen Wahlplattform gewonnen. Er war weder ein neuer Castro noch ein Sozialist, aber er widersetzte sich der amerikanischen Forderung, die diplomatischen Beziehungen zu Kuba abzubrechen und gegen die Kommunisten im Land vorzugehen. Um den unfolgsamen Präsidenten loszuwerden, infiltrierte die CIA Parteien, Gewerkschaften und Studentenorganisationen, heuerte den Chef des ecuadorianischen Postdienstes an, der fortan alle Briefe aus Kuba oder der Sowjetunion an den amerikanischen Geheimdienst weiterleitete. CIA-Agenten bombardierten Kirchen und Einrichtungen der politischen Rechten, um den Eindruck zu erwecken, linke Extremisten operierten im Lande. CIA-Agenten organisierten Demonstrationen, trugen antimilitaristische Banner und riefen antimilitaristische Parolen, um die Militärs zu verärgern und einen Militärputsch herbeizuführen.

Im November 1961 handelten die Generäle schließlich, erzwangen Velascos Rücktritt und ersetzten ihn durch Vizepräsident Carlos Julio Arosemena. Doch sogar mit einem CIA-Agenten als Vizepräsident an seiner Seite war auch Arosemena den Geheimdienstlern nicht rechts genug. So setzte die CIA ihre üblichen Operationen fort, bis im März 1962 Oberst Aurelio Naranjo seinem Präsidenten ein Ultimatum setzte: Er habe innerhalb der kommenden 72 Stunden alle Kubaner des Landes zu verweisen und den linken Arbeitsminister zu feuern. Arosemena handelte wie befohlen und warf gleich auch noch die tschechischen und polnischen Delegationen aus dem Land. Dennoch nutzten die Militärs die Anwesenheit einer unbedeutenden, schlecht bewaffneten Guerilla als Vorwand, am 11. Juli 1963 den Präsidentenpalast in Quito zu umstellen. Arosemena musste gehen, seinen Platz nahm eine Militärjunta ein, die sofort alle kommunistischen Organisationen verbot, Kommunisten und andere Linke verhaftete, die Bürgerrechte außer Kraft und die 1964 anstehenden Wahlen aussetzte.

1960–1964: Kongo/Zaire

Am 30. Juni entließ Belgien Kongo in die Unabhängigkeit. Das europäische Königreich hatte so wenig wie möglich getan, um seine Kolonie auf diesen Tag vorzubereiten: In ganz Kongo gab es gerade einmal13 Einheimische mit einem Hochschulabschluss. Nach Erlangung der Unabhängigkeit versank das vormalige Belgisch-Kongo in Chaos, in dem zahlreiche ambitionierte Individuen, Stammesfürsten und politische Gruppen um Dominanz oder politische Unabhängigkeit von dem gerade geschaffenen Staat suchten. Patrice Émery Lumumba von dem kleinen Batetela-Clan und einer der 13 kongolesischen Hochschulabsolventen war mit einer einfachen Mehrheit zum ersten Ministerpräsidenten des Landes gewählt worden. Kaum im Amt galt der ehemalige barfüßige Postschaffner und Chef des Mouvement National Congolais in den Worten Eisenhowers als Monster, das »für den Frieden und die Sicherheit der Welt gefährlich«[116] war und darum »beseitigt« werden müsse. Der CIA-Bürochef in Léopoldville (Kinshasa) erhielt Anweisung aus Langley, Lumumba zu ermorden.[117]

Als am 11. Juli der mächtige Clanchef Moïse Kapenda Tschombé, der den Weißen Mann und dessen Investitionen mehr respektierte als Lumumba, die Trennung der mineralreichen Provinz Katanga von Kongo verkündete, forderte Washington Brüssel auf, Truppen zu Tschombés Unterstützung zu schicken. Die belgische Intervention war nicht weniger brutal als ihre vorherige Kolonialherrschaft, was zu heftigen Protesten sowohl der UdSSR als auch zahlreicher afrikanischer und asiatischer Staaten führte. Daraufhin ersetzten UN-Truppen die Belgier. Die Leitung der UN-Mission übernahmen Amerikaner in geheimer Kollaboration mit dem State Department und unter Ausschluss des Sowjetblocks. Dag Hammarskjölds UN-Sekretariat verwehrte den Russen Einblick in die aus Léopoldville eingehenden Fernschreiben.

Am 5. September entließ Präsident Joseph Kasavubu, der Vorsitzende der ABAKO-Partei und Gehaltsempfänger der CIA, plötzlich seinen Ministerpräsidenten, der immer für einen unabhängigen, vereinten Kongo gekämpft hatte. Kasavubu strebte einen eigenständigen Staat der Bakongo im Mündungsgebiet des Flusses Kongo an. Hammarskjöld billigte öffentlich die Entscheidung vor dem UN-Sicherheitsrat. Als sich Lumumba im Radio an die Bevölkerung wenden wollte, schalteten UN-Truppen die Mikrophone aus und schlossen den Sender. Am 14. desselben Monats übernahm Joseph-Désiré Mobutu (später Sese Seko) , ein einstiger Oberst der belgischen Kolonialarmee und Verteidigungsminister in Lumumbas Kabinett, in einem US-organisierten Putsch die Macht im Kongo.[118] Um sein Leben fürchtend floh Lumumba. Doch am 1. Dezember nahmen ihn Mobutus Truppen fest, nachdem ihn CIA-Agenten aufgespürt hatten. Sechseinhalb Wochen später lieferte Mobutu seinen Gefangenen Lumumbas Todfeind Tschombé aus, der ihn sofort ermorden ließ. Der Hinrichtung in Katanga wohnten nicht nur Tschombés Minister bei, sondern auch ein belgischer Polizeikommissar sowie drei belgische Armeeoffiziere. In einer späteren Untersuchung kam ein Parlamentskomitee in Brüssel zu dem Schluss, dass »die belgische Regierung eine moralische Verantwortung für den Tod Lumumbas trug«.[119]

Der engen Mitarbeiter Lumumbas, vor allem seines Stellvertreters Antoine Gizenga, wollte sich die CIA, wie das Church-Komitee 1975 herausfand, ebenfalls »dauerhaft entledigen«. Die inzwischen ins Amt gekommene Kennedy-Regierung schickte C-130-Transportmaschinen der Luftwaffe, um Mobutus Truppen und ihren Nachschub gegen die Rebellen nach Katanga zu fliegen, während die CIA und ihre Kollegen im Pentagon zur gleichen Zeit mit einer Luftflotte und einer Söldnerarmee den Rebellen zu Hilfe eilten.

Im September 1961 wählte das Parlament, dessen Mitglieder von der CIA und sogar den Vereinten Nationen bestochen worden waren (wie einem CIA-Memorandum vom November 1961 zu entnehmen ist), einen gewissen Cyrille Adoula und nicht den immer noch populären Gizenga zum neuen Ministerpräsidenten. Adoula hatte sich mit seinen engen Verbindungen sowohl zur amerikanischen Gewerkschaftsbewegung als auch zur International Confederation of Free Trade Unions (eine CIA-Organisation) für das Amt empfohlen. »Er war unser Kandidat, einer jener Senatoren, die uns damals geholfen hatten, als wir Anfang September 1960 versuchten, Lumumba mit einem Misstrauensvotum aus dem Amt zu schaffen«[120], beschrieb Larry Devlin, der CIA-Chef in Kongo, die Wahlmethoden.

Von Januar 1964 bis 1966 bedrohte eine maoistische Guerilla um Pierre Mulele, die vorübergehend große Teile der Region Kwilu unter ihre Kontrolle brachte, die Einheit Kongos. Als nahezu gleichzeitig, von April 1964 bis Mitte 1966, der Conseil National de Libération (CNL), der sich als Erbe Lumumbas und Gizengas sah, und seine Armée Populaire de Libération (APL) beträchtliche Teile des östlichen Kongo eroberten, darunter die regional wichtigste Stadt Stanleyville (Kisangani), schickten die USA wieder umfangreiche Militärhilfe, Militärberater und CIA-Agenten nach Léopoldville. Die CIA setzte ihre Luftflotte ein, C-47-Transporter, B-26-Bomber, T-28-Jagdbomber, und heuerte exilkubanische und belgische Piloten an.

Im Juli 1966 meldete sich eine dritte Gruppe, aufständische Soldaten aus Katanga (Shaba), die gegen Mobutu und für die Wiedereinsetzung Tschombés kämpften. Tschombé mobilisierte zum zweiten Mal nach seinem Sezessionsversuch in Katanga seine 400 bis 500 Mann starke weiße Söldnerarmee, und die CIA rief ihre Söldner. Als Mobutu am 24.

November 1965 erneut mit tatkräftiger Unterstützung der USA sowohl Tschombé als auch Kasavubu vertrieb, feierte die CIA diesen Coup als einen Sieg der freien Welt. Larry Devlin erhielt von Mobutu sogar ein Dankschreiben für seine Arbeit.[121]

Nach seinem gescheiterten Aufstand ging Mulele ins Exil, kehrte jedoch 1967 unter Zusicherung freien Geleits nach Kongo zurück, wo er dennoch verhaftet und am 9. Oktober 1968 hingerichtet wurde. Die CNL-Rebellion konnte Mobutu mit amerikanischer und belgischer Hilfe sowie durch den Einsatz von Söldnerverbänden niederschlagen.

1960–2008: Südafrika

Die CIA arbeitete eng mit der südafrikanischen Regierung zusammen bei der Unterdrückung des Afrikanischen Nationalkongresses (ANC) und bei der Umgehung des UN-Waffenembargos. 1960 setzten die USA den ANC auf die Liste terroristischer Organisationen.

Am 5. August 1962 hielten bewaffnete Polizisten in einem Ford V-8 hinter Howick, etwa dreißig Kilometer nordwestlich von Pietermaritzburg in Natal, einen Wagen an. Am Steuer saß Nelson Mandela, der sich seit 17 Monaten auf der Flucht befand und nun vorgab, David Motsayami, der Fahrer des weißen Herrn im Fonds, zu sein. Mitte der 80er Jahre kam die Geschichte ans Licht.

Ein Jahr nach Mandelas Festnahme (der anschließend 27 Jahre auf Robben Island in Haft verbrachte) erzählte der CIA-Agent Donald C. Rickard, der als US-Konsularbeamter in Durban residierte, auf seiner Abschiedsparty im Haus des berüchtigten Söldners Oberst Thomas »Mad Mike« Hoare dem Journalisten James Tomlins von seiner Beteiligung an der Festnahme Mandelas. Demnach hatte Mandela in jener Nacht geplant, Rickard zu treffen, der ihn stattdessen an die südafrikanischen Behörden verriet.[122] Nur Stunden nach Mandelas Verhaftung hatte auch ein anderer CIA-Agent, Paul Eckel, vor Kollegen geprahlt: »Wir haben Mandela der südafrikanischen Sicherheitsabteilung ausgeliefert. Wir haben ihnen jedes Detail mitgeteilt, was er tragen werde, die genaue Uhrzeit, wo er sich zu welcher Uhrzeit an jenem Tag aufhielt. Sie haben ihn nur noch einsammeln müssen. Es war einer unserer größten Erfolge.«[123]

Die Kooperation zwischen den beiden Geheimdiensten wurde im Laufe der Jahre mehr und mehr vertieft. Ende der 60er Jahre half die CIA bei der Gründung des berüchtigten Bureau of State Security. Bei der Vorbereitung und Durchführung der südafrikanischen Invasion Angolas (1975) arbeitete die CIA eng mit dem südafrikanischen Militär zusammen. 1985 holte die CIA einen ihrer erfahrensten Afrika-Experten, Millard Shirley, sogar aus dem Ruhestand zurück, um dem Apartheidregime in Pretoria zu helfen, den ANC zu neutralisieren. »Er war sehr einfallsreich. Sein Arsenal an Tricks war äußerst variabel«, bescheinigte ihm einer seiner südafrikanischen Schüler später.[124]

Shirley brachte den Südafrikanern psychologische Kriegführung bei. Er lehrte sie die Kunst des Tötens, ohne Spuren zu hinterlassen, Sprengfallen zu bauen, Blausäure herzustellen (die zu Herzversagen führt, was dann eine natürliche Todesursache nahelegt). »Vor Verhandlungen mit Gewerkschaftsvertretern schüttete er Chemikalien ins Trinkwasser, die Magenkrämpfe verursachen«, erzählte sein Ex-Schüler. »Dann kam der Punkt, dass die Gewerkschaftsvertreter die Verhandlungen möglichst schnell beenden wollten, weil sie sich so unwohl fühlten. Ein anderer Trick war, Anti-Apartheid-T-Shirts in einer Fiberglaslösung zu waschen und sie anschließend unter Demonstranten zu verteilen, die dann von unerträglichem Juckreiz geplagt wurden.«[125]

1986 verabschiedete der US-Kongress gegen das Veto von Präsident Jimmy Carter ein Gesetz, mit dem Sanktionen gegen Südafrika verhängt wurden. Das Gesetz untersagte allen Organisationen oder Einrichtungen der USA, »in irgendeiner Form direkt oder indirekt mit den Streitkräften Südafrikas zu kooperieren«. Ausgenommen waren jedoch »Aktivitäten, die das Sammeln notwendiger Informationen erleichtern«.[126]

1988, zwei Jahre vor seiner Entlassung aus 27-jähriger Haft auf Robben Island, setzte die Regierung Ronald Reagans Nelson Mandela zusammen mit anderen führenden Mitgliedern des ANC als Terroristen auf die Watch List. Fünf Monate später, im Januar 1989, nahm das US-Verteidigungsministerium den ANC neben 51 weiteren Organisationen (darunter Jassir Arafats Fatah) in ihre offizielle Publikation *Terrorist Group Profiles* auf. George H. W. Bush, damals noch Vizepräsident unter Ronald Reagan, hatte das Vorwort dazu geschrieben. Der Bericht sprach von engen Beziehungen zwischen dem ANC und kommunistischen Ländern. Der ANC »erhält Unterstützung vom Sowjetblock, von Kuba und einer Anzahl afrikanischer Staaten«. Das »politische Ziel« des ANC sei die Bildung einer »multirassischen sozialistischen Regierung in Südafrika«.[127]

Erst am 1. Juli 2008 – Mandela hatte längst den Friedensnobelpreis bekommen und stand kurz vor seinem neunzigsten Geburtstag – unterschrieb Präsident George W. Bush das Gesetz H. R. 5690: »Es ermächtigt das Außenministerium und das Heimatschutzministerium, die Bestimmungen der Einwanderungs- und Staatsangehörigkeitsgesetze für Ausländer, die in terroristische oder kriminelle Aktivitäten involviert waren, aufzuheben, wenn es sich um Aktivitäten im Zusammenhang mit dem African National Congress in Opposition zur Apartheidregierung in Südafrika handelt.«

1961–1968: Britisch-Guyana

Wie in anderen Weltregionen, so bedienten sich die US-Interventionisten auch hier der Dienste von Terroristen. Als der in den USA ausgebildete Zahnarzt Cheddi Jagan 1961 sehr zum Unmut der freien westlichen Welt zum dritten Mal die Wahlen in der britischen Kolonie gewonnen hatte, schritt Washington ein. »Wir können kein unabhängiges Britisch-Guyana unter Jagan akzeptieren. Er sollte nicht wieder an die Macht gelangen«, drängte US-Außenminister Dean Rusk seinen britischen Amtskollegen Douglas-Home, etwas zu unternehmen. »Die Vereinigten Staaten befürchten wirklich ein zweites Kuba auf ihrem Kontinent.«[128] Präsident Kennedy verlangte die Absetzung Jagans, verhängte ein Wirtschaftsembargo und bat London, die für das nächste oder übernächste Jahr geplante Entlassung der Kolonie in die Unabhängigkeit zu verschieben. Tatsächlich wurde Britisch-Guyana erst 1966 unabhängig, als Jagan nicht mehr an der Regierung war.

»Es gibt eine Art Beschwörungsformel in der amerikanischen Außenpolitik«, schrieb Senator William Fulbright. »Gewisse Trommeln müssen regelmäßig geschlagen werden, damit die bösen Geister verscheucht werden ... Gewisse Zusicherungen müssen jeden Tag wiederholt werden, damit nicht die ganze freie Welt in Staub und Asche fällt.«[129] Also folgte die CIA dem bewährten Muster, bestach Politiker aus Jagans Progressiver Volkspartei und Regierungsmitglieder, sich von ihm abzuwenden, und finanzierte den Vorsitzenden des Trades Union Council, Richard Ishmael (den ein geheimer Bericht der britischen Polizei als Mitglied einer Terrorgruppe beschrieb), der die Spannungen mit Brandanschlägen und Überfällen auf Politiker anheizte. Das American Institute for Free Labor Development (AIFLD), die bedeutendste der CIA-Arbeiterorganisationen, initiierte den längsten Generalstreik der Geschichte (achtzig Tage). Schließlich entluden sich die Spannungen in schweren gewaltsamen Auseinandersetzungen, in denen Hunderte starben.

Nach den Wahlen, aus denen Jagan dennoch erneut als Sieger hervorging, rief der britische Gouverneur den Zweitplatzierten, Forbes Burnham (den der britische Polizeibericht ebenfalls als Terroristen genannt hatte), eine neue Regierung zu bilden. Auch bei den folgenden Wahlen 1968 wollte Washington kein Risiko eingehen. Über das Eagleton Institute for Research an der Rutgers Universität kanalisierte die CIA die Wahlkampfhilfe an ihren Vertrauten Forbes Burnham. Zudem gelang es dem amerikanischen Geheimdienst, die Verfassung Guyanas um einen Zusatz zu erweitern, der im Ausland lebenden Staatsangehörigen Guyanas die Stimmabgabe ermöglichte. So gelang es, 16000 in New York produzierte Stimmen für Burnham in die Wahlurnen zu schleusen.[130] Als sich Burnham nach seiner Wiederwahl zu aller Verblüffung der Sowjetunion annäherte, schaute Washington nur zähneknirschend zu. Unter Burnham verfiel das Land. Zu Jagans Zeiten war Britisch Guyana ein prosperierendes Land, heute zählt es zu den ärmsten der Region. Erst 1990, nach dem Ende des Kalten Krieges, entschuldigte sich Kennedy's enger Berater Arthur Schlesinger jr. bei Jagan: »Ich glaube, wir taten Cheddi Jagan großes Unrecht an.«[131] Zwei Jahre später gewann Jagan die ersten freien Wahlen seit seiner Vertreibung.

1961–1966: Dominikanische Republik

Dreißig Jahre lang hatten ihn seine Loyalität zu den USA, sein entschiedener Kampf gegen alles Linke und die Bestechungsgelder, die er Abgeordneten im US-Kongress gerne zukommen ließ, zu einem Liebling amerikanischer Politik gemacht. Doch nach Fidel Castros Sieg über Kubas Diktator Fulgencio Batista wurde Generalissimo Rafael Trujillo eher zu einer Belastung der Glaubwürdigkeit des amerikanischen Kampfes gegen Unterdrückung, die bis dato ausschließlich in kommunistisch regierten Ländern registriert worden war. Als Trujillos Handlanger in Caracas versuchten, Venezuelas Präsidenten Rómulo Betancourt zu ermorden, warnte der überlebende Präsident die USA: »Wenn Sie ihn nicht eliminieren, werden wir einmarschieren.«[132] Daraufhin organisierten die USA ein Mordkommando aus dominikanischen Exilanten, die zudem eine »akzeptable« Regierung bilden sollten. Der Anschlag gelang: Trujillo wurde am 30. Mai 1961 auf offener Straße erschossen. Aber die Regierungsbildung verlief dennoch nicht nach Plan, denn einen Tag nach dem Mord flog Ramfis Trujillo aus seinem Pariser Playboyleben ein, übernahm die Regierungsgeschäfte und übte die folgenden sechs Monate blutige Rache an allen Mordverdächtigen.

Zwar existierte die Linke nach Jahren brutalster Verfolgung kaum, doch als sich im Oktober der Unmut der Bevölkerung in täglich lauter werdenden Straßenprotesten äußerte, fürchtete Washington schon wieder eine kommunistische Machtübernahme. Also machten amerikanische Diplomaten dem Trujillo-Clan und den Militärs Washingtons Absicht klar, wenn nötig Truppen zu entsenden, um eine provisorische Regierung unter Joaquín Balaguer zu installieren. Balaguer hatte schon Trujillo sen. als eher repräsentativer Präsident gedient und diente nun in dieser Funktion auch dem Junior. Eine US-Flotte von acht Schiffen mit 1600 Marines an Bord vor den Küsten und Kampfjets über der Insel unterstrichen Washingtons Entschlossenheit. Ramfis kehrte wieder zu den Freuden des Pariser Nachtlebens zurück, und der Rest der Trujillos zog ins gute Leben in Florida. Da Balaguer mehr sein wollte als bloß ein Übergangspräsident, zwangen ihn die USA mit einer erneuten Machtdemonstration vor der Küste zum Rücktritt und setzten einen Staatsrat ein, der den Auftrag erhielt, alle linksgerichteten Aktivitäten im Land zu unterdrücken und Wahlen vorzubereiten. 125 »Castro-Kommunisten« wurden in die USA ausgeflogen, um »die Stabilität des Landes zu sichern«.

Der Wahlsieger, Juan Bosch, ein Schriftsteller, der Jahre im Exil verbracht hatte, war exakt, was Washington gesucht hatte: ein liberaler Antikommunist, der nicht aus dem Militär kam. Doch dann verursachte Bosch mit seinen Plänen für eine Landreform, mit einigen wenigen Nationalisierungsmaßnahmen, staatlichen Bauvorhaben und Garantien für bürgerliche Freiheiten gefährliches Stirnrunzeln in Washington. Kennedy kritisierte Boschs Zurückhaltung im Umgang mit der Linken und hielt dafür erst einmal die versprochene Wirtschaftshilfe zurück, was die Militärs in Santo Domingo als grünes Licht für einen Putsch verstanden. Kaum sieben Monate nach Boschs Amtsantritt waren in den Straßen wieder die Militärstiefel zu hören. »Die Demokratie wurde vor dem Kommunismus gerettet«, schrieb *Newsweek* eine Woche später, »indem sie abgeschafft wurde.«[133]

Am 24. April 1965 revoltierte eine Gruppe junger Offiziere gegen die Militärregierung. Andere Einheiten schlossen sich ihnen an. Vier Tage später kontrollierten die Konstitutionalisten, wie sich die Rebellen nannten, die Hauptstadt und bereiteten die Einnahme des letzten Stützpunkts der Militärregierung in San Isidro vor. Unter dem traditionellen Vorwand, eine kommunistische Machtübernahme zu verhindern, ließen die USA am 28. April 35 Schiffe mit 23 000 Mann vor der Küste auffahren, Tausende mehr blieben in Reserve. Bosch ging ins Exil, die Wahlen im Juni gewann Balaguer, der im klassischen Stil eines Caudillos zwölf Jahre lang regierte.

17 Monate später zogen die US-Truppen wieder ab. Ein interessanterer Aspekt dieser Intervention war Washingtons Attacke auf das Konzept der Nicht-Intervention, das in zahlreichen Verträgen sowie der Charta der Vereinten Nationen als auch der OAS verankert war. Staatssekretär Thomas C. Mann erklärte Journalisten, die Chartas der UNO und der OAS seien in »Begriffen des 19. Jahrhunderts« verfasst. Präsident Lyndon B. Johnson machte in einer Rede klar, dass »alte Konzepte und alte Etiketten weitgehend obsolet«[134] seien – vierzig Jahre vor Präsident George Bush jun.

1962: Kuba

Am 22. Oktober verhängte Präsident John F. Kennedy eine vollständige Blockade über Kuba, um die weitere Anlieferung und Installation sowjetischer Surface to Air Missiles (SAM) auf der Karibikinsel zu verhindern. 13 Tage nach Beginn der Krise wurde eine Verhandlungslösung erreicht: Die UdSSR gab ihre Raketenpläne in Kuba auf. Die NATO zog im Gegenzug dafür die auf die Sowjetunion gerichteten Raketen in der Türkei ab. Die USA lenkten ein und versprachen, Kuba nie anzugreifen. Fidel Castro wetterte, der sowjetische Regierungschef Nikita Chruschtschow habe »keine Eier« (»no tiene cojones«). Und der stellvertretende Ministerpräsident der UdSSR hielt die Kubaner für unfähig, logisch zu denken, und den kubanischen Regierungschef Fidel Castro für einen »Psychopathen«.[135]

1962–1976: Thailand:

Bereits im Mai 1962 trafen die ersten US-Marines unter dem Vorwand ein, das Land vor einer »kommunistischen Gefahr von außen« zu beschützen. Mit dem zunehmenden Engagement der USA in Vietnam sowie in Laos wuchs auch der Umfang amerikanischer Militärpräsenz in Thailand auf schließlich 40 000 Mann an, die sich teilweise aktiv an der Bekämpfung der Opposition beteiligten, die eine Abschaffung der Diktatur und wirtschaftliche Reformen forderte. Am 23. August 1966 schrieb die *Washington Post*: »Nach Meinung einiger Beobachter kommt eine Diktatur in Thailand den Interessen der USA entgegen, weil sie die amerikanischen Militärbasen in dem Land nicht in Frage stellt, und das ist – wie ein US-Beamter offen zugab – ›unser eigentliches Interesse an diesem Ort.‹«[136]

Zwischen 1950 und 1975, dem Ende des Vietnamkrieges, erhielt Thailand 650 Millionen Dollar Wirtschaftshilfe, von denen allerdings 75 Prozent in die Aufstandsbekämpfung gegen nicht existierende Rebellen flossen. Mit weiteren 940 Millionen finanzierten die USA die thailändischen Streitkräfte, womit Washington für die Hälfte von Bangkoks Verteidigungsetat aufkam. 760 Millionen Dollar brachten die USA auf, um den Verbündeten aufzurüsten und die thailändischen Truppen zu bezahlen, die in Vietnam Dienst taten.[137]

Von der thailändischen Udorn Royal Air Base aus flog die 54. Weather Reconnaissance Squadron zwischen 1963 und 1972 in »Operation Popeye« 2600 »*Top Secret (Specat)*«[138]-Einsätze in Vietnam, Laos und Kambodscha und schüttete über dem sogenannten Ho-Chi-Minh-Pfad beinahe 50 000 Ladungen Silber- oder Bleijodid in die Wolken.[139] Es war das erste Mal in der Geschichte, dass eine kriegführende Nation versuchte, das Wetter künstlich zu beeinflussen. Auf diese Weise sollten die Monsunzeiten verlängert und die Regengüsse dermaßen verstärkt werden, dass sie den Ho-Chi-Minh-Pfad in eine unbegehbare Schlammwüste verwandelten und den Nachschub der nordvietnamesischen Armee erschwerten oder gar unterbanden.

Erst als kambodschanische Patrouillenboote ein amerikanisches Handelsschiff aufbrachten (siehe 1975: Kambodscha) und die US-Luftwaffe von Thailand aus Angriffe auf Kambodscha flog, verwies Thailands Regierung die US-Streitkräfte des Landes. Ende 1976 waren alle US-Militärbasen in Thailand aufgelöst und alle US-Soldaten abgezogen.

1964: Iran

Unter Führung des Air-Force-Generals Richard Secord, der zuvor schon im geheimen Krieg in Laos und in Vietnam 285 Kampfeinsätze geflogen war und später, in den 80er Jahren, noch in den sogenannten Iran-Contra-Skandal verwickelt sein sollte, unterstützten Einheiten der US Special Forces (Green Berets) eine geheime Operation der Streitkräfte Schah Reza Pahlavis gegen die Kurden im Nordwesten des Landes. »Von Januar bis Mai 1964 und erneut von Januar bis März 1965 war General Richard Secord zeitweilig für gemeinsame Operationen (mit den iranischen Streitkräften) in den Iran abkommandiert«, notiert die U.S. Air Force auf ihrer Website.[140] In seiner Autobiographie wurde Secord deutlicher. Er sei einer von vielen gewesen, denen in West Point »eine Killermentalität« beigebracht wurde, beschrieb er sich dort. Und die »gemeinsamen Operationen« waren »nur einer von vielen geheimen Kriegen, in denen er kämpfte«, jener, den er »1964 im Auftrag des Schah-Regimes in Iran gegen die kurdische Bevölkerung kämpfte«.[141]

1964: Panama

Als Schüler der amerikanischen Colleges und High Schools in der Kanalzone unter Missachtung bestehender Vereinbarungen dort an diversen Orten die US-Flagge hissten, demonstrierten dagegen etwa 150 bis 200 panamaische Studenten. Am 9. Januar kam es zu einer Schießerei, in deren Verlauf die Kanalpolizei einen Studenten tötete. Die Situation eskalierte. Autos und Häuser von US-Soldaten oder deren Mitarbeitern in der Kanalzone wurden in Brand gesetzt. Daraufhin forderte die Kanalpolizei bei den US-Streitkräften des US Southern Command Verstärkung an. Die US-Streitkräfte, darunter Soldaten der 193. Infanteriebrigade unter Führung Brigadegenerals George Mabry, übernahmen die Befehlsgewalt und bekämpften die Demonstranten zunächst mit Tränengas. Deren Zahl wuchs auf über 3500 an, ihre Militanz nahm zu, die Soldaten schossen. Nach offiziellen Angaben kamen bei den Zusammenstößen vier US-Soldaten und 23 panamaische Zivilisten um. Das US-Militär behauptete später, unter den Demonstranten hätten sich von Kuba ausgebildete Provokateure befunden, die mit Handgranaten, Gewehren und selbstgebastelten Bomben bewaffnet gewesen seien.

Am 10. Januar brach die Regierung Panamas die diplomatischen Beziehungen zu den USA ab. Während der Krise verließen 2000 US-Bürger

Panama und flohen in die Kanalzone. Drei Tage später beruhigte sich die Lage wieder.

1964: Brasilien

Nach der Wahl von João Goulart zum Präsidenten (1963) schickte der amerikanische Botschafter Lincoln Gordon alarmierende Telegramme nach Washington. Brasilien sei auf dem Weg, »das China der 60er Jahre« zu werden. Nach einiger Zeit gab US-Präsident Kennedy Vernon Walters, dem Militärattaché in Rio, zu verstehen, dass er einem Sturz Goularts nicht ablehnend gegenüberstehe. Goulart hatte die üblichen Verbrechen begangen, die Washington nie verzeihen konnte: Er wollte Sozialreformen durchführen und hatte sogar Kommunisten in sein Kabinett aufgenommen, wie der fanatische Antikommunist Robert Kennedy monierte. Er sympathisierte mit der neutralen Politik der Blockfreien und strebte Handel auch mit den Ländern des Ostblocks an. Als Präsident Kennedy seinen Lateinamerika-Berater und Sonderbotschafter Adolf Berle, dessen Talent im Umgang mit unliebsamen Regierungschefs schon 1954 in Guatemala zur Geltung gekommen war, mit 300 Millionen Dollar Bestechungsgeld im Aktenkoffer nach Brasilien geschickt hatte, um Goularts Zustimmung und Kooperation für die geplante Operation in der kubanischen Schweinebucht zu erkaufen, hatte er eine Abfuhr erhalten.

Zwar hatte der sowjetische Regierungschef Nikita Chruschtschow schon zuvor öffentlich klargestellt, dass er sich wegen Brasilien nicht mit den USA anlegen werde, doch die Politik Goularts – immerhin im Privatleben Millionär und Oligarch – war in den Augen Washingtons eindeutig kommunistisch. Also setzten die USA die übliche Maschinerie in Gang, unterwanderten die zu unabhängigen Gewerkschaften, beeinflussten mit viel Propaganda und Geld Lokal- und Regionalwahlen, schmierten Politiker und lieferten den Putschisten Waffen und große Mengen Benzin. Der nach Kennedys Ermordung ins Amt gekommene Lyndon B. Johnson autorisierte sogar eine »Operation Brother Sam«, die den Putsch nicht nur logistisch, sondern, wenn nötig, auch mit Luftangriffen und Bodentruppen unterstützen sollte. Vor den Küsten des Landes kreuzten ein Flugzeugträger, Fregatten und raketenbestückte Zerstörer.

Nach Monaten der Planung im Pentagon, State Department in der US-Botschaft in Brasilien sowie in den Kasernen des Landes marschierten Truppen und rollten Panzer am 31. März nach Rio de Janeiro, um Präsident João Goulart zu stürzen. Ein direktes militärisches Eingreifen der USA war nicht nötig. Die brasilianischen Generäle schafften die Demokratie in ihrem Lande alleine ab. Goulart floh nach Uruguay, und General Humberto de Alencar Castelo errichtete eine der brutalsten Militärdiktaturen Lateinamerikas, die das Land für die nächsten zwanzig Jahre in ein Konzentrationslager verwandeln sollte.

In den ersten Tagen nach dem Putsch wurden Tausende des Kommunismus Verdächtige festgenommen, die Gewerkschaften der Regierungskontrolle unterstellt, wurde das Parlament aufgelöst, die politische Opposition verboten, Kritik am Präsidenten gesetzlich untersagt. Todesschwadronen jagten, folterten und mordeten unzuverlässige Priester, Intellektuelle, Bauern und Arbeiter – ein Regierungsprogramm, das »moralische Rehabilitierung« genannt wurde.

1964–1973: Uruguay

»Der richtige Schmerz an der richtigen Stelle im richtigen Umfang, um den erwünschten Effekt zu erzielen«, lehrte Dan Mitrione, der Chef des CIA-nahen Office of Public Safety (OPS) in Montevideo, seine Studenten.[142] Dan Mitrione war Folterspezialist, seine Studenten waren Offiziere von Polizei und Militär. Bei ihm lernte etwa Hauptmann Roberto D'Aubuisson sein Handwerk, der später als Chef einer Todesschwadron in El Salvador die Ermordung des Erzbischofs von San Salvador, Óscar Arnulfo Romero, organisierte. Bei ihm hatten schon die Putschisten in Brasilien gelernt, wie man Menschen mit Elektroschocks quält, ohne sie zu töten. Und nun gab er seinen Schülern in einem schalldichten Raum in einem Haus in Montevideo Nachhilfe in der Anatomie des Menschen und des menschlichen Nervensystems, um dann an Testpersonen (Bettler, Frauen aus armen, ländlichen Gegenden) die Wirkung bestimmter Stromspannungen an den verschiedenen Körperteilen zu demonstrieren, wie der kubanische Doppelagent Manuel Hevia Cosculluela in seinem Buch *Pasaporte 11 333: ocho años con la CIA* schrieb. »Mitrione folterte persönlich vier Bettler mit Elektroschocks zu Tode«[143], berichtete später einer dieser Schüler.

Folter wird in allen Polizeirevieren der Welt angewandt, in Uruguay jedoch machten Mitrione und andere US-Berater Folter zu »einer Routinemaßnahme«[144], wie der ehemalige uruguayische Chef der Polizeiaufklärung, Alejandro Otero, in einem Interview erklärte. Die Dinge gerieten beinahe außer Kontrolle, so dass sogar der uruguayische Senat eine Untersuchungskommission einsetzte[145], die einstimmig zu dem Schluss kam, dass Folter in Uruguay »ein normaler, häufiger und gewohnheitsmäßiger Vorgang« sei. Mitte der 60er Jahre gründete das OPS die Abteilung für Information und Aufklärung (D II), die später zu einer Frontorganisation der Todesschwadronen der »Operation Condor« (siehe: 1964–1975 Chile) wurde. Zwischen 1969 und 1973 bildeten die USA mindestens 18 uruguayische Polizeioffiziere an den CIA/OPS-Schulen in Washington und Los Fresnos, Texas, aus.

Am 31. Juli 1970 wurde Mitrione von den Tupamaros[146] entführt. »Die Tupamaros vermeiden in der Regel Blutvergießen soweit möglich«, berichtete die *New York Times*. »Stattdessen versuchen sie, die Regierung in Verlegenheit zu bringen und allgemeine Konfusion zu erzeugen.«[147] Zu ihren beliebtesten Methoden zählten Durchsuchungen der Unterlagen von Privatunternehmen, um Korruption und Betrug an höchsten Stellen bloßzustellen, oder die Entführung prominenter Personen, um sie dann vor einem »Volksgericht« zu verhören. Die Tupamaros mit ihrem verblüffenden Ideenreichtum und ihrer großen Abneigung gegen Gewalt zählte sogar die CIA zu den vielleicht klügsten, einfallsreichsten und raffiniertesten Guerillaorganisationen, welche die Welt je gesehen hat.

Sie vernahmen Mitrione zu seiner Vergangenheit und der US-Einmischung in lateinamerikanische Angelegenheiten und forderten die Freilassung von rund 150 Gefangenen aus Polizeihaft. Die Regierung lehnte ab. Am 10. August wurde der Leichnam Mitriones auf dem Rücksitz eines gestohlenen Wagens gefunden. Jahre später, nach seiner Haftentlassung, enthüllte Raúl Sendic, der einstige Führer der Tupamaros, die Hintergründe, die zum Tod Mitriones geführt hatten. Sie hätten ihn entführt und so lange festhalten wollen, bis die Regierung ihren Forderungen nachgekommen wäre. Am 7. August 1970 aber, gerade eine Woche nach der Entführung, nahm die Polizei bei einer Hausdurchsuchung Sendic und einige weitere Mitglieder der Tupamaro-Führung fest. Wenig später sei auch die Ersatzführung, die wusste, dass Mitrione am Leben gelassen werden sollte, festgenommen worden. »Die Gefangenen verloren jeden Kontakt mit den anderen«, berichtete er in einem Interview mit der *New York Times*. »Die Gruppe, die Mitrione bewachte, wusste nicht, was sie nun tun sollten. So beschlossen sie, die Drohung (ihn zu töten) wahrzumachen.«[148]

US-Außenminister William Rogers und Richard Nixons Schwiegersohn David Eisenhower wohnten der Beisetzung Mitriones in seiner Heimatstadt Richmond, Indiana, bei, wo er einst als Polizeichef gedient hatte. Und Ron Ziegler, der Sprecher des Weißen Hauses, rühmte »Herrn Mitrione. Sein Dienst an der Sache des friedlichen Fortschritts in einer geordneten Welt wird allen freien Menschen als Beispiel im Gedächtnis bleiben.«[149]

Ehe der US-Kongress Mitte der 70er Jahre das sogenannte Programm für Öffentliche Sicherheit abschaffte, in dessen Rahmen das OPS operierte, hatte dieses Office weltweit über eine Million Polizisten und Militärs ausgebildet. Uruguay indes versank in der Repression einer Militärdiktatur. 1998 erklärte Eladio Moll, ein pensionierter Admiral der uruguayischen Marine und ehemaliger Chef des Nachrichtendienstes, vor der Abgeordnetenkammer in Montevideo, die Befehle während Uruguays »schmutzigem Krieg« (1972–1983) seien aus den USA gekommen: »Die Anweisungen, die wir erhielten, betrafen gefangene Guerillas. Wir sollten Informationen aus ihnen herausholen, danach verdienten sie nicht mehr zu leben.«[150]

1964–1975: Chile

Nachdem der Marxist Salvador Allende den Sieg bei den Präsidentschaftswahlen 1958 nur um drei Prozent verfehlt hatte, überließen die USA den Ausgang von Wahlen nicht mehr alleine den Wählern. Zur Vorbereitung der nächsten Wahlen, 1964, entsandten sie hundert Spezialisten, die sicherstellen sollten, dass die politische Linke chancenlos blieb. Rund zwanzig Millionen Dollar investierte die CIA in ihren Kandidaten, den Christdemokraten Eduardo Frei, und übernahm damit über die Hälfte von dessen Wahlkampfkosten – pro Kopf mehr, als Lyndon B. Johnson und Barry Goldwater zusammen im selben Jahr in ihren Wahlkampfkampagnen in den USA ausgaben. Daneben investierte die CIA wie üblich in massive antikommunistische Propaganda, in die Medien, in soziale Projekte. Frei feierte mit 56 Prozent der Stimmen einen überwältigenden Sieg.

Sechs Jahre später drohte schon wieder Gefahr. Die Routine von 1964 wurde wiederholt, doch diesmal ohne Erfolg: Am 4. September gewann Salvador Allendes Volksfront die Wahlen, und Washington tat alles, um die »Wirtschaft zum Kreischen zu bringen«[151], notierte CIA-Direktor Richard Helms Anweisungen seines Präsidenten Richard Nixon. »Keine Beteiligung der Botschaft – Geld spielt keine Rolle – 10 000 000 Dollar verfügbar, wenn nötig mehr – Ganzzeitjob, die besten Leute, die wir haben, Spielplan, in 48 Stunden Einsatzplan (beim Präsidenten vorlegen)«.[152]

Doch weder 700 von der CIA lancierte Artikel noch bestochene Kongressabgeordnete, die Drohung der Einstellung aller Auslandshilfe oder die Ermordung des verfassungstreuen Kommandeurs der Armee konnten die Wahl Allendes verhindern. Prompt folgten weitere Propagandafeldzüge, ein US-Wirtschaftsboykott, Sabotageakte, von CIA-Organisationen finanzierte Streiks. Gleichzeitig wurden die Militärs ermuntert, endlich zu putschen.

In den Morgenstunden des 11. September 1973 rollten Panzer durch die Straßen Santiagos. In Valparaiso war ein Kommando der US Navy Seals gelandet, hielten US-Marineoffiziere Kontakt zu ihren Kameraden von der chilenischen Marine, die den Putsch initiierten, und über den Anden kreiste ein amerikanisches elektronisches Überwachungsflugzeug und übermittelte Nachrichten zwischen den Verschwörern. Präsident Salvador Allende starb in der Moneda, eine Militärdiktatur unter General Augusto Pinochet übernahm die Regierung in Washingtons Interesse.

Sofort nach Machtantritt verbot die Junta Militar de Gobierno den Zentralen Gewerkschaftsverband und alle Parteien. Der Kongress wurde aufgelöst und der Belagerungszustand ausgerufen. Mitglieder aller verbotenen politischen Gruppierungen galten als Kriminelle. »Krieg ist der schönste Beruf (!), den es gibt«, erklärte Admiral José Toribio Merino später auf einer seiner Pressekonferenzen, die er jeden Dienstag zu geben pflegte, die Philosophie der Generale: »Und was ist Krieg? Die Fortsetzung des Friedens, in der alle Dinge erlaubt sind, die der Frieden nicht zulässt, um den Menschen zur perfekten Dialektik zu führen, was die Auslöschung des Feindes bedeutet.«[153] Folgerichtig forderte das vom Regime ins Leben gerufene »Büro des Ausnahmezustandes« auf Flugblättern und im Rundfunk: »Chilenen! Die patriotische Unterstützung aller Bürger wird die Eliminierung der Extremisten vereinfachen. Es sind Fremde ohne Vaterland und einige fanatische Chilenen, die von ihrem Hass und ihrer Gier nach Zerstörung nicht lassen können. *Zeigen Sie sie an!*«[154]

Und die Vollstrecker befleißigten sich, dem Befehl zu gehorchen: Bücher verbrannten in riesigen Autodafés, die Geschichte wurde umgeschrieben, Straßen, Gebäude und Stadtviertel wurden umbenannt, sämtliche Universitätsrektoren durch Offiziere ersetzt, 2000 Dozenten der Lehrkörper gefeuert, mehr als 20 000 Studenten von den Universitäten relegiert, ganze Studienfächer der Sozialwissenschaften verboten. Das Nationalstadion in Santiago verkam zu einer riesigen Leichenkammer, der Fluss Mapocho zu einem feuchten Massengrab, einsame Inseln in der sturmgepeitschten Magellanstraße wurden zu frostigen Konzentrationslagern. 150 000 Chilenen wurden in die Gefängnisse und Konzentrationslager geworfen, wo Folter zur Routine gehörte. 15 000 von ihnen, so schätzte der schwedische Botschafter Harald Edelstam, wurden schon in den ersten dreißig Tagen nach dem Putsch ermordet. 200 000 gingen ins Exil.

Die »Chicago Boys«, chilenische Anhänger der monetaristischen Wirtschaftstheorie der Chicagoer Nationalökonomen Milton Friedman, Karl Brunner und Allan H. Meltzer, übernahmen die Wirtschaft. Zwar pumpten die USA und die internationalen Finanzinstitutionen zwischen 1974 und 1977 über eine Milliarde Dollar Wirtschaftshilfe nach Chile, und zwischen 1977 und 1982 flossen als Kredite der wichtigsten internationalen Banken zusätzliche 14 Milliarden Dollar ins Land (mehr als sechs Millionen am Tag). Zwar privatisierten die Monetaristen nahezu alle 507 vormals staatlich kontrollierten Industrie- und Finanzunternehmen (allerdings weit unter Marktwert), bis sich 1981 nur noch zwölf Firmen in Staatsbesitz befanden. Doch in all diesen Jahren blieb die Investitionsrate eine der niedrigsten in allen Entwicklungsländern und weit unter dem lateinamerikanischen Durchschnitt. Und die Lage der Bevölkerung verbesserte sich nicht im Geringsten, im Gegenteil.

In den ersten vier Monaten nach der Machtübernahme der Militärs stiegen die Preise für Grundnahrungsmittel um 500, die Mieten sogar um 1000 Prozent. Bis 1974 waren die Löhne auf 65 Prozent der Vor-Allende-Zeit gesunken. Die Arbeitslosigkeit stieg zwischen 1973 und 1976 von drei auf 22 Prozent. Die jährliche Inflationsrate, die schon gegen Ende der Allende-Regierung bei erschreckenden 300 Prozent gelegen hatte, belief sich in den ersten drei Jahren der Militärherrschaft auf jährlich 600 Prozent. 1975 fiel das Bruttosozialprodukt um 14 Prozent, die industrielle Produktion ging um 25, öffentliche Investitionen gingen gar um 48 Prozent zurück; ein Jahr später standen in der Hälfte aller Unternehmen des Landes die Räder still. Gleichzeitig fielen die Zollbarrieren, was zusammen mit einem überbewerteten Peso Importe relativ billig machte, während die Exporte nicht mehr wettbewerbsfähig waren.

1975 organisierte die CIA gemeinsam mit Pinochets Geheimdienst DINA und den militärischen Geheimdiensten Argentiniens, Boliviens, Paraguays sowie Uruguays die »Operation Condor«, in deren Verlauf lateinamerikanische Geheimdienste in Zusammenarbeit mit Todesschwadronen nach Schätzungen mindestens 80000 Oppositionelle in den Ländern des Subkontinents entführten, folterten und ermordeten. Unter den Opfern waren der ehemalige Stabschef des gestürzten chilenischen Präsidenten Salvador Allende, General Carlos Prats, der chilenische Christdemokrat und Parlamentsabgeordnete Bernardo Leighton und seine Frau, die beiden uruguayischen Abgeordneten Zelmar Michelini und Héctor Gutiérrez sowie Allendes Verteidigungsminister Orlando Letelier und seine amerikanische Assistentin Ronni Moffitt.

Ein »Archiv des Terrors«, vier Tonnen Dokumente, fand ein paraguayischer Richter unter den Polizeiakten von Asunción. Sie belegten die enge Zusammenarbeit der CIA mit den fünf Ländern. Gegen Ende der 70er Jahre bauten die Condor-Täter ihre Allianz bis nach Mittelamerika aus, wo argentinische Ausbilder salvadorianische und guatemaltekische Todesschwadronen in den Grobheiten des schmutzigen Krieges unterrichteten. Das Ergebnis: In nur zwei Jahren schlachteten El Salvadors Todesschwadronen über 20000 Menschen ab; in Guatemala suchten sie erneut das Versprechen der spanischen Eroberer zu erfüllen, »die Seele der Indianer aus(zu)rotten«, und ermordeten Zehntausende Nachfahren der Mayas.

1964–1980: Bolivien

Nachdem Vizepräsident und Luftwaffenchef General René Barrientos mit Unterstützung der CIA, des Pentagon und der Gulf Oil Corp. im November 1964 den Präsidenten Victor Paz Estenssoro gestürzt hatte, bildete er die 185., 186. oder 187. Regierung (so genau weiß das niemand) seines Landes seit Erreichen der Unabhängigkeit von spanischer Kolonialherrschaft 139 Jahre zuvor. Nach Barrientos' Tod im April 1969 (er stürzte mit einem Hubschrauber der Gulf Oil ab) und einem weiteren Putsch gegen seinen Vize übernahm General Alfredo Ovando Candía die Regierung, der plötzlich die nationalen Interessen Boliviens entdeckte und die amerikanische Gulf Oil verstaatlichte, die unter Barrientos zu einer Schattenregierung geworden war.

Am 6. Oktober putschten rechtsgerichtete Offiziere gegen Ovando. Links- und rechtsgerichtete Militäreinheiten bekämpften sich. Präsident Ovando floh in eine ausländische Botschaft. Aber die loyalen Streitkräfte unter Führung von General Juan José Torres setzten sich mit der Unterstützung einer breiten Volksbewegung durch. Einen Tag später war der Putschversuch niedergeschlagen. Aufgerieben von 13 strapaziösen Monaten im Präsidentenamt übergab Ovando am 7. Oktober 1970 die Präsidentschaft seinem Freund Torres.

Doch Torres tat alles, was Washington nicht mochte: Er freundete sich mit Chiles Allende und Kubas Castro an, stärkte die Wirtschaftsbeziehungen zur Sowjetunion, verstaatliche die Zinnminen, die bis dahin in amerikanischem Besitz waren, warf das Peace Corps aus dem Land, schloss die Büros der Interamerican Regional Labor Organization und sprach von Rechten, die auch Arbeiter und Bauern hätten.

Im August 1971 schließlich stürzte Oberst Hugo Banzer in einem blutigen Putsch mit »großzügiger Hilfe der CIA«, wie die *San Francisco Chronicle* wenige Tage nach dem Staatsstreich berichtete[155], den linken General. Banzer machte alle Verstaatlichungen rückgängig, lud private Investoren ins Land und schloss für vier Monate alle Schulen, weil sie »Brutstätten subversiver Agitation« seien. Er werde die Verfassung respektieren, versprach Banzer, »solange sie nicht Militärbefehlen widerspricht«. Torres ging ins Exil, zunächst nach Peru, dann nach Chile und schließlich nach Argentinien, wo er am 2. Juni 1976 im Rahmen der »Operation Condor« in Buenos Aires entführt und ermordet wurde. 1978 trat Banzer angesichts eines drohenden Putsches zurück.

Zwischen 1978 und 1982 gab es nicht weniger als zehn Regierungen. Schließlich wählten die Militärs sowie politische und Gewerkschaftsführer die Christdemokratin Lidia Gueiler Tejada zur Übergangspräsidentin, die freie Wahlen vorbereiten sollte. Im Juli 1980 putschte sich mit den Generälen García Meza und Luis Arce Gómez sowie der Hilfe Klaus Barbies, des »Schlächters von Lyon«, und des holländischen SS-Untersturmführers Wilhelmus Antonius Sassen (beide waren an der Putschplanung beteiligt) die Kokain-Mafia an die Macht, womit das

Ende aber schon absehbar war. Im August 1981 trat García auf Druck der USA zurück, und 1982 kehrten mit der Wahl von Hernán Siles Zuazo (der Mitte der 50er Jahre schon einmal Präsident gewesen war) und Paz Estenssoro zum Vizepräsidenten Zivilregierungen zurück.

1965: Peru

Um drei kleine Guerillabewegungen zu vernichten, errichtete die CIA im Dschungel des Landes ein Miniaturfort Bragg und brachte Green Berets zur Unterstützung der peruanischen Armee ins Land.

1965: Indonesien

In der Nacht zum 1. Oktober entführten und ermordeten ein paar jüngere Offiziere, die sich als »Bewegung 30. September« bezeichneten, sechs Generäle, besetzten einige Schlüsselpositionen der Hauptstadt Jakarta und verkündeten über Rundfunk, sie seien mit ihrer Aktion einem Putsch eines »Rats der Generäle« zuvorgekommen. Am Ende des Tages war der Aufstand der Offiziere von der Armee unter Führung General Suhartos niedergeschlagen. Suharto behauptete anschließend, die Kommunistische Partei (PKI) habe den »Putschversuch« der Offiziere gesteuert. Er und seine Getreuen rissen die Macht an sich, reduzierten Präsident Sukarno zu einer reinen Repräsentationsfigur und initiierten eine Mordwelle, um die PKI ein für alle Mal zu vernichten. Sogar für die CIA zählte das Blutbad später zu den »schlimmsten Massenmorden des 20. Jahrhunderts, vergleichbar mit den sowjetischen Parteisäuberungen, den Nazi-Massenmorden und dem maoistischen Blutbad Anfang der 50er Jahre«.[156]

Eine Million Menschen kamen in den Monaten nach Suhartos Machtergreifung um, weitere 1,5 Millionen schmachteten Jahrzehnte lang in Gefängnissen, Straf-, Arbeits- und Konzentrationslagern, wo ebenfalls Hunderttausende starben. Der Eifer, mit dem aufgehetzte Jugendliche auf Bali mordeten, veranlasste General Sarwo Edhy, damals von australischen Zeitungen als »der Schlächter von Java« beschrieben, zu dem Kommentar: »In Java mussten wir die Leute antreiben, Kommunisten umzubringen. In Bali mussten wir sie zurückhalten. Wir mussten Ordnung und Systematik in diese antikommunistische Hysterie bringen, so dass nur Kommunisten getötet wurden.«[157]

Die CIA war behilflich. Nicht nur dass sie den indonesischen Kommunistenjägern Listen mit 5000 Namen von sogenannten Subversiven übergab, wie das im CIA-Jargon heißt. Sie finanzierte das Gemetzel auch. Fünfzig Millionen Rupiah stellte Washingtons Botschafter Marshall Green Adam Maliks mordenden Jugendbanden zur Verfügung. »Die Chancen der Entdeckung unserer Unterstützung oder späterer Enthüllung sind in diesem Fall so minimal, wie eine Schwarze-Kasse-Operation nur sein kann«[158], versicherte er seinen Vorgesetzten in Washington.

Bis heute sind die genauen Hintergründe der Machtübernahme Suhartos ungeklärt. Spätestens seit 1955, als die CIA oppositionelle muslimische Parteien finanzierte, wollten die USA Sukarno loswerden. »Wie ein fauler Apfel werde Indonesien dem Westen in den Schoß fallen«, zitiert der amerikanische Historiker John Roosa aus einem Brief vom Dezember 1964, in dem ein ehemaliger pakistanischer Botschafter seinem Außenministerium über ein Gespräch mit einem holländischen Nachrichtenoffizier der NATO berichtete: Westliche Nachrichtendienste würden einen »übereilten kommunistischen Coup organisieren ..., der zum Scheitern verurteilt sei und der Armee eine legitime und willkommene Gelegenheit böte, die Kommunisten zu zerschmettern, und der Sukarno zu einem Gefangenen des guten Willens der Armee macht«.[159] Ralph Mc Gehee, ein Veteran der CIA, belastete den Geheimdienst ebenfalls in einem Artikel in der amerikanischen Monatszeitschrift *The Nation*, der heute noch teilweise geschwärzt ist. Während die CIA sich in ihrer Publikation *Indonesia 1965: The Coup That Backfired* eine offizielle, für die Öffentlichkeit bestimmte Version der Ereignisse zurechtgelegt habe, »verfasste die Agentur auch noch eine geheime Studie über die wahren Vorgänge. *[ein Satz gelöscht]* Die Agentur war ungemein stolz auf ihren erfolgreichen *[ein Wort gelöscht]* und empfahl ihn als Modell für zukünftige Operationen *[ein Halbsatz gelöscht]*.«[160]

Tatsächlich hatten US-Agenten und ihre Freunde in der indonesischen Armee den Putsch bis ins Detail geplant: Schieb der PKI einen Putschversuch unter, beginne mit ihrer Zerschlagung im ganzen Land, behalte Präsident Sukarno als Gallionsfigur, während seine Autorität unterminiert wird.

Einer CIA-Analyse der Ereignisse zufolge war der rätselhafte Rat der Generäle eine Gruppe von fünf Generälen um Armeestabschef Achmad Yani, die sich regelmäßig im Geheimen trafen, um die sich zunehmend verschlechternde politische Situation und mögliche Gegenmaßnahmen der Armee zu diskutieren. Die Gruppe sei als Braintrust bekannt, klärte die CIA-Studie auf. Der Parteivorsitzende der PKI, Dipa Nusantara Aidit, indes hatte ein besonderes Büro eingerichtet, dessen einzige Aufgabe war, die Verbindungen zu sympathisierenden Offizieren zu pflegen. Die Leitung des Büros, das so geheim war, dass nicht einmal alle Mitglieder des Politbüros davon wussten, hatte Aidit einem alten Vertrauten und Weggefährten anvertraut, Sjam Kamaruzaman, der nur ihm verantwortlich war.

Zwar bezweifelte Greens Vorgänger Howard Jones, dass die PKI einen Putschversuch unternehmen würde. »Es läuft zu gut für die PKI mit ihrer derzeitigen Taktik der Kooperation mit Sukarno«, hatte Jones schon Monate zuvor auf einem Treffen amerikanischer Diplomaten und Militärs in Manila zu bedenken gegeben. »Wenn die PKI-Führung nicht voreiliger ist, als ich glaube, wird sie die Armee nicht so entschieden herausfordern, um eine wirksame Reaktion auszulösen.«[161]

In Jakarta schwirrten schon seit geraumer Zeit, seit Bekanntwerden der Existenz des Rats der Generäle, Putschgerüchte. Wider Jones' Erwartungen tappte Aidit in die Falle. Um dem erwarteten Staatsstreich der Militärs zuvorzukommen, organisierte sein Vertrauensmann Sjam vom Sonderbüro gemeinsam mit Oberst Untung und Oberst Latief einen Angriff auf die rechte Armeeführung. Doch dann ging alles schief.

Die Entführungen der Offiziere endeten ungeplant in einem Blutbad. Sukarno war nicht im Präsidentenpalast angetroffen worden. Seine Leibwächter hatten ihn ahnungslos zum Luftwaffenstützpunkt Halim gefahren, weil »unbekannte Truppen« den Merdeka-Platz besetzt hätten. Dort, überraschend konfrontiert mit den Rebellen, weigerte sich der Präsident, die Bewegung 30. September« anzuerkennen, und befahl ihnen, aufzugeben. Dieser Aufforderung kamen die Offiziere nach. Insgesamt waren 2130 Soldaten an den Aktionen der Bewegung 30. September beteiligt. Jene Truppen, die den Merdeka-Platz sichern sollten, hatten schon zuvor hungrig ihre Waffen gestreckt und sich in Suhartos Hauptquartier verköstigen lassen. Die rund 2000 PKI-Mitglieder, die zur Unterstützung der Soldaten hatten bereitgestellt werden sollen, waren nie erschienen. Suharto operierte exakt nach dem längst von den ermordeten Offizieren gemeinsam mit amerikanischen Agenten ausgearbeiteten Plan.

1965–1966: Indien

Im Oktober 1965 versuchte eine Expedition erfahrener Bergsteiger unter Leitung der CIA sowie des indischen Intelligence Bureau, auf dem 7800 Meter hohen Nanda Devi im Dreiländereck von Indien, China und Nepal ein Spionagegerät zu installieren, das den chinesischen Funk- und Fernmeldeverkehr aushorchen sollte. Die Energie für das Abhörsystem lieferte ein Plutonium-238 getriebener Generator SNAP-19C (System for Nuclear Auxiliary Power). Etwa 2000 Fuß unterhalb des Gipfels mussten die Expeditionsteilnehmer wegen anhaltender Schneefälle und Lawinengefahr aufgeben. Ehe sie abstiegen, verstauten und verankerten sie die schweren Geräte in einer Felsnische am Berghang. Doch als die nächste Expedition, die den Horchposten endgültig einrichten sollte, im Frühjahr des folgenden Jahres eintraf, war der Felsvorsprung, unter dem die Geräte verstaut gewesen waren, verschwunden, offenbar weggrasiert von einer gewaltigen Lawine. Seither schlummern im Eis des

Gletschers des Nanda Devi, der die Quellflüsse des Ganges speist, nicht weniger als 23 500 Curie. 1967 schließlich gelang es einer weiteren CIA-Expedition[162], auf dem Nachbargipfel, dem Nanda Kot, einen Lauschposten einzurichten, der von einem SNAP-Generator betrieben wurde. Die einheimischen Träger, die regelmäßig unmittelbar neben dem Generator geschlafen hatten, weil er ihnen in den eisigen Höhen des Himalaya angenehme Wärme spendete, starben später alle an den Folgen der radioaktiven Strahlung.

Unklar ist, inwieweit die Regierungen der USA und Indiens über die Operationen informiert waren. Es gibt Hinweise, dass zwar US-Präsident Lyndon B. Johnson, nicht aber Indiens damalige Ministerpräsidentin Indira Ghandi unterrichtet wurde. Ein Schreiben an den aufklärungsinteressierten US-Sentor Alan Cranston, dessen Absender eingeschwärzt ist, legt den Verdacht nahe, dass weder Washington noch Neu-Delhi über den Verlust des SNAP-19C informiert wurden. Erst nach der Veröffentlichung des Artikels »The Nanda Devi Caper« im Frühjahr 1978 in dem Bergsteigermagazin *Outside* wurde die Geschichte in der Öffentlichkeit bekannt und zwang Gandhis Nachfolger Morarji Desai zu einer Stellungnahme vor dem Parlament: »Das Scheitern dieses Versuchs hat gerechtfertigte Besorgnis über die Möglichkeit der Verunreinigung des Wassers unseres heiligen Ganges ausgelöst. Ich versichere dem Haus, dass wir so besorgt sind über die mögliche Gefahr für unsere Umwelt und Menschen wie Sie.«[163]

1965: Ghana

Im Oktober 1965 veröffentlichte Kwame Nkrumah, der Präsident Ghanas, sein Buch *Neocolonialism, The Last Stage of Imperialism*, das er »den Freiheitskämpfern Afrikas, lebend und tot« widmete. In dem Buch beschuldigte Nkrumah die CIA, Verursacher zahlreicher Rückschläge und Krisen in der Dritten Welt und in Osteuropa zu sein. Später schrieb er, dass ihm »die amerikanische Regierung eine Protestnote übermittelt und prompt 35 Millionen Dollar bereits zugesagter ›Hilfe‹ zurückgehalten«[164] habe. Vier Monate später wurde Nkrumah in einem CIA-unterstützten Militärputsch gestürzt. Zwar hatte er oft und mutig den Neokolonialismus angeprangert, dennoch konnte er nicht verhindern, dass auch sein Land in die Fänge multinationaler Konzerne geriet.

Als er in dem Versuch, der völligen Abhängigkeit seines Landes vom Westen zu entkommen, die wirtschaftlichen und militärischen Beziehungen zur UdSSR, zu China und zur DDR stärkte, war sein Schicksal besiegelt. Die USA wollten ihn los sein, die vormalige Kolonialmacht Großbritannien, unter deren Herrschaft Ghana Goldküste geheißen hatte, wollte ihn los sein, Frankreich und die Bundesrepublik Deutschland wollten ihn los sein. Erst 1978 kam die ganze Geschichte ans Licht. Der ehemalige CIA-Beamte John Stockwell, der den größten Teil seiner Karriere in Afrika verbracht hatte, berichtete in seinen Erinnerungen, dass die CIA-Station in Accra, ausgestattet mit einem umfangreichen Budget, großzügige Geschenke unter den Putschplanern verteilt und sie beraten und unterstützt habe. »Die CIA-Zentrale sprach der Station in Accra ihre Anerkennung für den Coup aus, in dem acht sowjetische Berater umgebracht wurden.«[165] (Die Sowjetunion bestritt allerdings kategorisch, dass auch nur einer ihrer Berater getötet worden sei.) Der CIA-Chef in Accra war noch Jahre später aufgebracht darüber, dass Langley seinen Vorschlag abgelehnt hatte, die chinesische Botschaft (damals die einzige Botschaft Pekings in Afrika) zu stürmen: »Sie hatten nicht die Eier dafür.«[166]

Nach dem Putsch flossen die Gelder der Welt- und Entwicklungsbanken wieder ungehindert nach Ghana, und die neuen Machthaber beeilten sich, die Privatisierung aller Unternehmen voranzutreiben.

8. Juni 1967: Israel

Jahrelang versuchten beide Seiten, den sogenannten *USS Liberty*-Zwischenfall, bei dem während des Sechstagekrieges vier israelische Kampfjets und Torpedoboote das Spionageschiff der amerikanischen National Security Agency (NSA) angegriffen, 34 Mitglieder der Besatzung getötet sowie 170 weitere verwundet hatten, geheim zu halten. Die *USS Liberty* befand sich zum Zeitpunkt des Angriffs etwa 25 Seemeilen nordwestlich der ägyptischen Sinai-Ortschaft Arish in internationalen Gewässern. Sowohl die amerikanische als auch die israelische Regierung kamen in ihren Untersuchungen zu dem Schluss, dass die israelischen Angreifer das Schiff mit einem ägyptischen Truppentransporter verwechselt hätten. Verteidigungsminister Robert McNamara erklärte damals: »Ich möchte darauf hinweisen, dass der Bericht keinen Hinweis für einen beabsichtigten Angriff auf ein US-Schiff liefert.« In seiner 1990 veröffentlichten Autobiographie widersprach sein damaliger Amtskollege Dean Rusk: »Ich war nie mit der israelischen Erklärung zufrieden. Die langanhaltende Attacke auf die *Liberty* schließt einen Angriff aus Versehen oder einen schießwütigen Kommandeur aus. Durch diplomatische Kanäle wiesen wir ihre Erklärungen zurück. Ich habe ihnen damals nicht geglaubt, und ich glaube ihnen heute nicht. Der Angriff war eine Ungeheuerlichkeit.«[167]

Tatsächlich war abgefangenen israelischen Funksprüchen die klare Absicht zu entnehmen, das Spionageschiff zu versenken und keine Überlebenden zurückzulassen. Erst als der Seemann Terry Halbardier einen

SOS-Ruf an die Sechste US-Flotte (Mittelmeerflotte) absetzen konnte, brachen die Israelis ihre Angriffe ab.

Im Mai 1968 bezahlte die israelische Regierung den Familien der 34 getöteten Männer 3 323 500 Dollar. Im März 1969 überwies Israel den Angehörigen der Verwundeten weitere 3 566 457 Dollar. Und am 18. Dezember 1980 stimmte Tel Aviv einer Einigung mit Washington zu, sechs Millionen Dollar für den materiellen Schaden an der *Liberty* einschließlich der in 13 Jahren aufgelaufenen Zinsen zu bezahlen.

Die Überlebenden der *Liberty*, die den Berichten der Untersuchungskommissionen ebenfalls misstrauten, reichten am 8. Juni 2005 nach der Lektüre der inzwischen deklassifizierten Dokumente zu dem Zwischenfall (aufzufinden unter http://www.nsa.gov/liberty) einen »Bericht über Kriegsverbrechen, begangen am 8. Juni 1967 am US-Militär« ein. Und am 27. Mai 2009, 42 Jahre nach den Ereignissen, ehrten die USA den Funker Terry Halbardier, der damals den rettenden SOS-Ruf abgesetzt hatte, mit dem Silver Star.

1967: Bolivien

Nach seinem völlig gescheiterten Kongo-Abenteuer bereitete sich der argentinisch-kubanische Revolutionär Ernesto »Che« Guevara auf eine Guerilla-Operation in Bolivien vor, einem der ärmsten Länder der westlichen Hemisphäre. Im Oktober 1966 sickerten die ersten Mitglieder der kubanischen Guerilla in Bolivien ein. Im März des folgenden Jahres kam es im Südosten des Landes zu den ersten Kampfhandlungen. Am 29. April trafen 16 Green Berets unter dem Kommando von Oberst Ralph »Pappy« Shelton aus Fort Gulick in der Panama-Kanalzone als Ausbilder und Berater in La Paz ein. Sie begannen sofort mit einem 19-Wochen-Übungskurs für ein paar Hundert bolivianische Soldaten. Aus ihnen formten die US-Ausbilder die erste Ranger-Gruppe in Boliviens Militärgeschichte, jene Männer, die sechs Monate später Che Guevara gefangen nehmen und seinem Guerilla-Unternehmen ein Ende bereiten sollten. Im Juli stellte die CIA ihrem Mitarbeiter, Innenminister Antonio Arguedas (der gleichzeitig Sympathien für Kuba hegte und später Kopien von Guevaras *Bolivianischem Tagebuch* in den Inselstaat schmuggelte), ein paar Kollegen aus den USA zur Seite. Zusätzliche exilkubanische CIA-Agenten wurden dem Verteidigungsministerium und dem Oberkommando der Armee zugeteilt oder im Kampfgebiet eingesetzt, darunter Félix Rodríguez, ein Veteran der Schweinebucht-Invasion (1961), sowie Gustavo Villoldo.

Rodríguez und Villoldo sollten die Radio- und Nachrichtenoffiziere des 2. Ranger-Bataillons der 8. Division der bolivianischen Armee ausbilden. Mit dem Marschbefehl bekamen die CIA-Agenten den ausdrücklichen Auftrag, dass sie »im Fall, dass die bolivianische Armee Guevara gefangen nähme, alles in ihren Möglichkeiten Stehende tun sollten, ›ihn am Leben zu halten‹«.[168]

Der Ring der bolivianischen Armee um die Guerilleros schloss sich. Aus Informationen, die Rodríguez von einem desertierten Freischärler erhielt, war zu schließen, dass Guevara durch die Schluchten um La Higuera nach Vallegrande vorstoßen wollte. Auf Drängen von Rodríguez wurde das 2. Rangers-Bataillon am 30. September dorthin verlegt. Neun Tage später alarmierte eine Bäuerin die Armee, sie habe Stimmen am Ufer des Yuro gehört. Daraufhin besetzten einige Kompanien der Rangers Positionen in der Quebrada del Yuro (Yuro-Schlucht), in der sich auch die Guerillas aufhielten.

Am 8. Oktober um 13.30 Uhr begann in der Quebrada del Yuro Ches letzte Schlacht. Gegen 15.30 Uhr, Guevara war bereits an den Beinen und am rechten Arm mehrfach verwundet, sein M-1-Karabiner hatte eine Ladehemmung und das Magazin für die Pistole hatte er verloren, war der Kampf zu Ende, Guevara wurde gefangen genommen.

Zwar hatte Präsident René Barrientos den Amerikanern zuvor versichert, wenn Guevara gefangen genommen werde, werde man ihm den Prozess machen und ihn zum Tode verurteilen. Doch am späten Vormittag des 9. Oktober gab Barrientos den Befehl, Che Guevara zu töten. Es sollte eben doch keinen Prozess geben. Rodríguez übermittelte den Befehl vom Oberkommando der Armee an die Soldaten in La Higuera, obwohl Washington ausdrücklich die Überstellung des Revolutionärs nach Panama verlangt hatte, um ihn dort verhören zu können.[169] Mario Terán, ein alkoholkranker 31-jähriger Unteroffizier der bolivianischen Armee, meldete sich freiwillig zur Exekution Guevaras. Félix Rodríguez befahl Terán, nicht auf dessen Kopf zu schießen, sondern sorgfältig zu zielen, um der bereits im bolivianischen Rundfunk verbreiteten Nachricht zu entsprechen, Guevara sei bei einem militärischen Zusammenstoß mit bolivianischen Einheiten gefallen. Terán schoss neunmal in Arme, Beine, Schulter, Brust und schließlich in den Hals. Um 13.10 Uhr wurde Che Guevara für tot erklärt.

1967–1973: Griechenland

Als »die verdammt beste Regierung seit Perikles«[170] beschrieb ein amerikanischer General die Militärjunta, die sich im April 1967, ein paar Wochen vor der anstehenden Parlamentswahl, an die Macht geputscht hatte, um die Nation vor einer kommunistischen Machtübernahme zu retten, wie sie behauptete. Die kommunistische Gefahr war personifiziert in Ministerpräsident Georgios Papandreou, der 1964 ins Amt gewählt, 17 Monate später durch ein königliches Prärogativ seines Amtes enthoben worden war und nun gute Aussichten gehabt hatte, wiedergewählt zu werden. Zwar konnte Papandreou, den die britischen Besatzer schon während des griechischen Bürgerkriegs einmal ins Amt des Ministerpräsidenten berufen hatten, die notwendige antikommunistische Gesinnung nachweisen. Für seinen Besuch in Moskau und seine Versöhnungspolitik mit den einstigen Bürgerkriegsgegnern (er ließ etliche der im Exil lebenden griechischen Kommunisten zurückkehren) sah die US-Botschaft jedoch Erklärungsbedarf. Zudem war Papandreous Sohn Andreas – ein Nationalökonom, der einst die wirtschaftswissenschaftliche Fakultät der Universität Berkeley geleitet hatte, ein Anhänger des amerikanischen New Deal und ein Mitarbeiter der CIA gewesen war und nun ein führendes Amt in der zukünftigen Regierung seines Vaters übernehmen sollte – für die USA untragbar.

Als Andreas Papandreou 1964 sofort nach Antritt seines Ministeramtes im Kabinett seines Vaters die Entfernung aller Abhöreinrichtungen im Kabinettssitzungssaal angeordnet hatte, war es zum Eklat gekommen. Norbert Anschuetz, der stellvertretende Missionschef der US-Botschaft, war in sein Büro gekommen und hatte die Rücknahme dieser Anordnung verlangt. Daraufhin forderte ihn Papandreou auf, den Raum zu verlassen, was Anschuetz zwar tat, jedoch nicht ohne ihn vorher zu warnen, dass dies »Konsequenzen haben«[171] werde.

Drei Jahre später und angesichts der erwarteten Rückkehr der beiden Papandreous in die Regierung putschten Griechenlands Obristen mit massiver Unterstützung der amerikanischen Militärmission, der US-Botschaft sowie der CIA und machten Oberst Georgios Papadopoulos, der einst als Hauptmann in einem Sicherheitsbataillon für die deutschen Nazi-Besatzer griechische Partisanen und Juden gejagt hatte und seit Ende des griechischen Bürgerkriegs auf der Gehaltsliste des US-Geheimdienstes stand, zum »ersten CIA-Agenten, der Ministerpräsident eines europäischen Landes wurde«[172], wie in der US-Militärmission gejubelt wurde. Im Griechenland der Obristendiktatur – so scheint es – standen die halbe Regierung und der größte Teil der Militärführung auf der Gehaltsliste des amerikanischen Geheimdienstes.

1969 warf die Europäische Kommission für Menschenrechte Griechenland Folter, Mord und andere Menschenrechtsverletzungen vor. Dem Ausschluss aus dem Europarat kam die Junta mit dem Austritt zuvor.

1973 führten Unstimmigkeiten unter den Obristen zur Entlassung von Papadopoulos. Seinen Posten nahm Oberst Dimitrios Ioannidis ein, Kommandeur der Militärpolizei und Vertrauter der CIA. Ioannidis berief den Rechtswissenschaftler Adamantios Androutsopoulos ins Amt des Ministerpräsidenten, der in den USA studiert hatte und gerne mit seiner früheren Tätigkeit für den US-Geheimdienst prahlte. Acht Monate später stürzte Ioannidis' Regime (mit amerikanischer und vor allem Henry

Kissingers Ermunterung) die Regierung von Erzbischof Makarios III. auf Zypern, der Washington als Mitglied der Blockfreien schon seit Jahren suspekt war. Daraufhin besetzten türkische Truppen den nördlichen Teil der Insel. In der Folge dieser Ereignisse gaben die Obristen auf und machten Platz für eine zivile Regierung.

1967–heute: Diego Garcia

Zwischen 1967 und 1973 führte Großbritannien die Zwangsumsiedlung der einheimischen Bevölkerung (über 2000 Menschen, die bis dahin vom Fischfang, dem Gemüseanbau und Kokosnussprodukten gelebt hatten) des Chagos-Archipels im Indischen Ozean durch. In einem Geheimabkommen waren Großbritanniens Premierminister Harold Macmillan und US-Präsident John F. Kennedy 1961 übereingekommen, die Hauptinsel des Archipels, Diego Garcia, zu einer gemeinsamen strategischen Nachschubbasis auszubauen. Am 30. Dezember 1966 schloss Großbritannien eine Übereinkunft mit den USA, die es Washington erlaubte, das British Indian Ocean Territory (BIOT) auf fünfzig Jahre (bis Dezember 2016) für militärische Zwecke zu nutzen. Das Abkommen sieht eine mögliche Verlängerung um zwanzig Jahre (bis 2036) vor, der beide Seiten zustimmen müssen. Im Austausch für die Überlassung des Archipels erhielt London beim Ankauf des ballistischen Raketensystems Polaris einen Preisnachlass von 14 Millionen Dollar.

Die Bewohner der Inseln erhielten zunächst keine Kompensation für den Verlust ihres Besitzes und ihrer Heimat. Sie wurden kurzerhand nach Port Louis auf Mauritius oder Victoria auf den Seychellen verschifft, wo die meisten von ihnen seither und auch nach dem Empfang einer geringfügigen Entschädigung Anfang der 80er Jahre in Slums, Alkohol und Drogen dahinsiechen. Währenddessen baute der Militärzulieferer und Dienstleistungskonzern Halliburton ihre Heimat für die USA zu einer hochtechnisierten Festung namens »Camp Justice« aus, mit Einrichtungen für 2000 Soldaten, Ankerplätzen, einer Tiefwasserpier, Hafenanlagen für die größten Schiffe der britischen und amerikanischen Flotten, Flugzeughangars, einem Flugplatz mit zwei 3660 Meter langen Parallelbahnen, Treibstofftanks für 213 Millionen Liter Benzin sowie Einkaufszentren, Bars und Golfkursen von wo aus heute die meisten Bombereinsätze in Afghanistan oder dem Irak starten.

Im November 2000 urteilte der Londoner High Court, die Umsiedlung sei »illegal« gewesen, und erkannte ein Rückkehrrecht der Insulaner an. Washington und London ignorierten das Urteil ebenso wie den Artikel 7 der Statuten des Internationalen Gerichtshofs, der die »Deportation oder den gewaltsamen Transfer einer Bevölkerung« als »Verbrechen gegen die Menschlichkeit« verurteilt. Der amerikanische Militärexperte John Pike machte klar, wie aussichtslos das Ansinnen der Chagos ist, auf ihre Insel zurückzukehren: »Sogar wenn uns die gesamte östliche Hemisphäre aus jeder Militärbasis in ihrem Gebiet rausgeworfen hat, werden wir bis 2015 den Planeten von Guam und Diego Garcia aus kontrollieren.«[173]

Am 1. April 2010 wandelte die britische Regierung den Chagos-Archipel in einen Naturschutzpark um und verbot jede Form ökonomischer Ausbeutung des Gebiets wie Fischfang oder Gasbohrungen. »Wir bedauern die Umsiedlung der Einwohner nicht«, betonten britische Beamte, weil die Umsiedlung notwendig gewesen sei, um BIOT seinem strategischen Zweck zuführen zu können. Die Umsiedlung der Bevölkerung sei der Grund, dass die unbewohnten Inseln und ihre Gewässer in einem tadellosen Zustand seien. Colin Roberts, der Vorsitzende des Direktorats für Übersee-Gebiete im britischen Außenministerium, erklärte, die Einrichtung eines Naturschutzgebiets mache die Ansprüche der Insulaner auf Rückkehr endgültig zunichte. Zumal »die Umweltlobby (des Vereinigten Königreichs) weit einflussreicher ist, als es die Anwälte der Chagos sind«.[174]

Im Dezember 2012 schließlich wies der Europäische Gerichtshof für Menschenrechte die Klage der 1786 ehemaligen Bewohner von Diego García gegen ihre Zwangsumsiedlung zurück. Sie hätten die Kompensation, die ihnen in den 80er Jahren von der britischen Regierung angeboten worden war, akzeptiert. Damit aber hätten sie das Recht auf ein Urteil über die Rechtmäßigkeit ihrer Vertreibung verwirkt. »Wir begrüßen dieses Ende der juristischen Auseinandersetzung, die sich so viele Jahre hingezogen hat«, ließ das Außenministerium verlauten und drückte sein Bedauern aus über »das Unrecht, das den Chagos vor über vierzig Jahren angetan worden war. Nichtsdestotrotz war es das Recht der Regierung, sich gegen die Klage zu verteidigen.«[175]

1967: Westberlin

Im amerikanischen Hauptquartier in der Clayallee wurde fast fünfzig Jahre lang das Schicksal Berlins maßgeblich mitbestimmt. Das bekamen die Westberliner im Oktober dieses Jahres zu spüren. Seit 1966 war der Pfarrer Heinrich Albertz Regierender Bürgermeister einer Stadt, in der es bei Demonstrationen mehrfach zu heftigen Auseinandersetzungen zwischen Studenten und der Polizei gekommen war. Vor der Deutschen Oper, wo Irans Schah Reza Pahlawi am 2. Juni eine Aufführung von Mozarts *Zauberflöte* besuchte, überfielen rund 150 sogenannte Jubelperser, die extra aus Iran eingeflogen worden waren, etwa 2000 gegen den Schah-Besuch demonstrierende Studenten. Einheiten der Bereitschaftspolizei griffen auf Seiten der Jubelperser ein. Die Bereitschaftspolizei hatte bis 1970 auch paramilitärische Aufgaben und galt als Reserve der alliierten Truppen. Das Personal bestand zu über fünfzig Prozent aus ehemaligen Offizieren der Wehrmacht.[176] Etwa um 20.30 Uhr fiel ein Schuss aus der Pistole des Polizisten Karl-Heinz Kurras, der den Studenten Benno Ohnesorg aus circa eineinhalb Metern Entfernung in den Hinterkopf traf. Albertz übernahm offiziell die Verantwortung und trat am 26. September zurück. Zu seinem Nachfolger wählte das Abgeordnetenhaus Klaus Schütz.

In jenen 60er Jahren erteilten die Stadtkommandanten der Alliierten als höchste Regierungsorgane – wenn sie es für erforderlich hielten – der zivilen deutschen Regierung Westberlins Anweisungen. »Wir gaben nie Befehle, wir stimmten uns mit dem (Westberliner) Senat ab«, behauptete ein ehemaliger US-Vertreter im Fernsehkanal 3Sat.[177] In dieser Weise, so erklärte der ehemalige Regierende Bürgermeister Klaus Schütz in der Sendung, sorgte die amerikanische Militärbehörde für Albertz' Rücktritt. »So wurde ich sein Nachfolger.«

1968: El Salvador

Der in Diensten der CIA stehende General José Alberto Medrano organisierte die paramilitärische Miliz Organización Democrática Nacionalista (ORDEN), die erste der Todesschwadronen El Salvadors, deren Zahl in den 80er Jahren auf rund ein Dutzend anwuchs.

1969: Westpapua/Indonesien

Auf Druck der USA übergaben die Niederlande 1962 die Kontrolle über Westpapua den Vereinten Nationen, die das Land ein Jahr später unter die Verwaltungshoheit Jakartas stellten – allerdings mit der Auflage, dass »alle erwachsenen Papua das Recht haben«, in einem »Akt freier Wahl«, der innerhalb von sechs Jahren durchgeführt werden müsse, über ihre Zukunft zu entscheiden.

Das Problem war – wie der amerikanische Botschafter in Jakarta sechs Jahre später in einem »Airgram« vom 9. Juli 1969 an das State Department anmerkte –, dass »85 bis neunzig Prozent« der Bevölkerung »mit der Freies-Papua-Sache sympathisieren«. Eine freie Abstimmung würde also ein klares Ergebnis zugunsten der Unabhängigkeit erbringen. Darum legten die USA den Vereinten Nationen nahe, die Wahl zu fälschen. Die UNO gehorchte, wie schon ein früheres »Airgram« der US-Botschaft vom 4. Oktober 1968 an das State Department belegt: Der UN-Vertreter »versucht, eine Formel auszuarbeiten ..., die zu einer Bestätigung der indonesischen Souveränität führen wird.« Statt eines Referendums, an dem »alle erwachsenen Papua« teilnahmen, überwachten die Vereinten Nationen einen ganz anderen Prozess. Indonesische Soldaten wählten 1022 Männer aus, lehrten sie die Worte »Ich will Indonesien» und ließen sie dann unter vorgehaltenen Gewehren antreten. Ein Foto jenes Vorgangs zeigt die Traurigkeit des Ereignisses: Eine große Halle voller ernst dreinblickender Männer in ungewohnten Khaki-Uniformen, die offenbar gar nicht begreifen, was vor sich geht.

Ein Mann lehnte es ab, den gewünschten Satz zu sagen, und wurde erschossen. Den anderen wurde gedroht, dass sie aus Hubschraubern abgeworfen würden. Das Ergebnis war eine einstimmige Entscheidung für den Anschluss an Indonesien. Erst 22 Jahre später gestand der ehemalige stellvertretende Generalsekretär der UN, C. V. Narasimhan: Der UN-Bericht war »reine Schönfärberei. Bei den Vereinten Nationen herrschte damals die Stimmung, das Problem so schnell wie möglich loszuwerden … Niemand verschwendete auch nur einen Gedanken auf die Tatsache, dass dort eine Million Menschen lebten, deren fundamentale Menschenrechte mit Füßen getreten wurden.«[178]

1970: Oman

Immer noch kontrollierte die kommunistische Dhofar Liberation Front (DLF), die seit 1962 einen von China und dem Südjemen unterstützten Guerillakrieg gegen Omans Sultan Said bin Taimur führte, das gesamte Dschebel-Gebirge. In einem von Großbritanniens Premierminister Harold Wilson genehmigten und unter seinem Nachfolger Edward Heath durchgeführten sowie vom Iran, von Jordanien und den USA unterstützten Coup stürzten britische Verbände die Regierung des Sultans und installierten seinen Sohn Qabus als Nachfolger. Sultan Taimur brachten die Briten im ehrwürdigen Londoner Hotel Dorchester unter, wo er zwei Jahre später starb.

Anders als sein Vater überließ Sultan Qabus die Regierungsgeschäfte weitgehend seinen britischen Beratern und Offizieren. Ein vierköpfiges Team des Special Air Service (SAS) der britischen Armee diente seinem persönlichen Schutz, während rund 1000 Soldaten aus dem United Kingdom unter dem Deckmantel eines »britischen Ausbildungsteams« Omanis in irregulären Einheiten organisierten und sie gegen die Rebellen der DLF führten. Die Dörfer der Aufständischen wurden niedergebrannt, ihre Ziegen und Kühe abgeschlachtet und gefallene Rebellen zur Abschreckung auf den Märkten des Jebel ausgestellt. Im Januar 1976 galt die Rebellion offiziell als besiegt, wenngleich noch bis 1979 vereinzelte Zwischenfälle gemeldet wurden.

September 1970: Jordanien

Während der militärischen Auseinandersetzungen zwischen hauptsächlich palästinensischen Verbänden und den loyalen Beduineneinheiten König Husseins schickten die USA zur Unterstützung des Königshauses den Flugzeugträger *Independence* sowie sechs Zerstörer vor die Küste Libanons und versetzten Truppenverbände in der Türkei in Alarmbereitschaft für den Fall, dass ein Eingreifen notwendig werden sollte. Washington drohte mit dem Einsatz von Atomwaffen, sollte sich die Sowjetunion nicht aus dem Konflikt heraushalten.

1970–1971: Costa Rica

Zum dritten Mal regierte der MIT-Absolvent, Harvard-Dozent und Liberale José Figueres in dem kleinen mittelamerikanischen Land. Und wieder zog er sich den Unmut der CIA zu. Diesmal beunruhigte er den Geheimdienst, weil er als erster lateinamerikanischer Staatschef (nach Fidel Castro) diplomatische Beziehungen zur Sowjetunion aufgenommen und den Russen innerhalb von zwei Jahren für zehn Millionen Dollar Kaffee verkauft hatte. »Diese diplomatische Anerkennung gefährdet in keiner Weise unsere Loyalität zu den USA oder die demokratische Sache«, erklärte er der *New York Times* seine Politik. »Die Menschen haben den Kalten Krieg satt. Russland kontrolliert halb Europa, und wir wollen, dass die Russen anstelle von Tee Kaffee trinken.«[179] Figueres wollte Brücken bauen.

Der CIA-Stationschef in San José, Earl Williamson, sah dies allerdings anders. Figueres werde nicht mehr lange regieren, erklärte er auf einer Party und ließ Literatur auf dem Hauptstadtflughafen konfiszieren und verbrennen, weil sie angeblich kommunistisch war. Schließlich bat Costa Rica das State Department, Williamson, der als Erster Sekretär der Botschaft registriert war, abzurufen. Die Bitte wurde ignoriert.

Im Dezember 1970 beobachtete ein Fischer ein mysteriöses Schiff an der Pazifikküste, aus dem längliche Kisten an den Strand gebracht wurden. Zunächst hieß es, die Kisten enthielten Waffen. Später ging die Geschichte um, es sei geschmuggelter Whisky gewesen. Der *Miami Herald*, der die Geschichte aufgedeckt hatte, kommentierte knapp: »Die Geschichte von der Schmuggelware wurde vermutlich in die Welt gesetzt, um die Gerüchte von einem bevorstehenden Putsch zu zerstreuen.«

Einige Wochen später wiederholte Williamson seine Vermutung, Figueres werde die kommenden zwei Wochen nicht überleben. Botschafter Walter Ploeser, ein fanatischer Antikommunist, informierte seine Vorgesetzten im State Department, die Situation in Costa Rica spitze sich bedrohlich zu, Figueres wende sich vom Westen ab und dem Osten zu. Als die Regierung Costa Ricas im Januar 1971 das State Department erneut bat, Williamson abzuberufen, begann sich das House Subcommittee on Inter-American Affairs endlich mit der Angelegenheit zu beschäftigen und enthob Williamson seines Postens. Ein Jahr später trat Ploeser »aus persönlichen Gründen« zurück. Offiziell war alles nur ein »Missverständnis« gewesen, ausgelöst durch den »Übereifer«[180] einiger.

1971: Ostpakistan/Bangladesch

Nachdem die Regierung in Islamabad das Ergebnis der ersten freien Wahlen, die im Osten des noch vereinten Landes überraschend die bengalische Awami-Liga gewonnen hatte, ignorierte, machte sich in Dhaka Unmut breit. Pakistans Präsident Agha Muhammad Yahya empfahl: »Legt drei Millionen von ihnen (Bengalis) um, und der Rest wird uns aus der Hand fressen.«[181] Entsprechend brutal ging die pakistanische Armee in der »Operation Searchlight« gegen die wachsenden Unruhen vor. Bengalische Soldaten der Streitkräfte wurden einfach entwaffnet und getötet, Studenten und die Intelligenzija des Landes systematisch liquidiert, Frauen vergewaltigt. Zwischen 300 000 und 500 000 Menschen starben in diesem Gemetzel der pakistanischen Armee. Rund zehn Millionen flohen nach Indien. Am 26. März erklärte der Wahlsieger, Scheich Mujibur Rahman, Ostpakistans Unabhängigkeit und rief den Staat Bangladesch aus.

Indien war nun konfrontiert mit einer sich verschlimmernden humanitären und wirtschaftlichen Krise und begann alsbald, den bengalischen Widerstand zu organisieren und eine Widerstandsarmee aufzubauen. Aufgebracht über die Einmischung des Nachbarlandes in die eigenen Angelegenheiten griff die pakistanische Luftwaffe in der »Operation Dschingis Khan« am 3. Dezember Indiens Luftwaffe an, woraufhin Neu-Delhi Pakistan den Krieg erklärte.

»Wir können nicht zulassen, dass ein Freund von uns und China in einem Konflikt mit einem Freund Russlands den Kürzeren zieht«, riet US-Sicherheitsberater Henry Kissinger seinem Präsidenten.[182] Indien hatte erst im August einen Kooperationsvertrag auf zwanzig Jahre mit der UdSSR abgeschlossen. Um Pakistans drohende Niederlage abzuwenden, schickte Präsident Richard Nixon zehn Schiffe der Siebten US-Flotte, die Task Force 74 unter Führung des Flugzeugträgers *USS Enterprise*, in die Bucht von Bengalen, der praktisch im Kielwasser ständig zwei sowjetische Schiffsverbände folgten, deren Raketen mit Nuklearsprengköpfen ausgestattet waren. Zudem genehmigte Washington die Lieferung von jordanischen und iranischen F-104-Jets an Pakistan und schickte selbst F-5A-Kampfjets nach Islamabad, das einem Embargo unterlag.[183]

Es rettete Pakistan nicht. In dem Zweifrontenkrieg brach Pakistans Verteidigung am 16. Dezember zusammen.

1972–1975: Irak

Während Schah Reza Pahlavi mit Hilfe amerikanischer Special Forces in seinem Land die Kurden bekämpfte, unterstützte er mit Hunderten Millionen Dollar jene Kurden, die im Irak für ihre Autonomie kämpften. Die Israelis operierten im irakischen Kurdengebiet schon seit 1965.

Und in Washington richtete US-Sicherheitsberater Henry Kissinger ein Büro ein, von wo aus dieser geheime Krieg geleitet wurde. Waffen und Munition im Wert von 16 Millionen Dollar lieferten die USA dem irakischen Kurdenführer Mustafa Barzani, der Kurdistan gerne zum 51. US-Bundesstaat gemacht hätte und nun eine Partisanenarmee von 100 000 Mann aufstellte, mit denen er 65 000 Soldaten, 500 Panzer und 200 Artilleriegeschütze der regulären irakischen Armee band.

14 Monate später, als der Irak mit anderen arabischen Staaten im Jom-Kippur-Krieg gegen Israel verbündet war, verlegte Bagdad zwei gepanzerte Divisionen sowie Teile von zwei Infanteriedivisionen, die Hälfte seiner Streitkräfte, nach Syrien. Um ihre eigene Front zu entlasten, rieten israelische Berater den Kurden, den Moment zu einer großen Offensive gegen den Irak zu nutzen. Barzani hielt dies für eine gute Idee, doch nicht so Kissinger. Er wies seine Verbindungsleute an, den kurdischen Angriff zu stoppen. Barzani folgte wohl oder übel der Anweisung. Doch dann, nach dem Jom-Kippur-Krieg, im März 1975, konnten der Irak und Iran auf dem OPEC-Gipfel in Algerien ihre Differenzen beilegen. Der Schah stoppte sofort alle Waffenlieferungen an die Kurden, auch die amerikanischen. Nur einen Tag später begannen irakische Truppen die größte Offensive gegen die Kurden. Überrascht und verzweifelt appellierten sie an die CIA und an Außenminister Henry Kissinger. Sie erhielten keine Antwort.

Die irakischen Kurden waren das Bauernopfer in einem Grenzdisput zwischen Bagdad und Teheran geworden. 200 000 von ihnen flohen in den Iran, wo sie aber weder vom Schah noch von den USA humanitäre Hilfe erhielten. »Tatsächlich repatriierte der Iran später über 40 000 der Flüchtlinge, und die US-Regierung lehnte es ab, auch nur einen Flüchtling als politischen Asylanten in die Vereinigten Staaten zu lassen, obwohl sie die Bedingungen dafür erfüllten.«[184] Befragt über die US-Rolle in dem Drama antwortete Außenminister Henry Kissinger dem Pike-Komitee: »Verdeckte Aktionen sollten nicht mit Missionarsarbeit verwechselt werden.«[185]

1973: Israel

In der »Operation Nickel Grass« lieferten die USA Israel während des Jom-Kippur-Krieges Waffen und anderes Material im Wert von zwei Milliarden Dollar. Erneut versetzten die USA Truppenkontingente in Alarmbereitschaft und brachten sie in die Region. Als die UdSSR mit einer Intervention drohte, um die Zerstörung von Ägyptens 3. Armee durch Ariel Scharons Panzerverbände zu verhindern, wurden die US-Nuklearstreitkräfte in erhöhte Einsatzbereitschaft der Stufe DEFCON III (Defense Readiness Condition) versetzt, um die Sowjets zum Rückzug zu zwingen.

1973–1975: Australien

Im Dezember 1972 trat mit Edward Gough Whitlam nach 23 Jahren erstmals wieder ein Ministerpräsident der Labor Party sein Amt an. Er holte die australischen Soldaten aus Vietnam nach Hause, schaffte die Wehrpflicht ab, erkannte die Regierung Nordvietnams an, lud sie sogar ein, eine diplomatische Vertretung in Canberra zu öffnen, beendete die diskriminierende Politik, Einwanderern, die in Opposition zu Militärdiktaturen etwa in Griechenland oder Chile gestanden hatten, die Naturalisierung zu verwehren, während Mitglieder solcher Regime sich problemlos *down under* niederlassen konnten. Als er herausfand, dass Australiens Geheimdienst mit der CIA zusammen am Sturz der Regierung Salvador Allendes in Chile arbeitete, befahl Whitlam Anfang 1973 sofort die Einstellung der Operation.

1947 war die UKUSA-Vereinbarung geschlossen worden, ein Kooperationsabkommen der Geheimdienste der USA und Großbritanniens. Später traten die Nachrichtendienste Kanadas, Australiens und Neuseelands den »fünf Augen«, wie die Gruppe auch genannt wird, bei. Die Organisation war in Australien so geheim, dass bis 1973 nicht einmal die Ministerpräsidenten von ihrer Existenz wussten.

Der Kern des Abkommens ist die Zusammenarbeit der amerikanischen National Security Agency (NSA) und des britischen Government Communications Headquarters (GCHQ). Angeschlossen sind aber auch die CIA und das australische Defence Signals Directorate (DSD; heute Australian Signals Directorate, ASD). Um die gemeinsamen Aufgaben zu koordinieren, wurden zusätzlich eine Joint Intelligence Organization und ein Office of National Assessment geschaffen. Das ASD ist Teil des amerikanischen Naval Surveillance Information System und sammelt Informationen im Bereich des Indischen Ozeans, des Pazifik und in Südostasien. Zumindest bis vor kurzem waren nicht weniger als fünfzig NSA-Beamte im ASD-Hauptquartier in Melbourne stationiert.

1973 wollte der neue Ministerpräsident Whitlam eine Liste aller in Australien für die CIA arbeitenden Agenten einsehen und wissen, was in etlichen der Gebäude untergebracht war, die einsam irgendwo im Outback standen, in Pine Gap bei Alice Springs oder in Nurrungar in Südaustralien und in einem Dutzend weiterer seltsamer Installationen. Die Gebäude, so erfuhr er, beherbergten wichtige Teile von Frühwarnsystemen, eine Station im globalen Spionagesatelliten-System der USA, eine Kommunikationsstation der US-Navy, ein riesiges elektronisches Kontrollzentrum, das von der NSA eingerichtet worden war, um Nachrichten, Telefone, Telexe, Faxe, Radiosendungen – heute auch E-Mails sowie die Facebook- und Twitter-Kommunikation – in den Regionen des Indischen Ozeans, des Pazifik und Südostasiens zu kontrollieren.[186]

Am 4. April 1974 erklärte Whitlam vor dem Parlament: »Die Haltung der australischen Regierung ist, dass es in Australien keine Militärstützpunkte oder andere Einrichtungen ausländischer Mächte geben sollte. Wir halten uns an bestehende Verträge … Es wird aber keine Verlängerung oder gar Erweiterung solcher Verträge geben.« Anfang November 1975 feuerte Whitlam die Chefs der beiden australischen Nachrichtendienste, weil sie die CIA bei verdeckten Operationen in Osttimor (in Vorbereitung der indonesischen Invasion am 7. Dezember 1975) unterstützt hatten.

Die Ankündigung und die Kündigungen schockierten die australischen Geheimdienste. Die Australian Security and Intelligence Organization (ASIO)[187] und der Australian Secret Intelligence Service (ASIS) alarmierten ihre Partnerorganisationen CIA und NSA, die Whitlam als »Sicherheitsrisiko« einstuften und in seiner Regierung nicht weniger als »nordvietnamesische Kollaborateure«[188] sahen. Also entsandte Washington Marshall Green als Botschafter nach Canberra, der unter Diplomaten als »the coupmaster« bekannt war. Zuvor hatte die Anwesenheit Greens schon in vier Ländern zu Regierungswechseln geführt (u. a. 1965 in Indonesien). Einer Versammlung von Wirtschaftsmanagern des Australian Institute of Directors versprach Green denn auch sofort nach seiner Ankunft, sie könnten »die gleiche Hilfe der Vereinigten Staaten erwarten«, wie sie schon »Südamerika bekommen« habe.[189] Nur wenige Monate zuvor hatte die CIA in Chile erfolgreich den Sturz der sozialistischen Regierung Salvador Allendes orchestriert. CIA-Direktor William Colby beschrieb die Regierung Whitlam später als eine von drei Weltkrisen, die in seine Amtszeit fielen, vergleichbar der Nahostkrise 1973 (Jom-Kippur-Krieg), bei der die USA wieder einmal den Einsatz von Atombomben in Erwägung gezogen hatten.

Green hatte nur wenig Zeit. In zwei Monaten stand der Vertrag um Pine Gap zur Verlängerung an. Und Whitlam war nicht bereit, einer Vertragsverlängerung zuzustimmen. Die Schließung der Anlage in Pine Gap aber gefährdete die gesamte westliche Allianz, jammerte die CIA, die Allianz würde strategisch blind. In einem Telex an die ASIO bezeichnete Theodore Shackley – der berüchtigte Chef der CIA-Ostasien-Abteilung, der zuvor schon die CIA-Stationen in Laos und Vietnam sowie Operationen gegen Kubas Fidel Castro oder Chiles Salvador Allende geleitet hatte – den australischen Ministerpräsidenten als Sicherheitsrisiko für sein eigenes Land.

Nun wurde der Generalgouverneur eingeschaltet, Sir John Kerr. Sir John war eigentlich kaum mehr als eine Repräsentationsfigur, der als Stellvertreter der Queen von England in Canberras bevorzugtem Stadtteil Yarralumla in einem Sechzig-Zimmer Anwesen mit fünfzig Bediensteten oder in Sydneys Admiralty House residierte und dem zwölf Rolls-Royce-Limousinen zur Verfügung standen. Er pflegte jedoch hervorragende Beziehungen zur CIA, die bis in die 50er Jahre zurückreichten, weshalb sie ihn in Langley gerne als »unseren Mann in *down under*« bezeichneten. Am 11. November, ehe Whitlam wie geplant das Parlament über die amerikanischen Nachrichtenanlagen in Australien informieren konnte, bestellte Kerr den Ministerpräsidenten in sein Büro ein und entließ ihn kurzerhand aus dem Amt, löste beide Häuser des Parlaments auf und ernannte Malcolm Fraser, den Vorsitzenden der Liberalen Partei, zum Interimsregierungschef bis zu den Neuwahlen, die einen Monat später stattfanden.[190]

Die CIA hatte allen Grund, mögliche Nachforschungen Whitlams zu fürchten. Er wäre dabei sicher auf die Nugan Hand Merchant Bank of Sydney gestoßen, die der Australier Frank Nugan 1973 gemeinsam mit dem Ex-Green-Beret Michael Hand gegründet hatte. In den folgenden Jahren wuchs die Bank phänomenal und eröffnete Zweigniederlassungen in Saudi-Arabien, Hongkong, Malaysia, Thailand, Singapur, Argentinien, Chile, Hawaii, Washington, Annapolis, Maryland, Hamburg und auf den Philippinen. Die Direktoren waren alles Männer mit CIA-, OSS-, Green-Berets- oder ähnlich bankenspezifischem Hintergrund – so etwa Luftwaffengeneral Leroy J. Manor, Armeegeneral Edwin Black, Konteradmiral Earl Yates sowie etliche CIA-Agenten. William Colby, bis 1976 Direktor der CIA, war einer der Anwälte der Bank, die in den internationalen Drogen- und Waffenhandel verstrickt und bekannt für ihre Dienste war, die sie dem philippinischen Präsidentenpaar Marcos leistete. Sie wusch Gelder des indonesischen Präsidenten Suharto, half der Familie des Schahs von Persien, Geld aus dem Iran auf sichere Konten im Westen zu schaffen, transferierte CIA-Gelder für pro-amerikanische Parteien und Operationen nach Europa und überwies nicht zuletzt der australischen Liberalen Partei 2,4 Millionen Dollar.

Nach etlichen mysteriösen Todesfällen, darunter dem eines hochrangigen CIA-Beamten in Maryland, wurde am 27. Januar 1980 auch Frank Nugan erschossen in seinem Wagen aufgefunden. Fünf Monate danach verschwand ebenfalls sein Kompagnon Michael Hand spurlos. Unter einer Fünfzig-Millionen-Dollar-Schuldenlast brach ihre Bank zusammen. Zwar ging aus deren Unterlagen hervor, dass sie mit194 Firmen Geschäftsverbindungen unterhalten hatten. Doch nicht eine meldete sich und stellte Ansprüche auf die fünfzig Millionen Dollar. 1982, kurz vor dem Australien-Besuch des amerikanischen Vizepräsidenten George H. W. Bush, der zuvor und nach Colbys Rücktritt CIA-Chef gewesen war, veröffentlichte die Agency eine seltsame Stellungnahme: »Die CIA war nie an Operationen gegen die australische Regierung beteiligt ... (Die

CIA) steht nicht in Verbindung mit Nugan Hand.«[191] Die Untersuchung einer Sonderkommission der New South Wales Police sowie der New South Wales Corporate Affairs Commission kam allerdings zu einem anderen Schluss: »Viele Verbindungen zwischen Personen, die mit der Nugan Hand in Verbindung standen, und Personen, die in herausragender Weise mit US-Nachrichtendiensten, besonders der Central Intelligence Agency und dem Office of Naval Intelligence, in Verbindung standen, wurden gefunden ... Zeitweilig schienen diese Verbindungen ein wesentlicher Teil der laufenden Aktivitäten gewesen zu sein. Sie erwecken den Anschein direkter Beteiligung der US-Nachrichtendienste.«[192]

1974: Zypern

Während der türkischen Invasion evakuierten US-Marineverbände amerikanische Bürger von der Insel.

1974–1975: Portugal

Nach der Nelkenrevolution, in der jüngere Offiziere mit viel sozialistischer Rhetorik das Regime von António de Oliveira Salazar gestürzt hatten, pumpte die CIA Millionen Dollar in das Land, um »moderate« Kandidaten, insbesondere Màrio Soares und seine Sozialistische Partei, zu unterstützen. Gleichzeitig heuerte die CIA sozialdemokratische Parteien und Organisationen Westeuropas wie die deutsche SPD und die Friedrich-Ebert-Stiftung an, weitere Mittel zur Verfügung zu stellen, um Soares zu unterstützen. Die Sozialistische Partei wurde die dominierende Kraft auf Jahre hinaus.[193]

1975: Kambodscha

US-Verbände befreiten das amerikanische Handelsschiff *Mayaguez*, das kambodschanische Patrouillenboote in internationalen Gewässern aufgebracht und besetzt hatten, und bombardierten Stellungen der Roten Khmer in Kep im Süden des Landes.

1975–1990: Angola/Zaire

Mitte der 50er Jahre tauchten in der portugiesischen Kolonie Angola die ersten Befreiungsbewegungen auf, die mehrmals die Namen wechselten, ehe sich Anfang der 60er Jahre zunächst zwei – später folgte eine dritte – schlagkräftige Befreiungsorganisationen herausbildeten:

- Die von drei Dichtern (Viriato da Cruz, Mário de Andrade, Agostihno Neto) geführte MPLA (Movimento Popular de Libertação de Angola) versuchte möglichst viele der über hundert Völker des Landes in ihrer Organisation zu vereinen.

- Die FNLA (Frente Nacional de Libertação de Angola) unter Holden Roberto rief zunächst zum Aufstand der Bakongo gegen alle Nicht-Bakongo auf.
- Die UNITA (União Nacional para a Independêcia Total de Angola), die Jonas Savimbi nach seinem Bruch mit Holden Roberto anführte, rekrutierte sich vor allem aus dem Stamm der Ovimbundu.

Abgesehen von den jeweiligen Stammesloyalitäten ihrer Mitglieder unterschieden sich die drei Guerillagruppen in ihren Zielen und ihrem Gebaren kaum voneinander. Alle drei befleißigten sich einer marxistischen Rhetorik, wenn es ihrer Sache diente, und gaben solches Gerede sofort auf, wenn gegenteilige Äußerungen mehr Unterstützung versprachen. Die USA entschieden sich zunächst, die FNLA und gleichzeitig deren Gegner, das Salazar-Regime in Lissabon, zu unterstützen. Weil die UdSSR die MPLA unter ihre Fittiche nahm (weshalb ihr die westliche Presse das Label »marxistisch« anhängte), unterstützte die VR China die FNLA und UNITA. Die drei Volksgruppen hatten eine lange Geschichte gegenseitiger Feindseligkeiten hinter sich. »Gegen Ende des 20. Jahrhunderts aber entdeckte Henry Kissinger, dass der wahre Grund dafür, dass sich die Mbundu, die Ovimbundu und die Bakongo seit 500 Jahren bekämpfen, darin zu finden war, dass die Mbundu Marxisten waren und die Ovimbundu und Bakongo prowestlich.«[194]

Am 15. Januar 1975, acht Monate nach Portugals Nelkenrevolution, bildeten die drei Gruppen eine Übergangsregierung, die die für Oktober geplanten Wahlen vorbereiten und einen Monat später die formale Unabhängigkeit ausrufen sollte. Im März jedoch begann die FNLA, die seit einem Jahr im Kongo von chinesischen Militärberatern trainiert wurde, die MPLA anzugreifen. Auf einen geheimen Befehl Präsident Gerald Fords hin und gegen den Widerstand des State Departments und der CIA leiteten die USA die »Operation IA Feature« ein und schickten Militärberater und Söldner nach Angola, um an der Seite Holden Robertos und Jonas Savimbis zu kämpfen, woraufhin Nathaniel Davis, der Unterstaatssekretär im US-Außenministerium, zurücktrat. Die CIA brachte wieder ihr gesamtes Arsenal an Bord, exportierte Waffen, B-26-Bomber mitsamt ihren exilkubanischen Piloten und anderes Material zu Savimbis Verbänden. Repariert und instand gehalten wurden die Kampfflugzeuge von einer Western International Ground Maintenance Organization aus Liechtenstein.

Am 13. Dezember 1975 machte der *New York Times*-Reporter Seymour Hersh die »Operation IA Feature« publik. Daraufhin brachte Dick Clark, der demokratische Senator von Iowa, ein Amendment zum Waffenexportkontrollgesetz ein, das Hilfe für private Gruppierungen untersagte, die an militärischen oder paramilitärischen Operationen in Angola beteiligt waren. Das Gesetz passierte beide Häuser des Kongresses und wurde schließlich am 9. Februar 1976 von Präsident Ford unterzeichnet. Dennoch weigerte sich der damalige CIA-Direktor George H.W. Bush, die Einstellung jeder Hilfe in Angola anzuordnen.

Als Savimbi seine Fühler ausstreckte, um mit der MPLA zu einer friedlichen Lösung zu kommen, warnte das State Department den UNITA-Chef, er riskiere mit solcher Politik die finanzielle Unterstützung der USA. Und als MPLA-Vertreter in Begleitung des Chefs der CIA-Station in Luanda, John Stockwell, ihre freundlichen Absichten gegenüber Washington zum Ausdruck brachten, wurde ihnen klargemacht, dass sie erst ihre sowjetischen Berater des Landes loswerden müssten. Gleichzeitig drohte Kissinger der Gulf Oil Co., deren Sicherheit in der angolamnischen Exklave Cabinda die MPLA garantiert hatte, mit einem Ermittlungsverfahren wegen Bestechung, wenn Gulf nicht seine Steuerzahlungen an die MPLA einstellen würde.

Danach weitete sich der Krieg aus. Am 7. März 1977 marschierten 1500 Mitglieder der Front für die Nationale Befreiung des Kongo (FNLC) aus dem Osten Angolas in die zairische Provinz Shaba (heute Katanga) ein. Da Zaires Mobutu die FNLA und UNITA unterstützte, ließ die MPLA die kongolesischen Rebellen gewähren. Als die FNLC Mobutus Armee besiegte, rief der bedrängte Diktator am 2. April die Organisation für Afrikanische Einheit (OAU) zu Hilfe. Acht Tage später entsandte Frankreich 1500 marokkanische Soldaten nach Kinshasa, die zusammen mit der FNLA und ägyptischen Piloten, die Zaires Mirage-Jets flogen, die FNLC zurückschlugen.

Nach der Invasion trat der CIA-Stationschef John Stockwell zurück. Er habe Außenminister Henry Kissinger davor gewarnt, so schrieb er in einem Artikel in der *Washington Post*, dass die fortgesetzte amerikanische Hilfe für die regierungsfeindlichen Rebellen in Angola einen Krieg mit Zaire provozieren könnte. Die geheime sowjetische Einmischung in Angola habe erst danach und in Reaktion auf die US-Verwicklungen in der Region eingesetzt.[195]

Nun marschierten an der Seite der UNITA und FNLA Soldaten und Berater aus den USA, aus China, Südafrika und Zaire, während die MPLA von der UdSSR, von Kuba und der damaligen Volksrepublik Kongo (Kongo-Brazzaville) unterstützt wurde. Zwar flog die CIA Aufklärungsflüge über Angola und transportierte Waffen für die UNITA, heuerte amerikanische, britische, französische, deutsche und portugiesische Söldner an, um die MPLA zu bekämpfen. Dennoch behauptete Henry Kissinger vor dem US-Senat dreist, die CIA habe »nichts mit der Anwerbung von Söldnern in Angola zu tun«.[196] Nach der südafrikanischen

Invasion Angolas im August 1975 schickte Kuba auf Bitten des MPLA-Führers Agostinho Neto ebenfalls Truppen nach Angola. Im Januar 1976 schließlich untersagte der Kongress jede weitere Hilfe für die FNLA/UNITA. Dafür sprang Israel nun als Waffenlieferant ein.[197]

Am 11. Mai 1978 marschierte die FNLC erneut in Zaire ein und überrannte nach nur zwei Tagen das Wirtschaftszentrum Kolwezi in der Provinz Shaba. Die Regierung Präsident Jimmy Carters beschuldigte Havanna, an der Operation beteiligt zu sein. Zusammen mit zairischen, französischen und belgischen Truppen schlugen US-Verbände den Angriff zurück. Es war die erste gemeinsame Militäroperation der USA mit Frankreich seit dem Vietnamkrieg. Nach siebentägigen Kämpfen eroberte die französische Fremdenlegion Kolwezi zurück und flog 2250 Europäer aus. Die FNLC zog sich nach Sambia zurück, versprach aber, wieder nach Angola zurückzukehren.

Durch die Vermittlung der USA kam es 1979 zu einem Friedensabkommen zwischen der MPLA und der Regierung von Zaire, in dem beide Seiten versicherten, fortan keine Aufständischen im jeweiligen Nachbarland mehr zu unterstützen. Zaire stellte daraufhin für einige Zeit jede Hilfe für die FNLA und UNITA ein, und Angola verbot der FNLC jede politische oder militärische Betätigung.

Wenig später, am 10. September 1979, starb Agostinho Neto in einem Moskauer Krankenhaus an Krebs. Sein Nachfolger wurde José Eduardo dos Santos, der heutige Staatspräsident.

Im Mai 1980, nachdem Guerillas der namibischen SWAPO ihren Unabhängigkeitskampf von Angola aus in die ehemalige deutsche Kolonie Deutsch-Südwestafrika, das seit 1920 Südafrika als Protektorat unterstellt war, getragen hatten, rückten südafrikanische Verbände erneut nach Angola vor. Der Krieg mit Südafrika sollte sich bis 1987 hinziehen. Der UN-Sicherheitsrat verurteilte das südafrikanische Eindringen in Angola, und Kuba verstärkte seine dort stationierten Truppen von 35 000 (1982) auf 40 000 Mann (1985).

1988 kam es zur zweitgrößten Schlacht nach der Schlacht von El-Alamein, die jemals auf afrikanischem Boden geschlagen wurde. Vom 13. Januar bis zum 23. März tobte zwischen den Streitkräften Angolas mit dem kubanischen Expeditionscorps auf seiner Seite und der UNITA, unterstützt von der südafrikanischen Armee, die Schlacht bei Cuito Cuanavale. Sie war für beide Seiten äußerst verlustreich und ging eigentlich unentschieden aus; da es aber der angolanisch-kubanischen Streitmacht gelungen war, ihre Gegner am weiteren Vordringen zu hindern, kam ihr gleichwohl der Sieg zu. Danach traten die verfeindeten Gruppen in Verhandlungen, und am 22. Dezember 1988 unterzeichneten die Vertreter Angolas, Kubas und Südafrikas in New York mehrere Abkommen, die

Namibias Unabhängigkeit garantierten und den Abzug aller fremden Truppen aus Angola vorsahen. Der UN-Sicherheitsrat verabschiedete die Resolution 626 und entsandte zur Überwachung der getroffenen Vereinbarungen Friedenstruppen, die United Nations Angola Verification Mission (UNAVEM).

Die USA gaben sich jedoch nicht geschlagen. Die Destabilisierungsbemühungen Washingtons sowie Südafrikas ließen den Krieg bis in die 90er Jahre andauern, nachdem Präsident Ronald Reagan 1985 sogar die Aufhebung des Kongressbeschlusses vom Januar 1976 erreicht hatte und nun die UNITA wieder offen unterstützen konnte. Zwar erklärten UN-Beobachter die Wahlen im September 1992, die dos Santos' MPLA gewann, als »frei und fair«, doch Jonas Savimbi akzeptierte das Ergebnis nicht und nahm die Kämpfe wieder auf, unterstützt von angeblich privaten Fluggesellschaften und Hilfsorganisationen, die zuvor ähnlich hilfreich den Contras in Nicaragua zur Seite gestanden hatten. Nach über 300 000 Toten erkannte Washington schließlich im Mai 1993 die Regierung in Luanda an. Der Bürgerkrieg war endgültig erst vorüber, als Savimbi im Februar 2002 von Regierungstruppen erschossen wurde.

29. August 1975: Peru

Während sich der schwerkranke Präsident Juan Velasco Alvarado in der amtlichen Winterresidenz in Chaclacayo (etwa zwanzig km östlich von Lima) erholte, initiierten die Militärkommandeure der 1., 2., 3., 4. und 5. Militärregion in Tacna im Süden Perus einen Coup und ernannten den Ministerpräsidenten und General Francisco Morales Bermúdez Cerruti zu seinem Nachfolger. Velascos Beziehungen zu den USA waren nie frei von Spannungen gewesen. Nur fünf Tage nachdem er 1968 durch einen Putsch linksorientierter Offiziere an die Macht gekommen war, hatte er die International Petroleum Company (IPC), eine Tochterfirma von Rockefellers Standard Oil, verstaatlicht, später auch das ebenfalls amerikanische Kupferbergwerk Cerro de Pasco Corporación. Und 1973 verwies er das US-Friedenskorps des Landes. Unstimmigkeit herrschte zwischen den beiden Ländern auch wegen Perus Anspruch auf eine 200-Meilen-Fischereizone. Die peruanischen Behörden hatten etliche amerikanische Fischtrawler wegen illegalen Fischfangs in der beanspruchten Fischereizone aufgebracht.

So unterstützten die USA den Staatsstreich gegen den reformorientierten Präsidenten, der das Land wieder unter die wirtschaftliche Kontrolle des Weltwährungsfonds zu bringen versprach. Dass ein italienisches Gericht gegen Morales Bermúdez ein Verfahren eröffnete, weil er im Rahmen der »Operation Condor« (siehe oben: 1964–1973 Chile) am

Verschwinden von 25 italienischen Staatsbürgern beteiligt gewesen sein soll, spricht in seinen Kreisen eher für den Beschuldigten.

1975–1978: Zaire

Zusammen mit Belgien, Frankreich, China, Nordkorea, Marokko, Ägypten und Sudan unterstützten die USA Diktator Mobutu Sese Seko in einem weiteren Sezessionskrieg in Katanga, um dem »möglichen Verlust« amerikanischer Mineninteressen zuvorzukommen.

1976: Libanon

Um rund 250 Amerikaner und Europäer aus dem libanesischen Bürgerkrieg in Sicherheit zu bringen, wurden sie durch Hubschrauber von fünf US-Kriegsschiffen evakuiert, nachdem die Evakuierungsroute eines Überlandkonvois durch Kampfhandlungen blockiert war.

24. März 1976: Argentinien

Der US-Geheimdienst CIA half bei der Planung und Durchführung des Militärputsches, der das Regime von General Jorge Rafael Videla an die Macht brachte. Sieben Jahre einer blutigen Militärdiktatur folgten, in deren Verlauf 30 000 Menschen ermordet wurden, wofür Außenminister Kissinger viel Verständnis zeigte, wie aus einem Memo hervorgeht:

> »Unsere Haltung ist im Wesentlichen, dass wir Ihnen Erfolg wünschen. Ich habe die altmodische Ansicht, dass man Freunde unterstützen sollte. In den Vereinigten Staaten wird nicht verstanden, dass dort unten ein Bürgerkrieg tobt. Wir hören von Menschenrechtsproblemen, aber nichts über den Zusammenhang. Je schneller Sie Erfolg haben, umso besser … Das Menschenrechtsproblem gewinnt an Bedeutung. Ihr Botschafter kann Ihnen das schildern. Wir wünschen eine stabile Situation. Wir werden Ihnen keine unnötigen Schwierigkeiten machen.«[198]

1976: Korea

Nachdem nordkoreanische Soldaten zwei amerikanische Soldaten in der demilitarisierten Zone erschossen hatten, als die beiden einen Baum fällten, verstärkten die USA ihre Einheiten in Korea.

1976–1977: Libyen

Edwin P. Wilson und Frank E. Terpil, zwei Ex-Agenten der CIA, hatten schon Millionen durch den Verkauf amerikanischer Militär-Hightech sogar an die Sowjetunion gemacht. Doch eine wahre Flut geheimer amerikanischer Waffenexpertisen setzte ein, als Wilson ein Abkommen mit Libyens Muammar al-Gaddafi über Ausbilder und technische Hilfe für die Truppen und Geheimdienste des Diktators abschloss. Piloten wurden angeheuert, um die libyschen Transportflugzeuge zu fliegen, Mechaniker, um die Maschinen zu warten. Neun ehemalige Green Berets wurden als Ausbilder eingestellt sowie fünf Exil-Kubaner, die Sonderaufträge Gaddafis ausführen sollten. Ein Green Beret, Eugene A. Tafoya, diente den Libyern sogar als Auftragskiller. Die Libyer wurden ausgebildet im Umgang mit Sprengmaterial und Bombenbau. Wilson schloss sogar eine ganze Reihe aktiver CIA-Beamter in sein Netz ein, was schließlich zum Skandal führte. Zu Beginn der Amtszeit Ronald Reagans leitete CIA-Direktor William Casey verdeckte Operationen gegen die prolibysche Regierung im Tschad ein. Als die Libyer ihrem bedrängten Verbündeten zu Hilfe eilten, war die bizarre Situation eingetreten, dass Wilsons Renegaten-Truppe Verbände im Kampf gegen CIA-Operationen unterstützten.

1976–1980: Jamaika

Im Dezember 1975 reiste Henry Kissinger nach Kingston, um Jamaikas Michael Manley von der Notwendigkeit einer Politikwende zu überzeugen. Manley, ein Absolvent der London School of Economics, dessen People's National Party der Sozialistischen Internationale angehörte, hatte Washington verärgert, als er Sympathien für den kubanischen Militäreinsatz in Angola äußerte, Beziehungen zu Kuba aufnahm und von den internationalen Bergwerkskonzernen, die auf Jamaika Bauxit abbauten, einen größeren Anteil am Profit verlangte.

Kaum hatte Kissinger das Land wieder verlassen, begannen die üblichen Destabilisierungsversuche, Pressekampagnen gegen den »Gefangenen Castros und des KGB«, Bestechungsgelder für Armeeoffiziere, geheime Waffenlieferungen für Oppositionsgruppen, Bombenanschläge, um die Tourismusindustrie zu schädigen, eine Welle von Streiks im Transport-, Energie- und Kommunikationssektor. Eine Ladung Mehl, die das deutsche Schiff *Heidelberg* anlieferte, war mit dem (in Jamaika verbotenen) Insektizid Parathion vergiftet: 17 Menschen starben nach dem Genuss. Eine Ladung Reis, die der Frachter *Stadt Bochum* lieferte, war ebenfalls mit Parathion kontaminiert.

Die in Chile so erfolgreich erprobte Organisation der Mittelklasse in oppositionellen Gruppen, mittlerweile ein klassisches Mittel im Kampf gegen unliebsame Regierungen weltweit, fand auch hier ihre Anwendung in Gestalt der Christian Women Agitators for Truth, einer vermeintlich schweigenden weiblichen Mehrheit, die auch als »Nationalrat der Frauen« bezeichnet wurde. Immerhin erreichte Washington den Niedergang der Wirtschaft, der wiederum 1980 Manleys Wahlniederlage besiegelte.

1977: Pakistan

Kurz nachdem Indien 1974 seinen ersten Atomwaffentest angekündigt hatte, wies Pakistans Premier Zulfikar Ali Bhutto die Kernphysiker seines Landes an, ebenfalls eine Atombombe zu bauen, womit er sich den Ärger Washingtons zuzog. »Eigentlich bin ich nicht gekommen, um Ihnen einen Rat zu geben, sondern um Sie zu warnen. Die Vereinigten Staaten haben zahlreiche Bedenken gegen Pakistans Atomprogramm«, erklärte US-Außenminister Henry Kissinger einem Bericht der pakistanischen Wirtschaftszeitung *Business Recorder* zufolge bei einem Besuch in Islamabad im August 1976. Wenn er dieser Warnung nicht folge, so drohte Kissinger, »dann machen wir aus Ihnen ein abschreckendes Beispiel«. Darauf habe Bhutto geantwortet: »Pakistan kann auch ohne den US-Präsidenten leben. Jetzt wird Ihr Volk sich einen anderen Verbündeten in dieser Region suchen müssen.«[199]

Es folgte, was kommen musste. Denn »Militärputsche in Pakistan finden nur selten ohne die stillschweigende oder ausdrückliche Zustimmung der US-Botschaft statt. Bhuttos Haltung in der Nuklearfrage war der Hauptgrund, dass die Vereinigten Staaten grünes Licht für seinen Sturz gaben.«[200] Schon 1976 hatte Bhutto General Mohammed Zia-ul-Haq zum Stabschef ernannt, der seit seinen Ausbildungsjahren in Fort Leavenworth, Kansas, ausgezeichnete Kontakte zum Pentagon und zum US-Militärgeheimdienst DIA pflegte. In der Nacht vom 4. auf den 5. Juli 1977 putschte General Zia, um einer Vereinbarung zwischen Bhutto und der Opposition zuvorzukommen, die zu neuen allgemeinen Wahlen geführt hätte. Zia rief das Kriegsrecht aus, erklärte sich selbst zum obersten Kriegsrechtsverwalter, nahm Bhutto in »Schutzhaft« und versprach Neuwahlen innerhalb von neunzig Tagen. Bald schon teilten US-Agenten in der Region, darunter auch der berüchtigte Afghanistan-Experte Louis Dupree, ihren Gesprächspartnern im pakistanischen Offizierskorps mit, »dass Bhutto verzichtbar sei und bald nicht mehr im Weg stehen werde«.[201]

Nach seiner Entlassung aus der Haft wurde Bhutto im September erneut verhaftet, am 18. März 1978 nach einem Verfahren, das nach Ansicht internationaler Beobachter allen Regeln einer ordentlichen Prozessführung Hohn sprach, zum Tode verurteilt und am 4. April 1979 um zwei Uhr morgens im Bezirksgefängnis von Rawalpindi gehängt.

Washington hatte gedacht, die pakistanische Armee werde die Idee einer Nuklearmacht Pakistan aufgeben, wenn Bhutto erst einmal aus dem Weg geräumt wäre. Doch eine der ersten Maßnahmen General Zias war die Übernahme der kerntechnischen Anlagen und Forschungseinrichtungen in Kahuta durch das Militär.

1978–1979: Iran

Zumindest zu Beginn der Revolution gegen Schah Reza Pahlawi setzten die USA ihre Unterstützung für ihn »ohne Einschränkungen« fort und drängten ihn, mit allen Mitteln gegen die demonstrierenden Massen vorzugehen. Die Garden des Schahs handelten entsprechend: Im August verbrannten 400 Menschen im Rex-Theater in Abadan, nachdem die Polizei Feuer gelegt, die Türen verschlossen und mit Ketten gesichert hatte. Am 8. September starben Tausende Anti-Schah-Demonstranten auf Teherans Jaleh-Platz im Feuer der Sicherheitskräfte. Anfang 1979 scheiterte ein amerikanischer Versuch, den Schah durch einen Militärputsch zu retten. Kurz darauf floh der Potentat, und im Februar übernahm Ajatollah Khomeini die Macht. Im Sommer schon unterstützten die USA öffentlich die Bemühungen des Regimes der Geistlichen, einen Aufstand der Kurden niederzuschlagen.

1979–1981: Seychellen

Nachdem er per Staatsstreich an die Macht gekommen war, entzog der Sozialist France-Albert René Südafrika die Landerechte. Die USA, die sich um die Verlängerung des 1990 auslaufenden Mietvertrages für ihren Luftwaffenstützpunkt auf den Inseln sorgten, waren aufgebracht über Renés Neutralitätspolitik und seine Idee, den Indischen Ozean zu einer atomwaffenfreien Zone zu machen. Ein Versuch, René durch eine Söldnerinvasion zu stürzen, wurde 1979 aufgegeben, weil der von den Plänen erfuhr, ehe die Bande Durban verlassen hatte.

Zwei Jahre später, im November 1981, reisten fünfzig angebliche Rugbyspieler aus Südafrika auf die Seychellen. Als bei ihrer Ankunft Waffen in ihrem Gepäck entdeckt wurden, kam es auf dem Flughafen zu einer Schießerei. Die Söldner kaperten eine Air-India-Maschine und flohen zurück nach Durban. In einem späteren Prozess gegen die Flugzeugentführer kam zutage, dass die Möchtegerninvasoren (die meisten der 23 Südafrikaner unter den 44 Angeklagten waren Reservisten der Eliteeinheiten ihres Landes) eine Regierungsgenehmigung für ihr Kommandounternehmen hatten. Mike Hoare, der berüchtigtste unter den angeklagten britischen, rhodesischen, amerikanischen, österreichischen und deutschen Söldnern, gab im Kreuzverhör zu, auch die CIA habe dem Invasionsplan zugestimmt.

1979: Sowjetunion

Als Antwort auf sowjetische Manöver an der Nordgrenze Irans alarmierte US-Präsident Jimmy Carter im Geheimen seine Nuklearstreitkräfte und drohte Moskau mit dem Einsatz von Atomwaffen, sollte die UdSSR sich in iranische Angelegenheiten einmischen.

1979–1984: Grenada

Im März 1979 putschte sich Maurice Bishop unter dem Beifall seiner Landsleute an die Macht. Das Land befinde sich »im eisernen Griff der totalitären Linken« und sei »eine Bedrohung für die nationale Sicherheit der Vereinigten Staaten«, befanden hingegen Präsident Ronald Reagan und sein Vize George Bush nur wenige Monate nach ihrem Amtsantritt.[202] In den folgenden Jahren irritierte Washington die internationale Öffentlichkeit mit einer Serie von Lügen über das Land: Die UdSSR baue einen unterirdischen U-Boot-Stützpunkt auf der Insel und habe dem Eiland Hubschrauber, Torpedoboote sowie MiG-Kampfjets geschickt, so dass Grenada über eine Luftwaffe von 200 hochmodernen Flugzeugen verfüge. Gleichzeitig behauptete Reagan, Grenada baue einen Flughafen mit einer 3000 Meter langen Landebahn, dabei habe das Land nicht einmal eine Luftwaffe. Und er bedauerte ausdrücklich eine angebliche »sowjetisch-kubanische Militarisierung Grenadas«.[203]

Mindestens fünf weitere Karibikstaaten wie Barbados oder Trinidad und Tobago hatten sogar längere Startbahnen und ebenfalls keine Luftflotte. Die Weltbank unterstützte den Bau des Flughafens, der Grenadas einzige Wachstumsindustrie, den Tourismus, fördern sollte. Eine amerikanische Firma aus Florida erledigte die Ausschachtungsarbeiten, die Europäische Gemeinschaft engagierte sich mit einer Teilfinanzierung des Projekts, das britische Unternehmen Plessey baute das Kommunikationssystem, und Kuba schickte Baumaschinen und Arbeitskräfte. »Unserer Ansicht nach dient dieser Flughafen dem Tourismus«, erklärte ein EG-Sprecher. »Wir stehen zu unserem Engagement.«[204]

Doch ein erneuter Putsch, in dem eine linksextremistische Fraktion innerhalb der Regierungspartei New Jewel Movement den populären Bishop stürzte und ermordete, diente den USA schließlich als Vorwand für eine Invasion auf der Insel, um der Gefahr für die Sicherheit Amerikas, die von den 110 000 Bewohnern und den 784 kubanischen Bauarbeitern, Lehrern, Ärzten und Krankenschwestern ausging, zu begegnen.

Nach drei Tagen war die »Operation Urgent Fury« beendet. 7000 Marines nahmen die Insel ein und plünderten die kubanische Botschaft. Die Verluste hielten sich in Grenzen: 135 gefallene Amerikaner (vierzig davon fielen in *friendly fire*), 84 getötete Kubaner sowie etwa 400 im schweren Beschuss (sogar der Klinik) gefallene Grenader. Ein Jahr später kritisierte der Washingtoner Council on Hemispheric Affairs, dass die US-trainierten Verbände zur Aufstandsbekämpfung die Menschenrechte und zivilen Freiheiten unterminieren, Gefangene oft prügeln und lange Zeit in Isolationshaft halten würden.

1979–1984: Volksrepublik von Südjemen

Weil die sozialistische Regierung des Südjemen weder von den westlichen noch von den arabischen Staaten nennenswerte Unterstützung erhielt, wandte sie sich mit ihrer Bitte um Unterstützung an die Sowjetunion, was in Washington prompt Missbehagen auslöste: Der Südjemen avancierte neben Kuba, Nicaragua, Angola und der IRA zu einem der Glieder eines vermeintlich von Moskau gesteuerten Terrornetzwerks.[205] Also ließen die USA dem westlich orientierten Nordjemen Militärhilfe zukommen und trainierten paramilitärische Verbände, die im Süden Brücken sprengen und Sabotageakte durchführen sollten. Tatsächlich hatte die Sowjetunion beiden, sowohl dem Süd- als auch dem westlich orientierten Nordjemen Militärhilfe gewährt und dem Nordjemen sogar bei der Zerschlagung einer linken Guerillabewegung geholfen.[206]

1979–1990: Nicaragua

Sofort nachdem die Sandinistische Befreiungsfront (FSLN) den langjährigen Diktator Anastasio Somoza gestürzt hatte und an die Macht gelangt war, wies Präsident Jimmy Carter die CIA an, die nicaraguanische Opposition finanziell, materiell sowie mit Schulung und Training zu unterstützen. Carters Nachfolger Ronald Reagan verhängte ein Wirtschaftsembargo über Nicaragua und schnitt die Sandinisten von allen Kreditgebern ab (Internationaler Währungsfonds, Weltbank, Inter-Amerikanische Entwicklungsbank, EG). Um die von den Sandinisten für 1984 angesetzten allgemeinen Wahlen von vornherein zu diskreditieren, drängten die USA die führende Oppositionspartei zum Wahlboykott. Wenige Tage vor den Wahlen enthüllten einige rechtsorientierte Parteien, sie seien ebenfalls von US-Diplomaten zum Boykott gedrängt worden. Zudem hatte die CIA mit erfundenen Zeitungsanzeigen in den Nachbarstaaten El Salvador, Honduras und Costa Rica versucht, die sandinistische Führung zu spalten. Zwar bescheinigten Hunderte internationaler Beobachter, die Wahlen, die von den Sandinisten mit deutlicher Mehrheit gewonnen wurden, seien weitgehend fair und frei verlaufen. Dennoch weigerte sich die US-Regierung hartnäckig, das Ergebnis anzuerkennen.

Ihre Militärs und Agenten organisierten ehemalige Nationalgardisten Somozas und andere Oppositionelle in der sogenannten Contra und ließen sie von argentinischen Spezialisten ausbilden und trainieren, von jenen Argentiniern, die in ihrem eigenen Land zur gleichen Zeit einen »schmutzigen Krieg« gegen ihre Bevölkerung führten. Washington stattete seine »Freiheitskämpfer«, deren »hauptsächliche Methode der Kriegführung« nach Angaben von Amnesty International »die systematische Verletzung der Menschenrechte« war, mit Waffen, Munition und Bargeld aus. Die US-Navy fuhr vor den Küsten Mittelamerikas ihre bereits aus Vietnam bekannten und unübersehbaren DESOTO-Patrouillen, um die sandinistische Kommunikation abzuhören und die Lauschopfer zugleich zu provozieren. CIA-Agenten verminten Häfen und Flüsse[207], führten Sabotageakte im Land durch, mieteten Flugzeuge und Piloten von Firmen wie Armairco in La Jolla, Kalifornien, oder Investair Leasing, die über eine fiktive Firmenadresse auf Washingtons Dulles International Airport verfügte, und ließen sie Bombereinsätze gegen nicaraguanische Ortschaften fliegen. Über die Zeitschrift *Soldier of Fortune* und bei der Söldnerfirma Civilian Military Assistance heuerte die CIA amerikanische Söldner für den Kampf gegen die Sandinisten an. In einem Handbuch der psychologischen Kriegführung, das offiziell von dem Magazin *Soldier of Fortune*, tatsächlich aber von der CIA verfasst war und ganze Passagen aus Unterrichtsmaterial plagiiert hatte, das 1968 bei der Ausbildung von Special Forces in Fort Bragg verwendet worden war, empfahlen die Autoren politische Morde, Erpressung, gewalttätige Aufläufe, Entführungen oder die Sprengung von öffentlichen Gebäuden als Mittel der Kampfführung gegen die ungeliebten Sandinisten.

Nachdem der US-Kongress 1983 mit dem Boland Amendment (so benannt nach dem demokratischen Kongressabgeordneten Edward Boland aus Massachusetts, der das Gesetz eingebracht hatte) jede weitere militärische Unterstützung der Contras verboten hatte, wurden deren Aktivitäten mit Millionen Dollarspenden aus Saudi-Arabien, Kuwait oder Brunei sowie zu einem geringeren Teil von Privatpersonen wie dem Schlagersänger Pat Boone oder von Unternehmen wie Merrill Lynch, vor allem aber mit dem Verkauf amerikanischer Waffen via Israel an Iran finanziert, was die sogenannte Iran-Contra-Affäre (bekannt auch als Irangate) auslöste.[208] Diverse CIA-Mordanschläge gegen Mitglieder der sandinistischen Regierung scheiterten oder wurden vorzeitig aufgedeckt. Washington blockierte regelmäßig alle Bemühungen der Contadora-Gruppe (Mexiko, Panama, Kolumbien, Venezuela) um eine Beilegung des Konfliktes.

Bei den Wahlen 1990 ging Washington auf Nummer sicher. Neben den geschätzten elf Millionen Dollar der CIA flossen 12,5 Millionen Dollar der National Endowment for Democracy (NED, eine vom US-Kongress gegründete Stiftung »zur weltweiten Förderung der Demokratie«) an die Opposition, davon über vier Millionen an Violeta Chamorro, Herausgeberin der Zeitung *La Prensa* und Kandidatin der Unión Nacional Opositora (UNO), die mit den Dollarmillionen geschmiedet worden war. Die US-Botschaft hatte den zahlreichen kleinen Oppositionsparteien überzeugend bedeutet, dass nur jene Geld bekämen, die sich dem Parteienbündnis anschlössen. Das Ergebnis war UNO, deren Wahlkampfbudget in der US-Botschaft aufgestellt wurde. Zudem machte Washington der Bevölkerung in Zeitungsartikeln und Wahlkampfbroschüren klar, dass ein erneuter Sieg der Sandinisten die Fortsetzung des andauernden Contra-Krieges bedeutete. Chamorros UNO gewann mit 55 Prozent der Stimmen. Nach der Wahlniederlage gaben die Sandinisten die Macht an die Wahlsieger ab.

1979–1990: Honduras

Wie schon 1954, als die Dulles-Brüder[209] gemeinsam mit der United Fruit Company die Regierung Guatemalas stürzten, so bauten die USA in den 80er Jahren Honduras erneut zum Aufmarschgebiet ihrer Truppen aus, diesmal gegen Nicaraguas Sandinisten. Sie erhöhten die Militärhilfe für das mit zwei Milliarden Dollar verschuldete Land auf hundert Millionen Dollar und verkauften ihm zwanzig Super-Mystère-B-2-Jagdbomber, zehn F-86-Sabre-Jagdbomber, fünfzig UH-1H- sowie UH-19D-Transporthubschrauber, so dass das »Armenhaus Lateinamerikas« (damals hinter Haiti das zweitärmste Land der westlichen Hemisphäre) über die stärkste Luftwaffe der Region verfügte. Pionierbataillone und Ingenieure der US-Armee schlugen Panzerschneisen und bauten Straßen durch die Bergwälder entlang der Küste und der Grenze zu Nicaragua, legten zwischen Bananenstauden und Kaffeebüschen Landepisten für C-130-Großraumtransporter an und errichteten in Puerto Castillo eine neue Hafenanlage sowie ein militärisches Ausbildungszentrum, in dem 150 US-Militärberater neben einheimischen Truppen salvadorianische Bataillone ausbildeten.

Im US-Aufklärungsstützpunkt Palmerola bei Comayagua mit einer Luftwaffenschule und einem Militärhospital waren zahlreiche Staffeln zweimotoriger Beechcraft- und Mohawk-Aufklärer, Shinook- und Huey-Hubschrauber sowie rund 1500 Mann US-Personal stationiert. Ständig hielten sich zwischen 1500 und 2000 US-Soldaten in Honduras auf, deren Zahl während der regelmäßig gemeinsam mit den honduranischen Streitkräften durchgeführten Manöver wie »Operation Falcon's Eye« oder »Ahuas Tara II« (Große Kiefer II) zeitweilig auf über 6000 stieg. 1988 verlegten die USA in der »Operation Golden Pheasant« zusätzliche Truppen nach Honduras, um einem angeblich geplanten Angriff Nicaraguas zu begegnen. »Während sich die Honduraner nicht darauf einigen konnten, wer der zweitwichtigste Mann im Lande war, gab es für sie nicht den geringsten Zweifel über den wichtigsten Mann: den US-Botschafter«, berichtete die *New York Times* unter dem Titel »Treating Honduras as a Vassal State«.[210]

Gleichzeitig rüstete Washington die antisandinistischen Contras auf, stellte ihnen Militärberater sowie 150 CIA-Agenten zur Seite, unterstützte sie bei ihren Überfällen auf nicaraguanisches Gebiet, baute ihnen Hospitäler und überließ ihnen – ohne die Regierung von Honduras überhaupt zu fragen – die Region um Danlí und Los Trojes an der Grenze zu Nicaragua. Die Contras vertrieben die Kleinbauern, die dort in den Bergen Kaffee anbauten, aus La Lodosa, aus Español, Amparo oder Tablazo, die neuerdings Ciudad Kirkpatrick, Ciudad Casey oder Ciudad Haig hießen.

In der Folge klagten Parteien und Gewerkschaften in Honduras, »dass es seit der Ankunft der Gringos und mit der wachsenden Bedeutung der Militärs zum ersten Mal in der neueren Geschichte des Landes geheime Friedhöfe, Todesschwadronen und Folter gibt. Arbeiterführer und Parteifunktionäre verschwanden und wurden später tot aufgefunden.«[211] Die CIA trainierte eine geheime Militäreinheit, das Bataillon 316, das ebenso geheime Gefängnisse unterhielt, in denen linker Sympathien Verdächtige verhört und gefoltert wurden. Viele der Opfer wurden später ermordet an Flussufern oder auf entlegenen Feldern aufgefunden. Gelegentlich wohnten CIA-Agenten diesen Verhören bei, wie Richard Stolz, CIA Deputy Director for Operations, 1988 vor dem Senate Select Committee on Intelligence einräumte. Der Senatsausschuss prüfte die Aussagen einer Honduranerin, Ines Consuelo Murillo, die 78 Tage lang, oftmals im Beisein von CIA-Agenten, von Offizieren des Bataillons gefoltert worden war: »Ich kann Frau Murillos Aussage, dass sie von honduranischen Verhörspezialisten gefoltert wurde, nicht widersprechen.«[212]

1979–1992: Afghanistan

1973 stürzte Mohammad Daoud (obwohl selbst ein Mitglied der königlichen Familie) mit Hilfe der kommunistisch orientierten Demokratischen Volkspartei (DVP) die Monarchie. Zunächst zog er den Zorn Islamabads auf sich, weil er die Paschtunen südlich der Durand-Linie (der ebenso ungenauen wie umstrittenen Grenze zwischen Afghanistan und Pakistan) in Pakistans nordwestlicher Grenzprovinz aufgefordert hatte, sich ihren Stammesbrüdern in Afghanistan anzuschließen. Pakistans Ministerpräsident Zulfikar Ali Bhutto lud daraufhin Paschtunen aus Afghanistan ein, ließ die Männer militärisch ausbilden und für einen Guerillakrieg gegen Daoud ausrüsten: Sechs Jahre vor dem Einmarsch der sowjetischen Truppen operierten die ersten Mudschahedin in dem Land am Hindukusch.

Nachdem er unter dem Einfluss Teherans den Führer der DVP hatte ermorden und den Rest der Parteiführung verhaften lassen, wurde Daoud von der DVP mit der Unterstützung von Teilen der Armee gestürzt. Die neue Regierung akzeptierte sowjetische Hilfe und leitete zahlreiche Reformen ein (Landreformen, Abschaffung des Zinswuchers, Abschaffung der Kinderehe, des Verkaufs von Frauen etc.), was die feudalistischen Stammesfürsten aufbrachte. Sie fanden Sympathien und Unterstützung in Iran wie in Pakistan (die neuen Regierungen beider Staaten steuerten einen orthodox-islamischen Kurs) und vor allem in den Vereinigten Staaten.

Im September 1979 führten erbitterte Fraktionskämpfe zu einer Schießerei im Kabuler Präsidentenpalast, in deren Verlauf der Ministerpräsident Nur Muhammad Taraki von seinem Stellvertreter Hafizullah Amin (der einst an der Columbia University und der University of Wisconsin studiert hatte und im Verdacht stand, für die CIA zu arbeiten) erschossen wurde. Amin suchte nun die Reformen mit harter Hand durchzusetzen, was den Widerstand der orthodox-konservativen Bevölkerung noch erhöhte und in etlichen Armee-Einheiten sogar zu Meuterei führte.

Am Weihnachtstag des Jahres 1979 überquerten 100 000 sowjetische Soldaten den Oxus, rückten in Kabul ein, stürmten am 27. Dezember den Regierungspalast, erschossen Amin und setzten Babrak Karmal als neuen Ministerpräsidenten ein. Nach dieser sowjetischen Invasion stellten die USA ihre Weizenlieferungen an die UdSSR ein, boykottierten die Olympischen Spiele in Moskau, verstärkten ihr Engagement bei der Ausbildung oppositioneller Guerillas, verteilten Handbücher zur Anleitung von Sabotageakten und Tötungsanschlägen, die an der Universität von Nebraska in Omaha hergestellt worden waren, und bereiteten Russlands Vietnam vor. Es folgten zehn Jahre »Heiliger Krieg« mit massiver finanzieller und militärischer Unterstützung der USA, ehe die sowjetischen Truppen 1988/89 abzogen.

Afghanistans Präsident Mohammed Nadschibullah sah sich nun alleine den von den USA hochgerüsteten Mudschahedin gegenüber, die mit ihren Stinger-Raketen aus dem US-Arsenal nicht nur Hunderte russischer Kampfhubschrauber, sondern mindestens auch acht Passagiermaschinen abgeschossen hatten. Großzügig verteilten die USA Waffen an jeden, der die Kommunisten aus Kabul vertreiben wollte: an die pakistanische Armee, an islamische Krieger, an korrupte afghanische Stammesfürsten, an Kriminelle, Heroinhändler und sogar an die radikalsten Gruppen innerhalb der iranischen Armee. 1992 schließlich einigten sich die UdSSR und die USA darauf, keine Waffen mehr nach Afghanistan zu liefern. Wenig später stürmten die Mudschahedin Kabul, hängten Nadschibullah auf und begannen nun, sich gegenseitig zu bekämpfen.

1979–1993: Kambodscha

Weil das Mekongdelta vor über 1000 Jahren zu einem Khmer-Reich gehört hatte, das in chinesischen Annalen »Wasser Chenla« genannt wird, verlangte Pol Pot von Hanoi die Abtretung praktisch ganz Südvietnams. Als Hanoi dieses Ansinnen zurückwies, drangen kambodschanische Verbände mehrfach und bis zu 150 km tief in vietnamesisches Territorium ein, massakrierten Tausende, darunter die Bewohner ganzer Dörfer, und vergewaltigten Tausende Frauen. Vietnams Angebot, eine diplomatische Lösung für die Differenzen zu suchen, beantwortete Phnom Penh mit einem erneuten Angriff auf vietnamesisches Gebiet. Daraufhin beschloss Hanoi, die kambodschanische Gefahr ein für alle Mal zu beseitigen.

Am 25. Dezember 1978 stießen zehn vietnamesische Divisionen mit Unterstützung der Kambodschanischen Vereinigten Front zur Nationalen Errettung (KUFNS), einer von Hanoi finanzierten und organisierten Khmer-Widerstandsbewegung, in Kambodscha vor. Am 7. Januar 1979 nahmen sie Phnom Penh ein. Die Regierung der neu geschaffenen Volksrepublik von Kampuchea (PRK) unter Leitung des ehemaligen Rote-Khmer-Kommandeurs Hun Sen wurde schnell von Peking wie von Washington als »Marionettenregierung« denunziert.

Die Roten Khmer unter ihrem Führer Pol Pot zogen sich in das Grenzgebiet zu Thailand zurück, von wo aus sie einen blutigen Guerillakrieg gegen die neuen Machthaber in Phnom Penh führten. Zwar waren Pol Pots Truppen zuvor auch gelegentlich in Thailand eingefallen, um ebenfalls dort ihre Ansprüche auf einstige Khmergebiete geltend zu machen, dennoch fanden sie nun die massive Unterstützung Thailands. Auch Peking rüstete Pol Pots Guerillas mit Panzern und Granatwerfern auf.

Nun rächten sich die USA für ihre Niederlage in Vietnam und stellten sich – und mit ihnen natürlich der gesamte Westen – hinter die mörderischen Roten Khmer, die sie noch zwölf Jahre später als die legitime Regierung Kambodschas anerkannten. Großbritanniens Special Air Services bildeten von Mitte der 80er Jahre bis zum Pariser Friedensabkommen zwischen den Bürgerkriegsparteien, 1991, in Thailand Anti-Hun-Sen-Guerillas aus. Amerikanische Berater halfen nicht nur bei der Ausbildung der Guerillas, sie zogen auch mit ihnen ins Feld und begleiteten sie bei ihren Angriffen. »Auf dem Umweg über China unterstützt die CIA sogar die Dschungeltruppen Pol Pots«, berichtete das US-Magazin *Covert Action*. Von »Berichten einer zunehmenden amerikanischen Beteiligung, die neulich in Sisophon«[213] (eine Stadt im Norden Kambodschas) ans Tageslicht kamen, hatte auch die Londoner *Sunday Times* gehört. Vier Weiße waren im Kampfgebiet gesehen worden. Und Prinz Sihanouk, der langjährige Regierungschef Kambodschas, später die Gallionsfigur und noch später der Gefangene Pol Pots, bestätigte die Anwesenheit von US-Militärberatern und Agenten in den Flüchtlingslagern entlang der Grenze zwischen Thailand und Kambodscha, »besonders im Site B Camp«.

Internationale Hilfsorganisationen mussten die Guerillas der Roten Khmer auf Geheiß Washingtons verköstigen. »Hilfsorganisationen unterstützten die Khmer Rouge mit Nahrungsmitteln und Medikamenten«, schrieben Linda Mason und Roger Brown in einer Studie über die Hilfsoperationen für die Flüchtlinge in Thailand: »Im Herbst 1979 waren sie in der verzweifeltsten Lage von allen. Doch ihre Gesundheit verbesserte sich rapide, und Hilfsorganisationen begannen, an ihrem Vorgehen zu zweifeln. Nachdem sie sich wieder erholt hatten, nahmen die Khmer Rouge sofort wieder den Kampf gegen die Vietnamesen auf.«[214] Dies stand nach Ansicht der Hilfsorganisationen im Widerspruch zu den humanitären Zielen ihrer Arbeit. Doch Thailand und die US-Regierung bestanden darauf, dass die Khmer Rouge versorgt werden müssten.

In einer Nachrichtensendung der amerikanischen TV-Gesellschaft ABC charakterisierte Chester Atkins, Kongressabgeordneter aus Massachusetts, die US-Politik gegenüber Kambodscha als »eine Politik des Hasses«.

1980: Iran

Die von Präsident Jimmy Carter befohlene »Operation Eagle«, in der sechs Transportflugzeuge sowie acht Hubschrauber die in der US-Botschaft in Teheran gefangen gehaltenen 52 Geiseln befreien sollten, scheiterte in einem Sandsturm in der Wüste von Belutschistan. Während Carter die misslungene Rettungsaktion für die Teheraner Geiseln angelastet wurde, traf Ronald Reagan, sein Herausforderer bei den Präsidentschaftswahlen im Herbst des Jahres, heimlich ein Abkommen mit der Islamischen Republik und versprach ihr künftige Waffenlieferungen via Israel. Im Gegenzug sollte Teheran die Geiseln bis zum Abschluss des Wahlkampfes festhalten, womit Carters Chancen auf Wiederwahl auf null sanken.

1980: Oman

Die USA übernahmen die Rolle, die bislang Großbritannien in Oman innehatte, das 1970 in einem Palastcoup den Sultan gestürzt und durch seinen Sohn Qabus ibn Said ersetzt hatte. Die Regierungen Omans und der USA unterzeichneten neben einem Abkommen über wirtschaftliche und technische Kooperation ein weiteres, das den USA die Nutzung omanischer Militäreinrichtungen einräumt. 1991 starteten amerikanische Bomber von Stützpunkten in Oman zu ihren Einsätzen gegen Saddam Hussein. Und eine Dekade später operierten US-Streitkräfte, die in Oman stationiert waren, in Afghanistan.

1980: Südkorea

Nach dem Ausschluss des Oppositionsführers Kim Young-sam aus der Nationalversammlung im Oktober 1979 wuchsen die Spannungen zwischen dem Militärregime und der zivilen Opposition zu einer nationalen Krise an. Regierungstruppen unterdrückten aufkommende Unruhen in Pusan. Die Situation entlud sich schließlich, als Präsident Park Chung-hee am 26. Oktober von seinem eigenen Geheimdienstchef ermordet wurde. Daraufhin übernahm General Chun Doo-hwan die Regierungsgewalt. Als Studenten und Dissidenten im Mai 1980 in Kwangju die Wiederherstellung demokratischer Verhältnisse forderten, stellten ihm die USA einige koreanische Truppenverbände aus dem gemeinsamen amerikanisch-koreanischen Kommando zur Verfügung, um die anhaltenden Demonstrationen unter Kontrolle zu bringen. Nach Schätzungen starben bis zu 2000 Zivilisten in dem Gemetzel der Armee. Im Februar 1981 empfing Präsident Ronald Reagan Chun als ersten Staatsgast seiner Amtszeit und lobte ihn: »Sie haben viel getan, um die 5000 Jahre alte Tradition, sich für die Freiheit einzusetzen, zu stärken.«[215] 15 Jahre später verurteilte ein koreanisches Gericht General Chun für seine Rolle während des Kwangju-Massakers wegen Verrats und Mordes zum Tode – eine Strafe, die allerdings in einem Berufungsverfahren in lebenslange Haft umgewandelt wurde.

1980: Türkei

Am 12. September 1980 putschte sich das türkische Militär unter Leitung des Generalstabschefs Kenan Evren an die Macht. Evren enthob die Regierung ihres Amtes, verhängte das Kriegsrecht, verbot alle Parteien, Gewerkschaften, Stiftungen und Vereine. Ihre Funktionäre wurden vor Gericht gestellt, Tausende politische Gefangene gefoltert und zum Tode verurteilt. Spätere Berichte sprachen von 650 000 Festnahmen, 7000 beantragten, 571 verhängten und fünfzig vollstreckten Todesurteilen sowie dem nachgewiesenen Tod durch Folter in 171 Fällen.

Hintergrund dieses Putsches war nicht zuletzt eine prekäre Wirtschaftslage. Die Gewährung eines Drei-Milliarden-Dollar-Kredits hatte der IMF an harte Bedingungen geknüpft: Aufhebung des Streik- und Tarifrechts, Einfrieren der Löhne, Privatisierungen, Abwertung der Währung, Senkung der Staatsausgaben im Sozial-, Gesundheits- und Bildungsbereich, Senkung der Zuschüsse für Lebensmittel. Gegen eine Inflationsrate von über hundert Prozent, Massenentlassungen und Privatisierungen kam es zu massenhaften Streiks. Politische Morde waren an der Tagesordnung. Alleine im Sommer 1980 waren monatlich rund 150 bis 200 Opfer zu beklagen, von denen drei Viertel auf das Konto der Grauen Wölfe gingen, der Jugendorganisation der faschistischen Nationalen Bewegung (MHP) von Alparslan Türkeş.

Die USA hatten im Januar 1980 mit der Türkei einen neuen Militärvertrag über die Einrichtung von 26 Stützpunkten wie der Spionagestation Sinop am Schwarzen Meer und dem Luftwaffenstützpunkt Incirlik am Mittelmeer ausgehandelt, auf denen 5000 US-Militärs stationiert waren. Die *New York Times* berichtete, türkische Militärs hätten erklärt, mit dem Einverständnis Washingtons zu handeln. Das State Department bestätigte einen Tag nach dem Putsch, über die Pläne des türkischen Militärs informiert gewesen zu sein.

Präsident Jimmy Carter befand sich zur Zeit des Putsches in der Oper. Als er davon hörte, rief er Paul Henze an, seinen Sicherheitsberater, Chef der Türkei-Abteilung und ehemaligen Chef der CIA-Station in Ankara, um ihm mitzuteilen, was dieser längst wusste: »Ihre Leute haben gerade einen Staatsstreich durchgeführt.«[216] Und Henze triumphierte am Tag nach dem Putsch vor seinen Kollegen in Langley: »Unsere Jungs haben es geschafft.«[217] Der CIA-General Henze gilt als der eigentliche Baumeister dieses Putsches.

Der türkische Generalstabschef Evren, ein enger Vertrauensmann des Pentagon, beeilte sich, unmittelbar nach dem von den NATO-Partnern mit spürbarer Erleichterung aufgenommenen Staatsstreich zu versichern, die Türkei werde ihren vertraglichen Verpflichtungen im Rahmen des Bündnisses selbstverständlich nachkommen.

1980–1994: El Salvador

Zehn Jahre lang unterstützte Washington eine blutrünstige Soldateska, eine reformunwillige Oligarchie und mordlustige Todesschwadronen, die zumeist angeführt wurden von Offizieren der Armee oder der verschiedenen Polizeiorganisationen, mit militärischer Ausrüstung alleine schon im Wert von über sechs Milliarden Dollar. Hinzu kamen Wirtschafts- und Finanzhilfe in Höhe von weiteren 900 Millionen Dollar sowie sogenannte Militärberater (die tatsächlich aber auch aktiv an den Kämpfen teilnahmen) und eine Truppenausbildung gegen eine Bauernguerilla. Zudem inszenierten und fälschten die USA Wahlen, priesen dieses Gebilde zugleich aber als eine funktionierende Demokratie – alles unter dem Vorwand, El Salvadors Guerilla sei kommunistisch und werde von Moskau, Havanna und Managua unterstützt und gesteuert.

El Salvadors Oligarchen waren überzeugt davon, dass Gott die überwältigende Mehrheit der Menschen dazu geschaffen hat, einer winzigen Minderheit zu dienen. Es war folglich eine kleine Clique, die ihr Land wie ein Feudalreich regierte und auch die vorsichtigste Opposition als Kommunisten und Terroristen brandmarkte. Todesschwadronen mordeten Tausende einheimische Bauern, Lehrer, Gewerkschafter, Priester, Christdemokraten oder Sozialdemokraten sowie amerikanische Nonnen, amerikanische Landwirtschaftsberater, Journalisten; salvadorianische Truppen folterten und töteten Zehntausende.

Im Januar 1981 eröffnete die Frente Farabundo Martí para la Liberación Nacional (FMLN), eine Koalition von vier Guerillagruppen, ihre sogenannte Endoffensive, die jedoch scheiterte und keine Änderungen brachte. Zehn Jahre lang zog sich der Bürgerkrieg hin, bis er 1992 nach einem UN-vermittelten Waffenstillstand zwischen der Regierung und der Guerilla beendet wurde. Zwei Jahre später gab die Regierung Clinton auf Druck des US-Kongresses 12 000 Dokumente frei. Die Dokumente enthüllten, dass Präsidenten, Vizepräsidenten, Parlamentarier und Parteichefs in El Salvador oftmals nicht nur enge Beziehungen zu den Todesschwadronen gepflegt, sondern häufig zu ihren Organisatoren und Finanziers gehört hatten – und dass mehrere US-Regierungen von alledem gewusst hatten, als sie dieses System in El Salvador massiv unterstützten.

1981: Panama

Zwar hatten die USA den Ex-CIA-Agenten, geheuerten Killer und späteren Watergate-Klempner E. Howard Hunt aus Mexiko zurückgerufen, wo er die Ermordung von General Omar Torrijos hatte organisieren sollen. Doch 1981 starb der General, der seit 1970 auf einer geheimen, später vom Kongress veröffentlichten Mordliste der CIA gestanden hatte, unter ungeklärten Umständen bei einem Flugzeugabsturz. Torrijos hatte sich bei der Regierung Präsident Ronald Reagans unbeliebt gemacht, weil er sich hartnäckig weigerte, den mit Reagans Vorgänger Jimmy Carter ausgehandelten Vertrag über die Rückgabe des Panamakanals neu zu verhandeln.

1981–1983: Tschad

Um sich gegen seine Widersacher in dem seit Mitte der 60er Jahre anhaltenden Bürgerkrieg zu halten, erbat Präsident Goukouni Oueddei im Dezember 1980 libysche Truppenunterstützung. Gleichzeitig rüstete die CIA die Streitkräfte des Oppositionsführers Hissène Habré auf, der versprach, ein weniger freundlicher Nachbar Libyens zu sein als Oueddei. So kam es, dass Libyer mit Unterstützung der CIA von der CIA unterstützte Truppen des Tschad bekämpften (siehe: 1976–1977 Libyen). Unter dem Druck der USA sowie der einstigen Kolonialmacht Frankreich gab Oueddei schließlich nach und ersetzte die libyschen Einheiten mit Verbänden der Organisation für Afrikanische Einheit (OAU). Die OAU-Truppen schauten tatenlos zu, als Habré die Regierung stürzte.

Der Watergate-Enthüller und *Washington Post*-Reporter Bob Woodward schrieb in seinem Buch *Geheimcode VEIL* über die geheimen Kriege

Ronald Reagans, Habrés Coup sei William Caseys erste geheime Operation als CIA-Direktor gewesen. Mit Washingtons Unterstützung (zwei AWACS-Überwachungsflugzeuge sowie acht F-15-Kampfjets und Logistiktruppen) herrschte Habré acht Jahre lang, während derer er nach Schätzungen von Human Rights Watch 40000 Menschen ermorden, zahlreiche verschwinden und rund 200000 foltern ließ.[218] 2000 brachten einige seiner Folteropfer »Afrikas Pinochet« im Senegal, wo er lebte, vor Gericht.[219]

1981–1984: Frankreich

Mit dem Sozialisten François Mitterrand als Präsident und einer Volksfrontregierung von Sozialisten und Kommunisten stellte Frankreich offenbar eine Gefahr für die Sicherheit der USA dar. Zwar waren Mitterrand und die Regierung in einem demokratischen System gewählt worden, das beinahe so alt ist wie jenes der USA. Dennoch fürchtete Washington ein gefährliches Anwachsen kommunistischen Einflusses. »Frankreich wird von dem kommunistischen Apparat bedroht ... Es ist eine klare und aktuelle Gefahr, wenn das heute in zehn Jahren gesehen wird«[220], orakelte Irving Brown, Direktor für internationale Beziehungen der AFL-CIO mit Sitz in Paris.

Prompt verbuchte die National Endowment for Democracy (NED) 1,5 Millionen Dollar, um die Demokratie in Frankreich zu fördern. Empörung machte sich breit, als die französische Presse herausfand, dass in einem Versuch, kommunistische Kandidaten bei den Wahlen zur Nationalversammlung zu schlagen, noch mehr Geld an die Union nationale Inter-universitaire geflossen war, eine rechtsgerichtete, xenophobe Organisation, der gelegentlich sogar Verbindungen zu terroristischen Organisationen nachgesagt werden. Zwar distanzierte sich die US-Regierung verlegen von den Machenschaften ihrer Stiftung. Die machte jedoch ungerührt weiter. Zumindest in den Jahren 1983/84 unterstützte sie finanziell, mit Seminaren und der Publikation von Postern, Büchern sowie Broschüren wie *Neutralismus und Freiheit* oder *Subversion und die Theologie der Revolution* gewerkschaftsähnliche Organisationen von Professoren und Studentenorganisationen, um linksgerichtete Professorenorganisationen zu bekämpfen.

1981–1996: Libyen

Während Präsident Carters »Operation Eagle« zur Befreiung der Geiseln in Teheran im persischen Wüstensand versank, brannte ein libyscher Mob die US-Botschaft in Tripolis ab. 1981 tauchten in der Presse Berichte über ein libysches Killerkommando auf, das angeblich Carters Nachfolger Ronald Reagan ermorden sollte. Auf den US-Botschafter in

Frankreich wurde geschossen, wenig später wurde der US-Botschafter in Italien zurückgerufen, nachdem ein Entführungskomplott aufgedeckt worden war. Die USA antworteten mit der Schließung ihrer diplomatischen Vertretung in Tripolis, und am 19. August 1981 schossen US-Kampfflugzeuge des Flugzeugträgers *USS Nimitz* die ersten zwei libyschen Jets vor der Küste ab. Die USA hielten regelmäßig Manöver zur »Freiheit der Navigation« im Golf von Sidra ab, den Libyen als territoriales Gebiet beanspruchte, die USA jedoch als internationales Gewässer betrachteten. Diverse Versuche Frankreichs in Zusammenarbeit mit US-Geheimdiensten, den libyschen Staatschef Muammar al-Gaddafi zu ermorden, scheiterten.

Am 3. November 1983 berichtete Bob Woodward in der *Washington Post*, die US-Regierung verdächtige Gaddafi, in einer ganzen Reihe von Staaten »terroristische Gruppen« oder »gleichgesinnte Regierungen« zu unterstützen (im Tschad, in Tunesien, Sudan, Syrien, Äthiopien, Nicaragua, auf den Philippinen, in Guatemala, El Salvador, Chile, Kolumbien, in der Dominikanischen Republik, im Libanon und Irak). Im April 1984 kam es zu einem dramatischen Zwischenfall in London, als eine britische Polizistin aus der libyschen Botschaft heraus erschossen wurde.

Einen Monat später belegten Aufständische einer Nationalen Front zur Rettung Libyens (NFSL) eine Kasernenanlage, in der sich auch Gaddafis Familienanwesen befand, mit Raketen- und Gewehrfeuer. Die meisten der Angreifer wurden getötet, als libysche Panzer ihre Stellung angriffen. Nur wenige Tage vor dem Angriff hatte Reagan eine Direktive unterzeichnet, die signalisierte, dass Exilgruppen wie die NFSL eine nicht zu unterschätzende Waffe im Kampf gegen Gaddafi seien. Bob Woodward zitierte die Präsidentenanweisung, in der die US-Nachrichtendienste angewiesen wurden, gegen den internationalen Terrorismus »in die Offensive (zu) gehen«, in seinem Buch *Geheimcode VEIL*: »Wenn sie ausreichend unterstützt werden, könnten die Exilgruppen bald eine fortgesetzte Sabotage- und Gewaltkampagne beginnen, die weitere Herausforderungen an Gaddafis Autorität auslösen könnte.« Schon damals war man in Washington der Auffassung, dass »keine Operation, die nicht den Sturz Gaddafis auslöst, irgendeine bedeutsame und anhaltende Änderung in der libyschen Politik erreichen wird«.[221]

Im März 1986 drangen US-Kampfflugzeuge mehrmals in libysches Hoheitsgebiet ein, zerstörten eine Flugabwehrstellung und versenkten mehrere Schiffe. Als Antwort auf ein Bombenattentat in der Berliner Diskothek La Belle, dem zwei US-Soldaten sowie ein Zivilist zum Opfer gefallen waren, bombardierten US-Verbände am 14. April desselben Jahres Tripolis. Zwischen vierzig und hundert Menschen starben, ausschließlich Zivilisten, darunter eine Adoptivtochter von Gaddafi – aber, anders als erhofft, nicht er selber. Wenige Monate später landete ein Kommando der US-Navy Seals als Teil der psychologischen Kriegführung am Strand von Libyen, um israelische Streichholzschachteln und Zigarettenkippen zu hinterlassen. Weil sie angeblich »feindselige Absichten« gezeigt hatten, schossen zwei F-14-Jets von der *USS John F. Kennedy* am 4. Januar 1989 zwei weitere libysche Kampfflugzeuge über dem Golf von Sidra ab.

In den Jahren nach Hissène Habrés Coup im Tschad (siehe: 1981 Tschad) kam es zu häufigen Zusammenstößen zwischen libyschen Truppen und den von CIA und französischen Agenten unterstützten Streitkräften des Tschad. Im März 1987 gerieten zwischen 600 und 700 libysche Soldaten unter dem Befehl von Oberst Khalifa Haftir in Gefangenschaft. Gaddafi behauptete, nichts mit dem Obersten zu tun zu haben, woraufhin Haftir (gelegentlich auch Haftar, Hefter oder Huftur geschrieben) zur NFSL überlief. In einem Bericht des Congressional Research Service vom Dezember 1996 wird Haftir als Kommandeur der Libyschen Nationalen Armee erwähnt, des militärischen Flügels der NFSL, die sich – so der Report – »mit vielen ihrer Mitglieder in den Vereinigten Staaten« aufhalte.

Tatsächlich hatten die Männer eine wahre Odyssee hinter sich. Zunächst waren sie »in einem Stützpunkt nahe N'Djamena, der Hauptstadt des Tschad, von amerikanischen Agenten in Sabotage und anderen Guerillataktiken unterwiesen« worden, berichtete die *New York Times* schon vor zwanzig Jahren. »Der Plan, die Exilanten zu benutzen, passt hervorragend in Präsident Reagans Absichten, Oberst Gaddafi zu stürzen.«[222] Schließlich flogen die USA die Männer nach Zaire aus, wo sich die Hälfte von ihnen entschied, nach Libyen zurückzukehren. Weil die USA ihr Versprechen, Zaire im Austausch für eine Aufenthaltserlaubnis der Männer Finanzhilfe zu überweisen, nicht einlösten, wurden Haftir und seine Leute nach Kenia ausgewiesen. Als auch Kenia der Männer überdrüssig war, ließ Washington sie in die USA bringen.

Im März 1996 kehrte Haftir nach Libyen zurück, um einen Aufstand gegen Gaddafi zu unterstützen. Vagen Informationen zufolge war es in den Jabal-Akhdar-Bergen in Ostlibyen zu Unruhen gekommen. Die bewaffneten Rebellen hätten sich wohl entflohenen Gefangenen des Gefängnisses von Bengasi angeschlossen. »Ihr Anführer ist Oberst Khalifa Haftir von einer Contra-ähnlichen Gruppe, die ihre Basis in den Vereinigten Staaten hat und die Libysche Nationale Armee genannt wird.«[223] Drei Monate nach diesem Umsturzversuch ermordeten Gaddafis Sicherheitskräfte 1200 Gefangene in Bengasis Abu-Simal-Gefängnis.

1982–1984: Libanon

Nach dem Massaker, das die christliche Phalange-Miliz am 17. September 1982 in den Beiruter Palästinenserlagern Sabra und Shatila begangen hatte und dem beinahe 1000 Menschen zum Opfer gefallen waren, entsandten die Vereinten Nationen eine multinationale Friedenstruppe, der auch amerikanische und französische Verbände angehörten, die nach ihrer Landung zuerst einmal drusische Stellungen im Shouf, dem südlichen Ausläufer des Libanongebirges, und syrische Stellungen bombardierten. Im April 1983 zerstörte ein Bombenanschlag, in dem fünfzig Menschen starben, die US-Botschaft in Beirut. Am 23. Oktober desselben Jahres fuhren zwei Selbstmordattentäter zwei mit Sprengstoff beladene Lastwagen in die Kasernen der amerikanischen und der französischen Einheiten. Bei diesen Anschlägen kamen 241 US-Marines sowie 58 französische Fallschirmjäger ums Leben. Da sich die Marines nicht neutral verhalten, sondern aktiv an der Seite der christlichen Maroniten gekämpft hatten, spricht das internationale Recht in diesem Fall nicht von einem Terroranschlag. Im März 1984 beendeten die USA ihre Beteiligung an der multinationalen Friedenstruppe und zogen ihre Einheiten ab.

1982–1991: Panama

Nach dem Tod von General Torrijos war der Weg an die Spitze Panamas frei für General Manuel Antonio Noriega. Jahrelang verfügte die Nationalgarde Panamas über beste Beziehungen zu Kolumbiens Drogenkartellen. Gleichzeitig stand Noriega auf der Gehaltsliste der CIA. Er lieferte der Drug Enforcement Administration (DEA) Informationen über den Drogenhandel, der CIA Informationen über Fidel Castro, über Kuba, die Sandinisten in Nicaragua, die Guerillas in El Salvador und Guatemala und erlaubte amerikanischen Militärberatern, in Panama sowohl Contras als auch salvadorianische Truppen auszubilden. Ebenso ließ er Washingtons Widersachern, den Regierungen Kubas und Nicaraguas, Informationen über die USA, die Contras und Exilkubaner zukommen.

1984 erkor Noriega, der nominell nur als Chef der Nationalgarde fungierte, den Ökonomen Nicolás Ardito Barletta zum Präsidentschaftskandidaten seiner Partido Revolucionario Democrático (PRD). Die USA fürchteten, dass Panama bei einem Wahlsieg des Oppositionskandidaten mit seinem anti-militaristischen Programm neue Wege einschlagen könnte. Um seinen Wahlsieg sicherzustellen, leitete die ein Jahr zuvor von der Regierung Ronald Reagans ins Leben gerufene National Endowment for Democracy, die fortan einen Teil der bisherigen CIA-Aktivitäten übernehmen sollte, Millionen Dollar über die Freie Gewerkschaftsunion, die Noriega nahestand, in Barlettas Wahlkampf. Noriega sorgte schließlich dafür, dass bei der Stimmenauszählung nichts schiefging und sein sowie Washingtons Kandidat gewann. US-Außenminister George Shultz wohnte Barlettas Amtseinführung bei, und wenig später wurde der neue Präsident Panamas auch von seinem amerikanischen Amtskollegen Ronald Reagan empfangen.

Zum Verhängnis wurde dem geschäftstüchtigen Nachrichtenhändler schließlich seine Unterstützung für den in Washington ungeliebten Contadora-Friedensplan für Mittelamerika sowie der Iran-Contra-Skandal. Sein Washingtoner Verbündeter, CIA-Direktor William Casey starb, der Drahtzieher der Iran-Waffenverkäufe, Oliver North, wurde aus dem NSC entlassen, und der US-Senat verabschiedete gegen den Widerstand der Regierung eine Resolution (Juni 1986), die den sofortigen Sturz Noriegas forderte. Washington organisierte einen Wirtschaftsboykott, der im Laufe der folgenden zwei Jahre Panamas Wirtschaft an den Rand des Ruins brachte, und finanzierte die Opposition des Landes, also die wohlhabende, aber kleine Mittel- und Oberschicht.

Als im Oktober 1989 Teile der Panamaischen Verteidigungskräfte einen Coup organisierten und den USA die Auslieferung Noriegas anboten, lehnte Washington die Offerte ab. Zwei Monate später, am 20. Dezember, schickte Präsident George H. W. Bush 24000 Mann seiner eigenen Streitkräfte nach Panama, um den Mann festzunehmen. Die »Operation Just Cause« begann mit der Bombardierung El Chorrillos, eines Elendsviertels in Panama-Stadt, in dem Noriegas Hauptquartier lag. Danach mussten 5000 Menschen in Massengräbern verscharrt und 100000 Obdachlose in Zelten, Schulen und anderen Einrichtungen provisorisch untergebracht werden, um einen einzigen Mann in die USA zu verschleppen.

Die *New York Times* rügte später diese »Holzhammer-Operation«, die »in der Geschichte des Overkills sogar noch über Ronald Reagans Grenada-Operation«[224] stehe. »Die Tatsache, dass die Invasion klar gegen amerikanische Vertragsverpflichtungen verstieß, wurde kaum beachtet«, kritisierte die Zeitung weiter. Der Artikel 18 der Charta der Organisation Amerikanischer Staaten, die auch Washington unterzeichnet hat, erklärt unmissverständlich: »Weder ein Staat noch eine Staatengruppe haben das Recht, direkt oder indirekt in die inneren und äußeren Angelegenheiten irgendeines Staates einzugreifen, aus welchem Grund auch immer.«[225]

Doch von derart »alten Konzepten und alten Etiketten«, wie Präsident Lyndon B. Johnson schon 24 Jahre zuvor gesagt hatte (siehe oben: 1961–1966 Dominikanische Republik), ließen sich die amerikanischen Militärstrategen nicht beeinflussen. »Unsere Strategie muss sein, das ganze Land durch militärische Verbände, Polizei und andere Mittel unter unsere Kontrolle zu bekommen«, definierte Colin Powell, der damals als Vorsitzender der Joint Chiefs of Staff die Operation leitete, das Ziel.

Washington löste die Nationalgarde auf und setzte Guillermo Endara als Präsidenten ein, einen Mann mit exzellenten Verbindungen nach Medellín und Cali, unter dessen Amtsführung der Drogenhandel, den Noriega schon 1985 mit Wissen der CIA und der DEA eingestellt hatte, endlich wieder aufblühte. Piloten, Werftarbeiter und Bauern in entlegenen ländlichen Gebieten des Landes erzählten, das Ende der Militärherrschaft hätte den Schmugglern »neuen, unbegrenzten Zugang zu vielen Landepisten und Küstenregionen erschlossen«.[226] Die Zahl der Drogendelikte stieg in Panama in den ersten neun Monaten nach der Invasion um siebzig Prozent, bestätigte die Justizpolizei, die bereits von einem nationalen Notstand sprach.

1982–1989: Irak

Die USA leisteten dem Regime des Irak Waffenhilfe in Milliardenhöhe zur Kriegsvorbereitung gegen den Iran. Saddam Hussein wurde unmittelbar von der CIA beraten. Ronald Reagans Vizeverteidigungsminister Donald Rumsfeld autorisierte die Lieferung biologischer und chemischer Kampfstoffe an den irakischen Diktator, der in großem Umfang und mit Billigung der USA Giftgas gegen die iranischen Verbände einsetzte. Gleichzeitig (zumindest ab 1983) erhielt auch der Iran Waffenhilfe von den USA.

1983: Bundesrepublik Deutschland

Im Rahmen des NATO-Doppelbeschlusses begannen die USA mit dem Aufbau von gegen die Warschauer-Pakt-Staaten gerichteten atomaren Mittelstreckenraketen des Typs Pershing II.

1983: Iran

Die USA übermittelten der Islamischen Republik Iran eine Liste aller sowjetischen Agenten in ihrem Land.

1983: Sowjetunion

Die National Security Agency (NSA) wusste am 1. September sehr wohl, dass die sowjetische Luftabwehr die Boeing 747, die als Flug 007 der Korean Airlines westlich von Sachalin irrtümlich in den Luftraum der UdSSR eingedrungen war, fälschlicherweise für ein feindliches amerikanisches Militärflugzeug gehalten hatte. Denn die NSA-Kryptographen hatten die gesamte Kommunikation zwischen dem Bodenpersonal und dem Piloten des russischen SU-15-Abfangjägers vor dem Abschuss der koreanischen Maschine mitgeschnitten. Dennoch, so berichtete später der ehemalige NSA-Mitarbeiter Matthew M. Aid in seinem Buch *The Secret Sentry: The Untold History of the National Security Agency*, manipulierte die Washingtoner Regierung das Gesprächsprotokoll in einer Weise, dass es den Eindruck erweckte, als habe der russische Pilot die ganze Zeit über gewusst, dass es sich um eine Passagiermaschine handelte.

1983: Marokko

Die CIA hatte König Hassan II. einen Videofilm gezeigt, der seinen engen Vertrauten General Ahmed Dlimi in Stockholm bei einem Gespräch mit einem marokkanischen Politologen und Dissidenten zeigte. Daraufhin folterte und ermordete König Hassans Palastwache den Offizier, der sich für eine Demokratische Islamische Arabische Republik Marokko und für eine Verhandlungslösung des Konfliktes mit den Guerillas der Polisario in der von Marokko besetzten ehemaligen spanischen Kolonie Westsahara eingesetzt hatte.

1983: Ägypten

Nachdem im März ein libysches Flugzeug eine sudanesische Stadt bombardiert hatte und Ägypten wie der Sudan Unterstützung erbaten, schickte Washington ein elektronisches AWACS-Aufklärungsflugzeug nach Ägypten.

1983–1984: Surinam

Surinams Militärdiktator Desiré Bouterse hatte zwei amerikanische Diplomaten wegen »destabilisierender Aktivitäten« des Landes verwiesen und geriet angeblich gefährlich unter kubanischen Einfluss. Da sahen sich die USA im Juli zu einer Invasion des Landes durch eine 300 Mann starke Söldnerarmee veranlasst, jeweils zur Hälfte US- sowie südamerikanische Söldner und Surinamesen, die aus Florida in die Hauptstadt Paramaribo geflogen werden sollten. Dort sollten sie von Exilsurinamesen aus den Niederlanden verstärkt werden. Weil holländische Sicherheitsagenten die Verschwörung aufdeckten, wurde die Operation abgeblasen. 1983 lernte Bouterse aus den Ereignissen in Grenada, verwies alle Kubaner des Landes, schloss die kubanische Botschaft und kündigte alle Abkommen, die er mit Havanna geschlossen hatte.

1984: Persischer Golf

Unterstützt von amerikanischen AWACS-Überwachungsflugzeugen und aufgetankt von einem amerikanischen KC-10-Tankflugzeug schossen saudische Kampfjets zwei iranische Kampfflugzeuge über dem Persischen Golf ab, der als für die Schifffahrt geschützte Zone gilt.

1985–heute: Frankreich

Robert Ménard gründete in Montpellier die internationale Organisation Reporters sans frontières (Reporter ohne Grenzen, RSF), die sich weltweit für die Pressefreiheit und gegen Zensur einsetzt. Unter Berufung auf Artikel 19 der Allgemeinen Erklärung der Menschenrechte (Recht auf Meinungsfreiheit und freie Meinungsäußerung) engagiert sich die Organisation unter anderem für aus politischen Gründen inhaftierte Journalisten. Neben dem internationalen Sekretariat in Paris, dem Ménard bis 2008 als Generalsekretär vorsaß, verfügt RSF über neun europäische Ländersektionen und fünf Länderbüros in Nordamerika und Asien. Darüber hinaus arbeiten weltweit 130 Korrespondenten sowie 14 regierungsunabhängige Organisationen mit und für die RSF. Unter Beteiligung der UNESCO und anderer Organisationen verteilen die RSF Preise an als besonders mutig erachtete Journalisten oder Zeitungsherausgeber, listen getötete oder verhaftete Journalisten auf und räumten selbst zahlreiche Preise ab. Ein solcher Apparat ist kostspielig. Zudem leisten sich die Reporter ohne Grenzen mit Saatchi & Saatchi in New York eine der weltweit einflussreichsten und teuersten PR-Firmen. Saatchi & Saatchi brachten Margaret Thatcher an die Macht, arbeiteten für Gordon Browns Labour Party und zählen Unternehmen wie Citigroup, Hewlett-Packard, DuPont und Proctor & Gamble zu ihren Kunden.

Das jährliche Budget von rund vier Millionen US-Dollar konnte nach Angaben der RSF lange Zeit mit Einnahmen aus Auktionen, Kalenderverkäufen, Buchverkäufen, Spendenaktionen sowie Mitgliedsbeiträgen ausgeglichen gestaltet werden. Doch nach Jahren des Verschweigens musste Ménard zugeben, dass Reporters sans frontières keine Nicht-Regierungsorganisation (NGO), sondern eine GONGO ist, eine Government Organized Nongovernmental Organization. Das RSF-Budget wird zum größten Teil von US-Institutionen finanziert, die eng mit dem State Department zusammenarbeiten. Zu diesen Organisationen gehören George Soros' Open Society Foundation, die National Endowment for Democracy (NED), USAID (US Agency for International Development), das Center for Free Cuba und die auf elektronische Kontrollsysteme spezialisierte Zeta Group. Zudem werden die RSF vom Büro des französischen Premierministers, vom französischen Außenministerium und von der Internationalen Organisation der Frankophonie, von dem Rüstungsindustriellen Serge Dassault, dem Medienkonzern Vivendi und dem Fnac-Milliardär François Pinault gefördert. Die Nähe vor allem zu Regierungsinstitutionen sowohl der USA als auch Frankreichs lässt erhebliche Zweifel an der Unabhängigkeit der RSF aufkommen.

Besonders bedenklich für die Glaubwürdigkeit der Reporter ohne Grenzen ist ihre Nähe zur NED und zum Center for Free Cuba. Während der Amtszeit Ronald Reagans gründete der US-Kongress auf Initiative des damaligen CIA-Direktors Bill Casey die NED, um Teile der Tätigkeiten des durch die Enthüllungen des Church-Komitees geschwächten Geheimdienstes wie die Finanzierung US-freundlicher Parteien, Organisationen und Politiker im Ausland zu übernehmen. Jahre später gestand Allen Weinstein, der das Gesetz zur Gründung der NED entworfen hatte: »Vieles, was wir heute machen, wurde vor 25 Jahren von der CIA im Geheimen getan.«[227]

Otto Reich, der Vermögensverwalter des von der US-Regierung finanzierten Center for Free Cuba, war an zahlreichen geheimen Operationen in Lateinamerika beteiligt gewesen, vor allem als Propagandaexperte. So operierte er in den 80er Jahren unter Oberstleutnant Oliver North vom National Security Council im Zusammenhang mit den antisandinistischen Aktivitäten der Contras in Honduras und Nicaragua, bis der US-Rechnungshof 1987 diese geheimen und gesetzlich verbotenen Propagandaaktivitäten aufdeckte und für illegal erklärte.

Als Lobbyist während der Regierungszeit Bill Clintons war Reich maßgeblich an der Durchsetzung des von der Familie Bacardi inspirierten, oft als Bacardi-Gesetz verspotteten Helms-Burton Act beteiligt, mit dem das US-Handelsembargo gegen Kuba erheblich verschärft wurde. Demnach waren US-Häfen für Schiffe internationaler Reedereien, die Kuba anliefen, gesperrt und ausländische Firmen, die in Kuba investierten, vom US-Markt ausgeschlossen. Nachdem er das Gesetz unterzeichnet hatte, schickte Präsident Clinton einen Sonderbotschafter nach Europa, um Vertreter von NGOs zu treffen, deren Arbeit Kuba betraf. Der US-Gesandte schlug ihnen vor, Dissidenten in Kuba zu unterstützen.

Die RSF wohnten einem derartigen Treffen Ende 1996 bei. Im September 1998 reiste Ménard nach Havanna, um Mitarbeiter anzuheuern, die Artikel für RSF-Publikationen schreiben sollten. In einem Interview mit dem kolumbianischen Journalisten Hernando Calvo Ospina erklärte er später: »Wir geben jedem der rund zwanzig Journalisten (die für die RSF arbeiteten) fünfzig Dollar pro Monat, so dass sie überleben können.«[228] Doch Néstor Baguer, ein erfahrener Journalist, den Ménard angeheuert hatte, widersprach. In einem Interview, mit der kubanischen Zeitung *Granma* enthüllte Baguer, dass dieser unter dem Deckmantel eines Dissidenten für die Staatssicherheit gearbeitet und Oppositionsgruppen infiltriert habe. Baguer behauptete, Ménard habe nur abgelieferte Artikel honoriert, in denen die kubanische Regierung angegriffen wurde.

Kritiker behaupten, Ménard habe sich verpflichtet, im Gegenzug für seine finanzielle Hilfe Otto Reichs Ziele zu unterstützen, und werfen den RSF eine selektive Berichterstattung der Diskriminierung von Journalisten vor. Die Auswahl der kritisierten Länder schien sich an der Trefferliste des State Departments zu orientieren (Haiti, Iran, Kuba, Syrien, Nordkorea, Venezuela). Die Berichterstattung über gegen Journalisten gerichtete Aktivitäten in mit den USA verbündeten Staaten (Indonesien, Israel, Kolumbien, Philippinen, Saudi-Arabien) oder in den USA selbst hingegen findet nicht statt. Während die Liste der Übeltäter von den üblichen Verdächtigen angeführt wurde (Russlands Wladimir Putin, Chinas Hu Jintao, Irans Mahmud Ahmadinedschad oder Weißrusslands Alexander Lukaschenko) suchte man zu Zeiten ihrer Amtsführung den Georgier Micheil Saakaschwili, den Ukrainer Wiktor Juschtschenko, den Kirgisen Kurmanbek Bakijew oder die Herrscherfamilien etwa Bahrains, Katars und Marokkos vergebens.

Jahrelang verschwiegen die Reporter ohne Grenzen den Fall des Kameramanns Sami Al-Haj von Al Jazeera, der im Dezember 2001 auf einer Dienstfahrt nach Afghanistan in Pakistan entführt, schwer gefoltert und am 13. Juni 2002 nach Guantánamo verschleppt wurde.[229] Auch die im April 1999 bei einem NATO-Luftangriff auf die serbische Fernsehstation RTS getöteten 16 Journalisten wurden in keinem Jahresbericht der Organisation erwähnt.

Der ungeklärte Mord an einem haitianischen Journalisten bot dem Generalsekretär der RSF die Gelegenheit, den Boden für ein US-Eingreifen in Haiti propagandistisch vorzubereiten. Er werde Präsident Jean-Bertrand Aristide in seine Liste der Mörder der Pressefreiheit aufnehmen, kündigte Ménard an und forderte Sanktionen. Die USA und die EU sollten nicht nur jede Wirtschafts- und Finanzhilfe einstellen, sondern auch alle Konten Haitis auf ausländischen Banken einfrieren und den Regierenden in Port-au-Prince keine Einreise- oder Transitvisa mehr ausstellen. Nachdem Aristide von den USA ins Exil verbannt worden war, blühte die Pressefreiheit plötzlich auf, wie RSF-Berichten aus den Jahren 2005 und 2006 zu entnehmen war. Die außergerichtlichen Hinrichtungen zweier Journalisten durch die haitianische Polizei, die Verhaftungen diverser ihrer Kollegen oder die wiederholten Angriffe auf Aristide-freundliche Radiosender erwähnten die RSF nicht.

Zwar trat Ménard inzwischen zurück (er lobt heute Frankreichs Front National), doch wie jedes Jahr seit 2001 so überreichten die Reporter ohne Grenzen auch im Dezember 2010 die Preise für Pressefreiheit in Partnerschaft mit der französischen Buch-, CD- und Einzelhandelskette Fnac. Folgerichtig verkündete der Konzern auf seiner eigenen Website die Namen der Gewinner der Preise, die inzwischen zu »Fnac-Preisen« mutiert waren. Offenkundig haben die globalen Reporter keine Probleme mit den François Pinaults oder Otto Reichs dieser Welt, weniger noch mit den Rupert Murdochs, Silvio Berlusconis oder Francis Bouygues. Schon vor über zehn Jahren hielt es *Le Monde diplomatique* für kaum überraschend, dass unter den »Mördern der Pressefreiheit« keine Namen auftauchen, die unter Umständen zukünftige Sponsoren sein können.[230]

1985: Mexiko

Der amerikanische Geheimdienst CIA trainierte auf einer Farm in Veracruz, die dem mexikanischen Drogenfürsten Caro Quintero gehörte, guatemaltekische Milizionäre (Kaibiles) aus den sogenannten Modelldörfern, lagerähnlichen Siedlungen, in denen die Regierungen Guatemalas ihre Mayabevölkerung einsperrte und sie Zwangsarbeit verrichten ließ, um sie möglichen Kontakten mit der linken Guerilla zu entziehen. Gleichzeitig operierten Agenten der DEA und der CIA in Mexiko.

1985–1986: Iran

Nach einer geheimen Reise des US-Sicherheitsberaters Robert McFarlane nach Teheran begannen die USA den Iran heimlich mit Waffen zu beliefern, darunter 1000 TOW-Anti-Panzer-Raketen, Hawk-Raketen und Hawk-Radaranlagen. Im Gegenzug sollte Teheran seinen Einfluss im Libanon geltend machen und die Freilassung dort festgehaltener amerikanischer Geiseln erwirken. Gleichzeitig hoffte die Reagan-Regierung mit den damit verbundenen Einnahmen die weitere vom Kongress untersagte Unterstützung für die nicaraguanischen Contras zu sichern. Der geheime Plan scheiterte, als das libanesische Magazin *Al-Shiraa* am 3. November über die Waffenverkäufe berichtete und damit die Enthüllungen in der Iran-Contra-Affäre einleiteten.

1985: Italien

Am 10. Oktober fingen US-Navy F-15-Kampfflugzeuge auf Befehl Präsident Ronald Reagans eine ägyptische C-141-Zivilmaschine ab und zwangen sie zur Landung auf dem sizilianischen Militärflughafen Sigonella bei Catania. Als die Maschine landete, wurde sie von einer Abteilung der amerikanischen Delta-Sondertruppe umstellt. An Bord des Flugzeugs befanden sich die Entführer des Kreuzfahrtschiffes *Achille Lauro*, die während der Entführung einen Amerikaner ermordet hatten und nun von den US-Soldaten auf italienischem Boden festgenommen werden sollten. Doch die italienischen Behörden erachteten die Terroristen als ihre Gefangenen, schließlich war die *Achille Lauro* ein italienisches Schiff und Sigonella ein italienischer Militärstützpunkt. Einheimische Sicherheitskräfte parkten Flugplatzfahrzeuge rings um die ägyptische Maschine und blockierten sie, Truppen des Landes umstellten die amerikanische Delta-Force-Einheit. Die beiden NATO-Partner standen sich kampfbereit gegenüber, bis die Amerikaner nachgaben und die Italiener die Terroristen festnehmen konnten.

1985: Libanon

Am 8. März in Beirut verfehlte eine Autobombe den ehemaligen geistlichen Führer der Hisbollah Muhammad Hussein Fadlallah. Jedoch wurden durch die Explosion ein Kino sowie zwei siebenstöckige Wohnhäuser zerstört, 72 Menschen starben und 256 weitere wurden verletzt. Fadlallah machte Israel für den Anschlag verantwortlich. Der *Washington Post*-Journalist Bob Woodward behauptete, die CIA hätte gemeinsam mit saudischen Diensten den Anschlag durchgeführt, was die USA natürlich bestritten. Tatsächlich wurden die Verantwortlichen nie einwandfrei ermittelt.

1986–1988: Costa Rica

Präsident Óscar Arias erhielt für seine Bemühungen um den Frieden in Mittelamerika – er war der Initiator des sogenannten Arias-Plans – 1987 zwar den Friedensnobelpreis, machte sich jedoch in Washington mit seinen Plänen sehr unbeliebt. Also investierte die National Endowment for Democracy in die politische Opposition des Landes, die auch von Panamas Manuel Noriega unterstützt wurde. Arias schied aber erst 1990 aus einem Amt aus; er wurde 2006 sogar wiedergewählt.

1986–2004: Haiti

27 Jahre lang hatten die USA treu an der Seite des Duvalier-Clans gestanden. Im Februar 1986 jedoch musste Jean-Claude »Baby Doc« Duvalier auf Druck Washingtons sein Land verlassen. General Henri Namphy übernahm die Regierung, versprach Wahlen und demokratische Reformen. Doch die Parlamentswahlen im November 1987 ertränkte er in einem Blutbad, als seine Truppen drei Dutzend Bürger vor und in Wahllokalen niedermetzelten. Der dann im Januar 1988 unter betrügerischen Umständen zum Präsidenten gewählte ehemalige Weltbankökonom Leslie Manigat erfuhr nie Anerkennung in der Bevölkerung, die zu neunzig Prozent diese Wahlen boykottiert hatte. Im Juni stürzte ihn Namphy, der wiederum wenige Monate später von Generalleutnant Prosper Avril verjagt wurde. Im März 1990 legte der US-Botschafter in Port-au-Prince dem Militärdiktator nahe, das Land zu verlassen, die USA flogen ihn ins Exil.

Im Dezember 1990 gewann Pater Jean-Bertrand Aristide – der in Kanada, Griechenland und Israel Theologie und Psychologie studiert hatte, neben Französisch und Kreolisch auch Spanisch, Griechisch, Hebräisch und Englisch sprach, dem jedoch die CIA unter Verwendung gefälschter Dokumente vorwarf, geistig instabil zu sein – die ersten freien Wahlen in der Geschichte Haitis mit 67 Prozent aller abgegebenen Stimmen. Im Februar trat Aristide, der Kapitalismus für eine »Todsünde« hielt, sein Amt als Präsident an. Seine Regierungsmaßnahmen lösten in Washington umgehend Besorgnis aus. Er leitete eine Landwirtschaftsreform ein, führte ein rudimentäres öffentliches Gesundheitssystem ein, initiierte eine Alphabetisierungskampagne (neunzig Prozent der Haitianer waren Analphabeten), fror die Preise für Grundnahrungsmittel ein, versuchte Arbeitsplätze zu schaffen, den täglichen Mindestlohn von 24 Cent auf zwei Dollar anzuheben[231], gegen die Korruption in der Geschäftswelt anzugehen und den Drogenhandel der Militärs einzudämmen. Nach weniger als acht Monaten war Aristide gestürzt.

Zwar waren die USA angeblich nicht beteiligt an dem Coup von General Raul Cédras, doch CIA-Beamte hielten sich zur Zeit des Putsches im Hauptquartier der Armee auf, und Washingtons Favorit Jean-Jacques Honorat wurde Ministerpräsident unter Cédras. Auf Druck aus dem US-Kongress organisierte die CIA im September 1994 halbherzig einen weiteren Umsturzversuch, der scheiterte. Wenig später flogen zwei US-Jets die regierenden Generäle in die Länder ihrer Wahl, wo sie auf Kosten der US-Steuerzahler mit all ihren Familienangehörigen und Freunden ins Pensionärsdasein ziehen durften. Mitte Oktober traf Aristide – Père Titid, wie ihn die Haitianer liebevoll nannten – unter dem Schutz einer 20 000 Mann starken amerikanischen Besatzungsmacht wieder in Port-au-Prince ein.

Schon 1993 hatten CIA und DIA unter Leitung von Emmanuel Constant, der seit 1992 auf der Gehaltsliste der CIA stand, die paramilitärische Miliz Front Révolutionnaire Armé pour le Progrès d'Haïti (FRAPH) gegründet, um Aristides politische Überlebenschancen zu reduzieren, seine Anhänger zu terrorisieren und zu ermorden. Nun war Aristide zwar zurückgekommen, sein Programm aber hatte er auf Druck der US-Regierung aufgeben müssen: Er hatte sich für eine freie Marktwirtschaft entscheiden und eine breite Koalitionsregierung akzeptieren müssen, die garantierte, dass seine einstigen Ziele, die Lebensbedingungen der überwältigenden Masse der Haitianer zu verbessern, in unerreichbare Ferne rückten. Dreieinhalb Jahre seiner Amtszeit hatte Aristide im Exil verbracht. Die US-Regierung zwang ihn jedoch, diese verlorene Zeit als Regierungszeit anzuerkennen und nur noch die beiden verbliebenen Jahre seiner Amtsperiode, die 1996 endete, zu regieren. Im November 2000 wurde er jedoch sehr zum Verdruss Washingtons wiedergewählt.

Schon zu Beginn 2001 begann die US-Regierung, eine 600 Mann starke paramilitärische Streitkraft von Aristide-Gegnern mit 1,2 Millionen Dollar zu finanzieren. Die Finanzierung lief über das teils direkt von ihr, teils auch von der NED alimentierte und den Republikanern nahestehende International Republican Institute (IRI) mit dem offiziellen Verwendungszweck »Förderung der Demokratie in Haiti«. Die 600 Mann wurden mit der Genehmigung des Präsidenten der Dominikanischen Republik, Hipólito Mejía, im Nachbarland von 200 Fachkräften der US Special Forces in den Ortschaften Neiba, San Cristobal, San Isidro, Hatillo und Haina auf staatlichem Grund und Boden trainiert. Unter den Teilnehmern des Programms waren sowohl Mitglieder der ehemaligen Duvalier-Miliz Tontons Macoutes als auch andere, die grober Menschenrechtsverletzungen beschuldigt werden (u. a. Guy Philippe, seines Zeichens Drogenhändler und ehemaliger Polizeichef von Delmas, oder Louis-Jodel Chamblain, der stellvertretende Anführer der FRAPH).

Gleichzeitig überzeugten die USA einige europäische Länder davon, Hunderte von Millionen Dollar Kredite und Hilfsgelder zu suspendieren, und drängten den IMF, die Weltbank und die EU, Haitis Wunsch nach günstigeren Kreditlinien zurückzuweisen. Die Wiederaufnahme der internationalen Hilfe wurde davon abhängig gemacht, dass Präsident Aristide mit der Oppositionspartei, die von rechtsgerichteten haitianischen und amerikanischen Interessen finanziert und kontrolliert wurde, zu einer Übereinkunft käme.

Angeführt und gesteuert von den verbliebenen Tontons Macoutes sowie den US-trainierten Milizionären unter Führung Guy Philippes formierte sich in den Provinzen Widerstand gegen den Priester. Nach bürgerkriegsähnlichen Unruhen intervenierten die USA im Februar 2004 mit einer Invasionsstreitmacht und drängten Aristide auf Betreiben der französischen Regierung, die den Priester überhaupt nicht mochte, ins Exil.[232] 2001 nämlich, auf der UN-Rassismus-Konferenz in Durban, hatten Haitis Repräsentanten von Frankreich die Rückzahlung jener 150 Millionen Goldfrancs gefordert, die das Land einst den ehemaligen Kolonialherren als Kompensation für verlorenen Besitz und entgangene Profite hatte bezahlen müssen. Aristide hatte diese Zahlungen als ungerechtfertigt verurteilt und die Rückerstattung zusätzlich der angefallenen Zinsen gefordert. Anders als Italien, das mit Libyen zu einer entsprechenden Vereinbarung gelangt war, wies Frankreich diese Forderung als Anmaßung zurück.

Hunderte seiner Anhänger wurden nach Aristides Verbannung von der Nationalpolizei ermordet, noch mehr verhaftet. Am 1. März 2004 kündigte Präsident George W. Bush an, US-Truppen nach Haiti zu beordern, um das Land zu stabilisieren. Wenig später stellten die Vereinten Nationen den USA ein 10000 Mann starkes internationales Truppenkontingent zur Verfügung. Die UN-Truppen wurden und sind bis heute berüchtigt für ihre nächtlichen Überfälle auf schlafende, unbewaffnete Bewohner der Elendsquartiere von Port-au-Prince – immer unter dem Vorwand, die Gewalt zu bekämpfen.

1987: Fidschi-Inseln

Bis 1987 dominierte die Allianz-Partei alle Regierungen der Fidschi-Inseln. Nach den Wahlen im April 1987 jedoch bildeten die von ansässigen Indern dominierte Nationale Föderationspartei und die neue Arbeitspartei eine Koalitionsregierung unter Timoci Bavrada. Washington war nicht glücklich über den Wahlsieger, der seine 300 Inseln und 500 Eilande in das Lager der Blockfreien führen und zu einer nuklearfreien Zone machen wollte, bedeutete dies doch, dass nukleargetriebene Schiffe oder Schiffe mit Nuklearwaffen an Bord den Hafen von Suva nicht mehr anlaufen dürften. Schon 1982 hatte Bavradas Vorgänger R. S. K. Mara die gleiche Politik verfolgt, dann aber starkem amerikanischem Druck nachgeben und von diesen Zielen Abstand nehmen müssen. Eine nuklearfreie Zone sei »angesichts unserer strategischen Bedürfnisse inakzeptabel«, hatte der damalige US-Botschafter Mara klargemacht. »Die USA müssen alles tun, dieser Bewegung zu begegnen.«[233]

Zwei Wochen nach seinem Amtsantritt empfing Bavrada den amerikanischen UN-Botschafter Vernon Walters, dessen Auftauchen zuvor schon in mehreren Staaten bevorstehende Washingtoner Destabilisierungsbemühungen angekündigt hatte. Walters traf auch Oberstleutnant Sitiveni Rabuka, den Dritten in der Kommandostruktur der Armee. Dann erschienen auch noch die NED mit ihren Spendengeldern, einige Gewerkschaftsvertreter aus den einschlägigen CIA-Organisationen sowie ein paar US-Militäreinheiten auf der Bildfläche. Zwei Wochen nach Walters Besuch putschte sich Oberst Sitiveni Rabuka an die Macht, und Washington jubelte. »Wir sind irgendwie erfreut«, hieß es im Pentagon. »Erst konnten unsere Schiffe die Fidschis nicht mehr anlaufen, und nun können sie es plötzlich wieder.«[234]

1987–1988: Persischer Golf

Zwischenfälle im Golf während des Ersten Golfkrieges (zwischen dem Iran und dem Irak) veranlassten die USA, ihre Militärpräsenz zu erhöhen und eine Politik der Ausflaggung einzuleiten. In der »Operation Earnest Will« eskortierten US-Kriegsschiffe Öltanker auf ihrem Weg nach Kuwait. Es war die größte Konvoi-Operation seit dem Zweiten Weltkrieg.

18. April 1988: Iran

Am 14. April 1988 sichtete der Ausguck auf der *USS Samuel B. Roberts* in etwa einer halben Meile Entfernung drei Minen. 20 Minuten später riss eine Mine ein sechs Meter großes Leck in die Außenwand des Schiffes. Zehn Matrosen wurden verletzt. Vier Tage später rächten Verbände der Joint Task Force Middle East (JTFME) den Verlust: In »Operation Praying Mantis« sollten zwei Ölplattformen zerstört werden, von denen aus iranische Revolutionsgardisten »Angriffe auf Handelsschiffe koordinierten«. Am 18. April zerstörten amerikanische Luft- und Seestreitkräfte nicht nur die beiden Bohrinseln, sondern auch einige iranische Einheiten, die sich ihnen entgegenstellten. Die Fregatte *Sahand*, das raketenbestückte Patrouillenboot *Joshan* sowie ein Schnellboot wurden versenkt, die Fregatte *Sabalan* sowie vier in Schweden hergestellte Schnellboote schwer beschädigt, womit die halbe iranische Flotte zerstört war. Es war das erste Mal seit Beendigung des Zweiten Weltkriegs, dass die amerikanische Navy mit Luftunterstützung eine größere Auseinandersetzung mit einem Feind austrug.[235]

3. Juli 1988: Persischer Golf

Die *USS Vincennes* schoss Iran-Air-Flug 655 ab. 290 Menschen starben. Die Scharfschützen hatten den Airbus angeblich für einen feindlichen Kampfflieger gehalten. Die USA hielten es für unangebracht, sich bei den Hinterbliebenen der Opfer zu entschuldigen oder ihnen gar Kompensationen zu bezahlen.

1988: Irak

Saddam Husseins Regierung begann, kurdische Dörfer mit Giftgas anzugreifen, wobei Tausende starben. Dennoch erhöhten die USA ihre Hilfe für das Regime Saddams.

1989: Philippinen

Amerikanische Kampfflugzeuge unterstützten die Regierung von Präsidentin Corazón Aquino, einen Putschversuch niederzuschlagen. Gleichzeitig verlegte der US-Marinestützpunkt in Subic Bay hundert Marines nach Manila, um die US-Botschaft zu schützen.

1989: Jungferninseln

Die USA entsandten Truppen, um Unruhen unter der schwarzen Bevölkerung zu unterdrücken, die nach einem verheerenden Sturm ausgebrochen waren.

1990: Liberia

Während bürgerkriegsähnlicher Unruhen evakuierten die USA amerikanische Bürger und schickten eine zusätzliche Kompanie zum Schutz ihrer Botschaft nach Monrovia.

1990–2002: Irak

Weil Kuwait angeblich militärische Einrichtungen auf irakischem Territorium errichtet hatte und die von der OPEC festgelegten Öl-Förderquoten überschritt, forderte die Regierung in Bagdad Kompensation für die Verluste, die es infolge der gestiegenen Ölförderung und der damit gesunkenen Ölpreise erlitten hatte, ferner die Rückgabe zweier Inseln im Golf sowie das absolute Besitzrecht über das umstrittene Rumaila-Ölfeld. Kuwait sperrte sich gegen die Forderungen. Von den USA gingen widersprüchliche Signale aus, die zumindest teilweise von Bagdad als grünes Licht für ein militärisches Vorgehen gegen das Emirat verstanden werden konnten.

Am 1. August 1990 marschierten Saddam Husseins Truppen in Kuwait ein, plünderten das Land und machten es zur 19. Provinz des Irak. US-Präsident George H. W. Bush verurteilte den Angriff als »eklatanten Einsatz militärischer Aggression« und löste die »Operation Desert Shield« aus, in deren Verlauf die USA 500 000 Mann einsetzten und 177 Millionen Pfund Bomben auf den Irak abwarfen (bis dahin der konzentrierteste Luftangriff der Geschichte). Am 12. Februar 1991 gab das Pentagon bekannt, dass »praktisch alle militärischen Ziele (in Irak) entweder zerstört oder kampfunfähig« seien.

Am 22. Februar kündigte Bagdad auf Drängen der Sowjetunion den vollständigen Abzug seiner Truppen aus Kuwait an. Bush gab Saddam Hussein 24 Stunden, dieses Versprechen einzulösen. Als Iraks Truppen danach immer noch nicht vollständig abgezogen waren, begannen die USA den Bodenkrieg. Nach dem Krieg kam ein Untersuchungsteam der Vereinten Nationen zu dem Ergebnis, dass die Bombardements der Alliierten in Irak »nahezu apokalyptische Ausmaße« angenommen und das Land, das »bis Januar eine weitgehend verstädterte und mechanisierte Gesellschaft gewesen ist«, in eine »vorindustrielle Nation«[236] verwandelt hatten. Als einen Monat später die Kämpfe eingestellt wurden, waren Hunderttausende Iraker tot, die Infrastruktur zerstört, und Bushs *approval rating* in der amerikanischen Bevölkerung schoss auf phantastische 82 Prozent.

Dem folgenden jahrelangen Embargo sowie den auch weiterhin regelmäßig gegen irakische Einrichtungen geflogenen Einsätzen fielen zahlreiche Aufbaumaßnahmen und zwischen einer halben und einer Million Kinder zum Opfer. Die Resolution 661 der Vereinten Nationen untersagte zwar die Lieferung sämtlicher Waren an den Irak, nahm aber explizit Güter »mit einer rein medizinischen Bestimmung« und »Lebensmittel zu humanitären Zwecken« aus. Allerdings bedurfte jedes einzelne Produkt, das der Irak importieren wollte – einschließlich Lebens- und Arzneimittel – der Zustimmung des eigens geschaffenen 661-Komitees, dem diplomatische Vertreter der 15 Mitgliedstaaten des UN-Sicherheitsrats angehörten. Dieses Komitee tagte unter strikter Geheimhaltung; die Protokolle seiner Sitzungen wurden nur in Ausnahmefällen veröffentlicht. Aufgabe des Komitees war es, Anträge auf Ausnahme von den Sanktionen zu begutachten und zu genehmigen. Tatsächlich jedoch verhinderte es den Import selbst der harmlosesten Güter. Als Begründung wurde der Verdacht vorgeschoben, die Importe könnten für die Produktion von Massenvernichtungswaffen verwendet werden. Eine Klausel ermöglichte es jedem einzelnen Komiteemitglied, einen eingereichten Ausnahmeantrag auf Eis zu legen. Selbst wenn die Mehrheit des Komitees bereit war, eine bestimmte Lieferung durchzuwinken, konnte diese von den USA und ihren stets gefügigen britischen Partnern blockiert werden. So verhinderten die USA sogar die Einfuhr von Salz, Wasserrohren, Kinderfahrrädern, Materialien zur Herstellung von Windeln, Kleiderstoffen und Geräten zur Produktion von Milchpulver. Später wurden auch noch Lichtschalter, Steckdosen, Fensterrahmen, Keramikkacheln und Anstreichfarben auf die Verbotsliste gesetzt. 1991 argumentierte der US-Vertreter im Komitee sogar gegen den Import von Milchpulver, weil das »keine humanitären Bedürfnisse« erfülle.

Während des Ersten Golfkrieges hatte Großbritannien dem Irak Chemikalien geliefert, die zur Herstellung von Senfgas notwendig sind. Den Vorwurf, Saddam Hussein somit Massenvernichtungswaffen zu liefern, hatte die Regierung in London damals mit dem Hinweis zurückgewiesen, diese Chemikalien dienten auch der Herstellung von Kugelschreibertinte und Farbstoffen. Nun stoppten die USA und Großbritannien sogar Lieferungen von Impfstoffen gegen Diphtherie und Gelbfieber in den Irak, weil sie auch der Herstellung von Massenvernichtungswaffen dienen könnten. Durch die Bombardierung und Zerstörung der Kläranlagen war der Tigris zu einer riesigen Kloake verkommen. Dennoch verhinderten die USA während der gesamten Geltungsdauer der Sanktionen den Import von Pumpen zur Aufbereitung des Wassers. Auch Chlor, ohne das verseuchtes Wasser nicht gereinigt werden kann, fiel unter das Embargo, weil es angeblich auch als chemische Waffe eingesetzt werden kann.

In der Folge dieser Maßnahmen stieg der Anteil der Säuglinge, die innerhalb des ersten Lebensjahres (zumeist an Cholera und anderen Magen-Darm-Infektionen, die durch das verschmutzte Wasser verursacht wurden) starben, zwischen 1990 und 1997 von 3,3 auf 12,5 Prozent jedes Geburtsjahrgangs. 1996 behauptete Madeleine Albright, die damalige US-Botschafterin bei den Vereinten Nationen, in der CBS-Nachrichtensendung *60 Minutes*, die Sanktionen hätten sich bewährt. Saddam Hussein habe ja immerhin einige Eingeständnisse hinsichtlich seines Waffenprogramms gemacht und die Unabhängigkeit Kuwaits anerkannt (beides hatte das irakische Regime bereits 1991 getan). Auf die Frage, ob das den Tod von mindestens einer halben Million Kinder wert sei, antwortete Frau Albright: »Wir glauben, das ist es wert.«

»Sie wissen, dass wir ihr Land besitzen«, warnte der zuständige Brigadegeneral William Looney die Iraker, »wir besitzen ihren Luftraum … Wir diktieren, wie sie leben und was sie reden. Und das ist es, was Amerika groß macht. Es ist eine gute Sache, besonders angesichts des vielen Öls dort draußen, das wir brauchen.«[237]

Zwar ermunterten die USA sowohl die Kurden (um Mossul) als auch die Schiiten (in der südlichen Marschlandschaft), gegen Husseins Regime zu rebellieren, kamen den Aufständischen jedoch nicht zu Hilfe, als irakische Truppen die Rebellionen niederschlugen. Erst anschließend schickten die USA einige Einheiten in den Norden des Irak, um den bedrängten Kurden zu Hilfe zu kommen.

Zahlreiche Dokumente und Statements von Beteiligten nach dem Krieg legen zumindest den Verdacht nahe, dass Washington nicht im Geringsten an einer politischen Lösung der Krise im Golf gelegen war. Nur kurz vor der irakischen Invasion, so enthüllte Jordaniens König Hussein, habe ihm Kuwaits Außenminister gesagt: »Wir werden den Irakern nicht antworten (auf die irakische Forderung, die OPEC solle den Ölpreis erhöhen) … Wenn es ihnen nicht passt, lasst sie unser Territorium doch angreifen … Wir werden die Amerikaner ins Spiel bringen.«[238] Das *Wall Street Journal* zitierte einen kichernden Ölscheich: »Glauben Sie, ich schickte meinen Sohn, für Kuwait zu sterben? Dafür haben wir unsere weißen Sklaven aus Amerika.«[239]

1990–1991: Bulgarien

Der gesamte Ostblock hatte sich aufgelöst, doch die Bulgaren hatten ihre Lektion immer noch nicht gelernt. Sie wählten in freien Wahlen eine sozialistische Regierung. Also reisten die üblichen Verdächtigen aus den USA an. Vor den nächsten Wahlen überwiesen die National Endowment for Democracy (NED) und die Agency for International Development (AID) 1,7 Millionen Dollar auf die Konten der Opposition, vor allem der Union der Demokratischen Kräfte[240]. Dennoch gewannen die Sozialisten erneut. Also verstärkten die NED und AID ihre Bemühungen und griffen der Opposition finanziell und technisch unter die Arme, um mit militanten Demonstrationen, lähmenden Streiks, Sit-ins, Hungerstreiks und Parlamentsbelagerungen Chaos zu schaffen und die Regierung zum Rücktritt zu zwingen. Nachdem die sozialistische Regierung aufgegeben hatte, schütteten beide Organisationen noch einmal ihr Füllhorn bei der Opposition aus, die 1991 endlich die Wahlen gewann. Jetzt erst hatten die »demokratischen Kräfte«[241] gewonnen, wie die NED feststellte.

April 1991: Bundesrepublik Deutschland

Am 21. April nahmen drei Männer des United States Air Force Office of Special Investigation (OSI) vor dem Haus Pintschstraße 12 in Berlin-Friedrichshain Stellung. Wie der Observationsbericht des Geheimdienstes vermerkt, war sich Technical Sergeant Robert Owens sicher, Jeffrey Carney identifiziert zu haben, als Jens Karney am Morgen dieses Tages aus dem Haus getreten war und von der Pintschstraße in Richtung Kochhannstraße ging. »Das Subjekt drehte sich sechs- oder achtmal um«, notierte Special Sergeant Jeffrey Hawkins. Schließlich fassten ihn die Jäger, und einen Tag später flogen die Amerikaner ihren Fang über Tempelhof und Frankfurt nach Washington.[242]

Acht Jahre zuvor, im April 1983, hatte sich der US-Air-Force-Sergeant Jeffrey Martin Carney am Grenzübergang Friedrichstraße/Zimmerstraße bei Mitarbeitern des Ministeriums für Staatssicherheit der DDR gemeldet und seine Dienste angeboten. Die Stasi-Hauptverwaltung Aufklärung schickte ihn zurück in den Westen, wo er bei seiner Einheit, der 6912th Electronic Security Group, diente und nun unter dem Decknamen »Quelle Kid« amerikanische Militärgeheimnisse und vertrauliche Dokumente an die Stasi lieferte. 1985 siedelte er aus Furcht, seine Homosexualität könnte aufgedeckt werden, in die DDR über. Von Berlin aus hörte er bis zum Mauerfall 1989 die militärischen und diplomatischen Nachrichtenwege des Westens ab.

1987 erhielt er einen Personalausweis der DDR, ausgestellt auf den Namen Jens Karney und mit einer Laufzeit bis zum 15. Dezember 1999, womit »die Legalisierung als DDR-Bürger abgeschlossen« war, wie es in einem Stasi-Bericht vom Mai 1987 heißt. So war nach der Auflösung des Ministeriums für Staatssicherheit aus dem ehemaligen Abhörspezialisten Jeffrey Carney der U-Bahnfahrer Jens Karney geworden, den der OSI-Greiftrupp in die USA verschleppte, wo er knapp elf Jahre und acht Monate im Militärgefängnis von Fort Leavenworth absaß. Wie ein tributpflichtiger Vasall akzeptierte die Bundesregierung die Verschleppung, ohne Einwände zu erheben oder zu protestieren, und verweigerte dem vormaligen DDR-Bürger die gewünschte bundesdeutsche Staatsbürgerschaft.

1991: Zaire

Nach Unruhen und Plünderungen in Kinshasa transportierten amerikanische C-141-Transportflugzeuge hundert belgische Fallschirmjäger und Militärausrüstung in die Provinz. Gleichzeitig brachten US-Transporter 300 französische Soldaten in die Zentralafrikanische Republik.

1991–1996: Türkei

In der »Operation Provide Comfort« lieferten Bodentruppen der Alliierten aus dem Irakkrieg Kurden, die aus dem Norden des Irak geflohen waren, humanitäre Hilfe und militärischen Schutz.

1991–1996: Jugoslawien

Im Kampf um ihre Unabhängigkeit vertrieben Kroaten rund 300 000 Serben aus zehn Städten und 183 Dörfern Kroatiens. Kroatische Todesschwadronen folterten, mordeten und plünderten. »Seit 1991 haben Kroaten 10 000 Häuser gesprengt oder dem Erdboden gleichgemacht«, berichtete die finnische Menschenrechtsorganisation Helsinki Watch 1993. »In einigen Fällen wurden Häuser mit den darin lebenden Familien gesprengt.«[243]

Im November 1994 unterzeichneten die USA und Kroatien ein Militärbündnis, auf der Adriainsel Brač errichteten CIA-Agenten ein Operationszentrum, US-Soldaten trainierten kroatische Truppen. Amerikanische Waffenlieferungen trafen ein. Und auch die Deutschen revanchierten sich für die einstige kroatische Waffenhilfe[244] und trugen ihren Teil zur Aufrüstung Kroatiens bei.

Acht Monate später trafen sich US-Außenminister Warren Christopher und sein deutscher Amtskollege Klaus Kinkel in London mit dem kroatischen Diplomaten Miomir Žužul. Auf diesem Treffen gab Christopher seine Zustimmung zu den kroatischen Plänen, die Serben in Bosnien und der Krajina anzugreifen. Kroatiens Präsident Franjo Tudjman »erhielt von den USA grünes Licht, um zu tun, was getan werden musste«, interpretierte der kroatische Parlamentsabgeordnete Mate Meštrović, was in Präsident Clintons Umgebung als »hellgrün« beschrieben wurde.[245]

Am 4. August 1995 begannen die Kroaten ihre »Operation Sturm« gegen die serbische Bevölkerung in der Krajina, während US-NATO-Jets die serbischen Radaranlagen und Flakstellungen zerstörten und NATO-Verbände die Blockade Serbiens und Montenegros durchsetzten. Amerikanische EA-6B-Aufklärer patrouillierten den Luftraum und blockierten die elektronischen Kommunikationslinien des serbischen Militärs, amerikanische Satelliten lieferten den Kroaten nachrichtendienstliche Informationen. Nach der Zerstörung der serbischen Luftverteidigungseinrichtungen flogen kroatische Bomber Angriffe gegen serbische Ortschaften, serbische Flüchtlinge und serbische Stellungen. Amerikanische Offiziere berieten ihre kroatischen Kameraden während der Operation.[246]

Innerhalb von Tagen waren über 200 000 Serben auf der Flucht, praktisch die gesamte serbische Bevölkerung der Krajina. 14 000 starben. »Die Toten und die Sterbenden sind beinahe die einzigen, die noch hier sind«, berichtete ein UN-Beobachter. Auf ihrem Weg nach Bosnien wurden die Flüchtlinge in der Stadt Sisak vom kroatischen Mob überfallen. Truppen bosnischer Muslime überschritten die Grenze und schnitten die serbischen Fluchtwege ab. In der Falle wurden die Flüchtlinge von kroatischer und muslimischer Artillerie bombardiert. 1700 verschwanden spurlos. US-Präsident Bill Clinton drückte Verständnis für die Invasion aus, sein Außenminister Christopher glaubte, die Ereignisse »könnten sich zu unserem Vorteil entwickeln«.[247]

Nach der Vertreibung der serbischen Bevölkerung erklärte Präsident Franjo Tudjman – nach eigenem Bekunden froh, dass seine Frau »weder serbisch noch jüdisch« war – auf einem Triumphzug durch die eroberten Gebiete: »Es kann keine Rückkehr zu den Zeiten geben, als die Serben wie ein Krebsgeschwür die nationale Identität Kroatiens zerstörten.«[248] Der amerikanische Botschafter wies Vorwürfe »ethnischer Säuberungen« zurück, und die USA schlossen ein weiteres Abkommen zur »Vertiefung der bestehenden Zusammenarbeit« mit Kroatien ab. US-Berater reorganisierten die kroatische Armee.

Kroatien gab seiner Währung den Namen Kuna, den sie schon während der Ustascha-Regierung unter der Naziherrschaft trug, kreierte ein Duplikat der einstigen Ustascha-Flagge als Nationalfahne, zerstörte über 3000 antifaschistische Denkmäler und benannte Straßen und Gebäude nach ehemaligen Ustascha-Offizieren. Tudjman schmückte frühere Ustascha-Offiziere mit Orden und Rang in der von den USA reorganisierten Armee oder gab ihnen Sitze im Parlament. Schon im April 1994 hatte die kroatische Regierung gefordert, alle »nicht weißen« UN-Truppen abzuziehen, weil »nur Soldaten der Ersten Welt« Kroatiens Probleme verstehen könnten.[249]

1991–1992: Albanien

Hier wiederholten sich die bulgarischen Erfahrungen. Eine kommunistische Partei fuhr bei den Wahlen im März 1991 einen überwältigenden Sieg ein, der sofort die üblichen Folgen zeitigte: weitverbreitete Unruhen und Demonstrationen. Ein dreiwöchiger Streik brachte die Regierung schließlich zur Aufgabe.[250] Das kleine Albanien war billiger als Bulgarien. Die NED hatte den Generalstreik der Gewerkschaften mit 80000 Dollar und die Oppositionsparteien mit 23000 Dollar finanziert[251], erhöhte allerdings den Einsatz während des folgenden Wahlkampfes. 1992 rüstete die NED die Opposition mit brandneuen Geländewagen vom Typ Chief Cherokee aus. Amerikanische Diplomaten, sogar der US-Botschafter, begleiteten in aller Öffentlichkeit die Kandidaten der Demokratischen Partei bei ihren Wahlkampfauftritten und machten so auch dem verbohrtesten Linken klar, dass bei einem weiteren kommunistischen Wahlsieg keine US-Gelder zu erwarten seien, sondern »eine

Menge westlicher Investoren und Regierungen ihre Hilfe an andere Ziele leiteten«.[252] Die Demokratische Partei gewann.

1992: Sierra Leone

Nach einem Militärputsch evakuierten US-Militärflugzeuge amerikanische Bürger aus dem westafrikanischen Land.

1992–1996: Bosnien und Herzegowina

Während der Balkankriege im ehemaligen Jugoslawien schickten die USA in der längsten Luftbrückenoperation der Geschichte von Juli 1992 bis zum 9. Januar 1996 humanitäre Hilfe. Die US-Truppen blieben auch nach Beendigung der Hilfsmaßnahmen.

1992–heute: Kolumbien

Mit dem Plan Columbia intensivierte Washington sein militärisches Engagement im Kampf gegen Kolumbiens Guerillaverbände. Die amerikanische Polizei- und Militärhilfe für Bogotá liegt jährlich zwischen 500 und 800 Millionen Dollar. Gleichzeitig operierten neben 1000 Mann amerikanischen Militärpersonals im Auftrag des Pentagon, der DEA sowie der US-Geheimdienste zwischen 1000 und 2000 Ex-Soldaten, die bei privaten Militärdienstleistern (Private Military Contractors, PMC) im Sold stehen. Zudem unterstützten AWACS-Aufklärungsflugzeuge, die bis 2009 in Ecuador stationiert waren, sowie 17 in Peru und Kolumbien von den USA betriebene Radarstationen den oft beschworenen »Krieg gegen den Terror«. Der Gegner, die linksgerichteten FARC und ELN, werden in offiziellen Verlautbarungen Washingtons regelmäßig als »Narco-Terroristen« bezeichnet.

Doch so ernst ist der Antidrogenkampf der USA gar nicht gemeint. Schließlich war einer der engsten Verbündeten der USA, Kolumbiens Präsident Álvaro Uribe, ein »enger persönlicher Freund Pablo Escobars«, des einstigen Herrschers des Medellín-Drogenkartells. Uribe »war an einem Unternehmen beteiligt, das in den USA in den Drogenhandel verwickelt ist« und »hat für das Medellín-Kartell gearbeitet«.[253] Gegen etwa ein Drittel der kolumbianischen Kongressabgeordneten seiner Regierungszeit und gegen die Hälfte der Senatoren aus den Parteien, mit denen er seine Regierungskoalition gebildet hatte, wurden Ermittlungen wegen enger Verbindungen zu den paramilitärischen Verbänden eingeleitet. Über zwei Dutzend Abgeordnete wurden bereits verurteilt. Hunderte lokaler Würdenträger – Provinzgouverneure und Bürgermeister inbegriffen – müssen sich ebenfalls vor Gericht verantworten. Dafür erhielt Uribe von Präsident George W. Bush die President Medal of Freedom und von Bush-Nachfolger Barack Obama sowie dessen Außenministerin Hillary Clinton hohes Lob.

Die Verbindungen des kolumbianischen Militärs zum Drogenhandel sind bekannt. 1996 ließen sich einige Luftwaffenoffiziere erwischen, als sie versuchten, an Bord der Maschine des damaligen Präsidenten Ernesto Samper Heroin in die USA zu schmuggeln.[254] Ein hoher Beamter der Clinton-Regierung nannte Samper selbst einen »Drogenhändler«.[255] Im November 1998 wurden an Bord einer Frachtmaschine der kolumbianischen Luftwaffe, die in Fort Lauderdale landete, 800 Kilo Kokain gefunden.

Die US-Soldaten und die Söldner im Dienst von Privatfirmen machen ebenfalls gelegentlich gutes Geld im Drogengeschäft. Wie einst in Kambodscha, Laos oder im antisandinistischen Contra-Krieg in Nicaragua handeln sie auch in Kolumbien mit Heroin und Kokain. 2000 wurde die Frau von Oberst James Hiett ertappt, als sie vier Ladungen Heroin von Kolumbien in die USA schmuggelte. Oberst Hiett war der Kommandeur der amerikanischen Anti-Drogen-Operationen in Kolumbien.[256] US-Senator Patrick Leahy wies auf die Funktionsweise der US-Operationen in Kolumbien hin: »Was wir wirklich sehen, ist eine als Anti-Drogen-Kampf maskierte Aufstandsbekämpfung.«[257]

Schon in einem Bericht des Jahres 1994 schätzte Amnesty International, dass seit 1986 in Kolumbien mehr als 20 000 Menschen hauptsächlich vom Militär und von seinen paramilitärischen Verbündeten umgebracht worden waren – »nicht in dem angeblichen Anti-Drogen-Krieg, sondern aus politischen Gründen«. Menschenrechtsorganisationen schätzen heute, dass die rechtsgerichteten paramilitärischen Verbände rund eine Million armer Bauern von ihrem Land vertrieben und 50 000 Menschen ermordet haben. Die kolumbianische Staatsanwaltschaft geht sogar von 140 000 Toten aus. Viele der Opfer waren »Gewerkschafter, Menschenrechtsaktivisten und Mitglieder legaler linker Gruppierungen«. Im März 1997 schrieben die Mitglieder des House Foreign Operations Subcommittee an US-Außenministerin Madeleine Albright, dass »die Bemühungen der kolumbianischen Regierung, die zunehmenden Misshandlungen durch paramilitärische Verbände oder die außergerichtlichen Hinrichtungen, das spurlose Verschwinden von Personen, Folterungen und politische Morde durch die staatlichen Sicherheitskräfte zu zügeln, nicht ausreichen, um die Lieferung von über hundert Millionen Dollar Militärhilfe und die Wiederaufnahme von Waffenlieferungen zu rechtfertigen.«[258]

Davon nicht betroffen waren Geheimdienstoperationen. CIA und NSA standen den kolumbianischen Streitkräften in ihrem Kampf gegen die FARC-Guerillaverbände bei. Jahrelang lieferten die beiden Geheimdienste Informationen über die Aufenthaltsorte hochrangiger Guerillaführer – mit dem Resultat, dass mindestens zwei Dutzend FARC-Kommandeure von den kolumbianischen Streitkräften eliminiert werden konnten. Beinahe als sicher ist anzunehmen, dass auch der Vorstoß kolumbianischer Truppen auf ecuadorianisches Gebiet im März 2008, bei dem der FARC-Kommandeur Raúl Reyes erschossen wurde, von amerikanischen Nachrichtendiensten geleitet wurde. Diese geheime Unterstützung ist nicht Teil der neun Milliarden Dollar umfassenden Militärhilfe des sogenannten Plan Columbia, sie wird aus einem milliardenschweren schwarzen Konto der NSA finanziert.[259]

Im Oktober 2009 unterzeichneten die Regierungen beider Staaten eine Vereinbarung, die den USA die Nutzung von sieben Militärstützpunkten auf zehn Jahre sichern sollte. Doch ein Jahr später verwarf Kolumbiens Verfassungsgericht den Vertrag, weil er nie einer juristischen Prüfung unterzogen worden sei und auch nicht die Zustimmung des Kongresses erhalten habe. Trotz dieser richterlichen Entscheidung bauten die USA drei ihrer Stützpunkte für fünf Millionen Dollar aus. Darunter war auch der Ausbau einer Advanced Operations Base in Tolemeida (südlich von Bogotá) für die Special Operations Unit des U.S. Southern Command (SOCSOUTH). Die Aufgabe dieses Kommandos ist »der Einsatz kleiner Einheiten bei direkten oder indirekten Militäraktionen, die sich auf strategische oder operative Ziele konzentrieren«, einschließlich der Bereitstellung einer sofort einsetzbaren Sondereinheit für Krisenfälle. Die United States Air Force schrieb in einem internen Dokument, die Präsenz sei notwendig, um ein »breites Spektrum« militärischer Operationen auf dem gesamten Kontinent durchführen zu können, US-Streitkräfte für eine »Expeditionskriegführung« auszubilden und Kolumbien als Operationsbasis in der Region zu sichern. Zudem wurde darauf hingewiesen, dass die US-Truppen von Kolumbien aus »die ständige Bedrohung durch antiamerikanische Regierungen in der Region« bekämpfen könnten. Dieser Hinweis richtete sich gegen die Alianza Bolivariana para los Pueblos de Nuestra América (ALBA), eine Wirtschaftsgemeinschaft, zu der Kuba, Venezuela, Ecuador, Bolivien, Nicaragua, Dominica, Saint Vincent, die Grenadinen, Antigua und Barbuda gehören. Länder wie die ALBA-Staaten oder auch Brasilien, die in den letzten Jahren nach mehr Unabhängigkeit strebten, werden in Washington stets als eine Bedrohung seiner Interessen angesehen. Der ehemalige Verfassungsrichter Alfredo Beltrán Sierra sah dies als »eine flagrante Verletzung unserer Souveränität«.[260]

1992–1994: Somalia

Im Dezember 1992 brachten die USA beinahe 30 000 Soldaten in Somalia an Land, offiziell um die hungernde Bevölkerung mit Nahrungsmitteln zu versorgen. Bald jedoch waren die US-Truppen in einen blutigen

Krieg mit den verschiedenen Warlords verwickelt. Im Oktober 1993 wurden US-Soldaten bei dem Versuch, zwei Offiziere des in Mogadischu dominierenden Warlords Mohammed Aidid festzunehmen, in heftige Gefechte verwickelt. Zwei US-Black-Hawk-Helikopter wurden abgeschossen, drei durch Beschuss stark beschädigt, 18 US-Soldaten getötet und 73 weitere verwundet, während zwischen 500 und 1000 Somalier starben. Nach dieser demütigenden Niederlage zog US-Präsident Bill Clinton im März 1994 die letzten US-Soldaten ab, die Blauhelme blieben noch bis 1995.

Es ist zu bezweifeln, ob die USA so viele Opfer gebracht haben für eine Hungersnot, die zum Zeitpunkt der Landung der Marines bereits im Abklingen war. Vier amerikanische Ölgesellschaften, die in weiten Gebieten Somalias über Bohrrechte verfügten, deren Investitionen durch das Bürgerkriegschaos erheblich gefährdet waren, »könnten ein nicht unbedeutender Grund für die Intervention gewesen sein«, vermutete die *Los Angeles Times*.[261]

1993: Aserbaidschan

Mit der massiven Hilfe der USA hatten Afghanistans Mudschahedin die russische Besatzungsmacht besiegt. Und nun bediente sich Washington erneut der Unterstützung der heiligen Krieger, um seinen Einfluss am Kaukasus auszudehnen.

Am 18. Oktober 1991 formulierte der Oberste Rat von Aserbaidschan eine Unabhängigkeitserklärung, die im Dezember 1991, zur Zeit der Selbstauflösung der UdSSR, in einem nationalen Referendum bestätigt wurde. Die ersten Jahre der Unabhängigkeit waren überschattet von dem Konflikt mit Armenien um die Bergprovinz Bergkarabach, in dem 30000 Menschen starben und rund eine Million als Flüchtlinge entwurzelt wurden. Armenien hatte 16 Prozent von Aserbaidschan einschließlich Bergkarabachs besetzt. Vier UN-Resolutionen (822, 853, 874 und 884) forderten vergebens »den sofortigen Abzug aller armenischen Streitkräfte von allen besetzten Gebieten Aserbaidschans«.

Aserbaidschans demokratisch gewählter Präsident missfiel Washington, weil er Moskau nahestand. Also importierten drei ehemalige Veteranen der CIA-Luftfahrtgesellschaft Air America (Richard Secord, Harry Aderholt und Ed Dearborn) im Auftrag der US-Regierung in einer Geheimoperation zahlreiche Araber und Mudschahedin aus Afghanistan, die 1993 Präsident Äbülfäz Elçibäy stürzten und die Muslime in Bergkarabach gegen den russischen Einfluss verteidigten. Die Aserbaidschanis bekamen dafür einen neuen Präsidenten, Heydar Aliyev. Der hatte schon einmal das Land regiert – damals, als es noch eine Sowjetrepublik gewesen war –, war inzwischen zum Kapitalismus konvertiert und öffnete Bakus Ölfelder amerikanischen Ölgesellschaften.

1993–2006: Bolivien

Die USA unterstützten sowohl mit Truppen und Agenten der DEA als auch mit finanzieller Hilfe eine aus Militärs und Polizeieinheiten zusammengestellte Joint Task Force der bolivianischen Regierung, die die Coca-Produktion zum Erliegen bringen sollte. Anfang 2006 stoppte der neue Präsident des Landes, Evo Morales, das Programm und die Zerstörung der Coca-Pflanzungen.

1994: Ruanda

Während des Völkermordes der Hutu an den Tutsi, der mindestens 800 000 Menschen das Leben kostete, trafen US-Kampftruppen ein, um Bürger der USA und anderer Staaten zu evakuieren. Am 30. September waren alle US-Truppen wieder abgezogen, nachdem der Kongress US-Militäroperationen in oder bei Ruanda untersagt hatte. Ausgenommen waren Operationen zur Rettung amerikanischer Staatsbürger.

1995–1999: Jugoslawien

»Ich möchte Sie daran erinnern, dass wir einst einen blutigen Bürgerkrieg um das Prinzip führten, für das Abraham Lincoln sein Leben gab, dass kein Bundesstaat das Recht hat, aus der Union auszutreten«[262], dozierte Präsident Bill Clinton 1996 bei einem Besuch in Moskau. Drei Jahre später sprach er seinem Amtskollegen Slobodan Milošević das Recht ab, die Loslösung der Provinz Kosovo von der Bundesrepublik Jugoslawien zu verhindern, und ließ große Teile der Industrie, Kultur und Infrastruktur Jugoslawiens zerstören. Die USA und die NATO warfen den Serben vor, einseitig und außergewöhnlich gewalttätig gegen die Kosovo-Albaner vorzugehen, was als Begründung für ihren nach internationalem Recht illegalen Angriffskrieg auf Serbien ausreichte.

Zwar hatten die USA zuvor, 1995, die Kroaten mit massiven Bombardements bei den »ethnischen Säuberungen«[263] der Krajina-Serben unterstützt und – um ein angedrohtes Veto der Türkei gegen den NATO-Einsatz in Serbien abzuwenden – Ankara zugesichert, dass an derartige Luftschläge im Zusammenhang mit der Kurdenfrage unter gar keinen Umständen zu denken sei.[264] Doch nun wurden angebliche Zwangsdeportationen von Kosovo-Albanern durch die serbischen Behörden als Begründung für den Angriff herangezogen. Jugoslawien, das über Jahrzehnte einen Angriff aus dem Osten befürchtet hatte, wurde schließlich von der freien westlichen Welt zerstört. Und NATO-Piloten bombardierten nicht nur militärische Ziele, sondern auch Brücken, Wohnhäuser und zivile Einrichtungen, besonders (wie es die USA schon 1989 in Panama getan hatten und später, 2003, in Bagdad tun sollten) Radiostationen, deren Berichterstattung die USA nicht mochten. »Wenn man einmal damit anfängt, Menschen zu töten, weil man nicht mag, was sie sagen«, so schrieb damals der legendäre britische Journalist Robert Fisk, »ändert man die Kriegsregeln.«[265]

Die als Grund für den Angriffskrieg angeführten Zwangsdeportationen und ethnischen Säuberungen fanden erst nach dem Beginn und als Reaktion auf die NATO-Angriffe statt, wie den Zeitungen zu entnehmen war. Am 26. März, drei Tage nach Beginn der NATO-Bombardierungen, berichtete die *New York Times* auf Seite 1: »Während die NATO-Bombardements schon begonnen haben, macht sich ein Gefühl der Furcht in Priština breit, dass die Serben nun als Vergeltung ihre Wut gegen die ethnisch albanische Zivilbevölkerung richten könnten.«[266] Am folgenden Tag, dem 27. März, fand sich in der Presse zum ersten Mal ein Hinweis auf Deportationen und einen »Zwangsmarsch«.[267] Auch das Select Committee on Foreign Affairs des britischen Parlaments kam in seinem Bericht *Kosovo: The Military Campaign* zu dem Schluss: »Nachdem die Bombardements begonnen hatten, fanden Vertreibungen praktisch in jedem Ort statt.«

In ihrem Bericht erklärten die britischen Autoren, der deutsche Außenminister Joschka Fischer sei auf ein gefälschtes Dokument hereingefallen. Diesem Dokument zufolge plante Serbien, in einer »Operation Hufeisen« die Kosovo-Albaner aus der Provinz zu vertreiben.[268] In den ersten acht Tagen des NATO-Krieges flohen 307 500 Menschen aus dem Kosovo. »Die Ankunft einer solchen Menge, nur kurz nachdem die OSCE-Beobachter abgereist waren (drei Tage vor Beginn des NATO-Angriffs), scheint auf eine geplante Operation hinzudeuten«, interpretierte die OSCE die Flucht. Andere Beobachter vermuteten eher, dass die Flucht durch den Abzug der schützenden Präsenz der OSCE-Beobachter, den NATO-Angriff und die laufende serbische Offensive gegen die Kosovo-Befreiungsarmee (KLA) ausgelöst worden war. Am Ende kamen durch die NATO-Bomben im Kosovo mehr Zivilisten ums Leben als durch Milošević' Truppen, gab ein hoher UN-Vertreter Jahre später zu.[269]

Nachdem ihnen die NATO zur Unabhängigkeit verholfen hatte, verwandelten die albanischen Kämpfer der KLA ihr Land in ein Zentrum des Heroinhandels. »Dem Keystone Cops Regime der UN und NATO standen keine Mittel zur Verfügung, die albanischen Kämpfer der Kosovo-Befreiungsarmee, die den Kosovo in ein neues Zentrum der Heroinverteilung von der Türkei bis zur Europäischen Union ausgebaut hatten, zu bekämpfen.«[270]

Bosnien und Herzegowina entwickelten sich zu einem Zentrum der Geldwäsche und steckten zudem im Morast eines Skandals um UN-Friedenstruppen und Frauenhandel. Mazedonien löste sich in einem Bürgerkrieg beinahe auf, der nahezu ausschließlich von einem Disput zwischen diversen Mafiafamilien um die Kontrolle der Schmuggelrouten im illegalen Zigarettenhandel ausgelöst worden war. Wenig später unterstützten EU und NATO die Lösung Montenegros von der Föderation mit Serbien und griffen Milo Djukanović, der 18 der letzten 19 Jahre entweder Präsident oder Ministerpräsident des Landes gewesen war, mit Wirtschafts- und Finanzhilfen unter die Arme. Der Ex-Basketballspieler Djukanović hätte solche Hilfe eigentlich kaum gebraucht, hatte er doch zuvor nach eigenem Bekunden »jedes Jahr im Tabakhandel dreißig Millionen Dollar« gemacht, womit er »einen großen Teil der laufenden staatlichen Kosten habe begleichen können«.[271] Ein Bericht der DIA und der Anti-Mafia-Einheit der italienischen Bundespolizei beschrieb ihn 2005 als den habgierigsten unter Montenegros Gangstern und warf ihm vor, »eine mafiaähnliche Organisation gefördert, gegründet und geleitet« und das Land an der Adria in ein »Paradies für Schmuggler«[272] verwandelt zu haben. Erst als seine Beteiligung am illegalen Organhandel[273] nicht mehr zu verheimlichen war, stellten EU und NATO den politischen Partner infrage. Djukanović trat schließlich Ende 2010 zurück.

1996: Russland

Vier Monate lang arbeitete eine Gruppe erfahrener amerikanischer politischer Berater insgeheim für Boris Jelzins Präsidentschaftswahlkampf. Zwar operierten sie unabhängig von der Washingtoner Regierung, doch Bill Clintons politischer Guru, der Spin-Doctor Dick Morris, hielt ständigen Kontakt zu der Gruppe. Clinton erklärte Jelzin im März des Jahres, er wolle »sicherstellen, dass alles, was die Vereinigten Staaten unternähmen, positiven Einfluss«[274] auf die Entwicklungen habe. Die Amerikaner führten modernste Methoden in Jelzins Wahlkampf ein: Umfragen, Zielgruppen, inszenierte Massenaufläufe, Briefaktionen. Sie drängten auf mehr Einflussnahme bei den staatseigenen Medien und mehr negative Berichte über die Kommunisten. Es ist unklar, wie viel diese Unterstützung zu Jelzins Wahlsieg beitrug. Sicher aber ist, dass Jelzin vor Erscheinen der Amerikaner in seiner Wahlkampfmannschaft die Unterstützung von gerade einmal sechs Prozent der Wähler hatte. Nun bezwang er die Kommunisten im ersten Wahlgang mit 35 Prozent gegen deren 32 und siegte schließlich in der zweiten Runde mit 54 gegen vierzig Prozent. »Die Demokratie hat triumphiert«, behauptete *Time*.[275]

1996: Liberia

US-Streitkräfte evakuierten zahlreiche Amerikaner und Zivilisten aus anderen Ländern, die vor den bürgerkriegsähnlichen Unruhen in die amerikanische Botschaft in Monrovia geflohen waren.

1996: Zentralafrikanische Republik

Nach dem Tod des ehemaligen Kaisers Jean-Bédel Bokassa am 3. November 1996 (er hatte von 1966 bis 1979 eher geherrscht als regiert) evakuierten US-Soldaten in Erwartung möglicher Unruhen amerikanische Zivilisten und verstärkten die Sicherheit der US-Botschaft in Bangui.

1996: Ruanda und Zaire

Zur Unterstützung der humanitären Bemühungen der Vereinten Nationen um die Flüchtlinge in Ruanda und dem Gebiet der Großen Seen im Osten Zaires schickte die US-Regierung Personal und Flugzeuge einschließlich AC-130-U-Transportmaschinen.

1996: Mongolei

Mehrere Jahre lang unterstützte die NED Gruppen, die in Opposition zur regierenden Mongolischen Revolutionären Volkspartei standen. Die ehemaligen Kommunisten hatten 1992 die Wahlen gewonnen, danach verteilte die NED im Hinblick auf die nächsten Wahlen eine Million Dollar und vereinigte die diversen Oppositionsgrüppchen in einer einzigen Partei.[276] Zwar hatten die Ex-Kommunisten die Staatsunternehmen bereits weitgehend privatisiert und westliche Wirtschaftsreformen durchgeführt, die zu weitverbreiteter Armut und der Zerschlagung des sozialen Netzes aus den Zeiten der UdSSR führten. Doch dies reichte den neokonservativen Wirtschaftsmissionaren aus Amerika nicht. Die neu geschaffene Nationale Demokratische Union, die auf Anhieb einen Kantersieg schaffte, versprach weitere Privatisierungen, ein freundlicheres Klima für ausländische Investoren und mehr Offenheit gegenüber amerikanischen Nachrichtendiensten. Unter dem Titel »Weisheit der Steppe« begeisterte sich das *Wall Street Journal*, dass die Schocktherapie nun noch schockierender werde.[277]

1998 wurde bekannt, dass die amerikanische NSA in der Mongolei elektronische Lauschposten eingerichtet hatte, um die chinesische Militärkommunikation abzuhören, und dass die mongolische Regierung im US-Auftrag zusätzlich Nomaden eingesetzt hatte, die in China spionierten.[278]

1996–2008: Demokratische Republik Kongo/Ruanda

Auf bizarre Weise versuchten die USA, Großbritannien und die anderen EU-Staaten für ihre Versäumnisse während des Gemetzels 1994, in dem Hutu-Milizen etwa 800 000 Tutsi in Ruanda abschlachteten, Wiedergutmachung zu leisten. Mit materieller und finanzieller Hilfe standen sie dem neuen Regierungschef Ruandas, dem an US-Militärschulen ausgebildeten Paul Kagame, bei und lobten den Frieden, die Stabilität und das Wirtschaftswachstum, die er seinem Land gebracht habe. Doch während ihn amerikanische Autoren als eine Art afrikanischen Konrad Adenauer beschrieben, nannte der Pariser Universitätsprofessor und Ostafrika-Experte Gérard Prunier Kagames Regime »eine sehr gut geführte ethnische, soziale und wirtschaftliche Diktatur«[279], welche 85 Prozent der Bevölkerung, die Hutu, von den Entwicklungen und Entscheidungsprozessen ausschließe. Weder die USA noch Großbritannien oder die Europäische Union nahmen Anstoß daran, dass Ruandas Ruhe und wirtschaftlicher Fortschritt auf Kosten der Mehrheit im Land und des Nachbarstaates Kongo erreicht wurde.

Schon zuvor, 1994, hatten die USA eine Veröffentlichung des UN-Ermittlers Robert Gersony verhindert. Darin hatte Gersony seine Feststellung wiedergegeben, dass Kagames Ruandische Patriotische Front (RPF) ebenfalls zwischen 25 000 und 45 000 Menschen ermordet hatte. Nun folgten die USA, Großbritannien und die EU dem Ratschlag von Susan Rice, der damaligen, für Afrika zuständigen Ministerialdirektorin im US-Außenministerium. Sie hatte nach einer Reise an die Großen Seen Zentralafrikas erklärt: »Museveni (der Präsident Ugandas) und Kagame stimmen überein, dass das grundsätzliche Problem die Gefahr eines Wiederaufflammens des Genozids ist. Sie wissen, wie dem zu begegnen ist. Das einzige, was wir (USA, EU) zu tun haben, ist wegschauen.«[280]

Die RPF bombte die Hutu-Milizen aus den UN-Flüchtlingslagern in Ruanda und marschierte ins damaligen Zaire ein, um den langjährigen Diktator Mobutu zu vertreiben und die rund zwei Millionen Hutu abzuschlachten, die nach der Machtübernahme der Tutsi in Ruanda in den Nachbarstaat geflohen waren. Zwar schätzte der UN-Hochkommissar für Flüchtlingsfragen (UNHCR), dass höchstens sieben Prozent der Flüchtlinge Hutu-Milizionäre waren. »Man kann natürlich die Anwesenheit von Personen, die des Genozids schuldig sind, nicht ignorieren«, schrieb der chilenische Menschenrechtsanwalt Roberto Garretón, der die UNHCR-Untersuchung leitete: »Dennoch ist es unzulässig zu behaupten, dass eine Million Menschen, einschließlich einer großen Zahl von Kindern, kollektiv schuldig erklärt und zur Hinrichtung ohne Gerichtsverfahren verurteilt werden.«[281]

Dies hielt den amerikanischen Botschafter in Kongo, Daniel Howard Simpson, jedoch nicht davon ab, alle fliehenden Hutu öffentlich als »bad guys«[282] zu beschreiben, womit er Kagames Truppen einen Freibrief für die Massaker erteilte. Unklar ist bis heute, in welcher Funktion die US-Marines tätig waren, die im Gebiet der kongolesischen Ostprovinzen Nordkivu und Südkivu etwa zur gleichen Zeit operierten. 300 000 Hutu seien alleine in diesen Massakern umgekommen, schätzte Gérard Prunier in seinem Buch *Africa's World War: Congo, the Rwandan Genocide, and the Making of a Continental Catastrophe*. Der Vorbericht einer von den UN durchgeführten Untersuchung erwähnt vierzig Orte, an denen Massaker stattgefunden haben.

Bis zu neun afrikanische Staaten waren zeitweilig an dem zehn Jahre währenden Krieg beteiligt, in dem es zunehmend nur noch um die Plünderung der immensen Bodenschätze des Kongo ging. Von den westlichen Medien nahezu unbeachtet starben dabei 5,4 Millionen Menschen, wurden eine Million in die Flucht getrieben und Zehntausende Frauen vergewaltigt. Ein Bericht über die Wirtschaft Ruandas vom Südafrikanischen Institut für Sicherheitsstudien erwähnte, dass sich Ruandas Coltan-Produktion alleine in den Jahren 1999 bis 2001 offiziell von 147 auf 1300 Tonnen erhöht hatte. »Ein Teil der Produktionssteigerung wurde mit der Öffnung neuer Minen in Ruanda erreicht«, räumte der Bericht ein. »Der Anstieg ist jedoch vorrangig dem betrügerischen Reexport von Coltan kongolesischen Ursprungs geschuldet.«[283]

Kagames Hauptmotiv, den Osten Kongos zu kontrollieren oder zu destabilisieren, ist der Wunsch, »den fortgesetzten Zugang zu Kongos wirtschaftlichem Reichtum« zu sichern[284], schrieb René Lemarchand, emeritierter Professor an der University of Florida, der über Jahrzehnte Feldforschung in der Region betrieben hat, in seinem Buch *The Dynamics of Violence in Central Africa*. Bill Clintons Regierung unterstützte Kagames Absichten. Das »bedeutete offensichtlich, dass die USA und Großbritannien Ruanda und Uganda weiterhin unterstützen wollten, weil sie durch die Aufteilung Kongos ›Lösungen gefunden‹ haben«.[285]

1997: Albanien

Im März 1997, Albanien erlebte eine tiefe wirtschaftliche und politische Krise, entlud sich der Volkszorn im sogenannten Lotterieaufstand. Zahlreiche Albaner hatten ihre Ersparnisse in Erwartung hoher Verzinsung in einem betrügerischen Pyramidensystem angelegt und dabei ihre Vermögen verloren. In Teilen des Landes brach die öffentliche Ordnung vollständig zusammen, Aufständische plünderten militärische Lager und rüsteten sich mit Schusswaffen aus. In der bürgerkriegsähnlichen Situation evakuierten die USA und auch Deutschland ihre Bürger. Während der Evakuierung amerikanischer Regierungsangestellter aus Tirana gerieten US-Truppen unter Feuer.

1997: Sierra Leone

US-Truppen wurden nach Freetown geschickt, um eine möglicherweise notwendige Evakuierung amerikanischer Bürger einzuleiten.

1997: Kambodscha

Unruhen in Phnom Penh veranlassten Washington, eine Task Force von 500 Mann auf den Luftwaffenstützpunkt Utapao in Thailand zu verlegen, angeblich um gegebenenfalls amerikanische Bürger aus Kambodscha zu evakuieren. Wohl selten wurden für eine derartige Aufgabe so viele Soldaten bereitgestellt.

1998: Kenia und Tansania

Nach den Bombenanschlägen auf die Botschaften der USA in Nairobi und Daressalam entsandte die US-Regierung eine Joint Task Force amerikanischen Militärpersonals, um die medizinische und andere Hilfe zu koordinieren, sowie rund hundert Mann Sicherheitspersonal, um die Sicherheit der US-Botschaften zu verbessern.

1997: Afghanistan

Als Antwort auf die Bombenanschläge auf die Botschaften der USA in Daressalam und Nairobi feuerten US-Schiffe im August sechzig Tomahawk-Raketen durch den pakistanischen Luftraum hindurch auf sechs Ziele in Afghanistan ab, ohne die doch eigentlich verbündete Regierung in Islamabad über diese Verletzung ihrer Souveränitätsrechte auch nur zu informieren. In einer Fernsehansprache erklärte Bill Clinton, man habe erwartet, dass an einem der Ziele »eine Versammlung bedeutender Terroristenführer« stattfände. Doch Osama bin Laden und seine Top-Helfer befanden sich zum Zeitpunkt des Angriffs rund 150 Kilometer entfernt. Das Treffen, auf das sich Clinton bezog, hatte schon einen Monat früher in Dschalalabad stattgefunden. Zwei der vier Lager im Gebiet von Zhawar Kili in der Provinz Paktia, die von den Raketen getroffen wurden, waren Ausbildungslager des pakistanischen Geheimdienstes ISI. Dabei kamen fünf ISI-Offiziere und etwa zwanzig afghanische Auszubildende ums Leben. »Die USA gaben 79 Millionen Dollar für satellitengelenkte Raketen aus, um eben mal ein paar Hinderniskurse, ein paar Kasernen und Zelte im Wert von einigen tausend Dollar zu zerstören«, spottete die Journalistin Mary Anne Weaver.[286] Tatsächlich war nur eines der getroffenen Ziele ein Ausbildungslager bin Ladens.

1998: Sudan

Ebenfalls als Antwort auf die Bombenanschläge auf die Botschaften der USA in Daressalam und Nairobi zerstörten amerikanische Raketen in der sudanesischen Hauptstadt Khartum die pharmazeutische asch-Schifa-Fabrik, die angeblich für bin Laden Nervengas herstellte. Wie sich später herausstellte, gab es für diesen Vorwurf keinerlei Beweise. Im Mai 1999 zog die US-Regierung diesen Vorwurf zurück und gab die eingefrorenen Bankkonten des Fabrikbesitzers wieder frei, um einem Gerichtsverfahren zu entgehen.

1998: Guinea-Bissau

Besorgt um die Sicherheit der US-Botschaft während einer Meuterei in der Armee verlegte Washington Truppeneinheiten nach Dakar im benachbarten Senegal, um dort auf Standby bereit zu bleiben, bis amerikanische und Bürger anderer Staaten evakuiert waren.

November 1998: Irak

Im Oktober machten die USA mit dem Irak-Befreiungsgesetz die Vertreibung Saddam Husseins aus seinem Amt als Präsident des Irak zu einem Teil der offiziellen amerikanischen Außenpolitik. Diese Politik widersprach eindeutig der Resolution 687 des UN-Sicherheitsrats, die von Waffen und Waffenprogrammen spricht, aber mit keinem Wort einen Regimewechsel erwähnt. Kurz darauf forderte der amerikanische Botschafter Peter Burleigh die Inspekteure, von denen einige für die USA spioniert hatten, auf, das Land zu verlassen. Und einen Monat nach der Verabschiedung des Irak-Befreiungsgesetzes bombardierten die USA und das Vereinigte Königreich in der »Operation Desert Fox« den Irak mit dem ausdrücklichen Ziel, die Fähigkeit der Regierung Saddam Husseins zu reduzieren, biologische, chemische und atomare Waffen herzustellen.[287]

1998: Liberia

Um die Sicherheit der US-Botschaft zu erhöhen und eine möglicherweise notwendige Evakuierung vorzubereiten, schickten die USA dreißig Mann nach Monrovia.

1998–2000: Bolivien

Das Konsortium Aguas del Tunari, an dem vor allem die amerikanische Bechtel Corporation, aber auch der italienische Energieversorger Edison und andere beteiligt sind, erwarb als einziger zugelassener Bieter eine Konzession für die öffentliche Wasserversorgung in Cochabamba für vierzig Jahre. Bolivien war von der Weltbank und dem Internationalen Währungsfonds gezwungen worden, seine Wasserversorgung zu privatisieren, um einen Kredit von 25 Millionen Dollar zu erhalten. Entgegen den Versprechungen, dass die Privatisierung keine Verteuerung des Wassers mit sich bringen würde, verdoppelte Aguas del Tunari im Dezember 1999 die Preise. In manchen Haushalten stiegen die Wasserrechnungen auf über zwanzig Dollar – bei einer Bevölkerung, die zu großen Teilen gerade über 67 Dollar Monatseinkommen verfügte. Dennoch reichte dies der Weltbank noch nicht. Sie übte Druck auf Bolivien aus, die notwendigen Gesetze zu erlassen, mit denen die Interessen der Wasserfirma geschützt würden. Ein solches Gesetz band den Preis des Wassers an den Dollar, um Aguas del Tunari vor Schwankungen des bolivianischen Pesos zu schützen. Ein weiteres Gesetz garantierte privaten Versorgungsfirmen die Exklusivrechte am gesamten Trinkwasser Boliviens, was bedeutete, dass die Einheimischen für jeden Tropfen Wasser hätten bezahlen müssen, selbst wenn es aus eigenen Brunnen geschöpft oder vom Regen aufgefangen worden wäre.[288] Um Boliviens Gläubiger vor dem Risiko eines Zahlungsverzugs zu schützen, untersagte die Weltbank der Regierung, auch nur mit einem Teil des 25-Millionen-Dollar-Kredits den Armen zu helfen, ihre Wasserrechnungen bezahlen zu können. Aufgebracht über die Privatisierung des Wassers demonstrierten die Bolivianer. Es kam zu einem Generalstreik, zu gewaltsamen Zusammenstößen mit der Polizei, zur Verhängung des Kriegsrechts über die Stadt. Hunderte aufgebrachter Bürger wurden verletzt, ein Jugendlicher starb. Im April 2000 verließ die Firma Bolivien. Bechtel versuchte später, die bolivianische Regierung wegen Vertragsbruchs auf 25 Millionen Dollar zu verklagen.

1999: Aruba, Curaçao

In den letzten vier Jahren erhöhten die USA ihre militärische Präsenz auf den beiden unter niederländischer Verwaltung stehenden Inseln, wo sie seit 1999 zwei Militärstützpunkte unterhalten, erheblich. Seither sind dort Flugzeugträger, Fregatten, Kampfjets, Black-Hawk-Helikopter, Atom-U-Boote und Tausende Soldaten stationiert. Die Inseln, von Washington gerne als »der dritte Außenposten der Vereinigten Staaten« beschrieben, liegen nur siebzig Kilometer vor der Küste Venezuelas. 2009 wurde eine US-Militärmaschine aus Curaçao in venezolanischem Luftraum abgefangen.

1999 – heute: Georgien

Auch nach dem Niedergang des Realsozialismus und der Auflösung der Sowjetunion sah Washington Russland immer noch als potentiellen Feind, der in Schach gehalten werden muss. Ein Drei-Milliarden-Dollar-Projekt, die Baku-Tiflis-Ceyhan-Öl-Pipeline (BTC-Pipeline), die Öl und Gas vom Kaspischen Meer an die Ostküste des Mittelmeers bringen soll, war ein weiterer Grund, Georgien mit Kriegsmaterial, Beratern und Wirtschaftshilfe zu verwöhnen. Also unterschrieb Tiflis im April 1999 – ausgerechnet zu einer Zeit, als mit Eduard Schewardnadse der letzte Außenminister der UdSSR als georgischer Präsident amtierte – eine strategische Partnerschaft mit der NATO (die auch die Ukraine, Aserbaidschan und Moldavien unterzeichnet haben) mit dem Versprechen, eines Tages

Vollmitglied der NATO und der EU zu werden. Bis 2003 hatte Georgien nicht weniger als 1,8 Milliarden Dollar Finanzhilfe aus den USA erhalten. Dennoch war Washington mit Schewardnadse unzufrieden. Die Weltbank und der Weltwährungsfonds stellten ihre Zahlungen für Entwicklungsprojekte in Georgien ein, und nur sechs Wochen vor den Wahlen kündigte das US-Außenministerium an, die Finanzhilfe für Tiflis zu halbieren.

Nach den Parlamentswahlen am 2. November 2003 lösten Wahlfälschungsvorwürfe heftige Proteste aus, die im Westen als Rosenrevolution gefeiert wurden und schließlich im Sturm auf das Parlament kulminierten. Verwundert, was er denn falsch gemacht habe, um das Missfallen Washingtons zu erregen, trat Schewardnadse zurück. Am 4. Januar 2004 wählten die Georgier einen neuen Präsidenten, Micheil Saakaschwili, den Führer der mit NED- und USAID-Geldern finanzierten und von Richard Miles, dem amerikanischen Botschafter, kräftig unterstützten Opposition. Miles hatte einige Erfahrungen im Umgang mit unliebsamen Regierungen nach Georgien gebracht. Während des Putsches, der 1992 Heydar Aliyev an die Macht gebracht hatte, war er als US-Botschafter in Aserbaidschan und später, während der serbischen Revolution, in Jugoslawien akkreditiert gewesen.

Saakaschwili schloss weitere bilaterale Abkommen mit den USA. Im Rahmen des Georgia Train and Equip Program schickten die USA offiziell 130 Special Operations Forces (SOF) sowie eine unbekannte Zahl von Söldnern, die bei privaten Militärunternehmen unter Vertrag standen, nach Tiflis und überschütteten gemeinsam mit der NATO ihren strategischen Partner im Kaukasus mit Waffen: Bis Mitte 2008 trafen 206 Panzer (davon 175 von der NATO) in Georgien ein, 186 gepanzerte Fahrzeuge (126 von der NATO), 25 Helikopter (zwölf von der NATO), 79 Geschütze (67 von der NATO), siebzig Granatwerfer, zehn Boden-Luft-Raketen, acht Drohnen (aus Israel) und andere Ausrüstung wie Uniformen sowie vier Kampfflugzeuge aus NATO-Beständen. Weitere 145 gepanzerte Fahrzeuge, 262 Geschütze und Granatwerfer, 14 Kampfflugzeuge, 25 Kampfhubschrauber, 15 amerikanische Black Hawks, sechs Boden-Luft-Raketensysteme und andere Waffen wurden noch erwartet. Und im August 2008 traf auch noch der amerikanische Vizepräsident Dick Cheney mit einem Eine-Milliarde-Dollar-Hilfspaket in Tiflis ein.

Im Gegenzug verdoppelte Georgien die Zahl seiner Truppen in der Koalition der Willigen im Irak auf 2000 Mann, was das 4,6-Millionen-Volk zum drittgrößten Kriegsteilnehmer (hinter den USA und Großbritannien) machte.

Die massive Aufrüstung des Kleinstaates trug nicht unerheblich zum Anwachsen der regionalen Spannungen und Auseinandersetzungen

(Abchasien, Südossetien) zwischen Russland und Georgien bei, an denen auf georgischer Seite Militärberater aus den USA, aus Israel sowie von der NATO beteiligt waren.

2000: Ecuador

Am 21. Januar marschierte eine große Gruppe indianischer Bauern, die von Militärs und amerikanischen Ölgesellschaften aus ihren Dörfern im Amazonasgebiet vertrieben worden waren, in die Hauptstadt Quito, wo sich ihnen Gewerkschafter und einige jüngere Armeeoffiziere anschlossen. Diese Koalition forderte eine Reihe von Wirtschaftsreformen, besetzte den Kongress und das Oberste Gericht und zwang den Präsidenten zum Rücktritt. Washington, das beinahe reflexartig auf alles reagiert, was auch nur entfernt einer linken Revolution ähnelt, schritt sofort ein. Die US-Botschaft, Peter Romero, der stellvertretende und für die westliche Hemisphäre zuständige Außenminister, der Nationale Sicherheitsberater Sandy Berger sowie Thomas Pickering, der Staatssekretär für Lateinamerika, wurde bei Ecuadors Militärführung mit der Warnung vorstellig, dass das Land drauf und dran sei, sich selbst zu isolieren. Die USA würden niemals eine neue, von den Aufständischen eingesetzte Regierung anerkennen. Es werde keinen Frieden in Ecuador geben, wenn das Militär nicht den bisherigen Vizepräsidenten Gustavo Noboa als neues Staatsoberhaupt unterstütze. Noboa müsse die unter seinem Vorgänger begonnenen neoliberalen Reformen und die vom Internationalen Währungsfonds geforderten politischen und wirtschaftlichen Anpassungen vorantreiben.

Innerhalb von wenigen Stunden erklärten die Kommandeure der Armee, der Luftwaffe und der Marine ihre Unterstützung für den Vizepräsidenten. Das war das Ende dieser Revolution.

2000: Sierra Leone

Amerikanische Kriegsschiffe patrouillierten vor der Küste des schon seit fast zehn Jahren von einem Bürgerkrieg erschütterten und verwüsteten Landes, um Evakuierungen zu unterstützen, wenn dies erforderlich werden sollte. Zusätzlich transportierten amerikanische C-17-Flugzeuge Munition sowie anderes Material zur Unterstützung der UN-Friedensmission.

2000: Jemen

Am 12. Oktober wurde im Hafen von Aden auf den Zerstörer *USS Cole* ein Sprengstoffanschlag verübt, bei dem zwei Attentäter und 17 US-Soldaten ihr Leben verloren. In der Folge wurde Militärpersonal in die Hafenstadt verlegt.

2001–2004: Venezuela

2000 wurde Hugo Chávez zum zweiten Mal mit überwältigender Mehrheit zum Präsidenten gewählt. Chávez war Washington mehr als ein Dorn im Auge. Er beschuldigte die USA, in Afghanistan »Terrorismus mit Terrorismus zu bekämpfen«, und kritisierte amerikanische Bombardements, denen auch Zivilisten zum Opfer fielen, wofür es »ebenso wenig eine Rechtfertigung gibt wie für die Angriffe in New York«.[289] Zudem war er befreundet mit Fidel Castro und lieferte Kuba Öl zu Discountpreisen oder im Austausch für medizinische Leistungen. Sein Verteidigungsminister forderte die US-Militärmission auf, ihre Büros im Hauptquartier der Armee zu räumen, ihre Präsenz sei ein Anachronismus aus dem Kalten Krieg. Chávez kooperierte nicht zur Zufriedenheit mit den amerikanischen Kriegsbemühungen in Kolumbien und weigerte sich, US-Geheimdiensten Informationen über Venezuelas arabische Minderheit zu liefern. Er setzte sich für eine regionale Freihandelszone und gemeinsame lateinamerikanische Petroleumoperationen ein, um unabhängig von der US-amerikanischen Wirtschaftsdominanz zu werden. Mit seinen Reformprogrammen, die den Armen, also über achtzig Prozent der einheimischen Bevölkerung, zugutekommen, machte er sich weder bei der der Privatwirtschaft verpflichteten US-Regierung noch bei seiner heimischen Mittel- und Oberschicht beliebter.

Zwischen dem 3. und 16. Mai 2001 führten die spanischen Streitkräfte unter dem Namen »Operation Balboa«[290] ein Manöver durch, in dem ein Angriff auf den westlichen Teil Venezuelas simuliert wurde. Das Ziel dieses Manövers war es, die Luftwaffe des Feindes zu zerstören, die Bodentruppen zu unterstützen, den Nordwesten Venezuelas (wo die meisten Ölvorkommen liegen) zu besetzen, die Hauptstadt einzunehmen, die Häfen zu blockieren und das Gebiet militärisch zu kontrollieren. Neben 36 Obersten und anderem spanischem Luftwaffenpersonal nahmen auch Offiziere anderer Länder als Militärbeobachter an der Übung teil. Nachrichtendienstliche Informationen über Venezuela lieferten die USA und die NATO.

Am 11. April 2002 wurde Chávez nach vorhergegangenen Unruhen durch einen Militärputsch, in dessen Verlauf mehrere Dutzend Menschen getötet wurden, für zwei Tage gestürzt. Pedro Carmona, der Vorsitzende von Venezuelas größter Handelskammer, übernahm die Regierung, löste das Parlament, den Obersten Gerichtshof, die Staatsanwaltschaft, die Wahlkommission sowie die Provinzregierungen auf und setzte die Verfassung außer Kraft. Darin konnte die US-Regierung keine Gefährdung demokratischer Rechtsstaatlichkeit erkennen. Offen brachte sie ihre Sympathie für den Putsch zum Ausdruck, der von »undemokratischen, von Chávez begangenen oder ermutigten Aktionen provoziert wurde«.[291] Später wurde von einem Presseputsch gesprochen, einem von der Presse herbeigeschriebenen Putsch, dem sich ein paar Generäle angeschlossen hätten. Die Mehrheit der Truppe blieb jedoch loyal zu Chávez, beschützte ihn und brachte ihn zwei Tage später wieder ins Amt.

Washington hatte seinen Teil zu dem Putschversuch beigetragen. Nach dessen Scheitern berichtete der *Observer*, dass sich Otto Reich, der ehemalige US-Botschafter vor Ort und nunmehr Staatssekretär für die westliche Hemisphäre im State Department, und Elliott Abrams, ein leitender Beamter im Nationalen Sicherheitsrat, regelmäßig mit den Verschwörern einschließlich Pedro Carmona im Weißen Haus getroffen hätten. Abrams soll die Putschplanung überwacht und mit Reich detailliert diskutiert haben. Schließlich habe er den Plan sanktioniert. Am Tag der Installierung Carmonas habe Reich Botschafter aus Lateinamerika und der Karibik in seinem Amt versammelt und ihnen mitgeteilt, Chávez' Ablösung sei kein Bruch demokratischer Herrschaft.[292]

Vizeadmiral Carlos Molina und Luftwaffenchef Pedro Soto sowie weiteren Offizieren, die Chávez' Entfernung aus dem Amt gefordert hatten, waren jeweils 100 000 Dollar von einem Konto in Miami überwiesen worden. Einem Bericht des rechtsgerichteten spanischen und von der NED geförderten Thinktanks FRIDE zufolge erhielten die venezolanischen Oppositionsgruppen jährlich zwischen 40 und 50 Millionen Dollar für ihren Kampf gegen Chávez und die »Bolivarische Revolution«.

2001: Nicaragua

Wie schon elf Jahre zuvor, als er noch Präsident war, beschrieben US-Diplomaten und -Beamte den einstigen sandinistischen Präsidenten Daniel Ortega als Terroristen, Kommunisten, Anarchisten, Verächter der Menschenrechte und der Demokratie. Der US-Botschafter führte offen Wahlkampf für Ortegas Kontrahenten Enrique Bolaños und zwang die Konservative Partei, sich aus dem Wahlkampf zurückzuziehen, um die antisandinistischen Stimmen nicht zu spalten. In Zeitungen des Landes erschienen von Jeb Bush unterzeichnete Wahlkampfanzeigen, um den Eindruck zu erwecken, als unterstütze sein Bruder George W. als Präsident persönlich den Wahlkämpfer Bolaños. Der wiederum rief seinen potentiellen Wählern zu: »Wenn Ortega an die Macht kommen sollte, bedeutet das die Einstellung der Auslandshilfe und der Investitionen, Schwierigkeiten beim Export und mit Reisegenehmigungen. Sagt ja zu Nicaragua, sagt nein zu Terrorismus.«[293]

Am Ende unterlagen die Sandinisten mit zehn Prozentpunkten.

»Das ist kein Kriegs-, sondern ein Mordprogramm«

Die letzte Supermacht (2001–heute)

Mit dem Zusammenbruch des sozialistischen Systems und der Auflösung der Sowjetunion war der Kalte Krieg zu Ende gegangen. Vorübergehend erkoren die Washingtoner Haudegen den internationalen Drogenhandel zum neuen Hauptfeind und schickten Truppen nach Kolumbien, Ecuador, Peru und Bolivien mit dem Auftrag, die Cocafelder abzubrennen und den Drogenbaronen in Cali, Medellín, Santa Cruz, Tijuana oder Guadalajara das Handwerk zu legen. Der 11. September 2001 jedoch, als 3000 Menschen drei Terroranschlägen in New York, Washington und Pennsylvania zum Opfer fielen, lieferte der US-Regierung neue Argumente für Interventionen im Ausland: den Terrorismus.

Seither führen die USA (zusammen mit der NATO und anderen) weltweit ihren Krieg gegen den Terror, der sich derzeit überwiegend gegen die sogenannten »Islamisten«[1] richtet. Und so wie Franklin D. Roosevelt einst den feinen Unterschied zwischen »Hurensöhnen« im Allgemeinen und »unseren Hurensöhnen« hervorhob, so unterscheiden die USA auch heute zwischen Islamisten und »unseren Islamisten«. Während Islamisten wie Mitglieder von al-Qaida oder dem Islamischen Staat (IS) Feinde sind, die aufs Erbittertste bekämpft werden müssen, werden »unsere Islamisten« gehegt, finanziert, trainiert und ausgerüstet. So etwa Abdul Rasul Sajaf, ein Warlord in Afghanistan, der für seine Massaker an schiitischen Hazara in Kabul berüchtigt wurde. Bei Abdul Sajaf hatte u. a. der Filipino Abdurajak Janjalani seine militärische Ausbildung erfahren. Später baute Janjalani auf den südphilippinischen Inseln eine Terrororganisation auf, die er nach seinem afghanischen Lehrer Abu Sajaf nannte und auf Entführungen spezialisierte.[2] Oder im Iran die Volksmudschahedin sowie die Separatistengruppe Partei für ein Freies Leben in Kurdistan (PJAK), die zwar beide seit Jahren vom US-Außenministerium als Terrororganisationen eingestuft, gleichzeitig jedoch von den USA unterstützt werden.

Im Gegensatz zu der Rivalität zwischen den USA und der UdSSR birgt dieser Krieg, in dem jeder militante Widerstand gegen eine etablierte Ordnung zu Terrorismus erklärt werden kann, die Gefahr, nie zu enden. Da der Begriff Terrorismus nur sehr vage definiert wird[3], kann jedes Verbrechen als terroristischer Akt interpretiert werden, der Staaten, Regierungen oder Behörden veranlasst, entsprechende Maßnahmen zu ergreifen. Da es also keine Welt ohne Terrorismus geben kann, ist die unendliche Fortsetzung des Kriegs gegen den Terrorismus garantiert. »Vergessen Sie Ausstiegsstrategien«, tönte US-Verteidigungsminister Donald Rumsfeld zwei Wochen nach den Anschlägen vom 11. September 2001. »Wir sprechen hier von einem dauerhaften Waffengang ohne Befristung.«[4] Der Krieg werde neue Terroranschläge provozieren und eine kaum zu bremsende Gewaltspirale erzeugen.

Ex-Präsident Jimmy Carter sprach in einem Interview die Ursachen an, die zu Hass und Terrorismus führen können:

> »Wir schickten die Marines in den Libanon, und Sie müssen nur in den Libanon, nach Syrien oder Jordanien gehen, um selbst Zeuge des immensen Hasses zu werden, den viele Menschen gegen die Vereinigten Staaten hegen, weil wir sie in diesen Dörfern um Beirut mit Bomben und Granaten beschossen und gnadenlos völlig unschuldige Dorfbewohner getötet haben – Frauen und Kinder, Bauern und Hausfrauen. Darum wurden wir in den Köpfen dieser Menschen, die sehr nachtragend sind, eine Art Satan. Das ging den Geiselnahmen voraus, und das war es auch, was einigen Terroranschlägen vorausging.«[5]

Schon Ronald Reagan hatte diese Feindkategorie bei seinem Amtsantritt eingeführt: »Wir müssen uns gegen diese Plage des modernen Zeitalters, gegen diese Rückkehr in die Barbarei, gegen diese teuflische Geißel des Terrorismus verteidigen.«[6] Bill Clinton brachte 1994 den neuen Begriff »Schurkenstaaten« (*rogue states*) in die Diskussion, gegen die sich die USA verteidigen müssten. Wenig später warnte er vor den »gescheiterten Staaten«, die ebenfalls eine Gefahr für die eigene Sicherheit darstellten, weshalb er noch im selben Jahr die State Failure Task Force gründen ließ.

Nicht dass Bill Clinton sich damit etwas Neues hatte einfallen lassen. Die amerikanische Außenpolitik war schon lange dominiert von einem »kaum verdeckten Rassismus, dem die Vorstellung zugrunde lag, dass die Angelsachsen verpflichtet seien, den rückständigen Rassen zu helfen, die unfähig waren, sich selbst zu regieren«.[7] Dieser Vorstellung entspricht auch Theodore Roosevelts berüchtigte Ergänzung zur Monroe-Doktrin aus dem Jahre 1904:

> »Chronisch falsches Handeln oder ein Versagen, das in der allgemeinen Auflösung der Bindungen einer zivilisierten Gesellschaft resultiert, mag letztendlich in Amerika wie auch anderswo die Intervention eines zivilisierten Staates erforderlich machen und in der westlichen Hemisphäre in Befolgung der Monroe-Doktrin die Vereinigten Staaten – wie widerstrebend auch immer – in

> flagranten Fällen solch fehlgeleiteten Handelns oder solchen Versagens zwingen, die Aufgaben einer internationalen Polizeimacht zu übernehmen.«[8]

Die Brookings Institution veröffentlicht jedes Jahr einen *Index of State Weakness in the Developing World*, die Zeitschrift *Foreign Policy* und der Fund for Peace publizieren ebenfalls jährlich eine Liste der »gescheiterten Staaten« – Staaten, in denen die öffentliche Sicherheit, die Rechtsstaatlichkeit und ein funktionierendes Gemeinwesen nicht oder nur in sehr unzureichendem Maß gewährleistet sind. In dieser Debatte wird der Staatszerfall ohne Berücksichtigung historischer Entwicklungen als ein intern verursachtes Problem definiert, das externe Lösungen erfordert. Dabei wird axiomatisch von einer Hierarchie zwischen Staaten ausgegangen, in der die Staaten der Ersten Welt beispielhaft als »erwünschter Endpunkt der Entwicklung«[9] angesehen werden. Kritiker sehen in diesem Konzept deutlich »undemokratische Untertöne von Kontrolle und Unterordnung«.[10] Es hat sich nichts geändert in den letzten hundert Jahren. Diese Sprache der Überlegenheit pflegten schon die Vertreter der Kolonialmächte.

Dem »Index gescheiterter Staaten 2013« zufolge, der 178 Länder auflistete, waren die als »kritisch« eingestuften, also besonders unsicheren und risikoträchtigsten Staaten: Somalia, die Demokratische Republik Kongo, Sudan, Südsudan, Tschad, Jemen, Afghanistan, die Zentralafrikanische Republik, Simbabwe, Irak, Elfenbeinküste, Pakistan, Guinea, Guinea-Bissau und Nigeria. Neunzig weitere Staaten befanden sich angeblich in einem kaum besseren Zustand und wurden der Kategorie »in Gefahr« zugeordnet, auch wenn sie gemeinhin als ziemlich stabil angesehen werden: Philippinen, Indonesien, Israel, Indien, Volksrepublik China, Bosnien-Herzegowina oder Iran. Keinen einzigen afrikanischen Staat hielten die Verfasser der Liste für »stabil«. Diese Kategorie blieb einer Reihe europäischer sowie zwei arabischen Staaten (Oman, Katar) und drei asiatischen Ländern (Japan, Singapur, Südkorea) vorbehalten. Unter den Siegern, den »stabilsten« Staaten, schnitt Finnland mit der Nummer 178 am besten ab, gefolgt von Schweden, Norwegen, der Schweiz und Dänemark. Irland kam in der respektablen Position 170 ins Ziel, und sogar Belgien, das ständig in seine flämischen und wallonischen Teile zu zerbrechen droht, war an Position 164 besser platziert als etwa die USA (159), Singapur (158) oder Japan (156).[11]

Seit dem 11. September 2001 wird der Zerfall von Staaten in der westlichen Welt als unmittelbare Bedrohung der eigenen nationalen Sicherheit wahrgenommen, weil »gescheiterte Staaten« als territoriale Basis für Terrornetzwerke gelten. Die Verfasser der Nationalen Sicherheitsstrategie der USA kamen 2002 denn auch zu dem Schluss, dass

Amerika heute weniger durch expandierende und erobernde als durch scheiternde Staaten bedroht werde. Von dort war es dann nur ein kleiner Schritt, um solchen Staaten nur noch eine »eingeschränkte Souveränität« zuzugestehen.

Nicht erst nach dem Beginn des Afghanistankrieges, als Washington auch Deutschlands eingeschränkte Souveränität strapazierte und zahlreiche tatsächliche wie angebliche al-Qaida-Mitglieder sowie Taliban in geheimen Flügen von deutschen Flughäfen aus in ägyptische, afghanische, jordanische, marokkanische, pakistanische, polnische, rumänische, syrische, saudische oder usbekische Folterkammern brachte – darunter auch deutsche Staatsbürger –, beanspruchte Washington das Recht, Gesuchte aus fremden Ländern entführen zu dürfen. Wie oben erwähnt (siehe: 1961–1966 Dominikanische Republik) hatten die USA bereits 1962 mehr als hundert angebliche »Castro-Kommunisten« aus der Dominikanischen Republik ausgeflogen. 1989 verabschiedete der US-Kongress ein Gesetz, das es den Behörden erlaubte, unter Umgehung der üblichen Auslieferungsverfahren ausländische Staatsbürger in die USA zu entführen. Noch im selben Jahr entführten Agenten der Drug Enforcement Administration (DEA) einen Honduraner, den sie als Drogenhändler verdächtigten, aus seinem Heimatland, weil die honduranische Verfassung die Auslieferung eines Staatsbürgers an ein fremdes Land untersagt. Wenige Monate später organisierte die DEA die »Operation Legend II« und heuerte Kopfgeldjäger an, um den mexikanischen Arzt Humberto Álvaréz Machain aus seiner Praxis in Guadalajara in die texanische Grenzstadt El Paso zu verschleppen. Álvaréz, dessen Auslieferung die mexikanische Regierung abgelehnt hatte, wurde beschuldigt, an der Ermordung eines DEA-Agenten beteiligt gewesen zu sein. 1992 wurde der zyprische Geschäftsmann Hossein Alikhani, der unter Verdacht stand, gegen die US-Sanktionen gegen Libyen verstoßen zu haben, von Agenten des US-Zolls von den Bahamas nach Miami entführt.

Mitte der 90er Jahre unterzeichnete Bill Clinton eine »präsidentiale Anweisung«, die es der CIA und Special Operations Forces in Absprache mit dem FBI erlaubte, Terrorverdächtige in aller Welt aufzuspüren und ohne Berücksichtigung bilateraler Auslieferungsabkommen oder internationaler Übereinkünfte in die USA zu entführen. Diese Direktive erlaubte den Agenten zudem, Terrorverdächtige nach Ägypten zu bringen, wo sie – weit entfernt von amerikanischem Recht und unbehindert von amerikanischen Folterverboten – von Angehörigen der ägyptischen Geheimpolizei verhört werden konnten. Allerdings musste in jedem Fall die Genehmigung des Präsidenten eingeholt werden, der sie über siebzig Mal erteilte.

Im Dezember 1997 erzwang Washington von der Regierung in Bogotá die Abschaffung eines Verfassungsartikels, der die Auslieferung kolumbianischer Staatsbürger an fremde Staaten untersagte. Alleine in den folgenden acht Jahren wurden auf diese Weise 239 des Drogenhandels bezichtigte Kolumbianer in die USA verschifft. Als 2000 die Frau eines amerikanischen Obersten (siehe: 1992 Kolumbien) und 2005 fünf amerikanische Soldaten, die im Rahmen des Antidrogenkrieges in Kolumbien stationiert waren, beim Heroin- und Kokainhandel ertappt wurden, schafften die USA die Verdächtigen heimlich auf dem schnellsten Weg aus dem Land. »Tatsächlich begingen diese Soldaten das Verbrechen in Kolumbien, und gemäß unserem bilateralen Auslieferungsabkommen müsste hier gegen sie verhandelt werden«, beklagte sich ein kolumbianischer Abgeordneter. Der US-Botschafter jedoch behauptete, die fünf Soldaten genössen diplomatische Immunität.[12]

Nachdem der Supreme Court am 29. Juni 2006 festgestellt hatte, dass für die von Präsident Bush am 13. November 2001 eingesetzten militärischen Sondergerichte keine Rechtsgrundlage bestand, wurden die des Terrorismus Verdächtigen von der CIA in zahlreichen Flügen in Geheimgefängnisse in aller Welt geflogen, wo sie außerhalb jeder juristischen Kontrolle und ohne die Rechte, die Verdächtigen gemeinhin zustehen, verhört und verurteilt werden konnten. Mit Einwilligung der europäischen Regierungen und NATO-Partner, die sich hinter dem Rücken ihrer Wähler wie Satellitenstaaten der USA verhielten, entführten Agenten des US-Geheimdienstes zahlreiche Verdächtige in afghanische, ägyptische, jordanische, marokkanische, syrische, polnische oder baltische Gefängnisse, wo sie oftmals gefoltert wurden. Der »Nichtständige Ausschuss des Europäischen Parlaments zur behaupteten Nutzung europäischer Staaten durch die CIA« dokumentierte alleine für die Zeit zwischen dem 11. September 2001 und Ende 2005 1080 Flüge der CIA und bewies, dass »die illegalen Transporte über 14 Länder gelaufen sind, darunter Deutschland, Schweden, Italien, Belgien und Spanien«, schrieb Giulietto Chiesa, ein italienischer Abgeordneter des Europaparlamentes. »Zwei Länder (Polen und Rumänien) hatten – für einen noch nicht eindeutig geklärten Zeitraum – illegale Gefängnisse für mutmaßliche Terroristen zur Verfügung gestellt … Für mindestens dreißig Entführungsfälle mit anschließender *rendition* liegen inzwischen Beweise vor.«[13]

Der Bush-Doktrin zufolge sind terroristische Staaten Länder, deren Regierungen Terroristen Unterkunft und Schutz gewähren oder selbst terroristische Anschläge durchführen. Mit diesem Argument hatte schon Reagan seine Bombardierung Libyens begründet. Dass die USA selbst dieser Definition gefährlich nahe kommen, wird tunlichst ignoriert. Allerdings unterscheiden die USA auch hier zwischen guten und schlechten Terroristen. So durften beziehungsweise dürfen etwa Orlando Bosch oder Posada Carriles – um nur zwei zu nennen –, die beide sowohl von der CIA als auch dem FBI als »führende Terroristen« beschrieben wurden, unbehelligt in Florida leben, weil sie kubanische, mithin feindliche, Flugzeuge entführten und kubanische, also feindliche, Einrichtungen bombardierten. (Bosch starb Anfang 2011 friedlich in seinem Haus in Florida, Posada lebt ebenso friedlich in Miami.) Zudem führten die USA selbst zahlreiche terroristische Aktionen etwa in Kuba, Chile, Nicaragua oder Europa durch.

Washington unterstützte die Einrichtung internationaler Gerichte, vor denen Menschenrechtsverletzungen und Gräueltaten verhandelt wurden, die in Jugoslawien, Ruanda, Sierra Leone und Kambodscha begangen worden waren. 2002 behauptete der damalige Außenminister Colin Powell, die USA zeigten »mehr Verantwortung als alle Nationen der Welt« und seien auch »führend in Bezug darauf, Verbrecher vor Gericht zu bringen«[14] – ein beinahe weltfremd klingender Anspruch angesichts der guten Chancen, möglicher Strafverfolgung zu entkommen, die etwa in Irak des Mordes angeklagte Mitglieder der Söldnerfirma Blackwater Worldwide (die erst in Xe Services umgetauft wurde und nun unter dem neuen Namen Academi firmiert) hatten.[15] Oder die Zehntausende Soldaten, die »Zehntausende Soldatinnen vergewaltigten«[16], ohne jemals vor Gericht zu kommen. Oder die CIA, deren Agenten selten bestraft wurden, selbst wenn der Tod Unschuldiger das Ergebnis ihrer Operationen war. Elf Soldaten, die sich in dem irakischen Gefängnis Abu Ghraib schuldig gemacht hatten, Gefangene misshandelt zu haben, wurden öffentlich verurteilt, aber nicht ein einziger CIA-Agent. Agenten aber waren in der Regel bei Verhören anwesend. Und wenn der eine oder andere von ihnen gelegentlich doch wegen grober Rechtsverstöße gefeuert wurde, beschäftigte die CIA ihn oftmals nur allzu gerne wieder als freien Mitarbeiter.

Darüber hinaus unternimmt Washington alle Bemühungen, eigene Täter vor möglicher Strafverfolgung durch internationale Gerichte zu schützen. Der Einrichtung eines ständigen Internationalen Strafgerichtshofs (International Criminal Court, ICC) widersetzten sich die USA vehement. Zunächst stimmten sie 1998 gemeinsam mit China, Israel und vermutlich Libyen, dem Irak und dem Jemen gegen das Rom-Statut, mit dem der ICC eingerichtet wurde. Nachdem er einige Änderungen durchgesetzt hatte, um die Befugnisse des Gerichts einzuschränken und es politisch kontrollieren zu können, unterschrieb Präsident Bill Clinton schließlich das Statut. Doch im Mai 2002 kündigte sein Nachfolger George W. Bush an, die Unterschrift unter dem Dokument zurückzuziehen. Drei Monate später verabschiedete der Kongress ein Gesetz, das dem Präsidenten die Möglichkeit gibt, »jede notwendige Maßnahme« zu ergreifen, um die Freilassung gleich welchen amerikanischen Bürgers zu erzwingen, der vom ICC verhaftet wurde. Zudem verbietet dieses Gesetz, das »Haager Invasionsgesetz«, wie es genannt wird, den Einsatz amerikanischer Truppen bei UN-Friedensmissionen, es sei denn, dass den US-Soldaten völlige Immunität vor Strafverfolgung durch den ICC garantiert wird. Es verbietet ebenfalls jede amerikanische Militärhilfe für Staaten, die dem ICC angehören (ausgenommen sind die NATO-Mitglieder sowie Ägypten, Israel, Jordanien und Taiwan).

Inzwischen hat die US-Regierung mit über 75 Ländern bilaterale Abkommen geschlossen, unter keinen Umständen ohne Washingtons Zustimmung einen amerikanischen Staatsbürger an den ICC auszuliefern. (Ungefähr 45 Staaten haben es abgelehnt, derartige Abkommen zu unterzeichnen, und die EU hat sich sehr deutlich gegen diese Verträge ausgesprochen.) Mit dem Plan, diese Immunität auf alle Teilnehmer an UN-Friedensmissionen auszudehnen, scheiterte Washington letztendlich. Niemand mit Ausnahme Großbritanniens unterstützte den Antrag. Unter starkem Druck zogen die USA ihn schließlich zurück.

2005 versuchten die USA einen Beschluss des UN-Sicherheitsrats zu blockieren, Kriegsverbrecher aus Darfur dem ICC zu überstellen. Bei der Abstimmung im April 2005 enthielten sie sich schließlich der Stimme – gemeinsam mit Algerien, Brasilien und China. Oft enthielt sich Washington aber nicht bloß, sondern brachte als ständiges Mitglied im Sicherheitsrat mit seinem Veto Beschlussanträge zu Fall und vereitelte die Verabschiedung von Resolutionen. So wollten die USA als einziger Staat in der UNO einer Resolution nicht zustimmen, in der das Recht auf Bildung, Gesundheitsvorsorge, Arbeit sowie ausreichend Nahrung garantiert werden sollte (16. Dezember 1983, Resolution 38/124). Einsam blieb auch Washingtons Gegenstimme bei der Verabschiedung des Berichts des Komitees zur Eliminierung rassistischer Diskriminierung (23. November 1984, Resolution 39/21) oder zur Resolution 39/62, die ein Verbot der Entwicklung und Herstellung neuer Massenvernichtungswaffen vorsah. Am 13. Dezember 1985 stimmten die USA und seltsamerweise Israel als einzige Staaten gegen die Resolution 40/148, mit der Maßnahmen gegen nationalsozialistische, faschistische und neofaschistische Aktivitäten eingeführt werden sollten. Tatsächlich blockierten die USA seit 1970 nicht weniger als 86 Resolutionen des UN-Sicherheitsrates mit ihrem Veto, »mehr als alle Vetos der anderen Mitglieder des Sicherheitsrats zusammen«, wie Stephen Zunes, Politikwissenschaftler und Koordinator für Nahoststudien an der Universität von San Francisco, nach umfangreichen Studien über das Veto-Verhalten der fünf ständigen Mitglieder des Sicherheitsrats (neben den USA: Russland, die VR China,

Großbritannien und Frankreich), die als Einzige berechtigt sind, ein Veto einzulegen.

Auch in den anderen multinationalen Agenturen wie dem Internationalen Währungsfonds (IMF), der Weltbank oder der Welthandelsorganisation (WTO) bestimmen die USA weitgehend die Politik und vor allem die Geschäfte. Eine Untersuchung der Vereinten Nationen bezeichnete die WTO als »Alptraum« für Entwicklungsländer. Ihre Tätigkeiten »dienen ausschließlich der Förderung der Interessen dominierender Unternehmen, die den internationalen Handel ohnehin schon monopolisieren«[17]. Und sogar der konservative *Economist* warf dem »Fonds und der Bank« (IMF, Weltbank) vor, »unverhüllte Instrumente der westlichen und besonders der amerikanischen Außenpolitik geworden« zu sein.[18]

Im Rahmen der von den USA durchgesetzten Tradition gehen die Spitzenpositionen bei diesen Organisationen an Amerikaner und Europäer. Als 1999 zum ersten Mal mit dem Thailänder Supachai Panitchpakdi [19] eine Person aus einem Entwicklungsland als aussichtsreicher Kandidat für den Vorsitz in der WTO auftauchte, inszenierte Washington ein Höllenspektakel. Präsident Clinton drohte, die WTO zu blockieren, wenn die Mitglieder nicht den amerikanischen Kandidaten akzeptierten. »Bei der Prüfung der Kandidaten«, so erklärte Clinton seine hartnäckige Ablehnung des thailändischen Kandidaten, habe er sich »auf ihre Haltung in Fragen, die für uns wichtig sind, konzentriert«. Dabei gehe es vor allem darum, »was den Bedürfnissen der WTO am besten dient«. Monatelang sträubte sich Clinton, nachzugeben. Ein Brief, den Thailands Premierminister Chuan Leekpai an Clinton schrieb, blieb unbeantwortet. Sir Leon Brittan, der EU-Handelskommissar, sowie europäische und thailändische Diplomaten fürchteten, Washington werde gegen jede Entscheidung zugunsten Supachais ein Veto einlegen. »Das ist der Kampf meines Lebens«, gestand Supachai, »ich hätte nie geglaubt, dass er so lange und so hart geführt werden würde.«[20] Schließlich einigte man sich auf eine Art Jobsharing: Clintons Kandidat, Mike Moore, übernahm die erste Hälfte der sechsjährigen Amtsperiode, Supachai trat das Amt am 1. September 2002 für die restlichen drei Jahre an.

John R. Bolton, den George W. Bush 2005 zum Botschafter bei den Vereinten Nationen ernannte, war nicht der Erste, der die UNO verachtete, wenngleich die meisten zurückhaltender waren als der einstige Kolumnenschreiber: »Es gibt keine Vereinten Nationen. Es gibt eine internationale Gemeinschaft, die gelegentlich von der einzigen wirklichen Supermacht geführt werden kann, den Vereinigten Staaten, wenn es ihren Interessen dient und wir andere auf unsere Seite bekommen«[21], hatte er einst geschrieben.

Den Vereinten Nationen, 1945 in San Francisco auf Betreiben Präsident Harry Trumans gegründet, misstrauten die USA schon früh. Bereits 1949, vier Jahre nach ihrer Gründung, unterschrieb Trygve Lie, ihr erster Generalsekretär, ein Geheimabkommen mit dem US-Außenministerium, »welches in Verletzung fundamentaler Grundrechte und der UN-Charta vorsah, dass Dienstanwärter und Bedienstete des UN-Sekretariats ohne ihr Wissen von US-Beamten ›durchleuchtet‹ werden sollten«.[22] Ende 2010 sorgten Kabel amerikanischer Diplomaten, die Wikileaks an die Presse weitergeleitet hatte, für Aufregung in den Medien. Demnach hatten sowohl US-Außenministerin Hillary Clinton als auch ihre Vorgängerin Condoleezza Rice ihre Diplomaten angewiesen, Angestellte und Mitglieder der Vereinten Nationen einschließlich des Generalsekretärs Ban Ki-moon auszuspionieren und alles über sie in Erfahrung zu bringen. Die Aufregung war ein wenig verfehlt. Die beiden Damen hatten tatsächlich nur das Abkommen von 1949 sozusagen aktualisiert und modernisierten die Liste der zu sammelnden Daten. Vor sechzig Jahren gab es weder biometrische Daten (DNA- oder Iris-Scans) noch Kreditkarten oder E-Mails mitsamt Passwörtern und Kodifizierungsschlüsseln. Die Liste der auszuspähenden Ziele wird jährlich von einer Abteilung der CIA neu zusammengestellt. Im Anschluss an die Veröffentlichung waren die USA um Schadensbegrenzung bemüht. Ihre Diplomaten seien keine Spione – ein Etikett, das lebensgefährlich werden könnte. »Sie sind Diplomaten«, versicherte ein Sprecher des State Department. »Sie sammeln Informationen, die bei der Planung und Ausarbeitung unserer Politik hilfreich sind … Die Außenministerin weist ihre Diplomaten nicht an, Spionage zu betreiben.«[23]

Im Kern sehen sich die USA als den Vereinten Nationen übergeordnet an und blockieren oder ignorieren UN-Beschlüsse ganz nach Gusto. So sprach Washington dem Haager Gerichtshof jede Zuständigkeit ab, als dieser die Verminung von Häfen und Flüssen in Nicaragua durch amerikanische Agenten verurteilte. Kaum weniger gebunden sieht sich Washington durch UN-Verträge. Die USA, die den Irak angriffen, weil Saddam Hussein dort angeblich chemische und biologische Massenvernichtungswaffen herstellen ließ, schlossen sich nicht der »Konvention zum Verbot der Entwicklung, Herstellung, Anhäufung und des Einsatzes von chemischen Waffen und deren Zerstörung« (1992) an und hatten schon 1972 einem UN-Abkommen gegen biologische Kriegführung ihre Unterschrift verweigert.

Nicht erst George W. Bush lehnte ein »Abkommen gegen Folter und andere grausame, inhumane und entwürdigende Behandlung oder Bestrafung« ab. Diese UN-Konvention war schon 1984 verabschiedet und von der damaligen Reagan-Administration abgelehnt worden. 1996 widersetzte sich die Clinton-Regierung einem umfassenden Versuchsstopp von Atombomben. 1997 war es abermals Bill Clinton, der sich der »Konvention zum Verbot des Einsatzes, der Lagerung, Herstellung und Verbreitung von Anti-Personen-Minen und deren Zerstörung« nicht anschließen wollte. Bei solch eigenwilliger Rechtsauffassung verwundert es nicht, dass die USA heute kaum noch reguläre Truppen bekämpfen. Die heißen heute etwa in Afghanistan illegale Kombattanten und anderswo schlicht Terroristen. Und kaum ein Monat nachdem die UN-Generalversammlung in einer Resolution das Verbot militärischer Angriffe auf nukleare Einrichtungen im Nahen Osten bestätigt hatte[24], ließ General Colin Powell 1991 Iraks Atomkraftwerke bombardieren. »Die beiden in Betrieb befindlichen Reaktoren, die sie hatten, gibt's nicht mehr, sie sind weg, ausgelöscht«[25], jubelte Powell. In dieser Weise bomben und kämpfen die USA weiter für eine demokratische Welt. Inzwischen führten die USA nach Auffassung des ehemaligen ISAF-Kommandeurs Stanley McChrystal »den großen Kreuzzug gegen den Islam ..., in dem jede Kampfhandlung gegen Muslime damit gerechtfertigt wurde, dass man gegen das Kalifat kämpfte«.[26]

Die letzten der tödlichen Waffen im Arsenal der USA sind unbemannte Luftfahrzeuge wie die MQ-1-Predator oder MQ-9-Reaper, allgemein als Drohnen bekannt, die aus sicherer Höhe Ziele ausspähen und Hellfire- oder neuerdings Scorpion-Raketen abfeuern können. Das sind sogenannte Small Smart Weapons von der Größe eines Geigenkastens und mit einem Gewicht von 16 Kilogramm. Weltweit wurden bisher mindestens sechzig Stützpunkte für Drohnen eingerichtet. Eine Reaper-Drohne kann knapp 2000 Kilometer weit fliegen und bei einer maximalen Last an Hellfire-Raketen oder GBU-12- und GBU-30-Bomben von 1700 Kilogramm an Bord zwischen 16 und 20 Stunden in der Luft bleiben. Ein Bericht des Budgetbüros des US-Kongresses erwähnte 2011, dass das Verteidigungsministerium im Laufe der kommenden Dekade etwa 730 neue mittelgroße unbemannte Flugzeuge, also Drohnen vom Typ Reaper, anschaffen wolle.

Zum ersten Mal kamen Drohnen im Jemen zum Einsatz. Mitte 2002 hatten Spezialisten des United States Joint Special Operations Command (JSOC) Abu Ali al-Harithi, einen der Drahtzieher des Anschlags auf die *USS Cole,* in der zentraljemenitischen Stadt Marib aufgespürt. Die CIA startete von Camp Lemonnier in Dschibuti eine MQ-1-Predator-Drohne, die eine panzerbrechende Hellfire-Rakete auf al-Harithis Toyota-Geländewagen feuerte. In dem Angriff starb auch der US-Bürger Ahmed Hijazi alias Kamal Derwish aus Buffalo, New York. Auf die Präsenz amerikanischer Soldaten im Jemen angesprochen, wiegelte Verteidigungsminister Donald Rumsfeld ab: »Wir haben ein paar Leute in dem Land ... Mehr habe ich dazu nicht zu sagen.«[27]

Am häufigsten kamen Drohnen zunächst in Pakistan und Somalia zum Einsatz, zu Beginn überwiegend als Beobachter. Selbst konservativen Angaben zufolge hielt sich seit dem Start der ersten Drohne in Camp Lemonnier (2007) mindestens eine Predator- oder Reaper-Drohne jeden Tag zwölf Stunden im somalischen Luftraum auf. Zusammen mit den Flügen der leichteren Global-Hawk-, ScanEagle- und Raven-Drohnen oder der unbemannten Fire-Scout-Helikopter bedeutete dies, dass Somalia praktisch ununterbrochen von Robotern überwacht wurde.

Gesteuert wird das geheime Programm entweder aus Langley (von der CIA) oder aus Orten in Texas, Nevada und anderswo in den USA (JSOC), aber auch aus dem Hauptquartier der United States Air Forces in Europe im rheinland-pfälzischen Ramstein. Vor Ort sucht die CIA gemeinsam mit ihren pakistanischen Verbündeten die Ziele aus, deren Koordinaten dann an die Steuerungszentrale in den USA gegeben werden. Die Drohnen werden auf ihrem Stützpunkt gestartet und anschließend aus den Zentralen in den USA ins Ziel gelenkt. Von Wikileaks im November 2010 veröffentlichte Telegramm amerikanischer Diplomaten bewiesen schließlich, dass kleine Teams von US-Sonderkommandos im Geheimen in die pakistanische Armee integriert (*embedded*) sind und in den Stammesgebieten helfen, Taliban oder al-Qaida-Kämpfer aufzuspüren und Drohnenangriffe zu koordinieren.

Ob nun Special Forces oder der Geheimdienst, grundsätzlich werden keine Auskünfte über die Einsatzorte, die Kriterien der Zielauswahl, die Zahl der Opfer oder darüber gegeben, wer das Programm kontrolliert. Kritiker sagen, das Programm verstoße gegen die Executive Order 11905, die Präsident Gerald Ford 1976 unterzeichnet hatte, die es amerikanischen Spionageorganisationen ausdrücklich untersagt, »politische Morde« zu verüben. Fords Nachfolger Jimmy Carter hatte den Befehl noch erweitert: »Niemand, der in Diensten der Regierung der Vereinigten Staaten steht oder in deren Namen handelt, darf sich an Mord oder an Planungen hierzu beteiligen.«[28] »Aber mechanisiertes Töten ist auch Mord«, sagte Vicki Divoll, eine ehemalige CIA-Anwältin, die heute an der US-Marineakademie in Annapolis lehrt. »Die aktuellen Angriffe mit Drohnen könnten dahingehend interpretiert werden, dass Mord akzeptabel ist«, schloss sich ein anderer Ex-Anwalt der CIA 2002 in einem Interview mit der *Washington Post* der Meinung seiner Kollegin an.[29]

Acht Jahre später gab es keine Zweifel mehr, dass »gezieltes Töten inzwischen Routine geworden ist«. In seiner ersten Amtszeit »institutionalisierte Obama die hochgeheime Praxis des gezielten Tötens und transformierte Ad-hoc-Elemente (aus der Amtszeit seines Vorgängers George W. Bush) in eine Antiterrorimus-Infrastruktur, die einen offenbar permanenten Krieg führen kann«.[30] Kaum ein paar Tage vergehen seither, ohne dass tödliche Drohnenangriffe publik werden. JSOC-Teams, die sich selbst mit der legendär-berüchtigten Murder Inc. der Prohibitionsära vergleichen, mordeten und morden Tausende Schuldige, Verdächtige und Unschuldige in Afghanistan, Pakistan, Somalia, Kenia, dem Irak, Jemen und neuerdings auch in Syrien. Sie führen Namenslisten von Verdächtigen. Ob in Afghanistan, Pakistan, Jemen oder Somalia, so mancher Zwist zwischen den Clanhäuptlingen um die Familienehre oder ein Stück Land konnte so ebenfalls gelöst werden, indem der Nachbar bei den US-Truppen als Mitglied von al-Qaida, der Taliban oder sonst einer terroristischen Vereinigung diffamiert wurde. Gegen Ende 2009 führten JSOC-Kommandos monatlich nicht weniger als achtzig, neunzig solcher Mordaufträge aus.

Die ersten beiden CIA-Luftangriffe in Barack Obamas Amtsperiode fanden in den Morgenstunden des 23. Januar 2009 statt. Da war der neue Präsident gerade drei Tage im Amt. Die Angriffe kosteten etwa zwanzig Menschenleben. Im ersten Schlag starben vier Araber, die angeblich mit al-Qaida in Verbindung standen. Im zweiten Schlag jedoch hatte die Drohne das falsche Haus im Visier und traf etwa sechs Meilen außerhalb der Stadt Wana in Südwasiristan den Wohnsitz eines Stammesführers, der die Regierung unterstützte. In dem Angriff starb die ganze Familie, darunter drei Kinder. »Seither wurden die CIA-Bombardierungen in Pakistan in rascher Folge fortgesetzt«[31], berichtete *The New Yorker*. Einer Studie der New America Foundation zufolge ist die Zahl der Drohnenangriffe seit Obamas Amtsantritt dramatisch angestiegen. In den ersten zehn Monaten seiner Regierungszeit autorisierte er mindestens 41 Raketenangriffe in Pakistan, denen je nach Quelle 326 oder 538 Menschen zum Opfer fielen. Das waren mehr Drohnenangriffe, als George W. Bush in den gesamten letzten drei Jahren seiner Amtszeit genehmigt hatte.

Schon nach dem ersten Drohnenangriff im Jemen, bei dem neben al-Harithi und Kamal Derwish vier weitere Männer getötet worden waren, kritisierte Amnesty International: »Wenn dies die vorsätzliche Tötung von Verdächtigen anstelle einer Festnahme war, und zwar in einer Situation, in der sie keine unmittelbare Bedrohung darstellten, waren diese Tötungen außergerichtliche Exekutionen unter Verletzung internationaler Menschenrechtsgesetze.«[32] Mehrfach beklagte der United Nations Human Rights Council (UNHRC) die hohe Zahl ziviler Opfer amerikanischer Militäroperationen einschließlich der Drohnenangriffe. In seinem Buch *Obama's Wars* behauptete Bob Woodward von der *Washington Post*: »CIA-Drohnen töteten viele Westler einschließlich einiger US-Bürger« in den pakistanischen Stammesgebieten. Im Oktober 2009 forderte der UNHRC-Ermittler Philip Alston die USA dringend auf, bei ihrem Drohneneinsatz Menschen nicht einfach aufs Geratewohl zu töten. Er kritisierte, dass die USA auf die Sorgen der Vereinten Nationen nicht eingingen, und hielt es für »problematisch, dass die Central Intelligence Agency ein Programm steuert, in dem eine beträchtliche Anzahl von Menschen getötet wird, und dabei die relevanten internationalen Gesetze missachtet«.[33] Dagegen argumentierte der US-Vertreter vor dem UNHRC, amerikanische Militäraktionen lägen nicht im Zuständigkeitsbereich des UN-Ermittlers zur Untersuchung außergerichtlicher, summarischer oder willkürlicher Hinrichtungen.[34]

Nach internationalem Recht muss die US- wie jede Regierung eine Terrorgruppe als eine Gruppe definieren, die den bewaffneten Kampf führt, und den Einsatz von Gewalt als »militärisch unumgänglich« begründen, um terrorverdächtige Zivilisten im Ausland ins Visier nehmen zu können. Dabei müssen angemessene Alternativen wie Gefangennahme unmöglich sein. Um den Tod der Zielpersonen zu rechtfertigen, müssen sie »direkt an feindseligen Handlungen« beteiligt sein. Der Einsatz von Gewalt muss »verhältnismäßig« zur Bedrohung sein. Und schließlich muss der Staat, in dem derart gezielte Tötungen stattfinden, seine Genehmigung dazu geben.

Tatsächlich aber unterscheidet sich die Vorgehensweise dieser amerikanischen Schattenkrieger kaum von den Praktiken der lateinamerikanischen Todesschwadronen der 80er Jahre. Den JSOC- oder CIA-Agenten, die für die Auswahl der Ziele zuständig sind, kommt praktisch jeder verdächtig vor, der in den von ihnen überwachten Gebieten in der Lage ist, eine Waffe zur Hand zu nehmen. »Die CIA meinte, Männer im wehrfähigen Alter, die in einer bestimmten Region großen Versammlungen beiwohnten oder Kontakte mit anderen mutmaßlichen Militanten hätten, könne man mit Fug und Recht als Ziele für Drohnenangriffe betrachten. Eine eindeutige Identifizierung sei nicht nötig, nur einige ›Signaturen‹, die die CIA selbst entwickelt hatte, um Terrorverdächtige zu erkennen.«[35]

Nach offiziellen Angaben fliegen über Pakistan »so viele Drohnen herum, dass unter den Agenten, welche diese Drohnen fernsteuern, schon mal Streit ausbrach, wer den Ruhm für sich in Anspruch nehmen kann, ein bestimmtes Ziel ausgemacht zu haben«.[36] Weil das Programm geheim ist, gibt es kein erkennbares System der Verantwortlichkeit, obwohl die CIA zahlreiche Zivilisten in einem Land getötet hat, mit dem sich die USA nicht im Krieg befinden. Kritiker sagen, viele der Opfer seien unschuldige Zuschauer gewesen: Alte, Frauen und Kinder. Washington behauptet, das internationale Recht erlaube es den USA, Verdächtige auch in Staaten, mit denen man sich nicht im Krieg befinde, ohne Gerichtsverfahren zu töten. Folgerichtig hat die Obama-Regierung derartig verabscheuungswürdige Maßnahmen, die von der Bush-Regierung noch als Ausnahmen dargestellt wurden, inzwischen als normales Vorgehen abgesegnet.

»Die einzigen Leute, gegen die wir nach ausführlicher Prüfung, die eine lange Zeit in Anspruch nimmt, eine Drohne schicken, sind bestätigte Terroristen auf der höchsten (Kommando)Ebene«, behauptete US-Außenminister John Kerry 2013 auf einem von der BBC veranstalteten Forum. »Wir schießen nicht einfach eine Drohne (sic) auf jemanden und denken, das ist ein Terrorist.«[37] Das britische Bureau of Investigative Journalism zählte seit 2004 alleine in Pakistan 424 und in Afghanistan 325 Drohnenangriffe, 698 davon von Obama angeordnet. Dabei starben nach Schätzungen (weil die Angaben teilweise ungenau sind) zwischen 4033 und 6033 Menschen, darunter zwischen 176 und 225 Kinder. 1161 bis 1744 weitere Opfer wurden verletzt. Insgesamt kamen durch die von Obama autorisierten Drohnenangriffe in Pakistan, Jemen und Somalia über 4000 Menschen um, darunter rund 600 bis 700 Zivilisten.[38] Alleine in den ersten sechs Monaten 2016 zählte die United Nations Assistance Mission in Afghanistan (UNAMA) 5166 zivile Opfer von Drohnenangriffen, 1601 Tote und 3565 Verwundete. Tatsächlich aber »kennt niemand wirklich die Zahl der Toten durch Drohnenangriffe in diesen entfernten, manchmal unregierten Ländern«[39], schränkte Michael Boyle, der ehemalige Obama-Berater und Professor an der La Salle University in Philadelphia, die Treffgenauigkeit aller Angaben ein.

Um sich die pakistanische Kooperation zu sichern, beteiligten die USA Islamabad an der Auswahl der Ziele. Doch weil viele der von Pakistan benannten Ziele unter den amerikanischen Antiterror-Kriegern unbekannt waren, wuchsen die Zweifel, ob diese angeblichen pakistanischen Taliban tatsächlich legale Ziele für Predator-Angriffe waren. Einer Studie der New America Foundation zufolge hatten nur sechs der 41 Drohnen-Angriffe, die in den ersten zehn Monaten der Obama-Regierung in Pakistan geflogen wurden, tatsächlich al-Qaida-Mitglieder im Visier. 18 richteten sich gegen mehrere Taliban, und bei 15 der Attacken war Baitullah Mehsud das Ziel der USA, der als einer der Führer der pakistanischen Taliban galt und von der Regierung in Islamabad für zahlreiche Terrorangriffe im Land verantwortlich gemacht wurde. »Die Bemühungen, Mehsud zur Strecke zu bringen, stellen eine ernüchternde Fallstudie über die Risiken der Kriegführung mit Robotern dar.«[40]

Nicht weniger als 16 Raketen in 14 Monaten benötigten die Antiterrorkrieger, ehe es gelang, ihn zu töten. Diese 16 Raketen rissen neben Mehsud 207 oder 321 unbeteiligte Menschen in den Tod, je nachdem welche Quelle zugrunde gelegt wird. Untersuchungen des Bureau of Investigative Journalism und der Menschenrechtsgruppe Reprieve äußerten erhebliche

Zweifel an den offiziellen Angaben zur Zuverlässigkeit der Zieleingaben von Drohnen, die von offiziellen US-Vertretern gerne als »klinisch präzise« beschrieben werden. »Nichts ist präzise an Informationen, wenn für jeden ›bad guy‹, hinter dem die USA her sind, 28 unschuldige Menschen, darunter Frauen und Kinder, sterben«, zitierte der Guardian Jennifer Gibson von Reprieve.[41]

Zudem dehnte die Regierung Barack Obamas den Geltungsbereich und den Rahmen genehmigter Drohnenangriffe in Afghanistan aus. Ein Bericht des amerikanischen Senatskomitees für Auslandsbeziehungen vom August 2009 enthüllte, dass die Gemeinsame integrierte Liste der vordringlichsten Ziele (Joint Integrated Prioritized Target List) – eine Liste genehmigter Terrorziele des Pentagon, die bis Mitte 2009, als die Politik geändert wurde, 367 Namen enthielt – um fünfzig afghanische Drogenhändler erweitert worden war. Diese fünfzig Drogenhändler standen zwar im Verdacht, zur Finanzierung der Taliban beizutragen, aber der Senatsbericht hatte nicht den geringsten Hinweis gefunden, »dass ein signifikanter Teil aus den Drogenerlösen an al-Qaida geht«.[42] Angesichts der Tatsache, dass zahlreiche hochrangige Beamte und Offiziere der damaligen Regierung Hamid Karzais in den Heroinhandel verwickelt waren, musste sich die Aufnahme afghanischer Drogenhändler in die amerikanische Zielliste als problematisch und peinlich erweisen. Karzais Halbbruder Ahmad Wali Karzai, der 2010 von einem seiner Leibwächter erschossen wurde, war ebenfalls in korrupte Geschäfte und den Drogenhandel verwickelt.

Niemand weiß genau, wer wo in Pakistans abgelegener Provinz Wasiristan den amerikanischen Drohnen zum Opfer gefallen ist. Die pakistanische Regierung hat nicht nur der Presse den Zutritt zu der Region untersagt, sie hat auch internationale humanitäre Organisationen wie das Internationale Komitee des Roten Kreuzes oder die Ärzte ohne Grenzen ausgeschlossen.

Und inzwischen operieren die US-Streitkräfte offiziell in insgesamt sechs Ländern mit diesen »Roboter-Mördern«: in Afghanistan, Pakistan, dem Irak, Jemen, Libyen und Somalia. »Das ist kein Kriegs-, sondern ein Mordprogramm«, wetterte die *Washington Post*.[43]

24. September 2001: USA/Europa/Asien

Am 14. September gab der Kongress das ihm alleine von der Verfassung der Vereinigten Staaten verbriefte Recht Krieg zu erklären, ab und bestimmte: »Der Präsident ist autorisiert, alle notwendigen und angemessenen militärischen Mittel gegen jene Nationen, Organisationen oder Personen einzusetzen, die er für verantwortlich hält, die Terroranschläge vom 11. September 2001 geplant, autorisiert, begangen oder unterstützt zu haben.« Die einzige Gegenstimme kam von der demokratischen Abgeordneten des Repräsentantenhauses aus Kalifornien, Barbara Lee. Mit bebender Stimme mahnte sie: »Lasst uns einen Moment lang Abstand nehmen und die Folgen unserer heutigen Beschlüsse überdenken … Wir müssen vorsichtig sein, damit wir uns nicht auf einen unbefristeten Krieg einlassen, ohne Ausstiegsstrategie und ohne genaues Ziel.«[44]

Zehn Tage später teilte Präsident George W. Bush dem Kongress mit, er habe als Antwort auf die Anschläge auf das World Trade Center und das Pentagon die Entsendung diverser Kampf- und Logistikeinheiten in eine Reihe von Ländern im Gebiet des Zentralen (CENTCOM) sowie des Pazifischen Kommandos (PACOM) angeordnet. Er behalte sich vor, weitere Verbände in diese oder andere Gebiete zu schicken, wenn dies zur Abwendung einer Terrorbedrohung notwendig würde. Er könne derzeit keine Angaben zum Umfang oder zur Dauer der Entsendungen machen.

2001–heute: Afghanistan

Am 7. Oktober begannen Militärverbände der USA, Kanadas, Großbritanniens, Australiens unter US-Kommando in Reaktion auf die Anschläge vom 11. September 2001 mit ihrem Angriff auf Afghanistan. Diesem sogenannten Krieg gegen den Terrorismus schlossen sich später auch andere NATO-Staaten, zudem einige der neuen zentralasiatischen Republiken sowie als Söldner Dutzende ehemaliger Soldaten der Sowjetunion mit Afghanistanerfahrung an. Es war »der erste Krieg der Geschichte, der (von den USA) ausschließlich mit Krediten finanziert«[45] wurde. Ziel der Operationen war es, das Land unter »unsere Kontrolle zu bekommen«[46], wie US-Außenminister Colin Powell sagte, genauer: die Gefangennahme Osama bin Ladens und die Vertreibung der regierenden Taliban. Auf der Petersberger Afghanistan-Konferenz wurde noch im Dezember das Regime von Hamid Karzai installiert, einem ehemaligen Manager der texanischen Ölfirma UNOCAL (heute ein Teil von Chevron), die noch in den 90er Jahren mit den Taliban über den Bau einer Ölpipeline durch Afghanistan verhandelt hatte. Zudem richteten die USA Militärstützpunkte in Pakistan und den zentralasiatischen Republiken Usbekistan, Kirgistan, Kasachstan und Tadschikistan ein, rüsteten deren Streitkräfte massiv auf und machten die dort regierenden Diktatoren salonfähig.

Kaum jemand nahm daran Anstoß, als die afghanischen Verbündeten der westlichen Allianz, zumeist Usbeken und Tadschiken, Hunderte Dörfer der Paschtunen plünderten und zerstörten, die einfachen Bauern dieses Volkes ermordeten, gefangene Taliban wie Vieh in Container pferchten, wo sie zu Hunderten starben. Die mit der NATO verbündete Nordallianz übernahm einen großen Teil des Heroinhandels, was die Behauptung des britischen Premiers Tony Blair, dieser Krieg sei auch ein

Krieg gegen den Drogenhandel, als Lüge entlarvte. In Masar-e Scharif schauten amerikanische Geheimdienstagenten sogar zu, als der usbekische General Raschid Dostum, der früher mit den Kommunisten und später mit den Taliban verbündet war, nun seine Loyalität zur NATO unter Beweis stellte, indem er 2000 bis 3000 gefangene Araber und Taliban abschlachten ließ. Die amerikanischen und die NATO-Truppen verhielten sich kaum besser. In Verhörzentren folterten Soldaten und FBI- sowie CIA-Agenten Verdächtige, um fragwürdige Geständnisse zu erpressen, in Gefängnissen demütigten sie Gefangene mit Hunden, sexueller Erniedrigung und Verspottung ihrer Religion. Hunderte Zivilisten starben im Bombenhagel der NATO-Jets, oftmals auch deshalb, weil sich die Piloten bei den Zieleingaben auf Informationen afghanischer Verbündeter, die häufig ihre privaten Ziele verfolgten, verlassen hatten. Zudem verschwendeten die USA in den ersten Jahren keinen Gedanken auf den Wiederaufbau des zerstörten Landes, was bei der einheimischen Bevölkerung zusätzliche Ressentiments auslöste.[47]

So wandelte sich der einst als »gerechter Krieg« bezeichnete militärische Überfall bald in einen hässlichen schmutzigen Krieg, in dem sich alle Seiten zahlreicher Gräueltaten schuldig machten. Wie einst in lateinamerikanischen Militärdiktaturen verschwanden Menschen spurlos in geheimen Gefängnissen, wurde Folter zu Routine, blieben Verdächtige Jahre ohne Prozess und Verfahren inhaftiert. »Wir verloren alle Grundrechte«, klagte eine afghanische Richterin. Der von den USA gewählte Weg werde sicherstellen, »dass Afghanistan eine Ruine bleiben wird, dass Warlords weiterhin große Teile des Landes kontrollieren und die Taliban als Kampfkraft wieder auftauchen werden«[48], schrieb der Journalist und Autor Stephen Kinzer damals.

Das Weiße Haus wusste sehr wohl, welchen Schaden diese Art der Kriegführung anrichtete. Im September 2009 reichte ein hochrangiger US-Diplomat in Kabul, Matthew Hoh, seine Demission ein. Sein Schreiben war eine vernichtende Anklage des Krieges: Die »Präsenz und die Operationen der USA und der NATO in den paschtunischen Tälern und Dörfern laufe auf eine Besatzungsmacht (hinaus), gegen die ein Aufstand gerechtfertigt ist. ›Unsere Anwesenheit in Afghanistan hat das Land nur weiter destabilisiert und den Aufstand in Pakistan gestärkt, wo wir nun zu Recht befürchten, dass die pakistanische Regierung gestürzt oder derart geschwächt werden könnte, dass sie die Kontrolle über ihr nukleares Arsenal verlieren könnte.‹«[49]

In der Folge der Verfehlungen der Alliierten erstarkten die Taliban wieder. Zudem hatte der pakistanische Geheimdienst ISI Tausende Taliban wie al-Qaida-Mitglieder in einer Luftbrücke aus dem afghanischen Kunduz ins eigene Land vor der Vernichtung oder Gefangennahme durch die Invasionstruppen der Alliierten gerettet. Vermehrt griffen die Taliban Positionen der NATO an. Selbstmordattentäter sprengten sich vor Polizeistationen oder auf Märkten in die Luft, während US-Soldaten immer wieder für negative Nachrichten sorgten.

So etwa am 12. Februar 2010, als US Spezialstreitkräfte nahe der Stadt Gardez unter einer Festgesellschaft, auf der ein regierungstreuer Polizeioffizier mit seiner Familie die Namensgebung seines Neugeborenen feierte, ein Massaker anrichteten und sieben der Gäste töteten: vier Männer sowie drei Frauen, von denen zwei schwanger gewesen waren. Zunächst erklärte das US-Militär, die getöteten Männer seien Aufständische und die Frauen Opfer sogenannter »Ehrenmorde« gewesen. Erst als Augenzeugen berichteten, sie hätten gesehen, wie Soldaten der Spezialkommandos ihre abgefeuerten Kugeln aus den Körpern der Frauen herausgeschnitten hätten, um die Beweise verschwinden zu lassen, gaben hohe US-Offiziere zu, dass die Soldaten die beiden Familien in ihrem Haus getötet hätten. Die Soldaten verweigerten den Verwundeten jede medizinische Versorgung, nahmen die Überlebenden fest und führten sie ab zum Verhör. Eine zwei Tage später von den UN durchgeführte Untersuchung des Vorfalls, die nie veröffentlicht wurde, kam zu dem Schluss, dass die Überlebenden des Angriffs eine »grausame, inhumane und erniedrigende Behandlung erlitten hatten und stundenlang barfuß im Freien in der Kälte stehen mussten«.[50] 16 Kinder mussten nach dem Massaker ohne Eltern aufwachsen.

Im August 2010 behauptete der Kommandeur der Alliierten in Afghanistan, General David Petraeus, der ohnehin mehr Söldner privater Firmen als Regierungssoldaten kommandierte, Special Operations Forces hätten alleine in den neunzig Tagen von Mai bis Juli 1355 Taliban gefangen genommen, 1031 weitere getötet sowie 365 höherrangige Taliban getötet oder gefangen. Im Dezember desselben Jahres erklärte sein Kommando, in den letzten sechs Monaten seien 4100 Taliban gefangen genommen und 2000 getötet worden. Petraeus erwähnte jedoch nicht, dass über 80 Prozent der Gefangenen innerhalb weniger Tage wieder entlassen worden waren, weil sich herausgestellt hatte, dass sie unschuldige Zivilisten waren. Später wurden noch mehr als unschuldig entlassen. Der Kommandeur der Task Force 435, Admiral Robert Harward, bestätigte auf einer Pressekonferenz am 30. November 2010, dass 80 Prozent der seit Beginn des Jahres von US-Truppen festgenommenen Afghanen nur zwei Wochen nach ihrer Festnahme wieder freigelassen worden seien.[51]

»Auch zehn Jahre nach Beginn des US-geführten Angriffs in Afghanistan wurde nur wenig getan, die abartigen Anreize für den anhaltenden Konflikt zu eliminieren«, urteilte die in Brüssel beheimatete

International Crisis Group (eine Politikberatungs-NGO, die vor allem von westlichen Regierungen, Stiftungen und Konzernen alimentiert wird) Ende Juni 2011 in einer 46 Seiten umfassenden Studie. Im Gegenteil, Gewalt und Milliarden von Dollar internationaler Hilfe brächten wohlhabende Beamte und Aufständische geschäftlich zusammen. Und »als Ergebnis wird die Wirtschaft zunehmend dominiert von einer kriminellen Oligarchie und Geschäftsleuten mit guten politischen Verbindungen«.[52] Außerhalb der Hauptstadt herrsche hohe Arbeitslosigkeit, die Regierungspräsenz sei kaum vorhanden, und die Aufständischen operierten nahezu ohne Risiko. Bauern müssten den Taliban regelmäßig Beiträge auszahlen. Gouverneure schickten Truppen, um Arbeiter von ihren Arbeitsplätzen zu vertreiben, wenn diese versäumt hätten, den Regierungsstellen die erwarteten Bestechungsgelder zu zahlen. UN-Nahrungsmittelhilfe käme nie in den armen Wohngegenden an, weil sie längst auf dem Schwarzmarkt verkauft worden sei. Das ins Land strömende ausländische Geld habe sogar zum Wettbewerb unter den verschiedenen Rebellenorganisationen geführt. Mullah Omars Taliban konkurrierten mit dem Haqqani-Netzwerk und lokalen Milizen um Anteile an den Reichtümern. Die Normalbürger würden sowohl von den Aufständischen als auch von Regierungsbeamten ausgepresst.

Die viel gepriesene Nationenbildung brachte den Afghanen kaum mehr als den Beweis, eine von feindlichen Mächten besetzte Nation zu sein:

> »Eine Armee, die nicht das Land verteidigen, sondern das eigene Volk im Interesse fremder Mächte unter Kontrolle halten soll; eine Zivilverwaltung, die keine Kontrolle über die Bauplanung, die Gesundheitsversorgung und das Bildungswesen etc. haben wird; unzählige NGOs, deren Angestellte weit besser bezahlt werden als die Einheimischen und die nicht der Bevölkerung, sondern ihren ausländischen Sponsoren verantwortlich sind; und eine Regierung, deren Außenpolitik mit jener Washingtons identisch ist … Alles in allem hat das Nation Building in Afghanistan bisher nur einen Marionettenpräsidenten, der für sein Überleben auf ausländische Söldner angewiesen ist, eine korrupte und zu Übergriffen neigende Polizei, eine ›nicht funktionierende Justiz‹ und eine ständig schlimmer werdende soziale und wirtschaftliche Krise hervorgebracht.«[53]

Seit geraumer Zeit verhandelte die afghanische Regierung mit den Taliban, und auch die USA sowie Vertreter der NATO pflegten Kontakte zu den »illegalen Kombattanten«. In einer Shura wollten die Taliban entscheiden, wer sie vertreten sollte. Neben dem Getöteten wurden Maulavi Haibatullah, der Führer des religiösen Ulamarats, der Taliban-Kommandeur Mullah Abdul Qayum Zakir, Mullah Yacoub (der Sohn des Gründers der Taliban, Mullah Omar) sowie Sirajuddin Haqqani, der Führer des Haqqani-Netzwerks, als Unterhändler genannt. Nach der Tötung des Führers der Taliban in Pakistan, Mullah Akhtar Mansour, in einem amerikanischen Drohnenangriff (siehe Anhang US-Drohnenangriffe 21. Mai [2016]– Pakistan) bestellte Pakistans Regierung den US-Botschafter ins Außenministerium. »Die USA haben uns versprochen, keine Talibanführer anzugreifen, solange wir uns bemühen, sie an den Verhandlungstisch zu bringen«, kritisierte ein Beamter den Angriff.

Thomas Rutig vom Afghan Analyst Network sah nach dem Anschlag auf Mansour nur noch geringe Chancen für Verhandlungen: »Schon vorher waren die Aussichten nur gering. Es war bestenfalls ein Versuch, einen solchen Prozess in Gang zu setzen. Wenn dann ein Talibanführer umgelegt wird, sieht das für mich nicht gerade nach einer Einladung zu Gesprächen aus. Wenn sich herausstellt, dass Mullah Mansour getötet oder auch nur aufs Korn genommen wurde, wird das nur ihren Zorn anstacheln.«[54]

Bisher starben in dem Rachefeldzug der USA und NATO hundertmal mehr Zivilisten als die 3000, die am 11. September 2001 den Terroranschlägen in New York, Washington und Pennsylvania zum Opfer gefallen sind. Die Arbeitslosenquote in dem Land betrug 60 Prozent, und die Mütter-, Säuglings- und Kindersterblichkeit war die höchste weltweit. Die Opiumproduktion stieg von Jahr zu Jahr und machte nach Schätzungen der Vereinten Nationen neunzig Prozent der weltweiten Opiumproduktion aus.

Auch nach dem sogenannten Abzug der US-Truppen bis Ende 2014 verblieben noch über 10 000 Special Operations Forces, CIA-Paramilitärs und -Agenten in Afghanistan, um – wie es heißt – auch weiterhin Taliban- oder die Verbände von Dschalaluddin Haqqani zu bekämpfen und die »Demokratisierung und eine verantwortungsbewusste Regierungsführung zu befördern«.[55] Tatsächlich geht es um weit mehr.

Afghanistan ist zum Opfer der geostrategischen Interessen der USA und der NATO geworden. Schon im Mai 2005 schlossen die USA mit ihrem Satrapen in Kabul ein Stützpunktabkommen, das dem Pentagon das Recht gibt, seine Militärpräsenz in Afghanistan langfristig aufrechtzuerhalten. In einer Analyse aus dem NATO-Hauptquartier in Brüssel war zu lesen:

> »Der Machtschwerpunkt auf diesem Planeten verlagert sich gerade unaufhaltsam nach Osten. Die asiatisch-pazifische Region hat der Welt zwar viel Dynamik und viele positive Ansätze zu bieten, allerdings ist ihr schneller Wandel bisher weder stabil noch in stabile Institutionen eingebettet. Bis dies erreicht sein wird, ist es die strategische Verantwortung der Europäer und Nordame-

rikaner und der Institutionen, die sie gemeinsam aufgebaut haben, die Vorreiterrolle zu spielen ... Eine effektive Sicherheit ist in einer solchen Welt unmöglich ohne Legitimität und Durchsetzungsvermögen.«[56]

Während der Schwerpunkt des NATO-Einsatzgebiets bisher beiderseits des Nordatlantiks lag, so schließen die NATO-Strategen aus ihrer Analyse, »muss die NATO im 21. Jahrhundert ein Bündnis werden, das zwar auf dem europäisch-atlantischen Raum aufbaut, das aber auch dazu bestimmt ist, jenseits seiner Grenzen für systematische Stabilität zu sorgen«. Was dies für Afghanistan bedeutet, machte der NATO-Generalsekretär Jaap de Hoop Scheffer in einem Vortrag vor Washingtons Brookings Institution im März 2008 deutlich: »Die Möglichkeit, eigene militärische Einrichtungen und möglicherweise auch Atomraketen in einem Land zu haben, das an China, Iran und Zentralasien grenzt, durfte nicht verpasst werden.«[57]

Die folgenden Reaktionen überraschten nicht: In ganz Afghanistan gingen wütende Menschen aus Protest gegen Karzais Vertragsunterzeichnung des Abkommens mit den USA auf die Straße, Usbekistan forderte die USA auf, ihren dortigen Stützpunkt zu räumen und dessen gesamtes Personal abzuziehen. Russland und China führten aus »Besorgnis über offensichtliche US-Pläne für Stützpunkte in Afghanistan und Zentralasien« zum ersten Mal gemeinsame Manöver durch.[58]

2002–heute: Dschibuti

Am Horn von Afrika richtete das Pentagon den ersten permanenten US-Stützpunkt in Afrika mit etwa 2500 Soldaten ein: das ursprünglich von der französischen Fremdenlegion betriebene Camp Lemonnier unmittelbar neben dem internationalen Flughafen Dschibuti. Hier befindet sich das Hauptquartier der Combined Joint Task Force – Horn of Africa der USA (CJTF-HOA), das schon vor Beginn der »Operation Iraqi Freedom« aufgebaut wurde. Am 12. Dezember 2002, einen Tag vor Eröffnung des um- und ausgebauten US-Militärstützpunktes, besuchte Verteidigungsminister Donald Rumsfeld das Camp. »Wir müssen dort sein, wo die Musik spielt«, verkündete er den versammelten Truppen. »Und es ist keine Frage – in diesem Teil der Welt spielt die Musik.«[59] Unterstützt werden die Marines, Special Forces und Geheimdienstagenten in Camp Lemonnier von der *USS Mount Whitney,* einem schwimmenden Befehls- und Kontrollzentrum, das in seinem Einsatzgebiet am Horn von Afrika und im Golf von Aden die US-Operationen in Kenia, Somalia, Äthiopien, Eritrea, Jemen und im Sudan koordiniert.

Im Oktober 2008 wurde das Afrika-Kommando AFRICOM organisiert, dem die CJTF-HOA unterstellt ist. Die CJTF-HOA ist zuständig für

Dschibuti, Äthiopien, Eritrea, Somalia, Kenia, die Seychellen, Tansania, Sudan, Uganda und den Jemen. Beobachtet werden von hier aus auch die Komoren, Mauritius und Madagaskar. Inzwischen ist Camp Lemonnier auf den fünffachen Umfang seiner ursprünglichen Größe angewachsen. Truppen aller Teilstreitkräfte der USA »nutzen den Standort, wenn sie nicht in Ländern wie Kenia, Äthiopien oder dem Jemen arbeiten«.[60]

Rund 200 Soldaten der 10th Special Forces Group waren bereits in Mauretanien, Mali, Tschad und Niger eingetroffen, um die dortigen Armeen in Anti-Terror-Taktiken zu unterrichten und die Kooperation mit den US-Verbänden zu verbessern.

2002: Jemen

Jahrelang benutzte Ali Abdullah Saleh, der Präsident des Jemen, »diese Kerle von al-Qaida, um Gegner des Regimes auszuschalten«, berichtete Ali Soufan, ein ehemaliger Top-Agent des FBI, der viele Jahre in dem Land arbeitete: »Die konnten ungehindert agieren.«[61] Doch seit Jahren schon führen die USA im Jemen einen unerklärten Krieg. Zwar bestritt Ali Abdullah Saleh die Anwesenheit amerikanischer Soldaten: Es gebe sie »weder an Land noch auf See«. Doch schon kurz nach den Anschlägen vom 11. September 2001 in den USA hatte er Washington besucht und sich als Alliierter im Kampf gegen den Terrorismus präsentiert. CIA, Marines und Special Forces bauten ein »Counterterrorismus-Lager im Jemen auf. Die Jemeniten erhielten kostenloses Training durch die Elite der Elite der amerikanischen Armee, die Besten der Besten … Die sollen zeigen, wie man alles mögliche Zeug in die Luft jagt, Hubschrauber fliegt und nächtliche Kommandounternehmen durchführt, und die verstehen ihr Handwerk«, berichtete ein JSOC-Offizier.[62] Diese »Elite«, die inzwischen in über hundert Staaten im Einsatz ist und hauptsächlich als Killerkommandos operierte, führte im Auftrag Barack Obamas und mit der ausdrücklichen Genehmigung seines Amtskollegen Saleh ein bis heute heftig und kontrovers diskutiertes Mordprogramm durch. Als Gegenleistung erhielt Saleh reichlich Zuwendungen von der US-Regierung, dem IMF und der Weltbank.

Da das US-Engagement im Jemen auf große Ablehnung unter den widerspenstigen Stammesfürsten stieß, logen Sanaa und Washington weiterhin, der Jemen führe den Kampf gegen islamische Extremisten im Land an und werde von den USA lediglich logistisch unterstützt, die Bomben und von Drohnen abgeschossenen Raketen seien von jemenitischen Truppen abgefeuert worden und nicht von Amerikanern der CJTF-HOA im dschibutischen Camp Lemonnier.

Gleichzeitig unterstützten die USA die jemenitische Regierung und Armee auch in ihrem Krieg gegen die aufständischen Huthi, und im

September 2009 versprach Obama dem Verbündeten in Sanaa in einem Brief weitere Hilfe im Kampf gegen den Terrorismus.

2002: Bolivien

Schon damals war Evo Morales – Aymara-Indianer, Coca-Bauer und ehemaliger Kongressabgeordneter, der ein sozialistisches, antiliberales Programm vertrat – den USA ein Gräuel. Der amerikanische Botschafter in La Paz traf sich mit den Vertretern der wichtigsten Parteien, um für Unterstützung für Morales' Wahlkampfgegner Sánchez de Lozada zu werben und warnte die Bolivianer vor den »Folgen, wenn sie einen Mann ins höchste Amt des Landes wählen, der irgendwie mit dem Drogenhandel und mit Terrorismus in Verbindung gebracht wird.«[63] Morales verlor diese Wahlen.

2002: Philippinen

Washington schickte Kampftruppen und Söldner nach Manila, um die einheimischen Streitkräfte im Antiterrorkampf zu beraten, zu trainieren und zu unterstützen. Die Beratertätigkeit weitete sich schnell zu Kampfeinsätzen aus, als US-Marines im Sulu-Archipel die Abu-Sajaf-Rebellen angriffen.

2002: Elfenbeinküste

Nach einer Rebellion evakuierten US-Truppen amerikanische Bürger aus Bouaké im Zentrum des Landes.

2002: Slowakei

Wie Evo Morales so erging es auch Vladimír Mečiar, einem Verfolgten des einstigen kommunistischen Regimes, ehemaligen und jetzt wieder kandidierenden Ministerpräsidenten und Mann, der Washingtons Sicht der Globalisierung nicht teilte.

Auch hier warnte der amerikanische Botschafter die Wähler. Eine Wahl der Mečiar-Partei, Bewegung für eine demokratische Slowakei (HZDS), würde die Chancen eines Beitritts zur EU und zur NATO erheblich schmälern. Zur Verstärkung traf auch noch der US-Botschafter bei der NATO ein, um seine Warnung an das Volk zu richten. Und natürlich ging auch die NED ihrer üblichen Beschäftigung nach und finanzierte eine Reihe von Initiativen und Parteien. Die HZDS verlor die Wahlen zwar nicht, aber Mečiar fand keinen Koalitionspartner und musste daher in der Opposition bleiben. Das Internationale Republikanische Institut (IRI) prahlte später in einem Newsletter, man habe die ganze Wahlsituation verändert. Die NED- und IRI-Bemühungen hätten den »Sieg der Reformkräfte in der Slowakei gesichert« – freilich ohne diese Reformkräfte näher zu beschreiben. Sie waren nahezu ausschließlich ehemalige führende Funktionäre in der Kommunistischen Partei der Tschechoslowakei, die inzwischen ihre Sympathien für eine liberale und globalisierte Wirtschaft entdeckt hatten.

2002: Pakistan

Ehemalige amerikanische »Special Ops«, wie sie genannt werden, Soldaten von Sondereinheiten wie JSOC, Navy Seals oder Delta Force, arbeiteten und mordeten als bezahlte Söldner in Tschetschenien, Bosnien, Somalia oder Äthiopien und mindestens seit 2002 auch für die Regierung in Islamabad. Damals hatte die pakistanische Firma Kestral Logistics die amerikanische Söldnerfirma Blackwater angeheuert, um die Überlandtransporte von Waffen- und anderen Versorgungsgütern für die US-Armee in Afghanistan zu schützen. Der Nachschub kam im Hafen von Karatschi an und wurde von dort über Peschawar und den Grenzübergang Turkham zum Empfänger in Afghanistan gebracht. Später bildeten die Blackwater-Söldner auch Einheiten des paramilitärischen »Frontier Corps« (manchmal auch »Frontier Scouts« genannt) des pakistanischen Innenministeriums aus und nahmen sogar an Kampfeinsätzen gegen Taliban teil.

Kestral Logistics ist eine pakistanische, auf militärische Logistik, Personen- und Gebäudeschutz sowie Informationsbeschaffung spezialisierte Firma, die den ehemaligen Ministerialdirektor für Angelegenheiten der Westlichen Hemisphäre im US-Außenministerium, Roger Noriega, als Lobbyisten für das State Department, den Kongress oder USAID verpflichtet hat. Roger Noriega betreibt sein Lobby-Unternehmen Vision Americas gemeinsam mit Christina Rocca, einer ehemaligen CIA-Agentin, die zwischen 2001 und 2006 als Ministerialdirektorin für Südasiatische Angelegenheiten im State Department wesentlichen Anteil an der Gestaltung der Pakistan-Politik der USA hatte.

2002: Georgien

Washington schickte Kampftruppen, um die »Fähigkeiten im Antiterrorkrieg« der Soldaten des Landes zu erhöhen.

2002: El Salvador

Schon vor den Parlamentswahlen im März 2003 hatte Washington Schafik Handal im Visier, den Spitzenkandidaten von der FMLN (Nationale Befreiungsfront Farabundo Martí), einen ehemaligen Guerillaführer. Handal trat dann auch ein Jahr später bei der Präsidentschaftswahl an. Seine Wahlversprechen: El Salvadors 380 Soldaten aus dem Irak zurückzuholen, die Privatisierungen der bisherigen Regierung zu überprüfen und diplomatische Beziehungen zu Kuba aufzunehmen. Sein Opponent war Tony Saca von der ultrarechten ARENA-Partei, die den bisherigen Präsidenten stellte, für freie Marktwirtschaft eintrat und während des Bürgerkrieges in den 80er Jahren mit Todesschwadronen Oppositionelle wie den Erzbischof Óscar Arnulfo Romero hatte ermorden lassen.

Der stellvertretende, für Angelegenheiten der Westlichen Hemisphäre zuständige US-Außenminister flog ein, traf sich mit den Kandidaten aller Parteien, außer mit Handal, und warnte vor möglichen Auswirkungen, die dessen Wahl auf die Beziehungen zwischen den beiden Ländern haben könnte. Drei republikanische Kongressabgeordnete drohten, die Verlängerung der Arbeitsvisen von rund 300 000 Salvadorianern in den USA zu blockieren, sollten die Wähler für die FMLN optieren. Der Kongressabgeordnete Thomas Tancredo erklärte, dass die USA bei einem Wahlsieg Handals ihre Politik bezüglich der Überweisungen nach El Salvador »radikal ändern« könnten. Ausgerüstet mit solcher Munition inszenierten die ARENA und die konservative Presse des Landes eine Kampagne der Panikmache, die dazu führte, dass viele Wähler an Massendeportationen von Salvadorianern aus den USA nach El Salvador glaubten. Tony Saca gewann mit 57 Prozent der Stimmen. Angesichts der massiven Einflussnahme der USA und der Hysterie im Lande schnitt Schafik Handal mit 36 Prozent der Stimmen noch überraschend gut ab.

2002: Libanon

Angesichts des bevorstehenden Einmarsches israelischer Verbände im Libanon und anhaltender Kämpfe zwischen der Hisbollah und israelischen Einheiten evakuierten US-Marines amerikanische Bürger.

2003: Liberia

Während der neuerlich aufflackernden Bürgerkriegswirren, die den Militärherrscher Charles Taylor[64] das Amt kosteten, verlegten die USA eine amphibische Einsatzgruppe unter dem Kommando von EUCOM zur Unterstützung der Vereinten Nationen und der westafrikanischen Staaten an die Küste Liberias. Von den rund 5000 Soldaten, die in der »Operation Sheltering Sky« in die Region entsandt wurden, kamen nur 200 tatsächlich zum Einsatz.

2003–2011: Irak

In seiner Rede am 12. September 2002 sprach Präsident George W. Bush von der Notwendigkeit einer Invasion, um Saddam Husseins Massenvernichtungswaffen (MVW) zu zerstören, und forderte den UN-Sicherheitsrat auf, eine entsprechende Resolution zu verabschieden. Während sich Großbritannien unter Tony Blair der amerikanischen Meinung anschloss, zweifelten vor allem Jacques Chiracs Frankreich und das rotgrün regierte Deutschland an den Beweisen für die Existenz von MVW und plädierten für die Wiederaufnahme der Waffeninspektionen. Nach längerer Debatte einigten sich die Mitglieder des Sicherheitsrats mit der Resolution 1441 auf einen Kompromiss, der die Wiederaufnahme der Waffeninspektionen autorisierte und mit »ernsten Konsequenzen« drohte, sollte die Regierung in Bagdad die Arbeit der Inspektoren behindern. Frankreich und Russland stellten klar, dass diese Konsequenzen nicht den Einsatz von Gewalt zum Sturz der irakischen Regierung einschlossen. Sowohl der US- als auch der britische Botschafter stimmten dieser Lesart zu und versicherten, dass die Resolution keinen »Automatismus« oder »versteckte Auslöser« für eine Invasion ohne weitere Konsultationen beinhalte.[65]

Saddam Hussein nahm die Resolution am 13. November 2002 an, und die Waffeninspekteure kehrten unter der Leitung des Vorsitzenden von UNMOVIC, Hans Blix, und dem Generaldirektor der IAEA, Mohammed el-Baradei, zurück. Bis Februar 2003 fand die IAEA »keine Beweise oder Hinweise für eine Wiederaufnahme eines nuklearen Waffenprogramms im Irak«.[66] Die UNMOVIC ihrerseits »fand keine Beweise für eine Fortsetzung oder Wiederaufnahme von Programmen zur Herstellung von Massenvernichtungswaffen«.[67] Blix und seine Leute überwachten die Zerstörung von einigen leeren Raketensprengköpfen, von fünfzig Litern Senfgas sowie rund fünfzig Boden-Boden-Raketen vom Typ Al-Samoud-2.

Im Oktober 2002 ließ sich George W. Bush vom US-Kongress die Genehmigung erteilen, »alle nötigen Mittel« gegen den Irak einzusetzen. Bereits im Juli 2002, Monate vor Beginn der Invasion, waren heimlich Teams der Abteilung für besondere Aktivitäten (SAD) der CIA im Irak eingetroffen. Sie bereiteten den Einsatz von Spezialeinheiten der US-Armee in Nordiraks Kurdenregion vor und organisierten die Zusammenarbeit mit den kurdischen Peschmerga. Kurz darauf trafen die Spezialeinheiten selber ein, die gemeinsam mit den Peschmerga-Kämpfern in einer mehrtägigen Schlacht Ansar al-Islam besiegten, eine kurdisch-islamistische Gruppe, der Verbindungen zu al-Qaida nachgesagt wurden.

In einem weiteren Versuch, die Weltöffentlichkeit von der Notwendigkeit einer gewaltsamen Vertreibung Saddam Husseins zu überzeugen, legte US-Außenminister Colin Powell im Februar 2003 vor der Vollversammlung der Vereinten Nationen angebliche Beweise vor, die belegen sollten, dass Irak weiterhin chemische und biologische Waffen produzierte und Verbindungen zu al-Qaida habe:

»Wir wissen, dass Saddam Hussein entschlossen ist, seine Massenvernichtungswaffen zu behalten; er ist entschlossen, mehr zu machen. Wir kennen Saddam Husseins Aggressionen ... Wir wissen um seine Verbindungen zu Terroristen und kennen seine Entschlossenheit, sich an jenen zu rächen, die sich ihm entgegenstellen. Sollen wir da das Risiko eingehen, dass er diese Waffen nicht an einem Ort seiner Wahl zu einem Zeitpunkt einsetzen wird, wenn die Welt in einer viel schwächeren Position sein wird? Die Vereinigten Staaten können und werden das amerikanische Volk nicht diesem Risiko aussetzen. Massenvernichtungswaffen für weitere Monate oder Jahre in der Hand Saddam Husseins zu lassen ist keine Option, nicht nach dem 11. September.«[68]

Danach brachten die USA, UK, Polen, Italien, Australien, Dänemark, Japan und Spanien eine Resolution ein, die den Einsatz von Gewalt autorisiert hätte. Die NATO-Mitglieder Kanada, Frankreich und Deutschland setzten sich jedoch gemeinsam mit Russland vehement für die Fortsetzung diplomatischer Bemühungen ein. Angesichts der geringen Chancen auf Annahme zogen die USA und ihre Gefolgsländer die Resolution zurück.

Im März 2003 begann eine Koalition aus den USA, Großbritannien, Australien, Polen, Dänemark und Italien die Invasion vorzubereiten. Die Entscheidung, den Irak anzugreifen, stieß weltweit auf große Ablehnung. Schon am 15. Februar hatten sich sechs bis zehn Millionen Demonstranten in mehr als 800 Städten weltweit zu Antikriegskundgebungen versammelt – laut dem *Guiness Book of World Records* die größte Demonstration in der Geschichte. Am 17. März forderte Präsident Bush in seiner Rede an die Nation, Hussein und seine beiden Söhne Udai und Qusai sollten aufgeben und das Land verlassen. Er gab ihnen eine Frist von 48 Stunden, seiner Aufforderung nachzukommen. Die USA jedoch begannen ihre Bombenangriffe schon vor Ablauf der Frist, am 18. März. Die »Operation Iraqi Freedom« hatte begonnen. Die USA schickten 248 000 Soldaten in den Krieg, verstärkt durch 52 000 italienische, 45 000 britische, 16 000 spanische, 9000 polnische, 2000 australische und 300 dänische Soldaten sowie rund 70 000 irakisch-kurdische Milizionäre.

Drei Wochen nach Beginn der Invasion rückten die alliierten Verbände in Bagdad ein, am 9. April 2003 wurde Bagdad formell von der »Allianz der Willigen« besetzt. In nur 21 Tagen hatten die Verbündeten die Regierung des Landes gestürzt und die wichtigsten Städte eingenommen. Massive Bombardements und die überwältigende technische Überlegenheit der alliierten Streitkräfte hatten zu einer raschen Niederlage der irakischen Armee geführt. Saddam Hussein floh, bis er in einem Versteck gefunden, festgenommen, verurteilt und später hingerichtet wurde.

Am 1. Mai landete Präsident Bush in einer Lockheed S-3 Viking auf dem Flugzeugträger *USS Abraham Lincoln* vor San Diego, wo er in einer Ansprache das Ende der Kampfhandlungen verkündete. Doch mit dem Fall Bagdads brachen zahlreiche regionale, religiös oder politisch motivierte gewaltsame Auseinandersetzungen zwischen irakischen Stämmen, den diversen Bevölkerungs- und Religionsgruppen (Sunniten, Schiiten, Kurden, Christen) und Städten aus. Das Land befand sich am Rande eines Bürgerkrieges. Nun fand der konventionelle Krieg als asymmetrischer Krieg seine Fortsetzung.

Nach Angaben der US-Regierung fielen während der Invasion 139 amerikanische Soldaten, jedoch 4000 seit Mai 2003. Die Zahlen über die zivilen Opfer differieren teilweise erheblich. Nach Angaben des Iraq Body Count, einer Gruppe, die sich bei ihren Schätzungen über die Zahl der Opfer auf die Berichte der westlichen Presse stützt, starben in der Invasionsphase des Krieges 7500 Zivilisten und in den Kampfhandlungen danach bis 2007 weitere 60 000,[69] Iraks Gesundheitsminister Ali al-Shemari hingegen schätzte im November 2006, dass nach der Invasion zwischen 100 000 und 150 000 Iraker als Opfer der Auseinandersetzungen gestorben seien.[70]

Die britische Medizinzeitschrift *Lancet* veröffentlichte eine Untersuchung von Wissenschaftlern der Johns Hopkins University, die allerdings keine Unterscheidung macht zwischen der Invasionsphase (März bis Mai 2003) und der Besatzungsphase (nach Mai 2003). Demnach starben in dem Konflikt über 650 000 irakische Zivilisten, die Mehrzahl nach dem Mai 2003[71] Die unabhängige britische Agentur ORB (Opinion Research Business) ging nach der Befragung von 2099 erwachsenen Irakern von rund einer Million Toten aus.[72]

4,2 Millionen Iraker verloren ihre Wohnungen und wurden Flüchtlinge. Der UN-Hochkommissar für Flüchtlinge schätzte im Juni 2007, dass etwa 2,2 Millionen Iraker in die Nachbarstaaten geflohen waren, während zwei Millionen im eigenen Land als *displaced persons* lebten. 40 Prozent aller Akademiker hatten das Land seit Mai 2003 verlassen, von den vormals 34 000 Ärzten praktizierten nur noch 20 000 im Irak. Zwar machten die 1,4 Millionen Christen des Irak weniger als fünf Prozent der Bevölkerung aus, sie stellten jedoch vierzig Prozent all jener, die ins Ausland flohen. Ihre Anzahl im Land war inzwischen auf rund 500 000 gesunken, die Hälfte davon lebte in Bagdad.[73]

Mitte August 2010 zogen die USA alle Kampfverbände, rund 94 000 Soldaten, aus dem Irak ab und erklärten am 31. August erneut das Ende der Kampfhandlungen. Doch mehr als 50 000 Soldaten sowie eine Armee von Söldnern, die für private Sicherheits- und Militärunternehmen arbeiten, sollten auch weiterhin im Irak bleiben. Ihr

Abzug war ursprünglich für Ende 2011 geplant. Kritiker jedoch nannten den Abzug unter Bezugnahme auf George Bushs »Mission accomplished!«-Rede vom 1. Mai 2003 ein zweites vorgetäuschtes Ende des Krieges. Die USA hätten die überwiegende Zahl der Kampfverbände einfach in »Übergangstruppen« umbenannt und dann eine Brigade »als die letzte« abgezogen. Zudem blieb eine Eliteeinheit der Special Operations Forces, die Terroristen jagt, auch über 2011 hinaus im Irak.

Auf einem Gelände von der Größe des Vatikanstaates hatte das State Department für 736 Millionen Dollar seine weltweit größte diplomatische Vertretung bauen lassen, die – ausgerüstet mit 46 Flugzeugen, eigenen Anlagen zur Trinkwasseraufbereitung, zur Energiegewinnung und zur Abfallbeseitigung – auch einer längeren Belagerung standhalten könnte. (Mit späteren Umbauten und Verstärkungen summierten sich die Gesamtkosten schließlich auf über eine Milliarde Dollar.) Dies war schon deshalb erforderlich, weil nach dem Abzug der Besatzungstruppen, der offiziell Ende 2011 abgeschlossen war, das US-Außenministerium auch die Rolle des Pentagon übernahm. 17 000 Mann umfasst das auf 15 Stützpunkte verteilte Personal der Botschaft, von denen nur wenige Hundert tatsächlich Diplomaten sind. In jeder der konsularischen Vertretungen Washingtons in Basra, Mossul und Kirkuk sind mehr als 1000 Mann stationiert, die zusätzlich noch von jeweils 4000 bis 5000 Privatsöldnern verstärkt werden.

Es sind also keine GIs mehr, die den Luftraum über der irakischen Hauptstadt sichern, sondern Piloten und Maschinengewehrschützen der DynCorp International, einer privaten Söldnerfirma mit Sitz in Virginia. Die US-Soldaten wurden von US-Söldnern ersetzt, die bei acht verschiedenen Firmen wie Aegis Defence Services, Global Strategies Group oder International Development Services unter Vertrag stehen. Mit International Development ist auch Blackwater beziehungsweise Academi, wie sich die Firma heute nennt, wieder im Geschäft mit der US-Regierung.

2003: Neuseeland

Manchmal wollen amerikanische Botschaften sogar bei der Programmgestaltung von Filmvorführungen in ihrem Gastland ein Mitspracherecht haben, wie aus einer Serie von Kabeln aus der US-Botschaft in Wellington hervorgeht, die Wikileaks ins Internet stellte. Als 2003 bekannt wurde, dass Neuseelands Umweltministerin Marian Hobbs ihre Teilnahme an einer Veranstaltung ihrer Labour Party zugesagt hatte, auf der Michael Moores *Fahrenheit 9/11* gezeigt werden sollte – ein Film, der den Irakkrieg und die US-Außenpolitik scharf verurteilt –, liefen die

Telefondrähte in den Regierungsbehörden und die Fernschreiber in Wellington und Washington heiß.

Doch während die US-Diplomaten »völlig aus dem Häuschen gerieten«, wie die *Times of India* berichtete, schien die Regierung Neuseelands ziemlich unbesorgt zu sein, wie den ratlosen Antworten zu entnehmen ist, die in der Botschaft mitgeschnitten wurden. Demnach rief der zweite Mann der US-Botschaft im Büro der Ministerpräsidentin Helen Clark an, wo ihm mitgeteilt wurde, man wisse nichts von einer Filmvorführung. Daraufhin rief er Marian Hobbs' Büro an, wo ihn eine Telefonistin abfertigte. »Das Büro der Ministerin lehnte es ab, die Angelegenheit zu diskutieren«, berichtete die US-Botschaft nach Washington.

Während in den Botschaftskabeln von einem »potentiellen Fiasko« die Rede war, können sich die betroffenen Neuseeländerinnen kaum erinnern, so unbedeutend kam ihnen der Vorfall vor. Sie könne sich nicht an ein Ereignis erinnern, das die Intervention einer Supermacht verdient gehabt hätte, kommentierte Hobbs, die sich vor ein paar Jahren aus der Politik zurückzog, die Wikileaks-Enthüllungen. Helen Clark allerdings, die heute das UN-Entwicklungsprogramm leitet, erinnerte sich im australischen *Herold Sun* an amerikanische »Einschüchterungsversuche«, ein Vorwurf, der durch den Inhalt einiger Botschaftskabel bestätigt wurde. So meldeten die Diplomaten nach Washington, Hobbs sei bekannt dafür, »häufig ins Fettnäpfchen zu treten«.

2003: Italien

Im Oktober 2003 durchsuchten US-Agenten im Hafen von Tarent das deutsche Schiff *BBC China* und fanden fünf Container mit Bauteilen für eine Anlage von Zentrifugen zur Anreicherung von Uran. Die Container waren für Libyen bestimmt, die Zentrifugen waren in Malaysia in einer Fabrik hergestellt worden, die der Schweizer Urs Tinner in der Nähe von Kuala Lumpur aufgebaut hatte. Tinner hatte der CIA auch den Tipp über die Ladung gegeben. Libyen – mit der Entdeckung konfrontiert – gab seine atomaren Ambitionen im Dezember 2003 auf.

2003–2012: Schweiz

Der Schweizer Atomphysiker Friedrich Tinner und seine Söhne Urs und Marco hatten sieben Jahre lang als sogenannte Maulwürfe der CIA dem Ring des pakistanischen Atomwissenschaftlers Abdul Kadir Khan angehört, der Nukleartechnik und -material nach Iran, Nordkorea und Libyen schmuggelte. Ein Schweizer Magistrat untersuchte den Fall zwei Jahre lang und empfahl in seinem 174 Seiten umfassenden Bericht, die drei Männer wegen der »Beihilfe zur Entwicklung einer atomaren Waffe«, was gegen Schweizer Recht verstößt, anzuklagen. Im Haus der Tinners fanden die Ermittler die Blaupausen einer frühen chinesischen Atombombe sowie zwei Weiterentwicklungen aus Pakistans Atomprogramm.

Doch eine Gerichtsverhandlung hätte die dubiosen Machenschaften der CIA in der Schweiz aufgedeckt, wie das Trio angeheuert oder warum in bestimmte Wohnungen eingebrochen worden war. Sie hätte eine Erklärung dafür verlangt, warum der Geheimdienst die elektronischen Kopien von Plänen zum Bau von Urananreicherungsanlagen und zur Herstellung von Atombomben, die später auch auf Computern des Khan-Netzwerks gefunden wurden, nicht beschlagnahmt hat.

In Dutzenden Gesprächen bedrängten US-Regierung, US-Botschafter, US-Beamte ihre Schweizer Kollegen, darunter den damaligen Justizminister Christoph Blocher, seine Nachfolgerin Eveline Widmer-Schlumpf, Verteidigungsminister Samuel Schmid und Außenministerin Micheline Calmy-Rey. Die US-Regierung war so besorgt, dass 2006 sogar Außenministerin Condoleezza Rice bei der Schweizer Regierung auf Einstellung des Verfahrens drängte, berichten die beiden Journalisten Catherine Collins und Douglas Frantz in ihrem Buch *Fallout*.[74] 2010 stellte das Schweizer Bundesgericht fest: »Die amerikanischen Behörden wollten vermeiden, dass diese Zusammenarbeit im Verlauf des Strafverfahrens aufgedeckt und verfolgt werden würde.«[75]

Ende 2007 entschied der Schweizer Bundesrat unter starkem amerikanischem Druck, die Spionagevorwürfe und andere Anklagepunkte gegen die Tinners und eine Reihe von CIA-Agenten fallenzulassen. »Immerhin, räumten die zuständigen Minister ein, habe die Schweiz schon seit dreißig Jahren von Beziehungen des Khan-Netzwerkes in die Schweiz gewusst. Tatsächlich lieferte Friedrich Tinner 1979 seinem Freund A. K. Khan erste Bestandteile einer Anreicherungsanlage – mit schweizerischer Bewilligung.«[76]

Eine 2008 eingeleitete Untersuchung der Schmuggelvorwürfe kam nur langsam und unter großen Schwierigkeiten voran, weil die eidgenössische Regierung die Sammlung von rund 30000 Computerfiles und anderen Dokumenten, die die Geschäftsbeziehungen der Familie Tinner belegt hätten, zerstört hatte, um die amerikanischen Kollegen zu schützen. Inzwischen entschied sich die Bundesanwaltschaft für ein sogenanntes abgekürztes Verfahren. »Die gesetzlichen Voraussetzungen sind erfüllt, und es liegt im Interesse der beteiligten Parteien, das Verfahren effizient zum Abschluss zu bringen«, zitierte der Zürcher *Tages-Anzeiger* eine Sprecherin der Bundesanwaltschaft.[77]

In einem abgekürzten Verfahren einigen sich Beschuldigte und Bundesanwaltschaft auf die Anklage und das Strafmaß. Die Strafe darf dann höchstens fünf Jahre betragen. Und die CIA müsste nicht befürchten, dass ihre Methoden vor einem Schweizer Gericht erörtert werden.

Denn ein Beweisverfahren, bei dem im Normalfall etwa durch Zeugenbefragungen der genaue Sachverhalt ermittelt wird, fände dabei nicht mehr statt. »Segnen die Richter in Bellinzona den Deal mit den Tinners ab, werden die genauen Umstände ihrer Tätigkeit sowie die Rolle der Schweiz und der USA wohl nie restlos geklärt werden.«[78]

Am 25. September 2012 schließlich befand das Schweizer Bundesgericht in Bellinzona die drei Tinners für »schuldig der Förderung der Herstellung von Kernwaffen« und verurteilte sie zu Haftstrafen zwischen 24 (Friedrich Tinner) und 50 Monaten (Urs Tinner).[79]

2003–heute: Deutschland, Italien, Spanien

Zu Weihnachten 2003 fuhr Khaled al-Masri nach Skopje in Mazedonien. Dort wurde er festgenommen, weil ein führendes Mitglied von al-Qaida den gleichen Namen trug. Al-Masris Proteste, er sei Opfer einer Verwechslung, halfen ihm nichts. Er wurde geschlagen, nackt in eine Zelle geworfen, mit Drogen vollgepumpt, man machte ihm einen Einlauf, gab ihm Windeln, flog ihn nach Bagdad und später zur berüchtigten Salzgrube, einem geheimen Verhörzentrum der CIA in Afghanistan. Dort wurde die Behandlung mit Schlägen, Schlafentzug, Drogen etc. wiederholt, bis den Verhörbeamten dämmerte, dass sie tatsächlich den falschen Mann hatten. Weil er inzwischen jedoch »zu viel wusste«, hielt ihn die CIA für viele weitere Wochen fest, ehe US-Außenministerin Condoleezza Rice seine Freilassung anordnete. Spätere Untersuchungen in Deutschland ergaben, dass er einer bizarren Drogenbehandlung und Nahrungsmittelentzug ausgesetzt gewesen war. Zahlreiche Versuche al-Masris, vor einem amerikanischen Gericht Gerechtigkeit zu erfahren, scheiterten. Bis heute wurden seine Klageanträge von den Gerichten unter Hinweis auf »Staatsgeheimnisse« abgelehnt.

2007 warnten amerikanische Diplomaten die deutsche Regierung vor den Folgen, die mögliche deutsche Haftbefehle gegen CIA-Mitarbeiter, die an der Entführung und Folterung al-Masris beteiligt gewesen waren, auf das deutsch-amerikanische Verhältnis haben könnten. In einem von Wikileaks veröffentlichten Kabel erklärte der stellvertretende Missionschef der US-Botschaft in Berlin klipp und klar, dass »die Ausstellung internationaler Haftbefehle negative Folgen auf unsere bilateralen Beziehungen hätte«[80]. Trotz der Warnungen erließen die deutschen Behörden Haftbefehle wegen Entführung gegen 23 CIA-Beamte, ließen die Anklage jedoch nach wenigen Monaten wieder fallen. Bundeskanzlerin Angela Merkel habe dem amerikanischen Druck nachgegeben, kritisierte die deutsche Presse.

Schon zuvor hatte sich die Regierung Bush in Italien mit einer ähnlichen Situation konfrontiert gesehen. Dort waren 23 CIA-Agenten in Abwesenheit verurteilt worden, weil sie einen ägyptischen Imam entführt hatten. Washington lehnte eine Auslieferung ab, die Männer sind frei, könnten jedoch verhaftet werden, sollten sie europäischen Boden betreten.

Am 8. April 2003 hatte ein Panzer der US Army auf das Palestine Hotel in Bagdad gefeuert, in dem sich zahlreiche Journalisten einquartiert hatten. Dabei waren der spanische Kameramann José Cuoso sowie ein Kameramann der Nachrichtenagentur Reuters getötet worden. 2005 begannen die spanischen Behörden mit ersten Untersuchungen und erließen einen internationalen Haftbefehl gegen drei US-Soldaten. Im März 2006 wurde die Akte mit dem Hinweis, die Journalisten seien einer »Kriegshandlung« zum Opfer gefallen, geschlossen. Doch das Oberste Gericht in Madrid ließ den Einspruch der Familie Cuoso gegen diese Entscheidung zu. Wie zuvor Berlin setzte Washington nun Madrid unter Druck, zumal zwischenzeitlich die spanische Absicht durchgesickert war, auch die Foltervorwürfe in Verbindung mit dem Gefangenenlager in der Bucht von Guantánamo zu untersuchen und gegen Präsident George W. Bushs Justizministerium zu ermitteln, besonders gegen die beiden Sachverständigen John Yoo und Jay Bybee, die die *Torture Memos* verfasst haben, die rechtliche Grundlage für die Folteranwendung durch die CIA. Als dann noch spanische Untersuchungsrichter und deutsche Staatsanwälte begannen, ihre Ermittlungsergebnisse zu vergleichen, und feststellten, dass die Maschine, die al-Masri nach Afghanistan gebracht hatte, in Spanien gestartet war, waren die US-Diplomaten an der Botschaft in Madrid alarmiert.

Washington entsandte den republikanischen Senator von Florida, Mel Martínez, in die spanische Hauptstadt. Wenn die Spanier versuchen sollten, US-Beamte strafrechtlich zu verfolgen, würden die »amerikanisch-spanischen Beziehungen abkühlen«.[81] Am meisten fürchteten die US-Diplomaten den spanischen Richter Baltasar Garzón, der im Oktober 1998 bekannt geworden war, weil er einen Haftbefehl gegen Chiles Ex-Diktator Augusto Pinochet erlassen hatte. »Wir hegen keine Illusionen über das Individuum, mit dem wir es zu tun haben«, hieß es. »Wir sehen kaum die Möglichkeit, dass Garzón in seiner Publicitygeilheit seine Schlagzeilen produzierende Maschine anhält, ohne dazu gezwungen zu werden.«[82]

Die spanische Regierung zeigte unter dem Druck Washingtons Wirkung und teilte den besorgten Diplomaten mit, an der Lösung des Problems zu arbeiten. Allerdings müsse man angesichts der äußerst unabhängigen Justiz vorsichtig vorgehen. »Um die Situation nicht noch zu verschlimmern, muss die spanische Regierung öffentlich ihre Achtung für die Unabhängigkeit ihrer Gerichte zeigen«[83], bewiesen die US-Diplomaten Verständnis für ihre Gesprächspartner in Madrid. Es zahlte sich aus. Zwar unterschrieb Richter Santiago Pedraz nach der Verurteilung im Juli 2010 einen Such- und Haftbefehl gegen die GIs. Doch die sozialistische Regierung in Madrid stoppte alle weiteren Ermittlungen. Der Fall liegt seither bei einem spanischen Richter, der so lange keine weiteren Schritte unternehmen will, bis er eine Antwort aus Washington erhalten hat. Dort ließ er anfragen, ob die Regierung Barack Obamas beabsichtige, eigene Untersuchungen aufzunehmen.

Zwar hatte Obama während seines Wahlkampfes wiederholte Male vollmundig versprochen, niemand stünde über dem Gesetz. Sofort nach seinem Amtsantritt aber hatte er seinem Vorgänger und dessen Mitarbeitern versichert, er wolle nicht zurück, sondern nach vorne blicken.

2003: Liberia

Die USA beteiligten sich zeitweilig an der UN-Friedenstruppe, die nach der Vertreibung des Präsidenten Charles Taylor und seiner Regierung durch Rebellen intervenierte.

2004–2005: Afghanistan

Zwei Jahre zuvor hatte George W. Bush an Fidel Castro appelliert: »Herr Castro, ein Mal, zeigen Sie nur ein Mal, dass Sie sich nicht vor wirklichen Wahlen fürchten.«[84] Doch nun, in Afghanistan, fürchtete sich die Bush-Regierung selber vor »wirklichen Wahlen«. US-Botschafter Zalmay Khalilzad ging wenig subtil vor, als er einen Präsidentschaftskandidaten nach dem andern zu überzeugen suchte, aus dem Rennen im Oktober auszuscheiden, um den Sieg für Washingtons Mann, Hamid Karzai, sicherzustellen. Khalilzad erklärte jedem Einzelnen, was er wollte, und fragte sie dann, was sie bräuchten. »Unsere Herzen sind gebrochen, weil wir glauben, wir hätten Herrn Karzai schlagen können, wenn dies wahre Wahlen gewesen wären«, jammerte Sayed Mustafa Sadat Ophyani, der Wahlkampfmanager von Junus Ghanuni, dem stärksten Herausforderer Karzais. »Aber es geht nicht. Herr Khalilzad setzt uns mächtig unter Druck und erlaubt uns nicht, einen guten Wahlkampf zu führen.«[85] Schließlich zog sich keiner der Kandidaten völlig aus dem Wahlkampf zurück, den Karzai mit 56 Prozent der Stimmen gewann. Kaum hatte er gesiegt, musste der wiedergewählte Präsident seine Isolierung im Land eingestehen. »Mit seiner Ablehnung, sich von einer Sicherheitstruppe aus Paschtunen bewachen zu lassen, bewies er erprobten Selbsterhaltungsinstinkt.« Er bestand auf dem »Schutz durch gestandene US-Marines, die alle wie Schwarzenegger im Film *Terminator* aussahen. Sie wurden später durch Söldner ersetzt.«[86]

Im September 2005 wurden kurzfristig angesetzte Parlamentswahlen durchgeführt, bei deren Vorbereitung amerikanische Werbeunternehmen all ihre Tricks einsetzen konnten. Alleine die Rendon Group in Washington D.C. erhielt Verträge im Wert von sechzig Millionen Dollar. Die Wahlen dienten weniger Afghanistan als vielmehr der Befriedigung der öffentlichen Meinung im Westen. NATO-Truppen und Verbände der Nordallianz mussten Wahllokale schützen. Es gab zahlreiche Unregelmäßigkeiten. Wahlberechtigte berichteten, dass sie von Wahlbeauftragten, Wahlhelfern, Beamten und Polizisten gezwungen worden seien, ihre Stimme bestimmten Kandidaten zu geben. Die Wahlen endeten als Blamage für den Westen und die NATO. Von den zwölf Millionen Wahlberechtigten waren nur vier Millionen zur Wahl gegangen. Nichtsdestotrotz wurden sie in der westlichen Presse als Riesenerfolg gefeiert.

März 2004: Mali

Nach Angaben der Voice of America spürten US-Einheiten in Zusammenarbeit mit Verbänden aus dem nordafrikanischen Staat ein umfangreiches Waffendepot auf. Die Waffen seien für eine islamistische Gruppe in Algerien bestimmt gewesen. Zwar wurde eine Anfrage, ein »vermutetes terroristisches Ziel in der nördlichen Wüstenregion Malis« zu bombardieren, diesmal negativ beschieden. Das Pentagon schloss derartige Luftangriffe für die Zukunft jedoch nicht aus.[87]

März 2004: Tschad

Aus einer Lockheed P-3 Orion der US-Marine wurden Truppen des Tschad in zwei Tage dauernden Kämpfen an der Grenze zu Niger kommandiert. Dabei sollen 43 Mitglieder der algerischen Groupe salafiste pour la prédication et le combat (für Gebet und Kampf) getötet worden sein.

März 2004: Äquatorialguinea

Zumindest logistische Unterstützung lieferte die CIA den Planern eines dilettantischen Putschversuchs, der als Wonga-Coup in die afrikanische Geschichte eingegangen ist.[88] Eine Söldnerbande unter Führung von Simon Mann, einem Londoner Brauereierben, Ex-Offizier, Sicherheitsexperten und Söldnerfirmenleiter, wollte Teodoro Obiang Nguema, einen der mörderischsten Diktatoren Afrikas, stürzen und sich der Ölreichtümer des winzigen Landes bemächtigen. Es war einer der skurrilsten Umsturzversuche zumindest der jüngeren Zeit, der wenig geheim, von der europäischen Presse aber unbeachtet, von der spanischen Regierung José María Aznars gefördert wurde und an dem so illustre Persönlichkeiten wie Mark Thatcher, der Sohn der ehemaligen britischen Premierministerin Margaret Thatcher, oder der Bestsellerautor Jeffrey Archer als Finanziers beteiligt waren.

2004: Georgien, Kroatien, Ungarn, Lettland, Litauen, Estland

Mit Millionen Dollar aus einem sogenannten *slush fund*, einem Reptilienfonds, für dessen Verwendung die Zustimmung des Kongresses nicht erforderlich ist, finanzierte das Pentagon Ausbildung und Ausrüstung in diversen Armeen vor allem Europas, um sich deren Unterstützung im Krieg gegen den Terrorismus zu sichern. Zusammen setzten diese Staaten etwa 1300 Soldaten in Afghanistan ein.[89]

2004–heute: Ukraine

Die beiden aussichtsreichsten Kandidaten bei diesen Präsidentschaftswahlen waren Wiktor Janukowitsch und Wiktor Juschtschenko. Janukowitsch, der seine Wählerbasis im östlichen Teil des Landes hatte, wollte die Ukraine in die Russische Föderation führen. Sein Gegenspieler Juschtschenko, dessen Anhängerschaft im westlichen Teil dominierte, wollte sein Land in die EU und NATO führen. Also unterstützten die NED und andere US-Organisationen Juschtschenko. Zwar ist es amerikanischen Institutionen wie eben der NED gesetzlich untersagt, politische Parteien oder Kandidaten direkt zu unterstützen. Das hinderte die NED und andere US-Organisationen jedoch nicht daran, Juschtschenkos Wahlkampf in den Jahren 2002 bis 2004 und die großen, beinahe täglich stattfindenden Demonstrationen in Kiew mit 65 Millionen Dollar zu finanzieren.[90] Der ehemalige US-Außenminister Henry Kissinger, der einstige Sicherheitsberater Zbigniew Brzezinski sowie US-Senator John McCain besuchten Kiew, um Juschtschenko zu unterstützen.

Da bei den Wahlen am 31. Oktober keiner der Kandidaten die erforderlichen fünfzig Prozent oder mehr erreichte, fand am 21. November ein zweiter Wahlgang statt. Die Zentrale Wahlkommission erklärte Wiktor Janukowitsch zum Sieger. Juschtschenko und viele internationale Wahlbeobachter beschuldigten Janukowitsch der massiven Wahlfälschung. Gegen ihn demonstrierten in der sogenannten Orangenen Revolution Hunderttausende in Kiew und anderen Städten. Und die US-Senatoren Hillary Clinton sowie John McCain schlugen in einem gemeinsamen Brief Wiktor Juschtschenko zusammen mit Georgiens Präsident Micheil Saakaschwili für den Friedensnobelpreis vor. Das Oberste Gericht der Ukraine annullierte schließlich das offizielle Wahlergebnis und ordnete eine Wiederholung der zweiten Abstimmung an, die am 26. Dezember stattfand und Juschtschenko mit 52 Prozent aller Stimmen den Wahlsieg brachte.

Am 25. Februar 2005 unterzeichneten die Ukraine und die EU einen bilateralen Aktionsplan, gültig bis 2008. Präsident Juschtschenko und seine Regierung unter der Ministerpräsidentin Julija Timoschenko verkündeten das Ziel einer Westbindung der Ukraine als neue Maxime der Außenpolitik.

Die Parlamentswahl im März 2006 endete mit einer Niederlage von Juschtschenkos Partei Unsere Ukraine. Sieger wurde Janukowitschs Partei der Regionen, gefolgt von Timoschenkos Allukrainischer Vereinigung Vaterland. Nach einer viermonatigen Regierungskrise und zähen Verhandlungen verständigten sich schließlich Juschtschenko und Janukowitsch auf ein Bündnis. Janukowitsch wurde folglich am 6. August im Parlament zum Ministerpräsidenten gewählt.

Im Februar 2010 gewann Janukowitsch ganz und gar die Wahl zum Staatspräsidenten, und im Oktober begann die Europäische Union mit der Ukraine über eine enge Partnerschaft zu verhandeln. Ende März 2012 beschloss die EU, ein Assoziierungs- und Freihandelsabkommen zu paraphieren, um Einfluss auf die Entwicklung in der Ukraine zu behalten. Eine Unterzeichnung bzw. Inkraftsetzung solle es aber nur geben, wenn die ukrainische Justiz ihre Angriffe gegen Timoschenko, die 2010 unter dem Vorwurf der Korruption zu Hausarrest verurteilt worden war, und andere Oppositionspolitiker einstellen würde.

Im August 2013 kündigte der russische Präsident Wladimir Putin für den Fall der Unterzeichnung des Abkommens mit der EU »Schutzmaßnahmen« an. Die Importkontrollen auf ukrainische Güter wurden von Russland verschärft. Nach monatelangem Tauziehen um die Unterzeichnung, in dem von Seiten der EU die Haftentlassung bzw. die Ausreise Timoschenkos zur medizinischen Behandlung im Ausland zur Bedingung gemacht wurde, beschloss die ukrainische Regierung am 21. November 2013 in einem Dekret die »Suspendierung des Vorbereitungsprozesses« der Durchführung des Abkommens, um die »nationalen Sicherheitsinteressen zu wahren und die wirtschaftlichen Beziehungen zu Russland zu beleben und den inneren Markt auf Beziehungen auf gleicher Augenhöhe mit der EU vorzubereiten«[91].

Unter dem Druck wochenlanger Demonstrationen und Proteste auf dem Maidan in der ukrainischen Hauptstadt Kiew gegen die Regierung einigte sich Präsident Wiktor Janukowitsch am 21. Februar 2014 mit den drei hauptsächlichen Oppositionsführern darauf, im Dezember Neuwahlen durchzuführen. Die Mehrheit der Demonstranten auf dem Unabhängigkeitsplatz forderte jedoch Janukowitschs sofortigen Rücktritt. Einen Tag später setzte die Werchowna Rada (das ukrainische Parlament) den Präsidenten ab und legte den 25. Mai als Wahltermin fest.

Bis Anfang 2014 standen die USA der Opposition bereits mit sechs Milliarden Dollar bei – vermittelt über Hilfsorganisationen wie der US Agency for International Development (USAID), die alleine fünfzig NGOs in der Ukraine unterhält, über öffentlicher Stiftungen wie NED, International Republican Institute, Ifes, National Democratic Institute for International Affairs und auch über private Stiftungen wie die Open

Society Foundation, Soros Foundation oder das Omidyar Network (des eBay-Gründers Pierre Omidyar).

2005: Afrika

In seiner Offensive gegen den Terrorismus plante das Pentagon Tausende afrikanischer Soldaten auszubilden, für ausgedehnte Wüsten- und Grenzoperationen auszurüsten und die diversen Länder mit sicheren Satellitenkommunikationssystemen zu vernetzen. Zunächst waren für die folgenden sieben Jahre 500 Millionen Dollar dafür vorgesehen, die an Algerien, Tschad, Mali, Mauretanien, Senegal, Niger, Marokko und Tunesien verteilt werden sollten. Sobald sich die Beziehungen verbessern würden, sollte auch Libyen in diesen Kreis aufgenommen werden. Gleichzeitig erhöhte das Pentagon seine Präsenz auf diesem Kontinent und stationierte mehr Militärpersonal an den Botschaften in den Hauptstädten dieser Staaten. Die Pläne sind eine Fortsetzung der Trans-Sahara Counter-Terrorism Partnership, die das State Department im Rahmen der »Operation Enduring Freedom« bereits 2002 ins Leben gerufen hatte und der Mali, Tschad, Niger sowie Mauretanien angehörten.[92]

2005–heute: Syrien

Mindestens seitdem US-Präsident George W. Bush 2005 die diplomatischen Beziehungen zur syrischen Regierung abbrach, begannen insgeheim US-Gelder an die syrische Opposition zu fließen. Zwar ernannte Bushs Nachfolger Obama Anfang 2011 wieder einen Botschafter in Damaskus, setzte die Zahlungen aber ungeachtet zahlreicher Einwände amerikanischer Diplomaten fort. Im Rahmen seiner Nahost-Partnerschaftsinitiative (MEPI) finanzierte das State Department über den Demokratie-Rat, eine Government Organized Non Governmental Organization (GONGO) in Los Angeles, unter anderem den in London stationierten Satelliten-Kanal »Barada TV« – so benannt nach dem Fluss Barada, der durch Damaskus fließt –, der gegen die Regierung Präsident Baschar al-Assads gerichtete Propaganda nach Syrien ausstrahlt. Seit dem 18. März 2011, als auch Syrien die ersten gegen das Regime gerichteten Demonstrationen erlebte, berichtete der Sender auch von den anhaltenden Protesten, in deren Verlauf Tausende von den Sicherheitskräften erschossen oder verhaftet wurden.

Barada TV arbeitete eng mit einem Londoner Netzwerk syrischer Exilanten der Bewegung für Gerechtigkeit und Entwicklung (MJD) zusammen, die offen für den Sturz Assads eintreten und in amerikanischen Botschaftskabeln als zu »liberalen, moderaten Islamisten« konvertierte ehemalige Mitglieder der Moslembruderschaft beschrieben wurden.

Inzwischen schien der syrische Geheimdienst Mukhabarat den Finanzströmen auf der Spur zu sein. Dies zumindest befürchteten amerikanische Diplomaten, wie etlichen Kabeln aus der Botschaft in Damaskus zu entnehmen war. Schon im Juni warnten die Diplomaten, die Bewegung für Gerechtigkeit und Entwicklung sei vermutlich von syrischen Agenten infiltriert: »MJD: A Leaky Boat?« Nur wenige Monate danach vernahmen syrische Agenten einige Leute »besonders über MEPI-Operationen«[93].

Die syrische Regierung »betrachtete US-Mittel, die an illegale politische Gruppen gehen, zweifellos als Unterstützung eines Regimewechsels«, warnte ein von Wikileaks an die Presse lanciertes Kabel der US-Botschaft an das State Department schon im April 2009.

»Wir unterstützen eine Reihe von Prinzipien«, erklärte Tamara Wittes, eine Deputy Assistent Secretary of State, im Büro für Nahost-Angelegenheiten zuständig für »Demokratie und Menschenrechte«, in der *Washington Post* die Haltung der US-Regierung. »Es gibt in Syrien und anderen Ländern viele Organisationen, die einen Regierungswechsel anstreben. Das ist ein Ziel, an das wir glauben und das wir unterstützen.«[94]

Bald waren die USA nicht mehr so scheu. Zwar lehnte es die Regierung Obama offiziell ab, die Aufständischen mit Waffen zu versorgen, aber 2012 genehmigte sie gleichwohl geheime Waffen und Munitionstransporte an die syrischen Rebellen.

Die CIA unterstützte nun die arabischen Regierungen und die Türkei beim Einkauf auch schweren Kriegsgeräts für die Aufständischen. Die CIA stellte die notwendigen Verbindungen zu den internationalen Waffenhändlern her und koordinierte die Flüge der geheimen Luftbrücke. Über 160 jordanische, saudische und katarische Militärtransporte landeten alleine auf dem Flughafen Ankara-Esenboğa. »Eine vorsichtige Schätzung der Ladungen dieser Transporte läge bei 3500 Tonnen militärischen Materials«, erklärte Hugh Griffiths vom Stockholmer Friedensinstitut SIPRI, das illegale Waffentransfers beobachtet. [95]

Gleichzeitig wurden Waffen und Ausrüstung von Saudi-Arabien in Kroatien gekauft und zunächst mit jordanischen Transportmaschinen nach Jordanien gebracht, von wo sie für die Rebellen im Norden Syriens in die Türkei oder für die Aufständischen im Süden Syriens über die gemeinsame Grenze gebracht wurden. Zusammen bildeten all diese Logistikströme »einen wahren Wasserfall von Waffen«, wie ein amerikanischer Offizier sagte, der ebenfalls bestätigte, dass der ehemalige CIA-Direktor (bis November 2012) David H. Petraeus erheblich zum Aufbau dieses Netzwerks beigetragen und einige Staaten dazu gebracht habe, bei der Sache zusammenzuarbeiten. [96]

Weiteres Material wurde auf von der CIA *rat lines* genannten Wegen von Libyen über die Türkei nach Syrien verschickt. Zwar erklärte ein Sprecher aller US-Geheimdienste: »Die Vorstellung, die USA lieferten Waffen aus Libyen an irgendjemanden, ist falsch.«[97] Doch ein nie veröffentlichter Anhang zum Untersuchungsbericht des Senate Intelligence Committee über den Anschlag auf das US-Konsulat in Bengasi am 11. September 2011 beschreibt ein Geheimabkommen zwischen der US-Regierung und der türkischen Regierung Ministerpräsident Recep Erdogans, das sich auf die Rattenlinie bezieht. Demnach wurde das Projekt von der Türkei, Saudi-Arabien und Katar finanziert, während CIA und der britische SIS unter Leitung von General David Petraeus den Transport der Waffen aus Gaddafis Arsenalen nach Syrien organisierten. Dazu wurden in Libyen einige Firmen gegründet, hinter deren Fassade die Geschäfte abgewickelt werden konnten. Aus dem aktiven Dienst ausgeschiedene US-Soldaten, die gelegentlich nicht einmal wussten, wer sie beschäftigte, managten das Tagesgeschäft. Das Projekt war so geheim, dass selbst die zuständigen Komitees des amerikanischen Kongresses nicht informiert waren, obwohl das Gesetz dies verlangt.[98]

Tatsächlich, so informierte ein ehemaliger amerikanischer Geheimdienstmitarbeiter den US-Journalisten Seymour Hersh, »war der einzige Auftrag des Konsulats (in Bengasi), ein Cover für die Waffentransporte zu liefern. Es hatte keine politischen Aufgaben.«[99] Nach dem Anschlag auf dieses Konsulat stellte die CIA abrupt jede Mitarbeit an dem Projekt ein, das nun einfach ohne US-Beteiligung weiterlief. Damit aber hatten die USA »keine Kontrolle mehr darüber, was die Türken an die Dschihadisten weiterleiteten«, so der oben erwähnte ehemalige amerikanische Geheimdienstagent. Nur wenige Wochen später passierte, was die Obama-Regierung stets hatte vermeiden wollen: dass derartige Waffen in die Hände der syrischen Rebellen fallen und womöglich gegen den zivilen Luftverkehr eingesetzt werden könnten. Nun aber verfügten die syrischen Aufständischen bereits über vierzig Boden-Luft-Raketen-Stellungen vom Typ Man Portable Air Defense System (kurz und niedlich: MANPADS).[100]

2005: Kirgisien

Beinahe 15 Jahre lang, seit der Auflösung der UdSSR, galt Askar Akajew als einer der engsten Alliierten des Westens in Zentralasien. Brav führte er ein Mehrparteiensystem ein, folgte jedem neoliberalen Ratschlag des Internationalen Währungsfonds (IMF), privatisierte vormalige Staatsbetriebe und lud westliche NGOs ins Land ein. Kirgisien wurde das erste zentralasiatische Land, das der Welthandelsorganisation (WTO) beitrat. Angetan von dem folgsamen Arzt investierten die USA in den Jahren seiner Amtszeit 746 Millionen Dollar in Projekte zum Aufbau demokratischer Institutionen.

Doch die üblichen IMF-Rezepte erwiesen sich wie in so vielen Fällen zuvor als Katastrophe. Dem IMF verdankt die winzige Republik, dass ihre Auslandsverschuldung mit zwei Milliarden Dollar den Umfang des Bruttosozialprodukts erreichte. Nach Angaben der Weltbank leben heute beinahe sechzig Prozent der Bevölkerung unter der Armutsgrenze. Mindestens 700 000 der insgesamt fünf Millionen Kirgisen emigrierten, um als illegale Sklavenarbeiter auf Baustellen in Russland oder Kasachstan ein armseliges Auskommen zu finden. Zudem regierte Akajew zunehmend autokratischer und wandelte die Wirtschaft seines Landes in eine Wirtschaft seiner Familie um.

Nach den Terroranschlägen in New York und Washington erlaubte er den USA, in Kirgisien einen Luftwaffenstützpunkt zu errichten. Doch mit seinem zunehmend autokratischeren Regierungsstil beunruhigte er die USA, die darum begannen, auch diverse Oppositionsgruppen zu unterstützen. Dies wiederum brachte eine Annäherung Akajews an Russland, dem er nun ebenfalls den Bau eines Luftwaffenstützpunktes erlaubte, während er sich gleichzeitig weigerte, den USA die Erlaubnis zur Stationierung von AWACS-Überwachungsflugzeugen in Kirgisien zu erteilen.

Zudem missfielen dem mächtigsten Staat der Welt seine Pläne, wie in den vom Westen als Demokratien gefeierten Philippinen, Indien oder Indonesien, aber auch wie in Nordkorea, einem Stützpfeiler der Achse des Bösen, eine Familiendynastie zu errichten und seine Tochter Bermet auf den Thron zu hieven. Also schickte Washington »das ganze Arsenal an amerikanischen Hilfsorganisationen – USAID, Ifes, National Democratic Institute for International Affairs, National Endowment for Democracy, International Republican Institute, Eurasia Foundation, Internews und mehr – nach Bischkek«.[101] Mindestens 170 NGOs schufen oder sponsorten die USA, bauten unter anderem eine kleine Armee kirgisischer Jugendbanden auf, die mit amerikanischem Geld nach Kiew gebracht wurden, um einen Blick auf die Orangene Revolution zu werfen und »von dem demokratischen Virus angesteckt wurden«[102]. Seit 2002 unterhielt das State Department ein eigenes Verlags- und Druckhaus in Bischkek, wo mindestens sechzig verschiedene Titel gedruckt wurden, darunter eine Reihe von kritischen Oppositionszeitungen. Vor den Parlamentswahlen am 27. Februar 2005 verteilte USAID mindestens zwei Millionen Dollar unter Oppositionspolitikern und -parteien, ein satter Betrag in einem Land, in dem das Durchschnittseinkommen bei dreißig Dollar im Monat liegt. Die Oppositionsführerin Rosa Otunbajewa gab öffentlich zu: »Ja, wir werden von den USA unterstützt.«[103]

Die Opposition warf Akajew Wahlbetrug vor und forderte seinen Rücktritt. Als er sich weigerte, mit der Opposition überhaupt zu reden, stürmte diese kurzerhand den Präsidentenpalast in Bischkek. Akajew floh, und der Westen feierte den Sturz blumig als Tulpenrevolution.

2006: Kenia

United States Marines patrouillierten gemeinsam mit kenianischen Verbänden an der Grenze zu Somalia und führten von Garissa in Kenias Nordostprovinz aus Aufklärungsoperationen durch. Eine amerikanische Lockheed AC-130 griff angebliche Mitglieder von al-Qaida in Somalia an.[104]

2006–2016: Äthiopien

Da die Obama-Administration nach dem »Black Hawk Down«-Debakel 1993, als zwei US-Helikopter in der somalischen Hauptstadt Mogadischu abgeschossen und 18 amerikanische Soldaten getötet wurden (1992–1994: Somalia), keine Bodentruppen mehr in Somalia einsetzen wollte, eröffnete das US-Außenministerium in Äthiopien eine Filiale des Africa Center for Strategic Studies, während das Pentagon einige geheime Stützpunkte des Joint Special Operations Command aufbaute. Die Air Force investierte Millionen Dollar in die Modernisierung eines Flugplatzes und den Bau einiger Hangars für eine Flotte von Reaper-Drohnen im äthiopischen Arba Minch (»40 Quellen« in der Landessprache Amharisch), eine Stadt von 70 000 Einwohnern, etwa 400 Kilometer südlich der Hauptstadt Addis Abeba.

Das äthiopische Außenministerium bestritt die Anwesenheit amerikanischer Truppen im Land. »Wir unterhalten keine ausländischen Stützpunkte in Äthiopien«, versicherte ein Sprecher. Die Amerikaner widersprachen. Eine ungenannte Zahl Luftwaffenpersonals gäbe »operative und technische Unterstützung bei unseren Hilfsprogrammen für Sicherheit«, erklärte ein Sprecher der 17. Air Force Division, die in Ostafrika operiert.[105] Anfang 2016 begannen die USA mit der Schließung der Anlagen in Arba Minch. Nach Gesprächen mit der äthiopischen Regierung »kamen wir übereinstimmend zu dem Schluss, dass unsere Anwesenheit derzeit dort nicht mehr erforderlich ist«, erklärte ein Vertreter der US-Botschaft in Addis Abeba.[106]

2006: Eritrea

US Special Forces und CIA-Agenten aus Camp Lemonnier (Dschibuti) errichteten in der somalischen Region Puntland, die sich zum autonomen Teilstaat ausgerufen hat, einen Stützpunkt, von wo sie gemeinsam mit eritreischen Verbänden ins somalische Kernland eindrangen.[107]

Januar 2007–2009: Somalia

Anfang 2007 überrannten äthiopische Truppen, die seit Jahren von US-Militärs trainiert und ausgebildet werden, in einer Art Blitzkrieg Teile Somalias und trieben rund 3000 ausländische, radikal-islamische Milizionäre der Islamic Courts Union (ICU) und al-Qaida-Kämpfer aus Mogadischu nach Süden. An der Grenze unweit des Hafenstädtchens Ras Kaambooni lagen Verbände aus Kenia in Stellung, verstärkt durch US-Marines. Eingekesselt zwischen den Kenianern und dem Meer waren die Islamisten leichte Beute für einen amerikanischen AC-130-Hubschrauber, der von einem geheimen US-Landeplatz im Osten Äthiopiens gestartet war. Nach dem Bombardement durchkämmten äthiopische Kommandoeinheiten und Soldaten der geheimen amerikanischen Task Force 88, die mit drei CH-53-Hubschraubern von Manda Bay, einem neuen amerikanischen Stützpunkt in Kenia, ins Kampfgebiet geflogen worden waren, das Gebiet. Ihre Aufgabe: Sie hatten jeden, der das schwere Bombardement überlebt hatte, zu töten und die Toten zu identifizieren. Nach fünftägigen Kämpfen verkündete der Verteidigungsminister der somalischen Übergangsregierung am 12. Januar, Ras Kaambooni sei von Regierungstruppen und äthiopischen Verbänden eingenommen worden, die ICU-Terroristen seien auf der Flucht.

Im Januar 2009 zogen sich die äthiopischen Truppen unter massivem Druck radikal-islamischer Milizen wie al-Shabaab wieder aus Somalia zurück, wo die Warlords und Clanchefs schnell wieder die Oberhand über die somalische, von den Vereinten Nationen unterstützte Übergangsregierung gewannen, die nur noch Teile der Hauptstadt Mogadischu kontrollieren konnte. In den Kämpfen starben Tausende, Hunderttausende flohen. Die äthiopische Invasion löste eine der »schwersten humanitären Krisen in Afrika« in der letzten Zeit aus, nach Angaben von UN-Beobachtern »schlimmer als Darfur« (Sudan).

Im selben Monat versuchte ein amerikanischer AC-130-Kampfhubschrauber mit einem Raketenangriff auf die Insel Badmadow nahe Ras Kaambooni in Südsomalia, Fazul Abdullah Mohammed und andere radikalislamische Kämpfer zu eliminieren. Abdullah Mohammed galt als der al-Qaida-Führer in Afrika und wurde für die Terroranschläge auf die US-Botschaften in Daressalam und Nairobi im August 1998 verantwortlich gemacht. Sowohl in Somalia als auch im Jemen erschienen Zeitungsberichte, wonach elf oder 15 US-Marines in Kämpfen im südlichen Somalia in einer Schlacht bei Ras Kaambooni von somalischen Verbänden gefangen genommen worden seien. Vier weitere sollen verletzt worden sein. Die westliche Presse erwähnte den Vorfall nicht. Verhandlungen amerikanischer Regierungsvertreter mit somalischen Rebellenführern um die Freilassung gefangener US-Soldaten jedoch schienen die Berichte zu bestätigen.[108]

2007–heute: Iran

Mit Genehmigung des US-Präsidenten drangen im Januar United States Special Operations Forces von Südirak aus in den Iran ein, nahmen Mitglieder der Quds-Brigaden, der Eliteeinheit der iranischen Revolutionsgarden gefangen und brachten sie zum Verhör nach Irak. Daneben verfolgten sie im Rahmen des Kriegs gegen den Terror sogenannte *high-value targets*, die entweder gefangen oder getötet wurden. Die iranische Presse veröffentlichte zunehmend Berichte über bewaffnete Zusammenstöße und Morde, vor allem in Belutschistan, wo die politische Opposition besonders stark ist und US-Agenten operativ tätig sind. Die iranische Presse »ist sehr offen bei der Beschreibung der Morde im Land«, bestätigte Luftwaffengeneral Sam Gardiner, der diese Berichte analysiert und Kriegsspiele im Zusammenhang mit dem Iran durchführt: »Es vergeht kaum ein Tag, an dem nicht über einen Zusammenstoß irgendwo berichtet wird ... Die Iraner geben sogar die Namen der Offiziere der Revolutionsgarden bekannt, die getötet wurden.«[109]

Von 2005 an hatten Kommando-Einheiten der US Joint Special Operations Force in Zusammenarbeit mit angeheuerten Iranern hochtechnische Überwachungsgeräte in iranischen Schlüsselpositionen installiert. So wurden normale Straßenschilder etwa in der Nähe der Universität von Teheran (die im Verdacht stand, Uran anzureichern) durch neue ersetzt, die mit Sensoren für Radioaktivität ausgerüstet waren, sich aber in nichts von den ursprünglichen Schildern unterschieden. Amerikanische Agenten tauschten an verdächtigen Gebäuden in der iranischen Hauptstadt auch einzelne Backsteine gegen solche mit derartigen Sensoren aus. Andere Sensoren, die als Steine getarnt und entlang von Landstraßen ausgelegt waren, übermittelten elektronische Daten über das Gewicht vorbeifahrender Fahrzeuge. Kehrte etwa ein Lastwagen schwerer als auf der Hinfahrt zurück, dann wies dies auf Bau- oder Ausschachtungstätigkeiten hin.

Im Dezember 2007 wurde ein Geheimdienstdossier (National Intelligence Estimate, NIE) veröffentlicht, das zu dem Schluss gekommen war, dass Iran seine Arbeiten an Nuklearwaffen »mit ziemlicher Sicherheit« bereits 2003 eingestellt habe. Iranische Wissenschaftler hätten zwar die Probleme beim Bau einer Bombe studiert, diese Forschungen jedoch ebenfalls 2003 eingestellt. Der Grund: Die Bemühungen des Iran hätten sich mit hoher Wahrscheinlichkeit nicht gegen Israel oder den Westen, sondern gegen den Irak gerichtet. Nachdem die vom Irak drohende Gefahr jedoch durch die US-Besetzung des Landes verschwunden sei, habe keine Notwendigkeit mehr für den Bau einer nuklearen Bombe bestanden.

Schon nach den Anschlägen vom 11. September 2001 hatte Teheran eine Annäherung an den Westen versucht und den USA eine Kooperation im Kampf gegen al-Qaida und die Taliban angeboten. Ein Report des State Department sprach von »einer wirklichen Gelegenheit«, die Beziehungen mit Iran zu verbessern. Sowohl die CIA als auch das Antiterrorbüro des Weißen Hauses unterstützten diese Auffassung.[110] Die Aussichten auf eine Verbesserung der Beziehungen verflüchtigten sich am Abend des 29. Januar 2002 jedoch schnell, als George W. Bush in seiner Rede an die Nation Teherans Kooperationsbereitschaft im Krieg gegen den Terrorismus mit keinem Wort erwähnte und stattdessen den Iran neben Irak und Nordkorea zu einem Mitglied der »Achse des Bösen« erklärte.

Ein Jahr später, Anfang 2003, unternahm Teheran noch einmal einen Versuch, die Beziehungen zu Washington zu verbessern. In einem Dokument, das sie dem Schweizer Botschafter, der in Teheran auch die Interessen der USA wahrnahm, überreichte, schlug die iranische Regierung ausführliche Gespräche, ein Ende des »feindseligen Verhaltens« und der Wirtschaftssanktionen vor. Die USA sollten Irans Zugang zu friedlicher Nukleartechnologie garantieren und seine »legitimen Sicherheitsinteressen« anerkennen. Im Gegenzug dazu bot Teheran »völlige Transparenz« seines Nuklearprogramms und die Beendigung seiner Unterstützung militanter Gruppen im Nahen Osten wie der Hisbollah, der Hamas und dem Islamischen Dschihad an.[111]

Die Regierung Bush lehnte diese weitreichenden Vorschläge rundweg ab und maßregelte den Schweizer Botschafter dafür, dass er den Vorschlag überhaupt abgeliefert hatte.[112] Also bewilligte der Kongress 400 Millionen Dollar für eine Ausdehnung der Geheimoperationen im Iran und gab dem Druck der Regierung nach, mögliche *defensive lethal actions* von US-Kommandos im Iran zu genehmigen. Unterstützt werden ethnische Minoritäten wie die Belutschen, die in Opposition zu den regierenden Mullahs stehen.

Die Belutschen sind Sunniten, die das schiitische Regime in Teheran hassen. Eine ihrer aktivsten und gewalttätigsten Oppositionsgruppen ist Dschundallah, eine gefährliche Salafistenorganisation, deren Anhänger, die »Soldaten Gottes«, in denselben Koranschulen studiert haben wie die afghanischen Taliban oder zahlreiche pakistanische Extremisten. Ramzi Yousef, der wegen des Anschlages 1993 auf das New Yorker World Trade Center in den USA verurteilt wurde, ist ebenso ein Belutsche wie Chalid Scheich Mohammed, der als einer der Chefplaner der Anschläge vom 11. September 2001 gilt.

Weitere Dissidenten-Gruppen, die von der CIA und den Special Operation Forces unterstützt werden, sind die Mujaheddin-e-Khalq (MEK) beziehungsweise Volksmudschahedin sowie die Separatistengruppe Partei für ein Freies Leben in Kurdistan (PJAK). Die MEK wird seit mehr als zehn Jahren vom US State Department als Terroristengruppe eingeordnet. Die kurdische PJAK, die vom Irak aus operiert, verübte in der Vergangenheit Anschläge nicht nur im Iran, sondern auch in der Türkei. Darum führte die US-Unterstützung für diese Gruppe bereits zu Verstimmungen zwischen Washington und Ankara. Sogar Iraks langjähriger Ministerpräsident Nuri al-Maliki sprach sich gegen die US-Operationen aus. Nach einem Besuch in Teheran verbot er jeden Kontakt von Ausländern mit der MEK. Er werde es nicht dulden, dass der Irak als Basis für geheime Operationen gegen andere Länder diene.

Dies hielt wichtige Persönlichkeiten aus dem politischen Umfeld von George W. Bush jedoch nicht davon ab, die MEK auch weiterhin zu hofieren: John Bolton, Ex-Botschafter bei den UN, Ex-Justizminister Michael Mukasey, Rudy Giuliani, Ex-Bürgermeister von New York, James Woolsey, Ex-Direktor der CIA, Tom Ridge, Ex-Chef der Homeland Security, sowie etliche republikanische wie demokratische Mitglieder des Kongresses. Der letzte veröffentlichte Bericht des FBI[113] zählte sechs US-Bürger auf, die von der MEK ermordet wurden, und lieferte Beweise für die anhaltenden terroristischen Aktivitäten dieser Organisation. Dennoch sahen die amerikanischen Unterstützer der MEK in deren Führer Massoud Rajavi bereits einen zukünftigen iranischen Präsidenten (bevor sie dann feststellen mussten, dass er seit dem Irakkrieg 2003 irgendwie »verschwunden« ist).

Auch das Geheimdienstdossier von 2011 kam zu keinen neuen Ergebnissen. Man könne zwar nicht widerlegen, dass der Iran mit dem Bau einer Atombombe beschäftigt sei, erklärte Generalleutnant James Clapper, der Direktor der National Intelligence, der für die NIE verantwortlich zeichnet. Es gäbe aber auch »keinen harten Beweis«[114] dafür, dass der Iran eine solche Bombe baue. Der amerikanische Enthüllungsjournalist Seymour Hersh zitierte im *New Yorker* einen Regierungsberater, der das streng geheime Dokument gelesen hatte und zu dem Schluss kam, dass »mehr Anzeichen (vorlägen), die die Einschätzung unterstützen«, dass der Iran seine Pläne zum Bau einer Atombombe 2003 aufgegeben habe.

»Während meiner ganzen Zeit bei der Behörde«, erklärte Mohammed el-Baradei, der zwölf Jahre lang als Generaldirektor die Internationale Atomenergie-Behörde (IAEA) leitete und später zu den zwischenzeitlich einflussreichsten Figuren des ägyptischen Frühlings gehörte, in einem Interview mit Hersh, »haben wir nicht die Spur eines Beweises gesehen, dass der Iran Einrichtungen zum Bau nuklearer Waffen errichtet und angereichertes Material benutzt ... Ich glaube nicht, dass der Iran gegenwärtig eine Gefahr darstellt. Alles, was ich sehe, ist der Rummel um die Drohung, die der Iran angeblich darstellt.«[115]

Ende 2011 veröffentlichte die IAEA ihren neuesten Bericht, in dem sie sich auf »Geheimdienstberichte aus zehn verschiedenen Staaten« beruft. Demnach hätten iranische Wissenschaftler an der Entwicklung eines Zündsystems gearbeitet und hochexplosives Material getestet. Der Bericht listete eine Reihe von Forschungstätigkeiten auf, die sowohl zivilen als auch militärischen Zwecken dienen könnten. Einige dienten aber der Entwicklung »speziell von Nuklearwaffen«.[116]

Doch noch am 8. Januar 2012 erklärte US-Verteidigungsminister Leon Panetta in *Face the Nation*, einer Sendung des amerikanischen Fernsehkanals CBS: »Versuchen sie, eine Atomwaffe zu entwickeln? Nein. Wir wissen aber, dass sie versuchen, nukleare Fähigkeiten zu entwickeln. Und das ist es, worum wir uns Sorgen machen.« Iran solle nicht versuchen, eine Nuklearwaffe zu entwickeln, warnte Panetta: »Das ist für uns eine rote Linie.«[117] Anfang 2012 erhöhten die USA und andere westliche Staaten den Druck auf Iran. Washington verhängte neue Sanktionen, die nach Angaben eines ranghohen US-Beamten der »vollständigen Lahmlegung der iranischen Zentralbank« dienen sollten.[118] Damit, so hieß es in deutschen Diplomatenkreisen, sollte das »Austrocknen der Finanzquellen des iranischen Atomprogramms« erreicht werden. Gleichzeitig planten die Verbündeten, ein totales Ölembargo gegen Iran zu verhängen.

Am 14. Juli 2015 gelangten Iran und die ständigen Mitglieder des UN-Sicherheitsrats plus Deutschland sowie die Europäische Union schließlich zu einer Einigung und verkündeten einen »Joint Comprehensive Plan of Action«. Demnach verpflichtete sich Teheran, die unterirdische Nuklearanlage in Fordo in ein wissenschaftliches Forschungszentrum umzuwandeln, in der Anlage in Natanz die Zahl der Zentrifugen zur Urananreicherung um die Hälfte auf nur noch 5000 zu reduzieren und nur noch maximal 300 Kilogramm auf 3,7 Prozent angereichertes U-235 herzustellen. Zudem darf Iran in den kommenden 15 Jahren keinen zusätzlichen Schwerwasserreaktor mehr bauen und der Reaktor in Arak kein waffenfähiges Plutonium mehr produzieren. Die UN-Atomenergiebehörde erhält unbehinderten Zutritt zu allen Nuklearanlagen und darf alle verdächtigen Objekte überprüfen. Im Gegenzug werden die USA und die EU sukzessive ihre Sanktionen aufheben. Das Waffenembargo soll aber frühestens in fünf, das Embargo von Raketentechnik in acht Jahren aufgehoben werden. Ein halbes Jahr später verkündete Präsident Obama: »Am 16. Januar 2016 bestätigte die Internationale Atomenergiebehörde, dass Iran die nach dem Iran-Abkommen notwendigen Schritte abgeschlossen hat, um sicherzustellen, dass Irans Nuklearprogramm ausschließlich friedlichen Zwecken dient und dienen wird.«[119]

2008: Somalia

Um ein Ziel zu zerstören, das al-Qaida zugerechnet wurde, feuerte ein US-Kriegsschiff am 2. März mehrere Marschflugkörper in die Ortschaften Dobley und Dhusamareb, wobei mehrere militante Führer getötet wurden.

Im Mai bombardierte die US-Luftwaffe mehrere Ziele in dem Land. Dabei kam Aden Hashi Ayro, ein hochrangiger Führer der islamischen Rebellen, ums Leben. Zudem starben nach unterschiedlichen Angaben zwischen zehn und 24 weitere Personen.

2008: Südossetien

Während des Konfliktes zwischen der Regierung in Tiflis und den südossetischen Sezessionisten transportierte die US-Luftwaffe georgische Truppen aus dem Irak in ihr neues Einsatzgebiet.

2008–heute: Mexiko und Mittelamerika

Mit der Mérida-Initiative (von Kritikern in Anlehnung an den Plan Columbia aus dem Jahr 1990 auch Plan Mexiko genannt) begannen die USA ein auf Jahre angelegtes 1,4-Milliarden-Dollar-Programm, um den Drogenhandel in Mittelamerika möglichst zu unterbinden sowie Mexiko und dessen Nachbarn im Kampf gegen die Drogenmafia und Geldwäsche zu unterstützen. Offiziell beinhaltete diese Hilfe die Ausbildung Tausender Polizisten, Grenzbeamter, Staatsanwälte, Richter, Gefängniswärter und anderen Sicherheitspersonals, die Lieferung von Ausrüstung einschließlich von Black-Hawk-Helikoptern und hochtechnischem Grenzkontrollgerät. Gleichzeitig flogen US-Piloten Aufklärungsflüge über Mexiko, hörten US-Experten Tausende Telefone ab und klinkten sich in Computersysteme ein. Zwar verbietet die mexikanische Verfassung ausländischen Agenten und Sicherheitsoffizieren, im eigenen Land zu operieren, doch südlich des Río Grande waren Agenten der amerikanischen Antidrogenbehörde DEA und der CIA sehr wohl im Einsatz, waren amerikanische Soldaten und Söldner von Vertragsfirmen auch auf einem mexikanischen Militärstützpunkt stationiert. Auf Wunsch der mexikanischen Regierung setzten die USA seit März 2011 Global-Hawk-Drohnen ein, die höher als zwanzig Kilometer fliegen und an einem Tag 40 000 Quadratmeilen überwachen können. Zudem können sie aufgrund der Höhe, in der sie operieren, vom Boden aus nicht gesehen werden.

Die US-Strafverfolgungsbehörden schätzten, dass jährlich etwa – nur in bar! – zwölf bis 15 Milliarden Dollar[120] aus den USA an die mexikanischen Drogenhändler flossen. Dabei sind andere Einnahmen via Überweisung oder elektronischem Banking noch gar nicht berücksichtigt. Andere US-Behörden einschließlich des Rechnungshofes und des (dem Justizministerium zugehörigen) National Drug Intelligence Center schätzten die Gewinne der mexikanischen Kartelle aus den Geschäften mit ihren amerikanischen Kunden sogar auf über 23 Milliarden Dollar.[121]

Präsident Obama führte ausdrücklich La Familia, eines der diversen Kartelle im mexikanischen Bundesstaat Michoacán, als bedeutenden Drogenhändler an, womit amerikanischen Bürgern bei Strafe jeglicher Kontakt mit der Gruppe oder Mitgliedern der Organisation untersagt ist. Seltsamerweise erwähnte der Präsident nie Los Zetas (spanisch für Zs), eine andere und sehr spezielle Gruppe, zu der FBI, DEA und CIA gute Kontakte pflegen, um Informationen über konkurrierende Banden wie das Sinaloa-Kartell in Erfahrung zu bringen.

Die Zetas begannen als Top-Bodyguards – US-trainierte Angehörige militärischer Sonderkommandos, die in den 90er Jahren von Osiel Cárdenas Guillén, dem damaligen Chef des Golfkartells, mit großzügigen Gehaltsangeboten zur Fahnenflucht verführt worden waren. Die Zetas brachten militärische Kompetenz in den Drogenhandel und wurden bald berüchtigt für ihre grenzenlose Gewaltbereitschaft und Effizienz. Nach etlichen Jahren wuchsen sie aus ihrer Rolle als bewaffneter Flügel des Golfkartells heraus und begannen, als Ausbilder oder freiberufliche Söldner für andere Gruppen und Organisationen und schließlich in diesem Metier auf eigene Rechnung zu arbeiten. Als unabhängige Organisation gerieten die Zetas mit etlichen ihrer alten Alliierten wie der Familia oder dem Golfkartell in Fehde. Zwar behaupteten die mexikanischen Sicherheitsbehörden, die meisten der Zetas seien in den erbittert geführten Bandenkriegen und bei Zusammenstößen mit Sicherheitskräften gefallen. Das US-Heimatschutzministerium warnte jedoch vor einer neuen Generation von Zetas, die angeblich Zetitas genannt werden würden, also kleine Zs, und ihr eigenes Methamphetamin-Handelsnetz aufgebaut hätten, das bis nach Arkansas und Tennessee reiche – und zu denen die amerikanischen Gesetzeshüter offenbar nicht so gute Kontakte haben wie zu den großen Zetas.

2008: Sri Lanka

Als die buddhistische Armee Sri Lankas ihre vernichtenden Angriffe auf Stellungen der tamilischen Befreiungstiger (Liberation Tigers of Tamil Eelam, LTTE) startete, die 2009 schließlich zur völligen Vernichtung der hinduistischen Rebellen führen sollte, wurde sie dabei von den USA unterstützt. US-Satelliten lieferten die Informationen, die es Sri Lankas Marine ermöglichten, sieben mit militärischer Ausrüstung beladene Schiffe der Aufständischen zu versenken. Die Transporter, die ohne Identifikationsmerkmale verschiedene asiatische Häfen verlassen hatten, befanden sich zum Zeitpunkt der Angriffe in internationalen Gewässern (einige sogar 1000 Seemeilen entfernt von Sri Lanka). Dieser Verlust von dringend benötigtem Kriegsmaterial im Wert von etlichen Zehnmillionen Dollar just in dem Augenblick, als Sri Lankas Armee ihre Offensive begann, war der Beginn vom Ende der tamilischen Guerillaverbände.[122]

2008–2013: Afrika

Am 6. Februar 2007 kündigte die Regierung Georg W. Bushs die Gründung eines neuen vereinten Kampfkommandos U.S. Africa Command oder AFRICOM an, um Ziele der amerikanischen Sicherheitspolitik in Afrika besser verfolgen zu können. Bisher waren die militärischen Tätigkeiten der USA unter drei Kommandos aufgeteilt: EUCOM (das US-Kommando in Europa), CENTCOM (das zentrale US-Kommando) sowie PACOM (das amerikanische Pazifik-Kommando). Da die Leitung der Beobachtung des afrikanischen Kontinents bislang bei EUCOM lag, soll das AFRICOM-Hauptquartier auch vorläufig in Stuttgart bleiben, bis im Pentagon über einen möglichen Umzug entschieden wird.

Die Verfasser des Berichts zur Nationalen Sicherheitsstrategie 2002 sahen die USA weniger von expandierenden denn von gescheiterten Staaten bedroht. Darum erließ das Verteidigungsministerium (Department of Defence, DOD) 2005 die DOD-Direktive 3000.05, in der Operationen, die der Stabilisierung fremder Staaten dienten, als vorrangig eingestuft wurden, vergleichbar den Kampfoperationen. Drei Jahre später hieß es dann noch dringlicher, dass »die Unfähigkeit vieler Staaten, eine effektive Sicherheitspolitik zu betreiben oder mit ihren Nachbarn zusammenzuarbeiten, um die regionale Sicherheit zu garantieren, eine Herausforderung des internationalen Systems darstellt«.

Solche Instabilität könnte sich natürlich ausbreiten und Interessengebiete der USA und ihrer Alliierten bedrohen. Darum, so argumentierte der Congressional Research Service, müsse AFRICOM nicht nur die Verantwortlichkeiten eines traditionell geographischen Kampfkommandos, einschließlich der Fähigkeit zur Durchführung von Militäroperationen, übernehmen, sondern auch ein breiteres »Soft Power«-Mandat erhalten, das darauf abziele, eine stabile Sicherheitsumgebung aufzubauen. Damit wurde denn auch der Einschluss einer größeren zivilen Komponente in AFRICOM begründet, also der Einsatz zahlreicher ziviler US-Agenturen wie USAID, Bureau for Democracy, Conflict and Humanitarian Assistance, Office of U.S. Foreign Disaster Assistance oder Foreign Policy Advisors.[123]

2013 schickten die USA Special Operations Forces nach Libyen, Niger, Mauretanien und Mali, um die Ausbildung lokaler Verbände in der Terrorismusbekämpfung zu verbessern. An jedem beliebigen Tag sind mindestens 10 000 Special Operations Forces in Übersee im Einsatz, bestätigte der damalige Kommandeur der Special Operations Command, General Joseph Votel, im März 2016 vor dem Militärausschuss des US-Senats. Inzwischen sind Operationen von Verbänden, die dem Special Operations Command Africa (SOCAFRICA) unterstellt sind, in rund der Hälfte der 54 afrikanischen Staaten längst Routine. SOF-Verbände nehmen gemeinsam mit Soldaten aus 22 afrikanischen Staaten an den jährlichen »Flintlock«-Übungen und mindestens an vier weiteren Operationen teil: Der früher Operation Enduring Freedom-Trans Sahara genannte Einsatz heißt heute »Juniper Shield«. Seit März 2012, als sich ein von den USA ausgebildeter Offizier an die Macht putschte, versuchten die USA, Frankreich, Deutschland und afrikanische Staaten in der Operation »Juniper Micron«, Mali zu stabilisieren. In Ostafrika schleppt sich seit noch mehr Jahren »Operation Octave Shield« erfolglos dahin. Ebenso lange schon suchen die 200 US Special Forces in Zentralafrika in »Operation Observant Compass« nach Joseph Kony's mörderischer Lord's Resistance Army.

Im September 2014 übten die U. S. 19th Forces Group und marokkanische Einheiten beim US-Camp Ram Ram in Marokko unter Aufsicht des Special Operations Command Forward-West Africa in einem »Gemeinsamen Kombinierten Austausch-Training« den Einsatz von Fallschirmspringern. Insgesamt führten US-Einheiten 2014 zwanzig solcher sogenannten JCET-Missionen (Joint Combined Exchange Training) in zehn afrikanischen Ländern durch: jeweils vier in Kenia und Uganda, drei im Tschad, je zwei in Marokko und Tunesien und jeweils eine in Dschibuti, Niger, Nigeria, Senegal und Tansania.

»Einheimische Truppen in der Bekämpfung terroristischer Gefahren in ihren eigenen Ländern ausbilden ist, was wir tun müssen«[124], erklärte Michael A. Sheehan, der im Verteidigungsministerium für die Planung von Special Operations zuständig war und sich damals für das Programm einsetzte. Sheehan soll in die »Operation Condor« der südamerikanischen Militärdiktaturen und deren Pendant in Mittelamerika, der »Operation Charly«, der siebziger und achtziger Jahre involviert gewesen sein. Heute lehrt er am Zentrum zur Terrorismusbekämpfung an der Militärakademie West Point.

27. Oktober 2008: Syrien

US-Verbände griffen einen Bauernhof nahe dem syrischen Dorf Mashahdeh an, wo sich angeblich al-Qaida-Terroristen verborgen hielten. Die syrische Regierung sprach von acht zivilen Opfern des Angriffs.

2009–2010: Iran

Mit der Hilfe des Schweizer Atomphysikers Friedrich Tinner, der mit dem pakistanischen Nuklearwissenschaftler Abdul Kadir Khan zusammengearbeitet hatte (siehe oben: 2003 Schweiz) und von US-Agenten »umgedreht« worden war, gelang es den USA, dem Iran fehlerhafte Teile für Zentrifugen unterzuschieben. Im Januar genehmigte Präsident Bush neue verdeckte Operationen, um Irans vermutete Bemühungen, Nuklearwaffen herzustellen, zu sabotieren. Zudem sollten Anstrengungen unternommen werden, um in Irans Lieferantenkette im Ausland einzudringen, die elektrischen sowie die Computersysteme des Landes zu schwächen und seine Zentrifugen zu destabilisieren. Iran ist infolge des UN-Embargos gezwungen, notwendige Teile für sein Nuklearprogramm auf dem Schwarzmarkt zu erwerben. Dies macht das Programm besonders anfällig. Die Schwarzmarkthändler sind natürlich leicht zu erpressen. Schon 2002 bediente sich die CIA eines Russen, der Iran eine fehlerhafte Blaupause einer nuklearen Waffe unterjubelte.

Im September 2010 kursierten denn auch besonders in der internationalen Hackerszene Berichte von einer angeblichen, meisterhaft ausgeführten Hackerattacke auf die unterirdische Urananreicherungsanlage beim Städtchen Natanz in der Provinz Esfahan. Im Oktober gab Teheran zu, dass Tausende seiner Rechner in den Atomanlagen infiziert worden seien. Am 16. Januar 2011 berichtete die *New York Times* von neuen Hinweisen, dass Israelis und Amerikaner gemeinsam und mit tatkräftiger Unterstützung deutscher Wissenschaftler des Elektronikkonzerns Siemens den Wurm Stuxnet entworfen und in der israelischen Atomanlage Dimona getestet hätten. In Dimona seien praktisch die gleichen Zentrifugen zur Urananreicherung wie in der iranischen Atomanlage Natanz aufgebaut und Stuxnet daran getestet worden. Ein US-Labor in Idaho habe bereits Anfang 2008 gemeinsam mit Siemens Schwächen an Computerreglern analysiert, die der Konzern weltweit zum Betrieb von Industriemaschinen verkauft, berichtete das Blatt. Dabei habe man versteckte »Löcher« in dem Siemens-System entdeckt, die bei dem Stuxnet-Angriff genutzt worden seien. Nach Angaben der *New York Times* wurde ein Fünftel der iranischen Uranzentrifugen – genauer: über 1500 von 8000 – von Stuxnet lahmgelegt, womit das gesamte Nuklearprogramm des Iran um drei bis vier Jahre zurückgeworfen worden sei, was inzwischen sogar Israels Geheimdienst Mossad bestätigte. Die Schäden, die Stuxnet in Weißrussland, Indien, Indonesien, Ecuador und Taiwan anrichtete, werden seit George W. Bushs Irakkrieg als Kollateralschaden abgehakt.

Da Natanz nicht an das weltweite Internet angeschlossen ist, konnte Stuxnet nur mithilfe eines USB-Geräts in das System eingeschleust worden sein. Die einzigen Nicht-Iraner, die Natanz betreten dürfen, sind die Inspektoren der Internationalen Atomenergie-Behörde (IAEA), die gemäß internationaler Verträge die Anlage regelmäßig überwachen. Die IAEA weist den Verdacht natürlich weit von sich. Saddam Husseins Erfahrungen mit den IAEA-Inspektoren, die regelmäßig nach ihren Überwachungsbesuchen in Bagdad die US-Geheimdienste über ihre Beobachtungen auch außerhalb ihres Arbeitsgebietes unterrichteten, lassen jedoch Zweifel an der Neutralität der IAEA-Mitarbeiter offen.

Der Iran hatte seit einiger Zeit mit technischen Problemen seiner Zentrifugen zu kämpfen. Nuklearexperten und Geheimdienste räumten die Möglichkeit ein, dass Qualitätsprobleme bei der Herstellung oder bestimmte Materialmängel und der damit verbundene hohe Verschleiß dafür verantwortlich waren, dass im Iran binnen eines Jahres bis zu zwanzig Prozent der Maschinen ausgefallen waren. Vieles deutet darauf hin, dass die US-Geheimdienste erfolgreich manipulierte Komponenten wie Vakuumpumpen oder elektrische Gleichrichter in das iranische Beschaffungsnetz eingeschleust haben.

Im November 2011 wurden zwei Atomwissenschaftler der Universität in Teheran, die an dem iranischen Nuklearprogramm beteiligt waren, auf offener Straße ermordet. Im Januar 2012 starb ein weiterer Wissenschaftler, der an diesem Programm arbeitete, als sein Wagen beim Zünden des Motors explodierte. Außerdem versuchten die USA, »den Druck auf einen kaum bekannten iranischen Wissenschaftler namens Mohsen Fakhrizadeh zu erhöhen«[125], der als treibende Kraft bei Irans Bemühungen gilt, einen nuklearen Sprengkopf zu bauen.

Geheimdienste vermuteten, dass der Iran über zehn bis 15 Einrichtungen verfügt, die den internationalen Inspektoren nie geöffnet wurden und in denen Uran angereichert sowie an Waffen gearbeitet wird und Zentrifugen hergestellt werden.

April 2009: Golf von Aden

Am 8. April überfielen vier somalische Piraten im Alter zwischen 17 und 19 Jahren den Containerfrachter *MV Maersk Alabama* im Golf von Aden und nahmen die 23 Mann Besatzung gefangen. Am 12. April befreiten US-Navy Seals Schiff und Besatzung. Es war die erste erfolgreiche Kaperung eines unter amerikanischer Flagge fahrenden Schiffes seit den Berberkriegen.

2009–heute: Saudi-Arabien

2003 zogen die USA alle Kampfeinheiten, die seit dem Ende des Golfkrieges 1991 in dem Königreich stationiert waren, ab. Offiziell blieb nur das Personal der United States Military Training Mission, das CENTCOM unterstellt ist und dem u. a. die Logistics Support Group des Luftwaffen-Materialkommandos, die Peace Shield Site Activation Task Force und der stellvertretende Kommandeur des Navy International Programs Office/ Saudi Naval Office zugeordnet sind.

2013 wurde bekannt, dass die USA bereits 2009 einen geheimen Stützpunkt in Saudi-Arabien gebaut hatten, von dem aus Drohnen Ziele in Jemen anfliegen. Nach Angaben amerikanischer Regierungsstellen fiel dem ersten Einsatz, der von der geheimen Einrichtung aus geflogen wurde, Anwar al-Awlaki zum Opfer, ein US-Bürger muslimischen Glaubens und jemenitischer Herkunft, der vor allem durch seine Hasspredigten bekannt geworden war und dem Washington vorwarf, einer der wichtigsten Organisatoren von al-Qaida auf der Arabischen Halbinsel (AQAP) zu sein. Seither wurde der CIA »der Auftrag erteilt, wichtige Ziele (*high value targets*) in Jemen zu jagen und zu töten« – eben die AQAP-Führer, die nach Einschätzung der US-Regierung eine »direkte Gefahr für die USA« darstellen.[126]

3. September 2009: Pakistan

Zum ersten Mal trugen amerikanische Truppen eine Bodenoffensive in Pakistan vor, als sie das Dorf Zawlolai in Südwasiristan besetzten. Doch anstatt – wie erhofft – führende Mitglieder der Taliban und von al-Qaida auszuschalten, sahen sich die USA landesweiter Verurteilung ausgesetzt. Schon im Vormonat hatte eine Gallup-Umfrage erbracht, dass nur neun Prozent aller Pakistani die Drohnenangriffe positiv beurteilten, was Ministerpräsident Yousaf Raza Gilani prompt veranlasst hatte, die Einstellung derartiger Angriffe zu fordern.

Im März 2008 hatte Washington Islamabad eine Liste mit sieben Forderungen übermittelt. Demnach sollten US-Militärangehörige das Land ohne Visumsbeschränkungen betreten und verlassen und in ganz Pakistan Waffen und Uniform tragen dürfen. Wie seit dem Ende des Zweiten Weltkriegs in Japan, so sollten Staatsangehörige der USA fortan auch in Pakistan nur der amerikanischen Rechtsprechung unterliegen. Wie im Irak so sollten sie auch in Pakistan das Recht haben, Waren ohne Beschränkung und Kontrolle ein- und auszuführen. Zudem sollte Pakistan allen amerikanischen Fahr- und Flugzeugen absolute Bewegungsfreiheit und völlige Immunität gegenüber möglichen Haftungsverpflichtungen einräumen.

Bis heute will die Regierung in Islamabad den Forderungen aus den USA offiziell nicht nachgeben, was regelmäßig zu angeblichen Verstimmungen im Verhältnis zwischen den beiden Staaten führt. Dabei war Washington schon Anfang 2006 mit Islamabad übereingekommen, dass US Special Operations Forces des JSOC jederzeit bei der »Verfolgung von

Zielen« Pakistan unbehelligt betreten dürften. Als Teil der Vereinbarung gestand die US-Regierung Pakistan das Recht zu, die Vereinbarung zu bestreiten und die US-Aktionen als Verletzung der pakistanischen Souveränität zu verurteilen.[127]

September 2009: Peru

Washington stellte 1,2 Milliarden Dollar für einen sogenannten »Plan Peru« bereit, dem zufolge das peruanische Militär bei seinen Operationen gegen den Drogenhandel und die Guerillaorganisation Leuchtender Pfad vor allem im Coca-Anbaugebiet östlich der Anden von den USA unterstützt wird. Die USA unterhalten bereits seit Jahren eine Reihe von Militärbasen in dem Andenstaat, von wo aus auch zahlreiche DEA-Agenten operieren.

14. September 2009: Somalia

Im Rahmen der »Operation Celestial Balance« drang ein Team des US Joint Special Operations Command (JSOC) nahe Barawe im Süden des Landes mit sechs Hubschraubern in den somalischen Luftraum ein und beschoss zwei Fahrzeuge. Nach der Zerstörung dieser beiden Ziele landete einer der Helikopter, Soldaten zerrten mehrere Leichen aus den Autowracks. Nach US-Angaben befand sich unter den Getöteten auch Saleh Ali Saleh Nabhan, der als einer der engsten Mitarbeiter des al-Qaida-Führers in Ostafrika, Fazul Abdullah Mohammed, galt. Nabhan wird eine maßgebliche Beteiligung an den Bombenanschlägen von 1998 auf die amerikanischen Botschaften in Daressalam und Nairobi sowie dem Anschlag von 2002 auf ein unter israelischen Touristen beliebtes Hotel in Mombasa zugeschrieben. Sein Leichnam wurde anschließend auf ein Schiff im Indischen Ozean gebracht, wo er nach muslimischem Ritual auf See bestattet wurde.

2009–2012: Mali

Die Regierung Obama kündigte an, dem Land mit Material für seine Sicherheitskräfte in Höhe von 4,5 bis fünf Millionen Dollar – einschließlich 37 Pick-ups vom Typ Toyota Land Cruiser, Kommunikationsausrüstung und Ersatzteilen – zur Seite stehen zu wollen. Angeblich bekämpfen die Sicherheitsorgane al-Qaida im islamischen Maghreb, tatsächlich aber – so behaupten einige Menschenrechtsorganisationen – gehen Malis Truppen weit energischer gegen die aufständischen Tuareg als gegen al-Qaida vor.

Nach dem Militärputsch in Mali im März 2012 kühlten die Beziehungen zwischen Washington und Bamako merklich ab. Doch trotz der offiziell suspendierten Militärhilfe operierten amerikanische Spezialkräfte auch weiterhin in dem westafrikanischen Land, wie nur ein Monat nach dem Coup bekannt wurde, als ein Land Cruiser mit drei US-Soldaten, begleitet von drei marokkanischen Prostituierten, in den Niger stürzte.[128] Inzwischen stationierten die USA im östlichen Nachbarland Niger rund 100 Luftwaffensoldaten sowie eine unbekannte Anzahl Predator-Drohnen.

2009–2010: Honduras

Die USA unterstützten die neue Regierung in Tegucigalpa, die den gewählten Präsidenten Manuel Zelaya im Juni aus dem Amt geputscht hatte, zumindest in ihren Bemühungen, den Staatsstreich zu legitimieren. Barack Obama war somit der erste US-Präsident seit Ende des Kalten Krieges, der wieder zu diesem Mittel des Regierungswechsels griff. Den USA war Zelaya suspekt geworden, weil er dafür gesorgt hatte, dass sich Honduras den ALBA-Staaten (die bolivarianische Alternative Lateinamerikas, die von Venezuela und Kuba ins Leben gerufen worden war, um vor allem dem amerikanischen Freihandelsabkommen NAFTA zu begegnen) anschloss.

Im Januar 2010 trat sein Nachfolger Porfirio Lobo sein Amt an. Doch seine Regierung wurde in der gesamten westlichen Hemisphäre mit Ausnahme der USA nicht anerkannt. Honduras gab die ALBA-Allianz auf, und im Mai 2011 wurde schließlich in der kolumbianischen Hafenstadt Cartagena ein Abkommen ausgehandelt, das es dem Land gestattete, in die Organisation Amerikanischer Staaten (OAS) zurückzukehren. Unter Lobo nahmen Menschenrechtsverletzungen, die Tätigkeit von Todesschwadronen und die Zahl der Ermordungen von Gewerkschaftsfunktionären und Journalisten erheblich zu.

2009–heute: Seychellen

Seit September 2009 waren die USA in einem Hangar, rund 400 Meter abseits der Passagierhalle des internationalen Flughafens, mit vier Reaper-Drohnen und 100 Soldaten und privaten Militärdienstleistern vertreten. Offiziell wurde verlautbart, dass es die Aufgabe der Einheit sei, die Bewegungen der in den Gewässern vor der ostafrikanischen Küste operierenden Piraten zu beobachten. Von Wikileaks veröffentlichte diplomatische Kabel indes wiesen darauf hin, dass die Drohnen auch Kampfeinsätze im 800 Meilen entfernten Somalia flogen.

Um Bedenken der Inselbewohner zu zerstreuen, versicherten die USA, keine Bewaffnung der Drohnen zu planen. Dabei waren sie bereits mit Hellfire-Raketen und satellitengelenkten Bomben ausgerüstet und wurden in Somalia regelmäßig eingesetzt. Auf einem Treffen näherten sich US-Diplomaten dem Präsidenten der Seychellen, James Michel, mit der

Bitte um »diskrete Gespräche, um die Zustimmung (zur Bewaffnung der Reapers) zu erreichen, sollte jemals der Wunsch dazu aufkommen«. Präsident Michel stimmte zu, bat die amerikanischen Gesprächspartner aber, nur ihn persönlich zur Erteilung der Genehmigung anzusprechen, »und niemanden sonst«.[129]

17. Dezember 2009: Jemen

Die USA wollten Mohammed Saleh al-Kazemi ausschalten, der als stellvertretender Kommandeur der AQAP in Jemens Südprovinz Abyan identifiziert worden war. In den Morgenstunden des 17. Dezember schlugen in dem winzigen Beduinendorf al-Majalah im Süden des Landes mehrere BGM-109D-Tomahawk-Raketen ein, jeweils bestückt mit 160 BLU 97 A/B-Streubomben. 49 Menschen, darunter 14 Frauen und 21 Kinder, starben in dem Angriff, »in der Mehrzahl nomadisierende Beduinenfamilien, die in der Nähe des AQAP-Ausbildungslagers in Zelten lebten«, hieß es in einem als geheim klassifizierten Kabel der US-Botschaft in Sanaa.[130] Es war eine »JSOC-Operation mit geborgten Marine-U-Booten, geborgten Marines, Aufklärungsflugzeugen der Air Force und der Navy, (die) in enger Koordination mit CIA und DIA vor Ort stattgefunden hat. Was die U-Boot-Besatzung betrifft, waren 350 bis 400 (Leute) eingeweiht.«[131] Die Regierung in Sanaa händigte dem Gouverneur von Abyan 100 000 Dollar aus, um die Familien der Toten zu entschädigen. Nach dem Angriff gab ein hoher jemenitischer Beamter zu bedenken, die Zusammenarbeit mit den USA sei zwar notwendig. »Sie hat aber zweifellos den Effekt, dass der einfache Mann mit al-Qaida sympathisiert.«[132]

15. Januar 2010: Haiti

Auf Bitten der haitianischen Regierung übernahmen US-Truppen die Kontrolle des internationalen Flughafens in Port-au-Prince, der am 12. Januar bei einem verheerenden Erdbeben der Stärke 7 stark beschädigt worden war. Diesem Beben fielen etwa 300 000 Menschen zum Opfer. Aufgabe der US-Truppen war es, den Flughafen für die anlaufenden internationalen Hilfsoperationen wiederherzustellen.

Februar 2010: Demokratische Republik Kongo

Auf dem US-Stützpunkt in Kisangani begannen US-Special Forces ein dreißig Millionen Dollar teures Ausbildungsprogramm für ein 1000 Mann starkes Armeebataillon, das bis Ende des Jahres dauern sollte.

2010: Iran

Um die Opposition des Landes zu unterstützen, entfesselten die USA einen wahren Cyberkrieg. Via Youtube und Twitter versuchten sie, Gerüchte zu verbreiten, Unruhe in der Bevölkerung zu schüren und Uneinigkeit in die konservativ-reformistischen Kreise Teherans zu tragen.

15. Mai 2010: Pakistan

Im ersten US-Angriff in der Region am Khaiberpass wurden mindestens 15 Personen getötet.

2010: Costa Rica

Zwar verfügt das Land über keine eigenen Streitkräfte und sieht sich laut Verfassung als »Zone des Friedens«. Dennoch gaben die Regierung und das Parlament dem Druck Washingtons nach und genehmigten die Stationierung einer Flotte von 46 Kriegsschiffen und 7000 US-Soldaten. »Das Personal der Vereinigten Staaten genießt Bewegungsfreiheit in Costa Rica und hat das Recht, jeder Tätigkeit nachzugehen, die für die Erfüllung seiner Mission notwendig ist«[133], heißt es in einem Schreiben der US-Botschaft in San José an das Sicherheitsministerium Costa Ricas, in dem die uneingeschränkte Straffreiheit von US-Soldaten erklärt wird. Die Partido Acción Ciudadana (PAC), die Christlich-Soziale Einheitspartei (PUSC) sowie die Frente Amplio (FA) lehnen die militärische Präsenz der USA ab und verweisen darauf, dass »die Zerstörungskraft von Schiffen, Hubschraubern und Marines in keinem Verhältnis zur Bekämpfung des Drogenhandels« stünden.

Nach Angaben des *El Libro Blanco* (einem Weißbuch über »die Wahrheit, die Costa Rica versteckt«) gab das Land ohne Militär in der Amtszeit seiner Präsidentin Laura Chinchilla (2010–2014) jährlich 240,3 Millionen Dollar für Verteidigungszwecke aus, fünfmal mehr als Nicaragua, mit dem die Sozialdemokratin gerne um den Grenzverlauf stritt.

Januar 2011: Libyen

Inspiriert von den Aufständen in Ägypten und Tunesien rief der Schriftsteller und politische Kommentator Jamal al-Hajji Ende Januar im Internet zu Demonstrationen gegen den selbsternannten Revolutionsführer Muammar al-Gaddafi auf. Am 1. Februar wurde er von Agenten in Zivil verhaftet. Ihm wurde vorgeworfen, jemanden mit seinem Wagen angefahren zu haben.

Am 15. Februar demonstrierten in Bengasi zwischen 300 und 400 Libyer für mehr Demokratie sowie die Freilassung einiger Anwälte, welche Familienangehörige von Gefangenen vertraten, die 1996 im Gefängnis ermordet worden waren (siehe: 1981–1996 Libyen). Dabei kam es nach Angaben des arabischen Fernsehsenders Al Jazeera zu ersten gewalttätigen Auseinandersetzungen, wobei in mehreren Polizeistationen Feuer gelegt wurde. In der französischen Radiostation France 24 berichtete ein Arzt in Bengasi, in seinem Krankenhaus befänden sich 38 Personen, überwiegend Sicherheitskräfte, die bei Zusammenstößen verletzt worden seien.

Am 17. Februar, den Oppositionelle zum »Tag des Zorns« erklärt hatten, kam es erneut in mehreren Städten Ostlibyens zu Demonstrationen, die größte mit 1500 Teilnehmern in al-Baida. Gleichzeitig demonstrierten Tausende Gaddafi-Anhänger in mehreren Städten im Westen des Landes. »Das bildet die historische Polarität im Lande ab«, schrieb die *Neue Zürcher Zeitung* (*NZZ*): »Der Nordosten des Landes ... steht traditionell dem Regime eher kritisch gegenüber. Al-Baida hat den Ruf, noch den 1969 abgesetzten König Idris as-Sanussi zu verehren, und in Bengasi und an den Hügeln des Jebel Akhbar hielt sich lange eine islamistische Opposition. Der relative Aufruhr im Osten kann deshalb nicht einfach als Anzeichen für eine Oppositionswelle im ganzen Land gedeutet werden.«[134]

Am 21. Februar 2011 notierte die *NZZ*, dass zumindest die Einwohner in al-Baida den gewaltlosen Widerstand aufgegeben hätten und »dem Wüten der Schergen Gaddafis bewaffnet« gegenüberträten. Tags darauf berichtete erneut die *NZZ*: »Die bruchstückhaften Informationen deuten in Bengasi und al-Baida einen Umsturz an, wobei breitere Teile der Bevölkerung zu den Aufständischen halten und die Straßen dominieren, während die Sicherheitskräfte in ihren Kasernen verschanzt sind. Saif al-Islam, ein Sohn Gaddafis, hat eingeräumt, dass dort Panzerfahrzeuge in den Händen der Bevölkerung sind ... Dabei sind zweifellos auch islamistische Afghanistan-Veteranen am Werk.«[135]

Zu diesem Zeitpunkt schilderte auch die *Frankfurter Allgemeine Zeitung* (*FAZ*) einen Bürgerkrieg: »Der Sohn des Revolutionsführers bestätigte Berichte von Demonstranten, nach denen sie die Städte Bengasi und al-Baida im Osten des Landes unter ihre Kontrolle gebracht hätten.«[136] Die Aufständischen bewaffneten sich mit Handfeuerwaffen, Granatwerfern und Schützenpanzern und hatten sogar fünf Kampfflugzeuge erbeutet. Die ebenfalls erbeuteten Kampfpanzer konnten die Rebellen nicht einsetzen, weil sie nur durch Fingerabdruck-Scans zu starten waren. Nach dem Ende der Kämpfe in der 700 000-Einwohner-Stadt Bengasi am 28. Februar gaben Ärzte bekannt, dass sie dort 256 Tote und rund 2000 Verletzte gezählt hätten.[137]

Am 27. rief die Opposition unter der Führung des ehemaligen Justizministers Mustafa Abd al-Dschalil den Nationalen Übergangsrat aus und erklärte, dass Tripolis die Hautstadt des Landes bleibe, womit er den Machtanspruch der Rebellen auf ganz Libyen ausdehnte. »Ihre Parole war seit Beginn des Aufstands am 17. Februar: ›Ein Libyen ohne Gaddafi, ein einiges Libyen, ein Libyen mit der Hauptstadt Tripolis.‹«[138] Gleichzeitig wurden in einer ersten Resolution des UN-Sicherheitsrats Sanktionen gegen Gaddafi und seine Regierung verhängt, alle Bankguthaben und Vermögenswerte des Diktators und seines inneren Zirkels im Ausland eingefroren sowie Reisebeschränkungen für diesen Personenkreis beschlossen. Interpol nahm unter Hinweis auf die UN-Resolution 1970 den Regierungschef und 15 Mitglieder seines Clans und Regimes in eine Liste »gefährlicher Personen« und der Internationale Gerichtshof Ermittlungen gegen Regierungsmitglieder in Tripolis auf.

Der Diktator lasse Zivilisten bombardieren, hieß es in westlichen Hauptstädten, verübe Massaker an der Bevölkerung. Tatsächlich waren die Angaben über Bombardements und Massaker äußerst diffus. So räumte die Bundesregierung noch im April in ihrer Antwort auf eine Kleine Anfrage der Linksfraktion im Bundestag ein: »Der Bundesregierung liegen keine detaillierten Informationen über Angriffe der libyschen Luftwaffe auf Zivilisten vor.«[139]

Gaddafis Vertreibung wurde nun zielgerichtet vorbereitet. Er schlachte sein eigenes Volk ab, behauptete die amerikanische UN-Botschafterin Susan Rice am 1. März. Zudem zeige seine wiederholte Behauptung, es gebe keine Gewalt in Libyen, dass der Diktator »wahnhaft« sei und die Verbindung zur Wirklichkeit verloren habe. »Er ist nicht in der Lage, das Land zu führen.«[140] Präsident Obama forderte erstmals den Rücktritt Gaddafis.

Nachdem sein französischer Amtskollege Nicolas Sarkozy »in einer Fernsehansprache den Sturz Gaddafis als Ziel«[141] genannt hatte, erklärten auch die Staats- und Regierungschefs der EU am 11. März unisono, dass »Oberst Gaddafi die Macht unverzüglich abgeben muss«.[142] Die USA, Großbritannien, Frankreich und die NATO bereiteten ihr Eingreifen medial vor.

»Am Dienstag (dem 15.3.) haben Kampfflugzeuge und Helikopter von Muammar al-Gaddafi Adschdabija angegriffen, die letzte Stadt in Rebellenhand vor der Hochburg der Aufständischen, Bengasi. In der strategisch wichtigen Ölstadt Brega wechselte die Kontrolle mehrfach. In den Ruinen zerstörter Gebäude lieferten sich Rebellen Rückzugsgefechte mit den nach Osten vorrückenden Regierungssoldaten.«[143] In die Kämpfe um Misrata im Westen griffen Gaddafis Truppen mit Artillerie und Panzern ein. Am Mittwoch kündigte das Gaddafi-Regime an, »es wolle den Aufstand binnen zwei Tagen niederschlagen«.[144] »Wie ein Sprecher der Aufständischen, Mustafa Gherani, erklärte, haben Gaddafis Kampfflugzeuge am (Donnerstag-) Morgen den Flughafen von Bengasi sowie angrenzende Wohngebiete bombardiert. Über die Zahl der Opfer gab es bis zum Nachmittag keine gesicherten Informationen … An den Weltsicherheitsrat appellierte Gherani, endlich eine Flugverbotszone einzurichten sowie Panzer und Artillerie Gaddafis zu bombardieren. »Worauf warten Sie noch – Gaddafi führt Krieg gegen sein eigenes Volk«, sagte er. Die Bewohner seien den Kriegswaffen des Diktators völlig hilflos ausgeliefert, ›es ist wie Tontaubenschießen‹.«[145]

Angesichts der Meldungen, dass die libysche Luftwaffe Stellungen der Rebellen vor allem im Osten des Landes bombardierte, forderte der libysche UN-Botschafter, der sich in dem internen Konflikt gegen seinen Regierungschef gestellt hatte, von der Arabischen Liga sowie den europäischen Staaten und den USA die Einrichtung einer Flugverbotszone über Libyen. Am 15. März schlug er eine entsprechende Resolution im UN-Sicherheitsrat vor, die am 17. März mit der Mehrheit von zehn Mitgliedern angenommen wurde. Der Stimme enthielten sich Brasilien, China, Deutschland, Indien und Russland.

In einem Artikel im Feuilleton der *FAZ* hielt der Hamburger Rechtsphilosoph Reinhard Merkel diesen UN-Beschluss für illegitim. Gaddafi habe weder Völkermord begangen noch einen solchen geplant. Der Diktator führe nicht Krieg gegen sein eigenes Volk, sondern »gegen bewaffnete Rebellen, die ihrerseits Krieg führen. Kämpfende Aufständische … sind keine Zivilisten … Jeder nach außen legitimierte, also autonome Staat der Welt darf – in bestimmten Grenzen – bewaffnete innere Aufstände … bekämpfen.«[146]

Am Donnerstagabend, dem 17. März, sagte Gaddafi in einer telefonischen Ansprache im Staatsfernsehen: »Die Stunde der Entscheidung ist gekommen.« Aufständischen, die ihre Waffen niederlegten, werde er eine Amnestie anbieten. Für diejenigen, die nicht kapitulierten, werde es dagegen keine Gnade und kein Mitleid geben.[147]

Damit habe Gaddafi jedoch »niemals mit einem Massaker an der Zivilbevölkerung in Bengasi gedroht, wie Obama behauptete«, schrieb Alan J. Kuperman, Professor an der University of Texas. »Die Warnung ›es werde kein Pardon gegeben‹ vom 17. März richtete sich ausschließlich gegen die Aufständischen, wie die *New York Times* berichtete. Zudem habe der libysche Machthaber denjenigen eine Amnestie versprochen, die ›ihre Waffen wegwerfen‹, Gaddafi bot den Rebellen sogar einen Fluchtweg und offene Grenzübergänge in Richtung Ägypten an, um einen ›Kampf bis zum bitteren Ende‹ zu vermeiden.«[148]

Es war eine seltsam zusammengewürfelte Gruppe, die den Vereinten Nationen, den USA und der NATO nun Beifall zollte. Der ägyptische Rechtsgelehrte Yusuf al-Qaradawi, welcher der Muslimischen Bruderschaft nahesteht, unterstützte die Flugverbotszone, weil sie »Zivilisten vor Gaddafis Tyrannei schützt«.[149] Sogar al-Qaida[150] brachte ihre Unterstützung für die Rebellion gegen Gaddafi zum Ausdruck. Aiman az-Zawahiri persönlich, damals noch zweiter in der Hierarchie von al-Qaida, hatte zum Kampf gegen Gaddafi aufgerufen.[151]

Dabei hatte die westliche Phalanx der Gaddafi-Gegner schon lange vor der Sitzung des UN-Sicherheitsrats aktiv auf Seiten der Aufständischen eingegriffen. Barack Obama hatte eine Woche vor der UN-Abstimmung »eine Genehmigung zur Unterstützung der Rebellen durch die CIA unterzeichnet, ... die auch die Lieferung von Waffen an die libyschen Rebellen« umfasste.[152] Ägypten hatte ebenfalls nicht erst auf die UN-Abstimmung gewartet und den Aufständischen mit Wissen Washingtons Waffen geschickt.[153] Britische Sondereinheiten der Special Air Services (SAS) und des Special Boat Service (SBS) waren bereits Wochen zuvor in Libyen eingesickert, um »strategische Ziele wie Militärflughäfen, Luftabwehrstellungen und Kommunikationszentren (zu) vermessen und für Bombenangriffe (zu) markieren«.[154] Auch der französische Geheimdienst DGSE hatte die Aufständischen in Bengasi schon zuvor mit Panzerabwehrmunition und Granatwerfern beliefert.[155]

Nur 24 Stunden nach Verabschiedung der UN-Resolution kündigte die Regierung in Tripolis an, alle Kampfhandlungen einzustellen. Dennoch rückten am 19. März Regierungstruppen, unterstützt von angeblich angeheuerten Söldnern aus Ghana, Mali, Nigeria, Weißrussland sowie dem Tschad[156], mit Panzern in die von den Rebellen gehaltene Stadt Bengasi ein. Daraufhin griffen französische, britische und amerikanische Verbände auf Seiten der Rebellen in die Kämpfe ein. Alleine die US-Streitkräfte feuerten 110 Tomahawk-Marschflugkörper auf gepanzerte Einheiten im Süden von Bengasi und libysche Luftverteidigungsanlagen. Es war der Beginn der militärischen Intervention der Koalitionsverbände in Libyen (angeführt von den USA, Frankreich und Großbritannien), um gemäß Resolution 1973 Zivilisten und von Zivilisten bewohnte Gebiete zu schützen, eine Flugverbotszone durchzusetzen und einen sofortigen Waffenstillstand zwischen den beiden Bürgerkriegsparteien zu erzwingen.

Die USA setzten elf Kriegsschiffe, darunter die Atom-U-Boote *USS Scranton, USS* Providence und *USS Florida*, in Marsch. Zudem setzte das Pentagon zwei B-2-Stealthbomber, Fairchild-A-10-Erdkampfflugzeuge, AV-8B-Harrier-Jets, F-15- und F-16-Kampfflugzeuge sowie eine Reihe von Aufklärungsflugzeugen ein. Schon kurz nach Beginn der Angriffe von Luft- und Seestreitkräften brachte die CIA kleine Agentengruppen ins Land, um Informationen über militärische Ziele und Bewegungen der libyschen Truppen zu sammeln. Sie wurden von Dutzenden Agenten des britischen MI6 und Hunderten amerikanischer und britischer Sonderkommandos unterstützt.[157]

Zwar wurde der NATO-Einsatz in Libyen als humanitäre Aktion beschrieben. Tatsächlich machten sich aber beide, Gaddafis Truppen wie die Aufständischen, zahlreicher Gräueltaten schuldig. Die Einwohner von Bengasi wagten sich nachts nicht mehr aus ihren Häusern, nachdem die Stadt von den Rebellen eingenommen worden war. 1,5 Millionen Schwarzafrikaner, die als Gastarbeiter in Gaddafis Libyen gearbeitet hatten, waren plötzlich Freiwild für die Rebellen, als bekannt wurde, dass Gaddafi einige hundert schwarze Söldner aus dem Tschad angeheuert hatte. Darum wurden »seit Ausbruch der Rebellion in Bengasi Hunderte Gastarbeiter, Sudanesen, Somalier, Äthiopier und Eritreer von rassistischen Milizen angegriffen, geschlagen, vergewaltigt und ermordet – eine Tatsache, die vor der internationalen Presse gut versteckt wurde«.[158] Dass die Rebellen, angeführt von einer Phalanx ehemaliger Gaddafi-Anhänger und -Minister, dennoch zu »Freiheitskämpfern« avancierten, verdankten sie den Bemühungen der PR-Firma Harbour Group, die sich im Auftrag des Nationalen Übergangsrats um die Imagepflege der Aufständischen kümmerte.[159]

Tatsächlich schien sich Afghanistan zu wiederholen, wo die USA wahllos Mudschahedin und al-Qaida-Krieger in ihrem Kampf gegen die sowjetischen Besatzungstruppen unterstützt hatten, die dann später ihre kriegerischen Fähigkeiten und ihre von den USA gelieferten Waffen gegen die vormaligen Alliierten richteten. Zahlreiche der Rebellen waren Veteranen der Al-Jama'a al-Islamiyyah al-Muqatilah bi-Libya (Libysche Islamische Kampfgruppe oder JIML), die bereits in Afghanistan gekämpft hatten und seit ihrer Rückkehr gegen das säkulare Regime Gaddafis kämpften. Schon 1995 hatte die JIML Gaddafis Truppen blutige Gefechte geliefert und den Sturz des »blasphemischen« Regimes zur »wichtigsten Pflicht nach dem Glauben an Gott« erklärt. Im Februar 1996 waren mehrere Leibwächter Gaddafis einem Attentatsversuch der JIML auf den Diktator zum Opfer gefallen. Den Anschlag hatte nach Aussagen des ehemaligen MI5-Mitarbeiters David Shayler der britische Geheimdienst mit 160 000 Dollar finanziert.[160]

Zwar bestritt die JIML jede Verbindung zu al-Qaida. Doch noch kurz vor Beginn der libyschen Rebellion hatte sie offen erklärt, einen islamischen Gottesstaat errichten zu wollen. Im Februar 2004 hatte der damalige CIA-Direktor George Tenet vor dem Senate Intelligence Committee bezeugt, dass »eine der Gefahren (für die US-Sicherheit im Irak) von kleineren extremistischen sunnitische Gruppen kommt, die in Verbindung mit al-Qaida stehen. Dazu zählt … die Libysche Islamische Kampfgruppe.« 2007 berichtete eine West-Point-Studie von einer »wachsenden Zusammenarbeit zwischen der JIML und al-Qaida, die am 3. November 2007 schließlich dazu führte, dass JIML offiziell al-Qaida beitrat«.[161]

Aus den Lagern der libyschen Sicherheitskräfte sollen die Extremisten angeblich auch schwere Waffen, Panzerabwehrwaffen und MANPADS – schultergestützte Luftabwehrwaffen – aus russischer Produktion erbeutet haben. Diese Pendants zu den amerikanischen Stinger-Raketen, so berichtete die *Frankfurter Allgemeine Sonntagszeitung*, »sind in ihrer modernen Variante zwar schwierig zu bedienen, stellen aber potentiell auch eine Gefahr für den zivilen Luftverkehr dar«.[162]

Die russische Agentur RIA Nowosti wurde noch deutlicher: »Aus algerischen Sicherheitskreisen erfuhr Reuters, dass etliche Konvois von mit Waffen beladenen Lkw von Libyen nach Niger fahren. Von dort aus würden die Waffen nach Nordmali gebracht, wo sich mehrere al-Qaida-Lager befinden. Die Behörden dieses Landes hatten noch Anfang Mai einen Zustrom von Flugabwehrraketen und schweren Waffen gemeldet, die aus Militärlagern in Libyen gestohlen worden sind.«[163]

Am 31. März übernahm das NATO Allied Joint Force Command in Neapel das Kommando über die Flugverbotszone über Libyen und unter dem Namen »Operation Unified Protector« über alle Operationen in Libyen, während das Kommando über die Angriffe auf libysche Bodentruppen bei der Koalition blieb. Am 19. April kündigte Großbritannien an, den Rebellen Militärberater an die Seite zu stellen, um deren Organisation und Kommunikation zu verbessern.[164]

Am 21. April meldeten sich die USA mit MQ-1-Predator-Drohnen wieder im Kampfgebiet zurück. Nach Angaben von US-General James Cartwright sollten zwei Aufklärungsdrohnen ständig über Libyen fliegen. Zwei Tage später meldete das Pentagon ohne nähere Angaben den ersten erfolgreich durchgeführten Drohnenangriff in diesem Land. Nach Angaben des Kommandeurs des NATO Joint Operations Command in Neapel, Admiral Samuel J. Locklear, versuchten die NATO-Streitkräfte, Gaddafi zu töten, und gingen davon aus, dass nach dessen Sturz auch NATO-Bodentruppen eingesetzt werden würden.

»Die UN-Resolution bestand aus drei Komponenten«, erläuterte Mike Turner, Mitglied des House Armed Services Committee des US-Kongresses, die Brüsseler Argumentation: »Blockade, Flugverbotszone und Schutz der zivilen Bevölkerung.« Admiral Locklear erklärte, »dass der Auftrag, die zivile Bevölkerung zu schützen, dahingehend interpretiert wurde, dass die Beseitigung der Kommandokette des libyschen Militärs, die Gaddafi einschließt, erlaubt ist«. Dies ginge weit über den Auftrag der Vereinten Nationen hinaus, kritisierte der Kongressabgeordnete.[165]

Auch Präsident Obama entschied nun, das Ziel der Operationen, die bisher offiziell alleine dem Schutz der Zivilbevölkerung dienten, zu erweitern und die Absicht seines Vorgängers Ronald Reagan zu verfolgen: den Sturz Gaddafis. Dazu entsandten die USA ihren alten Verbündeten Oberst Khalifa Haftir (siehe: 1981–1996 Libyen) nach Bengasi. Haftir wurde zum neuen Kommandeur ernannt, um Ordnung und Disziplin in das militärische Chaos der Rebellenarmee zu bringen. Er war der dritte Kommandeur in weniger als drei Monaten.

Haftir schien sich auf Misrata zu konzentrieren, wo seit Mitte April heftige Straßenkämpfe tobten. Als ausländische Gastarbeiter gegen die Lebensbedingungen und Gefährdung protestierten und ihre Ausreise verlangten, gerieten sie unter Feuer der Rebellen. Schließlich gelang es den Aufständischen mit Hilfe der NATO, einige Positionen im Zentrum der Stadt einzunehmen. Am 23. April zogen Gaddafis Truppen aus der Stadt ab, belegten sie aber weiterhin mit Artilleriefeuer. Am 26. April versuchten die Aufständischen, die Stadt einzunehmen, wurden jedoch von NATO-Luftangriffen gestoppt.

Die NATO flog Tausende von Luftangriffen, wobei sie bei der Zielauswahl häufig nicht sehr wählerisch war. Neben den Zerstörungen, die solche Angriffe in militärischen Einrichtungen Gaddafis anrichteten, wurden auch zahlreiche zivile Einrichtungen wie die Hochschule für Ingenieurswesen, Computer- und Kommunikationswissenschaften zerstört und fielen Tausende Zivilisten den Angriffen zum Opfer. Alleine in der Zeit zwischen dem 14. Mai und 30. Juli waren es über 800, darunter auch drei Journalisten, die bei einem NATO-Angriff auf die staatliche libysche TV-Station Al-Jamahiriya umkamen.

Die Schätzungen über die Zahl der Opfer des Bürgerkrieges variieren stark. Der Internationale Gerichtshof sprach schon am 7. März von 10 000 Toten.[166] Kurz zuvor hatte die Internationale Vereinigung für Menschenrechte ihre Schätzung von 3000 Toten veröffentlicht[167], während die Weltgesundheitsorganisation (WHO) von 2000 Toten ausging. Die Opposition sprach von 6500 Toten, ein Sprecher der Aufständischen von 8000[168]. Ende April sagte ein US-Sprecher, die Zahl der Toten könne inzwischen auf bis zu 30 000 gestiegen sein.[169] Am 8. September erklärte der Gesundheitsminister des Nationalen Übergangsrats, Naji Barakat, etwa die Hälfte der rund 30 000 Toten, die die Kämpfe gefordert hätten, seien vermutlich Soldaten Gaddafis. Die Zahl der Verwundeten wurde mit 50 000 angegeben, von denen etwa 20 000 schwere Verletzungen erlitten hätten.

Entgegen den Erwartungen der NATO war der Krieg nicht innerhalb einiger Tage beendet. Auch nach vier Monaten hielten die Kämpfe unvermindert an, ohne dass sich eine Entscheidung abzeichnete. Menschenrechtsorganisationen beschuldigten die Aufständischen zahlreicher Menschenrechtsverletzungen. In den Bergen im Westen des Landes plünderten und zerstörten die Rebellen vier Dörfer, deren Bewohner im Verdacht standen, loyal zu Gaddafi zu stehen. Menschen waren verdächtig, alleine weil sie aus einem Ort kamen, der dem Hörensagen nach regimetreu war. Verhaftete starben unter Folter oder wurden ermordet. Todesschwadronen der Rebellen operierten in Bengasi.[170]

Am 12. Juli verkündete Italiens Außenminister Franco Frattini, die gesamte Libyen-Kontaktgruppe habe den Nationalen Übergangsrat als »die legitime Autorität in Libyen« anerkannt. Zwei Tage später schlossen sich die USA diesem Schritt an. Gleichzeitig wuchs bei den westlichen Regierungen der Eindruck, dass Militäraktionen der NATO alleine nicht ausreichten, Muammar al-Gaddafi zum Rücktritt zu zwingen. Daher intensivierten sie die Bemühungen um eine Verhandlungslösung.

Diverse Vorschläge zur Beilegung der Auseinandersetzungen schlugen jedoch fehl, entweder weil Gaddafi seinen Rücktritt ablehnte oder weil die Rebellen einen Verbleib Gaddafis im Amt ablehnten. Am 27. Juni erließ der Internationale Gerichtshof in Den Haag Haftbefehl gegen das noch amtierende Staatsoberhaupt. Im Juli wurde bekannt, dass Mahmud Dschibril, der Vorsitzende des Nationalen Übergangsrats, Gaddafi ein Angebot unterbreitet hatte: Gaddafi solle abtreten und seinen Soldaten den Befehl zur Einstellung der Kämpfe geben, dann dürfe er unter internationaler Aufsicht in Libyen bleiben.

Optimistisch zeigte sich Frankreichs Außenminister Alain Juppé: »Abgesandte teilen uns mit, Gaddafi sei bereit zu gehen. Reden wir darüber!«[171] Libyens Ministerpräsident al-Baghdadi Ali al-Mahmudi bestätigte gegenüber der französischen Zeitung *Le Figaro*, die Regierung sei zu Verhandlungen »ohne Vorbedingungen« bereit, wenn die NATO ihre Angriffe einstelle. Gaddafi werde sich nicht an den Gesprächen beteiligen und »den Willen des Volkes respektieren«.[172] Zu Verhandlungen kam es dann doch nicht.

Im August waren die von der NATO unterstützten Rebellen bis nach Tripolis vorgedrungen und nahmen die Stadt gegen Ende des Monats ein. Da sie Gaddafi in seiner Heimatstadt vermuteten, griffen sie Anfang September Sirte und wenig später die Wüstenstadt Bani Walid, eine der letzten Hochburgen Gaddafis, an.

Am 22. September nahmen die Rebellen Sabha im Süden des Landes und behaupteten, große Mengen chemischer Waffen gefunden zu haben. Bis Mitte Oktober hatten die Truppen der Übergangsregierung zwar den größten Teil von Sirte eingenommen, stießen aber im Stadtzentrum auf heftigen Widerstand der Verbände Gaddafis. Am 20. Oktober schließlich hatten sie die ganze Stadt erobert und berichteten, Gaddafi sei bei den Kämpfen umgekommen. Die genauen Umstände, die zum Tod des Diktators geführt haben, waren nur teilweise in Erfahrung zu bringen. Alles deutete jedoch darauf hin, dass Gaddafi sofort nach seiner Gefangennahme von Soldaten der siegreichen Verbände exekutiert worden war.

Am 23. Oktober erklärte der Nationale Übergangsrat offiziell, Libyen sei befreit. Der libysche De-facto-Ministerpräsident Mahmud Dschibril kündigte an, Wahlen für eine Verfassunggebende Versammlung würden innerhalb der folgenden acht Monate, Parlaments- und Präsidentschaftswahlen ein Jahr später stattfinden. Danach trat Dschibril zurück und machte Platz für Abdel Rahim el-Kib, der vom Nationalen Übergangsrat mit 26 von 51 Stimmen zum Interimsministerpräsidenten gewählt worden war. Am 31. Oktober hoben die Vereinten Nationen ihr Mandat auf, mit dem sie die internationalen Militäraktionen in Libyen autorisiert hatten. Gleichzeitig beendete die NATO ihre »Operation Unified Protector«.

2011: Pakistan

Am 27. Januar erschoss der amerikanische Staatsbürger Raymond Davis an einer verkehrsreichen Kreuzung in Lahore zwei pakistanische Motorradfahrer, die ihm verdächtig erschienen, mit zehn Schüssen. Von Davis telefonisch zu Hilfe gerufene Kollegen rasten durch die Stadt und überfuhren dabei einen weiteren Pakistani. Damit begann ein diplomatisches Tauziehen, in dem weder die USA noch Pakistan einlenken wollten. Im Laufe der folgenden Wochen entwickelte sich dieser »Lahore-Zwischenfall« zu einem Agentenkrimi mit allen Zutaten aus dem Sumpf der Geheimdienste.

Präsident Obama forderte die sofortige Freilassung »unseres Diplomaten«[173], der nach der Wiener Konvention Immunität genieße. Kongressabgeordnete forderten die Einstellung der jährlichen 1,5 Milliarden Dollar US-Hilfe für Pakistan.

Washington verwickelte sich in Widersprüche. Vor dem Zwischenfall hatten die US-Behörden Davis als Mitarbeiter des Konsulats in Lahore ausgegeben. Einen Tag später verkündeten die USA jedoch hastig, Davis sei an der Botschaft in Islamabad akkreditiert. Doch Davis war in Listen des Botschaftspersonals, die dem pakistanischen Außenministerium zugeleitet worden waren, nie aufgeführt. Er führte zur Tatzeit keinen Diplomatenpass mit sich, dafür aber eine 9mm-Glock-Pistole, 75 Patronen, ein Teleskop, eine Infrarotlampe, ein tragbares Navigationsgerät, eine digitale Kamera, eine Drahtschere, ein Überlebensset, ein Satellitentelefon und sogar ein sogenanntes Blood Chit.[174] Keine einzige der in der Wiener Konvention von 1961 beschriebenen diplomatischen Tätigkeiten erfordert eine solche Ausrüstung. Und die Wiener Konvention beschreibt die Tätigkeiten jener sehr genau, die völlige oder auch nur begrenzte Immunität genießen.

Auf dem Kamerachip waren Bilder pakistanischer Grenzanlagen gespeichert. Nun gab auch Washington zu, dass Davis im Auftrag der CIA Terroristen nachspürte, die gezielt getötet werden sollten. Der Mann war nur einer von rund 3500 US-Diplomaten, -Soldaten und -Agenten, denen Pakistans Botschaft in Washington 2010 Visa ausgestellt hatte. 851 davon genossen diplomatische Immunität.[175] Nach Angaben des pakistanischen Geheimdienstes ISI hatte Davis bis 2003 bei den Special Forces gedient, nach seiner Entlassung für Xe Services (ehemals Blackwater) und später für die CIA gearbeitet. Die Polizisten fanden in den Anruflisten von Davis' Mobiltelefonen die Namen und Telefonnummern von nicht weniger als 27 militanten Pakistani, die der verbotenen TTP (Tehrik-i-Taliban Pakistan) oder der Lashkar-e-Jhangvi angehören. Lashkar-e-Jhangvi wird sowohl von Islamabad als auch von Washington als terroristische Organisation eingestuft und für die Morde an der ehemaligen pakistanischen Ministerpräsidentin Benazir Bhutto sowie des *Wall Street Journal*-Korrespondenten Daniel Pearl verantwortlich gemacht.

Einen Tag nach dem Vorfall versuchte das Konsulat in Lahore, die Polizei zu überreden, den abgenutzten Pass des US-Bürgers Davis gegen einen nagelneuen Diplomatenpass auszutauschen. Die Pakistani lehnten das Ansinnen ab. Einheimische Zeitungen zitierten Quellen im pakistanischen Außenministerium, wonach Washington verlangt habe, zurückdatierte Dokumente zu produzieren, um die US-Behauptung von Davis' Diplomatenstatus belegen zu können.

Die Witwe eines der Opfer forderte die Todesstrafe für Davis und setzte ihrem Leben mit Rattengift ein Ende. Dann wurde ein Onkel der verstorbenen Witwe in ein Hospital eingeliefert, nachdem Unbekannte ihn hatten zwingen wollen, Gift zu schlucken. Pakistans Außenminister, der Obamas Behauptung, Davis sei »unser Diplomat«, öffentlich widersprochen hatte, trat zurück. Als sich Ende Februar zwei Delegationen amerikanischer und pakistanischer Generäle in Oman trafen, um die Angelegenheit zu besprechen, teilte der Leiter der US-Abordnung, Admiral Mike Mullen, seinem pakistanischen Gegenüber, General Ashfaq Kayani, unverblümt mit, er könne auch »andere Mittel« einsetzen, wenn keine Lösung gefunden werde.

Am 17. März schließlich wurde Davis nach islamischem Recht, das die Freilassung eines Mörders gegen Zahlung einer Entschädigung an die Familie des Opfers erlaubt, aus der Haft entlassen und aus Pakistan ausgeflogen. 19 Angehörige der Toten waren zuvor von Unbekannten in Lahores Kot-Lakhpat-Gefängnis gebracht worden. Anderntags wurde jedes der Familienmitglieder der Reihe nach vom Richter gefragt, ob es Davis vergebe. Unter massivem Druck bejahten alle die Frage.[176] Den Familien der Toten wurde ein Blutgeld in Höhe von 200 Millionen Rupien (2,3 Millionen Dollar) ausgezahlt.

Während der Dauer der Davis-Affäre hatten die USA ihr Drohnenprogramm eingestellt. Doch kaum 24 Stunden nach Davis' Haftentlassung wurde das Programm wieder aufgenommen: Bei einem Angriff in Nordwasiristan starben mindestens 38 Menschen.

Februar 2011: Arabische See

Am 18. Februar überfielen 19 somalische Piraten die Jacht *SV Quest*. Bei einem Befreiungsversuch einer Flottille mehrerer Schiffe der Fünften US-Flotte starben die vier Besatzungsmitglieder der Jacht sowie vier Piraten.

2011: Mittelamerika/Karibik

Die USA führten weltweit nicht nur einen Krieg gegen den Terrorismus, sondern nahmen auch den Krieg gegen den Drogenhandel wieder auf, nachdem sie ihn ebenfalls zu Terrorismus erklärt hatten. Guatemala, El Salvador und Honduras seien heute vermutlich die gefährlichsten Länder der Welt, berichtete US-Luftwaffengeneral Douglas Fraser vom US Southern Command (Southcom) auf einer Pentagon-Konferenz. In jedem der drei Länder kämen auf 100 000 Einwohner mehr Opfer krimineller Gewalt als im Irak oder sogar in Mexiko. Der Kampf gegen die Drogenkartelle, die weltweit im Jahr zwischen 300 und 400 Milliarden Dollar Profit machten, übersteige die Möglichkeiten der Regierungen Mittelamerikas. Die Polizeibehörden stünden in ihrem Kampf gegen die schwer bewaffneten Drogenhändler, die mittlerweile sogar über selbstgebaute Panzer und Mini-U-Boote[177] verfügten, auf verlorenem Posten.

»Wir müssen (dieses Problem) regional angehen und nicht von Land zu Land«, plädierte General Fraser für eine »vielseitige Anstrengung«. Im Kampf gegen transnationale kriminelle Organisationen arbeitete Southcom eng mit Northcom zusammen. In Frasers Ausführungen wurden aus diesen regionalen Anstrengungen schnell globale. »Der Zuständigkeitsbereich der Southern Command Joint Interagency Task Force South geht weit über die Grenzen hinaus, wo die Verantwortlichkeit von Northcom und Southcom endet«, sagte Fraser. Diese Interagency Task Force koordiniert die Bemühungen der diversen Sicherheitsagenturen, den Seeverkehr zu überwachen. »Sie reicht bis in die Gebiete des US European Command und US Pacific Command.«[178]

So errichten die USA wieder Stützpunkte in Mittelamerika. Bei Caratasca an der honduranischen Atlantikküste entstand ein vorgelagerter Operationsstützpunkt, auf Guanaja, einer der honduranisch-karibischen Islas de la Bahía, ein Anti-Drogen-Terrorismus-Operationszentrum mit Kasernen. Alleine in den ersten sechs Monaten nach dem Putsch vom Juni 2009, als Militärs den Präsidenten Manuel Zelaya stürzten, schloss das Pentagon Verträge über 19 Millionen Dollar für Bauvorhaben in Honduras ab. Zudem genehmigte der US-Kongress 25 Millionen Dollar für den Ausbau des US-Stützpunktes in Soto Cano, rund 75 Kilometer nördlich von Tegucigalpa, zu einem Operationszentrum für US-Special Forces. Bislang sind in Soto Cano rund 500 US-Soldaten stationiert.[179]

Dabei wurden der Einfachheit halber gleich ganze Dörfer der an der Karibikküste und auf den Inseln und Atollen des mittelamerikanischen Korallenriffs lebenden Garifuna (Nachkommen entlaufener Sklaven, die sich mit den einheimischen Indianern mischten) pauschal als »Narco-Gemeinschaften« verfolgt und ihre Einbäume und Fischerausrüstungen konfisziert. Seit die Navy in den Gewässern patrouilliert, verschwanden mindestens sieben Garifuna-Fischer, ohne dass ihre Leichname gefunden wurden. Nach ihrer Vertreibung von der britischen Karibikinsel Saint Vincent (1797) verloren die Garifuna 2011 zum zweiten Mal in ihrer Geschichte ihre Heimat, als sie wirtschaftlichen, politischen und militärischen Interessen Tegucigalpas und Washingtons in Punta Gorda und den umliegenden Küstengebieten weichen mussten.[180]

In Guatemala bauten die USA Kasernen aus und trainierten GIs die berüchtigten Kaibiles, die teilweise selbst in den Drogenhandel verwickelt sind. Die Kaibiles, so benannt nach einem berühmten Maya-Krieger, den die spanischen Eroberer nie zu fassen bekamen, sind eine überwiegend aus Mayas zusammengesetzte Spezialtruppe. Weil Guatemala regelmäßig Anspruch auf Belize, das ehemalige Britisch-Honduras, erhebt, hat Großbritannien auf Wunsch der Regierung in Belmopan bis heute zwei Dutzend nepalesische Gurkhas in Belize stationiert. Anfang der 80er Jahre wurden die Kaibiles ursprünglich als Antwort auf diese Gurkhas gegründet und waren alsbald berüchtigt für zahlreiche Massaker, die sie während der Anti-Guerillafeldzüge an ihren eigenen Stammesbrüdern, den Mayas, verübten. Schon vor sechs Jahren berichtete der mexikanische Verteidigungsminister, seine Truppen hätten sieben ehemalige Mitglieder dieser guatemaltekischen Eliteeinheit an Mexikos Südgrenze verhaftet, die für die Zetas (siehe oben: 2008 Mexiko) arbeiteten. Die Verhafteten führten sechs Maschinengewehre und 100 000 Dollar in mexikanischen Pesos und guatemaltekischen Quetzales mit sich.

Im Jahr 2000 eröffneten die USA in Compala in El Salvador einen kleinen Marinestützpunkt als vorgerückte Basis für Hochseepatrouillen. Gleichzeitig stellte diese Cooperative Security Location, wie ihrer Website zu entnehmen ist, US-Lufteinheiten bei ihren Anti-Drogen-Operationen die erforderliche Logistik, Sicherheit und infrastrukturelle Unterstützung bereit.

Seit 2013 kommandiert Oberstleutnant Stephen Reny von der US-Air Force die Stützpunkte auf den beiden Karibikinseln Curacao und Aruba, die als Überseegebiete zu den Niederlanden gehören. Als im Januar 2010 ein amerikanisches P-3-Aufklärungsflugzeug den venezolanischen Luftraum verletzte, warf die Regierung in Caracas Washington vor, die Stützpunkte als Spionagezentren zu nutzen.

Im März 2013 erklärte das US-Verteidigungsministerium auf seiner Website Military.com, das C-Band-Radar des US-Luftwaffenstützpunktes in Antigua werde auf die Harold E. Holt Naval Communication Station in »Westaustralien verlegt, wo es chinesische Polar-Satelliten beobachten kann«.[181]

Wenig ist bekannt über die Vorgänge im Atlantic Undersea Test and Evaluation Center (AUTEC) auf Andros Island, Bahamas, das manchmal auch als der Area 51-Stützpunkt der US-Streitkräfte in der Karibik bezeichnet wird. Soweit man weiß, werden in der AUTEC unter Aufsicht der US-Navy neue Technologien wie etwa Simulatoren von Bedrohungen durch elektronische Kriegführung entwickelt.

Obwohl in den Panama-Kanal-Verträgen von 1977 die Schließung aller US-Militärstützpunkte in diesem Land vereinbart worden war, wuchs die militärische Präsenz der USA in den letzten zehn Jahren erheblich. Über 700 Bau- und Lieferverträge in Panama schloss das Pentagon seit 1999 ab. Dazu gehört der Bau von fünf Stützpunkten an den Küsten. Auf einem ehemaligen US-Stützpunkt wird ein Regionales Sicherheitsoperationszentrum errichtet, wo neben US-Truppen Soldaten aus allen mittelamerikanischen Ländern sowie der Dominikanischen Republik stationiert werden sollen und das mit dem Überwachungsstützpunkt des Southern Command in Florida verbunden sein soll. Israel soll diesem Stützpunkt Drohnen liefern.

1. Mai 2011: Pakistan

Monatelang hatten US-Agenten Abu Ahmed al-Kuwaiti, einen Kurier Osama bin Ladens, beobachtet, der sie schließlich zu dem Gesuchten führte. Präsident Barack Obama befahl »Operation Neptun Spear«. Osama bin Laden sollte getötet werden. Die pakistanische Regierung oder pakistanische Behörden wurden nicht informiert.

In der Nacht des 26. April flog das Einsatzkommando in einer Boeing C-17 Globemaster von Virginia via Ramstein Air Base in Deutschland nach Bagram Airfield in Afghanistan. Am 1. Mai brachten zwei MH-60 Black-Hawk-Helikopter ein Kommando von 23 Navy Seals zu einem Gebäude in der Kakul Road in Bilal Town, einem Mittelklasseviertel der Kleinstadt Abbottabad, etwa eine Autostunde nördlich von Islamabad. In der Anlage hielten sich 23 Kinder, neun Frauen und fünf Männer auf. Im dritten Stock des Hauses lebte nach Erkenntnissen der CIA Osama bin Laden. Der Auftrag des Kommandos: »Crankshaft« – so der Codename, den das Joint Special Operations Command bin Laden gegeben hatte – zu töten. Gleichzeitig bezogen vier MH-47 Chinook-Hubschrauber mit weiteren 25 Navy Seals Positionen diesseits und jenseits der pakistanisch-afghanischen Grenze. Sie sollten den Rückzug des Killerkommandos absichern.

Nach anfänglichen Problemen drangen die zwölf Seals aus einem der Black Hawks in das Gästehaus des Komplexes ein, wo sie al-Kuwaiti, seinen 33 Jahre alten Bruder Abrar sowie Abrars Frau Bushra, die unbewaffnet neben ihm stand, erschossen. Dann erschossen sie bin Ladens Sohn Khalid. Insgesamt sollten sich angeblich fünf männliche Personen in den Gebäuden aufhalten. Wie sich nun herausstellte, war bin Ladens Sohn Hamza nicht anwesend. Die Amerikaner hasteten in den dritten Stock des Gebäudes. Aus einer »Tür auf der rechten Seite des Flurs lugte ein Mann«.[182] Der führende Seal schoss, woraufhin der Mann in das dunkle Zimmer verschwand. Als sie eintraten, fanden sie bin Laden mit einer schweren Kopfwunde am Boden liegend. Zwei Frauen standen schützend über ihm. Amal al-Fatah, bin Ladens vierte Frau, machte eine Bewegung, weshalb ihr ein Soldat in die Wade schoss. »Ein anderer Angreifer und ich richteten unsere Laser auf seine Brust und feuerten einige Schüsse ab«, schrieb der Navy Seal Matt Bissonnette unter dem Pseudonym Mark Owen später in seinem Buch *No Easy Day*.[183] Bin Laden selbst war unbewaffnet. »Es wurde nie in Erwägung gezogen, ihn festzunehmen. Niemand wollte Gefangene«[184], sagte ein Offizier.

Neun Jahre, sieben Monate und zwanzig Tage nach den verheerenden Anschlägen in New York, Washington und Pennsylvania, denen 3000 Menschen zum Opfer gefallen waren, knapp zehn Jahre nach Präsident George W. Bushs Befehl an seine Truppen und Geheimdienste, den Drahtzieher der Massaker auszuschalten, »dead or alive«, tötete eine 5,56-mm-Kugel den Gründer des Terrornetzwerks al-Qaida, Osama bin Laden. »Für Gott und Vaterland – Geronimo, Geronimo, Geronimo E.K.I.A«[185] (*enemy killed in action*), gab der Soldat über Radio an seine Vorgesetzten durch. 18 Minuten waren vergangen, weitere 20 Minuten verstrichen, während die zwei Dutzend Soldaten die Kinder und Frauen gefesselt verhörten und die Anlage nach Unterlagen über al-Qaida durchsuchten: CDs, DVDs, Computer. Um 3.00 Uhr morgens trafen die Hubschrauber mit ihren Kommando-Einheiten im afghanischen Dschalalabad ein.

Der Leichnam bin Ladens wurde zunächst auf die *USS Carl Vinson* in der Arabischen See geflogen und dann auf See bestattet, um zu vermeiden, dass sein Grab eine Pilgerstätte für seine radikalen Anhänger werden würde – so die offizielle Darstellung.

Schon in seinem Wahlkampf 2008 hatte Barack Obama geschworen, wenn nötig amerikanischen Streitkräften den Befehl zu geben, auch ohne Islamabads Genehmigung innerhalb Pakistans zuzuschlagen. »Das haben wir nun getan«[186], sagte er in seiner nächtlichen Ansprache. »Wir haben unser Wissen über diese Wohnanlage mit keinem anderen Land geteilt, auch nicht mit Pakistan«, bestätigte ein amerikanischer Regierungsbeamter. Pakistan indes verurteilte den Angriff als »nicht genehmigt« und gab der Hoffnung Ausdruck, dass diese Operation nicht als Beispiel für zukünftige Aktionen diene. Immerhin hatten die USA erst im März nach dem sogenannten Lahore-Zwischenfall (siehe oben) derartige Operationen für die Zukunft ausgeschlossen. »Sie werden nichts hinter unserem Rücken tun, dessen Ergebnis die Tötung oder Verhaftung von Menschen ist«, hatte damals ein pakistanischer Beamter amerikanische Zusagen beschrieben.

Vier Jahre später legte der amerikanische Enthüllungsjournalist Seymour Hersh in seinem Buch »The Killing of Osama Bin Laden« eine andere Version der Ereignisse um den Tod des Saudis vor. Hersh berief sich auf zahlreiche Quellen sowohl in Pakistan als auch in den USA und kam zu dem Schluss, »dass bin Laden seit 2006 als Gefangener des pakistanischen Geheimdienstes ISI in dem Anwesen in Abbottabad« gelebt habe. Zwischen 2001 und 2006 habe bin Laden unerkannt mit einigen seiner Frauen und Kinder in den Bergen des Hindukusch gelebt. »ISI schnappte ihn, nachdem sie einige Einheimische bestochen hatten, ihn zu verraten.« Bin Laden sei schwer krank gewesen, zu Beginn seines Hausarrests in Abbottabad habe ihn ein Militärarzt behandelt. »Tatsächlich war bin Laden invalide, aber wir können das nicht sagen«, zitierte Hersh einen amerikanischen Diplomaten, der seine Information wiederum von einem pensionierten ISI-General hatte. Damit käme an die Öffentlichkeit, dass die Navy Seals »einen Krüppel erschossen«.[187]

Sein Aufenthaltsort sollte den Amerikanern zu einem geeigneten Zeitpunkt mitgeteilt werden. »Der richtige Zeitpunkt wäre eingetreten, wenn man im Gegenzug eine entsprechende Gegenleistung erhalten hätte – wenn man jemanden wie Osama bin Laden hat, liefert man ihn nicht einfach den Vereinigten Staaten aus«, erklärte ein pakistanischer General. Armeestabschef General Ashfaq Parvez Kayani und der Generaldirektor des Geheimdienstes, General Ahmed Shuja Pasha, »waren schon vorab über den Angriff informiert und hatten sichergestellt, dass die beiden Helikopter mit den SEALs in den pakistanischen Luftraum eindringen konnten, ohne Alarm auszulösen; dass die CIA nicht durch die Observierung eines Kuriers von bin Ladens Aufenthaltsort erfahren hatte, sondern von einem ehemaligen hochrangigen pakistanischen Geheimdienstoffizier, der das Geheimnis in Erwartung des 25-Millionen-Dollar-Kopfgeldes, das die USA ausgesetzt hatten, verriet.«[188]

2011: Vereinigte Arabische Emirate (VAE)

Ausgerüstet mit 600 Millionen Dollar stellte Erik Prince, Milliardär und Gründer von Blackwater Worldwide, in dem Wüstenscheichtum ein multinationales 800 Mann starkes Söldnerbataillon auf, das besondere Operationen im Lande und im Ausland durchführen soll. Die Kolumbianer, Südafrikaner, Franzosen, Briten und vor allem Amerikaner, die von Veteranen deutscher und britischer Sonderkommandos sowie der französischen Fremdenlegion ausgebildet wurden, sollen Ölpipelines und Wolkenkratzer vor Terroranschlägen schützen, auf Irans Revolutionsgarden abschreckend wirken und vor allem mögliche Unruhen in den überfüllten Lagern der Fremdarbeiter oder Demonstrationen und Proteste wie in anderen Ländern der arabischen Welt gegen die herrschende Elite unterdrücken.

Verborgen hinter hohen Betonmauern und Stacheldraht baute Prince zudem das Trainingslager seines Bataillons in dem ausgedehnten VAE-Militärstützpunkt Zayed Military City zu einem riesigen Komplex aus, in dem seine neue Firma Reflex Responses weitere Söldnerverbände vor allem aus Lateinamerika ausbilden will. Einen ersten zusätzlichen Vertrag konnte das Unternehmen bereits abschließen. Im Auftrag des Ölstaates soll Reflex Responses eine Reihe von Atomreaktoren beschützen und Sicherheit im Internet liefern.

Unklar blieb zunächst, ob die Söldnertruppe den offiziellen Segen der USA haben. Seit sich die juristischen Probleme gegen ihn und seine ehemalige Firma Blackwater in den USA häuften, stand Erik Prince in den USA nicht mehr in dem hohen Ansehen vergangener Tage, weshalb er sich im August 2010 in Abu Dhabi niederließ. Doch die autokratisch regierten Vereinigten Arabischen Emirate sind ein enger Verbündeter der USA, und die Söldnertruppe scheint einigen Rückhalt in Washington zu haben.

Juni 2011: El Salvador

Zwischen dem 15. und 23. Juni hielten die USA zusammen mit Teams von Spezialeinheiten aus 25 Staaten (darunter auch eine Polizeieinheit aus Costa Rica, das keine Armee unterhält) Manöver ab, »um die regionale und multinationale Kooperation und das gegenseitige Vertrauen zu stärken und das Training, die Bereitschaft und interoperativen Fähigkeiten der Sondereinheiten der Region zu verbessern«.[189] Zudem plante das Pentagon, bis Ende August in El Salvador ein Shoot House für US Special Forces fertigzustellen – ein Simulationsgelände für das Häuserkampf-Training.

Juni 2011: Guatemala

Vertreter der lateinamerikanischen Staaten, der USA sowie der Interamerikanischen Entwicklungsbank trafen zusammen, um einen Sicherheitsplan für die Region aufzustellen. Die USA haben neben den Ausgaben des Pentagon in der Region einen Beitrag von 200 Millionen Dollar für den Aufbau ihrer Mittelamerikanischen Regionalen Sicherheitsinitiative (CARSI) zugesagt.

Allerdings hatten »Vertreter nahezu jeder mittelamerikanischen Nation (beklagt), dass die Region nicht ausreichend an der Ausarbeitung von … CARSI beteiligt worden war«[190], wie der Congressional Research Service schon zuvor berichtet hatte.

Juni 2011: Ostafrika

In ihrem Kampf gegen den Terrorismus rüsteten die USA Uganda und Burundi mit Kommunikations- und Nachtsichtgeräten, kugelsicheren Westen, schwerem Baugerät und vier Raven-Drohnen aus.

Juli 2011: Somalia

»Wir wollen keinen amerikanischen Fußabdruck oder Stiefel vor Ort«, behauptete Johnnie Carson, Afrika-Beauftragter des US-Außenministeriums.[191] Doch unter Somalias trockenen Böden lagern dem CIA-Länderbericht zufolge bedeutende Vorkommen von Uran, Eisenerz, Zinn, Calciumsulfat, Bauxit, Kupfer, Salz sowie Erdgas- und vermutlich auch Ölreseven. Tatsächlich sind US-Agenten und Soldaten der Spezialkommandos »die ganze Zeit hier«, berichtete ein somalischer Geheimdienstoffizier. In ihrem Kampf gegen den Terrorismus hatten die USA Special Operations Forces (SOF), CIA-Agenten und Drohnen in Mogadischu stationiert.

Kurz nach seiner Amtseinführung, am 22. Januar 2009, unterschrieb Präsident Obama die Executive Order 13491, die bestimmte, dass »die CIA jedwede Haftanstalt, die sie derzeit unterhält, so schnell wie möglich schließen und in Zukunft keine derartige Einrichtung mehr unterhalten soll«.[192] Doch im Godka, »Loch«, dem bunkerähnlichen Keller gleich hinter seinem Präsidentenpalast, den Diktator Siad Barre (1969–1991) einst als Folter- und Verhörkammer nutzte, hatten inzwischen auch US-Agenten ihr geheimes Gefängnis und Verhörzentrum eingerichtet. Die Gefangenen wurden aus diversen Teilen Afrikas entführt und in das Gefängnis geschleppt, wo sie von amerikanischen und französischen Spezialisten verhört wurden. Während die Franzosen im Rahmen ihrer Partnerschaft mit AMISOM handelten – einer US-finanzierten 12000 Mann starken Friedenstruppe der Afrikanischen Union –, operierten die Amerikaner unabhängig.

»Unser Ziel ist es, unseren Partnern zu gefallen«, begründete ein Offizier der somalischen Nationalen Sicherheitsagentur (NSAS) die Tätigkeit der ausländischen Agenten, »so bekommen wir mehr (Geld) von ihnen.«[193] Zwar war die Anlage offiziell der somalischen NSAS unterstellt, amerikanische Agenten aber bestimmten und bezahlten die Gehälter. Das machte den Geheimdienst zu »einer Regierung innerhalb der Regierung«, klagte ein Beamter in Mogadischu. »Niemand, nicht einmal der Präsident weiß, was die NSAS tut. Die Amerikaner kreieren hier ein Monster.«[194]

»Im Grunde betreibt die CIA mit ihren Operationen die Außenpolitik der Vereinigten Staaten«[195], berichtete ein somalischer Beobachter. Nach Angaben der *New York Times* sträubte sich die CIA, direkt mit Regierungsmitgliedern in Somalia, die sie für korrupt und wenig vertrauenswürdig hält, zusammenzuarbeiten, und setzte stattdessen eine Reihe somalischer Geheimdienstagenten auf ihre Gehaltsliste, die jeweils 200 Dollar im Monat ausbezahlt bekamen.

Unter den Gefangenen waren nicht nur Terroristen oder Mitglieder der somalischen al-Shabaab. Ahmed Abdullah Hassan, ein 26-jähriger Kenianer aus den Slums von Nairobi, wurde seit Juli 2009 von seiner Familie als vermisst gemeldet. Kenias Anti-Terrorismus-Polizeieinheit behauptete, Hassan sei »ein ehemaliger persönlicher Assistent Saleh Ali Nabhans«[196], der für die Anschläge auf die US-Botschaften in Daressalam und Nairobi verantwortlich gemacht wird. Im Frühjahr 2011 kontaktierte ein ehemaliger Gefangener des Kellergefängnisses in Mogadischu Clara Gutteridge von der britischen Menschenrechtsorganisation Reprieve und teilte ihr mit, er habe Hassan im Gefängnis von Mogadischu getroffen. Demzufolge war Hassan von kenianischen Polizisten aus seinem Haus verschleppt und dann nach Mogadischu gebracht worden. »Sie stülpten mir eine Kapuze über, in Guantánamo-Art«, zitierte der Zeuge Hassan. »Ich wurde so oft verhört. Sie haben nichts über mich. Aber ich habe nie einen Anwalt gesehen. Hier gibt es kein Gericht.«[197]

»Hassans Entführung aus Nairobi und Überführung in ein geheimes Gefängnis in Somalia hat alle Merkmale einer klassischen US-Überführungsoperation«, sagte Gutteridge. Ein US-Beamter behauptete: »Die USA gaben Informationen, die halfen, Hassan – einen gefährlichen Terroristen – zu fassen.«[198] Human Rights Watch und Reprieve dokumentierten, dass Kenias Sicherheits- und Geheimdienste zahlreiche Überführungen nach Somalia ermöglichten; alleine 2007 waren es 85 Personen. Hassans Anwälte vermuteten, »dass die USA möglicherweise ein dezentralisiertes, ausgelagertes Guantánamo in Zentralmogadischu unterhalten«.[199]

Gutteridge, die hartnäckig alle Spuren von Terrorverdächtigen verfolgte, die in Kenia verschwanden, wurde am 11. Mai 2011 deportiert. Die USA indes verfolgten ihre seit 18 Jahren traditionelle Politik in Somalia, unterstützten einige Kriegshäuptlinge, bis diese 2006 von der Islamic Courts Union (ICU) besiegt wurden, die ihrerseits 2007 von einer US-finanzierten und -geführten äthiopischen Invasionsarmee gestürzt wurde. Nach einigen schwachen Regierungen akzeptierte Washington mit Scheich Sharif Ahmed einen Präsidenten, der einst selbst ein ICU-

Führer gewesen war und dessen Einflussbereich über kaum mehr als die vierzig Quadratkilometer von Mogadischu hinausreichte, die AMISOM hielt. Der Rest der Stadt ist unter der Kontrolle etlicher Warlords und al-Shabaabs, die auch amerikanische Staatsbürger in ihren Reihen hatte. Mindestens drei Selbstmordattentäter, die im Auftrag von al-Shabaab handelten, waren Amerikaner somalischer Herkunft, und mindestens sieben US-Bürger starben in Kämpfen auf Seiten al-Shabaabs. Im Ausgabenplan des US-Verteidigungsministeriums waren 75 Millionen Dollar für die Bekämpfung von al-Shabaab vorgesehen, wobei die Mittel überwiegend der Bewaffnung und Finanzierung von AMISOM-Verbänden dienen sollte.

2011–heute: Jemen

Nachdem Ali Abdullah Saleh Ende des Jahres geflohen war und Abed Rabbu Mansur Hadi seine Nachfolge angetreten hatte, wuchsen die Spannungen unter den Schia-Anhängern Abdul-Malik al-Huthis, der sunnitischen Islah-Partei und der ebenfalls in Jemen operierenden al-Qaida. Im September 2014 überrannten die Huthis Sanaa und den Nordwesten des Landes. Wenige Monate später lösten die Huthis das Parlament auf und verkündeten am 6. Februar 2015 eine »verfassungsmäßige Erklärung«, die jedoch von der Opposition, dem größten Teil der internationalen Gemeinschaft und den Vereinten Nationen nicht anerkannt wurde. Hadi floh nach Aden und erklärte die Stadt zur »zeitweiligen Hauptstadt« des Jemen. Um den weiteren Vorstoß der Huthi-Verbände nach Süden zu verhindern, verkündete das sunnitische Saudi-Arabien am 26. März »Operation al-Hazm« (Operation Sturm), begann Stellungen der schiitischen Huthis zu bombardieren und schmiedete eine Allianz, der sich die Vereinigten Arabischen Emirate, Kuweit, Qatar, Bahrain, Jordanien, Marokko, Sudan, Ägypten und Pakistan anschlossen.

Die Unterstützung der Vereinigten Staaten, die Regierungsangaben zufolge seit 2009 (als sich der saudische und der jemenitische Zweig von al-Qaida auf der arabischen Halbinsel zusammenschlossen) täglich Drohnenangriffe im Jemen durchgeführt und die Militärhilfe zunächst für Saleh und später für Hadi kontinuierlich erhöht hatten, beschränkte sich offiziell auf Aufklärung, Zielerfassung und Logistik. Doch mindestens seit 2012 operierte neben der CIA mit ihrem eigenen Luftstützpunkt und einer »inoffiziell zugegebenen« US-Militärpräsenz ein »kleines Kontingent von US-Special-Operations-Truppen«[200] im Jemen – mit fragwürdigem Erfolg.

Das Programm wirkte kontraproduktiv. »Wenn meine Regierung Schulen, Krankenhäuser und Straßen bauen und für die grundlegenden Bedürfnisse sorgen würde, wäre ich meiner Regierung treu ergeben und würde sie schützen«, zitiert Jeremy Scahill in seinem Buch *Dirty Wars* den Scheich eines Stammes in der südlichen Provinz Shabwah. »Aber bis heute haben wir keine elementaren Einrichtungen wie elektrischen Strom oder Wasserpumpen. Warum also sollten wir al-Qaida bekämpfen?« AQAP kontrolliere weite Teile der Provinz und »würde für Sicherheit sorgen und Plünderungen verhindern. Wenn dir dein Auto gestohlen wird, holen sie es dir zurück«, beschrieb der Scheich das Leben unter dem Regime AQAPs. »In den von der Regierung kontrollierten Gebieten hingegen gibt es Plünderungen und Raubüberfälle. Wenn wir nicht mehr achtgeben, könnte al-Qaida noch mehr Gebiete unter ihre Herrschaft bringen … Die Drohnen fliegen Tag und Nacht, ängstigen die Frauen und Kinder zu Tode und reißen die Menschen aus dem Schlaf. Das ist Terrorismus.«[201]

Zudem nahmen die Aktivitäten islamistischer Gotteskrieger erheblich zu, seit Hadis Verbände Aden kontrollierten. Starken Zulauf erhielten AQAP und andere radikal-islamische Gruppen auch von den Sklaven im Land. Sklaverei wurde im Jemen 1962 zwar offiziell abgeschafft, ist aber bis heute noch weit verbreitet.

2011–heute: Uganda

US-Präsident Barack Obama verlegte hundert Mitglieder der Special Forces nach Uganda. Sie sollen »Amerikas nationale Sicherheitsinteressen fördern«, begründete Obama die Entsendung in einem Brief an den Kongress, und den lokalen Truppen als Berater in ihrem seit über 25 Jahren anhaltenden Kampf gegen eine der brutalsten Rebellenbewegungen beistehen. Die Lord's Resistance Army (Gottes Widerstandsarmee) unter ihrem Führer Joseph Kony wird für Tausende Morde, Vergewaltigungen und Entführungen verantwortlich gemacht.

Einst führte Ugandas Präsident Yoweri Museveni von der ethnischen Gruppe der Hima einen blutigen Krieg gegen seine Rivalen vom Volk der Acholi. Er ließ sie ermorden oder in Konzentrationslagern sterben. Einer der überlebenden Acholi war Joseph Kony. Kony, ein selbsternannter Prophet, der eine abstruse Mischung aus christlichem Mystizismus und Politik predigt und gegen den der Internationale Gerichtshof 2005 einen Haftbefehl erließ, ist bekannt dafür, dass er ganze Schulklassen entführen ließ, um die Mädchen als Sexsklavinnen seinem Harem einzuverleiben. 300 000 Menschen sollen vor den Angriffen seiner Anhänger geflohen sein. Bereits im Juni schickte Washington im Gegenzug für Kampalas Unterstützung im somalischen Konflikt militärische Ausrüstung im Wert von 45 Millionen Dollar nach Uganda und Burundi. Zusätzliche Truppen, so kündigte die US-Regierung an, sollen in den Südsudan, in die Zentralafrikanische Republik und in die Demokratische Republik Kongo verlegt werden.

Im Mai 2014 schickte US-Präsident Barack Obama weitere 150 Soldaten und vier Kampfflugzeuge nach Zentralafrika, weil Kony angeblich dort gesichtet worden sei.

Ab Oktober 2011: Somalia

Nach einer Reihe von Entführungen aus Kenia, darunter Touristen und Mitarbeiter der Médecins sans frontières, startete die Regierung in Nairobi – unter Zustimmung zahlreicher afrikanischer und europäischer Länder – die schon seit langem geplante »Operation Linda Nchi«. Eine Woche nach Beginn dieser Operation, bei der am 16. Oktober kenianische Militärverbände in Somalia einrückten, um die al-Shabaab-Milizen anzugreifen, erklärte der Sprecher der Invasionsstreitkräfte, Major Emmanuel Chirchir, ausländische »Partner« hätten ebenfalls in die Kämpfe eingegriffen. Nach Angaben kenianischer Militärs belegten französische Kriegsschiffe al-Shabaab-Lager mit Geschützfeuer und flogen französische Kampfflugzeuge mehrere Angriffe in Somalia. Die französische Botschaft bestritt, dass Frankreichs Marine an einer derartigen Operation beteiligt gewesen sei und behauptete: »Es gibt keine französischen Kriegsschiffe in der Nähe des Kampfgebiets.«[202]

Wie Paris seine Beteiligung so bestritt auch Washington zunächst die Behauptung kenianischer Regierungsstellen, US-Flugzeuge hätten in die Kämpfe eingegriffen. Amerikanischen Zeitungsberichten zufolge unterstützten die USA jedoch den Vormarsch der kenianischen Truppen nach Kismayu, einem rund 530 Kilometer südlich von Mogadischu gelegenen Hafen, mit dem Einsatz von Reaper-Drohnen, die sowohl mit Bomben als auch mit Raketen bestückt sind. Die Drohnenprogramme in der ostafrikanischen Region wurden von Einheiten der 17. US-Air Force Division in einem US-Stützpunkt in Arba Minch, etwa 450 Kilometer südlich von Addis Abeba und 900 Kilometer östlich der Grenze zwischen Äthiopien und Somalia, gesteuert.[203] Zudem teilten die USA ihre Erkenntnisse aus Aufklärungsflügen und andere Überwachungsdaten, die von unbewaffneten Reaper-Drohnen gesammelt wurden, mit den Kenianern. Und Emmanuel Chirchir bestätigte: »Alle sind dabei. Wir wissen von den Luftschlägen. Sie unterstützen uns.«[204]

16. November 2011– heute: Australien/Südkorea/Japan

Die Ankündigung des amerikanischen Präsidenten Barack Obama und der australischen Ministerpräsidentin Julia Gillard, in Darwin einen Marinestützpunkt einzurichten und mit 2500 Marines zu besetzen, stieß in Ostasien auf harsche Kritik. In den Spannungen um die Grenzziehungen im Südchinesischen Meer, wo große Ölvorkommen vermutet werden, unterstrich US-Außenministerin Hillary Clinton Amerikas »militärische und diplomatische Unterstützung der Philippinen«. Diese Parteinahme in den schwelenden Konflikten zwischen China, Vietnam, Malaysia, Brunei und den Philippinen verärgerte sogar loyale Verbündete. Die fünf Staaten erheben Ansprüche zumindest auf Teile der Spratly- und der Paracelsus-Inseln. »Die ASEAN (Association of Southeast Asian Nations) wird es nicht zulassen, dass die Region zu einer Wettkampfarena für Länder wird, die sich als Großmächte betrachten, wer immer und wo immer sie sein mögen«, erklärte Indonesiens Außenminister Marty Natalegawa. »Was ich nur ungern sähe, ist, dass dieses Abkommen Reaktionen und Gegenreaktionen provoziert, die zu einem hässlichen Kreis von Spannungen und Misstrauen führen.«[205]

Schon seit geraumer Zeit verfolgen die ostasiatischen Staaten mit zunehmendem Misstrauen den amerikanischen Aufmarsch vor den chinesischen Küsten, der – so fürchten sie – nur die Instabilität in der Region erhöhen und zu einem neuen Rüstungswettlauf führen wird. Schon zuvor hatten die USA die ostasiatischen Staaten verärgert, weil Washington die 35 Stützpunkte, die es in Südkorea unterhält, offenbar nicht ausreichen. Unter Hinweis auf die nordkoreanischen Angriffe (2010 hatte Nordkorea ein südkoreanisches Kriegsschiff versenkt und eine südkoreanische Insel mit Granaten belegt) drückte Washington in Seoul durch, auf der Insel Jejudo einen weiteren Flottenstützpunkt bauen zu dürfen.

»Washington sieht diesen Stützpunkt als zentrale Säule in seinem Verteidigungssystem in der asiatisch-pazifischen Region«, schrieb Gloria Steinem in der *New York Times*. China aber sieht das amerikanische Asien-Pazifik-Raketenabwehrsystem »als die größte Bedrohung«, zitierte sie den südkoreanischen Militäranalytiker Cheong Wook-sik im selben Artikel. Und ein chinesischer Luftwaffenoberst, Dai Xu, schrieb neulich: Beijing »kann amerikanischen Provokationen nicht immer nur zusehen. China muss eine klare rote Linie gegen die amerikanischen Versuche ziehen, es einzukreisen.«[206]

Tatsächlich scheint niemand den Stützpunkt zu wünschen, außer den USA. »Wir können eine wachsende Ablehnung in beiden Koreas und auch in Okinawa und Guam beobachten«, schrieb Christine Ahn vom Korea Policy Institute in Los Angeles in der *New York Times*. »Überall hören wir die Leute sagen: ›Wir haben genug von der US-Besatzung – es wird Zeit, die Stützpunkte zu schließen und auf andere Weise für unsere Sicherheit zu sorgen.‹« Als sie die südkoreanische Botschaft in Washington anrief, um ihren Protest gegen den Bau des Marinestützpunktes zum Ausdruck zu bringen, erhielt sie die knappe Antwort: »Rufen Sie nicht uns an; rufen Sie das US-Außenministerium an; sie sind es, die uns zwingen, diesen Stützpunkt zu bauen.«[207]

Besonders aufgebracht sind die Bewohner von Jejudo, das nicht grundlos »der schönste Ort auf Erden« genannt wird und von der UNESCO zu einem Weltnaturerbe ernannt werden soll. Der Körper der Göttin der Schöpfung sei die Insel, heißt es. Die Insel der Frauen wird sie genannt. Hier leben die legendären Haenyeo, die Tiefseetaucherinnen, die ohne Tauchgeräte Seeschnecken, Muscheln oder Seegras im Meer fischen.

Die Bewohner von Gangjeong, jenem Dorf, wo der Stützpunkt gebaut wird, lebten jahrelang in Zelten am Strand, um die Bulldozer, Bagger, Zementmischer und anderen Baumaschinen aufzuhalten. Sie besetzten ihre Felder, auf denen die Militäreinrichtungen entstehen sollen; sie klagten gegen die Maßnahmen vor Gericht; sie ließen wissenschaftliche Untersuchungen vornehmen über den Einfluss, den die Baumaßnahmen auf die Umwelt haben werden; sie ketteten sich an, ließen sich schlagen, verhaften, verurteilen, gingen in den Hungerstreik, richteten Webseiten ein und gewannen die Unterstützung globaler Friedensorganisationen.

Der bis Februar 2013 amtierende Präsident Lee Myung-bak, ein ehemaliger Bauunternehmer, der als Mr. Bulldozer bekannt ist, ließ eine Mauer am Strand errichten, so dass die Demonstranten nicht mehr gesehen werden können. Sein Vorgänger hingegen, Roh Moo-hyun, entschuldigte sich 2006 für ein Massaker südkoreanischer Truppen kurz vor Ausbruch des Koreakrieges, dem 30000 Inselbewohner zum Opfer gefallen waren, und erklärte Jejudo zur Insel des Weltfriedens. Kurz bevor er starb, erklärte er, nur zwei Dinge in seinem Leben zu bereuen: Truppen nach Irak geschickt und die Erlaubnis zum Bau des Stützpunktes auf Jejudo gegeben zu haben.

Das hinderte die USA nicht, nun auch auf Okinawa mit den Arbeiten für einen neuen multifunktionalen Stützpunkt in der Nähe ihres bereits seit den 50er Jahren etablierten Camp Schwab zu beginnen. Zwar war die überwiegende Mehrzahl der Einheimischen gegen eine neue Militäreinrichtung vor der Küste ihrer Insel und protestierte mit Demonstrationen, Mahnwachen oder Petitionen gegen den Bau. Mit Kanus und Kajaks versuchten sie, die Einfahrt zur Bucht von Henoko zu schützen, am Strand errichteten sie eine Zeltstadt, seit zehn Jahren protestieren Veteranen der Schlacht um Okinawa, in der im Frühjahr 1945 ein Drittel der Bevölkerung umgekommen und die Hauptinsel nahezu vollständig zerstört worden war. Dennoch gab der japanische Gouverneur der Insel im Dezember 2013 grünes Licht für den Baubeginn.

Die Demonstranten reagierten prompt. Die Wahlen im Januar 2014 gewann Susumu Inamine, der sich im Wahlkampf deutlich gegen das Projekt ausgesprochen hatte. Dennoch und gegen eine Tag-und-Nacht-Blockade der Projektgegner vor dem Gelände des geplanten Stützpunkts trafen im Juli 2014 die ersten Lastwagenkonvois mit Baumaterialien ein und begannen vor der Küste die Bohrarbeiten für die künstliche Insel, die bald den neuen Stützpunkt beherbergen soll.

In einem Interview am 29. Juli 2014 gab Susumu Inamine zu, dass auch seine Möglichkeiten sehr beschränkt sind: »Der Kern des Problems ist, dass die japanische Regierung nichts zu sagen hat, wenn es um US-Stützpunkte geht … Vertraglich ist Japan verpflichtet, den USA Gelände für Stützpunkte zur Verfügung zu stellen.«[208]

25. November 2011: Pakistan

NATO- und afghanische Verbände unter amerikanischer Führung kamen während einer gemeinsamen Operation im afghanisch-pakistanischen Grenzgebiet aus Pakistan unter Feuer, berichtete das *Wall Street Journal Asia*. In zweistündigen Angriffen herbeigerufener Kampfjets und Helikopter auf zwei pakistanische Grenzposten fielen 25 Grenzsoldaten, 25 weitere wurden verletzt. Islamabad bestritt, dass pakistanische Truppen auf die NATO-Verbände geschossen hätten, und reagierte aufgebracht über den »unprovozierten« und »verantwortungslosen« Angriff.[209] Pakistans Soldaten hätten erst zurückgeschossen, als sie bereits von den NATO-Streitkräften unter Feuer genommen worden seien.

Die Angriffe »zeigen eine völlige Missachtung von Menschenleben und des internationalen Rechts und stellen eine krasse Verletzung pakistanischer Souveränität dar«, erklärte Pakistans Außenministerin Hina Rabbani Khar. Und der Ministerpräsident Yousaf Raza Gilani warnte: »Wir werden es nicht zulassen, dass irgendjemand unser Land angreift.«[210]

In Reaktion auf den Zwischenfall schloss Pakistan auf unbestimmte Zeit die beiden Zufahrtsstraßen nach Afghanistan, über die üblicherweise 49 Prozent des Nachschubs für die NATO-Truppen in Afghanistan transportiert wurden, und gab Washington 15 Tage, den Shamsi-Luftwaffenstützpunkt in Belutschistan zu schließen, wo die USA Drohnen stationiert haben.

Es ist nicht das erste Mal, dass Pakistan die Schließung des Stützpunktes fordert. Bereits nach dem Überfall einer Einheit amerikanischer Navy Seals in Abbottabad und der anschließenden Exekution Osama bin Ladens im Mai hatten die Führer des Landes die Schließung des Flughafens Shamsi verlangt, was die US-Regierung einfach ignoriert hatte. Shamsi war einst von den Vereinigten Arabischen Emiraten angelegt worden, deren Scheiche vor dem Schulterschluss großer Teile der Bevölkerung mit den Taliban und al-Qaida jedes Jahr zur Falkenjagd auf Kraniche in Belutschistan eingeflogen waren. Im Rahmen des Krieges in Afghanistan hatte die pakistanische Regierung Shamsi den US-Truppen zur Verfügung gestellt. Die Aufregung um die 25 Toten in Islamabad indes schien sich in Grenzen zu halten. Die USA hatten Drohnen auf einer ganzen Reihe weiterer Flugplätze stationiert, so dass die Schließung von Shamsi den Einsatz der unbemannten Flugkörper kaum behinderte.

NATO-Chef Anders Fogh Rasmussen drückte in einem Schreiben an Pakistans Ministerpräsidenten Gilani sein Bedauern über den »tragischen, unbeabsichtigten« Tod der Grenzsoldaten aus. In einer gemeinsamen Erklärung bekundeten US-Außenministerin Hillary Clinton und Verteidigungsminister Leon Panetta ihr »tiefstes Mitgefühl für den Verlust von Leben« und versprachen »volle Unterstützung bei der Absicht der NATO«, sofort eine Untersuchung einzuleiten.[211]

Am 9. Dezember, zwei Wochen nach dem Zwischenfall, erklärte ein ranghoher Offizier der pakistanischen Armee gegenüber dem US-Fernsehsender NBC: »Jedes Objekt, das in unseren Luftraum eindringt, einschließlich US-Drohnen, wird als feindlich betrachtet und abgeschossen werden.«[212]

Im April 2013 gab Pakistans ehemaliger Militärdiktator Pervez Musharraf entgegen aller bis dahin geäußerten Behauptungen in einem Interview mit dem amerikanischen Nachrichtensender CNN zu, Drohnenangriffe der USA in Pakistan genehmigt zu haben – allerdings »nur in einigen wenigen Fällen und wenn das Ziel sehr abgelegen lag und Kollateralschäden ausgeschlossen waren«.[213] Die Genehmigung sei erst nach ausführlichen Diskussionen mit den involvierten Militärs und Geheimdiensten und nur dann erteilt worden, »wenn es zu spät für unsere eigenen Truppen war einzugreifen«. Das sei nur »sehr selten« der Fall gewesen.

2011: Russland

Im Dezember kam es nach der Wahl zur Duma, dem russischen Parlament, bei der die Hälfte aller Stimmen auf die Regierungspartei Vereinigtes Russland entfiel, in Moskau, Sankt Petersburg und zahlreichen weiteren Städten zu den größten Protestkundgebungen im Lande seit der Auflösung der Sowjetunion. Die Bürger demonstrierten gegen Wahlbetrug und das System Putin. Nach Angaben der staatlichen Nachrichtenagentur RIA Novosti wurden 1100 Berichte über Unregelmäßigkeiten registriert. Russlands angeblich unabhängige Wahlbeobachtergruppe Golos indes sprach von 5300 eingereichten Beschwerden. Die meisten Vorwürfe richteten sich gegen die Regierungspartei. Selbst der letzte Staatspräsident der Sowjetunion, Michail Gorbatschow, wollte die Wahlergebnisse nicht anerkennen: »Ich denke, sie (Russlands Führung) kann nur eine Entscheidung treffen – die Wahlen annullieren und einen neuen Wahlgang abhalten.«[214]

US-Außenministerin Hillary Clinton kritisierte, die Wahlen seien »weder frei noch fair«[215] gewesen, was Wladimir Putin scharf zurückwies.

»Sie (Hillary Clinton) hat einigen Darstellern in unserem Land den Ton vorgegeben. Sie hörten das Signal und begannen mit Unterstützung des US-State Departments ihre Arbeit.«[216] Es sei »inakzeptabel, dass ausländisches Geld den Wahlprozess beeinflusst«.[217]

Wenige Tage nach der Wahl, am 8. Dezember, behauptete die russische Life-Nachrichtenseite, sich Zugang zur Internetkorrespondenz zwischen Golos und USAID im Umfang von 60 Megabyte verschafft zu haben. Die Korrespondenz zeige, dass Golos der US-Behörde Abrechnungen geschickt hatte, um über die Verwendung von Geldern aus der Kasse von USAID Auskunft zu geben. Schon vor den Wahlen hatte NTV den Dokumentarfilm *Golos niotkuda* (Stimme aus dem Nirgendwo) gezeigt, in dem Golos vorgeworfen wurde, mit Geldern aus dem Ausland, vorrangig aus den USA, Propaganda zu machen.

Tatsächlich erhielten russische Oppositionsgruppen und -parteien schon seit der Auflösung der Sowjetunion finanzielle und technische Hilfe von den einschlägigen US-Organisationen. So verkündete das International Republican Institute nur wenige Tage vor den Wahlen stolz, den russischen NGOs eine neue Website Winko (http://www.winko.ru/) eingerichtet zu haben.[218] Man hoffe, mit Winko ähnlich wie mit Facebook und Linkedin Synergien innerhalb der NGO-Gemeinschaft schaffen zu können. Neben Landkarten, Videolinks zu Trainingsmodulen und den Profilen von 50 Organisationen biete die neue Website Verbindung zu den 200 bereits registrierten Nutzern an. Diese Nutzer arbeiten allesamt mit USAID oder deren Partnerorganisationen wie der Agency for Social Information, der Moscow School of Political Studies, dem Institute of Globalization and Social Movements oder dem Tschetschenischen Komitee zur Nationalen Errettung zusammen, die allesamt auch mit der CIA verknüpft sind. Und natürlich stand auch die National Endowment for Democracy der Opposition finanziell bei, alleine im Wahljahr 2011 mit 2,8 Millionen Dollar.[219]

2013: Somalia, Libyen

Mindestens seit 2003 operierten US-Soldaten in Somalia. Damals verwandte das Joint Special Operations Command sechs Monate darauf, Navy Seals mit einem U-Boot in dem ostafrikanischen Staat einzuschleusen, die dort versteckte Überwachungskameras aufstellen sollten. Später ersetzten Drohnen diese Kameraarbeit.

Zehn Jahre später drangen Navy Seals erneut in somalisches Territorium ein und versuchten, ein führendes al-Shabaab-Mitglied zu töten. Zur selben Zeit nahmen US-Special Operations Forces in Tripolis Abu Anas al-Libi fest, der im Zusammenhang mit den Anschlägen auf die US-Botschaften in Nairobi und Daressalam gesucht wurde.

Juli 2013: Bolivien

Am 2. Juli startete die Maschine des bolivianischen Präsidenten Evo Morales, der an einer Konferenz der Gas exportierenden Staaten in Moskau teilgenommen hatte, vom Flughafen Moskau-Wnukowo nach La Paz. Da ihm Frankreich, Spanien und Italien die Überflugrechte verweigerten, landete die Maschine zum Auftanken schließlich in Wien. Als gute Verbündete hatten Paris, Madrid, Rom und schließlich auch Wien Washington bei seiner Jagd nach dem NSA-Whistleblower Edward Snowden in flagranter Missachtung internationaler und diplomatischer Gesetze und Gepflogenheiten unterstützen wollen. Doch der Gesuchte befand sich nicht auf Flug FAB-001, sondern eine Woche nach seiner Ankunft immer noch auf dem Flughafen Moskau-Scheremetjewo. Einen Tag später räumte die Sprecherin des State Department, Jen Psaki, auf der täglichen Pressekonferenz ein, die USA hätten »in den letzten zehn Tagen mit einer Reihe von Staaten in der ganzen Welt, bei denen die Möglichkeit bestand, dass Mr. Snowden dort landen oder durchreisen könnte, in Kontakt gestanden.«[220]

Nachdem die amerikanischen Behörden wenig später die Überfluggenehmigung der Maschine des venezolanischen Präsidenten Maduro auf einem Flug in die VR China über Puerto Rico verzögert hatten, reichte Evo Morales am 20. September Klage gegen die US-Regierung »wegen Verbrechen gegen die Menschlichkeit« ein. Venezuela und die Mercosur-Staaten Argentinien, Brasilien, Uruguay riefen ihre Botschafter aus Frankreich, Italien, Portugal und Spanien zur Berichterstattung zurück. Auf dem Gipfel der Mercosur-Staaten verwahrten sich die Präsidenten auch gegen die Einschränkungen des Asylrechts, das in Lateinamerika traditionell besonders gehütet wird: »Wir weisen jede Maßnahme zurück, die das Recht, Asyl zu gewähren und zu geben, unterminiert.«[221]

Gleichzeitig trugen Bolivien, Argentinien, Ecuador, Kuba, Nicaragua, Surinam, Uruguay und Venezuela ihre Bedenken zum Verhalten der US-Regierung beim UN-Generalssekretär Ban Ki-moon vor. »Ein Staatsoberhaupt und sein oder ihr Flugzeug genießen Immunität und Unverletzlichkeit«, versicherte Ban Ki-moon den Regierungen.[222]

2013: Mali

Im Rahmen der UN-Resolution 2085 unterstützten die USA neben Belgien, Dänemark, Deutschland, Großbritannien, Kanada, Spanien, Schweden und den Niederlanden die französische »Operation Serval« mit Transport- und Tankflugzeugen. Die Operation richtete sich gegen die islamische Ansar Dine-Miliz und die Mouvement pour l'Unicité et le Jihad en Afrique de l'Ouest (MUJAO), die in der Region Azawad die Tuareg bekämpften.

August 2013–heute: Syrien

»Die Zeit ist gekommen, dass Präsident (Baschar) Assad zurücktritt«, forderte Präsident Barack Obama im August 2011.[223] Zwei Jahre später erklärte er: »Nach reiflichen Überlegungen habe ich entschieden, dass die Vereinigten Staaten militärisch gegen syrische Regierungseinrichtungen vorgehen sollten.«[224] Dabei waren die Armee und die Nachrichtendienste der USA in einem gemeinsamen Bericht zu dem Schluss gekommen, dass der Sturz Assads »drastische Konsequenzen« haben könnte, weil die von Obama unterstützte Opposition von dschihadistischen Elementen dominiert werde. Der Bericht wurde ignoriert.[225] Ein Jahr später berichtete die französische Nachrichtenagentur AFP von amerikanisch-syrischer Zusammenarbeit. Demnach tauschten die Vereinigten Staaten über russische und irakische Kanäle Informationen über Bewegungen und Positionen der radikalen sunnitischen IS-Milizen mit Syrien aus. »Die Operation hat schon begonnen, und die USA geben Damaskus via Bagdad und Moskau Informationen«, zitierte AFP eine Quelle, die ungenannt bleiben wollte.[226]

Mit den militärischen Erfolgen des Islamischen Staats besonders um die Wirtschaftshochburg Aleppo und die Ölförderregion im Nordosten des Landes geriet das Regime zunehmend unter Druck. Ebenfalls vom IS bedrängt, schlossen sich zunehmend mehr der vom Westen unterstützten sogenannten moderaten Opposition der Freien Syrischen Armee (FSA) den Religionskriegern an. Erst im letzten Quartal des Jahres 2013 gelang es den Regierungstruppen mit Hilfe der libanesischen Hisbollah und der von Iran organisierten internationalen al-Abas-Brigade, Aleppo zu entlasten, während kurdische Rebellen im Norden die islamistische Jabhat al-Nusra attackierten. Während ISIS-Truppen Raqqah im Nordosten einnahmen, gelang es FSA-Verbänden mit Unterstützung der al-Nusra-Front, ISIS vollständig aus Aleppo zu vertreiben.

Die USA, Großbritannien und Frankreich unterstützten die oppositionelle syrische Koalition politisch, logistisch und militärisch. Syrische Rebellen wurden von der CIA auf Basen in Jordanien, Qatar, Saudi-Arabien und der Türkei ausgebildet. CIA-Agenten und US-Special Operations Forces trainierten seit 2012 mit einem Kostenaufwand von einer Milliarde Dollar pro Jahr beinahe 10 000 Rebellen.[227] Doch zwei Jahre später befanden sich die sogenannten »Moderaten« bereits in Auflösung, die Freie Syrische Armee (FSA) schrumpfte auf einem türkischen Luftwaffenstützpunkt in die Bedeutungslosigkeit, während Saudi-Arabien, Qatar, die Türkei und ungewollt auch die USA die Dschihadisten finanzierten und bewaffneten. Die CIA kam zu »der trostlosen Einschätzung, dass es keine brauchbare ›moderate‹ Opposition in Syrien gab, und die USA Extremisten bewaffneten«.[228] Saudi-

Arabien gilt als der großzügigste Helfer der Dschihadisten, und auch Qatar steuerte bislang schon über drei Milliarden Dollar zu deren Unterstützung bei.

Inzwischen hatte sich der Bürgerkrieg internationalisiert. Israel bombardierte syrische Positionen bei Damaskus, unterstützte die FSA mit Waffenlieferungen und behandelte verwundete FSA-Kämpfer in seinen Krankenhäusern. Libanesische Hisbollah-Truppen kämpften an der Seite Assads. Teheran schickte mindestens 2000 Revolutionsgardisten sowie 8000 (manche Quellen sprechen von 10000 und sogar 20000) in Iran ausgebildete irakische und afghanische Schiiten (Hazaras), um für Assad zu kämpfen. Türkische Sanitäter und Berater standen ISIL (Islamischer Staat von Irak und der Levante) beziehungsweise ISIS bei. Die Türkei diente Dschihadisten aus Tschetschenien, Aserbeidschan, Kasachstan, Kirgisien, Tadschikistan, sogar aus dem fernen Xinxiang als Transitland. Tausende Uiguren der islamischen Bewegung Ostturkestans, die für Unabhängigkeit von China kämpft, strömten nach Syrien. »Seit 2013 kamen 5000 uigurische Kämpfer in der Türkei an, von denen vielleicht 2000 nach Syrien gehen«, berichtete IHS-Jane's Defence Weekly im Oktober 2015.

Am 3. Juni 2014 fanden in den von der Regierung gehaltenen Gebieten Präsidentschaftswahlen statt. Zum ersten Mal seit Assads Amtsantritt durften auch andere Aspiranten auf das höchste Amt im Staat kandidieren. In mehr als 9000 Wahllokalen stimmten nach Angaben des Obersten Verfassungsgerichts Syriens 88,7 Prozent für den amtierenden Präsidenten. Die Wahlbeteiligung lag offiziell bei 73,42 Prozent (11,63 Millionen Wähler). Syrien hatte vor Ausbruch des Bürgerkrieges rund 18 Millionen Einwohner, nach Schätzungen diverser Beobachter hielten sich zum Zeitpunkt der Wahlen jedoch nur noch sechs Millionen Wahlberechtigte in Syrien auf. Zudem kontrollierten die Rebellen-, Kurden- oder ISIS-Verbände rund 60 Prozent des Landes, in denen keine Abstimmung stattfand.

Am 23. September 2014 begannen die USA, mit B-1-Bombern, Kampfjets und Predator-Drohnen direkt in die Kämpfe einzugreifen. F-18-Jets von der *USS George H.W. Bush* flogen Einsätze in Syrien, der Zerstörer *USS Arleigh Burke* feuerte aus dem Roten Meer Tomahawk-Raketen auf syrische Ziele. Die USA und »Streitkräfte von Partner-Nationen« begannen, mit der »Operation Inherent Resolve« Ziele im Einflussbereich von ISIL zu beschießen, erklärte der Sprecher des Pentagon, Admiral John Kirby.[229] Angeführt von den USA, beteiligten sich an den Operationen der Combined Joint Task Force Einheiten aus nicht weniger als 40 Staaten, darunter Australien, Kanada, Frankreich, Großbritannien, Deutschland, Jordanien, die Niederlande und so fragwürdige Verbündete wie

Saudi-Arabien, die Türkei und die Vereinigten Arabischen Emirate. Dabei wurde die Türkei mehrfach beschuldigt, weniger IS als die Verbände der PKK in Syrien und Irak zu bekämpfen.[230] Im Juli 2015 fanden US-Spezialtruppen auf dem Gelände des »Finanzchefs« des IS, Abu Sayyaf, »unwiderlegbare« Beweise dafür, dass die Türkei in direktem Kontakt mit hochrangigen IS-Mitgliedern stand.[231] Schon früher hatte das amerikanische Nachrichtenmagazin *Newsweek* von engen Beziehungen zwischen türkischen Offizieren und ISIS-Kommandeuren berichtet.[232]

Nach erneuten Erfolgen der IS-Verbände (die unter anderem auch die antike Stadt Palmira eingenommen hatten) begann die russische Luftwaffe am 30. September 2015 nach einer offiziellen Anfrage von Präsident Baschar al-Assad mit Luftangriffen auf Stellungen sowohl des IS als auch der FSA. Nach russischen Angaben zogen sich etwa 3000 Kämpfer des Islamischen Staats, der Jabhat al-Nusra sowie von Jaish al-Yarmouk nach Jordanien zurück, um den Luftangriffen auszuweichen. Die russische Hilfe für Assad beantworteten die USA prompt mit erhöhter Unterstützung der Opposition.

Am 13. April 2016 fanden in den von der Regierung kontrollierten Teilen Syriens Parlamentswahlen statt, die von der Opposition allerdings als »Scheinwahlen« boykottiert wurden. Wie die Wahlkommission in Damaskus bekanntgab, gewannen alle 200 Kandidaten der »Nationalen Einheitsliste«, ein Zusammenschluss der dominierenden Baath-Partei und einiger kleinerer Parteien einen Sitz im 250 Mitglieder zählenden Abgeordnetenhaus. Nach Angaben der Kommission lag die Wahlbeteiligung mit 58 Prozent höher als erwartet. Die Vereinten Nationen, die diese Wahlen nicht anerkannten, insistierten auf der Fortsetzung der Friedensgespräche zwischen der syrischen Regierung und der Opposition in Genf, an deren Ende nach einer Übergangsphase von 18 Monaten eine neue Verfassung erarbeitet und Präsidentschafts- sowie Parlamentswahlen durchgeführt werden sollen.

Am 20. August 2014 war eine Studie der Vereinten Nationen zu dem Schluss gekommen, dass in den Kämpfen bis dahin 191 369 Menschen gestorben seien. Danach stellten die UN weitere statistische Erhebungen ein. Eine Studie des Syrischen Zentrums für Politik-Forschung schätzte die Zahl der Opfer im Februar 2016 auf 470 000 Tote und rund 1,9 Millionen Verwundete (das hieße, dass bis dahin 11,5 Prozent der gesamten Bevölkerung in den Auseinandersetzungen entweder getötet oder verwundet wurden).[233] 45 Prozent der Bevölkerung waren aus ihrer Heimat vertrieben, 6,3 Millionen lebten als sogenannte displaced persons im Land und mehr als vier Millionen im Ausland. Rund 13 Millionen Syrer hatten ihre Einkommensquelle verloren.

2014–2015: Irak

Ende Juni 2014 eroberten ISIS-Verbände die Grenzübergänge zwischen Irak und Syrien in Anbar und Al-Qaim. Daraufhin bombardierte die syrische Luftwaffe ISIL-Positionen im Irak. Der irakische Ministerpräsident Nouri al-Maliki kommentierte: »Es gab zwar keine Absprachen. Wir begrüßen diese Aktion aber.«[234] In Reaktion auf die Annäherung zwischen dem Irak und Syrien beantragte Präsident Barack Obama beim US-Kongress 500 Millionen Dollar für die Ausbildung und Bewaffnung »moderater« syrischer Rebellen, um der wachsenden Gefahr durch ISIS in der Region zu begegnen.[235]

Am 29. Juni verkündete ISIS die Errichtung eines neuen Kalifats. Die Gruppe nannte sich nun Islamischer Staat (IS). Vier Tage später rief Abu Bakr al-Baghdadi, der selbsternannte Kalif des neuen Islamischen Staats, alle Muslime auf der Welt auf, sich hinter ihm als ihr Führer zu vereinen und Rom einzunehmen, um »die Welt zu besitzen«[236]. Am 24. Juli sprengte ISIS die Moschee und das Grab des Propheten Yunus in Mossul. (Dieses Grab war auch den Anhängern mosaischen Glaubens heilig, die ihn den Propheten Jonas nennen.)[237]

Noch Anfang August versprach Präsident Obama: »Ich werde es nicht zulassen, dass die Vereinigten Staaten in einen weiteren Krieg in den Irak hineingezogen werden.«[238] Doch eine Woche später schickte er Predator-Drohnen und F-18-Kampfjets vom Flugzeugträger *George H.W. Bush* in den Irak. In einer August-Offensive hatten Verbände der radikalen Sunnitengruppe Islamischer Staat die Provinz Ninive unter ihre Kontrolle gebracht, Sinjar und weitere Gebiete im Norden des Iraks erobert, bei Mossul einen Damm am Tigris eingenommen, der die Wasserversorgung des Landes bis Bagdad regelt, und belagerten die Kurdenstadt Erbil.

Inzwischen versuchten amerikanische Diplomaten und Offiziere, ehemalige Generäle Saddam Husseins, die sie einst verjagt und in die Arme der IS getrieben hatten, mit großzügigen Pensionsangeboten aus den Reihen der Aufständischen zu locken. Gleichzeitig verlegten die USA zusätzlich 300 Mann des 122nd Fighter Wings der US Air National Guard in den Nahen Osten. Dabei kamen 30-mm-Gatling-Geschütze zum Einsatz, deren PGU-14-Granaten mit abgereichertem Uran (*depleted uranium*, DU) verstärkt waren. Die Weltgesundheitsorganisation stuft DU als höchst krebserregend ein, und 2012 wandten sich 155 Staaten in einer Resolution gegen den Einsatz solcher Munition, nur Großbritannien, Frankreich, Israel und die USA stimmten gegen die Resolution. Bisher gäbe es »kein Verbot radioaktiver Munition, und die USA werden sie einsetzen«, erklärte der Sprecher des Pentagon, Mark Wright, in *Al Jazeera*. »Der Einsatz von DU in panzerbrechender Munition macht es leichter, feindliche Panzer zu zerstören.«[239]

»Wir haben eine Botschaft in Bagdad und ein Konsulat in Erbil, und wir müssen sicherstellen, dass sie nicht bedroht werden«, erklärte Obama seine Entscheidung in der *New York Times*.[240] Zudem gelte es, »einen möglichen Völkermord zu verhindern«.

200 000, zumeist Jesiden, flohen vor den IS-Kämpfern, die ihnen bestenfalls die Alternative Zwangskonvertierung oder Tod ließen. Bis Ende des Monats hatte der IS 5000 jesidische Männer ermordet. Präsident Obama autorisierte gezielte Luftschläge gegen den IS und ordnete Hilfslieferungen an, die über den aus ihrem Siedlungsgebiet um Ninive ins Sinjar-Gebirge an der Grenze zu Syrien geflohenen und vom Hunger bedrohten Jesiden abgeworfen wurden.

Ein Jahr später, am 31. August 2015, begannen die Vereinigten Staaten, Frankreich, Großbritannien und Australien erneut, humanitäre Hilfspakete abzuwerfen, dieses Mal in dem von IS-Verbänden eingeschlossenen Amerli, um der dort lebenden schiitischen turkmenischen Minorität zu helfen. Gleichzeitig bombardierten die USA IS-Positionen im Amerli, bis die irakische Armee die Belagerung durchbrochen hatte. Dieser Sieg gilt als der Wendepunkt in den Kämpfen gegen die IS-Verbände, die seither weitgehend in der Defensive sind. Im September entsandten die USA 350 weitere Bodentruppen, um amerikanisches Botschafts- und Konsulatspersonal im Irak zu schützen.[241]

Oktober 2014: Guinea, Liberia, Sierra Leone

Den schwersten Ebola-Ausbruch seit Entdeckung der Krankheit nannte Präsident Obama eine Bedrohung für die nationale Sicherheit der USA. Die Vereinten Nationen sprachen von einem »internationalen Gesundheitsnotfall«, der UN-Sicherheitsrat trat zu einer Krisensitzung zusammen, Liberias Präsidentin Ellen Johnson Sirleaf appellierte in Briefen an die Regierungen Australiens, Brasiliens, Chinas, Deutschlands, Indiens, Japans, Kubas, Russlands, Südafrikas und der USA um Hilfe beim Aufbau und Betrieb von Ebola-Behandlungsstationen.

Daraufhin entsandten die USA 3000 Soldaten sowie einen Militärstab als logistisches Zentrum des Einsatzes nach Monrovia. Sie bauten in Zusammenarbeit mit lokalen Behörden 17 Kliniken mit je hundert Betten für Ebola-Patienten in Liberia, Guinea und Sierra Leone. Zudem wurden in den ersten sechs Monaten nach Beginn der Operation pro Woche bis zu 500 lokale Pflegekräfte im Umgang mit Ebola geschult sowie Medikamente und Desinfektionsmittel an Tausende Haushalte verteilt.

2014: Jemen

Auf Bitten des jemenitischen Präsidenten Abed Rabbo Mansur Hadi flogen am 25. November zwei Dutzend US-Kommandos und einige US-trainierte jemenitische Spezialkräfte zu einer Befreiungsoperation in die Provinz Hadramaut nahe der saudischen Grenze. In einem Feuergefecht töteten sie in einer Höhle sieben al-Qaida-Mitglieder und befreiten sechs Jemeniten sowie einen Saudi und einen Äthiopier, die von den Getöteten als Geiseln genommen worden waren. Den ebenfalls gesuchten und von AQAP entführten amerikanischen Fotojournalisten Luke Somers fanden die Soldaten nicht.

In einem erfolglosen Versuch, Luke Somers doch noch zu befreien, stürmten am 6. Dezember rund drei Dutzend Navy SEALs ein Dorf im Süden des Landes und töteten nach Angaben eines Stammesführers zwei der Entführer, aber auch mindestens acht unbeteiligte Zivilisten. Zu Beginn des Angriffes ermordeten die Kidnapper den Journalisten und den südafrikanischen Lehrer Pierre Korkie, der für die Hilfsorganisation »Gift of Givers« tätig war. Die südafrikanische Hilfsorganisation berichtete anschließend, sie habe die Freilassung Korkies erfolgreich verhandelt, seine Freilassung habe kurz bevorgestanden. Vertreter der USA gaben an, von den südafrikanischen Bemühungen nichts gewusst zu haben. US-Präsident Obama hatte die Operation genehmigt, weil Somers in »höchster Gefahr« war. In einer Video-Botschaft hatten die Entführer seine Hinrichtung angekündigt, sollten ihre Forderungen nicht erfüllt werden.

April/Mai 2015: Iran

Nachdem iranische Revolutionsgarden den Containerfrachter *Tigris*, der auf den Marshallinseln registriert war und den die dänische Firma Maersk bei der deutschen Reederei Rickmers Shipmanagement gechartered hatte, in der Straße von Hormuz gestoppt und nach Bandar Abbas geleitet hatten, schickte die US-Navy ein Dutzend Kriegsschiffe, um amerikanische Handelsschiffe vor iranischen Übergriffen zu schützen. Als Grund für die Beschlagnahmung gab ein Maersk-Sprecher einen zehn Jahre alten Rechtsstreit um zehn Container an, die 2005 von Iran in die Arabischen Emirate geschickt worden waren. Schließlich beruhigte sich die Lage, als iranische Vertreter eine baldige Beilegung des Rechtsstreits ankündigten.[242]

Oktober 2015: Kamerun

Nach der Entsendung von US-Aufklärungsflugzeugen in den Nordosten Nigerias, wo die radikalislamische Organisation Boko Haram operiert, kündigte US-Präsident Obama eine Ausdehnung des amerikanischen Engagements in Afrika an. 2002 wurde Boko Haram, was so viel heißt wie, »westliche Erziehung ist haram«, also Sünde, von dem islamisch-fundamentalistischen Prediger Maiduguri im vernachlässigten Nordosten Nigerias gegründet: eine zunächst friedliche Gruppe, die an ihren Schulen einen ihrer Auffassung nach reinen Islam predigte, sich für die Einführung der Scharia und das Verbot westlicher Erziehung einsetzte. Erst nachdem das nigerianische Militär 2009 begonnen hatte, ihre Führer und Hunderte ihrer Anhänger zu ermorden, wandelte sich Boko Haram in die mordende, folternde, vergewaltigende Terrororganisation, die heute Nigeria, Niger, Kamerun und den Tschad bedroht. Seit Beginn der Auseinandersetzungen zwischen Boko Haram und dem Militär starben schätzungsweise 20000 Nigerianer.

Die USA entsandten 300 Mann nach Kamerun, wo sich Boko Haram ebenfalls ausgebreitet hat. Sie werden so lange dort bleiben, »bis sie nicht mehr benötigt werden«, sagte Präsident Obama. Und sein Sprecher Josh Earnest ergänzte: »Sie werden Teil breiterer regionaler Bemühungen sein, dem Vordringen von Boko Haram und anderen extremistischen Organisationen in Westafrika Einhalt zu gebieten.«[243]

Dazu richteten die USA auf dem internationalen Flughafen von Garoua einen Drohnenstützpunkt ein. Gleichzeitig wurden neben den bereits in Burkina Faso, Somalia und Dschibuti existierenden Drohnen-Startdepots Predator MQ-1 und MQ-9-Reaper-Drohnen in Niamey im Niger und in N'Djamena im Tschad stationiert. Der National Defense Authorization Act für 2016 sah 50 Millionen Dollar für den Bau eines Flugplatzes und eines Basislagers in Agadez im Niger vor, um die Operationen in Westafrika zu unterstützen.[244]

Die Drohnenmission stärkt aber auch eine fragwürdige Allianz der USA mit einem der brutalsten Diktatoren Afrikas: Kameruns Präsident Paul Biya, der seit 33 Jahren, beinahe ebenso lange wie Simbabwes Robert Mugabe, regiert. »Die gravierendsten Menschenrechtsprobleme waren Folter und Misshandlungen durch die Sicherheitskräfte; lebensbedrohende Bedingungen in den Gefängnissen ... willkürliche Verhaftungen von Oppositionellen, Gewerkschaftern und Journalisten, Einschränkungen der Presse- und Reisefreiheit. Geschlechtsspezifische Gewalt, einschließlich genitale Verstümmelung, Menschenhandel und die Diskriminierung von Lesben, Schwulen, Bisexuellen und Albinos. Erbliche Leibeigenschaft und Kinderarbeit blieben Probleme. Korruption war allgegenwärtig auf allen Regierungsebenen«, listete ein Bericht des US-Außenministeriums auf.[245]

2016: Somalia

In drei aufeinanderfolgenden Überraschungsangriffen auf das al-Shabaab-Ausbildungslager in Raso, etwa 180 Kilometer nördlich von Mogadischu gelegen, töteten US-Kampfflieger und MQ-9-Reaper-Drohnen am 5. März mindestens 150 Soldaten, die gerade zum Appell angetreten waren. Drei Tage später wurden somalische Sondereinheiten bei einem Angriff auf al-Shabaab-Ziele im Süden des Landes von amerikanischen Kampfhubschraubern unterstützt.

In den ersten beiden Apriltagen griffen US-Kampfflugzeuge »in Selbstverteidigung« zweimal Stellungen der al-Shabaab-Miliz an, »die eine imminente Gefahr für die Streitkräfte der USA sowie ihrer Partner darstellten«, so die Pentagon-Sprecherin Oberstleutnant Michelle Baldanza. Die Angriffe wurden an denselben Tagen durchgeführt, als AMISON- und somalische Streitkräfte die Miliz nahe Buufow am Boden angriffen.

In der Nacht vom 9. auf den 10. Mai griffen Verbände aus Kenia und Somalia, unterstützt von US-Bodentruppen, eine al-Shabaab-Position in Toratorow an. Am 27. Mai wurde in einem US-Luftangriff der Koordinator und Nachrichtenchef für al-Shabaab-Operationen in Somalia, Kenia und Uganda, Abdullahi Haji Da'ud, getötet. Somalische Kommandoeinheiten, die nachrichtendienstlich und mit Helikoptern von US-Verbänden unterstützt wurden, töteten in Jubaland im Süden des Landes 16 bewaffnete Männer, darunter Mohamed Mohamud Ali, ebenfalls bekannt unter den Namen Mohammed Dulyadin und Kuno Gamadere. Dulyadin soll den Angriff auf Kenias Garissa-Universität im April 2015 organisiert haben, als vier al-Shabaab-Milizionäre 148 Menschen, davon 142 Studenten, ermordeten.

Trotz Präsident Obamas Abneigung gegen »boots on the ground« halten sich inzwischen Hunderte amerikanischer Special Operations Forces in zahlreichen Ministützpunkten in dem ostafrikanischen Staat auf und führen nach Angaben amerikanischer Offiziere gemeinsam mit Somaliern und Soldaten anderer afrikanischer Nationen wie Kenia und Uganda »mehr als ein Dutzend Operationen pro Monat« durch. Bei den Operationen, »an denen häufig das geheime SEAL Team 6 der US-Navy beteiligt ist, kommen meist Bodentruppen und Drohnen zum Einsatz«.[246]

März 2016: Jemen

Nicht nur saudische Kampfjets, sondern auch US-Flieger griffen in die Kämpfe im Jemen ein. Am 22. März bombardierten US-Kampfflugzeuge in ihrem sechsten Luftangriff in diesem Jahr im Jemen ein AQAP-Ausbildungslager bei Mukalla in der Provinz Hadramout. Der Angriff erfolgte, »als die AQAP-Männer zum Essenfassen in Linie angetreten waren«, präzisierte ein jemenitischer Offizier. Bei dem Angriff seien 71 Menschen getötet und 28 verwundet worden.

Am 28. März sollen bei einem weiteren US-Luftangriff auf den al-Qaida-Stützpunkt in Mukalla der AQAP-Führer Qasim al Raymi und vier weitere Personen gestorben sein. Einen Tag später wurde in einer weiteren Serie von Bombardements auf einen Flugplatz nahe Mukalla eine unbestimmte Anzahl von Menschen getötet. Die Angriffe wurden den USA zugeschrieben. Das Pentagon jedoch bestritt eine Beteiligung. Augenzeugen, Anwohner und ein jemenitischer Beamter bezeugten, ein anderer Luftangriff in Azzan in der südlichen Provinz Shabwa, in dem am 30. März vier angebliche al-Qaida-Mitglieder umgekommen waren, sei von US-Flugzeugen durchgeführt worden. Das Pentagon wies die Verantwortung für diesen Angriff ebenfalls zurück.

2016: Südchinesisches Meer

Bis in die dreißiger Jahre waren es unbedeutende Felsbrocken, Eilande und Sandbänke, die höchstens eine Gefahr für die Seefahrt darstellten: die Paracelsus-, die Spratly- und die Pratas-Inseln im Südchinesischen Meer. Doch inzwischen sind die kaum ein paar Meter aus dem Wasser ragenden Gipfel der Gebirge, die aus 4000 Metern Meerestiefe ragen, der Zankapfel von nicht weniger als sieben Staaten. Auf Teile oder einzelne der rund 200 Spratly-Inseln erheben die Volksrepublik China, Taiwan, die Philippinen, Vietnam, Brunei und Malaysia Anspruch. Um die Paracelsus-Inseln streiten sich die VR China und Vietnam. Zudem schwelt seit Jahren ein Konflikt zwischen Tokio und Beijing, das den gesamten, bis vor Japans Westküste reichenden Festlandsockel als chinesisches Seegebiet beansprucht.

Seit drei Jahren sind vor allem die VR China und Vietnam dabei, »ihre« Inseln durch Sandaufschüttung erheblich zu vergrößern. Sie bauen dort Landepisten, Hafenanlagen, Hangars, Truppenunterkünfte, Wetterstationen und andere Infrastruktur. Von der US-Firma ImageSat aufgenommene Bilder der Paracelsus-Inseln scheinen auf der chinesisch besetzten Insel Woody Island zwei Batterien von acht Raketenabschussrampen und ein Radarsystem zu zeigen. Die Bedeutung der unwirtlichen Felsbrocken sind die reichen Fischgründe, vermutete große Gas- und Ölvorkommen. Alleine bei den Spratlys wurden seit 1930 29 Öl- und vier Gasfelder erschlossen. Die meisten wurden später aber wieder aufgegeben.

Darum äußern Experten starke Zweifel an den häufig verkündeten Reichtümern und weisen auf die Probleme bei der Ausbeutung der angeblichen Ressourcen hin. So bestehe ein erheblicher Unterschied zwischen »Ressourcen« (was im Erdreich lagert) und »Reserven« (jener Anteil, der gefördert werden kann). »Im Normalfall kann ein Drittel der Ressourcen technisch an die Oberfläche gebracht werden, während aber nur ein Zehntel kommerziell gefördert werden kann.«[247] Die US Energy Information Administration schätzte 2013, dass im Südchinesischen Meer elf Milliarden Barrel Öl und fünf Billionen Kubikmeter Gas lagerten. Angesichts des jährlichen Ölverbrauchs der VR China von rund drei Milliarden Barrel und eines Gasverbrauchs von 140 Milliarden Kubikmeter »sind die Reserven und Ressourcen im Südchinesischen Meer kaum den Wirbel wert, der um sie gemacht wird«[248], urteilte der BBC-Journalist Bill Hayton in seinem Buch »The South China Sea«.

Schon 2013 sicherte die damalige US-Außenministerin Hillary Clinton den Philippinen Amerikas »militärische und diplomatische Unterstützung« in dem Konflikt mit der VR China zu. Zwar verärgerte diese Parteinahme sogar loyale Verbündete. »ASEAN wird es nicht zulassen, dass die Region zu einer Wettkampfarena für Länder wird, die sich als Großmächte betrachten, wer immer und wo immer sie sein mögen«, erklärte Indonesiens Außenminister Marty Natalegawa. »Was ich nur ungern sähe, ist, dass dieses Abkommen eine Reaktion und Gegenreaktion provoziert, die zu einem hässlichen Kreis von Spannungen und Misstrauen führten.«[249] Die Vereinigung Südostasiatischer Nationen hatte bereits 1992 gemeinsam mit Südkorea, Japan und der VR China eine Erklärung erarbeitet, in der sich die Unterzeichner verpflichteten, ihre Konflikte friedlich zu lösen und die gemeinsame Ausbeutung der Rohstoffe zu erwägen.

Inzwischen kreuzen US-Kriegsschiffe regelmäßig im Südchinesischen Meer und dringen US-Kampfjets in die chinesische EEZ (Exclusive Economic Zone) ein. China betrachtet Aufklärungsflüge und Marineoperationen innerhalb der EEZ ohne vorherige Ankündigung und Genehmigung des Küstenanrainers als Verstoß gegen chinesisches und internationales Recht. Die USA hingegen insistieren darauf, dass die United Nations Convention on the Law of the Sea (UNCLOS) das Recht aller Nationen, auch innerhalb der EEZ ohne vorherige Ankündigung und Genehmigung militärische Operationen durchzuführen, nicht untersagt. Die USA berufen sich damit auf eine UN-Konvention, die sie selbst bisher nicht unterzeichnet haben. China stört die amerikanischen Aufklärungsflüge innerhalb der EEZ regelmäßig, wobei es häufig zu gefährlichen Zwischenfällen kommt. So kollidierte im April 2001 nahe der Insel Hainan ein amerikanisches EP-3-Aufklärungsflugzeug mit einem chinesischen F-8-Abfangjäger. Im März 2009 kreisten fünf chinesische Schiffe das Aufklärungsschiff *USNS Impeccable* ein, das 80 Seemeilen vor der Insel Hainan operierte, woraufhin Präsident Obama den Zerstörer *USS Chung-Hoon* zu seinem Schutz entsandte. Zwei Monate später vertrieb die *USNS Victorious* 170 Seemeilen vor der chinesischen Küste mit Hochdruckwasserstrahlen fünf chinesische Fischtrawler, die sich bis auf zehn Meter genähert hatten. Und im Juni desselben Jahres kollidierte ein chinesisches U-Boot mit einer Sonar-Überwachungsanlage, die von dem Zerstörer *USS John McCain* geschleppt wurde.

Anfang 2016 versprach Präsident Barack Obama, die US-Streitkräfte werden weiterhin »fliegen, kreuzen und operieren« wo immer es das internationale Recht erlaubt. Daraufhin näherte sich ein US-Zerstörer der Paracelsus-Insel Triton Island bis auf zwölf Seemeilen, strategische B-52-Bomber überflogen die Spratlys. »Die Interessen der Vereinigten Staaten sind keine besonderen Ansprüche auf irgendein Stück Land, sondern weit mehr der freie Handelsfluss in dieser Weltgegend. Das hat bedeutende Konsequenzen für die Weltwirtschaft und bedeutende Konsequenzen für die US-Wirtschaft«[250], begründete der Pressechef des Weißen Hauses, Josh Earnest, das Katz-und-Maus-Spiel im Südchinesischen Meer.

2016: Jemen

Nach Angaben des Pentagon wurden jemenitische Verbände und die Saudi-geführte Koalition (Saudi-Arabien, Jemen, Vereinigte Emirate) Anfang Mai bei einem Versuch, al-Qaida-Verbände aus Mukalla zu vertreiben, von zwölf Soldaten der Special Operations Forces unterstützt. In den folgenden Tagen gelang es jemenitischen und Koalitionsverbänden, AQAP aus der Stadt zu drängen. Danach schickten die im Rückzug befindlichen AQAP-Kräfte Selbstmordattentäter in die Stadt. Am 12. Mai fielen zehn Menschen drei Anschlägen auf Kasernen und Regierungsgebäude zum Opfer.

In Antwort auf einen Raketenangriff auf die *USS Mason* und die *USS Ponce* vor der Küste des Jemen, der allerdings fehlschlug, feuerte der Zerstörer *USS Nitze* am 18. Oktober Tomahawk Cruise Missiles auf einige Radarstationen in Ras Isa, nördlich von Mukha und nahe Khoka gelegen, ab. Präsident Barack Obama hatte den Raketeneinsatz genehmigt. Damit hatten die USA zum ersten Mal Positionen der Huthi-Rebellen angegriffen. Die Huthis bestritten, amerikanische Schiffe beschossen zu haben. Ein Sprecher des Pentagon, Peter Cook, betonte: »Diese begrenzten Verteidigungsschläge wurden durchgeführt, um unser Personal, unsere Schiffe und unsere freie Seefahrt zu verteidigen.«[251]

»Der Cyberspace ist formell als neues Kriegsgebiet anerkannt«

Wissen ist Macht: Amerikanische Sammelwut

Der Fall der Berliner Mauer, der Untergang des Sowjetreiches sowie die wachsende Bedeutung neuer Kommunikationsformen und des Internets veranlassten die Planer im Pentagon und die Agenten der diversen Geheimdienste, sich neue Tätigkeitsfelder zu erschließen: die virtuelle Cyberwelt. »Es ist eine Doktrin, das Pentagon hat Cyberspace formell als neues Kriegsgebiet anerkannt«, schrieb der stellvertretende US-Verteidigungsminister William J. Lynn III. im Herbst in einem Essay der Zeitschrift *Foreign Affairs*.[1]

Als 2008 »ein ausländischer Nachrichtendienst«, wie Lynn behauptete, versuchte, in die Systeme einiger NSA-Generäle einzudringen, war dies »ein Weckruf« und ein »Wendepunkt in der US-Cyber-Strategie«, vergleichbar mit 1939, als Präsident Franklin D. Roosevelt jenen Brief erhielt, in dem ihn Albert Einstein vor der Möglichkeit eines Atomkrieges warnte. Und 2011 schließlich drohte Präsident Barack Obama unverhohlen mit Krieg. Die USA sähen sich im Internet im Krieg und behielten sich das Recht vor, in Zukunft auf Hacker-Attacken in ihre Systeme mit konventionellen Waffen zu reagieren. Sollte irgendein Land mit Viren, Würmern oder Trojanern in die USA eindringen, riskiere es einen Gegenangriff mit allen militärischen Mitteln, mit Kampfflugzeugen, Panzern und Truppen. Dabei sind die USA die emsigsten Lauscher und Hacker von allen.

2009 richtete das Pentagon das U.S. Cyber Command (CYBERCOM) mit einer Cyberoperationszentrale auf dem Luftwaffenstützpunkt Lackland bei San Antonio, Texas, mit zunächst 7000 Luftwaffenangehörigen ein. CYBERCOM dient vorrangig dem Schutz der Spionagesatelliten im Orbit. Dazu entwickelt das Pentagon einen fliegenden Schild unbemannter Drohnen. In der Exosphäre testet die Luftwaffe seit 2010 den X-37B-Raumgleiter, der mit Raketen bestückt werden soll, um Schläge gegen rivalisierende Netze wie das chinesische, das zur Zeit erst im Entwicklungsstadium ist, durchführen zu können. Für die audiovisuelle Überwachung plant das Pentagon, eine Armada von 99 Global-Hawk-Drohnen in der Stratosphäre zu installieren. Und für eine erweiterte und präzisere Überwachung aus dem Weltraum ersetzt das Pentagon »seine teuren Spionagesatelliten durch eine neue Generation von leichten Billigmodellen wie dem ATK-A200. Seit seinem erfolgreichen Start im Mai 2011 kreist dieses Modul in 250 Meilen Höhe über der Erde mit ferngesteuerten Kameras von U-2-Qualität, die dem US-Zentralkommando heute eine ›gesicherte Nachrichten-, Überwachungs- und Aufklärungsfähigkeit‹ garantieren.«[2]

Vierzig Kilometer nordöstlich von Washington befindet sich Fort George G. Meade, kurz Fort Meade, mit zahlreichen Regierungsbehörden, wie der Defense Information School, dem Defense Courier Service, dem United States Cyber Command und dem Hauptquartier der größten und mächtigsten Geheimdienstorganisation der Welt, der National Security Agency (NSA). Schon 2006 sprach ein Fachmann in der Zeitung *USA Today* von der »größten Datenbank, die je auf der Welt aufgebaut wurde«, wobei das Ziel »eine Datenbank über jedes jemals geführte Telefonat« sei.

In ihrem Open Source Center in McLean, Virginia, werten die »vengeful librarians« (rachsüchtige Bibliothekare), wie sie liebevoll genannt werden, sämtliche Informationsquellen aus, die der Öffentlichkeit zugänglich sind, also lokale Radio- und TV-Stationen, Zeitungen, Internet-Chatrooms, Facebook, Twitter. Ob in Arabisch oder Mandarin, ob ein ärgerliches Tweet oder ein nachdenklicher Blog, die Analytiker sammeln jeden Fetzen Information. Gleichzeitig nötigte die NSA neun Internetgiganten – darunter Microsoft, Yahoo, Google, Facebook, AOL und Skype –, Milliarden von E-Mails auf ihre Datenfarmen zu transferieren. Echelon, wie das streng geheime Sammelsystem heißt, fängt alles auf: Millionen Liebeserklärungen, verärgerte Forderungen oder bedauernde Entschuldigungen, Kundenkonten bei Banken oder Patientenprotokolle in Krankenhäusern. Die privaten E-Mails, die sich Prinzessin Diana und Dodi al-Fayed schickten, wurden ebenso aufgefangen wie die Details der Vertragsverhandlungen zwischen der europäischen Airbus und Saudi-Arabien oder die Telefongespräche zwischen einer Mutterfirma und ihren Zweigniederlassungen.

Die 1945 gegründete NSA verfügte 2007 über 54 Satelliten und weltweit über zahllose Lauschanlagen (von Waihoapai in Neuseeland über Kojarena in Westaustralien und Bad Aibling in Bayern bis zum Polarkreis), die jedes Wort, das über eine Telefonverbindung gesprochen wurde, oder jedes Fax, jede E-Mail, die über Satellit verschickt wurde, auffingen. Ende der 90er Jahre schätzte die NSA, dass weltweit circa 2,5 Milliarden Telefone und 1,5 Milliarden Internetadressen existierten, dass jede Minute annähernd zwanzig Terabytes (20×10^{12} Bytes) Informationen um die Erde kreisten. Diese Datenmenge wurde dann an die riesigen Computer in Fort Meade weitergeleitet, von denen jeder einzelne mit einem System verbunden war, das ein Petabyte (10^{15} Bytes) Daten speichern kann, acht Mal mehr als die gesamte Bücher- und Dokumentensammlung der Library of Congress. Fünf Billionen Textseiten kann das elektronische Archiv der NSA speichern. Die Computer lesen, analysieren und selektieren das Material in »petaflop speed«, d. h. der Computer kann in einer Sekunde eine Quadrillion (10^{24}) Operationen durchführen. Verglichen mit der Geschwindigkeit der NSA-Computer »erscheint ein Blitz langsam«, sagte der ehemalige CIA-Direktor William Colby einmal. »Da war ein Programm, das in einer Minute 500 Worte in sieben Sprachen übersetzen konnte. Als ich das nächste Mal, einen Monat später, dort war, hatte es seine Kapazität verdoppelt und die Übersetzungszeit halbiert.«[3]

Mit anderen Systemen wie Silkworth oder Moonpenny können sich die NSA-Spione in die angeblich sichere Satellitenkommunikation von Militäreinrichtungen oder von Regierungen und Diplomaten einklinken, die geheimsten Informationen herunterladen und anschließend dechiffrieren. »Kein Code, der von den Kryptologen nicht entschlüsselt wurde.«[4] Schon 1989 fing alleine die Lauschstation in Menwith Hill in Nordenglands Yorkshire 17,5 Milliarden Nachrichten ab. Menwith Hill konnte damals pro Stunde zwei Millionen Nachrichten verarbeiten, von denen 13 000 genauer angeschaut wurden. Von diesen wurden 2000 nach Fort Meade geschickt. Am Ende wurden nur zwanzig tatsächlich analysiert und gespeichert. Derzeit soll die NSA in der Lage sein, alle sechs Stunden elektronische Daten im Umfang des gesamten Inhalts der Library of Congress abzufangen und herunterzuladen.

Alleine im März 2013 sammelten und verarbeiteten die NSA-Computer weltweit 97 Milliarden Mitteilungen, die von Predator- oder Reaper-Drohnen, von U-2-Spionageflugzeugen, Global Hawks, X-37B-Raumgleitern, Google Earth, Weltraumüberwachungsteleskopen und Satelliten aufgefangen worden waren. Weil das NSA-Hauptquartier Fort Meade von der Größe einer Stadt inzwischen nicht mehr ausreicht, richtete die NSA 2005 in San Antonio in einer ehemaligen Chip-Fabrik von Sony einen neuen Komplex zur Datenspeicherung ein. Und seit 2013 ist das Intelligence Community Comprehensive National Cyber-Security Initiative Data Center bei Camp Williams in Bluffdale, Utah, in Betrieb. In diesem Datenzentrum in der Wüste von Utah soll eine unendliche Menge von Informationen, das gesamte Wissen der ganzen Welt, gesammelt werden. Die 1,5 Millionen Quadratfuß große, zwanzig Gebäudekomplexe umfassende und zwei Milliarden Dollar teure Einrichtung verfügt über eigene, von der öffentlichen Versorgung unabhängige Wasseraufbereitungsanlagen, ein eigenes Elektrizitätswerk sowie sechzig Diesel-getriebene Reservegeneratoren mit den dazugehörigen Tanks, um einen drei Tage währenden totalen Stromausfall überbrücken zu können. Alleine die Computer produzieren eine jährliche Stromrechnung von siebzig Millionen Dollar.

»Mit der fortlaufenden Verbesserung der mit den diversen Überwachungsmissionen verbundenen Sensoren wächst der Datenumfang auf eine projektierte Größe von Yottabytes (10^{24}) bis 2015«[5], heißt es in einem Report, den die Mitre Corporation, ein Thinktank des Pentagon, erstellt hat. Ein Yottabyte entspricht einer Milliarde Terabyte. (Zum Vergleich: Für die digitale Speicherung sämtlicher Titel der amerikanischen Kongressbibliothek wären nicht mehr als 15 Terabyte nötig.) Das entspricht ungefähr einer Septillion (1 000 000 000 000 000 000 000 000) Textseiten. Zahlen größer als Yottabytes haben nicht einmal mehr Namen. Ein »Send«- oder »Answer«-Befehl auf einem PC in jedem gegebenen Haushalt – und die Details der Kommunikation landen in Big Brothers Datenbank.

Einmal aufgefangen und abgespeichert in diesen nahezu unbegrenzten Bibliotheken werden die Daten von Infowaffen und Supercomputern mit Hilfe komplizierter algorithmischer Programme analysiert, um zu bestimmen, wer von uns ein Terrorist sein kann oder werden könnte. Zu einem großen Teil müssen die abgefangenen und gespeicherten Daten nicht einmal mehr an die Zentrale in Fort Meade oder nach San Antonio geschickt werden. Das System Thin Thread[6] korreliert die von einer Lauschstation abgefangenen Daten einer Person sofort mit bereits vorhandenen Daten von Finanztransfers, Reiseinformationen, Webrecherchen und anderen Angaben, die zur Entlarvung von Terroristen und anderen Übeltätern für notwendig erachtet werden, und vernichtet überflüssige Informationen sofort, womit das Problem eines Datenstaus im Zentralsystem (etwa in Fort Meade) weitgehend reduziert wird. Über 1,1 Millionen Terroristen oder des Terrorismus Verdächtige haben die Cyberkrieger der US-Geheimdienste inzwischen in ihre Überwachungsliste aufgenommen.[7]

Natürlich hat die NSA ihre eigenen Hacker. Sie sind in einem geheimen Anbau, dem Friendship Annex oder FANX, auf dem Thurgood Marshall International Airport (der früher einmal Freundschaftsflughafen hieß) bei Baltimore untergebracht. Dort versuchen ganze Teams von Angreifern, in die Kommunikationssysteme befreundeter wie feindlicher Regierungen einzudringen. Andere Mannschaften wehren Versuche ab, in die US-Systeme einzudringen. Die NSA habe schon bei dem Angriff auf den Irak 1991 unbezahlbare Erfahrungen in Cyberspionage gesammelt, deren Techniken während des Kosovokrieges und später im Kampf gegen al-Qaida noch perfektioniert worden seien, erklärte ein ehemaliger NSA-Mitarbeiter Seymour Hersh gegenüber. »Was immer die Chinesen uns antun, wir können es besser. Unsere offensiven Cyber-Fähigkeiten sind weit fortgeschrittener.«[8]

Doch noch ist die Orwellsche Welt nicht perfekt. Nicht nur, dass die NSA vor Beginn der Kriege im Nahen Osten oder am Hindukusch kaum über Daten aus Irak oder Afghanistan verfügte – der für die Region zuständige Lauschposten der NSA hatte nicht einmal einen Dolmetscher, der Paschto oder Dari beherrschte, die beiden am meisten verbreiteten Sprachen in Afghanistan –, auch im Vorfeld der Angriffe am 11. September 2001 versagten die Hightech-Experten. Über eineinhalb Jahre lang hörte die NSA zwei der führenden Hijacker während ihrer Vorbereitungen für die Anschläge ab und wusste, dass sie auf Weisung von Osama bin Laden handelten. Die Flugzeugentführer hatten ihr Hauptquartier in Laurel, Maryland, beinahe in Sichtweite des Büros des NSA-Direktors eingerichtet. Doch die NSA-Schnüffler beantragten nie einen Haftbefehl oder informierten wenigstens die CIA oder das FBI über die Anwesenheit der Verdächtigen.

Erfolgreicher hingegen belauschten sie ihre Verbündeten. Dazu hat der weltweit operierende Special Collection Service (SCS) der NSA auf sämtlichen US-Botschaften »einen Antennenrotor namens ›Einstein‹, eine Datenbank zur Analyse von Mikrowellen (Interquake) sowie ein Programm namens ›Sciatica‹ eingerichtet, mit dem Agenten Signale im Gigaherzbereich erfassen können«. Das aus der NSA-Zentrale in Fort Meade gesteuerte Programm Birdwatcher erfasst und analysiert verschlüsselte Signale und kann geschützte virtuelle Privatnetze, wie sie etwa von Botschaften und Privatunternehmen für die hausinterne Kommunikation genutzt werden, identifizieren.[9]

2013 sorgten die Enthüllungen des Computerspezialisten Edward Snowden, der für Booz Allen Hamilton, eine private Vertragsfirma der NSA auf Hawaii, gearbeitet hatte, in Mexiko und Indonesien sowie vor allem in Europa für Aufregung. Snowden hatte umfangreiche Unterlagen der NSA kopiert und anschließend der Londoner Tageszeitung *The Guardian* zur Verfügung gestellt, die bewiesen, dass der US-Geheimdienst mit seinem geheimen Überwachungsprogramm Prism direkten Zugriff auf die Kommunikationsinhalte der Kunden großer IT- und Internetunternehmen hat.

Gemeinsam mit ihrem britischen Partner, dem Government Communications Headquarters (GCHQ), zapfte die NSA unter dem Codenamen Tempora die internationalen Glasfasernetze an. Nachdem sich auch noch Australien, Neuseeland und Kanada den Lauschern angeschlossen hatten, erhielt diese Abhörkoalition den Namen Five Eyes. Zwar nimmt die NSA seit 2007 seine »second-party-Five Eyes-Verbündeten«, also andere NATO- oder SEATO-Partner, offiziell von der Überwachung durch ihr Computersystem Boundless Informant aus. Doch »können wir – und tun das oft auch – die Signale der meisten ausländischen third-party-Partner ins Auge fassen«, wie aus einem 2013 öffentlich gemachten NSA-Dokument hervorgeht. Mit den third-party-Partnern sind eindeutig so enge Verbündete wie Deutschland, Frankreich oder Italien gemeint.[10]

In Zusammenarbeit mit den Kollegen der CIA überwachte die NSA Videokonferenzen von UN-Diplomaten, spähte die diplomatischen Vertretungen der Europäischen Union in Washington und New York aus, überwachte unter dem Codenamen Dropmire das Kryptofax der EU-Botschaft in Washington, zapfte die Telefone im Europapalast des Europarats in Straßburg an, belauschte weltweit mindestens 38 Botschaften von Verbündeten, drang in das Computernetz des französischen Außenministeriums ein, verschaffte sich Zugänge zum Netz des Zahlungsverkehr-Dienstleisters Swift, hackte das E-Mail-Konto des damaligen mexikanischen Präsidenten Felipe Calderón und zapfte die Mobiltelefone von insgesamt 122 Staats- und Regierungschefs an, darunter jene von Calderóns Amtsnachfolger Peña Nieto, des ehemaligen indonesischen Präsidenten Susilo Bambang Yudhoyono und der deutschen Bundeskanzlerin Angela Merkel.[11]

Zwar betonen Washingtoner Cyber-Experten oft die Gefahren, die den USA aus dem Internet drohen, und reden oder schreiben gerne von befürchteten Angriffen, die das gesamte Energiesystem Nordamerikas lähmen könnten (was nach Expertenmeinung allerdings nahezu unmöglich ist, da es keine zentrale Schaltstation gibt, sondern Hunderte staatlicher wie privater Betreiber, die unabhängig voneinander operieren). Besonders China »führt eine wirtschaftliche Offensive« gegen die USA, behauptet James Lewis, ein Mitarbeiter am Zentrum für Strategische Studien, der zuvor für das Außen- sowie das Handelsministerium der Clinton-Regierung gearbeitet hatte. »Ein Teil davon ist Wirtschaftsspionage, wie wir sie kennen und verstehen. Ein Teil ist Wilder Westen. Jeder klaut von jedem. Unser Problem ist: Was können wir tun? Ich glaube, wir müssen sie (die chinesische Cyberbedrohung) langsam als ein Handelsproblem behandeln.«[12]

Dabei tun die Chinesen nur, was Amerikaner schon längst machen. Schon früh kümmerte sich die NSA um die Auftragsbücher der amerikanischen Wirtschaft. Alleine im Jahr 1993 »verhalf (das Spionagenetz) Echelon US-Firmen in Übersee zu Verträgen im Wert von 26,5 Milliarden Dollar, indem es Regierungen in der Dritten Welt alarmierte. Minister akzeptierten Bestechungsgelder.«[13] So horchte Echelon die Gespräche des ehemaligen französischen Ministerpräsidenten Édouard Balladur ab und verdarb dem Rüstungskonzern Dassault ein Sechs-Milliarden-Dollar-Geschäft. Silkworth fing Nachrichten ab, die bewiesen, dass Verkäufer der europäischen Airbus Industries saudischen Beamten Schmiergelder angeboten hatten. Das Geschäft machte daraufhin Boeing. 1994 belauschte Echelon die Telefonkommunikation zwischen Frankreichs Thomson-CSF und der brasilianischen Regierung über einen 1,4-Milliarden-Dollar-Vertrag für ein Kontrollsystem im Regenwald des Amazonas. Und »Moonpenny stellte sicher, dass auf den Philippinen, in Malawi, Tunesien, Peru und im Libanon Verträge, die sonst an europäische Firmen gegangen wären, letztendlich an amerikanische Unternehmen gingen«.[14]

In einer Rede im Mai 2009 veranschlagte Präsident Obama die Verluste amerikanischer Unternehmen in den Jahren 2007 und 2008 infolge von Cyberspionage auf acht Milliarden Dollar: »Es wird geschätzt, dass Kriminelle alleine im letzten Jahr weltweit geistiges Eigentum von Firmen im Wert von einer Billion Dollar gestohlen haben.«

Nicht nur Kriminelle, auch die USA sind prächtig im Geschäft des Cyberspace-Diebstahls. Die US-Botschaftsmitarbeiter scheinen gelegentlich weniger der Aufrechterhaltung der diplomatischen Beziehungen denn der Wirtschaftsspionage zu dienen, wie aus Wikileaks-Dokumenten hervorgeht, die in den Zeitungen des McClatchy-Pressekonsortiums, zu denen u. a. der *Miami Herald*, der *Philadelphia Inquirer* oder die *Sacramento Bee* gehören, veröffentlicht wurden.

Nachdem Russland Michail Chodorkowski verhaftet und seine Ölfirma Jukos aufgelöst hatte, begannen die USA eine Art Ölkrieg gegen das Land. Um die alleinige Dominanz im Ölgeschäft zu erhalten, leiteten die USA diverse gegen Russland gerichtete Operationen ein. Zunächst heuerte die US-Botschaft in der Slowakei eine texanische Consultingfirma an, die auf das Ölgeschäft spezialisiert war, und begann, heimlich die slowakische Regierung zu beraten, wie sie die 49 Prozent Anteile an der slowakischen Ölpipeline-Gesellschaft Transpetrol kaufen könnte, die Jukos hielt. Die Texaner, die den Kaufverhandlungen beiwohnten, versicherten dem unerfahrenen slowakischen Wirtschaftsminister Lubomír Jahnátek, dass die verlangten 120 Millionen Dollar für die 49 Prozent von Jukos ein Schnäppchen seien. Die russische Gazprom sei bereit, einen weit höheren Preis zu bezahlen.

»Wir haben allen beteiligten Parteien klargemacht, dass wir unsere Beraterrolle nicht an die große Glocke gehängt sehen wollen«, hieß es in einem Kabel der US-Botschaft vom 10. August 2006, das den Deal beschrieb. »Jahnátek schätzt die Informationen des (texanischen) Beraters sehr und wird auch weiterhin von ihm und der US-Botschaft Informationen erwarten.«[15] Und der Journalist Kevin G. Hall ergänzte in seinem Artikel: »Die US-Botschaften konzentrieren sich weltweit« auf die Sicherung möglichst vieler Ölressourcen. Von den 251 287 WikiLeaks-Dokumenten, die McClatchy (das Pressekonsortium, für das Hall arbeitet) erhielt, bezogen sich 23 927 – beinahe eines von zehn – auf Öl. Gazprom alleine ist in 1789 erwähnt.«[16]

Ein anderer Ölkonzern, der den Unmut der USA auf sich gezogen hatte, war der italienische Öl-Gigant Eni. Der Konzern hatte versucht, sein Engagement ausgerechnet in zwei Staaten auszudehnen, die die USA als Feinde ansehen: Iran und Russland. »Der Eni-Vorstand Paolo Scaroni erzählte dem Botschafter, dass der iranische Energieminister Eni Investitionsmöglichkeiten im südlichen Pars und auf den Azadegan-Ölfeldern angeboten hat«, ist einem als geheim eingestuften Kabel der US-Botschaft in Rom vom 12. Januar 2007 zu entnehmen. »Scaroni sagte, Eni sei interessiert an zusätzlichen Investitionen, solange der Iran nicht multilateralen Sanktionen unterliege.« Besonders aufgebracht waren die USA über Enis Absicht, das neue Geschäft als Rückzahlungen von Schulden des Irans zu deklarieren, die teilweise noch aus den 50er Jahren stammten. Als Eni 2009 erneut einen Versuch unternahm, die Geschäftsbeziehungen mit dem Iran auszudehnen, meldete die US-Botschaft nach Washington: »Posten denkt, dass es gute Gründe für USG (US-Regierung) gibt, skeptisch zu sein.«[17]

Die Lauschoperationen der NSA-Satelliten brachten den USA noch mehr Beweise über unerwünschte Geschäftsverbindungen der Italiener. Wie einem Kabel der US-Botschaft in Rom vom 24. April 2008 – kurz vor Silvio Berlusconis letzter Amtsübernahme als Ministerpräsident – zu entnehmen ist, drängte der Botschafter das State Department und Finanzministerium, Druck auf Scaroni auszuüben. Diesmal ging es um Italiens Geschäfte mit Russland. Ein Deal mit Eni hätte einerseits Gazprom Zugang zu Libyens Öl verschafft, wofür Eni andererseits an der Pipeline, die Gazprom durch das Schwarze Meer bauen wollte, beteiligt werden sollte. Dieses Projekt hätte mit einem ähnlichen US-Projekt konkurriert, das die kaspische Region unter Umgehung Russlands direkt mit Europa verbunden hätte. Washington wollte Russland unbedingt von Libyens Ölquellen fernhalten.

»Posten wünscht, die neue Berlusconi-Regierung unter Druck zu setzen, so dass Eni weniger als Steigbügelhalter für Gazprom handelt«, teilte die US-Botschaft in Rom ihren Vorgesetzten in einem vertraulichen Kabel mit.[18] Ein paar Jahre später, am 20. April 2011, gab Scaroni schließlich dem Druck nach und machte in einer Presseerklärung einen Rückzieher: Eni werde das Geschäft, das Gazprom einen Anteil am libyschen Öl gegeben hätte, zeitweilig stornieren.

Schon 2007 hatte Brian Gladwell, ein ehemaliger Computer-Experte bei der NATO, die Einsicht verkündet: »Im Cyberspace haben wir heute eine Situation, in der staatlich gesponserter Diebstahl von Wirtschaftsinformationen eine Wachstumsindustrie ist.«[19]

Inzwischen arbeiten wissenschaftliche Einrichtungen im Auftrag der U.S. Defense Advanced Research Projects Agency (DARPA) bereits an der nächsten Generation von Spionagewerkzeugen. Jahrelang bastelten Wissenschaftler an sogenannten Micro-Air-Verhicles (MAVs), fliegenden Robotern von der Größe kleiner Insekten, die ideal für Spionagetätigkeiten wären. Weil die Energieversorgung dabei eine kaum überwindbare Schwierigkeit darstellte, verfielen die Forscher auf eine neue Idee. Zahlreiche Forschungseinrichtungen in den USA sind längst dabei, völlig unverdächtige Spione zu kreieren: lebende Insekten, an denen ein paar winzige Veränderungen vorgenommen werden wie etwa Stimulatoren oder Elektroden, die in ihr Nervensystem eingepflanzt werden. Wissenschaftler haben herausgefunden, dass es viel einfacher ist, ein Insektenhirn und damit das Flugverhalten zu kontrollieren, als MAVs zu bauen.

Darum implantierten Biologen etwa der Texas A&M University Kakerlaken schon im Entwicklungsstadium Mikrochips ein, die mit dem Nerven- und Muskelsystem verknüpft wurden. Auch an der Universität von Michigan und an der Universität von Kalifornien in Berkeley pflanzten Wissenschaftler Hirschhornkäfern und am MIT Motten erfolgreich derartige mikroelektromechanische Systeme (MEMs) ein. Im bewegungslosen Zustand ihrer Entwicklung – z. B. im verpuppten Zustand – lassen sich die Insekten einfacher operieren und manipulieren. Die ausgewachsenen Insekten verhielten sich auch mit der eingebauten Hardware völlig normal. So konnten die Forscher den Flug der Motten steuern.

Die Energieversorgung der eingebauten Chips, so erhoffen es sich die Wissenschaftler, könnte durch die Umwandlung der Hitze und der mechanischen Energie, die das Insekt im Flug erzeugt, erreicht werden. Für den Fall, dass die natürlich erzeugte Energie nicht ausreicht, haben Wissenschaftler der Cornell Universität einen Radioisotopen-Transmitter entwickelt, der kybernetische Organismen mit radioaktiver Energie versorgt.

Sobald die Wissenschaftler diese Cyborgs oder Cybugs, wie sie genannt werden, kontrollieren können, sollen sie zum Einsatz kommen. Ausgerüstet mit Kameras, Mikrophonen und anderen Sensoren könnten sie dann von einem Kontrolleur gesteuert werden, ähnlich den unbemannten Drohnen, die Ziele in Afghanistan, Jemen, Pakistan, Somalia, Mali, Mexiko und anderen Ländern ausspionieren.

Anmerkungen

Einleitung

1 Zit.n. Vidal, 2000, S. 16
2 Grimmett, 5.10.2004. Diesen Report – aufrufbar unter http://www.au.af.mil/au/awc/awcgate/crs/rl30172.htm – nenne ich im Folgenden Congressional Research Service Report RL30172.
3 Tobler, 1995, S. 25
4 Guerra/Prieto, 1978

»Mehr, mehr, mehr! ... Bis der ganze grenzenlose Kontinent unser ist«

1 Lyons, 1992, S. IX
2 1744 hatte Benjamin Franklin Texte indianischer Verträge gedruckt, darunter die Worte Canassetagos, des Häuptlings und Sprechers der Irokesen-Konföderation, in dem er das föderale System der Irokesen hervorhob und den englischen Kolonisten als Modell empfahl. Wenige Jahre später wohnte Franklin dem Großen Rat der Irokesen bei (im heutigen Onondaga County, New York). Seinen Darstellungen zufolge funktionierte das System als föderale Republik, die von lokalen und nationalen Räten mit gewählten Führern regiert wurde.1754 präsentierte Franklin seinen Albany-Plan für eine Union, wobei er für ein föderales System plädierte. Die Häuptlinge der Irokesen waren 1775 zu den Debatten um die Unabhängigkeitserklärung nach Philadelphia eingeladen.
3 Mattingly, 1955, S. 290, und Hanke, 1975, S. 112
4 Merk, 1995, S. 46; James M. McPherson, »America's ›Wicked War‹«, *The New York Review of Books*, 7.2.2013
5 Ibid.
6 Ibid., S. 29
7 Pearce, 1982, S. 17
8 John L. O'Sullivan, »The Great Nation of Futurity«, *United States Magazine and Democratic Review*, November 1839, Vol. 6, Issue 23, S. 426–430
9 McCullough, 1977, S. 338, 340
10 Bushnell, 2003, S. 172
11 1962 von Dean Rusk vorgelegte Liste
12 Pearce, 1982, S. 19
13 Yergin, 1991, S. 508
14 Chomsky, Noam, »Imperial Presidency«, *Canadian Dimension*, January/February 2005, Vol. 39, No. 1, S. 8
15 Jimmy Carter, »The State of the Union Address Delivered Before a Joint Session of the Congress«, 23.1.1980, http://www.presidency.ucsb.edu/ws/?pid=33079, abgerufen 10.11.2014
16 Dubois, 2004, S. 225
17 Boot, 2003, S. 36f.
18 Prucha, 1986, S. 65
19 »History of Cuba«, http://www.cubahistory.org/en/british-occupation-and-us-independence/us-independence.html
20 Jackson, 2005, S. 65, 67
21 Bates, W. B., »A Sketch History of Nacogdoches«, *Southwestern Historical Quarterly*, April 1956, S. 794

22 Zu den bekanntesten dieser rebellierenden Gruppen zählten die Long-Expedition und die Gutiérrez-Magee-Expedition.
23 Freedman, 2007, S. 6
24 Reid, 1995, S. 240
25 en.wikipedia.org/wiki/Black_Hawk_War
26 Philbrick, 2003, Vorwort
27 Haynes, 1997, S. 129
28 Encyclopaedia Britannica 2004, »Mexican War«
29 James M. McPherson, »America's ›Wicked War‹«, *The New York Review of Books*, 7.2.2013
30 Borneman, 2008, S. 164 und 173
31 »British-American Diplomacy Convention Between the United States of America and Her Britannic Majesty. The Clayton-Bulwer Treaty«, Yale Law School, The Avalon Project, http://avalon.law.yale.edu/19th_century/br1850,asp, abgerufen am 26.12. 2012
32 Millard Fillmore, »Third Annual Message«, http://www.presidency.ucsb.edu/ws/?pid=29493
33 Rosengarten Jr., 1976, S. 171
34 »Liliuokalani«, http://en.wikipedia.org/wiki/Liliuokalani
35 Grover Cleveland, State of the Union Address, 1893, American Presidency Project, http://www.presidency.ucsb.edu/ws/index.php?pid=29534, abgerufen 20.12.2010
36 Reports of the Committee on Foreign Relations 1789–1901, Volume 6 [The Morgan Report], S. 385
37 Twain, Mark, »Thirty Thousand Killed A Million«, *The Atlantic*, Vol. 269 No. 4, Boston, April 1992
38 Ibid.
39 Congressional Research Service Report RL30172, http://www.au.af.mil/au/awc/awcgate/crs/rl30172.htm
40 Snow, 1986, S. 172
41 Preston, 2001, S. 391
42 Congressional Research Service Report RL30172; McCullough, 1977
43 Congressional Research Service Report RL30172
44 »U.S. Intervention in Panama«, *NACLA's Latin America & Empire Report*, Vol. VIII, No. 7, September 1974
45 Congressional Research Service Report RL30172
46 Pearce, 1982, S. 15; McCann, 1976, S. 14–20; Über Sam Zemurray schrieb der guatemaltekische Literaturnobelpreisträger Miguel Angel Asturías seinen Roman *Der grüne Papst*.
47 Johnson, 1984, S. 47
48 Johnson, 1984, S. 195
49 Ibid., S. 331
50 Ibid., S. 341
51 Nur drei Monate nach dem sogenannten Tampico-Zwischenfall floh Mexikos Präsident Victoriano Huerta vor seinen Revolutionsgegnern auf dem deutschen Kreuzer *Dresden* nach Jamaika, von wo er sich über Großbritannien und Spanien nach New York begab. Dort verhandelte er mit deutschen Agenten über Waffenlieferungen, um in einem Staatsstreich die Macht in Mexiko zurückerobern zu können. Huertas Umtriebe wurden jedoch aufgedeckt. Auf der Fahrt im Zug nach Süden wurde er am 27. Juni 1915 in Newman in New Mexico festgenommen und wegen Verletzung der US-Neutralitätsgesetze in Fort Bliss inhaftiert, wo er am 14. Januar 1916 an Leberzirrhose starb.
52 Tuchman, 1985, S. 95
53 Schmidt, 1971, S. 99
54 Kurlansky, 1992, S. 43-44
55 Das US-Außenministerium beschreibt im Congressional Research Service Report wie auch in früheren derartigen Listen Indianer, die sich nicht an die Staatsgrenzen hielten, oft als »Banditen«. So entzog sich etwa der Apachenführer Geronimo vor US-Nachstellungen gerne nach Mexiko; stellten ihm dort die mexikanischen Behörden nach, wich er in die USA aus.
56 Zit. n. »U.S. Intervention in Panama«, *NACLA'S Latin America & Empire Report*, Vol. VIII, No. 7, Sept. 1974
57 LaFeber, 1983, S. 57
58 Churchill, 1930, S. 226
59 Ibid., S. 87

60 Ibid., S. 230
61 Dosal, 1993, S. 27
62 Beaulac, Willard, »Career Ambassador«, zit. n. Peckenham, 1985, S. 75
63 Congressional Research Service Report RL30172
64 1790 gehörten vier von sieben Häusern in Mexiko-Stadt der Kirche. Dieselben Besitzverhältnisse galten auch auf dem Land. Die Reformen der Präsidenten Benito Juárez (1858–1864 und 1867–1872) und Sebastián Lerdo de Tejada (1872–1876) schränkten zum ersten Mal die Macht und den Reichtum der Kirche in Mexiko ein, die in den Amtszeiten von Porfirio Díaz (1877–1880 und 1884–1911) wieder zunahm, so dass ihr Vermögen wieder auf 800 Millionen Pesos (400 Millionen Dollar) angestiegen war. Johnson, 1984, S. 388f.
65 Greene, 1949, S. 133, 157, 161, 165
66 Tuck, 1982, S. 73
67 Interview mit Lucila Torres Martín in Guadalajara, 11.4.1989
68 Anderson, 1981, S. 131; siehe auch: Dalton, 1988
69 Morais, 1989, S. 149

»Die Demokratie wurde vor dem Kommunismus gerettet, indem sie abgeschafft wurde«

1 Allerdings wollte der sowjetische Führer Josef Stalin nicht so weit gehen, es auf einen Krieg mit dem Westen ankommen zu lassen. Sein Nachfolger »Nikita Chruschtschow erinnerte sich später, beim Gedanken an eine weltweite Auseinandersetzung mit Amerika habe Stalin gezittert und gebibbert«. (Weiner, 2009, S. 113)
2 http://cryptomc.org/cia-doolittle.pdf, abgerufen am 21.11.2008. Die Kommission war nach ihrem Vorsitzenden, Luftwaffen-Generalleutnant James H. Doolittle, benannt worden, der einst die Geschwader kommandiert hatte, die 1942 Japan bombardierten. Eisenhower wünschte von Doolittle vor allem Vorschläge, wie »die Durchführung derartiger Operationen zu verbessern« wäre. (Brief Eisenhowers an Doolittle vom 26.7.1954, Dwight Eisenhower Library, Eisenhower Papers, Ann Whitman File, Administration Series, box 14, folder: »Dulles, Allen [4].«)
3 Prados, 1986, S. 29
4 Ibid.
5 Ibid., S. 112f.
6 Deane, 1977, S. 113f.
7 »Putsch in Chile 1973«, de.wikipedia.org/wiki/Putsch_in_Chile_1973
8 Schlesinger, 1992, S. 152
9 Toynbee, A., *America and the World Revolution*, S. 17, zit. n. Brendon, 2008, S. 608
10 LaFeber, 1983, S. 89
11 Republican Congressional Committee Newsletter, 20.9.1965
12 McGeorge Bundy, »Beware of Aiding the Contras«, *The New York Times*, 10.6.1985, S. 19
13 Gerassi, J., »The United States and Revolution in Latin America«, in Houghton, 1968, S. 166
14 Warner, 1996, S. 223
15 Im September 1950 folgten die Sowjets dem amerikanischen Vorbild und richteten ein Sowjetisches Informationszentrum (SIZ) ein.
16 Armin Wertz, »Am fünften Ende der Welt«, *Tageszeitung*, 9./10.10.2004
17 Vatja wurde zunächst vom militärischen US-Abwehrdienst in Dachau interniert, von wo er nach Innsbruck floh, arbeitete in Westösterreich für die französischen Besatzungsbehörden, half danach in Rom, die katholische Hilfsorganisation Intermarium aufzubauen, wurde im Juli 1947 von CIC-Agenten angeheuert und reiste 1950 via Spanien nach Kolumbien, wo er später als Professor für Volkswirtschaftslehre an der Universität von Bogotá lehrte. (Steinacher, 2008, S. 96)
18 Das ICRC übernahm in den ersten Nachkriegsjahren die Betreuung von Flüchtlingen, die oftmals staatenlos waren oder nicht mehr in ihre Heimat zurückkehren konnten bzw. wollten, und stellte diesen sogenannte Rote-Kreuz-Pässe aus, Reisedokumente, die ursprünglich nur für eine einmalige Fahrt etwa nach Argentinien gültig waren, deren Gültigkeit im Laufe der Jahre aber zunehmend verlängert wurden. Alleine das Büro des ICRC in Rom (daneben betrieb das ICRC in Italien noch Büros in Verona, Genua, Mailand und Neapel) stellte zwischen März 1945 und Oktober 1948 rund 50000 derartige Pässe aus. Den zum Erhalt eines solchen Passes notwendigen Ausweis stellte die Pontificia

Commissione Assistenza aus. Dazu mussten zwei Zeugen die Angaben des Antragsstellers über Geburtsdatum, -ort und Nationalität bestätigten. So konnte jeder flüchtige Kriegsverbrecher problemlos eine neue Identität und die notwendigen Dokumente bekommen. Drei SS-Männer etwa mussten sich einfach gegenseitig ihre neue Identität bestätigen. »Natürlich haben wir Fragen gestellt«, schilderte der damalige Direktor von Caritas International, Monsignor Karl Bayer, das Dilemma. »Gleichzeitig aber hatten wir nicht die Spur einer Chance, die Antworten auf ihre Richtigkeit zu überprüfen. Damals konnte in Rom jedes Papier und jede Information gekauft werden. Wenn ein Mann uns erzählen wollte, dass er in Viareggio geboren worden war – gleichgültig ob er in Berlin zur Welt gekommen war und kein Wort Italienisch sprach –, musste er nur auf die Straße gehen, wo er ein Dutzend Italiener finden konnte, die bereit waren, für einhundert Lire auf einem Stapel Bibeln zu beschwören, dass er in Viareggio geboren worden war.« (Steinacher, 2008, S. 77)

19 Berichte zu Triska 1953, NARA, RG 263 CIA name files, box 52, folder Triska, Helmut, zit. n. Steinacher, 2008, S. 198

20 Truman, 1956, S. 68 ff.

21 China präsentierte 38 gefangene amerikanische Piloten, die derartige Operationen durchgeführt hatten. Ein internationales wissenschaftliches Komitee von Experten aus Schweden, der UdSSR, Frankreich, Großbritannien, Italien und Brasilien bestätigte nach über zweimonatigen Recherchen vor Ort in einem 600 Seiten langen Bericht: »Die Völker Koreas und Chinas waren tatsächlich Ziele bakteriologischer Waffen.« (Blum, 2004, S. 26)

22 Smith, 1976, S. 280

23 Bonner, 1988, S. 394 und »CIA manipulation of 1953 elections«, Wikipilipinas Philippine Encyclopedi, http://en.wikipilipinas.org/index.php/CIA_manipulation_of_1953_elections, abgerufen am 12.10.2016

24 »In the Philippines, the CIA Has Found a Second Home«, Los Angeles Times, 7.5.1989

25 Pisani, 1991, S. 99–105

26 *The New York Times*, 20.5.1947, S. 2

27 »1948 arbeiteten das State Department und die CIA mit dem Vatikan und der NCWC (die National Catholic Welfare Conference in Washington, DC, die von dem ultrakonservativen Erzbischof von New York, Kardinal Francis Spellman, dominiert wurde) Hand in Hand, um einen Wahlsieg der italienischen Kommunisten bei den Parlamentswahlen zu verhindern.« So koordinierte die NCWC »eine Briefaktion unter den Italo-Amerikanern, die ihre Verwandten in Italien zur Wahl der Christdemokraten auffordern sollten«. Der US Postal Service meldete damals eine Verdoppelung der Briefe nach Italien. (Steinacher, 2008, S. 126)

28 *Time Magazine*, 22.3.1948, S. 35

29 Colby, 1978, S. 109

30 Murtagh, Peter, »The Rape of Greece. The King, the Colonels, and the Resistance«, Simon & Schuster, London, 1994, S. 29, zit. n. Daniele Ganser, »The Secret Side of International Relations: An approach to NATO's stay-behind armies in Western Europe«, 4.–7. April 2005, S. 5 (Konferenzbeitrag), 55th Political Studies Association Annual Conference, University of Leeds, S. 213

31 *The New York Times Magazine*, 12.10.1947, S. 10

32 Churchill, 1954, S. 198

33 Little, Douglas, »1949–1958, Syria: Early Experiments of Covert Action«, Clark University, Worcester, MA, http://coat.ncf.ca/our_magazine/links/issue51/articles/51_12-13.pdf, abgerufen am 23.6.2014; sowie Little, Douglas, »Cold War and Covert Action: The United States and Syria: 1945–1958«, *Middle East Journal*, Vol. 44, No. 1, Washington, D.C., Winter 1990

34 Little, Douglas, »1949–1958, Syria: Early Experiments of Covert Action«

35 Berger, 1993, S. 264

36 Little, Douglas, »1949–1958, Syria: Early Experiments of Covert Action«

37 Ibid.

38 Ibid.

39 http://history.state.gov/milestones/1953-1960/eisenhower-doctrine, abgerufen am 20.1.2012

40 Felicity O. Yost, »Operation Wappen was a covert operation to overthrow the Syrian government in what my father, a United States ambassador to Syria, called a ›particu-

larly clumsy C.I.A. plot«‹, New York, 23.1.2011, http://angryarab.blogspot.de/2011/01/particularly-clumsy-cia-plot.html, abgerufen am 20.1.2012
41 Little, Douglas, »1949–1958, Syria: Early Experiments of Covert Action«
42 Nach dem Krieg ließen sich etwa 4000 Esten, 11 000 Letten und 5000 Litauer in der Bundesrepublik nieder.
43 Hunt, 2009, S. 9
44 Prados, 1986, S. 76
45 Verrier, 1983, S. 76
46 Eigentlich war Zogu kaum mehr als ein Stammeshäuptling im Inneren Albaniens gewesen. 1924 hatte er in einem Putsch die Macht an sich gerissen und 1927 sich selbst zum König ernannt. 1939 floh er vor der italienischen Besetzung ins Exil.
47 Laird, 2002
48 Zit. n. Kraschutzki, 1957, S. 12f.
49 Nach einer Pekinger Note vom 1.8.1953 wurden bis dahin 7144 Verletzungen des chinesischen Hoheitsgebiets durch US-Flugzeuge gezählt. Anfang 1952 schon hatten die amerikanischen Joint Chiefs of Staff von der US-Navy Schiffe und anderes Material für eine geheime CIA-Landung auf dem chinesischen Festland angefordert. (Prados, 1986, S. 70)
50 Thursfield, 1951, S. 110
51 Der CIA-Agent Frank Wisner hatte den Chef des ehemaligen militärischen Geheimdienstes Fremde Heere Ost, Reinhard Gehlen, Ende 1947 beauftragt, einen deutschen Geheimdienst aufzubauen. 1949 war die Organisation Gehlen mit Sitz in Pullach bei München einsatzfähig. Jeder Agent, der in kommunistisches Hoheitsgebiet eingeschleust werden konnte und auch zurückkam, erhielt hundert Dollar für jeden Tag, den er sich in den »denied areas« aufgehalten hatte. Bei erfolgreichem Abschluss einer Operation gab's noch einen Bonus von 1000 Dollar. (Prados, 1986, S. 36–43)
52 *Der Spiegel*, 15.10.1952 S. 6ff.
53 Ganser, Daniele, »Terrorism in Western Europe: An Approach to NATO's Secret Stay-Behind Armies«, in *The Whitehead Journal of Diplomacy and International Relations* 6, Nr. 1, South Orange, NJ, 2005, S. 69ff.
54 *The New York Times*, 7.1.1976, S. 4
55 *The New York Times*, 26.12.1977, S. 37
56 Als stellvertretendem Außenminister des Vatikans zuständig für laufende Angelegenheiten unterstand Montini die Pontificia Commissione Assistenza, die als Instrument der Kirche gegen den Kommunismus gegründet und eine der wichtigsten Fluchthilfe-Organisationen für Nazis und Kriegsverbrecher wurde. »Montini konnte auf die amerikanische Unterstützung für seine PCA zählen; die USA zahlten Millionen Dollar bei der Vatikanbank ein, um antikommunistische Gruppen und Parteien bei den Wahlen 1948 zu unterstützen.« (Hebblethwaite, 1993, S. 214; siehe auch Goñi, Uki, »La auténtica Odessa: La fuga nazi a la Argentina de Péron«, Paidos, Buenos Aires, 2002)
57 Jonathan Mirsky, »Tibet: The CIA's Cancelled War«, *The New York Review of Books*, 21.3.2013
58 Prados, 1986, S. 149
59 Mirsky, »Tibet: The CIA's Cancelled War«
60 Prados, 1986, S. 163, und Shakya, 2000
61 Prados, 1986, S. 165
62 Mirsky, »Tibet: The CIA's Cancelled War«
63 Nachdem das State Department mit seinem Versuch, eine internationale Ausstellungstour »Advancing American Art« zu organisieren, am Widerstand konservativ-reaktionärer Kräfte gescheitert war, sahen sich die Propagandisten westlicher Freiheit in einem Dilemma. Präsident Harry Truman fasste die öffentliche Meinung über moderne Kunst zusammen: »Wenn das Kunst ist, bin ich ein Hottentotte.« Und ein Kongressabgeordneter erklärte: »Ich bin nur ein blöder Amerikaner, der Steuern zahlt, damit solcher Schrott produziert werden kann.« Vereint mit Joseph McCarthys hysterischer Verfolgung jedweden Ausdrucks von Avantgarde oder unorthodoxer Kunst, die er als kommunistisch infiziert betrachtete, diskreditierte dieses spießbürgerliche Banausentum das Bild von den kultivierten USA mit ihrer freiheitlichen Demokratie. Die CIA löste das Dilemma als Kunstmäzen im Stile von Renaissancepäpsten oder Florentiner Medicis. Der soeben erst gegründete Geheimdienst war – dominiert von Yale- und Harvard-Absolventen, die selbst Kunst sammelten und in ihrer Freizeit Romane schrieben – im Vergleich zu Joseph McCarthy oder J. Edgar Hoovers FBI eine Heimstatt des Liberalismus.

Schon kurz nach der Gründung richtete die CIA die Propaganda Assets Inventory ein, die in ihren besten Zeiten Einfluss auf die redaktionellen Entscheidungen von über 800 Nachrichtenmagazinen, Zeitungen und Informationsagenturen nehmen konnte. Kurze Zeit darauf, 1950, baute die CIA einen weiteren Zweig ihrer Propagandaabteilung auf, die International Organisations Division (IOD) unter Tom Braden. Es war die IOD, die den Zeichentrickfilm nach George Orwells *Animal Farm*, Opernaufführungen oder die internationalen Tourneen etwa des Boston Symphonieorchesters oder von Jazzmusikern wie Dizzy Gillespie finanzierte. IOD-Agenten saßen in Verlagshäusern, in Hollywoods Produktionsfirmen, schrieben Reiseberichte z. B. für die Fodor-Reiseführer und unterstützten ohne deren Wissen Avantgardekünstler des Abstrakten Expressionismus wie Jackson Pollock, Robert Motherwell oder Willem de Kooning.
Im Propagandakrieg mit der Sowjetunion konnte diese neue Kunstrichtung als Beweis für die intellektuellen Freiheiten im Westen und die daraus resultierende Kreativität dienen, mit der die in der Zwangsjacke des Sozialistischen Realismus gefangenen russischen Künstler nicht konkurrieren konnten.
»Wir erkannten, dass der Abstrakte Expressionismus genau die Art von Kunst war, die den Sozialistischen Realismus noch dogmatischer, rigider und engstirniger aussehen ließ, als er ohnehin schon war«, erzählte Donald Jameson, ein ehemaliger CIA-Agent, der an jenem Programm beteiligt war, sechzig Jahre später. »Bis zu einem gewissen Grad half uns Moskau sogar. In jener Zeit denunzierte Moskau jede Form von Nonkonformismus gegenüber seinen eigenen rigiden Mustern besonders heftig. Daraus schlossen wir, dass alles, was sie dermaßen scharf und plump kritisierten, unsere Unterstützung verdiente.« (Frances Stonor Saunders, »Modern art was CIA ›weapon‹«, *The Independent*, 22.6.2014)
Um die gegen Moskaus Propaganda gerichteten Ziele in der geplanten Weise zu verfolgen, durfte bei den politisch zumeist links orientierten Künstlern nicht einmal der Verdacht aufkommen, irgendetwas mit der CIA zu tun zu haben. Darum ließ man sie an der »langen Leine«, wie das Kernstück der CIA-Kampagne intern hieß. Aus diesen ersten Anfängen in der Propagandaschlacht gegen den sozialistischen Feind wurde der Congress for Cultural Freedom (CCF), den die CIA am 26. Juni 1950 im Berliner Titaniapalast gründete und leitete. Unter den Teilnehmern an der Gründungskonferenz im Titaniapalast waren so illustre Persönlichkeiten wie Karl Jaspers, John Dewey, Hugh Trevor-Roper, Arthur Schlesinger, Bertrand Russell, Ernst Reuter, Arthur Koestler, Richard Löwenthal, Melvin Lasky, Stephen Spender und Tennessee Williams.
Es war der CCF, der in den 50er Jahren einige der bedeutendsten Ausstellungen der Nachkriegsgeschichte wie »Modern Art in the United States« (1955) oder »Masterpieces of the Twentieth Century« (1952) organisierte. Die Ausstellung »The New American Painting« tourte 1958/59 durch beinahe jede Großstadt Europas. Dabei bediente sich die CIA der Dienste von Museen und Millionären. Nelson Rockefeller, dessen Mutter zu den Gründern des New York Museum of Modern Art zählte, war einer der größten Unterstützer des Abstrakten Expressionismus, den er »free enterprise painting« nannte. Der CCF heuerte sein Museum an, die bedeutendsten Kunstshows zu organisieren. Kaum ein Museum war wohl so gut vernetzt mit dem Geheimdienst wie das MoMA: William Paley, Präsident des Fernsehsenders CBS und einer der Gründer der CIA, saß im Vorstand des Internationalen Programms des Museums; John Hay Whitney, der einst beim CIA-Vorgänger OSS gedient hatte, war der Vorstandsvorsitzende des MoMA; und Tom Braden, der erste Chef der IOD, war der Geschäftsführer des Museums. »Man braucht einen Papst mit einer Menge Geld, um Kunst zu Anerkennung zu verhelfen und zu unterstützen«, resümierte Tom Braden später. »Das ist ein Problem, mit dem die Zivilisation konfrontiert ist, seit der erste Künstler dem ersten Millionär oder Papst begegnete, der ihn unterstützte. Wenn wir diese Multimillionäre oder Päpste nicht gehabt hätten, gäbe es keine Kunst.« (Ibid.) Als 1958 die Londoner Tate Gallery Interesse an der gerade in Paris laufenden Ausstellung »The New American Painting« zeigte, aber für die Transportkosten nicht aufkommen konnte, sprang der amerikanische Millionär und Kunstliebhaber Julius Fleischmann ein und brachte die de Koonings und Pollocks nach London. Das Geld kam von der Farfield Foundation, der Fleischmann als Präsident vorsaß. Die Stiftung war nichts anderes als ein geheimer Kanal für CIA-Mittel. Fleischmann saß ebenfalls im Vorstand des Internationalen Programms des Museums of Modern Art in New York.

64 »M.I.T. Cuts Agency Ties; M.I.T. Research Center to Cut Its Ties With C.I.A. After June«, *The New York Times*, 26.4.1966

65 Weiner, 2009, S. 118
66 Ganser, Daniele, »Nato-Geheimarmeen und ihr Terror«, *Der Bund*, Bern, 20.12.2004, S. 2 ff.
67 Blum, 2004
68 Igel, Regine, »Linksextremismus ferngesteuert? Die Kooperation von RAF, Roten Brigaden, CIA und KGB«, *Blätter für deutsche und internationale Politik*, Oktober 2007, S. 1230
69 »Denuncian que Almirón también participó en la ultraderecha española«, *Telam* (Agencia de Noticias de Argentina), Nota correspondiente a la publicación del día Sábado de 6 de Enero de 2007, veröffentlicht 27.9.2007, https://web.archive.org/web/20070927195642/http:/www.telam.com.ar/vernota.php?tipo=N&idPub=48460&id=123482&dis=1&sec=1; abgerufen am 22.3.2014
70 Ganser, 2009; zu den folgenden Ausführungen vgl. http://de.wikipedia.org/wiki/Gladio
71 Samuel, Henry, »French bread spiked with LSD in CIA experiment«, *The Telegraph*. London, 11.3.2010
72 Zu Zeiten Nassers arbeiteten an der amerikanischen Botschaft in Kairo viermal mehr Geheimdienstagenten als Angestellte des State Department. (Weiner, 2009, S. 180)
73 »Jeder Indochina-Kenner... war der Meinung, dass... möglicherweise achtzig Prozent der Bevölkerung für den Kommunisten Ho Chi Minh statt für Staatschef Bao Dai gestimmt hätten«, schrieb Eisenhower später in seinen Memoiren. Eisenhower, 1964, S. 408)
74 Weiner, 2009, S. 292
75 Ibid., S. 294. Zur gleichen Zeit äußerte Bob Kennedy auf einer Besprechung im Weißen Haus zum ersten Mal Zweifel an der Kriegsführung, ob »nun nicht vielleicht die Zeit gekommen sei, sich aus Vietnam völlig zurückzuziehen« (Karnow, 1997, S. 308)
76 Ibid., S. 295
77 Ibid., S. 301
78 SOG war der Deckname einer aus Mitgliedern diverser Truppenverbände und Geheimdienste zusammengestellten Taskforce für unkonventionelle Kriegführung, die dem Pentagon unterstellt war. Alleine in den zwei Wochen vom 19. Januar bis zum 2. Februar 1965 führte die SOG drei Luft- und neun See-Operationen gegen Nordvietnam durch. In der Nacht des 20. Januar sprangen vier Agenten mit Fallschirmen über dem feindlichen Norden ab, einer starb gleich bei der Landung, und ein weiterer brach sich ein Bein. Ein Angriff von See her musste wegen Maschinenschadens abgebrochen werden. Am 26. Januar kollidierten zwei schwer bewaffnete Nasty-Patrouillenboote, die einen nordvietnamesischen Beobachtungsposten an der Küste beschießen sollten. Fünf Ziele in Nordvietnam wurden schließlich beschossen, eines davon zweimal.
79 Dabei bot er der United Fruit Entschädigungen in Form von Staatsanleihen in Höhe des Buchwerts, den die Firma jahrelang in ihren Steuererklärungen angegeben hatte, mit einer Laufzeit von 25 Jahren und einer garantierten Verzinsung von drei Prozent an.
80 McCann, 1976, S. 59
81 Siegel, 1991
82 Schlesinger, 1992, S. 185 ff.
83 David Grann, »A Murder Foretold«, *The New Yorker*, April 2011, S. 51
84 Weiner, 2009, S. 183 f.
85 Correll, John T., »Airpower and the Cuban Missile Crises«, *Air Force Magazine*, August 2005, http://www.afhso.af.mil/shared/media/document/AFD-120727-045.pdf, abgerufen am 9.4.2012
86 Ibid.
87 Embassy of the United States Tunesia, »Fact Sheet on U.S. Military and Political Assistance for Tunisia«, April 2012, http://tunisia.usembassy.gov/fact-sheet-u.s.-military-and-political-assistance.html, abgerufen am 30.5.2016
88 Im Nationalpakt von 1943 zwischen den christlichen und muslimischen Bevölkerungsteilen des Landes hatte sich Libanon verpflichtet, nach der Unabhängigkeit neutral zu bleiben.
89 Correll, John T., »Airpower and the Cuban Missile Crises«
90 Smith, 1976, S. 205
91 »Es machte mir Spaß, Kommunisten zu killen«, zitierte Weiner Pope noch 2005. »Ich habe gerne Kommunisten gekillt, egal wie ich sie kriegen konnte.« (Weiner, 2009, S. 211)
92 Michael Scammell, »The CIA's ›Zhivago‹«, *The New York Review of Books*, 10.7.2014
93 Ibid.
94 Ibid.

95 Hilsman, 1967, S. 125
96 Prados, 1986, S. 285
97 *The New York Times*, 23.2.1973, S. 1
98 Ali, 2008, S. 82
99 Ali, 2008, S. 80
100 *Washington Post*, 24.1.1997
101 Weiner, 2009, S. 165f.
102 Ibid., S. 166
103 Ibid., S. 167
104 Ibid., S. 169f.
105 Ibid., S. 172
106 Zit.n: Chomsky, 2003, S. 80
107 Zu diesen Agenten zählten auch David Philips, Gerald Drecher und E. Howard Hunt, der später als Watergate-Klempner bekannt werden sollte. 1972 heuerten die republikanischen Wahlkampforganisatoren Nixons zahlreiche Kubaner an. Einer der im Hotel Watergate verhafteten Kubaner, Bernard Barker, war Howard Hunts rechte Hand bei der »Operation Pluto« gewesen.
108 Harry Truman, »Limit CIA Role to Intelligence«, *Washington Post*, 22.12.1963
109 Ray MacGovern, »Truman's True Warning on the CIA«, 22.12.2013, http://consortiumnews.com/2013/12/22/trumans-true-warning-on-the-cia/
110 Chomsky, 1979, S. 80
111 »FACT SHEET: Charting a New Course on Cuba«, The White House, Office of the Press Secretary, Washington, D.C., 17. 12. 2014, https://www.whitehouse.gov/the-press-office/2014/12/17/fact-sheet-charting-new-course-cuba, abgerufen am 30.5.2016
112 Horne, Alistair, *A Savage War of Peace. 1954–1962*, Kapitel 21 »The Generals' Putsch«, London: Pan Books 2012, http://books.google.de/books?id=n0uRAgAAQBAJ&pg=PA95&lpg=PA95&dq=de+Gaulle,+Challe,+CIA&source=bl&ots=0gFAq_Hg_6&sig=jUrx-aSrUxltT9OoB0GHPKVLHAc&hl=en&sa=X&ei=DUNaVLLnBoivPMjrgfAE&ved=0CDwQ6AEwBQ#v=onepage&q=de%20Gaulle%2C%20Challe%2C%20CIA&f=false
113 Ibid.
114 Menchú, 1984, S. 172–178
115 »Guatemala, Memoria del Silencio. Comisión para el Esclarecimiento Histórico«, http://shr.aaas.org/guatemala/ceh/mds/spanish/toc.html; abgerufen am 19.12.2011 (Der von den Vereinten Nationen eingesetzten Kommission gehörte neben den beiden Guatemalteken Alfredo Balsells Tojo und Otilia Lux de Cotí der deutsche Professor für Internationales Recht Christian Tomuschat an.)
116 *Interim Report: Alleged Assassination Plots Involving Foreign Leaders*, The Select Committee to Study Governmental Operations with Respect to Intelligence Activities (in der Folge Church-Report genannt nach dem Vorsitzenden Senator Frank Church), Washington, 20.11.1975, S. 58
117 »The details are up to you, but it's got to be clean – nothing that can be traced back to the US government … Then he pulled out a small package. ›Take this‹, he said, handing it over. ›With the stuff that's in there, no one will ever be able to know that Lumumba was assassinated.‹« (Devlin, 2007, S. 95)
118 »I was working closely with Mobutu and many new ministers, providing them with advice and guidance.« (Ibid., S. 97)
119 Ibid., S. 262
120 Ibid., S. 155
121 »A mon excellent et vieil ami L. Devlin pour tout ce que le Congo et son chef lui doivent.« (Ibid., S. 258; auf Deutsch: »Meinem guten alten Freund L. Devlin, dem der Kongo und sein Chef so viel verdanken.«) Mitte der 60er Jahre wurde Devlin die Stelle des CIA-Büroleiters in Vientiane (Laos) übergeben, ehe er 1974 in den Kongo zurückkehrte, um als Privatmann mit Mobutu Geschäfte zu machen.
122 *The Guardian*, London, 15.8.1986; *The Times* (London), 4.8.1986; CBS-TV Interview mit Tomlins, 5.8.1986
123 *The Atlanta Journal and Constitution*, 11.6.1990. S. 1
124 Jeff Stein, »The Day Mandela Was Arrested, With A Little Help From the CIA«, *Newsweek*, 5.12.2013
125 Ibid.

126 Andrew Cockburn, »A Loophole in U.S. Sanctions Against Pretoria«, *The New York Times*, 13.10.1986
127 Robert Windram, »US government considered Nelson Mandela a terrorist until 2008«, NBC, 7.12.2013
128 Brendon, 2008, S. 608
129 Fulbright, 1967, S. 37f.
130 Bonner, 1988, Fußnote auf S. 151
131 *The Nation*, 4. Juni 1990, S. 763-4
132 Diederich, 1978, S. 44
133 *Newsweek*, 7.10.1963, S. 64f., zit. n. Blum, 2003
134 Johnson, Lyndon B., »Commencement Address at Baylor University«, 28.5.1965, http://www.presidency.ucsb.edu/ws/?pid=27003
135 Brugioni, 2003, S. 515
136 Washington Post, 23. August 1966
137 Arne Kislenko, »A Not So Silent Partner: Thailand's Role in Covert Operations, Counter-Insurgency, and the Wars in Indochina«, Journal of Conflict Studies, Vol. XXIV No. 1, Summer 2004, http://journals.hil.unb.ca/index.php/jcs/article/view/292/465, abgerufen am 30.5.2016
138 Specat = Special Category
139 Barnett, 2015, S. 180/81; Seymour Hersh, »Rainmaking Is Used As Weapon by U.S.«, New York Times, 3.7.1972. 1977 ratifizierten die Vereinigten Staaten, die Sowjetunion und andere Nationen ein UN-Abkommen, das die militärische »oder irgendeine andere feindselige Anwendung« umweltmodifizierender Techniken untersagte.
140 *Washington Post*, 23.8.1966
141 Arne Kislenko, »A Not So Silent Partner: Thailand's Role in Covert Operations, Counter-Insurgency, and the Wars in Indochina«, *Journal of Conflict Studies*, Vol. XXIV, No. 1, Summer 2004, http://journals.hil.unb.ca/index.php/jcs/article/view/292/465
142 http://www.af.mil/AboutUs/Biographies/Display/tabid/225/Article/105672/major-general-richard-v-secord.aspx
134 Larry Bensky, Rezension der Autobiographie General Secords »The Commerce of Combat: Honored and Betrayed: Irangate, Covert Affairs, and the Secret War in Laos, By Richard Secord with Jay Wurts«, *Los Angeles Times*, 11.10.1992
143 Cosculluela, 1978, S. 286
144 Alan Riding, »›Cuban Agent‹ Says U.S. Police Aids Urged Torture«, *The New York Times*, 5.8.1978
145 *The New York Times*, 15.8.1970, zit. n. Blum, 2003, S. 201
146 Der Bericht der Senatskommission bildete später die Grundlage für Costa-Gavras' Film *Der unsichtbare Aufstand*.
147 Der Begriff ist vom Namen des letzten Inka-Kaisers Tupac Amaru abgeleitet, den die Spanier am 24. September 1572 in Cuzco hinrichteten und vierteilten. Anschließend beerdigten sie Arme, Beine, Körper und Kopf an verschiedenen, geheimen Orten in Südamerika, im heutigen Kolumbien, Ecuador, Peru und Bolivien. Der Legende zufolge wachsen die Teile unter der Erde langsam wieder zusammen. Und an dem Tag, an dem sie wieder vereinigt sind, wird sich Tupac Amaru erheben, und das Volk von den weißen Teufeln befreien.
148 Alain Labrousse, »The Tupamaros. Urban Guerillas in Uruguay«, *The New York Times*, 1.8.1970
149 Shirley Christian, »Uruguayan Clears Up ›State of Siege‹ Killing«, *The New York Times*, 21.6.1987
150 Poelchau, 1981, S. 66
151 *Clarin* (Buenos Aires), 22.7.1998, S. 45
152 Church-Report, S. 227
153 Hitchens, Christopher, »Die Akte Henry Kissinger«, *Lettre International*, Heft 53, II/2001, Berlin
154 *Nacla report on the americas*, Vol. XVII, No. 5, »Chile: Beyond the Darkest Decade«, New York, September/Oktober 1983
155 Ibid.
156 *San Francisco Chronicle*, 1.9.1971
157 Central Intelligence Agency, 1968, S. 71
158 Hughes, 1968, S. 181

159 Friend, 2003, S. 119
160 Roosa, 2006, S. 191
161 *The Nation*, 11.4.1981
162 Roosa, 2006, S. 193
163 Insgesamt acht Himalaya-Expeditionen unternahm die CIA in den 60er Jahren. An fünf davon beteiligten sich amerikanische Alpinisten (vier davon waren Veteranen der amerikanischen Mount-Everest-Expedition von 1963) und Experten der American Atomic Energy Commission.
164 Takeda, 2006, S. 102
165 Nkrumah, 1968, S. 96
166 Stockwell, 1984, S. 201. Einem anderen Bericht zufolge wurden alle 25 Russen, die zu Nkrumahs Palastwache gehörten und sich ergeben wollten, erschossen.
167 Seymour Hersh in *The New York Times*, 9.5.1978
168 Rusk, 1990, S. 388
169 »Memorandum« vom 3.6.1975 für den stellvertretenden CIA-Generalinspekteur, »Statement by (Felix Rodríguez) concerning his assignment Bolivia 1967 and his role in the capture of Ernesto ›Che‹ *Guevara* de la Serna«; http://www2.gwu.edu/~nsarchiv/NSAEBB/NSAEBB5/docs/doc15.pdf, abgerufen am 23.3.2010
170 Wie aus dem soeben angeführten »Memorandum« hervorgeht, »bereitete Rodríguez eine 100 Worte umfassende Nachricht vor ..., in der er verschlüsselt Guevaras Gefangennahme mitteilte und darum bat, dass ein Repräsentant der (US-)Botschaft vor Ort käme, um die Bolivianer zu überzeugen, Guevara am Leben zu lassen, weil er nicht glaubte, das selbst durchsetzen zu können. Die Übermittlung dieser Nachricht war für die vereinbarte 10-Uhr-Radioverbindung des 9. Oktober geplant, wurde dann aber erst um 10.30 Uhr an die Relaisstation in Asunción, Paraguay, gesendet – nachdem Rodríguez in La Higuera angekommen war und seinen Transmitter, einen RS-48, aufgebaut hatte.« Als die Nachricht endlich in den USA ankam, war Che schon tot. (Castañeda, 1998, S. 403, Fußnote)
171 Charles Foley in *The Observer*, London, 1.71973
172 Deane, 1977, S. 96
173 Charles Foley in *The Observer*, London, 1.7.1973
174 Jonathan Friedland, »A Black and Disgraceful Site«, *The New York Review of Books*, 28.5.2009; siehe auch: »Forcibly Exiled Nearly 40 Years Ago, Diego Garcia Natives Fight to Return to Island Home Now Used as Key US Military Outpost«, Interview mit Olivier Bancoult, dem Präsidenten der Chagos Refugees Group, *Democracy Now!*, 9.10.2009, http://www.democracynow.org/2009/10/9/forcibly_exiled_for_nearly_40_years, abgerufen am 12.1.2013
175 Rob Evans, Richard Norton-Taylor, »WikiLeaks: Foreign Office accused of misleading public over Diego Garcia«, *The Guardian*, 3.12.2010, http://www.theguardian.com/politics/2010/dec/03/wikileaks-cables-diego-garcia-uk
176 Agence France-Presse, 20.12.2012
177 Hübner, 1997, S. 49 f.
178 *Geheimnisvolle Orte – Das amerikanische Hauptquartier*, ein Film von Grit Lederer, 3Sat, 14.4.2014 (Erstausstrahlung 18.9.2012, RBB)
179 Die Darstellung ist Wertz, 2009, S. 195 f., entnommen.
180 *The New York Times*, 11.2.1971; *Miami Herald*, 11.2.1971
181 Ibid.
182 http://en.wikipedia.org/wiki/Bangladesh_Liberation_War, abgerufen am 14.3.2013
183 Nixon, 1978, S. 527
184 United States Embassy (Teheran), Cable, *F-5 Aircraft to Pakistan*, Secret, December 29, 1971, 3 pp. Includes DOD cable. Source: NPMP, NSC Files, Indo-Pak War, Box 575. http://www2.gwu.edu/~nsarchiv/NSAEBB/NSAEBB79/BEBB44.pdf, abgerufen am 14.3.2013
185 Pike-Report, 1975, S. 217
186 *The New York Times*, 12.2.1976, S. 31, Kolumne von William Saffire; Pike Report, 1975, S. 198. Kissinger wird dort als »ein hoher US-Amtsinhaber« bezeichnet.
187 Ball, 1980 und 1988
188 In den 90er Jahren geriet die ASIO in die Schlagzeilen, als herauskam, dass der Nachrichtendienst seit seiner Gründung 1945 Hunderte ehemaliger Nazikollaborateure und

Kriegsverbrecher hauptsächlich aus Kroatien, Slowenien, Litauen, Lettland, Estland und der Ukraine beschäftigte.

189 Pilger, 1992, S. 190

190 Ibid., S. 204

191 Ward, 1978, S. 398–419

192 James A. Nathan, »Dateline Australia: America's Foreign Watergate«, *Foreign Policy*, No. 49, Washington, Winter 1982/83

193 Ibid.

194 *The New York Times*, 25.9.1975, S. 1; 7.1.1976, S. 1; *The Guardian*, 7.2.1996 (Besprechung einer Soares-Biographie); »Statement of Resignation. Dr. Muhammad Tahir-ul-Qadri«, Lahore: Minhaj-ul-Quran Publications, S. 39, http://minhajimages.kortechx.netdna-cdn.com/images-db/resignation.pdf, abgerufen am 12.1.2012

195 Kwitny, 1984, S. 132f.

196 Chomsky, 1979, S. 308

197 *The New York Times*, 16.7.1978, zit. n. http://williamblum.org/chapters/killing-hope/angola

198 »In 1975 Israel followed Secretary of State Henry Kissinger's advice and helped South Africa with its invasion of Angola. Even after the passage the following year of the Clark Amendment forbidding U.S. covert involvement in Angola, Israel apparently considered Kissinger's nod a continuing mandate.« (Hunter, 1987, S. 16)

199 Armin Wertz, »Operation Condor«, *Journal21*, 12.3.2013; http://www.journal21.ch/operation-condor

200 Ali, 2008, S. 140

201 Ibid.

202 Ibid., S. 143

203 »Nachts rüberschielen«, *Der Spiegel* 42/1983, 17.10.1983

204 Phil Gailey, Warren Weaver Jr., »Briefing«, *The New York Times*, 26.3.1983

205 *The Guardian*, 31.10., 2.11.1983

206 Woodward, 1987, S. 108

207 »Russians help to beat leftwing guerrillas«, *The Guardian*, London, 3.5.1984, S. 7; *The New York Times*, 19.3.1980. S. 1, und 23.5.1980, S. 1

208 Die Verminung von Häfen verstieß nicht nur gegen die Freiheit der Meere, wonach die internationale Seefahrt in Friedenszeiten nicht behindert werden darf. Dem Vertrag von Paris (1856) und den Haager Konventionen von 1899 und 1907 zufolge war es überdies eine eindeutige Kriegshandlung, was bedeutete, dass die CIA ihre Kompetenzen weit überschritten hatte. In einem von Managua angestrengten Verfahren gab der Internationale Gerichtshof (IGH) 1984 Nicaragua Recht und verpflichtete die USA zu Kompensationszahlungen. Der IGH urteilte, die USA hätten mit ihrer Unterstützung der Contras und der Verminung von Häfen gegen internationales Recht verstoßen. Die USA sprachen dem IGH die Zuständigkeit ab und blockierten auch später die Durchsetzung des Urteils durch den UN-Sicherheitsrat. Unter der Regierung von Violeta Chamorro zog Nicaragua 1992 seine Klage zurück.

209 Mit geheimen Waffenverkäufen an den Iran, der einem Waffenembargo unterlag, erhofften sich die USA zunächst die Befreiung einiger US-Bürger, die sich in Geiselhaft der Revolutionsgarden befanden. Israel sollte Waffen in den Iran verschiffen. Anschließend würden die USA diese Waffen gegen israelische Bezahlung ersetzen. Um das Boland-Amendment zu umgehen, änderte Oberstleutnant Oliver North vom National Security Council den Plan dahingehend, dass ein Teil der Einnahmen aus diesen Waffenverkäufen an die nicaraguanischen Contras geleitet wurde.

210 John Foster Dulles war von 1953 bis 1959 Außenminister der USA, während sein jüngerer Bruder Allen Welsh von 1953 bis 1961 den Posten des CIA-Direktors innehatte.

211 John B. Oakes, »Treating Honduras as a Vassal State«, *The New York Times*, 11.1.1985

212 »Sind wir nicht ein besetztes Land?«, *Der Spiegel*, Nr.47/1984, S. 153

213 Gary Cohn, Ginger Thompson, »A survivor tells her story. Treatment for a leftist: Kicks, freezing water and electro shocks. In between, a visitor from the CIA«, *The Baltimore Sun*, 15.6.1995

214 Jack Colhoun, »On the Side of Pol Pot: U.S. Supports Khmer Rouge«, *Covert Action Quarterly Magazine*, Summer 1990; Chanda, 1986

215 Mason/Brown, 1984

216 *The New York Times*, 2.2.1981, S. 8, und 3.2.1981, S. 6

217 Ganser, 2009, S. 369
218 Ibid.
219 Woodward, 1987, S. 112, S. 193ff.
220 *The New York Times*, 11.2.2000, Editorial
221 Barbara Conry, »Loose Cannon: The National Endowment for Democracy«, CATO Institute, Washington, 8.11.1993
222 Woodward, 1987, S. 110ff., 195; siehe auch Armin Wertz, »Waffenhilfe für Freund und Feind«, *Journal21*, 29.5.2014, http://www.journal21.ch/waffenhilfe-fuer-freund-und-feind
223 Ibid.
224 *Washington Post*, 26.3.1996
225 Armin Wertz, »Gerechte Sache«, *Frankfurter Rundschau*, 18.6.1990
226 Ibid.
227 Armin Wertz, »Unser Mann in Panama«, *Frankfurter Rundschau*, 12.9.1990
228 Diana Barahona, »Reporters Without Borders and Washington Coups«, *Counterpunch*, 17.5.2005
229 Calvo/Declercq 2000
230 Salim Lamrani, »Reporters without Borders Keeps silence about journalist tortured in Guantánamo«, Voltairenet.org, 7.2.2006
231 *Le Monde diplomatique*, August 2001
232 Die Regierung Barack Obamas sorgt dafür, dass Haiti auch weiterhin das Billiglohnland für US-Investoren bleibt. Nur wenige Wochen nach dem verheerenden Erdbeben vom 12. Januar 2010, in dem 230000 Menschen umkamen und 1,6 Millionen obdachlos wurden, hatte US-Botschafter Kenneth Merton in einem Kabel an seine Dienststelle in Washington potentiellen Investoren phantastische Gewinne in Aussicht gestellt: »Der Goldrausch hat begonnen!« In der haitianischen Zeitung *Haiti Liberté* veröffentlichte Wikileaks-Dokumente enthüllten, dass die Obama-Regierung im Interesse von Investoren und Firmen wie Hanes oder Levi Strauss massiv Druck auf Haitis Präsidenten René Préval ausübte, um die Forderung nach einer Erhöhung des Mindestlohns von 24 auf 61 Cent pro Stunde zurückzuweisen. (»Wikileaks Haiti: The Post-Quake ›Gold Rush‹ for Reconstruction Contracts«, *The Nation*, 15.7.2011)
233 In CNN erklärte Präsident Aristide: »Wir mussten (das Land) in einem amerikanischen Flugzeug verlassen, in dem wir zwanzig Stunden verbrachten. Erst zwanzig Minuten vor der Landung in der Zentralafrikanischen Republik erfuhren wir, wohin wir unter Zwang gehen mussten.« (Interview with Jean-Bertrand Aristide, CNN, 1.3.2004 19:00 Eastern Time, http://transcripts.cnn.com/TRANSCRIPTS/0403/01/acd.00.html; abgerufen am 9.9.2011)
234 Speech at the Pacific Islands Luncheon, Kahala Hilton Hotel, Hawaii, 10.2.1982, zit. n. »Possible Foreign Involvement in the Fiji Military Coup«, S. 2, by Owen Wilkes, Editor of *Wellington Pacific Report*, September 1989
235 *The Sydney Morning Herald*, 16.5.1987, S. 1
236 »Operation Praying Mantis, 18. April 1988«, U.S. Naval Institute Naval History Blog,« 13.4.2013, https://www.navalhistory.org/2013/04/18/operation-praying-mantis-18-april-1988, abgerufen am 22.5.2016
237 »The Gulf War and its Aftermath«, *The 1992 Information Please Almanac*, Boston, 1992, S. 974
238 *Washington Post*, 24.6.1996
239 Michael Emery, »How Mr. Bush Got His War«, in: Ruggiero/Sahulka 1993, S. 39, 40, 52
240 Arthur Schlesinger, Jr., »White Slaves in the Persian Gulf«, *Wall Street Journal*, 7.1.1991, S. 14
241 National Endowment for Democracy, Washington, DC, Annual Report, 1990 (1. Oktober 1989–30. September 1990), S. 23f.
242 NED, Annual Report, 1991, S. 41ff.
243 Jürgen Dahlkamp, »Agenten. Kein schöner Land«, *Spiegel online*, 14.7.2003, http://www.spiegel.de/spiegel/print/d-27636595.html, abgerufen am 22.1.2008; vgl. auch http://www.tagesspiegel.de/politik/us-soldat-als-stasi-spizel-so-gehen-die-USA-mit-verraetern-um/9121506.html
244 »Abuses by Bosnian Croat and Muslim Forces in Central and Southwestern Bosnia-Hercegovina«, September 1993, http://www.hrw.org/reports/pdfs/y/yugoslav/yugo939.pdf, abgerufen am 17.8.2004

245 Im Zweiten Weltkrieg hatten eine bosnisch-muslimische und drei kroatische SS-Divisionen auf deutscher Seite gekämpft, während sich die Serben überwiegend den Partisanenverbänden des Kroaten Tito angeschlossen hatten.
246 »The United States Gave Us the Green Light«, Interview von Chantal de Rudder mit Mate Mestrovic in *Le Nouvel Observateur* (Paris), 10.8.1995; Stephen Engelberg, »In Croatia, U.S. Took Calculated Risk«, *The New York Times,* 13.8.1995
247 »Croatian Minister Says U.S. Gave Advice on Offensive«, Associated Press, 5.8.1995; »Croatia Takes Effective Control of What's Left of Bosnia,«, *San Francisco Chronicle,* 11.8.1995; Charlotte Eagar, »Invisible U.S. Army Defeats Serbs«, *The Observer,* 5.11.1995
248 George Jahn, »Huge Refugee Exodus Runs Into Shelling, Shooting, Air Attacks«, Associated Press, 8.8.1995; Mon Vanderostyne, »Croats Plunder Their Way through Krajina«, *De Standard*, Niederlande, 9.8.1995; Robert Fisk, »Croats Slaughter Elderly by the Dozen«, *The Independent*, 10.9.1995
249 Greg Elich, »The Invasion of Serbian Krajina«, http://emperors-clothes.com/articles/elich/krajina.html, abgerufen am 1.7.2004
250 »Croatia Adopts New Currency Recalling Fascist Era«, Reuters, 9.5.1994; Stephen Kinzer, »Pro-Nazi Legacy Lingers for Croatia«, *The New York Times*, 30.10.1993; Eve Ann Prentice, »Tudjman Calls for All-White Peace Force in Croatia«, *The Times*, 11.4.1995
251 *Los Angeles Times*, 13.6.1991, S. 14
252 NED, Annual Report 1991, S. 42
253 *Los Angeles Times*, 9.3.1992, S. 14
254 National Security Archive Update, 2.8.2004, »US intelligence listed Columbian president Uribe among ›important Columbian narco-traffickers‹ in 1991«, www.gwu.edu/~nsarchiv/
255 Mireya Navarro, »Plane Flown By Colombia Had Cocaine«, *The New York Times,* 11.11.1998, S. 24
256 *Washington Post*, 4.10.1997
257 CNN.com, 27.8.2000
258 *Washington Post*, 8.11.1998, S. 3
259 *The Independent* (London), 24.4.1999, S. 1
260 Dana Priest, »Covert Action in Colombia«, *Washington Post*, 21.12.2013
261 Lindsay Poland, »Pentagon Using Drug Wars as Excuse to Build Bases in Latin America«, *New America Media*, 5.6.2011
262 Mark Fineman, »The Oil Factor in Somalia : Four American petroleum giants had agreements with the African nation before its civil war began. They could reap big rewards if peace is restored«; *Los Angeles Times*, 18.1.1993
263 Public Papers of the President of the United States (Government Printing Office), 21.4.1996, Vol. I, S. 614
264 »Ethnische Säuberung« nannte es das Internationale Gericht für Verbrechen gegen die Menschenrechte im ehemaligen Jugoslawien.
265 *Washington Post*, 8.11.1998, S. 3
266 *The Independent*, (London), 24.4.1999, S. 1
267 Carlotta Gall, »Ethnic Albanians Now Fear Wrath of Serbs«, *The New York Times,* 26.3.1999
268 Jane Perlez, »White House Tells of Reports Of a Forced March in Kosovo«, *The New York Times*, 27.3.1999
269 »That plan has been around for some time. During the campaign and since, it has become established currency in the media that German intelligence had discovered this alleged plan, and that NATO's leaders should have been aware of the plan earlier. Some of NATO's leaders (in particular in Germany) used the existence of the plan to illustrate Milosevic's character, and to prove that the ethnic cleansing of Kosovo was not triggered by the NATO bombing, thereby justifying the NATO campaign. A retired German brigadier-general has since alleged that the German Defence Ministry turned a vague report from Bulgarian intelligence into a ›plan‹, coining the term ›Horseshoe‹. Ironically the originator of the report confused the Croatian word for a horseshoe with the Serbian word. The brigadier-general also argues that German politicians subsequently misquoted the original Bulgarian report by arguing that the report demonstrated that the goal of the Serbian military was to expel the entire Kosovo Albanian population, rather than destroying the KLA.« (http://www.parliament.the-stationery-office.co.uk/pa/cm199900/cmselect/cmfaff/28/2811.htm, abgerufen am 3.5.2011; siehe auch *The Times*, 2.4.2000, und *Le Monde*, 11.4.2000)

270 Nicolas Pelham, »Bogged Down in Libya«, *The New York Review of Books*, 12.5.2011
271 Ibid.
272 Glenny, 2008, S. 53
273 David Samuels, »The Pink Panthers«, *The New Yorker*, 12.42010
274 Montenegriner und vor allem Mitglieder der KLA sollen während des Kosovokrieges und auch danach in großem Stil in den illegalen Organhandel verwickelt gewesen sein. Der *Guardian* veröffentlichte NATO-Dokumente aus dem Jahr 2004, die Xhavit Haliti, einen ehemaligen Logistikchef der KLA und engen Berater des Ministerpräsidenten des Kosovo, als Boss der albanischen Mafia beschreiben, der »tief in Prostitution, Waffen- und Drogenschmuggel verwickelt ist ... Haliti wird auch in dem Bericht (des Schweizer Senators) Dick Martys an den Europarat genannt, der sich auf Zeugenaussagen, Ermittlungsberichte der NATO-Aufklärung sowie des amerikanischen FBI und des britischen MI5 bezieht.« Marty berichtete, die KLA habe in Nordalbanien Serben gefangen gehalten, den Gesündesten unter ihnen seien die Nieren entnommen worden, die dann nach Istanbul gebracht und verkauft worden seien.
275 *Washington Star*, 27.3.1996, S. 1, aus einem Telex des State Department zu dem Clinton-Jelzin-Gespräch
276 »Yanks to the Rescue. The Secret Story of How American Advisers Helped Yeltsin to Win«, *Time*, 15.7.1996, S. 29–37
277 NED, Annual Reports, 1991–1996
278 *Wall Street Journal*, 3.7.1996, S. 10
279 *Intelligence Newsletter* (Paris), 18.6.1998
280 Prunier, Gérard, »Kagame's Hidden War in Congo«, *The New York Review of Books*, 24.9.2009, S. 45. Etwas befremdlich mutet an, dass Professor French von einer »ethnischen Diktatur« spricht. Es gab und gibt in Ruanda keinen ethnischen Konflikt. Ruanda ist eines der wenigen Länder Afrikas, in dem nur ein Volk lebt, die Banyarwanda, die allerdings in drei Kasten unterteilt sind: die Tutsi-Viehzüchter (14 %), die Hutu-Bauern (85 %) und die Twa, eine Art Leibeigene (1 %). Der Konflikt in Ruanda ist daher eher ein Klassenkonflikt.
281 Ibid., S. 46
282 Ibid.
283 French, 2004, S. 142
284 Prunier, »Kagame's Hidden War in Congo«, S. 46
285 Zit. n. ibid.
286 Thomas Turner, »The Congo Wars: Conflict, Myth and Reality«, zit. n. Prunier, »Kagame's Hidden War in Congo«
287 Weaver, 2010, S. 33
288 El-Baradei, Mohamed, »The Status of Nuclear Inspections in Iraq: 14 February 2003 Update«, IAEA, http://www.iaea.org/NewsCenter/Statements/2003/ebsp2003n005.shtml; Blix, Hans; El-Baradei, Mohamed, »Transcript of Hans Blix Feb. 9, 2003, press conference«, IAEA, http://www.iaea.org/NewsCenter/Focus/IaeaIraq/pressconf_09022003.pdf; »IAEA Media Advisory 2003/1003«. IAEA. 10.3.2003, http://www.iaea.org/NewsCenter/MediaAdvisory/2003/ma_iraq_1003.shtml.
289 Eine ähnliche Situation herrscht in den von Israel besetzten Gebieten der Westbank, wo Militärgesetze bestimmen, dass alles Wasser unter der absoluten Kontrolle Israels steht. Darum ist es dort verboten, Regenwasser in Tonnen oder Töpfen aufzufangen.
290 Larry Rother, »U.S., Irritated by Criticism, Calls Envoy Home From Venezuel«, *The New York Times*, 3.11.2001
291 Der Name dieser Operation geht auf den spanischen Konquistadoren Vasco Nuñez de Balboa zurück. Der hatte 1513 als erster Europäer den Isthmus von Panama durchquert, das »Südmeer« (den Pazifischen Ozean) gesehen und natürlich sofort für seinen König in Besitz genommen.)
292 State Department Press Statement, 12.4.2002
293 Ed Vulliamy, »Venezuela coup linked to Bush team«, *The Observer*, 21.4.2002, http://observer.guardian.co.uk/international/story/0,6903,688071,00,html
294 Blum, 2004, S. 171–174

»Das ist kein Kriegs-, sondern ein Mordprogramm«

1 Dieser Begriff wird in den Medien zumeist äußerst schlampig und oberflächlich verwendet und soll Terroristen bezeichnen, die dem muslimischen Glauben anhängen.

2 Bekannt wurde die Organisation in Deutschland, als sie am 23. April 2000 eine Gruppe von 22 Gästen sowie Hotelpersonal von der malaysischen Insel Sipadan vor der Ostküste Borneos auf die philippinische Insel Jolo entführte. Unter den Verschleppten befand sich auch die Familie Wallert aus Göttingen.

3 So interpretiert etwa die *Encyclopaedia Britannica* Terrorismus als »den systematischen Einsatz von Gewalt, um in der Bevölkerung ein allgemeines Klima der Furcht zu erzeugen und dadurch ein bestimmtes politisches Ziel zu erreichen. Terrorismus wurde von politischen Organisationen sowohl der Rechten als auch der Linken, von nationalistischen und religiösen Gruppen, von Revolutionären und sogar von staatlichen Institutionen wie Armeen, Nachrichtendiensten oder Polizeiorganen praktiziert.« (http://www.britannica.com/EBchecked/topic/588371/terrorism, abgerufen am 12.3.2014)

4 Scahill, 2013, S. 86

5 Thomas L. Friedman, »Why Camp David Turned Bitter: The Carter View«, The *New York Times*, 26.3.1989

6 Zit. n. Noam Chomsky, Interview von Amy Goodman und Juan Gonzalez, *Democracy Now*, 31.3.2006, http://www.chomsky.info/interviews/20060331.htm, abgerufen am 17.11.2008

7 Pearce, 1982, S. 11

8 Ibid.

9 Abrahamsen, 2001

10 Pinar Bilgin, Adam D. Morton, »Historicising representations of ›failed states‹: beyond the cold-war annexation of social sciences?«, *Third World Quarterly*, Vol. 23, No. 1, Februar 2002, London, S. 55–80

11 http://ffp.statesindex.org/rankings-2013-sortable, abgerufen am 16.1.2014

12 Agence France Press, 7.4.2005

13 Giulietto Chiesa, »L'archipel des prisons secrètes de la CIA«, *Le Monde diplomatique*, August 2006

14 »Leader of the world with respect to bringing people to justice. We have the highest standards of accountability of any nation on the face of the earth.« (Zit. n. *British Army Review*, Sommer 2005, No. 137, General Sir Hugh Beach GBE KCB MC MA, »Guarding the Guardians«)

15 So stellte das Justizministerium die Ermittlungen gegen den Blackwater-Söldner Andrew J. Moonen ein, der beschuldigt wird, am 24. Dezember 2006 einen Beschützer eines irakischen Vizepräsidenten ermordet zu haben. Die US-Botschaft in Bagdad hatte Moonen eine Garrity-Warnung erteilt – eine Drohung, dass er seinen Job verlieren könne, wenn er nicht aussagen, die ihm jedoch gleichzeitig Immunität zusicherte, wenn er kooperieren würde. Ende 2009 wurden die Vorwürfe gegen fünf ehemalige Blackwater-Söldner fallen gelassen, die nach einem Vorfall im September 2007 auf Bagdads Nisour-Platz, bei dem 17 irakische Zivilisten getötet worden waren, des Totschlags und ähnlicher Verbrechen angeklagt worden waren.

16 *Der niederträchtige Krieg. Wie Frauen im US-Militär vergewaltigt werden*, Dokumentarfilm, gezeigt im Fernsehsender Phoenix, 28.8.2014, 23.25 Uhr

17 *Financial Times*, 15.8.2000

18 *Economist*, 18.9.1999

19 Thailands stellvertretender Premierminister und Handelsminister, der bei dem Ökonomen und Nobelpreisträger Jan Tinbergen an Rotterdams Erasmus-Universität promoviert hatte.

20 Mark Atkinson, »Pawn or player? Supachai Panitchpakdi«, *The Guardian*, 1.5.1999

21 *Washington Times*, 16.10.1998, Boltons eigene Kolumne

22 Hazzard, 1991, S. 19. Diese Praxis wurde auch bei UN-Organisationen mit Sitz im Ausland wie der FAO (Rom), der IAEA (Wien), dem UNHCR (Genf) oder der UNESCO (Paris) angewandt.

23 Ewan MacAskill, Robert Booth, »WikiLeaks cables: CIA drew up UN spying wishlist for diplomats«, *The Guardian*, 2.12.2010

24 United Nations General Assembly Resolution, »Establishment of a nuclear-weapon-free zone in the region of the Middle East«, Resolution 45/52, 4.12.1990

25 *The New York Times*, 24.1.1991, S. 11, »Ban Depleted Uranium Weapons«,http://ramsey-clarkiacgala.com/wp-content/uploads/2013/01/RamseyClarkReader_Chapter8.pdf
26 Scahill, 2013, S. 149f.
27 Ibid., S. 107
28 Ibid., S. 22
29 Jane Mayer, »The Predator War. The risks of covertly targeting terrorists«, *The New Yorker*, 26.10.2009
30 Greg Miller, »Plan for Hunting Terrorists Signals U.S. Intends to Keep Adding Names to Kill Lists«, *Washington Post*, 23.10.2012
31 Jane Mayer, »The Predator War. The risks of covertly targeting terrorists«, *The New Yorker*, 26.10.2009
32 Scahill, 2013, S. 108
33 »U.S. Use Of Drones Queried By U.N.«, *The New York Times*, 28.10.2009
34 Ibid.
35 Scahill, 2013, S. 311
36 Jane Mayer, »The Predator War. The risks of covertly targeting terrorists«, *The New Yorker*, 26.10.2009
37 Spencer Ackerman, »41 men targeted but 1,147 people killed: US drone strikes – the facts on the ground«, The Guardian, 24.11.2014
38 https://www.thebureauinvestigates.com/category/projects/drones/drones-graphs/, abgerufen: 22.9.2016
39 Michael J. Boyle, »The Costs and Consequences of Drone Warfare«, *International Affairs*, Vol. 89, Issue 1, London, Januar 2013
40 Ibid. Mehsud, der Chef der Tehrik-i-Taliban, des Kernes der pakistanischen Taliban, hatte vorrangig Polizei und paramilitärische Verbände bekämpft. Im März 2009 hatte er seine Angriffe sogar bis nach Lahore getragen, der zweitgrößten Stadt Pakistans, wo er die Polizeiakademie angriff. In nur drei Jahren hatten seine Verbände annähernd 3000 Polizisten und paramilitärisches Sicherheitspersonal getötet. Siehe Gul, 2010, S. XVf.
41 Ackerman, Guardian, 24.11.2014
42 Jane Mayer, »The Predator War. The risks of covertly targeting terrorists«, *The New Yorker*, 26.10.2009
43 Eugene Robinson, »Our Robotic Assassins«, *The Washington Post Writers Group*, 1.7.2011
44 Scahill, 2013, S. 41
45 Joseph E. Stiglitz, »The Price of 9/11«, *Project Syndicate*, 7.9.2011
46 Ali, 2008, S. 284
47 Erst nach 2003, nach der Invasion im Irak, begannen die USA, eine nationale Armee in Afghanistan aufzubauen. Immerhin finanzierte Washington dieses Projekt großzügig mit 797 Millionen Dollar (2003/2004), im folgenden Jahr mit 788 Millionen und 2005/2006 mit 830 Millionen. 650 *embedded* amerikanische Offiziere gaben den 37000 Soldaten der neuen Armee das nötige Selbstvertrauen, Recht und Gesetz aufrechtzuerhalten oder im Süden die Taliban zu bekämpfen.
Um den USA gerecht zu werden: Deutschland, das sich auf der Genfer Konferenz im Juni 2002 bereit erklärt hatte, die neue Nationale Afghanische Polizei (NAP) von 62000 Mann auszubilden, blamierte sich bis auf die Knochen. Um 3500 Polizeioffiziere zu trainieren, schickte Deutschland 41 Ausbilder. Mit gerade einmal 89 Millionen Dollar, mit denen Berlin das Projekt zwischen 2002 und 2006 finanzierte, zeigte die Bundesregierung so viel Geiz, dass nicht nur die USA, sondern auch europäische Regierungen verärgert waren. »Deutschlands pathetische, beinahe nutzlose Vorstellung beim Aufbau der Polizei und Italiens Apathie beim Aufbau des Justizsystems wurden die beiden schwächsten Stellen in den Bemühungen der internationalen Gemeinschaft, die staatlichen Institutionen Afghanistans wieder aufzubauen.« (Rashid, 2008, S. 204) In der gekürzten, deutschen Ausgabe des Buches ist diese Kritik verschwunden. Dafür heißt es lapidar: »Im April 2005 nahm das amerikanische Verteidigungsministerium die Verantwortung für die Polizeiausbildung aus den Händen der Deutschen, setzte 400 US-Berater bei lokalen Polizeieinheiten ein und stellte 1,1 Milliarden Dollar für die Ausbildung zur Verfügung.« (Raschid, 2010, S. 240)
48 Kinzer, Stephen, Overthrow: America's Century of Regime Change from Hawaii to Iraq, New York: Times Books, 2006, zit. n. Rashid, 2008, S. 117
49 Zit. n. Scahill, 2013, S. 410f.
50 Ibid., S. 415f.
51 Inter Press Service, 13.6.2011

52 http://www.huffingtonpost.com/2011/06/25/afghanistan-corruption-study_n_884483.html, abgerufen am 26.6.2011

53 Ali, 2008, S. 270 und 277. »Die NGOs brachten Dutzende von überbezahlten jungen Leuten in die afghanischen Gemeinschaften, wo sie mit ihren hohen Gehältern und neuen Fahrzeugen protzten. Noch schlimmer war aber, dass ihre gut finanzierten Aktivitäten die Armut und Ineffektivität der einheimischen Zivilverwaltung erst richtig deutlich machten und deren lokale Vertreter in den Augen der Bevölkerung diskreditierten.« Starr, S. Frederick, »Sovereignty and Legitimacy in Afghan Nation-Building«, in: Francis Fukuyama (Hg.), »Nation-Building: Beyond Afghanistan and Iraq«, Baltimore, 2006

54 https://www.thebureauinvestigates.com/2016/01/11/obama-2016-pakistan-drone-strikes/ ; abgerufen am 31.7.2016

55 Julian Lindley-French, »Big World, Big Future, Big NATO«, *NATO Review*, Winter 2005

56 Ibid.

57 Ibid.

58 Ali, 2008, S. 291

59 Scahill, 2013, S. 110

60 Combined Joint Task Force – Horn of Africa, 17.4.2009

61 Scahill, 2013, S. 91

62 Ibid., S. 328

63 Blum, 2004, S. 171–174

64 Taylor ist das erste afrikanische Ex-Staatsoberhaupt, das später von einem Sondergerichtshof in Den Haag wegen Kriegs- und Verbrechen gegen die Menschlichkeit verurteilt wurde.

65 »US Wants Peaceful Disarmament of Iraq, Says Negroponte«, Embassy of the United States in Manila. 8.11.2002. http://manila.usembassy.gov/wwwhira3.html, abgerufen am 26.5.2006

66 Statements of the Director General«. IAEA. http://www.iaea.org/NewsCenter/Statements/2003/ebsp2003n006.shtml, abgerufen am 10.9.2006

67 Hans Blix, »Thirteenth quarterly report of the Executive Chairman of the United Nations Monitoring, Verification and Inspection Commission in accordance with paragraph 12 of Security council resolution 1284 (1999)«, 13.5.2003

68 »Transcript of Powell's U.N. Presentation: a Transcript of US Secretary of State Colin Powell's Presentation to the U.N. Security Council on the US Case Against Iraq«, cnn.com, 6.2.2003, abgerufen am 24.5.2007

69 »Iraq Body Count: A Dossier of Civilian Casualties in Iraq, 2003–2005«, http://www.iraqbodycount.org/press/pr12.php, abgerufen am 2.5.2007

70 »Iraqi health minister estimates as many as 150,000 Iraqis killed by insurgents«, http://www.iht.com/articles/ap/2006/11/09/europe/EU_GEN_Austria_Iraqis_Killed.php, abgerufen am 2.5.2007

71 Tim Parsons, »Updated Iraq Study Affirms Earlier Mortality Estimates,. *The JHU Gazette*, 16.10.2006

72 Tina Susman, »Poll: Civilian Death Toll in Iraq May Top 1 Million«, *Los Angeles Times*, 14.9.2007; Peter Beaumont, Joanna Walters, »Greenspan Admits Iraq was About Oil, As Deaths Put at 1.2 Million«, *The Observer* (UK), 16.9.2007

73 Alexander G. Higgins, »U.N.: 100,000 Iraq refugees flee monthly«, *Boston Globe*, 3.11.2006; Nihal Hassan, »›50,000 Iraqi refugees‹ forced into prostitution«, London: News.independent.co.uk., 24.6.2007, http://news.independent.co.uk/world/middle_east/article2701324.ece, abgerufen am 13.9.2009; Zaid Sabah, »Christians, targeted and suffering, flee Iraq«, Usatoday.com., 23.3.2007, http://www.usatoday.com/news/world/iraq/2007-03-22-christians-iraq_N.htm, abgerufen am 13.9.2009

74 So wiedergegeben in: William J. Broad, David E. Sanger, »C.I.A. Secrets Could Surface in Swiss Nuclear Case«, *The New York Times*, 24.12.2010

75 Hans Brandt, »Die schützende Hand der CIA«, *Tages-Anzeiger*, 24.11.2011

76 Ibid.

77 Ibid.

78 »Tinner-Affäre verabschiedet sich durch Hintertüre«, *Bieler Tagblatt*, 25.11.2011

79 http://www.parlament.ch/d/organe-mitglieder/delegationen/geschaeftspruefungsdelegation/fall-tinner/Documents/urteil-bstger-2012-09-25.pdf, abgerufen am 31.1.2013

80 William Fisher, »Bush, Obama, Wiki and the CIA«, *Truthout*, 28.1.2011

81 Ibid.

82 Ibid.
83 Ibid.
84 Edwin Chen, Nick Anderson, »Castro Must Yield to U.S., Bush Says«, *Los Angeles Times*, 21.5.2002
85 Paul Watson, »U.S. Hand Seen in Afghan Election«, *Los Angeles Times*, 23.9.2004
86 Ali, 2008, S. 278
87 Giles Tremlett, »US sends special forces into north Africa«, *The Guardian*, 15.3.2004. Als Teil der gemeinsamen europäischen »Operation African Clearing House« schloss sich Großbritannien dieser nordafrikanischen Allianz an. Und im März trafen sich mehrere hochrangige Militärkommandeure aus diversen afrikanischen Ländern mit amerikanischen Offizieren in Stuttgart.
88 Dieser Begriff geht auf den Titel *Wonga Coup* eines Buches von Adam Roberts zurück. »Wonga« ist ein Slangwort für Geld, das mehrere der Umstürzler benutzten.
89 »Pentagon Programs to Bolster Georgian, Baltic Forces«, *The New York Times*, 26.3.2010
90 Matt Kelley, »US money has helped opposition in Ukraine«, Associated Press, 11.12.2004, http://www.signonsandiego.com/uniontrib/20041211/news_1n11usaid.html; Stephen Mulvey, »Behind the scenes at Kiev's rally«, BBC Online, 28.11.2004, http://news.bbc.co.uk/1/hi/world/europe/4050187.stm, abgerufen am 16.3.2006
91 Jutta Sommerbauer, Michael Laczynski, »EU verliert Kampf um die Ukraine«, *Die Presse*, Wien, 21.11.2013
92 »Under Long-Term Program, Pentagon to Train Soldiers of 9 Nations«, *Washington Post*, 26.7.2005
93 Craig Whitlock, »U.S. secretly backed Syrian opposition groups, cables released by WikiLeaks show«, *Washington Post*, 17.4.2011
94 Ibid.
95 C. J. Chivers, Eric Schmitt, »Arms Airlift to Syria Rebels Expands, With Aid From C.I.A«, *The New York Times*, 24.3.2013
96 Ibid.
97 Seymour M. Hersh, »The Red Line and the Rat Line«, *London Review of Books*, 17.4.2014
98 Die Beteiligung des MI6 an der Operation ermöglichte es der CIA, diese gesetzliche Verpflichtung zu umgehen, indem sie die Mission sozusagen als Joint Venture deklarierte.
99 Ibid.
100 Ibid.
101 Pepe Escobar, »The Roving Eye. The Tulip Revolution takes root«, *Asia Times*, 26.3.2005
102 Ibid.
103 Ibid.
104 »US targets al Qaeda suspects in Somalia, Pentagon official says«, CNN. 8.1.2007, http://www.cnn.com/2007/WORLD/africa/01/08/somalia.strike/index.html, abgerufen am 8.1.2007
105 Craig Whitlock »U.S. drone base in Ethiopia is operational«, Washington Post, 27.10.2011
106 »US shuts drone base in Ethiopia«, BBC, 4.1.2016, http://www.bbc.com/news/world-africa-35220279, abgerufen am 2.6.2016
107 »US Special Forces Engaged in Operations on the Ground in Somalia«, ABC News, 9.1.2007, http://blogs.abcnews.com/theblotter/2007/01/us_special_forc.html, abgerufen am 9.1.2007
108 »The Release of 15 US soldiers in southern Somalia underway – Jemen paper«, Shabelle Media Network, 8.2.2007, http://www.shabelle.net/news/ne2273.htm, abgerufen am 9.2.2007
109 Seymour M. Hersh, »Preparing the Battlefield«, *The New Yorker*, 7. und 14.7.2008
110 Parsi, 2007, S. 341 f.
111 Kinzer, 2011, S. 126
112 Gareth Porter, »Burnt Offering«, *The American Prospect*, 21.5.2006
113 »Current Terrorist Activities: Los Angeles investigation has determined that the MEK is currently actively involved in planning and executing acts of terrorism. The planning takes place at MEK bases in Iraq and at the Auver Sur Oise location in Paris, France.« (http://www.niacouncil.org/site/DocServer/FBI_Report.pdf?docID=921, abgerufen am 16.7.2011)
114 Seymour M. Hersh, »Iran and the Bomb. How real is the nuclear threat?«, *The New Yorker*, 6.6.2011
115 Ibid.

116 »Iran worked on nuclear bomb design: IAEA«, Reuters, Wien, 9.11.2011
117 »Face the Nation«, transcript: 8.1.2012, http://www.cbsnews.com/8301-3460_162-57354647/face-the-nation-transcript-january-8-2012/, abgerufen am 241.2012
118 Florian Hassel, »Säbelrasseln am Persischen Golf«, *Die Welt*, 29.1.2012
119 »Implementation Day - Watch the President's remarks on the impact of U.S. leadership in Iran», https://www.whitehouse.gov/issues/foreign-policy/iran-deal, abgerufen am 24.3.2016
120 Mark Potters, »Mexican drug war ›alarming‹ U.S. officials«, World Blog from NBC News, 25.6.2008
121 United States Government Accountability Office, GAO Report on Drug Control, 25.10.2007
122 Siehe auch: Jon Lee Anderson, »Death of the Tiger«, *The New Yorker*, 17.1.2011
123 Congressional Research Services, Lauren Ploch, »Africa Command: U.S. Strategic Interests and the Role of the U.S. Military in Africa«, 16.11.2010
124 Eric Schmitt, »U.S. Training Elite Antiterror Troops in Four African Nations«, in The New York Times, 26. Mai 2014
125 *The New York Times*, 10.1.2009. Mohsen Fakhrizadeh, ein 45 Jahre alter Physiker, wurde sowohl von den USA als auch von den Vereinten Nationen als einer der führenden Wissenschaftler des iranischen Atomprogramms identifiziert.
126 BBC News, 6.2.2013, http://www.bbc.com/news/world-middle-east-21350437, abgerufen am 2.4.2014
127 Amy Goodman, »Blackwater's Secret War in Pakistan: Jeremy Scahill Reveals Private Military Firm Operating in Pakistan under Covert Assassination and Kidnapping Program«, *Democracy Now!*, Washington, 24.11.2009, http://www.democracynow.org/2009/11/24/blackwaters_secret_war_in_pakistan_jeremy, abgerufen am 30.1.2010
128 Craig Whitlock, »Mysterious fatal crash provides rare glimpse of U.S. commandos in Mali«, *Washington Post*, 8.7.2012
129 »U.S. building secret drone bases in Africa, Arabian Peninsula, officials say«, Washington Post, 20.9.2011
130 Scahill, 2013, S. 380
131 Ibid., S. 379
132 Eric Schmitt, Robert F. Worth, »US Widens Terror War to Yemen's al-Qaeda Bastion«, *The New York Times*, 27.12.2009
133 Mark Vorpahl, »The U.S. Military Moves Into Costa Rica?«, *Portland Central America Solidarity Committee*, 10.10.2010, http://www.pcasc.net/2010/10/10/the-u-s-military-moves-into-costa-rica/; abgerufen am 16.12.2011; siehe auch: Eva Gollinger, »Massive Militärpräsenz der USA in Costa Rica«, *Amerika21.de*, 9.7.2010, http://amerika21.de/analyse/3252/militramerikas, abgerufen am 11.12.2011
134 *NZZ*, 18.21.2011
135 Victor Kocher, »Bewaffneter Aufstand gegen Gaddafi«, *NZZ*, 22.2.2011. Weiter heißt es in dem Artikel: »Hier zeichnet sich das historische Selbstbewusstsein der Cyrenaika wieder ab, jenes Ostteils des Landes, der ursprünglich das wahre Macht- und Wirtschaftszentrum darstellte. Von dort stammte der Nationalheld und Unabhängigkeitskämpfer Omar al-Mukhtar, der im Kampf gegen die italienischen Kolonisten gefallen ist. Und dort sind die Wurzeln der Senussi-Dynastie, aus welcher der letzte König Idris stammte, den Gaddafi 1969 stürzte. In den Augen der Libyer aus der Cyrenaika ist das Gaddafi-Regime eine illegitime und zur effizienten Regierung unfähige Konstruktion aus verspäteten Versatzstücken des Nasserismus.«
136 *FAZ*, 22.2.2011
137 *NZZ*, 1.3.2011
138 *Sueddeutsche.de*, 28.2.2011
139 DS 17/5409 vom 21.4.11
140 *FAZ*, 2.3.2011
141 *FAZ*, 10.3.2011
142 *FAZ*, 12.3.2011
143 *NZZ*, 16.3.2011
144 *FAZ*, 17.3.2011
145 *Zeit.de*, 17. 3.2011
146 Reinhard Merkel, »Militärintervention gegen Gaddafi ist illegal«, *FAZ*, 22.3.2011

147 *Focus.de*, 17.3.2011
148 A. J. Kuperman, »False Pretense for War in Libya?«, *The Boston Globe*, 14.4.2011
149 Nour Abuzant, »Qaradawi condemns ›atrocities‹ against protesters in Syria«, *Gulf Times*, 26.3.2011, http://www.gulf-times.com/site/topics/article.asp?cu_no=2&item_no=424384&version=1&template_id=57&parent_id=56, abgerufen am 18.5.2011
150 »Al Qaeda Backs Libyan Protesters and Condemns Gaddafi«, http://www.reuters.com/article/2011/02/24/us-libya-alqaeda-idUSTRE71N12B20110224, abgerufen am 15.5.2011
151 *FAS*, 24.4.2011
152 *Focus.de*, 31.3.2011; *FAZ*, 1.3.2011, zit. n. Henken Lühr, »Krieg gegen Libyen – Ursachen, Motive und Folgen«, http://www.ag-friedensforschung.de/regionen/Libyen/henken2.html, abgerufen am 12.11.2012
153 Charles Levinson, Charles Rosenberg, »Egypt Said to Arm Libya Rebels«, *The Wall Street Journal*, 17.3.2011. http://online.wsj.com/article/SB1000142405274870436040457620699283527090 6.html?mod=e2tw, abgerufen am 18.5.2011
154 »Verdeckter Einsatz. Britische Sondereinheiten bereits in Libyen«, *Focus.de*, 19.3.2011, http://www.focus.de/politik/ausland/krise-in-der-arabischen-welt/verdeckter-einsatz-britische-sondereinheiten-bereits-in-libyen_aid_610285.html; abgerufen am 12.11.2012
155 »Die Rebellen rüsten auf«, *Focus.de*, 2.4.2011, http://www.focus.de/politik/ausland/krise-in-der-arabischen-welt/tid-21862/libyen-die-rebellen-ruesten-auf_aid_614486.html, abgerufen am 12.11.2012
156 Der Vorwurf, dass es sich um Söldner handelte, erwies sich später als Propagandalüge. Tatsächlich waren die meisten der angeblichen Söldner Ansiedler aus Mali und dem Tschad, denen die Behörden in Tripolis schon vor Jahren die libysche Staatsbürgerschaft gegeben hatten, wie Nicolas Pelham in der *New York Review of Books* vom 12.5.2011 und später auch der britische Enthüllungsjournalist John Pilger (»Hail to the True Victors of Rupert's Revolution«, *Truthout*, 10.9.2011) berichteten.
157 Mark Mazzetti und Eric Schmitt, »C.I.A. Agents in Libya Aid Airstrikes and Meet Rebels«, *The New York Times*, 30.3.2011
158 Rob Crilly im *Daily Telegraph*, 23.3.2011
159 »PR firm helps Libyan rebels to campaign for support from US«, The Hill.com, 12.4.2011
160 »The Shayler affair: The spooks, the Colonel and the jailed whistle-blower«, *The Observer*, 9.8.1998; Annie Machon, »Spies, Lies and Whistleblowers: MI5, MI6 And the Shayler Affair«, *Book Guild Publishing*, London, 2005
161 December 2007 West Point Study, zit. n. Webster Tarpley, »The CIA's Libya Rebels: The Same Terrorists who Killed US, NATO Troops in Iraq«, Tarpley.net, 24.3.2011
162 *FAS*, 24.4.2011
163 http://de.rian.ru, 1.6.2011
164 »Libya war: 3 Western powers sending military advisors to Libya«, *Los Angeles Times*, 20.4.2011
165 http://www.huffingtonpost.com/2011/06/24/nato-forces-kill-Gaddafi-libya-samuel-locklear-_n_884143.html, abgerufen am 25.6.2011
166 »Death toll in Libyan popular uprising at 10000«, Islamic Republic of Iran Broadcasting, 24.2.2011, http://english.irib.ir/news/political/item/71535-death-toll-in-libyan-popular-uprising-at-10000, abgerufen am 18.5.2011
167 »At Least 3,000 Dead in Libya: Rights Group», DPA, 2.3.2011, http://www.sify.com/news/at-least-3-000-dead-in-libya-rights-group-news-international-ldcxkhgggdh.html, abgerufen am 18.5.2011
168 http://en.wikipedia.org/wiki/Casualties_of_the_2011_Libyan_civil_war, abgerufen am 18.5.2011
169 http://blogs.aljazeera.net/search/node/death%20toll%20in%20Libya, abgerufen am 18.5.2011
170 »In rebel Benghazi, slayings target Gadhafi agents«, Yahoo! News, News.yahoo.com, abgerufen am 6.6.2011
171 Ian Black, »Libyan rebels win international recognition as country's leaders«, *The Guardian*, 15.7.2011
172 Ibid.
173 Declan Walsh, »A CIA spy, a hail of bullets, three killed and a US-Pakistan diplomatic row«, *The Guardian*, 20.2.2011

174 Eine Metallmarke, die den Träger in mehreren Sprachen als Amerikaner identifiziert und eine Belohnung verspricht, wenn ihm geholfen wird. US-Soldaten oder -Agenten tragen solche »Hundemarken« bei Einsätzen und zeigen sie vor, wenn »alle Maßnahmen, einer Gefahr zu entkommen, gescheitert sind und der Flüchtige Hilfe für überlebensnotwendig hält« (Raja Riaz, »Raymond Davis Tried to Trick Investigators«, *Daily Times*,Pakistan, 15.2.2011)

175 Karin Brulliard, »An Aftermath of Shooting, Rising Scepticism About American Presence in Pakistan«, *Washington Post*, 22.2.2011; Asad Karel, »After Davis Arrest, US-Operatives Leaving Pakistan«, *Express Tribune*, Pakistan, 28.2.2011

176 »CIA Contractor Ray Davis Freed Over Pakistan Killings«, BBC, 16.3.2011, http://www.bbc.co.uk/news/world-south-asia-12757244

177 Diese U-Boote sind etwa 30 Meter lang, haben eine Besatzung von vier Mann und können zehn Tonnen Kokain laden.

178 Jim Garamone, »Central America remains a hotspot of instability«, American Forces Press Service, 31.3.2011, http://www.southcom.mil/AppsSC/news.php?storyId=2604, abgerufen am 8.6.2011

179 »Construirán base militar en isla de Guanaja«, *El Heraldo*, Tegucigalpa, 9.7.2010

180 Organisación Fraternel Negra Hondureña, »Eviction in the Garifuna Community of Punta Gorda, Roatan«, http://www.apalacioexchange.com/hondurasgarifuna.htm

181 Bradley Perett, »Australia-Based US Radar to Watch China Launches«, *Military.com / Aviation Week & Space Technology*, 26.3.2013, http://www.military.com/daily-news/2013/03/26/australia-based-us-radar-to-watch-china-launches.html

182 Mark Owen, Kevin Maurer, »No Easy Day: The Firsthand Account of the Mission That Killed Osama bin Laden«, Dutton 2012, zit. n. Steve Coll, »Dead or Alive«, *The New York Review of Books*, 25.10. – 7.11.2012, Vol. LIX, No. 16, S. 6

183 Ibid.

184 Nicholas Schmidle, »Getting Bin Laden«, *The New Yorker*, 8.8.2011, S. 10

185 Ibid.

186 »Bin Laden Is Dead, Obama Says«, *The New York Times*, 1.5.2011

187 Seymour M. Hersh, »The Killing of Osama bin Laden«, London Review of Books Vol. 37 No. 10, 21.5.2015, S. 3–12

188 Ibid.

189 John Lindsay-Poland, »Pentagon Using Drug Wars as Excuse to Build Bases in Latin America«, *New America Media*, 5.6.2011

190 »Special Forces from Armies of 25 Countries Will Participate in Exercise in El Salvador«, AFP, 8.4.2011

191 Tim Neshitov, »Gefährliche Friedenshüter«, *Süddeutsche Zeitung*, 13.–15.8.2011, S. 10

192 »Executive Order – Ensuring Lawful Interrogations«, http://www.whitehouse.gov/the_press_office/Ensuring_Lawful_Interrogations, abgerufen am 12.12.2012

193 Jeremy Scahill, »The CIA's Secret Sites in Somalia«, *The Nation*, 15.7.2011

194 Jeffrey Gettlemen, Mark Mazzetti, Eric Schmitt, »U.S. Relies on Contractors in Somalia Conflict«, *The New York Times*, 10.8.2011

195 Scahill, 2013, S. 538

196 Ibid., S. 363

197 Jeremy Scahill, »The CIA's Secret Sites in Somalia«, *The Nation*, 15.7.2011

198 Ibid.

199 Ibid.

200 Bobby Ghosh, »The End Of al-Qaida? In Yemen, a successful counterattack by government troops shows how the terrorist group can be beaten«, TIME, 17.9.2012

201 Scahill, 2013, S. 530 f.

202 »Fighter jet targets southern Somali port«, Al Jazeera, 24.10.2011, abgerufen am 24.10.2011

203 »Conflicting Claims Over Use of U.S. Drones in Somalia«, *Daily Nation*, Nairobi, 29.10.2011. Die Zeitung berief sich auf einen Bericht der *Washington Post*, in dem Master Sgt. James Fisher von der 17. US-Air Force Division zitiert wurde: Das Ziel des US-Stützpunktes in Arba Minch sei es, »operationelle und technische Unterstützung für unser Sicherheitshilfsprogramm zu liefern«.

204 Josh Kron, Jeffrey Gettleman, »Kenya Says Western Nations Join Fight in Somalia, as U.S. Denies Role«, *The New York Times*, 24.10.2011

205 »New US base in RI's backyard«, *Jakarta Post*, 17.11.2011

206 Gloria Steinem, »The Arms Race Intrudes on Paradise«, *The New York Times*, 6.8.2001
207 Christine Ahn, »Unwanted Missiles for a Korean Island«, *The New York Times*, 5.8.2011
208 Gwyn Kirk, Avano Ginoza, Michiko Hase, »Resisting US Bases in Okinawa«, *Foreign Policy in Focus*, 1.11.2014, http://www.truth-out.org/opinion/item/27186-resisting-us-bases-in-okinawa, abgerufen am 3.11.2014
209 »Afghans: Pakistan Fired First«, *The Wall Street Journal Asia*, 27.11.2011
210 »Pakistan voices ›deep rage‹ over NATO attack«, Al Jazeera, 27.11.2011
211 Al Jazeera, 27.11.2011
212 http://worldnews.msnbc.msn.com/_news/2011/12/10/9352886-pakistan-says-us-drones-in-its-air-space-will-be-shot-down, abgerufen am 13.12.2011
213 Nic Robertson,Greg Botelho, »Ex-Pakistani President Musharraf admits secret deal with U.S. on drone strikes«, CNN, 12.4.2013, http://edition.cnn.com/2013/04/11/world/asia/pakistan-musharraf-drones/index.html, abgerufen am 12.4.2013
214 »Russia protests: Gorbachev calls for election re-run«, BBC, abgerufen am 7.12.2011
215 »Clinton criticizes Russia vote, Germany urges improvement«, Yahoo! News, News.yahoo.com, abgerufen am 7.12.2011
216 Ellen Barry, »Rally Defying Putin's Party Draws Tens of Thousands«, *The New York Times*, 10.12.2011
217 »Russia PM Vladimir Putin accuses US over poll protests«, BBC News, 8.12.2011, abgerufen am 11.12.2011
218 »International Republican Institute Launches Social Networking Site for Russian NGOs«, http://www.ned.org/where-we-work/eurasia/russia, abgerufen am 12.12.2011
219 http://www.ned.org/where-we-work/eurasia/russia, abgerufen am 9.12.2011
220 http://www.state.gov/r/pa/prs/dpb/2013/07/211535.htm abgerufen am 2.9.2015
221 http://www.bbc.com/news/world-latin-america-23297581, abgerufen am 2.9.2015
222 http://www.un.org/apps/news/story.asp?NewsID=45374, abgerufen am 2.9.2015
223 http://www.cbsnews.com/news/text-obama-statement-on-syria/, abgerufen 3. September 2014, CBS News August 18, 2011, 10:29 AM
224 »Barack Obama statement on US intervention in Syria. Full text of remarks delivered in the White House Rose Garden on 31 August 2013«, http://www.theguardian.com/world/2013/aug/31/barack-obama-statement-us-intervention-syria, abgerufen 3. September 2014
225 Seymour Hersh, »Military to Military«, London Review of Books, Vol. 38, No. 1, 7. 1. 2016, S. 11–14
226 »US giving Syria intelligence on jihadists, say sources«, AFP 26. August 2014
227 David S. Cloud and Raja Abdulrahim, »U.S. has secretly provided arms training to Syria rebels since 2012«, Los Angeles Times. 21. 6. 2013. http://articles.latimes.com/2013/jun/21/world/la-fg-cia-syria-20130622, abgerufen am 31.5.2016
228 Hersh, »Military to Military«
229 »U.S. airstrikes hit ISIS targets inside Syria-CNN.com«, CNN 23. 9. 2014, http://edition.cnn.com/2014/09/22/world/meast/u-s-airstrikes-isis-syria/index.html?hpt=hp_t1, abgerufen am 31.5.2016
230 Wilgenburg, Wladimir van, »Syria Pulse – Kurdish security chief: Turkey must end support for jihadists«, Al-Monitor, 6. 8. 2014; http://www.al-monitor.com/pulse/originals/2014/08/syria-kurd-pyd-asayish-isis-turkey-islamic-state.html, abgerufen am 31.5.2016
231 Natasha Bertrand, »Senior Western official: Links between Turkey and ISIS are now ›undeniable‹«, business insider, 28.7.2015. http://uk.businessinsider.com/links-between-turkey-and-isis-are-now-undeniable-2015-7?r=US&IR=T, abgerufen am 31.5.2016
232 Barney Guiton, »›ISIS Sees Turkey as Its Ally‹: Former Islamic State Member Reveals Turkish Army Cooperation«, Newsweek, 7.11.2014
233 Ian Black, »Report on Syria conflict finds 11.5 % of population killed or injured«, The Guardian, 11.2.2016
234 Chulov, Martin; Hawramy, Fazel, »Isis: Maliki hails Syrian air raids in Iraq as leaving both states ›winners'‹«, The Guardian, 27.6.2014
235 »Obama seeks $500 million from Congress to train ›moderate‹ Syrian rebels to fight ISIS«, The Jerusalem Post, 28.6.2014
236 McElory, Damien, »Rome will be conquered next, says leader of Islamic State«, The Daily Telegraph, 1.7.2014
237 »Iraq jihadists blow up Jonah's tomb in Mosul«, Agence France Press, 25.7.2014

238 »A Letter to the President, and a Well-Timed Response«, The New York Times, 8. August 2014
239 David Swanson, »US deploys DU aircraft to Middle East«, Al Jazeera, 29. Oktober 2014, http://www.aljazeera.com/humanrights/2014/10/us-deploys-du-aircraft-middle-east-201410287450282932.html, abgerufen 2. November 2014
240 Thomas L. Friedman, »Obama on the World«, in New York Times, 9. August 2014
241 »Obama to send approximately 350 additional military personnel to Iraq«, Fox News Channel, 3.9.2015
242 Matthew Rosenberg and Danny Hakim, »U.S. Raises Profile in Strait of Hormuz After Iranians Seize a Cargo Vessel«, New York Times, 1.5.2015
243 »Boko Haram crisis: US deploys troops in Cameroon«, BBC, 14.10.2015, http://www.bbc.com/news/world-africa-34533820, abgerufen am 22.5.2016
244 Joshua Hammer, »The U.S. Extends Its Drone War Deeper Into Africa With Secretive Base«, The Intercept, 25.2.2016, https://theintercept.com/2016/02/25/us-extends-drone-war-deeper-into-africa-with-secretive-base/, abgerufen am 22.5.2016
245 »CAMEROON 2014 HUMAN RIGHTS REPORT – Country Reports on Human Rights Practices for 2014«, United States Department of State – Bureau of Democracy, Human Rights and Labor, http://www.state.gov/documents/organization/236550.pdf, abgerufen am 22.5.2016
246 Mark Mazetti, Jeffrey Gettleman and Eric Schmitt, «United States Escalates a Shadow War Against Islamists in Somalia«, New York Times, 21.10.2016
247 Hayton, 2014, S. 149
248 Hayton, 2014, S. 148
249 Armin Wertz, »Streit um unwirtliche Inseln«, online-Magazin Journal21, Zürich, 19.8.2012, www.journal21.ch
250 David Smith, »South China Sea dispute: US military will continue operations in region«, The Guardian, 17.2.2016
251 U. S. Department of Defense, »Statement by Pentagon Press Secretary Peter Cook on U.S. Military Strikes Against Radar Sites in Yemen«, Release No: NR-365-16, 18.10.2016, online unter: http://www.defense.gov

»Der Cyberspace ist formell als neues Kriegsgebiet anerkannt«

1 Zit. n. Seymour M. Hersh, »The Online Threat. Should we be worried about a cyber war?«, *The New Yorker*, 1.11.2010
2 Alfred McCoy, »Überwachungsbumerang. Die Formierung des US-amerikanischen Sicherheitsregimes, 1898–2020«, *Lettre International* 102, Berlin, Herbst 2013, S. 14
3 Thomas, 2009, S. 226
4 Ibid., S. 231
5 The Mitre Corporation, »Data Analysis Challenges«, Dezember 2008, S. 13
6 Jane Mayer, »The Secret Sharer«, *The New Yorker*, 23.5.2011
7 »The Federal Bureau of Investigation's Terrorist Watchlist Nomination Practices,« US Department of Justice, Office of the Inspector General, Audit Division, Audit Report 09-25, Mai 2009, S. ii
8 Seymour M. Hersh, »The Online Threat. Should we be worried about a cyber war?«, *The New Yorker*, 1.11.2010
9 »Snowdens Deutschland-Akte«, *Der Spiegel*, 16.6.2014
10 »Der Fall Snowden«, *Der Spiegel* Nr. 44, 28.10.2013
11 Ibid. Derartige Abhöraktionen der NSA sind nicht neu. Wie Agenten der NSA den während des Koreakrieges abgehörten Gesprächen zwischen General Douglas MacArthur und westlichen Diplomaten entnahmen, hoffte der Oberkommandierende der UN-Streitkräfte insgeheim, einen totalen Krieg mit Einsatz von Atomwaffen gegen Russland und China führen zu können. Nachdem die Abhörprotokolle der Gespräche Präsident Harry Truman vorgelegt worden waren, kam MacArthurs Karriere zu einem abrupten Ende. Die Abhörtradition wurde bis heute fortgesetzt. So erstellten NSA, CIA und Pentagon nach Angaben des *Spiegel* (16.6.2014) über 300 Berichte über die deutsche Kanzlerin.
12 Seymour M. Hersh, »The Online Threat. Should we be worried about a cyber war?«, *The New Yorker*, 1.11.2010. Chinesische Beamte hatten – wie dem Artikel zu entnehmen ist – Lewis jedoch versichert: »Wir werden Wall Street nicht angreifen, weil sie uns praktisch gehört. (Eine Anspielung darauf, dass China amerikanische Sicherheiten für beinahe eine Billion Dollar hält.) Ein Cyber-Angriff würde uns ebenso schaden wie euch.«

13 Thomas, 2009, S. 231
14 Ibid.
15 »WikiLeaks cables show that it was all about the oil«, http://www.mcclatchydc.com/2011/05/16/114269/wikileaks-cables-show-oil-a-major.html, abgerufen am 19.1.2015
16 Ibid.
17 Ibid.
18 Vertrauliches Kabel der Botschaft der Vereinigten Staaten in Rom: »U.S. suggests tough warning to ENI president over Russia and Iran«, http://www.mcclatchydc.com/2011/05/11/114040/cable-us-suggests-tough-warning.html, abgerufen am 11.12.2011
19 Thomas, 2009, S. 231

Abkürzungsverzeichnis

ABAKO	Alliance der Bakongo: ethnisch-nationalistische Organisation im Kongo
ACC	Allied Clandestine Committee: Gremium um die Aktivitäten der stay-behind-Armeen zu koordinieren
AD	Acción Democratica: Partei in Venezuela
AFL	Amerikanischen Arbeitsföderation
AFP	Agence France Presse
AFRICOM	Afrika-Kommando der US-Streitkräfte
AGOA	African Growth and Opportunity Act: ein 2010 aufgelegtes Programm der US-Regierung zur Förderung der afrikanischen Wirtschaft
AIFLD	American Institute for Free Labor Development
ALBA	Alianza Bolivariana para los Pueblos de Nuestra América (Bolivarianische Allianz für Amerika): ein wirtschaftliches und politisches Bündnis von derzeit neun lateinamerikanischen und karibischen Staaten
AMISOM	African Union Mission in Somalia: Friedenstruppe der Afrikanischen Union
ANC	Afrikanischer Nationalkongress: Südafrikanische Oppositionsgruppe, seit Abschaffung der Apartheid eine Partei
ANDSF	Afghan national defence and security forces
ANL	Aliança Nacional Libertador
AoA	Agreement on Agriculture: ein 1994 vereinbartes internationales Agrarhandelsabkommen für alle WTO-Mitglieder
APL	Armée Populaire de Libération (bewaffneter Arm des CNL)
AQAP	al-Qaeda in the Arab Peninsula (al-Qaeda auf der arabischen Halbinsel)
ARAMCO	Arabian-American Oil Company
ARENA	Alianza Republicana Nacionalista (Nationalistische Republikanische Allianz): ultrarechte Partei in El Salvador
ASD	Australian Signals Directorate
ASEAN	Association of Southeast Asian Nations
ASIO	Australian Security and Intelligence Organization
ASIS	Australian Secret Intelligence Service
AUTEC	Atlantic Undersea Test and Evaluation Center
AWACS	Airborne Warning and Control System: fliegendes Radarsystem
BIOT	British Indian Ocean Territory
BVD	Binnenlandse Veiligheidsdienst: holländischer Geheimdienst, heute Algemene Inlichtingen- en Veiligheidsdienst
CARSI	Central America Regional Security Initiative: Mittelamerikanische Regionale Sicherheitsinitiative
CAT	Civil Air Transport: CIA-eigene Luftfahrtgesellschaft
CCF	Congress for Cultural Freedom: von der CIA finanzierte Kulturorganisation
CENTCOM	Central Command: Stab der US-Streitkräfte im Nahen Osten
CIA	Central Intelligence Agency
CIC	Counter-Intelligence Corps
CIPE	Center for International Private Enterprise
CJTF-HOA	Combined Joint Task Force-Horn of Africa: Afrika-Kommando der US-Streitkräfte-Horn von Afrika
CNL	Conseil National de Libération: Oppositionsgruppe im Kongo

CNN	Cable News Network: amerikanischer Nachrichtensender
COPEI	Comité de Organisación Politica Eléctoral Independiente: christdemokratische Partei in Venezuela
CYBERCOM	U.S. Cyber Command
DAI	Development Alternatives Inc.
DARPA	(US-)Defense Advanced Research Projects Agency
DDR	Deutsche Demokratische Republik
DEA	Drug Enforcement Administration: amerikanische Antidrogenbehörde
DEVGRU	Naval Warfare Development Group (auch Seal Team 6 genannt)
DGSE	Direction Générale de la Sécurité Extérieure: französischer Auslandsnachrichtendienst
DIA	Defense Intelligence Agency : Nachrichtendienst des Pentagon
DINA	Dirección de Inteligencia Nacional: chilenische Geheimpolizei
DLF	Dhofar Befreiungsfront: kommunistische Rebellengruppe in Oman
DNA	Desoxyribonukleinsäure
DoD	Department of Defence: Verteidigungsministerium
DPA	Deutsche Presseagentur
DSD	Defence Signals Directorate (heute: Australian Signals Directorate, ASD)
DU	depleted uranium (abgereichertes Uran)
DVP	Demokratische Volkspartei (in Afghanistan)
EAM	Nationale Befreiungsfront (kommunistisch geführte Partei in Griechenland)
EEZ	die 200 sm weite Exclusive Economic Zone
EG	Europäische Gemeinschaft
E.K.I.A.	enemy killed in action
ELAS	Griechische Volksbefreiungsarmee (militärischer Arm der EAM)
ELN	Ejército de Liberación Nacional: kolumbianische Guerillaorganisation
EUCOM	European Command: Stab der US-Streitkräfte in Europa einschl. Russland
FA	Frente Amplio (Partei in Costa Rica)
FAO	Food and Agriculture Organization of the United Nations: Ernährungs- und Landwirtschaftsorganisation der UN
FARC	Fuerzas Armadas Revolucionarias de Colombia: Guerillaorganisation
FAS	Frankfurter Allgemeine Sonntagszeitung
FAZ	Frankfurter Allgemeine Zeitung
FBI	Federal Bureau of Investigation: US-Bundespolizei
FECOM	Far East Command: zwischen 1947 und 1957 Stab der US-Streitkräfte im Fernen Osten
FLN	Front de Libération National (algerische Befreiungsfront)
FMLN	Frente Farabundo Martí para la Liberación Nacional: Nationale Befreiungsfront Farabundo Martí, ursprünglich eine Guerilla-Organisation, heute eine politische Partei in El Salvador
FNLA	Frente Nacional de Libertação de Angola: Guerillaorganisation und Partei
FNVA	Tensung Tangla Magar (Freiwillige Nationale Verteidigungsarmee in Tibet)
FRAPH	Front Révolutionnaire Armé pour le Progrès d'Haïti: Todesschwadron in Haiti
FSA	Freie Syrische Armee
FSLN	Frente Sandinista de Liberación Nacional: Sandinistische Befreiungsfront, ursprünglich eine Guerillaorganisation, heute eine Partei
GCHQ	Government Communications Headquarters: das britische Pendent zur NSA
Gestapo	Geheime Staatspolizei
Golos	eine russische NGO
GONGO	government organised nongovernmental organization
HTLV	Humanes T-lymphotropes Virus
Huk	Hukbalahap (Tagalog: Volksarmee gegen Japan)
HUMINT	human intelligence: Information, die durch menschliche Kommunikation gesammelt wird

IAEA	International Atomic Energy Agency: UN-Atomenergiebehörde
IACF	International Association for Cultural Freedom: Nachfolgeorganisation des CCF
ICC	International Criminal Court
ICRC	International Committee of the Red Cross (Internationales Komitee des Roten Kreuzes)
ICU	Islamic Courts Union: inzwischen aufgelöste radikalislamische Gruppe in Somalia, deren Mitglieder sich teilweise al-Shabaab angeschlossen haben, während ein anderer Teil inzwischen an der Seite der amerikanischen Verbände kämpft
IGH	Internationaler Gerichtshof
IMET	U.S. International Military Education and Training
IMF	International Monetary Fund (Internationaler Währungsfonds)
IOD	International Organisations Division: CIA-Propagandaabteilung
IRI	International Republican Institute: eine 1983 vom US-Repräsentantenhaus gegründete Organisation, die in aller Welt sogenannte Demokratisierungsprogramme durchführen soll
IS	sogenannter Islamischer Staat, dschihadistisch-salafistische Terrororganisation
ISAF	International Security Assistance Force: NATO-Verbände in Afghanistan
ISB	(US-)Information Service Branch
ISI	Inter-Services Intelligence: pakistanischer Geheimdienst
ISIL	Islamischer Staat des Irak und der Levante
IS-K	Islamischer Staat-Khorasan
JCET	Joint Combined Exchange Training
JIML	Al-Jama'a al-Islamiyyah al-Muqatilah bi-Libya (Libysche Islamische Kampfgruppe)
JSOC	Joint Special Operations Command
JTFME	Joint Task Force Middle East
KGB	Komitee für Staatssicherheit beim Ministerrat der UdSSR
KLA	Kosovo Liberation Army
KPÖ	Kommunistische Partei Österreichs
KUFNS	Kambodschanische Vereinigte Front zur Nationalen Errettung (kambodschanische Verbündete Vietnams im Krieg gegen die Roten Khmer)
LDP	Liberale Demokratische Partei (Japans)
LOK	griechische Gebirgsjägerkompanien
LSD	Lysergsäurediethylamid (starkes Halluzinogen)
LTTE	Liberation Tigers of Tamil Eelam: tamilische Guerilla in Sri Lanka
MACV	Military Assistance Command, Vietnam: Gruppe amerikanischer Militärberater in Vietnam
MANPADS	Man Portable Air Defense System: Einmann-Flugabwehr-Lenkwaffe
MAV	Micro-Air-Vehicles (winzige fliegende Roboter)
MEK	Mujaheddin-e-Khalq, Volksmudschahedin: militante iranische Oppositionsgruppe
MEM	mikroelektromechanisches System
MEPI	Middle East Partnership Initiative: Nahost-Partnerschaftsinitiative des State Departments
MI5	Military Intelligence Section 5 (britische Inlandsaufklärung)
MI6	Military Intelligence Section 6 (britischer Auslandsdienst)
MIT	Massachussetts Institute of Technology
MJD	Movement for Justice and Development: syrische Exilorganisation
MoMA	Museum of Modern Art
MPLA	Movimiento Popular para a Libertação de Angola: Guerillaorganisation
MVW	Massenvernichtungswaffen
NAA	Natsionalno Trudovoi Soyuz: Nationale Arbeitsallianz, ukrainische ultrarechte Guerillaorganisation

NAFTA	North American Free Trade Agreement
NATO	North Atlantic Treaty Organisation
NCWC	National Catholic Welfare Conference: Hilfsorganisation der amerikanischen Bischöfe für die europäischen Flüchtlinge des II. Weltkrieges
NDI	National Democratic Institute for International Affairs
NED	National Endowment for Democracy
NFSL	Nationale Front zur Rettung Libyens
NGO	non governmental organisation
NIE	National Intelligence Estimate: Dossier aller 16 US-Geheimdienste mit Berichten zur nationalen Sicherheit
NSA	National Security Agency: US-Geheimdienst
NSAS	National Security Agency of Somalia
NSC	National Security Council
NVA	North Vietnamese Army
NZZ	Neue Zürcher Zeitung
OAS	Organisation Amerikanischer Staaten
OFAC	Office of Foreign Assets Control
OPEC	Organisation of Petrol Exporting Countries
OPS	Office of Public Safety: von der CIA organisierte Polizeieinrichtungen
ORDEN	Organisación Democratica Nacionalista: Demokratisch-Nationalistische Organisation, eine Todesschwadron in El Salvador
OSCE	Organisation für Sicherheit und Zusammenarbeit in Europa (OSZE)
OSI	United States Air Force Office of Special Investigation
OSS	Office of Strategic Services: Vorläufer der CIA
OUN	Organisation Ukrainischer Nationalisten
PAC	Partido Acción Ciudadana: sozialdemokratisch orientierte Partei Costa Ricas
PACOM	Pacific Command (Stab der US-Streitkräfte in Süd-, Südost- und Ostasien)
PADF	Pan-American Development Foundation
PCF	Kommunistische Partei Frankreichs
PCI	Kommunistische Partei Italiens
PJ	Primero Justicia: rechtspopulistische Partei in Venezuela
PJAK	Partei für ein freies Leben in Kurdistan: kurdische Separatistengruppe in Iran
PKI	Kommunistische Partei Indonesiens
PKK	Kurdische Arbeiterpartei
PMC	Private Military Contractors: private Söldnertruppen
PRD	Partido Revolucionario Democrático, Demokratisch-Revolutionäre Partei (Panamas)
PRK	Volksrepublik von Kampuchea
PUSC	Partei der Christlich-Sozialen Einheit (Partei in Costa Rica)
QRF	Quick Reaction Force
RFJ	Rewards for Justice (US-Liste gesuchter Terroristen)
RFS	Reporters sans frontières (Reporter ohne Grenzen)
RPF	Ruandan Patriotic Front (Patriotische Front Ruandas)
SAD	Special Activities Division: Abteilung für besondere Aktivitäten der CIA
SAP	Structural Adjustment Program (Strukturanpassungsprogramm)
SAS	Special Air Service (der britischen Streitkräfte)
SBS	Special Boat Service (der britischen Streitkräfte)
SCUD	taktische ballistische Rakete
SD	Staatssicherheitsdienst des Reichsführers SS
SEALS	See-, Luft- und Boden-Teams der US-Marine
SEATO	Southeast Asia Treaty Orgnaisation (südostasiatisches Gegenstück zur NATO)
SGR	Service Général de Renseignement (militärischer Geheimdienst Belgiens)
SIS	Secret Intelligence Service (britischer Geheimdienst)
SISMI	Servizio per le Informazioni e la Sicurezza Militare: militärer Nachrichtendienst Italiens (2007 ersetzt durch Agenzia Informazioni e Sicurezza Esterna)

SIZ	Sowjetisches Informationszentrum
sm	Seemeile (1852 Meter)
SNAP	System for Nuclear Auxiliary Power
SOA	School of the Americas
SOCAFRICA	Special Operations Command Africa
SOCOM	Special Operations Command (der US-Streitkräfte)
SOCSOUTH	Special Operations Unit Southern Command
SOD	Special Operations Division (der US-Streitkräfte)
SOF	Special Operations Forces (der US-Streitkräfte)
SOG	Vietnam Studies and Observation Group (Sonderkommando in Vietnam)
SPD	Sozialdemokratische Partei Deutschlands
SS	Schutzstaffel
SSNP	Syrische Sozialnationalistische Volkspartei
SUV	Sport Utility Vehicle
TAPLINE	Transarabischen Pipeline
TD	Technischer Dienst
TRIPS	Trade-Related Intellectual Property Rights: Übereinkommen über handelsbezogene Aspekte der Rechte am geistigen Eigentum von 1994
TTP	Tehrik-i-Taliban Pakistan (radikale muslimische Organisation)
UdSSR	Union der Sozialistischen Sowjetrepubliken
UFCO	United Fruit Company (Bostoner Obstfirma)
UK	United Kingdom
UKUSA	Kooperationsabkommen der Geheimdienste der Vereinigten Staaten und Großbritanniens
UNAVEM	United Nations Angola Verification Mission
UNCLOS	United Nations Convention on the Law of the Sea
UNCTAD	Konferenz der Vereinten Nationen für Handel und Entwicklung
UNESCO	Organisation der UN für Erziehung, Wissenschaft und Kultur
UNHCR	UN High Commissionar of Refugees: UN-Hochkommissar für Flüchtlinge
UNHRC	United Nations Human Rights Council: UN-Menschenrechtsrat
UNITA	União Nacional para a Independêcia Total de Angola (Guerillaorganisation)
UNMOVIC	UN Monitoring, Verification and Inspection Commission: UN-Kommission zur Überwachung der Vernichtung von MVW in Irak
UNO	Union Nacional de Opposición (Nationale Oppositionsunion, Parteienbündnis in Nicaragua)
UNRRA	United Nations Relief and Rehabilitation Administration
UNT	Un Nuevo Tiempo (sozialdemokratische Partei in Venezuela)
USAID	US Agency for International Development
USG	United States Government
VEA	Vereinigte Arabische Emirate
Vietminh	Liga für die Unabhängigkeit Vietnams
VR	Volksrepublik
WHINSEC	The Western Hemisphere Institute for Security Cooperation
WNP	Westland New Port (Neonaziorganisation in Belgien)
WTO	World Trade Organization: Welthandelsorganisation

Literatur

Aarons, Mark; Hawke, Bob, *War Criminals Welcome*, Collingwood (Australien): Black Inc. Publishing 2001

Abrahamsen, Rita, *Democratisation – Part of the Problem or the Solution to Africa's ›Failed States‹?*, Aberystwyth: University of Wales 2001

Allen, Charles, *Soldier Sahibs. The Men Who Made the North-West Frontier*, London: Abacus 2001

Ali, Tariq, *Pakistan. Ein Staat zwischen Diktatur und Korruption*, Bundeszentrale für politische Bildung, Bonn, 2008

Anderson, Thomas P., *Matanza. El Salvador's Communist Revolt 1932*, Lincoln/London: University of Nebraska Press 1981

Ball, Desmond, *A Suitable Piece of Real Estate. American Installations in Australia*, Sydney: Hale & Iremonger 1980

–, *Pine Gap. Australia and the US Geostationary Signals Intelligence Satellite Program*, Sydney: Allen & Unwin 1988

Barnett, Cynthia, *Rain. A Natural and Cultural History*, New York: Broadway Books 2015

Berger, Elmer, *Peace for Palestine. First Lost Opportunity*, Gainesville: University Press of Florida 1993

Blum, William, *Freeing the World to Death: Essays on the American Empire*, Monroe, Maine: Common Courage Press 2004

Blum, William, *Killing Hope: U.S. Military and C.I.A. Interventions since World War II*, Monroe, Maine: Common Courage Press 2003 [gekürzte dt. Ausg.: *Killing Hope. Globale Operationen der CIA seit dem 2. Weltkrieg*, Frankfurt: Zambon, 2. Aufl. 2014]

Bonner, Raymond, *Waltzing With A Dictator. The Marcoses and the Making of American Policy*, New York: Vintage Books 1988

Boot, Max, *The Savage Wars of Peace. Small Wars and the Rise of American Power*, New York: Basic Books 2003

Borneman, Walter R., *Polk. The Man Who Transformed the Presidency and America*, New York: Random House 2008

Braddy, Haldeen, *Pershing's Mission in Mexico*, El Paso: Texas Western Press 1966

Brandon, William, »The American Heritage Book of Indians«, Dell, New York

Brendon, Piers, *The Decline and Fall of the British Empire, 1781–1997*, London: Vintage Books 2008

Brugioni, Dino A., *Eyeball to Eyeball. The Inside Story of the Cuban Missile Crises*, New York: Random House 1991

Bushnell, David (Hg.), *El Libertador. Writings of Simón Bolívar*, New York: Oxford University Press 2003

Calvo, Hernando; Declercq, Katlijn, *The Cuban Exile Movement. Dissidents or Mercenaries*, Melbourne: Ocean Press 2000

Castañeda, Jorge G., Che *Guevara. Biographie*, Frankfurt/Leipzig: Insel Verlag 1997

Central Intelligence Agency, *Indonesia – 1965: The Coup That Backfired*, Washington: 1968

Chanda, Nayan, *Brother Enemy. The War After the War*, New York: Collier Books 1986

Chomsky, Noam, *Americas Quest for Dominance*, New York: Metropolitan Books 2003
–; Herman, Edward S., *The Political Economy of Human Rights*, Montreal: Black Rose Books 1979
Churchill, Winston S., *Nach dem Kriege*, Zürich-Leipzig-Wien: Amalthea-Verlag 1930
Churchill, Winston, *The Second World War, Vol. VI, Triumph and Tragedy*, Cassell, London, 1954 [gekürzte dt. Ausg.: *Der Zweite Weltkrieg*, Bd. 6: *Triumph und Tragödie*, Bern: Scherz 1954]
Church-Report, *Interim Report: Alleged Assassination Plots Involving Foreign Leaders,* The Select Committee to Study Governmental Operations with Respect to Intelligence Activities, Washington, 20. November 1975 (benannt nach dem Vorsitzenden des Untersuchungsausschusses, Senator Frank Church)
Colby, William; Forbath, Peter, *Honorable Men. My Life in the CIA*, New York: Simon and Schuster 1978
Congressional Research Service Report RL30172 – siehe unter Grimmet
Cosculluela, Manuel Hevia, *Pasaporte 11333: Ocho Años con la CIA,* Havana: Casa de Las Americas 1978

Dalton, Roque, *Las historias prohibidas del pulgarcito*, San Salvador: UCA Editores 1988
Deane, Philip, *I Should Have Died. A Terrifying Indictment of the Methods Employed by the Russian Secret Service in Korea and the American CIA in Greece*, New York: Atheneum 1977
Devlin, Larry, *Chief of Station, Congo. Fighting the Cold War in a Hot Zone*, New York: Public Affairs 2007
Diederich, Bernard, *Trujillo. The Death of the Goat*, London: Little, Brown and Company 1978
Dinges, John, *The Condor Years. How Pinochet and His Allies Brought Terrorism to Three Continents*, New York/London: The New Press 2004
Dosal, Paul J., *Doing Business with Dictators: A Political History of the United Fruit in Guatemala*, Scholarly Resources Inc., Wilmington, Delaware, 1993
Dubois, Laurent, *Avengers of the New World. The Story of the Haitian Revolution*, Cambridge, MA: Harvard University Press 2004

Eisenhower, Dwight D., *Die Jahre im Weißen Haus: 1953–1956*, Düsseldorf/Wien: Econ-Verlag 1964
Eisenhower, John S. D., *So Far From God. The U.S. War With Mexico 1846–1848*, New York: Random House 1989
Encyclopaedia Britannica 2004

Freedman, Lawrence, *The Official History of the Falkland Campaign*, Bd. 1, London/New York: Routledge Chapman & Hall 2007
French, Howard W., *A Continent for the Taking. The Tragedy and Hope of Africa*, New York: Knopf 2004
Friend, Theodore, *Indonesian Destinies*, Cambridge, MA: Harvard University Press 2003
Fukuyama, Francis (Hg.), *Nation-Building: Beyond Afghanistan and Iraq*, Baltimore: Johns Hopkins University Press 2006
Fulbright, William, *Die Arroganz der Macht*, Reinbek bei Hamburg: Rowohlt 1967

Galeano, Eduardo, *Die offenen Adern Lateinamerikas. Die Geschichte eines Kontinents*, Wuppertal: Peter Hammer 1981
Ganser, Daniele, *NATO-Geheimarmeen in Europa. Inszenierter Terror und verdeckte Kriegsführung*, Zürich: Orell Füssli 2009
Glenny, Misha, *McMafia. Die grenzenlose Welt des organisierten Verbrechens*, München: DVA 2008
Greene, Graham, *Gesetzlose Straßen. Aufzeichnungen aus Mexiko*, Wien: Herder 1949

Grimmett, Richard F., *Instances of Use of United States Armed Forces Abroad, 1798–2004* (Congressional Research Service Report RL30172), Washington, D.C.: Congressional Research Service, Library of Congress, 5. Oktober 2004

Guerra, Sergio; Prieto, Alberto, *Estados Unidos contra América Latina; dos siglos de agresiones*, Havanna: Casa de las Americas 1978

Gul, Imtiaz, *The Most Dangerous Place. Pakistan's Lawless Frontier*, London: Penguin Books, 2010

Hanke, Lewis, *Aristotle and the American Indians. A Study in Race Prejudice in the Modern World*, Bloomington: Indiana University Press 1975

Hausmann, Friederike, *Kleine Geschichte Italiens von 1943 bis heute*, Berlin: Wagenbach 2010

Haynes, Sam W., *James K. Polk and the Expansionist Impulse*, New York: Longman 1997

Hayton, Bill, *The South China Sea. The Struggle for Power in Asia*, New Haven and London: Yale University Press 2014

Hazzard, Shirley, *Die Maske der Wahrheit. Zur Ohnmacht der Vereinten Nationen*, München: Knesebeck und Schuler 1991

Hebblethwaite, Peter, *Paul VI.:. The First Modern Pope*, New York: Paulist 1993

Henry Reeve – Centenario de su Caída en Combate 1876/1976, Instituto Cubano de Geodesia y Cartografía, Havanna 1976

Hilsman, Roger, *To Move a Nation. The Politics of Foreign Policy in the Administration of John F. Kennedy*, Garden City: Doubleday 1967

Horne, Alistair, *A Savage War of Peace. 1954–1962*, London: Pan Books 2012

Houghton, Neil (Hg.), *Struggle against History. United States Foreign Policy in an Age of Revolution*, New York: Simon and Schuster 1968

Hübner, Klaus, *Erinnerungen des Berliner Polizeipräsidenten. 1969–1987*, Berlin: Jaron Verlag 1997

Hughes, John, *The End of Sukarno. A Coup that Misfired, A Purge that Ran Wild*, Sydney: Angus & Robertson 1968

Hunt, Jim, *They Said What? Astonishing Quotes on American Democracy, Power and Dissent*, Sausalito, CA: Polipoint Press 2009

Hunter, Jane, *Israeli Foreign Policy. South Africa and Central America*, Cambridge, MA: South End Press 1987

Jackson, Jack, *Indian Agent. Peter Ellis Bean in Mexican Texas*, College Station, TX: Texas A&M University Press 2005

Johnson, William Weber, *Heroic Mexico. The Violent Emergence of a Modern Nation*, Garden City: Doubleday 1984

Karnes, Thomas L., *Tropical Enterprise. The Standard Fruit and Steamship Company in Latin America*, Baton Rouge: Louisiana State University Press 1978

Karnow, Stanley, *Vietnam. A History*, London a. o.: Pengiun Books

Kinzer, Stephen, *Overthrow: America's Century of Regime Change from Hawai to Iraq*, New York: Times Books 2006

– *Im Dienste des Schah. CIA, MI6 und die Wurzeln des Terrors im Nahen Osten*, Weinheim: Wiley-VCH 2009]

– *Reset. Iran, Turkey, and America's Future*, New York: St. Martin's Griffin 2011

Kraschutzki, Heinz, *Die Verborgene Geschichte des Korea-Krieges*, Hannover: Verlag Das Andere Deutschland 1957

Kurlansky, Mark, *A Continent of Islands. Searching for the Caribbean Destiny*, New York: Addison-Wesley Publishing Company 1992

Kwitny, Jonathan, *Endless Enemies. The Making of an Unfriendly World*, New York: St. Martin's Press 1984

LaFeber, Walter, *Inevitable Revolution: The United States in Central America*, New York: W. W. Norton 1983
Laird, Thomas, *Into Tibet. The CIA's First Atomic Spy and His Secret Expedition to Lhasa*, New York: Grove Press 2002
Lyons, Oren et al. (Hg.), *Exiled in the Land of the Free. Democracy, Indian Nations & the U.S. Constitution*, Santa Fé: Clear Light Publisher 1992

Mason, Linda; Brown, Roger, Rice, Rivalry, and Politics: Managing Cambodioan Relief, Notre Dame: University of Notre Dame Press 1984
Mattingly, Garrett, *Renaissance Diplomacy*, Chapel Hill: North Carolina University Press 1955
McCann, Thomas P.; Scammell, Henry, *An American Company. The Tragedy of United Fruit*, New York: Crown Publishers 1976
McCullough, David, *The Path Between the Seas*, New York: Simon & Schuster 1977 [dt. Ausg.: *Sie teilten die Erde. Abenteuer und Geschichte der letzten und größten Pioniertat, der Erbauung des Panama-Kanals*, Bern/München: Scherz 1978]
Menchú, Rigoberta, Burgos, Elizabeth, *Leben in Guatemala*, Bornheim-Merten: Lamuv 1984
Menjívar, Rafael; Guidos Véjar, Rafael (Hg.), *El Salvador de 1840 a 1935*, San Salvador: Universidad Centroamericana José Simeón Cañas 1985
Merk, Frederick, *Manifest Destiny and Mission in American History. A Reinterpretation*, Cambridge, MA: Harvard University Press (1963) 1995
Milton, Giles, *Paradise Lost. Smyrna 1922: The Destruction of Islam's City of Tolerance*, London: Hodder & Stoughton 2008
Morais, Fernando, *Olga. Das Leben einer mutigen Frau*, Köln: Volksblatt Verlag 1989

Nixon, Richard M., *RN Richard Nixon Memoiren,* Köln: Ellenberg Verlag 1979
Nkrumah, Kwame, *Dark Days in Ghana*, London: Panaf Books 1968

Parsi, Trita, *Treacherous Alliance. The Secret Dealings of Israel, Iran, and the U.S.*, New Haven, Conn., Yale University Press 2007
Pearce, Jenny, *Under the Eagle. US Intervention in Central America and the Caribbean*, London: South End 1982
Peckenham, Nancy; Street, Annie (Hg.), *Honduras: Portrait of a Captive Nation*, New York: Praeger 1985
Philbrick, Nathaniel, *Sea of Glory: America's Voyage of Discovery: The U.S. Exploring* Expedition, 1838–1842, Viking, New York, 2003
Pike Report, *Staff Report of the Select Committee on Intelligence*, US House of Representatives, Washington 1975 (benannt nach dem Vorsitzenden des Untersuchungsausschusses Rep. Otis G. Pike)
Pilger, John, *A Secret Country. The Hidden Australia*, London: Vintage 1992
Pisani, Sally, *The CIA and the Marshall Plan*, Lawrence, KS: University Press of Kansas 1991
Ploch, Lauren, *Africa Command: U.S. Strategic Interests and the Role of the U.S. Military in Africa,* Washington D.C.: Congressional Research Services, 16. November 2010
Poelchau, Warner, Hrsg., *White Paper, Whitewash*, New York: Deep Cover Books 1981
Powell, Colin; Persico, Joseph E., *My American Journey*, New York: Random House, 1995
Prados, John, *Presidents' Secret Wars. CIA and Pentagon Covert Operations since World War II*, New York: William Morrow and Company 1986
Preston, Diana, *Rebellion in Peking. Die Geschichte des Boxeraufstands*, Stuttgart/München: DVA 2001
Prucha, Francis Paul, *The Great Father The United States Government and the American Indians*, Lincoln, NE: University of Nebraska Press 1986

Rashid, Ahmed, *Descent into Chaos. The U.S. and the Desaster in Pakistan, Afghanistan and Central Asia*, London a. o.: Penguin Books 2008 [gekürzte dt. Ausg.: *Sturz ins Chaos. Afghanistan, Pakistan und die Rückkehr der Taliban*, Düsseldorf: Leske Verlag 2010]
Reid, Anthony (Hg.), *Witnesses to Sumatra. A Travellers' Anthology*, Kuala Lumpur: Oxford University Press 1995
Richter, Heinz, *Griechenland zwischen Revolution und Konterrevolution (1936-1946)*, Frankfurt am Main: Europäische Verlagsanstalt 1973
Roosa, John, *Pretext for Mass Murder. The September 30th Movement & Suharto's Coup d'Etat in Indonesia*, Madison, WI: The Wisconsin University Press 2006
Rosengarten Jr., Frederic, *Freebooters Must Die! The Life and Death of William Walker, the Most Notorious Soldier of Fortune of the Nineteenth Century*, Wayne, PA: Haverford House Publishers 1976
Ruggiero, Greg; Sahulka, Stuart (Hg.), *Open Fire*, New York: The New Press, 1993
Rusk, Dean, *As I Saw It*, New York, W. W. Norton 1990

Scahill, Jeremy, *Schmutzige Kriege. Amerikas geheime Kommandoaktionen*, München: Antje Kunstmann 2013
Schlesinger, Stephen; Kinzer, Stephen, *Bananen-Krieg. CIA-Putsch in Guatemala*, Zürich: Rotpunktverlag 1992
Schmidt, Hans, *The US Occupation of Haiti: 1915–1934*, Chapel Hill, NC: Rutgers University Press 1971
Shakya, Tsering, *The Dragon in the Land of Snows. A History of Modern Tibet Since 1947*, London: Penguin Compass 2000
Siegel, Adam, *The Use of Naval Forces in the Post-War Era: U.S. Navy and U.S. Marine Corps Crisis Response Activity, 1946–1990*, Alexandria, Va.: Center for Naval Analyses 1991
Skidelsky, Robert, *John Maynard Keynes. Fighting for Britain 1937–1946*, Papermac, London: Macmillan 2000
Smith, Joseph Burkholder, *Portrait of a Cold Warrior. Second Thoughts of a Top CIA Agent*, New York: Ballantine Books 1976
Snow, Philip; Waine, Stefanie, *The People from the Horizon. An illustrated history of the Europeans among the South Sea Islanders*, London: McLaren 1986
Steinacher, Gerald, *Nazis auf der Flucht. Wie Kriegsverbrecher über Italien nach Übersee entkamen*, Innsbruck/Wien/Bozen: Studien-Verlag 2008
Stockwell, John, *In Search of Enemies. A CIA Story*, New York: W. W. Norton 1984

Takeda, Pete, *An Eye at the Top of the World. The Terrifying Legacy of the Cold War's Most Daring CIA Operation*, New York: Basic Books 2007
The 1992 Information Please Almanac, Boston, MA: Houghton Mifflin 1992
Thomas, Gordon, *Secret Wars. One Hundred Years of British Intelligence Inside MI5 and MI6*, New York: St. Martin's Griffin 2009
Thursfield, H. G. (Hg.), *Brassey's Annual: The Armed Forces Year-Book 1951*, London: William Clowes 1951
Tobler, Hans Werner, *Das Verhältnis Mexiko–USA. Zwischen Konflikt und Kooperation*, Zürich: ETH 1995
Truman, Harry S., *Memoiren*, Bd. 2: *Jahre der Bewährung und des Hoffens: 1946–1953*, Stuttgart: Scherz & Goverts 1956
Tuchman, Barbara, *The Zimmermann Telegram*, New York: Ballantine Books 1985
Tuck, Jim, *The Holy War in Los Altos. A Regional Analysis of Mexico's Cristero Rebellion*, Tucson, AZ: University of Arizona Press 1982

Verrier, Anthony, *Through the Looking Glass. British Foreign Policy in an Age of Illusion*, New York : W. W. Norton 1983
Vidal, Gore, *The Decline and Fall of the American Empire*, Chicago, IL: Odonian Press 2000
Vine, David, *Island of Shame. The Secret History of the U.S. Military Base on Diego Garcia*, Princeton, NJ: Princeton University Press 2009

Ward, Russel, *The History of Australia: The Twentieth Century, 1901–1975*, London: Heinemann Educational Books 1978
Warner, Roger, *Shooting at the Moon: The History of the Clandestine War in Laos*, South Royalton, VT: Steerforth Press 1996
Weaver, Mary Anne, *Pakistan: Deep Inside the World's Most Frightening State*, New York: Farrar, Straus and Giroux 2010
Weiner, Tim, *CIA. Die ganze Geschichte*, Frankfurt: Fischer 2009
Welsome, Eileen, *The General and the Jaguar. Pershing's Hunt For Pancho Villa*, New York: Little, Brown and Company 2006
Wertz, Armin, *Sie sind viele, sie sind eins. Eine Einführung in die Geschichte Indonesiens*, Frankfurt: Glaré 2009
Woodward, Bob, *Geheimcode VEIL. Reagan und die geheimen Kriege der CIA*, München: Droemer/Knaur 1987]

Yergin, Daniel, *Der Preis. Die Jagd nach Öl, Geld und Macht*, Frankfurt: Fischer 1991

Anhang: US-Drohnenangriffe (2004–2016)

2004

18. Juni – Pakistan: Fünf Menschen starben bei einem US-Drohnenangriff in Wana, Südwasiristan.

2005

14. Mai – Pakistan: Bei einem US-Drohnenangriff nahe der afghanischen Grenze in Nordwasiristan starben zwei Menschen, darunter Haitham al-Jemeni, der zur Talibanführung gerechnet wurde.

30. November – Pakistan: Bei einem Drohnenangriff in Asoray, nahe Miranshah, der Hauptstadt Nord-Wasiristans, starb Abu Hamza Rabia, der Dritte in der Kommandohierarchie von al-Qaida.

2006

13. Januar – Pakistan: Eine MQ-1-Predator-Attacke auf Damadola, nahe der afghanischen Grenze, tötete 18 Menschen in Bajaur, darunter angeblich Midhat Mursi, den al-Qaida-Experten für chemische Waffen und den Bau von Bomben. Der Angriff verfehlte allerdings das gewünschte Ziel, Ayman al-Zawahri, der als Zweiter in der al-Qaida-Hierarchie gilt.

2007

16. Januar – Pakistan: Bis zu 30 Taliban wurden bei einem Drohnenangriff in Salamat Keley, Zamazola in Südwasiristan getötet.

26. April – Pakistan: Vier Menschen starben bei einem US-Drohnenangriff in dem Dorf Saidgi in Nordwasiristan.

19. Juni – Pakistan: 30 Menschen starben bei einem US-Drohnenangriff auf das Dorf Mami Rogha in Nordwasiristan.

2. November – Pakistan: Fünf Menschen starben bei einem US-Drohnenangriff auf eine Madrassah in Nordwasiristan.

2008

27. Februar – Pakistan: Zwölf Menschen starben bei einem US-Drohnenangriff nahe dem Dorf Kalosha in Südwasiristan.

18. März – Pakistan: Bei einem US-Drohnenangriff in Südwasiristan starben 16 Menschen.

14. Mai – Pakistan: Bei einem erneuten US-Drohnenangriff auf das Dorf Damadola, Bajaur, wurden zwölf Menschen getötet, darunter Abu Sulayman al-Jazairi.

14. Juni – Pakistan: US-Drohnen feuerten drei Raketen in ein mögliches Versteck des Talibanführers Mehsud und töteten eine Person.

28. Juli – Pakistan: Midhat Mursi und fünf weitere al-Qaida-Mitglieder wurden bei einem US-Drohnenangriff in Südwasiristan getötet.

12. August – Pakistan: Vier von US-Drohnen abgeschossene Raketen in eine Versammlung feindlicher Kämpfer nahe bei Angore Adda in Südwasiristan töteten neun der Anwesenden.

13. August – Pakistan: Bei einem US-Drohnenangriff auf ein Gelände, das Gulbuddin Hekmatyar kontrollierte, wurde der Talibankommandeur Abdul Rehman zusammen mit Islam Wazir, drei Turkmenen und etlichen arabischen Kämpfern getötet. Nach US-Angaben starben bei diesem Angriff insgesamt bis zu 25 Menschen.

20. August – Pakistan: US-Drohnen feuerten zwei Raketen ab, die ein Lager in Südwasiristan trafen und acht Menschen töteten.

30. August – Pakistan: Bei einem US-Raketenangriff auf ein Ausbildungslager der al-Qaida in Südwasiristan wurden zwei Kanadier getötet.

31. August – Pakistan: US-Drohnen zerstörten ein Haus in dem Dorf Tappi in Miranshah und töteten acht Menschen, darunter eine Frau und ein Kind.

4. September – Pakistan: US-Drohnen feuerten Raketen in ein Haus in Char Khel in Nordwasiristan und töteten vier Menschen.

5. September – Pakistan: US-Drohnen feuerten drei Raketen ab und zerstörten ein Haus, in dem vermutlich arabische Kämpfer Unterschlupf gefunden hatten. Dabei wurden mindestens sechs getötet.

8. September – Pakistan: Einem US-Luftangriff in Daande Darpkhel nahe Miranshah in Nordwasiristan erlagen 23 Menschen.

12. September – Pakistan: Bei einem US-Luftangriff auf Miranshah wurden zwölf Menschen getötet.

17. September – Pakistan: US-Drohnen griffen die Baghar-Cheena-Region in Südwasiristan an und töteten fünf militante Muslime, darunter den al-Qaida-Offizier Abu Ubaydah al-Tunisi.

30. September – Pakistan: Bei einem US-Drohnenangriff nahe Mir Ali in Nordwasiristan wurden sechs Menschen getötet.

3. Oktober – Pakistan: In zwei US-Drohnenangriffen im Gebiet von Datta Khel in Nordwasiristan wurden 21 Aufständische getötet, darunter 16 Ausländer.

9. Oktober – Pakistan: Bei einem US-Drohnenangriff auf Tappi nahe Miranshah in Nordwasiristan wurden mindestens sechs Rebellen getötet, darunter drei Araber.

11. Oktober – Pakistan: Bei einem US-Drohnenangriff auf ein Militärlager in Nordwasiristan wurden fünf Menschen getötet und zwei verwundet.

16. Oktober – Pakistan: Bei einem US-Drohnenangriff nahe Taparghai in Südwasiristan wurden der al-Qaida-Führer Khalid Habib sowie fünf weitere al-Qaida-Mitglieder oder Taliban getötet.

22. Oktober – Pakistan: In einem Dorf nahe Miranshah starben vier Menschen bei einem vermutlich von US-Drohnen gesteuerten Raketenangriff.

26. Oktober – Pakistan: Bei einem US-Drohnenanschlag in Südwasiristan wurden 20 Menschen getötet.

31. Oktober – Pakistan: Zwei von US-Drohnen abgefeuerte Raketen töteten sieben Menschen in Wana, Südwasiristan. In vier weiteren US-Raketenangriffen wurden 20 Menschen getötet, darunter die al-Qaida-Mitglieder Abu Akash und Mohammad Hasan Khalil al-Hakim (alias Abu Jihad al-Masri).

7. November – Pakistan: US-Drohnen feuerten vier Raketen auf Kumsham in Nordwasiristan ab und töteten bis zu 14 Aufständische.

19. November – Pakistan: Im Bannu-Distrikt wurden Abdullah Azam al-Saudi und vier Aufständische bei einem Drohnenangriff getötet.

22. November – Pakistan: Bei einem US-Drohnenangriff in Nordwasiristan wurden der britische al-Qaida-Offizier Rashid Rauf und vier weitere Personen einschließlich Abu Zubair al-Masri getötet.

29. November – Pakistan: Bei einem US-Drohnenangriff auf Miranshah in Nordwasiristan wurden drei Menschen getötet.

11. Dezember – Pakistan: Bei einem US-Drohnenangriff in Azam Warzak in Südwasiristan wurden sieben Aufständische getötet.
15. Dezember – Pakistan: Zwei Menschen starben bei einem US-Drohnenangriff auf Tapi Tool bei Miramshah in Nordwasiristan.
22. Dezember – Pakistan: Mindestens acht Menschen starben in Südwasiristan vermutlich bei einem US-Drohnenangriff.

2009

1. Januar – Pakistan: Bei einem Raketenangriff einer US-Drohne wurden Usama al-Kini und Sheik Ahmed Salim Swedan, zwei hochrangige al-Qaida-Mitglieder, getötet.
2. Januar – Pakistan: Bei einem US-Drohnenanschlag auf Ladha in Südwasiristan wurden vier Menschen getötet.
23. Januar – Pakistan: Beim ersten Drohnenangriff seit Barack Obamas Amtseinführung als US-Präsident, bei dem in zwei verschiedenen Angriffen fünf Raketen abgefeuert wurden, starben mindestens 14 Menschen in Wasiristan.
14. Februar – Pakistan: Mehr als 30 Menschen starben, als US-Drohnen zwei Raketen bei der Stadt Makeen in Südwasiristan abfeuerten.
1. März – Pakistan: Bei einem Angriff auf das Dorf Sararogha in Südwasiristan wurden sieben Menschen getötet. Bei einem zweiten Angriff im Stammesgebiet der Orakzai-Agentur wurden weitere 14 Menschen getötet.
12. März – Pakistan: Bei einem Drohnenangriff auf Berju im Kurramtal wurden 24 Menschen getötet.
15. März – Pakistan: In Jani Khel im Bannu-Distrikt in der Nord-West-Grenzprovinz wurden vier Menschen bei einem Drohnenangriff getötet.
25. März – Pakistan: In zwei Raketenattacken auf zwei Fahrzeuge bei Makin in Südwasiristan wurden sieben Menschen getötet.
26. März – Pakistan: Im Gebiet von Essokhel in Nordwasiristan wurden vier Menschen durch einen US-Drohnenangriff getötet.
4. April – Pakistan: Bei einem US-Drohnenangriff in Nordwasiristan wurden 13 Menschen getötet.
8. April – Pakistan: Bei einem Raketenangriff auf ein Fahrzeug in Gangi Khel in Südwasiristan wurden vier Menschen getötet.
19. April – Pakistan: Bei einem US-Drohnenangriff in Südwasiristan wurden mindestens drei Menschen getötet und fünf verwundet.
29. April – Pakistan: Bei einem US-Drohnenangriff im Dorf Kanni Garam in Südwasiristan wurden sechs Menschen getötet.
9. Mai – Pakistan: Bei einem US-Drohnenangriff auf Sararogha in Südwasiristan wurden sechs Menschen getötet.
12. Mai – Pakistan: Bei einem US-Drohnenangriff auf das Dorf Sra Khawra in Südwasiristan wurden acht Menschen getötet.
16. Mai – Pakistan: Bei einem US-Drohnenangriff auf die Ortschaft Sarkai Naki in Nordwasiristan wurden 25 Menschen getötet.
14. Juni – Pakistan: Bei einem US-Raketenangriff auf ein Fahrzeug in Südwasiristan wurden fünf Menschen getötet.
18. Juni – Pakistan: Bei zwei US-Drohnenangriffen auf das Dorf Shahalam in Südwasiristan wurden mindestens 13 Menschen getötet.
23. Juni – Pakistan: Bei einem US-Drohnenangriff auf Neej Narai in Südwasiristan wurden mindestens acht Menschen getötet.
3. Juli – Pakistan: Eine US-Drohne tötete 17 Menschen und verletzte 27 weitere.
7. Juli – Pakistan: Bei einem US-Drohnenangriff auf Zangarha in Südwasiristan wurden mindestens zwölf Menschen getötet.
8. Juli – Pakistan: Bei einem US-Drohnenangriff auf ein Versteck im Gebiet von Karwan Manza sowie auf einen Fahrzeugkonvoi in Südwasiristan wurden mindestens 50 Menschen getötet.

10. Juli – Pakistan: Ein US-Drohnenangriff zerstörte ein Kommunikationszentrum der Taliban in Painda Khel in Südwasiristan und tötete zwischen fünf und acht Personen.

17. Juli – Pakistan: Bei einem US-Drohnenangriff auf ein Haus in Nordwasiristan wurden vier Menschen getötet.

5. August – Pakistan: Beim Angriff einer US-Drohne auf das Haus von Baitullah Mehsuds Schwiegervater in Südwasiristan wurden der Talibanführer, seine zweite Frau sowie deren Eltern getötet. Mehsud leitete die Gruppe Tehrik-i-Taliban, die der Beteiligung an dem Mordanschlag auf die ehemalige Ministerpräsidentin Benazir Bhutto im Dezember 2007 verdächtigt wird. Auch soll er für Dutzende Selbstmordanschläge in Pakistan verantwortlich sein und Kontakte zu al-Qaida haben.

11. August – Pakistan: Bei einem US-Drohnenangriff auf das Dorf Ladda in Südwasiristan wurden zehn Menschen getötet.

21. August – Pakistan: Bei einem US-Drohnenangriff auf das Dorf Darpa Kheil in Nordwasiristan, der dem Talibanoffizier Sirajuddin Haqqani galt, starben mindestens 21 Menschen.

27. August – Pakistan: Bei einem US-Drohnenangriff auf Tapar Ghai in Südwasiristan wurden acht Menschen getötet. Unter den Opfern soll sich auch Tohir Yo'ldosh, der Führer der Islamischen Bewegung von Usbekistan, befunden haben.

8. September – Pakistan: Bei einem US-Raketenangriff in Nordwasiristan wurden zehn Personen getötet. Unklar ist, ob in dem Angriff auch die beiden al-Qaida-Führer Ilyas Kashmiri und Mustafa al Jaziri umkamen.

14. September – Pakistan: Bei einem US-Raketenangriff wurden bei Mir Ali in Nordwasiristan vier Menschen getötet.

24. September – Pakistan: Bei einem erneuten US-Raketenangriff auf die Region von Mir Ali starben zwölf Menschen in dem Dorf Darpa Khel.

29. September – Pakistan: Beim ersten von zwei US-Raketenangriffen wurden in einem Lager in Sararogha in Südwasiristan sechs Taliban, darunter zwei usbekische Kämpfer sowie der Talibankommandeur Irfan Mehsud, getötet. Beim zweiten Angriff wurden sieben Aufständische in einem Haus in dem Dorf Dandey Darpakhel in Nordwasiristan getötet.

30. September – Pakistan: Bei einem US-Raketenangriff auf ein Talibanlager sowie ein Fahrzeug in Novak in Nordwasiristan wurden acht Personen getötet.

15. Oktober – Pakistan: Eine US-Drohne tötete mindestens vier Menschen in Nordwasiristan.

21. Oktober – Pakistan: Vermutlich eine von einer US-Drohne abgefeuerte Rakete tötete in Spalaga, einem von Hafiz Gul Bahadur kontrolliertes Gebiet in Nordwasiristan, zwei oder drei angebliche Kämpfer. Eines der Opfer soll Abu Ayyub al-Masri, ein Bombenspezialist der al-Qaida gewesen sein (nicht zu verwechseln mit dem al-Qaida-Führer gleichen Namens im Irak).

24. Oktober – Pakistan: Vermutlich eine US-Drohne tötete in Damadolla im Bajaur-Stammesgebiet 27 angebliche Taliban und al-Qaida-Kämpfer. Offenkundig waren unter den Toten elf Ausländer. Eines der Opfer war Faqir Mohammeds Neffe Zahid, ein anderes Mohammeds Schwiegersohn.

5. November – Pakistan: Eine US-Rakete tötete zwei Menschen in Miranshah in Nordwasiristan.

18. November – Pakistan: Bei einem US-Raketenangriff starben in dem Dorf Shanakhora, etwa 20 Kilometer südlich von Miranshah, vier Menschen und wurden fünf weitere verwundet.

20. November – Pakistan: Dem zweiten Raketenangriff innerhalb nur einer Woche in Nordwasiristan fielen nach US-Angaben acht Menschen zum Opfer. »Alle waren Rebellen«, behauptete ein Geheimdienstoffizier, gab jedoch zu, dass die Identität der Getöteten unbekannt sei.

8. Dezember – Pakistan: Bei einem US-Drohnenangriff auf einen Wagen nahe Miranshah wurden drei Personen getötet. Saleh al-Somali aus Somalia, der zu al-Qaidas Planungsstab gehörte, soll unter den Toten gewesen sein.

9. Dezember – Pakistan: Vier angebliche al-Qaida- sowie zwei vermutete Talibankämpfer wurden in Tanga, Ladha in Südwasiristan bei einem US-Raketenangriff getötet.

17. Dezember – Pakistan: Bei zwei separaten US-Drohnenangriffen in einem Gebiet in Nordwasiristan, das von Hafiz Gul Bahadur kontrolliert wird, starben 17 Menschen. In der ersten Attacke schlug eine Rakete nahe Dosali ein und tötete zwei. In der zweiten Angriffswelle feuerten fünf US-Drohnen zehn Raketen in zwei Lager in Ambarshaga, wobei 15 Menschen getötet wurden.

18. Dezember – Pakistan: Drei Menschen starben in einem US-Angriff in der Dattakhel-Region in Nordwasiristan.

26. Dezember – Pakistan: 13 Menschen starben bei einem US-Angriff auf das Dorf Saidgai in Nordwasiristan.

31. Dezember – Pakistan: Bei einem US-Drohnenangriff starben in dem Dorf Machikhel in Nordwasiristan vier Menschen. Nach Angaben der *Frontier Post* befanden sich unter den Opfern Haji Omar Khan, Bruder von Arif Khan und ranghoher Talibanoffizier, sowie Karim Khan, der Sohn des lokalen Stammesoberhaupts.

2010

1. Januar – Pakistan: Einem US-Raketenangriff auf ein Fahrzeug in Nordwasiristan fielen drei Menschen zum Opfer.

3. Januar – Pakistan: Fünf Personen, darunter drei Araber, wurden bei einem US-Drohnenangriff auf das Dorf Mosakki in Nordwasiristan getötet.

6. Januar – Pakistan: Zwei Raketenangriffe im Abstand von einer Stunde töteten ungefähr 35 Menschen in dem Dorf Sanzalai in Nordwasiristan.

8. Januar – Pakistan: Bei einem Raketenangriff auf das Dorf Tappi in Nordwasiristan wurden fünf Menschen getötet. Es wird angenommen, dass sie dem Talibankommandeur Hafiz Gul Bahadur unterstellt waren.

9. Januar – Pakistan: Vier Menschen wurden getötet und drei verwundet, als zwei US-Raketen in einem Lager bei dem Dorf Ismail Khan in Nordwasiristan einschlugen. Unter den Toten entweder dieses Angriffs oder jenes, der tags zuvor in Tappi durchgeführt worden war, sollen Mahmoud Mahdi Zeidan, ein Leibwächter des al-Qaida-Führers Syaeed al-Masri, und Jamal Saeed Abdul Rahim, der angebliche Mitentführer des Pan Am-Fluges 73 im Jahre 1986, gewesen sein.

13. Januar – Pakistan: Bei einem Raketenangriff auf eine Anlage in dem Dorf Pasalkot in Nordwasiristan, die früher als Religionsschule gedient hatte, wurden 15 Menschen getötet. Hakimullah Mehsud, den die Angreifer ins Visier genommen hatten, verließ die Anlage schon vor dem Angriff.

14. Januar – Pakistan: Zwölf Tote forderten zwei von einer US-Drohne abgefeuerte Raketen an der Grenze von Pakistans Nord- und Südwasiristan. Ob das Ziel des Angriffs, der neue Chef der Tehrik-e-Taliban Pakistan (TTP, Bewegung der Taliban in Pakistan), Hakimullah Mehsud, unter den Opfern war, blieb unklar.

15. Januar – Pakistan: Eine Rakete, die in einem Dorf nahe Mir Ali in Nordwasiristan einschlug, tötete 15 Menschen. Unter den Toten befand sich vielleicht Abdul Basit Usman, ein al-Qaida-Terrorist. Ein zweiter Raketentreffer in Nordwasiristan, diesmal in dem Dorf Bichi, tötete sechs Menschen.

17. Januar – Pakistan: Vier von einer US-Drohne abgeschossene Raketen zerstörten ein Haus in der Shaktoi-Region Südwasiristans, das nach Angaben von US-Nachrichtendiensten von militanten Usbeken benutzt worden war, die angeblich an der Seite der pakistanischen Taliban kämpfen. Zunächst hieß es, dass der Führer der pakistanischen Taliban, Hakimullah Mehsud, in dem Angriff umgekommen sei, später stellte sich heraus, dass er nur verwundet worden war.

19. Januar – Pakistan: Zwei Raketen, die in einen Gebäudekomplex und ein Fahrzeug in dem Dorf Booya in Nordwasiristan einschlugen, töteten neun Menschen.

29. Januar – Pakistan: 15 Menschen wurden getötet, als US-Drohnen drei Raketen in einen Gebäudekomplex in Muhammad Khel in Nordwasiristan feuerten. Die Anlage gehörte angeblich dem Haqqani-Netzwerk, einer radikalen muslimischen Gruppe um Jalaluddin Haqqani und seinen Sohn Sirajuddin Haqqani. Zu Zeiten der sowjetischen Besatzung Afghanistans zählte das Netzwerk, das enge Verbindungen zu al-Qaida unterhalten soll, zu einer der wichtigsten Gruppen an der Seite der USA, besonders während der von der CIA gelenkten »Operation Cyclone«.

2. Februar – Pakistan: Acht US-Drohnen feuerten Raketen in vier Dörfer in Nordwasiristan und töteten mindestens 19 Menschen.

14. Februar – Pakistan: Bei einem Raketenangriff nahe Mir Ali starben fünf Menschen.

15. Februar – Pakistan: Abdul Haq al-Turkistani, der Führer der Islamischen Partei Turkmenistans, wurde von einer US-Drohne in Nordwasiristan getötet.

17. Februar – Pakistan: Bei einem Raketenangriff in Miramshah, Nordwasiristan, starben drei Personen, darunter Sheik Mansur, ein Kommandeur der Lashkar al-Zil.

18. Februar – Pakistan: Bei einem Raketenangriff in Nordwestwasiristan wurden vier Personen getötet, darunter Mohammed Haqqani, der Bruder des afghanischen Talibanführers Siraj, der das Haqqani-Netz leitet.

24. Februar – Pakistan: Von US-Drohnen abgefeuerte Raketen töteten in einem Lager und einem Fahrzeug im Gebiet von Dargah Mandi in Nordwasiristan mindestens 13 Aufständische. Zu den Toten zählten Bahadar Mansur, Chef der Badar-Mansur-Gruppe, sowie Rana Afzal, der einen Bombenanschlag auf das FIA-Hauptquartier in Lahore organisiert haben soll. Mohammed Qari Zafar, der Führer von Lashkar-e-Jhangvi, der verantwortlich für die Bombenanschläge 2002 und 2006 auf das US-Konsulat in Karatschi war, der zunächst ebenfalls unter den Opfern vermutet wurde, überlebte den Angriff. Er starb am 14. Juni 2010 in Nordwasiristan, als er versehentlich Sprengstoff zur Explosion brachte.

8. März – Pakistan: Drei von einer US-Drohne abgefeuerte Raketen töteten fünf Kämpfer und verwundeten drei weitere in Miranshah. Es wird vermutet, dass Hussein al-Jemeni, ein al-Qaida-Terrorist, der den Anschlag auf das Camp Chapman geplant hatte, bei diesem Angriff starb.*

10. März – Pakistan: Fünf US-Drohnen griffen das Dorf Mizar Madakhel in Nordwasiristan in zwei Wellen an. Zunächst trafen vier Raketen und zerstörten eine Gebäudeanlage. Als lokale Militante das Gebiet abriegelten und Leichen einsammelten, schlug eine zweite Raketensalve ein. Insgesamt wurden mindestens 33 Personen, darunter 21 Militante getötet. Unklar ist, ob in dem Angriff auch Hafiz Gul Bahadar, ein lokaler Talibanführer und Vorsitzender von Nordwasiristans Shura, getötet wurde.

16. März – Pakistan: Zwischen acht und zehn al-Qaida-Mitglieder, überwiegend Afghanen sowie ein Ägypter und ein Syrier, wurden bei einem US-Drohnenangriff in Nordwasiristans Datakhel-Gebiet getötet.

17. März – Pakistan: Bei einem ersten Angriff feuerten US-Drohnen vier Raketen auf ein Fahrzeug sowie ein Versteck der Taliban in Miranshah, wobei sechs Taliban getötet wurden. Etwa 50 Minuten später schossen Drohnen drei weitere Raketen auf ein Fahrzeug ab und töteten die drei Insassen.

21. März – Pakistan: Eine US-Drohne feuerte zwei Raketen in der Region von Datta Khel in Nordwasiristan ab, wobei mindestens acht Personen getötet und etliche mehr verwundet wurden.

---

* Bei einem Selbstmordanschlag auf die CIA Forward Operating Base Chapman nahe Khost im Osten Afghanistans wurden am 30. Dezember 2009 sieben CIA-Agenten, einschließlich der Chef des Stützpunktes, sowie ein Offizier von Jordaniens Allgemeinem Nachrichtendirektorat getötet. Sechs weitere wurden schwer verletzt. Der Anschlag war der verlustreichste Angriff auf die CIA in mehr als 25 Jahren. Die vorrangige Aufgabe der in Base Chapman stationierten CIA-Agenten war, Informationen für Drohnenangriffe in Pakistan zu liefern.

23. März – Pakistan: US-Drohnen feuerten in Miranshah in Nordwasiristan zwei Raketen auf ein Fahrzeug, wobei mindestens sechs Personen getötet und drei weitere verwundet wurden.

27. März – Pakistan: Bei einem US-Drohnenangriff in Mir Ali wurden vier Aufständische getötet.

30. März – Pakistan: Eine US-Drohne feuerte in Tapi in Nordwasiristan drei Raketen auf eine Gebäudeanlage, die einem lokalen Stammeshäuptling, Zamir Khan, gehörte und von Aufständischen benutzt wurde. Dabei wurden sechs Menschen getötet.

12. April – Pakistan: Zwei von einer US-Drohne abgeschossene Raketen töteten fünf Menschen in Nordwasiristan.

14. April – Pakistan: Eine US-Drohne zielte auf ein Fahrzeug im Gebiet von Anbarshaga in Nordwasiristan, tötete vier der Insassen und verwundete vier weitere. Alle Opfer waren Araber.

16. April – Pakistan: US-Drohnen feuerten mindestens sieben Raketen auf zwei Fahrzeuge sowie ein Haus in der Nähe von Miramshah in Nordwasiristan, wobei sechs Menschen getötet und fünf verwundet wurden.

24. April – Pakistan: US-Drohnen töteten mindestens sieben Aufständische in dem Dorf Marsi Khel in Nordwasiristan.

26. April – Pakistan: Drei von US-Drohnen abgefeuerte Raketen trafen eine Gebäudeanlage in Khushali Toorkhel, etwa 25 Kilometer östlich von Miranshah, wobei vier oder fünf Menschen getötet wurden. Ein pakistanischer Offizier erklärte, die Toten seien militante Gefolgsleute des lokalen Rebellenkommandeurs Haleem Khan gewesen, der enge Kontakte zum lokalen Talibankommandeur Hafiz Gul Bahadur haben soll.

3. Mai – Pakistan: Bei einem Drohnenangriff in Nordwasiristan wurden vier Aufständische getötet.

9. Mai – Pakistan: Bei einem Drohnenangriff in Nordwasiristan wurden zehn Aufständische getötet.

11. Mai – Pakistan: Mindestens 24 Aufständische wurden in zwei Drohnenangriffen, in denen die USA 18 Raketen abfeuerten, getötet. Im ersten Angriff, der Autos, Häusern und Zelten in dem Gebiet von Doga in Nordwasiristan galt, wurden 14 getötet. Wenige Stunden später trafen Raketen eine Anlage in Gorwek ebenfalls in Nordwasiristan, wobei zehn weitere vermutete Aufständische, einschließlich des Bruders des legendären Talibankommandeurs Maulvi Kalam, getötet wurden.

21. Mai – Pakistan: US-Drohnen feuerten zwei Raketen in eine Anlage in Mohammed Khel in Nordwasiristan, die von dem afghanischen Warlord Hafiz Gul Bahadur genutzt wurde, und töteten zehn Menschen, darunter Saeed al-Masri, der als Dritter in der Kommandostruktur von al-Qaida geführt wurde. Fünf Frauen und zwei Kinder wurden verletzt.

28. Mai – Pakistan: Einem Drohnenangriff im Gebiet von Nazai Narai in Südwasiristan fielen elf Aufständische zum Opfer, drei weitere wurden verwundet.

10. Juni – Pakistan: Bei einem Drohnenangriff in Nordwasiristan wurden drei Menschen getötet.

11. Juni – Pakistan: US-Drohnen feuerten sechs Raketen in einen Gebäudekomplex nahe Miranshah, wobei 15 vermutliche Aufständische getötet wurden.

19. Juni – Pakistan: Eine US-Drohne feuerte eine Rakete in ein Haus im Dorf Haider Khel nahe Mir Ali, wobei 16 Aufständische getötet wurden, darunter der al-Qaida-Führer Abu Ahmed Tarkash.

26. Juni – Pakistan: Eine US-Rakete zerstörte ein Haus und tötete sieben Aufständische in Pakistans Stammesregion an der afghanischen Grenze.

27. Juni – Pakistan: Bei einem Drohnenangriff in Nordwasiristan starben fünf Aufständische.

29. Juni – Pakistan: Eine US-Drohne feuerte zwei Raketen in ein Haus nahe Wana in Südwasiristan, wobei mindestens acht Aufständische einschließlich der zu al-Qaida gehörende Ägypter Hamza al-Jufi getötet wurden.

15. Juli – Pakistan: Bei einem Drohnenangriff von Hafiz Gul Bahadars kontrollierten Region in Nordwasiristan wurden 14 mutmaßliche Aufständische getötet.

24. Juli – Pakistan: Zwei in dem Gebiet von Nazai Narai in Südwasiristan von einer US-Drohne abgefeuerte Raketen töteten 16 Aufständische.

25. Juli – Pakistan: US-Drohnen feuerten in dem Dorf Shaktoi in Südwasiristan zwei Raketen auf einen Pick-up. Nach Angaben der Taliban wurden bei dem Angriff 14 Aufständische getötet und zwei verwundet. Die Toten gehörten der von Hakimullah Mehsud geführten Tehrik-i-Taliban Pakistan (TTP) an. Im zweiten Schlag des Tages feuerten US-Drohnen zwei Raketen auf ein Haus in dem Dorf Landikhel in Südwasiristan, wobei vier TTP-Rebellen getötet und fünf verwundet wurden. Bei einem dritten Angriff des Tages feuerten US-Drohnen zwei Raketen in ein Haus in dem Dorf Taipi, unweit von Miramshah in Nordwasiristan und töteten sieben mutmaßliche Aufständische.

14. August – Pakistan: Eine US-Drohne schoss drei Raketen in eine Anlage in Mir Ali, wobei mindestens 13 Aufständische, darunter der Talibankommandeur Amir Moaviya, getötet wurden.

21. August – Pakistan: Eine US-Drohne tötete in der Nähe von Miramshah in Nordwasiristan sechs Aufständische.

23. August – Pakistan: Von US-Drohnen abgefeuerte Raketen töteten in Nordwasiristan 13 Aufständische sowie vier unbeteiligte Frauen und drei Kinder.

27. August – Pakistan: Von US-Drohnen abgefeuerte Raketen trafen zwei Fahrzeuge in der Kurram-Region, wobei fünf mutmaßliche Aufständische getötet wurden.

3. September – Pakistan: Bei einem Drohnenangriff nahe Miramshah wurden nach Angaben der Zeitung *Dawn* sechs Aufständische getötet. Bei einem zweiten Angriff auf das Haus von Gul Adam nahe Datta Khel in Nordwasiristan wurden neun Aufständische getötet. Der afghanische TV-Sender SAMAA TV berichtete, ein lokaler Talibankommandeur namens Inayatullah sei bei dem Angriff ebenfalls getötet worden.

4. September – Pakistan: Bei einem US-Drohnenangriff auf einen Gebäudekomplex in dem Dorf Datta Khel wurden acht Aufständische, darunter drei Ausländer, getötet.

6. September – Pakistan: Bei einem US-Drohnenangriff in Nordwasiristan wurden sechs mutmaßliche Aufständische getötet.

8. September – Pakistan: Innerhalb von 24 Stunden führten US-Drohnen vier Angriffe durch. Beim ersten Angriff, der einem Haus in Dande Darpa Khel nahe Miramshah galt, wurden mindestens sechs Aufständische getötet. Beim zweiten Angriff feuerten US-Drohnen nahe der Grenze zu Afghanistan Raketen auf ein Fahrzeug, wobei vier Menschen getötet wurden, die angeblich zum Haqqani-Netzwerk gehörten. Beim dritten Angriff wurde erneut ein Haus bei Miramshah von Raketen getroffen, wobei weitere vier Menschen starben. Wenige Stunden später schlugen bei einer vierten Attacke Raketen in einer Anlage in Miramshah ein, wobei mindestens sechs Aufständische getötet und weitere fünf verwundet wurden.

11. September – Pakistan: Eine US-Drohne beschoss das Haus von Hafiz Gul Bahadur in Nordwasiristan, wobei fünf mutmaßliche Aufständische getötet wurden.

13. September – Pakistan: Eine US-Drohne feuerte zwei Raketen auf ein Haus in Shawal in Nordwasiristan, wobei angeblich 13 Aufständische getötet wurden.

14. September – Pakistan: Eine US-Drohne tötete in Dargah Mandi nahe Miramshah zwölf Aufständische. Die zahlreichen Drohnenangriffe in Pakistan im September waren Teil einer Offensive gegen das Haqqani-Netzwerk und sollten Bodenoperationen gegen die Haqqani-Kämpfer in Afghanistan unterstützen und vor allem die Schlüsselfiguren eines geplanten Terroranschlags in der Art der Mumbai-Anschläge vom November 2008 in Paris, London oder Berlin ausschalten.

15. September – Pakistan: In der anhaltenden Offensive wurden bei einem weiteren US-Drohnenangriff in Nordwasiristan vier Aufständische getötet. Unter den Toten soll auch Saifullah Haqqani, ein Cousin des Haqqani-Chefs Sirajuddin Haqqani, gewesen sein.

16. September – Pakistan: US-Drohnen schossen Raketen auf ein Haus im Gebiet von Datta Khel, wobei sechs Aufständsiche getötet wurden.

19. September – Pakistan: Erneuter US-Drohnenangriff auf Datta Khel – fünf Tote.
20. September 2010 Pakistan: In zwei Angriffen in Nordwasiristan töteten US-Drohnen zwölf Aufständische. Die erste Salve traf ein Fahrzeug in Datta Khel und tötete fünf, der zweite Schlag zerstörte ein Haus in Miramshah, wobei sieben getötet wurden.
21. September – Pakistan: Bei einem US-Drohnenangriff in Northwasiristan wurden 16 Aufständische getötet, darunter der Talibankommandeur Mullah Shamsullah.
25. September – Pakistan: Eine US-Drohne feuerte in Datta Khel drei Raketen auf ein Fahrzeug, wobei alle vier Insassen getötet wurden. Unter den Toten war auch Scheich Fateh al-Misri, Dritter in der Befehlsstruktur von al-Qaida. Al-Misri plante und rekrutierte britische Muslime für Terroranschläge in Paris, London oder Berlin.
26. September – Pakistan: Bei einem US-Drohnenangriff auf ein Haus in Datta Khel wurden drei Aufständische getötet. Nur Minuten später feuerte eine Drohne in der gleichen Gegend zwei Raketen auf ein Fahrzeug, wobei die vier Insassen getötet wurden.
27. September – Pakistan: Bei einem Angriff von US-Drohnen in Miramshah wurden sechs Aufständische getötet.
28. September – Pakistan: Eine US-Drohne feuerte in dem Dorf Zeba in Südwasiristan eine Rakete in eine Gebäudeanlage und tötete vier Aufständische.
2. Oktober – Pakistan: In einer ersten Attacke feuerten US-Drohnen zwei Raketen auf ein Haus in Datta Khel und töteten neun Aufständische, darunter vier Ausländer. Die Toten waren Mitglieder der Badar Mansur-Gruppe, die eng mit al-Qaida zusammenarbeiten soll. Bei einem zweiten Angriff in der gleichen Gegend wurden ein Fahrzeugkonvoi sowie ein Haus getroffen und acht Aufständische getötet.
4. Oktober – Pakistan: Bei einem US-Drohnenangriff auf eine Moschee in Mirali, Nordwasiristan, wurden angeblich acht Militante deutscher Nationalität getötet.
6. Oktober – Pakistan: In zwei US-Drohnenangriffen auf Miramshah starben insgesamt elf Menschen.
7. Oktober – Pakistan: Bei einem Angriff auf eine Gebäudeanlage in Nordwasiristan wurden fünf Aufständische getötet, darunter ein hochrangiger Führer von al-Qaida, Atiyah Abd al-Rahman.
8. Oktober – Pakistan: Bei einem neuerlichen US-Drohnenangriff in Miramshah wurden sechs Menschen getötet.
10. Oktober – Pakistan: US-Drohnen feuerten in Shewa, Nordwasiristan, vier Raketen auf zwei Fahrzeuge und töteten mindestens acht mutmaßliche Aufständische.
13. Oktober – Pakistan: US-Drohnen töteten in Datta Khel elf Aufständische.
15. Oktober – Pakistan: Ein US-Drohnenangriff tötete sechs mutmaßliche Aufständische in Nordwasiristans Machi Khel-Gebiet. Später wurden in einer zweiten Drohnenattacke in Mir Ali sieben weitere mutmaßliche Aufständische getötet.
18. Oktober – Pakistan: Eine US-Drohne tötete in Datta Khel sechs Aufständische.
27. Oktober – Pakistan: Bei einem Angriff einer US-Drohne auf ein Haus wurden vier Aufständische getötet. Bei einem zweiten Schlag traf eine US-Drohne ein Fahrzeug in Datta Khel und tötete drei Aufständische.
28. Oktober – Pakistan: Bei einem Angriff mit einer US-Drohne im Gebiet von Datta Khel wurden sieben Aufständische getötet.
1. November – Pakistan: US-Drohnen feuerten vier Raketen auf ein Haus im Distrikt von Mir Ali in Nordwasiristan und töteten fünf oder sechs Verdächtige.
3. November – Pakistan: In drei separaten Angriffen töteten US-Drohnen 13 Aufständische. Im ersten Schlag feuerten Drohnen zwei Raketen auf ein Fahrzeug im Gebiet von Miranshah und töteten fünf Usbeken. Bei einem zweiten Angriff wurden ein Haus und ein Fahrzeug in Khaso Khel, einem Dorf nahe Mir Ali, getroffen, wobei vier Aufständische getötet wurden. Im dritten Angriff trafen vier Raketen ein Fahrzeug in Datta Khel und töteten vier.
7. November – Pakistan: Bei einem Drohnenangriff auf ein Haus und ein Fahrzeug in Ghulam Khan, eine Stadt nördlich von Miranshah, in Nordwasiristan wurden neun Aufständische

getötet. Bei einem zweiten Angriff nur eine Stunde später zerstörten US-Drohnen mehrere Fahrzeuge in der Nachbarstadt Datta Khel und töteten vier Aufständische.

11. November – Pakistan: Bei einem Angriff mit einer US-Drohne wurden in Nordwasiristan sechs Aufständische getötet. Sie gehörten angeblich dem Haqqani-Netzwerk an und befanden sich auf dem Rückweg von Operationen in der afghanischen Provinz Khost.

13. November – Pakistan: Eine US-Drohne tötete fünf Menschen in dem Dorf Ahmad Khel in der Region von Mir Ali in Nordwasiristan. Ein Korrespondent des pakistanischen TV-Senders Geo berichtete vom Angriffsort, bei den Getöteten handle es sich offenkundig um einfache Zivilisten und nicht um Terroristen.

16. November – Pakistan: Vier von einer US-Drohne abgefeuerte Raketen trafen ein Haus und ein Fahrzeug in dem Dorf Bangi Dar in Nordwasiristan und töteten zwischen 15 und 20 Menschen, vermutlich Zivilisten.

19. November – Pakistan: Eine US-Drohne tötete drei Verdächtige in Nordwasiristan.

21. November – Pakistan: Nahe Miranshah in Nordwasiristan tötete eine US-Drohne sechs Verdächtige.

22. November – Pakistan: Eine US-Drohne feuerte in Nordwasiristan Raketen auf ein Auto sowie ein Motorrad und tötete fünf vermutete Aufständische.

26. November – Pakistan: Eine US-Drohne feuerte Raketen auf ein Fahrzeug in Nordwasiristan und tötete vier Verdächtige.

28. November – Pakistan: In dem Dorf Hasan Khel, etwa 30 Kilometer östlich von Miranshah trafen Raketen einer US-Drohne ein Fahrzeug. In ersten Berichten war die Rede von drei oder vier getöteten Aufständischen. Lokale Beamte berichteten später jedoch, die Verdächtigen seien aus dem Fahrzeug geflohen, nachdem die erste Rakete ihr Ziel verfehlt hatte, und hätten überlebt.

6. Dezember – Pakistan: Eine US-Drohne tötete in dem Dorf Khushali in Nordwasiristan fünf Menschen.

9. Dezember – Pakistan: Mindestens vier Verdächtige wurden bei einem Angriff einer US-Drohne auf ein Fahrzeug in Mir Ali in Nordwasiristan getötet.

14. Dezember – Pakistan: Vier Verdächtige wurden bei einem erneuten Angriff einer US-Drohne auf ein Fahrzeug in Nordwasiristan getötet.

15. Dezember – Pakistan: Bei dem Angriff einer US-Drohne auf ein Fahrzeug in Spin Drand im Khyber-Gebiet starben sieben Verdächtige.

17. Dezember – Pakistan: Mindestens 60 Verdächtige wurden in drei mit US-Drohnen durchgeführten Angriffen getötet. Im ersten Angriff, der einem Anwesen in Spin Drang in Nordwasiristan galt, auf dem angebliche Mitglieder der Lashkar-e-Islami (eine militante Gruppe, die gelegentlich mit pakistanischen Taliban alliiert ist, aber auch häufig mit anderen militanten Gruppen in Auseinandersetzungen gerät) ein Treffen abhielten, starben 32 Menschen. Im zweiten Angriff auf ein Anwesen in Nakai in der Khyber-Region wurden ungefähr 15 getötet, im letzten in Sangana am Khyberpass starben weitere sechs.

27. Dezember – Pakistan: In zwei US-Drohnenangriffen nahe Mir Ali in Nordwasiristan wurden 18 Verdächtige getötet.

28. Dezember – Pakistan: In zwei Drohnenangriffen in den Stammesgebieten von Nordwasiristan wurden 17 Menschen getötet. Die US-Drohnen feuerten zwei Raketen auf ein vermutetes Versteck Aufständischer im Gebiet von Ghulam Khan, wobei sieben Verdächtige getötet wurden. Später kreiste eine weitere Drohne um den Einschlagsort und feuerte zwei weitere Raketen ab, denen sechs Menschen zum Opfer fielen. Der zweite Angriff galt einem Fahrzeug im selben Gebiet. Dabei starben vier Personen.

31. Dezember – Pakistan: Bei einem Raketenangriff von US-Drohnen nahe Ghulam Khan in Nordwasiristan starben nach Angaben pakistanischer Sicherheitskräfte acht mutmaßliche Aufständische.

2011

1. Januar – Pakistan: In drei Angriffen töteten US-Drohnen 18 Menschen. In der ersten Attacke trafen Raketen ein Fahrzeug und eine militärische Einrichtung in Mandi Khel bei Mir Ali in Nordwasiristan, wobei nach Angaben pakistanischer Geheimdienstmitarbeiter neun Verdächtige getötet wurden. Im zweiten Angriff töteten US-Drohnen fünf vermutete Talibanaufständische. Der dritte Schlag galt einem Fahrzeug in dem Dorf Datta Khel in Nordwasiristan, wobei vier Menschen getötet wurden.

7. Januar – Pakistan: Angaben anonymer pakistanischer Offiziere zufolge wurden bei einem Angriff einer US-Drohne in Nordwasiristan vier mutmaßliche Aufständische getötet.

12. Januar – Pakistan: US-Drohnen feuerten vier Raketen in einen Gebäudekomplex in dem Dorf Haiderkhel nahe Mir Ali in Nordwasiristan, wobei sechs Menschen starben.

18. Januar – Pakistan: Nach Auskunft pakistanischer Sicherheitsbeamter tötete eine US-Drohne mindestens fünf Aufständische in Nordwasiristan.

23. Januar – Pakistan: Angaben anonymer pakistanischer Polizeibeamter zufolge wurden in drei Drohnenangriffen 13 Verdächtige in Nordwasiristan getötet. In einem ersten Schlag trafen zwei Raketen ein Fahrzeug und ein Haus in dem Dorf Doga Mada Khel, wobei vier Menschen getötet wurden. Später feuerte eine Drohne zwei weitere Raketen, wobei im gleichen Dorf zwei Menschen auf einem Motorrad getötet wurden. In einem dritten Schlag wurde eine Anlage der Aufständischen in Mando Khel, etwa 60 Kilometer südlich von Miranshah, Nordwasiristan, getroffen, wobei sechs Menschen umkamen. Am selben Tag demonstrierten in Mir Ali rund 2000 Menschen und forderten ein Ende der Drohnenangriffe, die unschuldige Zivilisten töteten.

21. Februar – Pakistan: Pakistanische Geheimdienstagenten erklärten, drei von US-Drohnen abgeschossene Raketen hätten ein Haus in dem Dorf Kaza Panga in Südwasiristan zerstört und sieben verdächtige Aufständische, darunter einige Araber sowie Turkmenen, getötet. Einer der Getöteten sei Abu Zaid al-Iraqi gewesen, ein irakischer Finanzkoordinator von al-Qaida. Später trafen vier Raketen ein Haus in dem Dorf Spalga, nahe Miramshah in Nordwasiristan, das den Taliban als Basis gedient hatte, wobei acht Personen getötet wurden.

24. Februar – Pakistan: Bei zwei Drohnenangriffen wurden sechs Menschen in Nordwasiristan getötet.

8. März – Pakistan: Nach Angaben pakistanischer Stellen tötete eine Rakete einer US-Drohne in dem Dorf Landidog in Südwasiristan fünf Aufständsiche.

11. März – Pakistan: Fünf Aufständische wurden in dem Dorf Ghorsaka bei Miranshah in Nordwasiristan getötet.

13. März – Pakistan: Zwei Raketen töteten mindestens sechs verdächtige Personen in Azam Warsak in Südwasiristan.

14. März – Pakistan: Sechs vermutliche Aufständische wurden nahe Miranshah bei einem Drohnenangriff getötet. Eine zweite Rakete schlug bei einem weiteren Angriff in Malik Jashdar in Nordwasiristan in einem Fahrzeug ein und tötete die drei Insassen.

16. März – Pakistan: Mitarbeiter des pakistanischen Nachrichtendienstes berichteten gegenüber AFP, dass bei einem Drohnenangriff in Datta Khel in Nordwasiristan fünf Aufständische getötet wurden, deren Identität allerdings nicht klar war.

17. März – Pakistan: Mindestens 38 Menschen, hauptsächlich Zivilisten sowie einige Kinder, wurden getötet, als einige von einer amerikanischen Drohne abgefeuerte Raketen in eine Versammlung von Stammesältesten in Datta Khal einschlugen. Pakistanische Geheimdienstoffiziere sagten, elf der Getöteten seien Talibankämpfer gewesen. Pakistans Armeechef, General Ashfaq Parvez Kayani verurteilte den Angriff als »unzumutbar und ungerechtfertigt«. Pakistanische Regierungsstellen befürchteten, dass dieser Angriff die Wut gegenüber den USA noch steigern werde, die nach der Freilassung von Raymond Davis (siehe oben: 2011 Pakistan) ohnehin beinahe den Siedepunkt erreicht habe. Die vergangene Dekade war verheerend für Pakistan gewesen. Die jährliche Zahl der Opfer von Terroranschlägen war von 164 im Jahr 2003 bis 2009 auf 3318 gestiegen. Insgesamt fielen 35 000, darunter 3500 Angehörige der Sicherheitskräfte, in Auseinandersetzungen zwischen Sicherheitsorganen und Aufständischen oder Terroristen. Millionen mehr wurden aus ihren angestammten Wohngebieten vertrieben. Einen Tag nach dem Angriff in Datta Khal erklärte eine große Jirga von Stammesältesten in Nordwasiristan, einen Heiligen Krieg (Dschihad) gegen die USA zu führen, um die Getöteten zu rächen.

13. April – Pakistan: Zwei Drohnen feuerten sieben Raketen in Südwasiristan ab, wobei sechs Personen getötet wurden. AFP berichtete, die sechs seien Afghanen gewesen und hätten zum Haqqani-Netzwerk gehört. Andere Quellen berichteten, die Angriffe hätten einer Gruppe um Maulvi Nazir angehört und der Armee nahegestanden. Pakistan verurteilte den Angriff scharf und legte beim amerikanischen Botschafter Protest ein. Eine ungenannte Quelle in Washington betonte: »Panetta hat seinen pakistanischen Gesprächspartnern klar gemacht, dass seine hauptsächliche Aufgabe ist, amerikanische Bürger zu schützen. Er wird keine Operation stoppen, die dieses Ziel verfolgt.«

21. April – Pakistan: Mindestens 25 Menschen, darunter fünf Frauen und vier Kinder, starben, als vier Raketen bei einem Drohnenangriff in Spinwam, etwa 40 Kilometer nordöstlich von Miranshah in Nordwasiristan, einschlugen. Zehn weitere wurden verwundet. Das Ziel war eine ausgedehnte Wohnanlage, die der Gruppe von Hafiz Gul Bahadur gehört. Pakistans Armeechef, General Ashfaq Pervez Kayani, nannte den Angriff »unerträglich und unangebracht«. Einen Tag nach dem Angriff bestätigte ein ranghoher Offizier im US-Fernsehsender NBC die Schließung des Luftwaffenstützpunktes Shamsi in Belutschistan für US-Militärpersonal: »Ja, ich kann bestätigen, dass die 150 Amerikaner, die dort stationiert waren, inzwischen gegangen sind.« Von dem Stützpunkt waren seit 2001 Tausende Einsätze der US-Luftwaffe gegen Afghanistan und seit 2006 regelmäßig unbemannte Predator-Drohnen gestartet.

5. Mai – Jemen: Bei einem Drohnenangriff auf Anwar al Awlaki, einen AQAP-Werber und Ideologen amerikanischer Nationalität, starben zwei AQAP-Angehörige.

6. Mai – Pakistan: Zwischen zwölf und 15 Menschen starben in Dua Toi, etwa 30 Meilen westlich von Miranshah in Nordwasiristan beim ersten Drohnenangriff seit der Tötung Osama bin Ladens. Ein pakistanischer Beamter sagte, die Raketen hätten einen Wagen und eine Wohnanlage getroffen, die Hafiz Gul Bahadar gehörte. Vier der Getöteten seien Ausländer gewesen.

7. Mai – Jemen: Der Kleriker Anwar al-Awlaqi entkam dem Beschuss durch eine amerikanische Drohne, wie Mitglieder seines Stammes in der Provinz Shabwa berichteten. Demnach war der Geistliche zusammen mit einem saudischen al-Qaida-Mitglied in einem Auto unterwegs, als die Rakete einschlug, an dem Wagen aber nur geringen Schaden verursachte. Awlaqi steht ebenfalls im Verdacht, mit Major Nidal Hasan in Verbindung gestanden zu haben, der im November 2009 in Fort Hood in Texas 13 Menschen erschoss.

10. Mai – Pakistan: Vier Verdächtige starben, als zwei von einer US-Drohne abgefeuerte Raketen nahe dem Dorf Angoor Adda in Südwasiristan einen Wagen trafen. Vier weitere wurden in dem Angriff verwundet.

12. Mai – Pakistan: Fünf bis acht Aufständische wurden getötet, als eine US-Drohne in Pakistans Stammesgebiet in Nordwasiristan zwei Raketen in ein Fahrzeug schossen. Einige der Getöteten sollen Ausländer gewesen sein.

13. Mai – Pakistan: Fünf Menschen wurden in dem Dorf Doga Madakhel in Nordwasiristan getötet, als mindestens vier Raketen in einem Fahrzeug einschlugen.

16. Mai – Pakistan: Bei zwei Drohnenangriffen in Mir Ali in Nordwasiristan wurden zehn mutmaßliche Aufständische getötet.

20. Mai – Pakistan: US-Drohnen feuerten in Nordwasiristan zwei Raketen ab und töteten sechs Menschen.

23. Mai – Pakistan: In den Außenbezirken von Mir Ali in Nordwasiristan traf eine US-Drohne ein Fahrzeug und tötete sieben Verdächtige.

3. Juni – Pakistan: Bei einem Drohnenangriff in Ghwakhwa in Südwasiristan starben neun Aufständische, darunter das hochrangige al-Qaida-Mitglied Ilyas Kashmiri. Die USA hatten fünf Millionen Dollar auf die Ergreifung Kashmiris ausgesetzt. Kashmiri war im pakistanisch besetzten Teil Kaschmirs geboren worden und hatte bei Pakistans Special Services Group gedient, ehe er die Seiten wechselte. Er galt als Führer des »Brigade 313« genannten militärischen Flügels von al-Qaida in Pakistan (der Name leitet sich ab von den 313 Kämpfern, die dem Propheten Mohammed AD 624 in der entscheidenden Schlacht von Badr zur Seite standen) und wurde beschuldigt, für die Terrorangriffe in Mumbai im November 2008 sowie für eine Reihe von blutigen Anschlägen auf pakistanische Militäreinrichtungen verantwortlich zu sein.

6. Juni – Pakistan: Sieben Aufständische wurden bei einem Drohnenangriff in Shalam Raghzai, zehn Kilometer nordwestlich von Wana in Südwasiristan getötet. Bei einem zweiten Angriff schlugen zwei Raketen in eine Anlage in Wacha Dana, zwölf Kilometer nordwestlich von Wana, ein, wobei nach Angaben von Agenten eines pakistanischen Aufklärungsdienstes acht Aufständische getötet wurden. Zeugen jedoch erklärten, in den beiden Attacken seien einige »Araber« getötet worden, die anderen Opfer seien Zivilisten gewesen. Etwa 30 Kilometer entfernt, im Gebiet von Bray Nishtar an der Grenze zu Nordwasiristan, »feuerte eine US-Drohne zwei Raketen in ein Fahrzeug und tötete drei Rebellen«, berichtete ein pakistanischer Sicherheitsoffizier.

8. Juni – Pakistan: US-Drohnen feuerten fünf Raketen in einen Stützpunkt der Aufständischen in dem Dorf Zoynarai in Nordwasiristan, wobei zwischen 15 und 23 Verdächtige getötet worden seien, wie pakistanische Offiziere als auch lokale Beamte bestätigten.

15. Juni – Pakistan: Bei einem US-Drohnenangriff in der Nähe von Wana in Südwasiristan wurden zehn mutmaßliche Kämpfer der Verbände unter Mullah Nazir getötet. Bei einer weiteren Drohnenattacke wurden bei Miranshah in Nordwasiristan fünf Aufständische getötet.

20. Juni – Pakistan: Neun bis zwölf mutmaßliche Aufständische wurden in Drohnenangriffen im Kurram Stammesgebiet getötet.

23. Juni – Somalia: US-Drohnen griffen in der Nähe von Kismayo, etwa 450 Kilometer von Mogadischu entfernt, einen al-Shabaab-Konvoi an. Anschließend landete ein JSOC-Team in Hubschraubern und sammelte die Leichname und die Verwundeten ein, um sie an einen unbekannten Ort zu bringen. Al-Shabaab soll nach amerikanischen Angaben mit der jemenitischen al-Qaida-Filiale zusammenarbeiten.

27. Juni – Pakistan: Eine Gruppe von Männern in einem Geländewagen mit verdunkelten Scheiben, vermutlich US-Agenten, erschoss nahe Miranshah in Nordwasiristan Shakirullah Shakir, der auf einem Motarrad fuhr. Shakir, ein Kommandeur des Fidayeen-e-Islam-Flügels der pakistanischen Taliban, war angeblich für das Training von Selbstmordattentätern verantwortlich gewesen. Bei einem Raketenangriff einer US-Drohne auf ein Fahrzeug in dem Dorf Ghalmandi Panga wurden acht angebliche Aufständische getötet. Wenige Stunden später attackierten Drohnen ein Ausbildungslager in Mantoi, circa 40 Kilometer nördlich von Miranshah in Nordwasiristan, wobei 13 Kämpfer von Hakimullah Mehsud's Tehrik-i-Taliban getötet wurden.

5. Juli – Pakistan: Vier Aufständische, darunter angeblich Saif Ullah, ein australisches al-Qaida-Mitglied, wurden nahe Mir Ali in Nordwasiristan bei einem Drohnenangriff getötet, fünf weitere wurden verletzt.

6. Juli – Somalia: US-Drohnen feuerten drei Raketen in ein al-Shabaab-Ausbildungslager.

11. Juli – Pakistan: Bei einem Drohnenangriff bei dem Dorf Gorvak in Nordwasiristan wurden nach Angaben pakistanischer Geheimdienstangehöriger zwölf Verdächtige getötet. In mehreren darauffolgenden Angriffen im Zeitraum der nächsten 24 Stunden starben zwischen 45 und 61 weitere Verdächtige. Die Angriffe erfolgten nur einen Tag, nachdem Washington die Auszahlung von 800 Millionen Dollar Militärhilfe an Pakistan wegen »Schwierigkeiten« in den Beziehungen zu Islamabad storniert hatte.

21. Juli – Pakistan: Vier Menschen wurden bei einem Drohnenangriff im Gebiet von Kushali Toori Khel in Nordwasiristan getötet.

1. August – Pakistan: Vier bis sechs angebliche Aufständische wurden getötet, als zwei Fahrzeuge bei Azam Warsak, rund 15 Kilometer westlich von Wana, von zwei von US-Drohnen abgeschossenen Raketen getroffen wurden.

10. August – Pakistan: 21 Aufständische, darunter 14 Mitglieder des Haqqani-Netzwerks, wurden getötet, als zwei von US-Drohnen abgefeuerte Raketen ein Haus, drei Kilometer östlich von Miranshah, trafen. Das Gebiet soll von dem pakistanischen Talibanführer Mullah Nazir kontrolliert sein. Nach inoffiziellen Angaben pakistanischer Nachrichtendienste sollen die anderen Opfer Usbeken und Araber gewesen sein.

16. August – Pakistan: Pakistanische Beamte berichteten von US-Drohnen, die bei Miranshah zwei Raketen abschossen und dabei vier Aufständische töteten.

19. August – Pakistan: Bei einem Drohnenangriff in Sheen Warsik in Südwasiristan starben vier verdächtige Aufständische.

22. August – Pakistan: Nach Angaben pakistanischer Behörden starben bei einem Angriff von US-Drohnen in Nordwasiristan vier Aufständische, darunter Atiyah Abd al-Rahman, den Zweiten in der Kommandostruktur von al-Qaida.

24. August – Somalia: Eine US-Drohne stürzte nahe Mogadischus Internationalem Airport ab. Eine weitere stürzte am selben Tag in Mogadisshus Florenza Street ab, die den Präsidentenpalast (Villa Somalia) mit dem Stadtbezirk Hararyale verbindet.

4. September – Pakistan: Bei einem Drohnenangriff in Nordwasiristan starben sieben Menschen.

11. September – Pakistan: Beim Angriff einer US-Drohne auf ein Fahrzeug und eine Anlage in Hisokhel im Gebiet von Mir Ali in Nordwasiristan starb Abu Hafs al-Shari, der Operationsleiter al-Qaidas, zusammen mit drei Begleitern.

12. September – Pakistan: Bei einem Drohnenangriff auf ein Fahrzeug im Gebiet von Esokhel in Nordwasiristan starb Hafeezulla, ein Kommandeur des Haqqani-Netzwerks, mit einem Begleiter. Bei einem weiteren Drohnenangriff auf ein Haus in Mir Ali in Nordwasiristan starben drei Menschen.

15. September – Somalia: US-Drohnenangriffen in den Außenbezirken von Kismayu, dem größten Hafen in der Hand der al-Shabaab-Milizen und etwa 530 Kilometer südlich von Mogadischu gelegen, erlagen nach Angaben ranghoher Milizionäre neun Frauen und Kinder, 30 weitere Personen wurden verwundet.

23. September – Pakistan: Bei einem Drohnenangriff auf ein Haus in Nordwasiristan starben sechs Mitglieder des Haqqani-Netzwerks, darunter sechs Zentralasiaten.

27. September – Pakistan: Bei einem Drohnenangriff auf ein Haus in Azam Warzak in Südwasiristan wurden drei Menschen getötet. Nicht autorisiertes Sicherheitspersonal erklärte, dass es sich um Aufständische gehandelt habe, andere Quellen behaupteten, die Aufständischen seien entkommen. Azam Warzak gehört zu einem Gebiet, das von dem Talibf-Führer Mullah Nazir kontrolliert wird und als Transitpunkt für Aufständische auf ihrem Weg von und nach Afghanistan gilt.

30. September – Jemen: Eine von einer US-Drohne abgefeuerte Hellfire-Rakete tötete Anwar al-Awlaki, einen in den USA geborenen muslimischen Kleriker jemenitischer Herkunft. Nach Angaben der jemenitischen Nachrichtenagentur Saba starben bei dem Angriff auch einige Leibwächter Awlakis sowie Samir Khan, ein Amerikaner pakistanischer Herkunft und Chefredakteur von al-Qaida's englischsprachigem Internetmagazin *Inspire*. Nach Angaben der *New York Times* war es das erste Mal seit dem 11. September 2001, dass US-Streitkräfte einen US-Bürger gezielt töteten. Al-Awlakis oftmals gegen die USA gerichteten, hasserfüllten Predigten sollen Faisal Shahzad zu seinem Versuch inspiriert haben, im Mai einen Autobombe auf dem New Yorker Times Square zu zünden. Auch Nidal Malik Hasan, der angeklagt ist, 2009 in Fort Hood in Texas 13 Menschen getötet zu haben, hatte vor der Tat E-Mails mit dem radikalen Prediger gewechselt.

30. September – Pakistan: Bei einem Drohnenangriff auf das Gebiet von Baghar Cheena in Südwasiristan wurden drei Aufständische getötet. Wie die *Washington Post* unter Berufung auf die Nachrichtenagentur AP am 2. Oktober berichtete, soll dabei auch Hallem Ullah umgekommen sein, der Stellvertreter des afghanischen Warlords Maulvi Nazir, dessen Gruppe al-Qaida unterstützt haben soll.

13. Oktober – Pakistan: Bei einem Drohnenangriff in dem Dorf Dande Darpa Khel in Nordwasiristan wurden sieben vermutete Aufständische getötet, darunter auch der Logistikchef des Haqqani-Netzwerks, Jan Baz Zadran. Bei einem zweiten Angriff auf Angoor Adda in Südwasiristan auf Rebellen, die Raketen nach Afghanistan schossen, wurden drei der Angreifer getötet.

26. Oktober – Pakistan: Eine US-Drohne tötete in Südwasiristan zwischen 13 und 22 Aufständische.

27. Oktober – Pakistan: In der Warsak-Region in Südwasiristan griff eine US-Drohne eine Taliban-Gruppe an, wobei vier Menschen, darunter der jüngere Bruder des Talibankommandeurs Maulvi Nazir, starben. Bei einem zweiten Drohnenangriff nahe Mir Ali in Nordwasiristan töteten Raketen sechs Männer.

30. Oktober – Pakistan: US-Drohnen feuerten in Datta Khel in Nordwasiristan sechs Raketen auf ein Fahrzeug, wobei sechs angebliche Aufständische getötet wurden.

31. Oktober – Pakistan: Bei einem US-Drohnenangriff im Gebiet von Miranshah in Nordwasiristan starben drei Menschen, darunter zwei Jungen, Tariq Aziz und sein zwölf Jahre alter Vetter Waheed Khan. Der 16-jährige Tariq Aziz hatte dem Bureau of Investigative Journalism geholfen, Fälle zu dokumentieren, in denen Zivilisten von US-Drohnen getötet worden waren. »Ich traf diesen Jungen gerade letzte Woche«, berichtete der Menschenrechtsanwalt Clive Staffod Smith später. »Der war nicht mehr Terrorist als meine Mutter.«

2. November – Somalia: 20 Menschen starben und 60 wurden bei einem Angriff einer US-Drohne in den Außenbezirken von Kismayo am Indischen Ozean verwundet. Bei weiteren Angriffen in den Dörfern Qeydar und Marodile in der Gegend von Galguduud in Zentralsomalia sollen nach Angaben somalischer Stammesführer mindestens 38 Menschen gestorben sein.

3. November – Somalia: 41 Menschen starben und 33 weitere wurden verwundet, als eine US-Drohne in den Außenbezirken von Hoomboy, einer Stadt in der südlichen Region von Zentraljuba, angriff. Bei einem darauffolgenden Angriff in Jamame in der ebenfalls südlichen Region Jubbada Hoose starben 28 Personen.

5. November – Somalia: Ein Korrespondent des iranischen Fernsehsenders Press TV berichtete, einem Angriff einer US-Drohne auf die im Süden des Landes gelegene Stadt Bardera seien 45 Menschen zum Opfer gefallen. Bei einem zweiten Angriff in Burdhobo seien über 30 weitere gestorben.

15. November – Pakistan: Sechs oder sieben Verdächtige wurden in Miranshah Bazaar in Nordwasiristan getötet, als eine US-Drohne zwei Raketen in eine Gebäudeanlage feuerte, die vermutlich von Aufständischen genutzt wurde.

16. November – Pakistan: 16 Menschen, darunter mindestens zwei Taliban, starben, als sechs, von US-Drohnen abgeschossene Raketen in einer Gebäudeanlage in Babar in Sarogha Tehsil in Südwasiristan einschlugen.

17. November – Pakistan: Sechs Personen wurden Bei einem Angriff von US-Drohnen nahe Razmak in Nordwasiristan getötet.

2016

2. Januar – Afghanistan: Eine US-Drohne tötete in der Provinz Kunar mindestens fünf ehemalige pakistanische Taliban (TTP), die sich inzwischen dem ISIS angeschlossen hatten. Einer der Toten soll der ehemalige TTP-Kommandeur in der Bajaur Stammesregion, Abu Bakr, gewesen sein.

8. Januar – Afghanistan: Schon am 10. Januar 2015 gab der Islamische Staat – Khorasan (IS-K), der sich überwiegend aus ehemaligen Mitgliedern der pakistanischen Tehrik-e Taliban und afghanischen Taliban bildete, seine Gründung bekannt und schwor Abu Bakr al-Baghdadi die Treue. Just in dem Augenblick, als Kämpfer des sogenannten IS nach dem Freitagsgebet sechs Taliban sowie einen Soldaten der regulären Armee enthaupteten, schlug eine von einer US-Drohne abgefeuerte Rakete ein und tötete mindestens 17 von ihnen. Die genaue Zahl von zivilen Opfern ist unbekannt. Weiteren US-

Drohnenattacken in den Provinzen Kandahar und Paktika fielen eine unbekannte Zahl Menschen zum Opfer.

9. Januar – Pakistan: Eine Drohne feuerte zwei Raketen auf ein Haus in dem Dorf Mangrooti im Gebiet von Shawal in Nordwasiristan. Unter den fünf Opfern des Angriffs soll sich auch ein Kommandeur der pakistanischen Taliban, Maulana Noor Saeed aus Jani Khel in der Grenzregion zu Afghanistan, befunden haben.

9. Januar – Afghanistan: Bei einem zweiten Drohnenangriff, diesmal in der afghanischen Provinz Nangarhar, wurden mehrere Häuser zerstört, die von IS-Kämpfern bewohnt waren. Zwanzig IS-Mitglieder wurden dabei getötet, berichteten Nachrichtenagenturen. In einem dritten Drohnenangriff in der Provinz Kunar wurden zehn pakistanische Taliban getötet.

10. Januar – Afghanistan: Bei einem erneuten Drohnenangriff in Nangarhar-Provinz starben mindestens acht angebliche IS-Kämpfer. Eine unbekannte Zahl von Menschen fiel zwei US-Drohnenangriffen im Bermal-Distrikt der Provinz Paktika, mit denen »Gefahr für die Streitkräfte eliminiert« werden sollte, zum Opfer.

14. Januar – Afghanistan: Bei mehreren Drohnenangriffen in der Provinz Achin sowie im Haska Mena-Distrikt in der Provinz Nangarhar starben 48 angebliche Mitglieder des IS-K.

15. Januar – Jemen: Drei angebliche al-Qaida-Mitglieder (AQAP) starben bei einem Drohnenangriff bei Rafadh in der Provinz Schabwat.

16. Januar – Afghanistan: Bei neun Drohnenangriffen in der Provinz Nangarhar starben 36 angebliche IS-K-Terroristen. Bei acht weiteren Drohnenattacken am Nachmittag desselben Tages wurden 17 angebliche ISIS-Kämpfer getötet. In einem dritten Angriff in der Region starben weitere angebliche ISIS-Kämpfer.

19. Januar – Afghanistan: Bei einem Drohnenangriff wieder in Nangarhar wurden fünf ISIS-Kämpfer getötet, darunter angeblich der IS-Kommandeur Sajid Aarabzai alias Qari Sajjad. Es war mindestens der 17. US-Drohnenschlag gegen die afghanische ISIS-Fraktion. Der Angriff fand zwischen 14 und 15 Uhr Ortszeit statt, 14 Stunden bevor das Wall Street Journal enthüllte, dass das Weiße Haus dem Pentagon grünes Licht gegeben habe, ISIS auch in Afghanistan anzugreifen.

19. Januar – Jemen: Zwei AQAP-Mitglieder starben, als angeblich eine US-Drohne ihr Fahrzeug außerhalb von Seiyun im Osten der Provinz Hadramaut angriff. Der Angriff fand zur selben Zeit statt, als die Marine Saudi-Arabiens (das im Jemen die Huthis bekämpft) Schiffe in Mukalla warnte, sofort den von militanten Muslimen kontrollierten Hafen zu verlassen. Daher wird angenommen, dass es sich bei dem Angriff auch um einen saudischen Luftangriff gehandelt haben könnte.

22. Januar – Afghanistan: Bei einem US-Drohnenangriff in Zabul bei der Stadt Khawajakhel starben drei Aufständische. In drei weiteren Drohnenattacken wurden in der Provinz Nangarhar 15 Mitglieder des IS-Ablegers IS-K (Khorasan) getötet.

23. Januar – Afghanistan: In zwei Drohnenangriffen starben in Achin in der Provinz Nangarhar neun IS-K-Mitglieder, darunter ein Kommandeur.

24. Januar – Afghanistan: 17 weitere angebliche IS-K-Mitglieder wurden in zwei Drohnenangriffen in der Provinz Nangarhar getötet.

25. Januar – Afghanistan: US-Drohnen töteten fünf Taliban in Achin in der Provinz Nangarhar.

1. Februar – Afghanistan: In mehreren US-Attacken auf eine IS-Radiostation mit Namen „Stimme des Kalifats" in Achin wurden zwischen 21 und 29 Menschen getötet. In einem weiteren Drohnenschlag im afghanisch-pakistanischen Grenzgebiet starben 19 Mitglieder der pakistanischen Taliban (TTP).

2. Februar – Afghanistan: Drei oder vier angebliche IS-Kämpfer wurden von einer Drohne getötet.

3. Februar – Jemen: Bei einem Drohnenangriff auf einen Wagen bei Rawda in der Provinz Shabwa wurden sechs angebliche AQAP-Kämpfer getötet. Bei einem weiteren Angriff in der Region von Maraquesha in der Provinz Abyan wurde der »regionale Emir« der AQAP,

Jalal Bala'idi, auf den die USA ein Kopfgeld von fünf Millionen Dollar ausgesetzt hatten, zusammen mit zwei Leibwächtern getötet.

3. Februar – Afghanistan: US-Drohnen töteten zehn bis 15 TTP-Kämpfer in Daman im Bermal-Distrikt in der Provinz Paktika.

4. Februar – Afghanistan: US-Drohnen töteten vier weitere TTP-Kämpfer in der Provinz Kunar. Am selben Tag fielen zwischen zehn bis 15 TTP-Kämpfer in weiteren Drohnenangriffen in der afghanischen Ostprovinz Paktika.

5. Februar – Afghanistan: Bei zwei Drohnenangriffen starben in der Provinz Nangarhar 16 angeblich pakistanische Mitglieder des IS-Khorasan. Einem weiteren Drohnenschlag auf den Bazar des Achin-Distriktes in Nangarhar fielen elf weitere Menschen zum Opfer, angeblich alle Kämpfer des IS-K. Zur selben Zeit verlegten die USA ein Bataillon in die Provinz Helmand und töteten dort in einem Drohnenangriff 15 Menschen, elf weitere überlebten verletzt.

11. Februar – Afghanistan: Bei zwei Drohnenangriffen in der Provinz Paktika starben nach eigenen Angaben 13 Taliban. Die Angriffe fanden statt, als es in der Provinz Khorasan zu Zusammenstößen zwischen Taliban- und IS-Verbänden kam.

15. Februar – Afghanistan: Nach Angaben aus »Sicherheitskreisen« wurden bei einem Drohnenangriff in Nazyan in der Provinz Nangarhar 15 Mitglieder der Lashkar e Islami, darunter der stellvertretende Kommandeur der pakistanischen Lashkar e Islami, Zakir Qamberkhel, getötet.

15. Februar – Jemen: Nach Angaben eines lokalen Beamten flogen zwei US-Drohnen über Huta in der Provinz Lahji, ehe sie „zwei öffentliche Gebäude“ zerstörten.

17. Februar – Afghanistan: Bei einem Drohnenangriff in der Provinz Paktika starben sechs Taliban.

18. Februar – Afghanistan: Bei einem Drohnenangriff in Nangarhar starben sechs „Aufständische“, wie ein Sprecher des Provinzgouverneurs sagte.

19. Februar – Libyen: Bei einem US-Drohnenangriff auf eine ISIS-Position in Sabratha, der Noureddine Chouchane (ein Tuniesier, der im Verdacht stand, ISIS zu unterstützen und an zwei tödlichen Anschlägen beteiligt gewesen zu sein) im Visier hatte, und dem mindestens 40 Menschen zum Opfer fielen, starben vermutlich auch zwei serbische Diplomaten, die am 8. November 2015 entführt worden waren. Nach der Überführung der Leichname nach Belgrad und der forensischen Untersuchung bestätigte Serbiens Premierminister Alexander Vučić, dass die beiden Diplomaten in dem Angriff umgekommen seien. Das US-Verteidigungsministerium bestritt, dass bei dem Angriff Zivilisten umgekommen seien. Verstimmt konterte Vučić: „Wenn ein Körper von zwölf Wunden gezeichnet ist, die einwandfrei von einer Explosion herrühren, dann muss uns (das Pentagon) die Beweise vorlegen, die eine andere Erklärung glaubhaft machen.“ Mitarbeiter des libyschen Roten Halbmonds bestätigten, in den Trümmern des zerstörten Hauses die Körper von zwei Ausländern gefunden zu haben, die anschließend nach Tripoli gebracht wurden.

22. Februar – Afghanistan: Eine US-Drohne tötete im Gebiet von Pekha Khwar in Achin zwischen 22 und 25 Angehörige des IS-Khorasan. In einem zweiten Angriff, diesmal gegen Taliban-Positionen in der Provinz Baghlan, die Reparaturen am Energieversorgungssystem verhinderten, starb eine unbekannte Zahl von Taliban. Die Hauptstadt Kabul war bereits seit drei Wochen ohne Energieversorgung, nachdem Taliban-Kämpfer Strommasten zerstört hatten.

22. Februar – Pakistan: Bei einem Drohnenangriff der CIA wurden drei Häuser sowie zwei Fahrzeuge im Gebiet von Shahidano Dhand im Kurram-Stammesgebiet getroffen. Bei den drei oder vier Getöteten, die nicht identifiziert wurden, soll es sich um ehemalige Kämpfer des Haqqani-Netzwerkes gehandelt haben.

26. Februar – Afghanistan: Mindestens drei Männer, die mit al-Qaida in Verbindung gestanden haben sollen, wurden bei einem Drohnenangriff in dem Dorf Dadul in Paktika getötet.

28. Februar – Afghanistan: Mindestens sieben IS-Kämpfer wurden bei einem Drohnenangriff in Mamand Dara in der Provinz Nangarhar getötet.

4. März – Jemen: US-Drohnen töteten im Radhum-Stammesdistrikt in der Provinz Shabwa vier AQAP-Terroristen. Der Angriff erfolgte nahe dem Ölterminal im Westen von Mukalla, das al-Qaida im April 2015 eingenommen hatte.

5. März – Afghanistan: 15 angebliche IS-Kämpfer wurden bei einem Drohnenangriff in Achin getötet.

7. März – Jemen: Zwar hat die US-Regierung den Tod Othman al-Ghamdis bislang nicht bestätigt, erklärte jedoch, dass er »keine Gefahr mehr für US-Bürger oder -Interessen« darstelle. Darum wird davon ausgegangen, dass der gebürtige Saudi al-Ghamdi, der zur AQAP-Führung gehörte, bereits 2015 im Jemen getötet wurde. Zudem wurde sein Name von der US-Liste »Rewards for Justice« (RFJ) gestrichen, was allerdings nicht unbedingt als Beweis für den Tod des Gesuchten gelten kann. So entfernten die US-Fahnder den Algerier Mokhtar Belmokhtar nach einem Luftangriff in Libyen im Juni 2015 von der RFJ-Liste. Ausreichend Anzeichen aber deuten darauf hin, dass Belmokhtar immer noch lebt und in Westafrika einige blutige Angriffe durchgeführt hat.

7. März – Somalia: Bei Luftangriffen sowohl bemannter als auch unbemannter Flugzeuge auf ein al-Shabaab-Ausbildungslager in Raso, rund 180 Kilometer nördlich von Mogadischu, wurden über 150 Milizionäre getötet.

21. März – Afghanistan: Mindestens acht vorgebliche IS-Kämpfer starben bei einem Drohnenangriff im Kot-Distrikt in der Provinz Nangarhar.

22. März – Afghanistan: Erneut tötete eine Drohne im Kot-Distrikt in Nangarhar zwischen zwei und acht angebliche IS-Kämpfer. Ein weiterer Drohnenangriff in derselben Region forderte fünf Opfer.

25. März – Afghanistan: Bei einem Drohnenangriff in der Provinz Helmand starben 20 Menschen. Einer weiteren Attacke in der Region fielen weitere zehn zum Opfer, und in einer dritten starben noch einmal 73 Menschen.

26. März – Jemen: In zwei Drohnenangriffen in den Dörfern Hudhn und Nageel al Hayala im Regierungsbezirk Abyan wurden zwei Häuser zerstört, wobei mindestens acht Personen starben.

Bei einem dritten Raketenangriff mit Drohnen wurden in Zinjibar ebenfalls in Abyan eine Reihe von Regierungsgebäuden getroffen und sechs Menschen getötet. Die Provinzhauptstadt war im Februar von AQAP-Kämpfern eingenommen worden, die sich in den Gebäuden einquartierten und dort auch ihr Nachrichtenzentrum einrichteten.

26. März – Afghanistan: Im Feuer eines Drohnenangriffs in Nangarhar starben elf angebliche IS-Kämpfer.

30. März – Jemen: Anwohner und jemenitische Beamte berichteten von einem US-Drohnenangriff in Azzan in der Südprovinz Shabwa. Ein Sprecher des Pentagon betonte, es lägen keine Informationen über einen Angriff in dem Gebiet vor. Am 3. Juni schließlich räumte das zuständige US-Militärkommando CENTCOM »einen Schlag in der Nähe von Azzan in Zentraljemen, bei dem zwei al-Qaida-Angehörige getötet wurden«, ein.

31. März – Somalia: Etwa 30 Kilometer südlich von Jilib in Südsomalia, nahe der Grenze zu Kenia, wurden Hassan Ali Dhoore, ein Führer der al-Shabaab-Miliz, und zwei Begleiter in einem US-geführten Drohnenangriff getötet. Die USA befinden sich zwar nicht im Krieg mit Somalia. Doch der Sprecher des Pentagon, Peter Cook, erklärte, al-Shabaab sei »Teil von al-Qaida«. Somit falle ein solcher Angriff unter die Bestimmungen der »Authorization for the Use of Military Force« (AUMF) von 2011. Cook sagte, Dhore sei »direkt verantwortlich« gewesen für einen Überfall im März 2015 auf ein Hotel in Mogadischu, bei dem 15 Menschen starben.

3. April – Syrien: Eine US-Drohne tötete in dem Dorf Kafr Jales nahe Idlib 21 Menschen, darunter Abu Firas al-Suri, ein Sprecher der radikalislamischen al-Nusra-Front.

4. April – Irak: Bei einem mit Drohnen durchgeführten Vergeltungsschlag für einen ISIS-Angriff auf eine US-Stellung nahe Machmur, bei dem ein US-Marine starb und acht weitere verletzt wurden, starben sechs ISIS-Kämpfer, darunter der IS-Raketen-Experte und ehemalige irakische Armeeoffizier Jasim Khadijah.

5. April – Syrien: Bei einem US-Drohnenangriff auf einen Toyota-Pickup wurden alle Insassen des Fahrzeugs sowie eine unbeteiligte Frau, die sich zufällig in der Nähe aufhielt, getötet. Nach Zeugenaussagen handelte es sich bei den Getöteten um den Mitbegründer der militanten ägyptischen al-Jama'ah al-Islamiyya, Refai Taha, den ägypischen Kommandeur der Ahrar-al-Sham-Miliz, Abu Omar al-Masri, sowie drei Leibwächter. Refai Taha war nur einen Tag zuvor über die türkisch kontrollierte Grenzstation Atmeh in Syrien angekommen. Er wollte in dem Konflikt zwischen der al-Qaida nahestehenden al-Nusra-Front und Ahrar al-Sham, die das syrische Regime ebenso wie ISIS bekämpft, vermitteln. Drei Tage nach dem Angriff erklärte das U.S. Central Command wenig glaubwürdig über Twitter, das Ziel seien al-Qaida-Führer gewesen, die »eine Gefahr für die USA, unsere Verbündeten und unsere nationalen Sicherheitsinteressen darstellen.«

5. April – Afghanistan: Nach Angaben des Sprechers des Gouverneurs von Nangarhar zerstörten von einer Drohne abgefeuerte Raketen ein Auto und ein Motorrad, wobei sechs IS-Kämpfer starben, darunter ein Kommandeur.

7. April – Afghanistan: Bei zwei Drohnenangriffen in Nangarhar starben offiziellen Angaben zufolge vier IS- sowie drei Taliban-Kämpfer.

Bei drei aufeinanderfolgenden Drohnenangriffen in der Provinz Paktika starben mindestens 17 Menschen. Zahlreiche Zeugen vor Ort erklärten später, die erste Rakete habe einen Pickup getroffen und dabei einen Dorfältesten, seine vier Leibwächter sowie sieben weitere Personen getötet. Die zweite Rakete habe zwei Menschen getötet, die die Toten einsammeln wollten; der dritte Schlag tötete drei Personen, die einen Hügel erklommen hatten, um sich ein Bild von dem Vorfall zu machen. Ein Sprecher der US-Streitkräfte in Afghanistan sowie der Polizeichef der Provinz bestätigte die Angriffe und meinte, es gäbe keine Hinweise auf zivile Opfer. Der Distriktchef von Gomal jedoch insistierte: »Die Getöteten waren Zivilisten«. Und eine lokale Nachrichtenagentur veröffentlichte die Namen der Toten: Sie waren alle Unbeteiligte und Stammesälteste.

6. April – Somalia: Einer US-Drohnenattacke in Jillib in Juba fielen acht Menschen zum Opfer.

11. April – Somalia: Am späten Abend begannen Drohnen ihren Angriff auf ein al-Shabaab-Lager in Yontyo in der Provinz des Unteren Juba, etwa 24 Kilometer nördlich von Kismayo, der bis in die Morgenstunden des folgenden Tages andauerte. Das Pentagon bestätigte, dass zwölf Milizionäre getötet worden seien, bestritt aber zivile Verluste. Presseberichte widersprachen dieser Version und betonten, es habe acht Tote gegeben, von denen fünf Zivilisten gewesen seien. Zudem flohen viele nach den Angriffen aus der Region, weil dabei auch ihre Ziegenherden getötet worden waren.

14. April – Afghanistan: Den zwei Dutzend Drohnenangriffen sowie verschiedenen Attacken amerikanischer Kampfflugzeuge in verschiedenen Regionen des Landes fielen mindestens 120 Menschen zum Opfer.

19. April – Afghanistan: Bei einem Drohnenangriff auf ein Haus im Bezirk Achin starben fünf angebliche IS-Kämpfer.

23. April – Jemen: Zwei angebliche AQAP-Kämpfer wurden bei einem Drohnenangriff südlich von Mareb von einer Rakete getötet.

25. April – Jemen: Bei einem Drohnen- oder Luftangriff wurden Amu Sameh al-Zinjibari, AQAP's Finanzchef, und fünf seiner Begleiter getötet, als sie durch Amoudiya fuhren, ein Dorf nahe Jaar in der Provinz Zinjibar. In einem weiteren Schlag in der Nähe von Azzan töteten US-Drohnen nach Pentagon-Angaben zwei AQAP-Mitglieder. Andere Quellen sprachen von zehn Toten, wobei unklar blieb, ob die acht zusätzlich gemeldeten Gefallenen einem Angriff der Saudi-geführten Koalition im Jemen zum Opfer gefallen sind.

28. April – Jemen: Bei einem vierten und letzten Drohnenangriff, den eine Veröffentlichung des CENTCOM vom 9. Mai auflistete, ohne auf die drei vorgegangenen einzugehen, wurden in der Provinz Shabwah vier AQAP-Mitglieder getötet und eines verwundet.

28. April – Afghanistan: Bei einem Drohnenangriff auf ein Fahrzeug in der Provinz Khost starben vermutlich drei Personen. In einem weiteren Drohnenangriff in Nangarhar wurden 15 angebliche IS-Kämpfer getötet.

7. Mai – Afghanistan: Bei einem Drohnenangriff in der Provinz Helmand wurden drei Polizisten, einschließlich des Polizeichefs des Bezirks, zumindest verwundet. Unklar ist, ob eines der Opfer seinen Verletzungen erlag.

9. Mai – Afghanistan: Einem Drohnenangriff in Kunduz fielen laut Xinhua sieben, laut *Washington Post* zwölf Taliban zum Opfer.

9. Mai – Jemen: Das US-Militär veröffentlichte eine Liste von vier Drohnen-Attacken, in denen seinen Angaben zufolge zehn AQAP-Kämpfer getötet wurden.

12. Mai – Somalia: Mit einem Drohnenangriff, bei dem fünf al-Shabaab-Kämpfer getötet wurden, kamen die USA einer ugandischen Einheit der Friedenstruppe der Afrikanischen Union zu Hilfe, die an einer von al-Shabaab errichteten Straßenblockade etwa 40 Kilometer südlich von Mogadischu unter heftiges Feuer geriet.

12. Mai – Afghanistan: Bei einem Drohnenangriff wurde Amin Jan getötet, ein Schattengouverneur der Taliban.

16. Mai – Afghanistan: Eine US-Drohne tötete den Kommandeur des Islamischen Staats, Shafiq Abbas, im Watapor-Distrikt in der Provinz Kunar sowie zwei seiner Begleiter. Eine weitere Drohne tötete in Kunduz zwanzig Taliban.

17. Mai – Afghanistan: In Zabul im Süden des Landes starben in einem Drohnenangriff fünf Menschen. Einen Tag später kostete ein Drohnenangriff in Kunduz vier Menschenleben, und einen weiteren Tag später starben neun angebliche Taliban in zwei Drohnenangriffen im Gilan-Distrikt in der Provinz Ghazni.

19. Mai – Jemen: Bei einem US-Drohnenangriff gegen AQAP wurden vier angebliche al-Qaida-Kämpfer getötet. Erst am 3. Juni gab CENTCOM den Angriff zu.

21. Mai – Pakistan: Nach Angaben von Präsident Obama, der afghanischen Regierung sowie eines Taliban-Führers wurden bei einem Angriff zahlreicher Drohnen in Belutschistan der Führer der Taliban, Mullah Akhtar Mansur, sowie eine weitere Person getötet. Ein Beamter und ein weiterer Zivilist berichteten, in dem Beschuss sei auch ein Zivilist umgekommen. Es war ein ungewöhnlicher Angriff: der erste seit Februar, der erste in Belutschistan, nur der sechste außerhalb der pakistanischen Stammesgebiete und der erste in Pakistan, der nicht von der CIA, sondern dem US-Militär durchgeführt wurde. Aus Mansurs Pass ging hervor, dass er gerade aus Iran zurückgekehrt war.

22. Mai – Afghanistan: 13 Menschen starben bei einem erneuten Drohnenangriff in Kunduz, während bei einem Drohnenangriff am selben Tag in Nangarhar neun angebliche IS-Mitglieder getroffen wurden.

26. Mai – Afghanistan: US-Drohnen griffen im Achin-, im Wazir- und im Kot-Distrikt in Nangarhar an. Dabei starben zwölf angebliche IS-Kämpfer. Das *Wall Street Journal* berichtete von drei weiteren Drohnenattacken, bei denen in dem Dorf Elbak in der Provinz Kandahar sieben »Taliban-Verdächtige« starben.

29. Mai – Afghanistan: Bei einem Drohnenangriff in Kangari Kando in der Provinz Nangarhar starben ein IS-Kommandeur und sieben weitere IS-Kämpfer. In weiteren Drohnenangriffen in Kandahar, Maidan Wardak und Nangarhar fielen mindestens 21 »Personen, die die Streitkräfte bedrohten«, so ein US-Air Force-Captain in Kabul.

2. Juni – Afghanistan: Bei einem »NATO-Luftangriff« in der Provinz Paktika, vermutlich mit einer US-Drohne, wurden nach Angaben des Polizeichefs der Region zehn Taliban, darunter der lokale Taliban-Kommandeur Omari, getötet.

8. Juni – Afghanistan: Bei einem Drohnenangriff in Paktika wurde Sirajuddin Khademi, ein Kommandeur des Haqqani-Netzwerks (eine Gruppe von Aufständischen, die auch im Drogenhandel aktiv ist) und Mitglied der Quetta Shura (die Taliban-Führung) getötet. Die Taliban bestritten den Tod ihres Kommandeurs und behaupteten, drei Zivilisten seien bei dem Angriff getötet worden. In weiteren Drohnenangriffen in den Provinzen Ghazni und Nangarhar starben zwölf Menschen.

Juni – Jemen: Zwei AQAP-Mitglieder wurden am 8. Juni bei einem Drohnenangriff in der Provinz Bayda getötet. Bei einer weiteren Drohnenattacke zwei Tage später wurden zwei weitere AQAP-Mitglieder getötet, und am 12. desselben Monats wurden noch einmal zwei AQAP-Mitglieder durch US-Drohnen getötet.

11. Juni – Afghanistan: Eine von einer Drohne abgeschossene Rakete zerstörte in der Provinz Nangarhar ein Fahrzeug und tötete nach Angaben des Sprechers des Provinzgouverneurs sechs Taliban-Kämpfer. Bei einem weiteren Drohnenangriff in der Provinz starben noch einmal sechs Taliban. In einem Angriff auf ein weiteres Fahrzeug, diesmal in der Provinz Logar, starben elf. Während Sprecher der Provinzregierung erklärten, alle elf seien Taliban gewesen, widersprach ein Stammesältester, dass drei der Getöteten Zivilisten gewesen seien.

12. Juni – Jemen: Einigen Angaben zufolge wurden bei einem Drohnenangriff in der Provinz Shabwa drei al-Qaida-Kämpfer getötet und einer verwundet. Andere Beobachter behaupteten, drei hätten verletzt überlebt und einer sei gestorben.

14. Juni – Afghanistan: Zwischen zehn und 21 IS-Kämpfer wurden bei einem US-Drohnenangriff auf ein »Versteck« in Nangarhar getötet.

17. Juni – Afghanistan: Ein »ungenannter Kommandeur der Grenzpolizei« im Osten des Landes berichtete von einer Drohnenattacke in Nangarhar, in der sieben IS-Kämpfer starben.

18. Juni – Afghanistan: Ein Sprecher des regionalen Armeekommandeurs der »20. Pamir-Zone« berichtete gegenüber Journalisten, eine US-Drohne habe in einer Nachtattacke auf ein Fahrzeug in Nangarhars Dasht-e-Archi-Distrikt acht Taliban getötet. Bei dem Angriff soll auch der lokale Taliban-Kommandeur Qari Haleem (alias Qari Ali), unter dessen Führung die Taliban den Distrikt 2015 eingenommen hätten, gestorben sein. Nach Angaben des Sprechers der US-Streitkräfte in Afghanistan, Brigadier Charles Cleveland, wurden bei einem weiteren Drohnenangriff in der Provinz mindestens 23 IS-Kämpfer getötet, darunter »einige Ausländer«.

21. Juni 2016 – Afghanistan:. Eine US-Drohne tötete in dem Dorf Moghul Qeshlaq in der Provinz Kunduz einen Taliban-Kommandeur, Gul Khan alias Khanjar, sowie seine vier Leibwächter.

21. Juni 2016 – Somalia: Das US Africa Command (Africom) teilte mit, bei einem Drohnenschlag »in Selbstverteidigung« im südlichen Somalia »drei (Menschen) getötet« zu haben: »Die Operation wurde durchgeführt, nachdem angenommen wurde, Terroristen planten und bereiteten in kürzester Zeit einen Angriff auf US-Verbände.«

22. Juni 2016 – Afghanistan: Nach Angaben des Sprechers des Gouverneurs der Provinz Nangrahar starben bei einem US-Drohnenangriff vier vermutliche IS-Kämpfer.

23. Juni 2016 – Afghanistan: Kaum Angaben existieren über einen US-Angriff in Nangarhar, dem 72 Menschen zum Opfer gefallen sein sollen. Bei einem anderen Drohnenangriff in Nangarhar starben sieben Taliban.

25. Juni 2016 – Afghanistan: Bei zwei Drohnenangriffen in Kunduz starben ein Taliban-Kommandeur und mindestens 15 Zivilisten. Angeblich trafen die Raketen ein Gefängnis der Taliban und töteten mindestens sechs Menschen, die dort als Geiseln festgehalten wurden. Ein Taliban-Sprecher, Zabihullah Mujahid, behauptete, der amerikanische Angriff habe »sechs Soldaten der Kabuler Regierung getötet und zwei verwundet«. Ebenfalls ums Leben gekommen sei dabei »der Gefängnisdirektor Mullah Janat Gul Usmani zusammen mit seinen vier Freunden.«

26. Juni 2016 – Afghanistan: Nach Angaben des Sprechers des Gouverneurs der Provinz, Attaullah Khogyani, starben bei einem Drohnenangriff in Nangarhar 30 IS-Kämpfer. In einem zweiten Angriff in der Provinz Kunduz starben 14 Taliban, darunter auch ein Kommandeur.

27. Juni 2016 – Afghanistan: Bei einem Drohnenangriff in Kunduz starben mindestens vier, womöglich bis zu 16 Taliban.

28. Juni 2016 – Afghanistan: In einer von US-Drohnen unterstützten gemeinsamen Operation afghanischer und amerikanischer Verbände bei Kunduz-Stadt wurden 14 Verdächtige getötet, acht verwundet und 17 gefangen genommen.

29. Juni 2016 – Afghanistan: Bei einem Drohnenangriff in Gortipa in der Provinz Kunduz starben zehn Taliban.

1. Juli 2016 – Jemen: Mindestens drei, nach Aussagen unbeteiligter Anwohner sechs vermutete al-Qaida-Kämpfer wurden in der Provinz Shabwa bei einem Drohnenangriff auf ein SUV getötet.

3. Juli 2016 – Afghanistan: Bei einer Reihe von Drohnenangriffen töteten die USA rund 50 Menschen. Mindestens zwölf Taliban fielen bei einem Angriff in der Provinz Ghazni. Bei zwei Drohnenattacken in Nangrahar wurden 19 IS-Kämpfer getötet, darunter zwei wichtige Kommandeure, Omar Khitab und Mullah Sajid. Am Nachmittag griffen Drohnen erneut in Nangarhar an und töteten neben zehn Taliban wieder einen Offizier der Rebellen, Sabir Kochi. Bei einer vierten Drohnenattacke in Nagarhar, diesmal im Momand Dara-Distrikt, starb eine unbekannte Zahl von Menschen.

4. Juli 2016 – Afghanistan: Wie der Sprecher des Gouverneurs der Provinz Nangarhar berichtete, töteten US-Drohnen zwölf IS-Kämpfer.

Juli 2016 – Jemen: Zwei oder drei al-Qaida-Kämpfer wurden am 4. Juli in Museina in der Provinz Shabwa von einer Drohne getötet. Am 8. Juli wurde nach offiziellen Angaben des US-Militärs »ein al-Qaida-Operative« durch eine Drohne getötet. Am 16. Juli starben sechs weitere angebliche al-Qaida-Angehörige bei einer Drohnenattacke im selben Gebiet.

19. Juli – Afghanistan: Unbekannt blieb die Zahl der Opfer von zwei US-Drohnenattacken im Regierungsbezirk Sangin. Bei einem weiteren US-Angriff im Gebiet von Bandar im Distrikt Achin starben fünf angebliche ISIS-Kämpfer.

20. Juli – Afghanistan: Bei einem erneuten US-Drohnenangriff im Distrikt Achin starben nach Angaben des Sprechers des Provinzgouverneurs, Attaullah Khogyani, 15 Taliban.

22. Juli – Afghanistan: Bei mindestens 23 Luftangriffen in Kunduz, Helmand und vor allem Nangarhar sowohl von Kampfbombern als auch von Drohnen starben mindestens 161 Menschen. Die meisten der Getöteten sollen nach offiziellen Angaben ISIS-Mitglieder gewesen sein. Das Bureau of Investigative Journalism ging jedoch davon aus, dass die Zahl der Opfer weit höher lag, zumal »zahlreiche US-Schläge nicht berichtet werden«. Unter den Getöteten befand sich auch Umar Khalifa alias Umar Naray, Khalifa Umar Mansur oder Khalid Khurasani, der für die Planung eines Massakers an einer Schule in Pakistan im Dezember 2014, dem über 140 Schüler und Lehrer zum Opfer fielen, verantwortlich gewesen sein soll.

23. Juli – Afghanistan: Unklarheit besteht über einen angeblichen Drohnenangriff in der Provinz Nangarhar, bei dem 63 IS-Kämpfer gestorben sein sollen. Da die Operation im Rahmen der Terrorismusbekämpfung durchgeführt wurde, gaben die zuständigen US-Behörden wie üblich keine Informationen heraus.

26. Juli – Afghanistan: Bei einem Drohnenangriff in der Provinz Nangarhar wurde Hafiz Said Khan, der Führer des Islamischen Staats in Afghanistan, getötet. Khan war zuvor ein Kommandeur der Tehrik-i-Taliban (Bewegung der pakistanischen Taliban) gewesen und gelobte dem IS-Chef Abu Bakr al-Baghdadi 2015 seine Gefolgschaft.

27. Juli – Afghanistan: Bei zwei weiteren Drohnenangriffen in der Provinz Nangarhar auf ein Versteck von IS-Kämpfern starben mindestens acht Menschen.

30. Juli – Afghanistan: Einer Meldung der chinesischen Nachrichtenagentur Xinhua zufolge töteten US-Drohnen in der Provinz Nimroz 25 Aufständische.

1. August – Libyen: Mit Kampfflugzeugen und Drohnen griffen die USA auf Bitten der von den Vereinten Nationen anerkannten Einheitsregierung ISIL-Stellungen in der Hafenstadt Sirte an, wo sich Regierungstruppen und ISIS-Verbände heftige Kämpfe lieferten. Nach Angaben der Regierung sollten die Luftangriffe fortgesetzt werden. Nach Schätzungen des Pentagon operieren in Libyen zwischen 5000 und 6000 IS-Kämpfer.

1. August – Afghanistan: Bei einem US-Luftangriff wurden der Taliban-Schattengouverneur der Provinz Helmand und der Taliban-Kommandeur des Bezirks Nad Ali getötet. Unklar ist, ob die USA Kampfjets oder Drohnen einsetzten.

August 2016 – Libyen: Zur Unterstützung libyscher Regierungstruppen autorisierte US-Präsident Obama Drohnenangriffe auf ISIL-Stellungen in Surt, das die islamischen Kämpfer seit Juni 2015 hielten. Mit den Drohnenschlägen konnten mehrere T-72-Panzer der Aufständischen zerstört werden. Es war das erste Mal, dass die USA Drohnen-Einsätze von Jordanien aus geflogen hatten.

2. August – Jemen: Nach Angaben der spanischen Nachrichtenagentur EFE starben bei einem US-Drohnenangriff in Al Wadiah im Südjemen drei Kinder.

4. August – Jemen: Eine US-Drohne tötete in Azzan in der Provinz Shabwa drei AQAP-Kämpfer, als sie eine Rakete auf ein Fahrzeug schossen, das an einem Checkpoint hielt, an dem al-Qaida Kontrollposten aufgestellt hatte.

12. August – Afghanistan: Offiziellen Angaben zufolge starben bei einem Drohnenangriff in der Provinz Paktika zwanzig »Militante«, 25 weitere wurden verwundet. Anwohner erzählten jedoch, bei dem Angriff sei ein Haus bombardiert worden, wobei ein Arzt und vier Kinder getötet wurden.

13. August – Afghanistan: Bei einem Drohnen-Nachtangriff in der Provinz Nangarhar wurden zwei IS-Kämpfer getötet.

24. August – Jemen: Bei einer US-Drohnenattacke auf einen Fahrzeug in der Provinz Shabwa wurden vier vermutliche al-Qaida-Mitglieder getötet. Bei einem weiteren Drohnenangriff in der Provinz Marib starben drei Personen.

25. August – Afghanistan: Bei einem US-Drohnenangriff in der südlichen Provinz Helmand starben 22 afghanische Soldaten, die wenige Tage zuvor von Taliban-Angreifern gefangen genommen worden waren, und drei Taliban-Kämpfer.

29. August – Afghanistan: Sehr unterschiedliche Versionen kursierten zu einer Reihe von US-Attacken in der Provinz Paktika. Während offiziell der Tod von vier Offizieren des Haqqani-Netzwerks bekannt gegeben wurde, berichtete ein Sprecher des Gouverneurs von Paktika von 120 Toten, und die Taliban gaben bekannt, acht seien getötet worden.

30. August – Somalia: Während einer Operation gegen al-Shabaab-Einheiten in der Nähe von Gobanale tötete ein Drohnenpilot zwei Shabaab-Milizionäre.

2. September – Afghanistan: Bei einem Drohnenangriff auf ein Fahrzeug in der Provinz Khost wurden nach afghanischen Regierungsangaben sieben Mitglieder des Haqqani-Netzwerks getötet.

4. September – Afghanistan: Zwischen sechs und neun Männer wurden getötet, als eine von einer Drohne abgefeuerte Rakete ein Haus in Wadi Obeida in der Provinz Marib zerstörte.

5. September – Somalia: Bei einem Drohnenangriff nahe Tortoroow wurden vier al-Shabaab-Milizionäre getötet.

10. September – Afghanistan: Bei einem Drohnenangriff in der Provinz Farah wurden nach Angaben des Provinzgouverneurs vier militante Regierungsgegner getötet.

13. September – Jemen: Agenturberichten zufolge wurden bei einem Drohnenangriff auf ein Fahrzeug in der Provinz al-Bayda fünf vermutete al-Qaida-Mitglieder getötet. Das US-Zentralkommando wollte den Angriff nicht bestätigen.

18. September – Afghanistan: Bei einem ersten Drohnenangriff in Tarin Kot in der Provinz Uruzgan wurde irrtümlich ein afghanischer Polizist getötet. Als kurz darauf Helfer herbeieilten, tötete eine zweite von einer Drohne abgefeuerte Rakete sechs weitere Menschen. Der Sprecher der US-Streitkräfte, Brigadegeneral Charles Cleveland, bestätigte die beiden Attacken zwar, bestritt jedoch, dass Verbündete das Ziel gewesen seien. Vielmehr hätten »Individuen Soldaten der Afghanischen Nationalen Sicherheitskräfte beschossen und eine Bedrohung dargestellt«. »Wir haben keine weiteren Informationen, wer diese Individuen gewesen sein könnten oder warum sie die ANDSF angegriffen haben.« Afghanische Stellen erklärten, sie untersuchten den Vorfall.

20. September – Jemen: Bei einem Drohnenangriff in der Provinz Marib wurden offiziellen Angaben zufolge zwei AQAP-Mitglieder getötet.

22. September – Jemen: Bei einem Drohnenangriff in der Provinz Bayda wurden offiziellen Angaben zufolge zwei AQAP-Mitglieder getötet.

23. September – Jemen: Bei einem erneuten Drohnenangriff in der Provinz Marib starben nach Angaben der Nachrichtenagentur Reuters vier AQAP-Mitglieder, *Middle East Eye* sprach von fünf Toten.

26. September – Somalia: Bei einem Drohnenangriff in Caba, nahe Kismayo, starben vier al-Shabaab-Mitglieder.

28. September – Somalia: Nach amerikanischen Angaben wurden bei einem Drohnenangriff in Galcayo neun mutmaßliche al-Shabaab-Milizionäre getötet. Ein somalischer Sicherheitsoffizier der Region, Osman Issa, hingegen räumte ein, bei dem Drohnenangriff seien 22 somalische Soldaten getötet und 16 weitere verwundet worden. Verantwortlich dafür seien Nachrichtenoffiziere der Puntland-Region, die den US-Streitkräften falsche Informationen gegeben hätten. Scheich Abdiasis Abu Musab, der Militärsprecher von al-Shabaab, erklärte gegenüber Reuters, sie hätten keinen Stützpunkt in Galcayo. In einer am 15. November veröffentlichten Presseerklärung räumte das US Africa Command den Fehler ein und bestätigte, dass bei dem Angriff zehn Mitglieder einer lokalen Miliz und nicht – wie ursprünglich angenommen – al-Shabaab-Kämpfer getötet wurden.

28. September – Afghanistan: Nach Angaben der Vereinten Nationen wurden bei einem Drohnenangriff im Bezirk Achin in der Provinz Nangarhar 15 Zivilisten getötet und mindestens 13 weitere verwundet, darunter mindestens ein Junge sowie ein Lehrer und einige Schüler. Offenbar hatten sie die Rückkehr eines Stammesältesten von der Pilgerfahrt nach Mekka gefeiert und im Gästehaus des Stammesältesten geschlafen, als der Angriff erfolgte. Der Polizeichef der Region sprach gegenüber der Nachrichtenagentur Reuters von 18 Toten, 15 davon seien Aufständische gewesen. Später korrigierte Reuters die Zahl der Opfer und berichtete von 21 Toten. Mehrere andere Quellen betonten, 13 Menschen seien gestorben. Die Toten seien ausschließlich Zivilisten gewesen.

29. September – Jemen: Einheimische der Provinz Bayda meldeten Reuters, bei einem Drohnenschlag seien zwei Mitglieder von al-Qaida getötet worden.

3. Oktober – Afghanistan: In Unterstützung afghanischer Truppen im Kampf mit Taliban-Verbänden in der Provinz Helmand zerstörte eine von einer US-Drohne abgeschossene Hellfire-Rakete ein Fahrzeug und tötete die Insassen.

4. Oktober – Afghanistan: Bei einem Drohnenschlag in Abdul Khail im Bezirk Achin der Provinz Nangarhar wurden 13 angebliche ISIS-Mitglieder getötet und zwei verwundet.

6. Oktober – Jemen: Am 21. Oktober informierte das US Central Command in einer Pressemitteilung, dass bei einem Drohnenangriff in der entlegenen Region von Shabwah zwei mutmaßliche AQAP-Mitglieder getötet wurden.

17. Oktober – Afghanistan: Bei einer Reihe von Luftschlägen sowohl von Kampfflugzeugen als auch von Drohnen im Bezirk Farah in der gleichnamigen Provinz sowie im Bezirk Bakwah wurden nach Angaben des Kommandeurs der 606 Ansar Polizei-Zone in Farah, Hassan Shah Frogh, mindestens 70 Taliban getötet und 30 weitere verwundet.

18. Oktober – Jemen: Nachdem al-Qaida-Mitglieder einen Straßenkontrollpunkt von Stammeskriegern in der Provinz Shabwa angegriffen hatten, zerstörte eine US-Drohne ihre beiden Fahrzeuge und tötete die acht Insassen.

19. Oktober – Afghanistan: Bei einem Drohnenangriff wurden im Bezirk Seyagerd in der Provinz Parwan acht angebliche Talibankämpfer getötet.

21. Oktober – Jemen: In einer Pressemitteilung vom 26. Oktober informierte das US Central Command über einen Drohnenangriff vom 21. Oktober in einem entlegenen Gebiet der Provinz Marib, bei dem fünf angebliche al-Qaida-Mitglieder getötet worden seien.

22. Oktober – Afghanistan: Mehrere Quellen berichteten von einem Drohnenangriff auf eine Straßenkontrollstation »aufständischer Kräfte« in dem Dorf Koz-Pachir im Bezirk Pachir Agam in der Provinz Nangarhar, bei dem fünf Menschen getötet wurden.

23. Oktober – Afghanistan: Bei Drohnenangriffen auf angebliche »command-and-control locations« in der Provinz Kunar, in denen zahlreiche Hellfire-Raketen auf zwei Anwesen gefeuert wurden, sollen die beiden führenden al-Qaida-Offiziere Faruq al-Qatani und Bilal al-Utabi getötet worden sein. Al-Qatani, nach dem die USA seit vier Jahren fahndeten, soll al-Qaidas Emir für Nordost-Afghanistan sein und für die Planung »zahlreicher tödlicher Angriffe auf US-Streitkräfte und unsere Alliierten« verantwortlich gewesen sein, hieß es in einer Pressemitteilung des US-Verteidigungsministeriums.

28. Oktober – Afghanistan: Bei einem Drohnenangriff im Bezirk Sherzad in der Provinz Nangarhar wurde das Haus des Taliban-Kommandeurs Mawlawi Mohammad Alam zerstört. Dabei wurden nach Behördenangaben vier Menschen getötet und fünf Frauen sowie sieben Kinder teilweise schwer verwundet. In einem zweiten Drohneneinsatz im Bezirk Ghaziabad in der Provinz Kunar starben fünf Personen.

31. Oktober – Afghanistan: Bei Drohnenangriffen in den Bezirken Dangam und Ghaziabad in der Provinz Kunar starben nach offiziellen Angaben neun »Aufständische«.

4. November – Afghanistan: Fünf angebliche Taliban wurden bei einem Drohnenangriff in Diwal-i-Surkh in der Provinz Farah getötet.

9. November – Afghanistan: Mindestens elf vermutete IS-Kämpfer und drei Taliban wurden bei mehreren Drohnenangriffen im Bezirk Achin in der Provinz Nangarhar getötet.

11. November – Afghanistan: Bei nächtlichen Luftangriffen auf Mamandara und Moragi im Bezirk Achin in der Provinz Nangarhar starben 14 angebliche ISIS-Mitglieder. Den Meldungen war nicht zu entnehmen, ob US-Kampfjets oder Drohnen die Angriffe flogen.

12. November – Afghanistan: Bei einem US-Drohnenangriff auf ein Fahrzeug in Lataband im Bezirk Achin in Nangarhar starben 13 angebliche ISIS-Kämpfer.

13. November – Afghanistan: Nach Angaben des afghanischen Verteidigungsministeriums starben bei Luftangriffen in Achin in der Provinz Nangarhar 23 ISIS-Kämpfer. Unklar blieb, ob die Angriffe der USA mittels Kampfflugzeugen oder -Drohnen durchgeführt wurden.

17. November – Afghanistan: Mindestens sechs angebliche IS-Mitglieder starben bei einem Luftangriff im Bezirk Pacher Agam in Nangarhar. Die Mitteilung des Verteidigungsministeriums in Kabul spezifizierte nicht, ob es sich um einen Angriff mittels Kampfjets oder Drohnen handelte.

18. November – Afghanistan: Afghanistans Verteidigungsministerium bestätigte, dass bei einem Drohnenangriff in Lagharjoi im Distrikt Kot der Provinz Nangarhar sieben ISIS-Mitglieder starben, darunter Mullah Bozorg, der zur obersten ISIS-Führungsebene gezählt wurde.

19. November – Afghanistan: Bei einem Drohnenangriff in Karez im Distrikt Zumat in der Provinz Paktia wurde der Taliban-Kommandeur Saifullah getötet.

20. November – Afghanistan: Bei einem Drohnenangriff in Mamandari im Distrikt Achin in der Provinz Nangarhar starben zwei angebliche ISIS-Mitglieder.

21. November – Jemen: Nach Angaben der Nachrichtenagentur Anadolu wurde bei einem Drohnenangriff auf ein Fahrzeug in der Provinz Bayda ein AQAP-Mitglied getötet.

23. November – Afghanistan: Namentlich nicht genannte afghanische Sicherheitsoffiziere meldeten einen US-Drohnenangriff in Achin in der Provinz Nangarhar, in dem zwei ISIS-Mitglieder getötet worden seien.

24. November – Jemen: Nach Angaben von Sicherheitskräften wurden bei einem Drohnenangriff im Distrikt Sawmaah in der Provinz Bayda zwei AQAP-Mitglieder getötet.

27. November – Afghanistan: Bei einem Drohnenangriff in Gorgori im Haska-Mena-Distrikt in der Provinz Nangarhar starben sieben angebliche ISIS-Mitglieder, drei weitere wurden verwundet.

30. November – Jemen: In einer kurzen Meldung teilte das US-Militär mit, dass bei »einem Angriff in der Provinz Hadramout drei AQAP-Kämpfer getötet« wurden. Unklar ist, ob der Angriff von einem bemannten Flugzeug oder einer Drohne durchgeführt wurde.

4. Dezember – Afghanistan: Einem Bericht der *Khaama Press* zufolge, der sich auf Angaben der »Polizeiführung der Provinz« berief, wurden bei einem Drohnenangriff in Achin in der Provinz Nangarhar zwei angebliche ISIS-Mitglieder getötet.

6. Dezember – Afghanistan: Nach Angaben des afghanischen Verteidigungsministeriums wurden bei einem erneuten Drohnenangriff in Achin in der Provinz Nangarhar zwei weitere angebliche ISIS-Kämpfer getötet.

11. Dezember – Afghanistan: Nach Angaben eines Polizeisprechers wurden in einem Drohnenangriff im Gebiet von Langari im Haska Mena-Bezirk der Provinz Nangarhar sieben angebliche IS-Mitglieder getötet.

13. Dezember – Jemen: Bi einem Drohnenangriff auf ein Fahrzeug auf der Straße zwischen den Provinzen Marib und Jawf starben vier vermutete al-Qaida-Mitglieder, darunter ein lokaler AQAP-Führer.

15. Dezember – Afghanistan: In mehreren erneuten Drohnenangriffen im Haska Mena Bezirk wurden nach Angaben eines »Polizeikommandanten der Provinz« acht angebliche IS-Mitglieder getötet. Lokale Sicherheitsoffiziere berichteten von einem Schlag im Gebiet von Kharga, in dem sechs der Kämpfer getötet wurden. Der Polizeisprecher der Provinz Nangarhar, Oberstleutnant Hazrat Hussain Mashriqiwal bestätigte die Angriffe, sprach aber von nur vier Getöteten. Bei einem weiteren Angriff in Achin wurden zwei weitere IS-Mitglieder getötet. Wann genau die Angriffe stattgefunden haben, ist nicht bekannt. Am 15. Dezember wurde lediglich darüber berichtet.

16. Dezember – Afghanistan: Bei einem Drohnenangriff im Bezirk Achin in der Provinz Nangarhar wurden 16 angebliche IS-Mitglieder getötet.

19. Dezember – Afghanistan: Bei einem Drohnenangriff in der Provinz Nangarhar wurden acht IS-Kämpfer getötet und zwei verwundet.

21. Dezember – Jemen: Nach Angaben eines lokalen Sicherheitsbeamten wurden bei einem Nachtangriff in der Provinz Shabwa drei al-Qaida-Kämpfer getötet.

23. Dezember – Afghanistan: Unbestätigten Berichten zufolge wurden im Bezirk Haska Mina in der Provinz Nangarhar bei einem Drohnenangriff zwei IS-Kämpfer getötet.

24. Dezember – Afghanistan: Nach Angaben des Polizeisprechers der Provinz Nangarhar wurden bei einem Drohnenangriff in Ambarkhani im Bezirk Bati Kot der Taliban-Kommandeur Abdul Rahman und in einem zweiten Drohnenangriff im Gebiet von Bandar im Bezirk Achin zwei »ausländische Rebellen« getötet.

Ich habe diese Liste aus den mir zugänglichen Quellen zusammengestellt, erhebe damit aber keinen Anspruch auf Vollständigkeit. Die tatsächliche Zahl der Drohnenattacken ist nur schwer festzustellen, dürfte jedoch höher liegen. Wenn der Angriff eines solchen Roboters nicht von Journalisten oder anderen Quellen außerhalb der US-Geheimdienste und des Militärs beobachtet wird, bleibt er zumeist geheim. Die zuständigen amerikanischen Stellen informieren in der Regel erst, wenn ein Drohneneinsatz bereits von anderer Seite gemeldet wurde. Da die Aufzählung selbst aller bekannten Drohneneinsätze in all den Jahren auch nach 2011 den Rahmen und Umfang des Buches sprengen würde, füge ich hier nur die Drohnenoperationen des Jahres 2016 an. Die ersten Jahre der Präsidentschaft Barack Obamas waren berüchtigt für den aggressiven Einsatz von Drohnen vor allem am Hindukusch und erreichten 2010 in Pakistan einen Höhepunkt. Während seiner zweiten Amtszeit nahm die Zahl der Drohnenschläge indes stetig ab. So wurden 2015 nur noch zehn Drohnenangriffe in Pakistan registriert, 2016 waren es nur noch drei. Drohnen-Aufklärungsflüge nahmen im selben Zeitraum allerdings erheblich zu und richteten sich gelegentlich sogar gegen Verbündete.

Zwar flogen nach Aussagen von Beobachtern und Militärs über Irak, Syrien und der Türkei Drohnen aus mindestens sieben Staaten (USA, UK, Türkei, Syrien, Iran, Russland und Irak), einigen Milizen und Streitkräften einschließlich ISIS. Doch gleichzeitig gab es kaum Informationen über diese Drohneneinsätze. Die amerikanische Militärführung lehnte es stets mit dem lapidaren Hinweis, »die US-Streitkräfte brachten Angriffs- und

Kampf-Flugzeuge, Bomber und ferngelenkte Luftfahrzeuge zum Einsatz, um Luftangriffe durchzuführen«, ab, weitere Details zu veröffentlichen. In der zweiten Woche jeden Monats veröffentlicht die US Air Force in einem »Air Power Summary« Daten zu ihren Kampfeinsätzen im vergangenen Monat. Dabei erwähnen die offiziellen Communiqués des US-Militärs aber nur noch Luftangriffe, ohne zwischen Personen- oder ferngesteuerten Luftfahrzeugen zu unterscheiden. Hinzu kommt das Bemühen der Golfstaaten, nicht mit den amerikanischen Militäroperationen in Verbindung gebracht zu werden. Dort unterhalten die USA drei große Luftwaffenstützpunkte, von denen aus die meisten Einsätze in Irak und Syrien geflogen werden: die Udeid Air Base in Qatar, die Ali al Salem Air Base in Kuweit und die Dhafra Air Base in den Vereinigten Arabischen Emiraten. Die meisten Drohnen im Einsatz in der Levante werden von der Incirlik Airbase bei Adana in der Türkei aus gestartet. Predator-Drohnen der 46. Aufklärungsschwadron der US-Luftwaffe starten aber auch vom Stützpunkt Ali al Salem in Kuweit, der nur 60 Kilometer von der irakischen Grenze entfernt liegt.

Armin Wertz

Personenregister

Länderregister